담마빠다

빠알리어 문법과 함께 읽는

법구경

옮긴이

김서리 金棲利, Kim Seo-ri

1979년 경남 김해 출생. 동국대학교(경주) 불교학과를 졸업하였다(2002). 인도 뿌네대학교(Pune University) 산스끄리뜨어&빠라끄리뜨어과에서 빠알리어 전공으로 석사 및 박사과정을 마치고, 「목갈라나 문법에 대한 비판적 연구—동사활용 편을 중심으로(A Critical Study of Moggallāna vyākaraṇa with reference to Verbal Declension)」로 철학박사학위를 취득하였다(2010). 2년간 태국 마하출라롱콘라자 불교대학교에서 빠알리어를 강의하였고, 현재 동국대학교(경주) 불교학과 강사이다. 논문으로는 "Some grammatical features of Moggallāna's treatment with reference to Khādi kaṇḍa and Tyādi kaṇḍa"(2011)와 「목갈라나 문법의 체계성 고찰」(2012) 등 다수가 있다.

담마빠다

빠알리어 문법과 함께 읽는 법구경

1판 1쇄 발행 2013년 9월 15일
1판 2쇄 발행 2016년 3월 31일
1판 3쇄 발행 2018년 9월 30일
2판 1쇄 발행 2025년 1월 5일

옮긴이 김서리

펴낸이 박성모
펴낸곳 소명출판
출판등록 제1998-000017호
주소 06641 서울시 서초구 사임당로14길 15 서광빌딩 2층
전화 02-585-7840
팩스 02-585-7848
이메일 somyungbooks@daum.net
홈페이지 www.somyong.co.kr

ISBN 979-11-5905-009-1 03220
정가 32,000원

담마빠다

빠알리어 문법과 함께 읽는 법구경

The Dhammapada
with Korean translation and grammatical analysis

김서리 역주

❖ 책머리에

담마빠다(Dhammapada), 즉 법구경(法句經)은 팔만대장경의 입문서라고 불릴 정도로 부처님의 핵심적인 가르침을 담고 있는 경전이다. 빠알리어로 담마(dhamma)는 '진리', '법', '가르침'을 뜻하고 빠다(pada)는 '말'을 뜻하므로, 담마빠다는 '진리의 말씀'이라고 풀 수 있다. 부처님의 설법을 모은 경장은 남방 상좌부에서 빠알리어로 된 5부니까야로 전승되어 왔다. 이 5부니까야 중 '쿳다까 니까야'는 열다섯 책으로 구성되어 있다. 담마빠다, 즉 법구경은 바로 이 열다섯 책 중 하나이다.

세계 각국의 수많은 언어로 번역된 이 법구경은 방대한 불교 경전 가운데 전 세계적으로 가장 많이 읽히고 있다. 국내에도 20여 종의 번역본이 나와 있으나 대부분 한역, 영역, 일역 판을 이중 번역한 것들이다. 이런 기존의 번역본들과는 달리 이 책은 빠알리어 원전에 충실하게 번역하였다. 최근 국내에도 빠알리어 법구경의 직역본이 출간되었지만, 빠알리어 법구경 내의 모든 단어의 풀이와 문장구조의 분석, 그리고 문장성분을 밝혀 직역의 근거를 제시한 한글번역본은 이 책이 최초라고 할 수 있다.

빠알리어 법구경은 총 423편의 시들을 주제에 따라 26장으로 나누어 묶은 경전이다. 이 423편의 각각의 시를 이 책에서는 빠알리어 원문, 한글번역, 단어해설, 그리고 각주로 구성하였다. 단어해설에는 해당 시를 이루는 모든 단어의 문법사항을 밝혔고, 각 단어가 가진 다양한 의미 중 문맥상 가장 적절한 의미를 제시하였다. 각주에는 문장성분과 본문에서 밝히지 않은 문법적 해설을 담았다. 각 항목의 구체적인 사항은 일러두기를 참고하기 바란다. 어근표와 접두사표는 부록으로 첨부하였다. 어근표는 본문에 나오는 어근을 어근군에 따라 7류로 나눈 것이고, 사전을 참고하고자 하는 학습자를 위해 각 어근의 3인칭 단수 현재형 또한 제시하였다. 접두사표는 접두사의 뜻을 본문에 일일이 제시할 수 없어서 따로 만든 것이다.

이 책은 빠알리어 법구경 원전을 직역한 한글번역서임과 동시에 빠알리어 문법학습서이다. 빠알리어 문법공부와 경전강독을 따로 하지 않고 병행하도록 하는 것이 이 책의 특징이자 취지이다. 이미 수많은 국역본이 있는 법구경의 번역을 시작하면서 "왜 하필 법구경이냐?"라는 질책 또는 질문을 많이 받아왔다. 법구경을 선택했던 이유가 바로 수많은 국역본이 있다는 점, 내용면에서 많은 독자층을 이미 확보하고 있다는 점, 그리고 법구경의 판본 비교나 경전소개를 따로 하지 않고 본래 취지에 맞는 작업을 바로 해나갈 수 있다는 점 때문이었다. 이미 친숙한 내용의 경전이기 때문에 생소할 수도 있는 문법공부를 병행하기에 가장 적합하다고 판단하였다.

이 책 한 권으로 빠알리어 문법을 통달할 수 있는 것은 결코 아니다. 이 책은 빠알리어 문법용어를 비롯한 기초문법을 어느 정도 아는 분들이 볼 수 있는 책이다. 동시에, 처음 빠알리어를 접하는 분들이 이 책을 보면서 빠알리어 사전과 문법서를 꺼내고, 펼쳐, 궁금한 부분을 정독하게끔 만드는 것이 이 책의 본 취지이다. 문법공부는 끈기만으로 되는 것이 아니라, 강독을 통해 그 언어의 흐름을 타다가 그 속에서 생긴 궁금증을 풀어가는 과정에서 되는 것이다. 이 책을 빠알리어 문법학습서라고 언급했지만, 엄밀히 말해서 빠알리어 문법학습에 관심을 갖게끔, 사전 및 문법서와 친해지게끔 만드는 빠알리어 문법학습유도서라고 할 수 있다.

태국에 있을 때 법구경 강독모임을 한 적이 있다. 주해의 초점이 각기 다른 번역본들을 바탕으로 이루어졌던 그 강독모임이 이 작업의 첫 인연이라고 할 수 있다. 모임을 이끌어주신 P. M. Thiab Malai 스님께 감사드린다. 그리고 이 작업에 대한 학술연구비를 지원해준 은정불교문화진흥원에, 이 책의 출판을 기꺼이 맡아주신 소명출판의 박성모 대표님께, 교정과 편집에 힘써주신 소명출판 편집부 여러분께 감사드린다. 이 책의 시작에서 마무리까지 응원과 격려를 아끼지 않으셨던 동국대학교 경주캠퍼스 김성철 교수님, Priya Rakkhit 스님, 박효엽 선생님, 노혜원 법우님, 육바라밀 법우님들, 그리고 가족들께 깊이 감사드린다. 마지막으로, 책의 가치판단은 결국 독자들의 몫이지만 이 책의 공덕이 조금이나마 있다면, 얼마 전 작고하신 J. R. Joshi 선생님께 이 부족한 제자의 공덕을 돌리고자 한다.

이 책의 잘못을 꼼꼼히 지적해주시는 분이 계시기를. 책꽂이에 깨끗하게 꽂혀있는 책이 아니라, 손때가 묻어 너덜너덜해진 후에야 책꽂이에 꽂히게 되는 책이 되기를. 그래서 누군가에게는 빠알리어 문법이 제대로 된 도구가 되어 이 책이 잊히길 바랄 뿐이다.

2013년 여름,

김서리

❖ 차례

❖ 문법약호표

약호		
A.	Attanopada	반조태
Abl.	Ablative	종격 / 탈격
Acc.	Accusative	대격 / 목적격
adj.	adjective	형용사
adv.	adverb	부사
Aor.	Aorist	아오리스트
Caus.	Causative	사역법 / 사역형
Dat.	Dative	위격 / 여격
Denom.	Denominative	명사기원동사
Des.	Desiderative	의욕법
f.	feminine	여성
fr.	from	~에서 파생됨
Fut.	Future	미래
Gen.	Genitive	속격/소유격
Ger.	Gerund	절대분사
Grd.	Gerundive	미래수동분사
Imper.	Imperative	명령법
Indecl.	Indeclinable	불변화사
Inf.	Infinitive	부정사
Ins.	Instrumental	구격
interr.pron.	interrogative pronoun	의문대명사
Loc.	Locative	처격
m.	masculine	남성
n.	noun.	명사로 쓰임
Nom.	Nominative	주격
nt.	neuter	중성
Pass.	Passive	수동태
Perf.	Perfect	과거완료
Pl.	Plural	복수
Pot.	Potential	원망법

약호		
Pp.	Past participle	과거분사
Ppr.	Present participle	현재분사
pref.	prefix	접두사
Pres.	Present	현재
pron.	pronoun	대명사(지시·관계대명사 포함)
reflex.pron.	reflexive pronoun	재귀대명사
Sg.	Singular	단수
Voc.	Vocative	호격
1.	1st person	1인칭
2.	2nd person	2인칭
3.	3rd person	3인칭
√	root	어근

* 상기의 문법약호표는 본문에 나오는 문법사항을 약호로 만들어 영어 알파벳순으로 정렬한 것이다.

❖ 일러두기

본서에 실린 423편 각각의 시는 빠알리어 원문, 한글번역, 단어해설, 그리고 각주로 구성되어 있다. 각 항목의 일러둘 사항은 다음과 같다.

빠알리어 원문

- 로마자화된 빠알리어 원문은 Hinuber와 Norman의 교정본(*Dhammapada*, The Pali Text Society, 1995. 이하 PTS본)을 저본으로 하였으되, 오류가 있다고 판단되는 단어는 PTS본의 주해에 있는 다른 판본의 단어로 바로 잡아 표기하였다.

한글번역

- 대부분은 직역을 시도하였으나 문맥상 의역한 곳도 있고, 수동태를 능동태로 바꾸어 번역한 곳도 있다.
- 빠알리어 원문에는 없지만 한글번역에서 문맥상 필요한 단어는 '[ ]'에 기입하였다.
- 한글번역의 행갈이는 빠알리어 원문의 행갈이에 최대한 맞추었다.

단어해설

- 단어해설의 순서는 크게 원문의 단어-문법사항-의미 순이다.
- 단어의 문법사항은 '[ ]' 안에 약호로 표기하였다(문법약호표 참조).
- 로마자화된 빠알리어 단어와 문법약호와의 혼동을 피하기 위해 문법약호의 글꼴은 타임즈 뉴 로만(Times New Roman)을 기울여(Italic) 사용하였다.
- 단어가 가진 다양한 의미 중에서 문맥상 가장 적절한 의미를 제시하였다.
- 복합어는 원문의 단어-문법사항-의미를 제시한 후에 각 단어를 풀이하였다.
- 명사는 기본형이 가진 성(性)을 '( )' 안에 제시한 후에 수(數) · 격(格)을 밝혔다.
- 수식어로 쓰인 형용사 · 수사 · 대명사 · 분사 등은 수식을 받는 단어에 맞게 성 · 수 · 격을 밝혔다.
- 성의 구분이 없는 1, 2인칭대명사는 수와 격을 밝혔고, 성의 구분이 있는 3인칭대명사는 성 · 수 · 격을 밝혔다.
- 동사는 어근과 어근의 의미를 제시한 후에 시제 · 법, 인칭, 수를 밝혔다.
- 동사의 태(pada)는 반조태(attanopada)일 경우에만 약어 '*A*'로 표기하였다.
- 변화가 일어나는 현재분사, 과거분사, 미래수동분사는 기본형을 제시한 후에 성 · 수 · 격을 밝혔다. 변화가 일어나지 않는 절대분사, 부정사는 어근만 제시하였다.
- 접두사는 어근 앞에 제시하였고, 접두사의 의미는 일일이 제시하지 않았다(접두사표 참조).

• 운율이나 연성 때문에 생략·장음화·단음화·결합된 음절이 있는 단어는 '=' 다음에 바로 잡거나 풀어서 표기하였다.

각주

• 각주는 문장성분과 번역관련 사항, 그리고 본문에서 밝히지 않은 문법적 해설을 담았다.
• 문장 성분은 술어·술부–주어·주부–목적어 순으로 제시하였다.
• 술어가 명사인 경우에 술어와 주어가 바뀌어도 무방하나, 편의상 문장 성분을 지정하여 제시하였다.
• 수식을 받는 단어의 성·수·격을 제시하여 수식어의 격변화 근거를 제시하였다.
• 한글번역에서 의역하였거나, 수동태를 능동태로 바꾸어 번역한 것에 대해 언급하였다.
• 빠알리어 문장파악을 위해 문장 내 관계절이나 부사절을 묶어서 제시하였다.
• 문법적으로 이례적인 것을 언급하였다.
• 빠알리어 원문은 PTS본을 저본으로 삼았지만, 오류가 있다고 판단되는 단어는 바로 잡아 표기하고 각주에 PTS본을 제시하였다.

제1장

쌍을 이룸

Yamaka

1 manopubbaṅgamā dhammā manoseṭṭhā manomayā,[1]
manasā ce paduṭṭhena bhāsatī vā karoti vā [2]
tato naṃ dukkham anveti cakkaṃ va vahato padaṃ.[3]

1 [모든] 일은 마음이 먼저 가고 마음이 가장 중요하며 마음으로 이루어진다.
만약 나쁜 마음으로 말하거나 행동하면
그것으로 말미암아 고통이 그를 따른다. 수레바퀴가 소의 발을 따르듯.

manopubbaṅgamā [manopubbaṅgama(*adj.*)의 *m.Pl.Nom.*] 마음이 먼저 가는. mano / mana : *nt.* 마음, mana가 복합어에서 앞에 위치할 때 mano로 쓰임. pubbaṃ[4] = pubba :

1 제1행 : 이 행의 술어는 manopubbaṅgamā(마음이 먼저 가는), manoseṭṭhā(마음이 가장 중요한), 그리고 manomayā(마음으로 이루어진)이다. 주어는 dhammā(일들은)이다. 형용사적 술어 manopubbaṅgamā, manoseṭṭhā, 그리고 manomayā는 주어 dhammā(남성, 복수, 주격)의 성, 수, 격에 일치한다.

2 제2행 : 이 행은 ce가 이끄는 부사절로서 다음 행에 연결된다. 이 행의 술어는 bhāsati(말한다)와 karoti(행한다)이고, 주어는 생략되어 있다. 빠알리어 문장에서 주어가 생략되어 있는 경우가 있는데, 술어동사의 어미를 통해 주어의 인칭과 수를 알 수 있다. 여기서는 술어동사 bhāsati와 karoti를 통해 주어가 3인칭 단수임을 알 수 있다. 불변화사 ce는 sace와 yadi와 같이 가정이나 조건을 나타내는 접속사인데, sace와 yadi는 문장의 맨 앞에 오지만, ce는 그렇지 않다. 과거분사 paduṭṭhena(나쁜)는 manāsa(마음으로)를 수식하므로 manāsa(중성, 단수, 구격)의 성, 수, 격에 일치한다.

3 제3행 : 이 행의 술어는 anveti(따른다)이고, 주어는 dukkhaṃ(고통이), 그리고 목적어는 naṃ(그를)이다. "cakkaṃ va vahato padaṃ"은 va(= iva)가 이끄는 부사절이다. 이 부사절의 술어 또한 anveti이다.

4 자음과 모음 앞에 ŋ(ṃ)이 삽입되기도 한다 : manopubba-gama → manopubbaṃ-gama. 자음 앞의 ṃ은 그 자음이 속한 해당 군의 비음으로 변한다 : manopubbaṃ-gama → manopubbaṅ-gama → manopubbaṅgama

adj. 앞에, 먼저. gama : *adj.* 가는, *fr.* √gam(가다)

dhammā [dhamma(*m.*)의 *Pl.Nom.*] 일들은

manoseṭṭhā [manoseṭṭha(*adj.*)의 *m.Pl.Nom.*] 마음이 가장 중요한. mano : *nt.* 마음. seṭṭha : *adj.* 가장 중요한

manomayā [manomaya(*adj.*)의 *m.Pl.Nom.*] 마음으로 이루어진. mano : *nt.* 마음. maya : *adj.* 이루어진, 만들어진

manasā [mana(*nt.*)의 *Sg.Ins.*] 마음으로, 마음을 가지고

ce [*indecl.*] 만약 ~이면, 만약 ~하면

paduṭṭhena [paduṭṭha의 *nt.Sg.Ins.*] 나쁜, 악한, 그릇된. paduṭṭha : pa√dus(해를 끼치다, 괴롭히다)의 *Pp.*

bhāsatī = bhāsati [√bhās(말하다)의 *Pres.3.Sg.*] 말한다

vā [*indecl.*] 또는

karoti [√kar(하다, 행하다)의 *Pres.3.Sg.*] 한다, 행한다

vā[5] [*indecl.*] 또는

tato [ta(*3.pron.*)의 *Abl.*] 그런 까닭에, 그로 말미암아, 그 결과

naṃ [ta(*3.pron.*)의 *m.Sg.Acc.*] 그를

dukkham = dukkhaṃ [dukkha(*nt.*)의 *Sg.Nom.*] 고통이

anveti [anu√i(가다)의 *Pres.3.Sg.*] 따른다, 뒤쫓는다

cakkaṃ [cakka(*nt.*)의 *Sg.Nom.*] 수레바퀴가

va = iva [*indecl.*] ~와 같이, ~처럼, ~와 마찬가지로

vahato [vahanta의 *m.Sg.Gen.*] (*n.*) 나르는 주체의, 끄는 주체의(수레를 끄는 소를 말함). vahanta : √vah(나르다)의 *Ppr.*

padaṃ [pada(*nt.*)의 *Sg.Acc.*] 발을

---

2 manopubbaṅgamā dhammā manoseṭṭhā manomayā,[6] manasā ce pasannena bhāsatī vā karoti vā[7]

---

5 두 개 이상의 단어를 연결하는 접속사 vā는 각각의 단어 뒤에 오거나 맨 마지막 단어 뒤에 온다. 제2행의 bhāsati vā karoti vā를 bhāsati karoti vā로 바꾸어도 무방하다. 접속사 ca의 경우도 마찬가지이다.

6 제1행 : 이 행의 술어는 manopubbaṅgamā(마음이 먼저 가는), manoseṭṭhā(마음이 가장 중요한), 그리고 manomayā(마음으로 이루어진)이다. 주어는 dhammā(일들은)이다. 형용사적 술어 manopubbaṅgamā, manoseṭṭhā, 그리고 manomayā는 주어 dhammā(남성, 복수, 주격)의 성, 수, 격에 일치한다.

7 제2행 : 이 행은 ce가 이끄는 부사절로서 다음 행에 연결된다. 이 부사절의 술어는 bhāsati(말한다)와 karoti(행한다)이고, 이 술어동사들을 통해 주어가 3인칭 단수임을 알 수 있다. 과거분사 pasannena(선한)는 manāsa(마음으로)를 수식하므로 manāsa(중성, 단수, 구격)의 성, 수, 격에 일치한다.

tato naṃ sukham anveti chāyā va anapāyinī.[8]

2 [모든] 일은 마음이 먼저 가고 마음이 가장 중요하며 마음으로 이루어진다.
만약 선한 마음으로 말하거나 행동하면
그것으로 말미암아 즐거움이 그를 따른다. 떠나지 않는 그림자처럼.

manopubbaṅgamā [manopubbaṅgama(*adj.*)의 *m.Pl.Nom.*] 마음이 먼저 가는. mano / mana : *nt.* 마음, mana가 복합어에서 앞에 위치할 때 mano로 쓰임. pubbaṃ = pubba : *adj.* 앞에, 먼저. gama : *adj.* 가는, *fr.* √gam(가다)

dhammā [dhamma(*m.*)의 *Pl.Nom.*] 일들은

manoseṭṭhā [manoseṭṭha(*adj.*)의 *m.Pl.Nom.*] 마음이 가장 중요한. mano : *nt.* 마음. seṭṭha : *adj.* 가장 중요한

manomayā [manomaya(*adj.*)의 *m.Pl.Nom.*] 마음으로 이루어진. mano : *nt.* 마음. maya : *adj.* 이루어진, 만들어진

manasā [mana(*nt.*)의 *Sg.Ins.*] 마음으로, 마음을 가지고

ce [*indecl.*] 만약 ~이면, 만약 ~하면

pasannena [pasanna의 *nt.Sg.Ins.*] 좋은, 선한, 깨끗한. pasanna : pa√sad(가라앉다)의 *Pp.*

bhāsatī = bhāsati [√bhās(말하다)의 *Pres.3.Sg.*] 말한다

vā [*indecl.*] 또는

karoti [√kar(하다, 행하다)의 *Pres.3.Sg.*] 한다, 행한다

vā [*indecl.*] 또는

tato [ta(*3.pron.*)의 *Abl.*] 그런 까닭에, 그로 말미암아, 그 결과

naṃ [ta(*3.pron.*)의 *m.Sg.Acc.*] 그를

sukham = sukhaṃ [sukha(*nt.*)의 *Sg.Nom.*] 즐거움이

anveti [anu√i(가다)의 *Pres.3.Sg.*] 따른다, 뒤쫓는다

chāyā [chāyā(*f.*)의 *Sg.Nom.*] 그림자가

va = iva [*indecl.*] ~와 같이, ~처럼, ~와 마찬가지로

anapāyinī [anapāyin(*adj.*)의 *f.Sg.Nom.*] 떠나지 않는, 사라지지 않는. an : *pref.* 아니다, 없다. apāyin : *adj.* 떠나는, 사라지는, *fr.* apāya(*m. fr.* apa√i, 이별, 잃음, 상실)

8 제3행 : 이 행의 술어는 anveti(따른다)이고, 주어는 sukhaṃ(즐거움이), 그리고 목적어는 naṃ(그를)이다. "chāyā va anapāyinī"는 va(= iva)가 이끄는 부사절이다.

3 “akkocchi maṃ avadhi maṃ ajini maṃ ahāsi me”,[9]
ye taṃ upanayhanti veraṃ tesaṃ na sammati.[10]

3 “나를 욕했고 나를 때렸고 나를 좌절시켰고 내 것을 빼앗아 갔다”,
이런 생각을 품는 이들, 그들의 증오는 가라앉지 않는다.

akkocchi [√kus(욕하다, 꾸짖다)의 *Aor.3.Sg.*] 욕했다, 꾸짖었다
maṃ [amha(*1.pron.*)의 *Sg.Acc.*] 나를
avadhi [√vadh(때리다, 괴롭히다)의 *Aor.3.Sg.*] 때렸다, 괴롭혔다
maṃ [amha(*1.pron.*)의 *Sg.Acc.*] 나를
ajini [√ji(이기다)의 *Aor.3.Sg.*] 이겼다, 좌절시켰다
maṃ [amha(*1.pron.*)의 *Sg.Acc.*] 나를
ahāsi [√har(가지고 가다)의 *Aor.3.Sg.*][11] 가지고 갔다
me [amha(*1.pron.*)의 *Sg.Gen.*] 나의
ye [ya(*pron.*)의 *m.Pl.Nom.*] ~하는 이들. tesaṃ을 지시함
taṃ [ta(*3.pron.*)의 *m.Sg.Acc.*] 그를, 그것을
upanayhanti [upa√nah(묶다, 얽매다)의 *Pres.3.Pl.*] (적의, 생각 등을) 품는다
veraṃ [vera(*nt.*)의 *Sg.Nom.*] 원한은, 증오는
tesaṃ [ta(*3.pron.*)의 *m.Pl.Gen.*] 그들의
na [*indecl.*] ~아니다, ~없다
sammati [√sam(가라앉다, 진정되다)의 *Pres.3.Sg.*] 가라앉는다, 진정된다

4 “akkocchi maṃ avadhi maṃ ajini maṃ ahāsi me”,[12]
ye taṃ na upanayhanti veraṃ tes’ūpasammati.[13]

9 제1행 : 이 행의 술어는 akkocchi(욕했다), avadhi(때렸다), ajini(좌절시켰다), 그리고 ahāsi(빼앗아 갔다)이고, 이 술어동사들을 통해 주어가 3인칭 단수임을 알 수 있다.

10 제2행 : 이 행의 술부는 na sammati(가라앉지 않는다)이고, 주어는 veraṃ(증오는)이다. “ye taṃ upanayhanti”는 관계대명사 ye가 이끄는 관계절로서 tesaṃ을 지시한다. 문맥상 ‘이런 생각’으로 번역한 taṃ은 제1행 전체를 말한다.

11 동사 ahāsi는 속격인 me를 동반하지만, 여기서 me의 의미는 대격과 유사하게 쓰였다.

12 제1행 : 이 행의 술어는 akkocchi(욕했다), avadhi(때렸다), ajini(좌절시켰다), 그리고 ahāsi(빼앗아 갔다)이고, 이 술어동사들을 통해 주어가 3인칭 단수임을 알 수 있다.

4 "나를 욕했고 나를 때렸고 나를 좌절시켰고 내 것을 빼앗아 갔다",
이런 생각을 품지 않는 이들, 그들의 증오는 가라앉는다.

akkocchi [√kus(욕하다, 꾸짖다)의 *Aor.3.Sg.*] 욕했다, 꾸짖었다
maṃ [amha(*1.pron.*)의 *Sg.Acc.*] 나를
avadhi [√vadh(때리다, 괴롭히다)의 *Aor.3.Sg.*] 때렸다, 괴롭혔다
maṃ [amha(*1.pron.*)의 *Sg.Acc.*] 나를
ajini [√ji(이기다)의 *Aor.3.Sg.*] 이겼다, 좌절시켰다
maṃ [amha(*1.pron.*)의 *Sg.Acc.*] 나를
ahāsi [√har(가지고 가다)의 *Aor.3.Sg.*] 가지고 갔다
me [amha(*1.pron.*)의 *Sg.Gen.*] 나의
ye [ya(*pron.*)의 *m.Pl.Nom.*] ~하는 이들. tesaṃ을 지시함
taṃ [ta(*3.pron.*)의 *m.Sg.Acc.*] 그를, 그것을
na [*indecl.*] ~아니다, ~없다
upanayhanti [upa√nah(묶다, 얽매다)의 *Pres.3.Pl.*] (적의, 생각 등을) 품는다
veraṃ [vera(*nt.*)의 *Sg.Nom.*] 원한은, 증오는
tes'ūpasammati = tesaṃ-upasammati. tesaṃ [ta(*3.pron.*)의 *m.Pl.Gen.*] 그들의. upasammati [upa√sam(가라앉다, 진정되다)의 *Pres.3.Sg.*] 가라앉는다, 진정된다

5 na hi verena verāni sammant'idha kudācanaṃ[14]
averena ca sammanti, esa dhammo sanantano.[15]

5 이 세상에서 증오는 결코 증오에 의해 가라앉지 않는다.
그러나 사랑에 의해 가라앉는다. 이것은 영원히 변치 않는 법칙이다.

---

13 제2행 : 이 행의 술어는 sammati(가라앉는다)이고, 주어는 veraṃ(증오는)이다. "ye taṃ na upanayhanti"는 관계대명사 ye가 이끄는 관계절로서 tesaṃ을 지시한다. 문맥상 '이런 생각'으로 번역한 taṃ은 제1행 전체를 말한다.

14 제1행 : 이 행의 술부는 na sammanti(가라앉지 않는다)이고, 주어는 verāni(증오는)이다.

15 제2행 : "averena ca sammanti"의 술어는 sammanti(가라앉는다)이고, 주어는 제1행의 verāni(증오는)이다. "esa dhammo sanantano"의 주어는 esa(이것은)이고, esa는 앞 문장 "na hi verena verāni samman'idha kudācana averena ca sammanti"를 받는 대명사이다. 술어는 명사 dhammo(법칙)이고, sanatano(영원히 변치 않는)는 dhammo를 수식하므로 dhammo(남성, 단수, 주격)의 성, 수, 격에 일치한다.

na [*indecl.*] ~아니다, ~없다

hi [*indecl.*] 실로, 참으로, 왜냐하면, ~조차, ~라도

verena [vera(*nt.*)의 *Sg.Ins.*] 증오로, 증오에 의해서

verāni [vera(*nt.*)의 *Pl.Nom.*] 증오는

sammant'idha = sammanti-idha. sammanti [√sam(가라앉다, 진정되다)의 *Pres.3.Pl.*] 가라앉는다. idha [*indecl.*] 여기서, 지금, 이때에, 이 세상에서

kudācanaṃ[16] [*indecl.*] 언젠가에, 언제 어느 때, 언제라도

averena [avera(*nt.*)의 *Sg.Ins.*] 사랑으로, 사랑에 의하여. a : *pref.* 아니다, 없다. vera : *nt.* 증오

ca = tu [*indecl.*] 그러나, 하지만

sammanti [√sam(가라앉다, 진정되다)의 *Pres.3.Pl.*] 가라앉는다

esa = eso [etad(*pron.*)의 *m.Sg.Nom.*] 이것은

dhammo [dhamma(*m.*)의 *Sg.Nom.*] 법, 법칙

sanantano [sanantana(*adj.*)의 *m.Sg.Nom.*] 영원히 변치 않는, 불멸의

---

6 pare ca na vijānanti : "mayam ettha yamāmase",[17]
ye ca tattha vijānanti tato sammanti medhagā.[18]

6 그리고 "우리는 여기서 [증오를] 제어해야 한다"는 것을 남들은 알지 못한다.
그러나 그것에 대해 아는 이들은 그 앎으로 말미암아 불화가 사라진다.

pare [para(*m.*)의 *Pl.Nom.*] 남들은

ca [*indecl.*] 그리고, ~와

na [*indecl.*] ~아니다, ~없다

vijānanti [vi√ñā(알다, 깨닫다)의 *Pres.3.Pl.*] 이해한다, 안다

mayam = mayaṃ [amha(*1.pron.*)의 *Pl.Nom.*] 우리는

ettha [*adv.*] 여기서, 이 곳에서, 이 세상에서

---

16 PTS본 : kudācana.

17 제1행 : 이 행의 술부는 na vijānanti(알지 못한다)이고, 주어는 pare(남들은), 그리고 목적절은 mayam ettha yamāmase("우리는 여기서 증오를 제어해야 한다"는 것을)이다.

18 제2행 : 이 행의 술어는 sammanti(사라진다, 가라앉는다)이고, 주어는 medhagā(불화가)이다. "ye ca tattha vijānanti"는 관계대명사 ye가 이끄는 관계절이다.

yamāmase [√yam(제어하다, 참다)의 *A.Imper.1.Pl.*] 제어해야 한다
ye [ya(*pron.*)의 *m.Pl.Nom.*] ~하는 이들은
ca = tu [*indecl.*] 그러나, 하지만
tattha [*adv.*] 그것에, 그것에 대해, 지시대명사 ta의 처격처럼 쓰임
vijānanti [vi√ñā(알다, 깨닫다)의 *Pres.3.Pl.*] 안다, 이해한다, 깨닫는다
tato [ta(*3.pron.*)의 *Abl.*] (부사적으로 쓰여) 그런 까닭에, 그로 말미암아, 그 결과
sammanti [√sam(가라앉다, 진정되다)의 *Pres.3.Pl.*] 사라진다, 가라앉는다
medhagā [medhaga(*m.*)의 *Pl.Nom.*] 싸움은, 불화는

---

7 subhānupassiṃ viharantaṃ indriyesu asaṃvutaṃ
bhojanamhi cāmattaññuṃ kusītaṃ hīnavīriyaṃ
taṃ ve pasahatī Māro vāto rukkhaṃ va dubbalaṃ.[19]

7 아름다운 것만 관찰하고 감관(感官)을 제어하지 않고 살며,
음식을 절제할 줄 모르고 나태하며 정진을 게을리하는,
그를 실로 악마가 정복한다. 마치 약한 나무를 바람이 정복하듯.

subhānupassiṃ [subhānupassin(*adj.*)의 *m.Sg.Acc.*] 아름다운 것을 관찰하는. subha : *nt.* 아름다운 것, 깨끗한 것. anupassin : *adj.* 관찰하는, 생각하는, *fr.* anu√dis(보다)
viharantaṃ [viharanta의 *m.Sg.Acc.*] 사는, 머무르는. viharanta : vi√har(나르다, 가지고 가다)의 *Ppr.*
indriyesu [indriya(*nt.*)의 *Sg.Loc.*] 감각에, 감각기관에
asaṃvutaṃ [asaṃvuta의 *m.Sg.Acc.*] 제어되지 않은. a : *pref.* 아니다, 없다. saṃvuta : 제어된, saṃ√var(제어하다)의 *Pp.*
bhojanamhi [bhojana(*nt.*)의 *Sg.Loc.*] 음식에. bhojana : *fr.* √bhuj(먹다)
cāmattaññuṃ = ca-amattaññuṃ. ca [*indecl.*] 그리고, ~와.
amattaññuṃ [amattaññū(*adj.*)의 *m.Sg.Acc.*] 절제할 줄 모르는. a : *pref.* 아니다, 없다. mattaññū(mattā-ñū / ññū) : *adj.* 적당량을 아는, 절제할 줄 아는

19 제1~3행 : 이 시의 술어는 pasahati(정복한다)이고, 주어는 Māra(악마가), 그리고 목적어는 taṃ(그를)이다. 제1~2행의 subhānupassiṃ(아름다운 것만 관찰하는), viharantaṃ(사는), amattaññuṃ(절제할 줄 모르는), kusītaṃ(나태한), 그리고 hīnavīriyaṃ(정진을 게을리하는)은 제3행의 taṃ(그를)을 수식하므로 taṃ(남성, 단수, 대격)의 성, 수, 격에 일치한다. "vāto rukkhaṃ va dubbalaṃ"은 va(= iva)가 이끄는 부사절이다.

kusītaṃ [kusīta(*adj.*)의 *m.Sg.Acc.*] 나태한, 게으른

hīnavīriyaṃ [hīnavīriya의 *m.Sg.Acc.*] 정진을 게을리하는. hīna : 부족한, 적은, √hā(줄다, 감소하다)의 *Pp.* vīriya = viriya : *nt.* 정진, 힘, 활기

taṃ [ta(*3.pron.*)의 *m.Sg.Acc.*] 그를, 그것을

ve [*indecl.*] 참으로, 정말, 바로, 확실히

pasahatī = pasahati [pa√sah(정복하다, 이기다)의 *Pres.3.Sg.*] 정복한다, 이긴다

Māro [māra(*m.*)의 *Sg.Nom.*] 악마가, 마왕이

vāto [vāta(*m.*)의 *Sg.Nom.*] 바람이

rukkhaṃ [rukkha(*m.*)의 *Sg.Acc.*] 나무를

va = iva [*indecl.*] ~와 같이, ~처럼, ~와 마찬가지로

dubbalaṃ [dubbala(*adj.*)의 *m.Sg.Acc.*] 약한. du : *indecl.* 나쁜, 부족한, 어려운. bala : *nt.* 힘

---

8 asubhānupassiṃ viharantaṃ indriyesu susaṃvutaṃ
bhojanamhi ca mattaññuṃ saddhaṃ āraddhavīriyaṃ
taṃ ve na-ppasahatī Māro vāto selaṃ va pabbataṃ.[20]

8 추한 것을 관찰하고 감관(感官)을 잘 제어하고 살며,
음식을 절제할 줄 알고 성실하며 정진에 힘쓰는,
그를 실로 악마가 정복하지 못한다. 마치 돌산을 바람이 정복하지 못하듯.

asubhānupassiṃ [asubhānupassin(*adj.*)의 *m.Sg.Acc.*] 추한 것을 관찰하는. a : *pref.* 아니다, 없다. subha : *nt.* 아름다운 것, 깨끗한 것. anupassin : *adj.* 관찰하는, 생각하는, *fr.* anu√dis(보다)

viharantaṃ [viharanta의 *m.Sg.Acc.*] 사는, 머무르는. viharanta : vi√har(나르다, 가지고 가다)의 *Ppr.*

indriyesu [indriya(*nt.*)의 *Sg.Loc.*] 감각에, 감각기관에

susaṃvutaṃ [susaṃvuta의 *m.Sg.Acc.*] 잘 제어된. su : *indecl.* 잘, 철저하게. saṃvuta :

20 제1~3행 : 이 시의 술부는 na pasahati(정복하지 못한다)이고, 주어는 Māra(악마가), 그리고 목적어는 taṃ(그를)이다. 제1~2행의 asubhānupassiṃ(추한 것을 관찰하는), viharantaṃ(사는), mattaññuṃ(절제할 줄 아는), saddhaṃ(성실한), 그리고 āraddhavīriyaṃ(정진에 힘쓰는)은 제3행의 taṃ(그를)을 수식하므로 taṃ(남성, 단수, 대격)의 성, 수, 격에 일치한다. "vāto selaṃ va pabbataṃ"은 va(= iva)가 이끄는 부사절이다. 이 부사절의 술부 또한 na pasahati이다.

제어된, saṃ√var(막다)의 *Pp.*

bhojanamhi [bhojana(*nt.*)의 *Sg.Loc.*] 음식에. bhojana : *fr.* √bhuj(먹다)

ca [*indecl.*] 그리고, ~와

mattaññuṃ [mattaññū(*adj.*)의 *m.Sg.Acc.*] 적당량을 아는, 절제할 줄 아는. mattā : *f.* 적당량, 절제, 중용. ñū / ññū : *adj.* 아는, 알고 있는, *fr.* √ñā(알다)

saddhaṃ [saddha(*adj.*)의 *m.Sg.Acc.*] 성실한, 믿을 수 있는, 충실한

āraddhavīriyaṃ [āraddhavīriya(*adj.*)의 *m.Sg.Acc.*] 정진에 힘쓰는. āraddha : 노력하는, 단호한, ā√rabh(시도하다, 노력하다)의 *Pp.* vīriya = viriya : *nt.* 정진, 힘, 활기

taṃ [ta(*3.pron.*)의 *m.Sg.Acc.*] 그를, 그것을

ve [*indecl.*] 참으로, 정말, 바로, 확실히

na-ppasahatī = na-pasahati : 정복하지 못한다, 이기지 못한다. na [*indecl.*] ~아니다, ~없다. pasahati [pa√sah(정복하다, 이기다)의 *Pres.3.Sg.*] 정복한다, 이긴다

Māro [māra(*m.*)의 *Sg.Nom.*] 악마가, 마왕이

vāto [vāta(*m.*)의 *Sg.Nom.*] 바람이

selaṃ [sela(*adj.*)의 *m.Sg.Acc.*] 바위로 된, 부동의

va = iva [*indecl.*] ~와 같이, ~처럼, ~와 마찬가지로

pabbataṃ [pabbata(*m.*)의 *Sg.Acc.*] 산을

---

9 anikkasāvo kāsāvaṃ yo vatthaṃ paridahessati
apeto damasaccena na so kāsāvam arahati.[21]

9 황색 승복을 입었을지라도 청정하지 않고
절제와 진실이 없는 자, 그는 황색 승복에 대한 자격이 없다.

anikkasāvo [anikkasāva(*adj.*)의 *m.Sg.Nom.*] 청정하지 않은, 부도덕한. a : *pref.* 아니다, 없다. nikkasāva(ni-kasāva) : *adj.* 더러움이 없는, 청정한

kāsāvaṃ [kāsāva(*adj.*)의 *nt.Sg.Acc.*] 황색의

yo [ya(*pron.*)의 *m.Sg.Nom.*] ~하는 이. so를 지시함

vatthaṃ [vattha(*nt.*)의 *Sg.Acc.*] 옷을

---

21 제1~2행 : 이 시의 술부는 na arahati(자격이 없다)이고, 주어는 so(그는), 그리고 목적어는 kāsāvaṃ(황색 승복에 대한)이다. "anikkasāvo kāsāvaṃ yo vatthaṃ paridahessati apeto damasaccena"는 관계대명사 yo가 이끄는 관계절로서 제2행의 so를 지시한다.

paridahessati [pari√dhā(두다, 놓다)의 *Fut.3.Sg.*] 입을 것이다

apeto [apeta의 *m.Sg.Nom.*] ~이 없는, 결여된. apeta : apa√i(가다)의 *Pp.*

damasaccena [damasacca(*nt.*)의 *Sg.Ins.*] 절제와 진실로. dama : *nt.* 절제, 단련. sacca : *nt.* 진리, 참, 진실

na [*indecl.*] ~아니다, ~없다

so [ta(*3.pron.*)의 *m.Sg.Nom.*] 그는, 그것은

kāsāvam = kāsāvaṃ [kāsāva(*nt.*)의 *Sg.Acc.*] 황색 승복에 대한

arahati [√arah(~할 가치가 있다, ~의 자격이 있다)의 *Pres.3.Sg.*] ~의 자격이 있다

---

10 yo ca vantakasāv'assa sīlesu susamāhito
upeto damasaccena sa ve kāsāvam arahati.[22]

10 그러나 더러움을 버리려 하고 계행을 잘 갖췄으며
절제와 진실을 지닌 이, 그는 참으로 황색 승복에 대한 자격이 있다.

yo [ya(*pron.*)의 *m.Sg.Nom.*] ~하는 이. sa를 지시함

ca = tu [*indecl.*] 그러나, 하지만

vantakasāv'assa = vantakasāvo-assa : 더러움을 버리려고 한다.
vantakasāvo [vantakasāva의 *m.Sg.Nom.*] 더러움을 버린. vanta : 버린, √vam(토하다, 내던지다)의 *Pp.* kasāva : *m.* 더러움. assa [√as(이다, 있다, 존재하다, 되다)의 *Pot.3.Sg.*] ~일 것이다, 하려고 한다

sīlesu [sīla(*nt.*)의 *Pl.Loc.*] 계행에, 덕에, 덕행에

susamāhito [susamāhita의 *m.Sg.Nom.*] 잘 갖춘. su : *indecl.* 잘, 철저하게. samāhita : 고정된, 가라앉은, 갖춘, saṃ-ā√dhā(두다, 놓다)의 *Pp.*

upeto [upeta의 *m.Sg.Nom.*] 가진, 갖춘, 지닌. upeta : upa√i(가다)의 *Pp.*

damasaccena [damasacca(*nt.*)의 *Sg.Ins.*] 절제와 진실로. dama : *nt.* 절제, 단련. sacca : *nt.* 진리, 참, 진실

sa [ta(*3.pron.*)의 *m.Sg.Nom.*] 그는, 그것은

ve [*indecl.*] 참으로, 정말, 바로, 확실히

---

22 제1~2행 : 이 시의 술부는 arahati(자격이 있다)이고, 주어는 sa(그는)이고, 그리고 목적어는 kāsāvaṃ(황색 승복에 대한)이다. "yo ca vantakasāv'assa sīlesu susamāhito upeto damasaccena"는 관계대명사 yo가 이끄는 관계절로서 제2행의 sa를 지시한다.

kāsāvam = kāsāvaṃ [kāsāva(*nt.*)의 *Sg.Acc.*] 황색 승복에 대한
arahati [√arah(~할 가치가 있다, ~의 자격이 있다)의 *Pres.3.Sg.*] ~의 자격이 있다

---

11 asāre sāramatino sāre cāsāradassino
te sāraṃ nādhigacchanti micchāsaṃkappagocarā.[23]

11 진실이 아닌 것에서 진실을 생각하고, 진실인 것에서 진실이 아닌 것을 보는
그들은 그릇된 생각으로 살면서 진실에 도달하지 못한다.

asāre [asāra(*m.*)의 *Sg.Loc.*] 진실이 아닌 것에서. a : *pref.* 아니다, 없다. sāra : *m.* 진실, 본질
sāramatino [sāramatin(*adj.*)의 *m.Pl.Nom.*] 진실을 생각하는. sāra : *m.* 본질, 가치 있는 것, 진실. matin : *adj.* 생각하는 : *fr.* mata(√man의 *Pp.*)
sāre [sāra(*m.*)의 *Sg.Loc.*] 진실에서
cāsāradassino = ca-asāradassino. ca [*indecl.*] 그리고, ~와.
asāradassino [asāradassin(*adj.*)의 *m.Pl.Nom.*] 진실이 아닌 것을 보는. asāra : *m.* 진실이 아닌 것. dassin : *adj.* 보는, *fr.* √dis(보다)
te [ta(*3.pron.*)의 *m.Pl.Nom.*] 그들은, 그것들은
sāraṃ [sāra(*m.*)의 *Sg.Acc.*] 진실에
nādhigacchanti = na-adhigacchanti : 도달하지 못한다, 이해하지 못한다. na [*indecl.*] ~아니다, ~없다. adhigacchanti [adhi√gam(가다)의 *Pres.3.Pl.*] 도달한다, 이해한다
micchāsaṃkappagocarā [micchāsaṃkappagocara(*adj.*)의 *m.Pl.Nom.*] 그릇된 생각으로 사는. micchā : *adv.* 진실이 아닌, 그릇된. saṃkappa : *m.* 생각, 의도. gocara : *adj.* ~을 먹고 사는, ~에 사는

---

12 sārañ ca sārato ñatvā asārañ ca asārato
te sāraṃ adhigacchanti sammāsaṃkappagocarā.[24]

---

23 제1~2행 : 이 시의 술어는 nādhigacchanti(도달하지 못한다)이고, 주어는 te(그들은), 그리고 목적어는 sāraṃ(진실에)이다. 제1행의 sāramatino(진실을 생각하는)과 asāradassino(진실이 아닌 것을 보는), 그리고 제2행의 micchāsaṃkappagocarā(그릇된 생각으로 사는)는 te(그들은)를 수식하므로 te(남성, 복수, 주격)의 성, 수, 격에 일치한다.

12 진실을 진실로, 진실이 아닌 것을 진실이 아닌 것으로 아는
그들은 올바른 생각으로 살면서 진실에 도달한다.

sārañ = sāraṃ [sāra(*m.*)의 *Sg.Acc.*] 진실을
ca [*indecl.*] 그리고, ~와
sārato [sāra(*m.*)의 *Abl.*][25] 진실과 같이, 진실로
ñatvā [√ñā(알다)의 *Ger.*] 알고 나서
asārañ = asāraṃ [asāra(*m.*)의 *Sg.Acc.*] 진실이 아닌 것을
ca [*indecl.*] 그리고, ~와
asārato [asāra(*m.*)의 *Abl.*] 진실이 아닌 것으로
te [ta(*3.pron.*)의 *m.Pl.Nom.*] 그들은, 그것들은
sāraṃ [sāra(*m.*)의 *Sg.Acc.*] 진실에
adhigacchanti [adhi√gam(가다)의 *Pres.3.Pl.*] 이른다, 도달한다, 이해한다
sammāsaṃkappagocarā [sammāsaṃkappagocara(*adj.*)의 *m.Pl.Nom.*] 올바른 생각으로 사는. sammā : *indecl.* 완전히, 올바르게, 더할 나위 없이. saṃkappa : *m.* 생각, 의도. gocara : *adj.* ~을 먹고 사는, ~에 사는

13 yathā agāraṃ ducchannaṃ vuṭṭhi samativijjhati[26]
evaṃ abhāvitaṃ cittaṃ rāgo samativijjhati.[27]

13 엉성하게 이어진 집에 비가 새는 것처럼
수행이 안 된 마음에 탐욕이 스며든다.

24 제1~2행 : 제1행은 절대분사 ñatvā가 이끄는 종속절이고, 제2행은 주절이다. 주절의 술어는 adhigacchanti(도달한다)이고, 주어는 te(그들은), 그리고 목적어는 sāraṃ(진실에)이다. sammāsaṃkappagocarā(올바른 생각으로 사는)는 te(그들은)를 수식하므로 te(남성, 복수, 주격)의 성, 수, 격에 일치한다. 절대분사 ñatvā는 주절의 술어 adhigacchanti 이전의 행위를 나타낸다. ñatvā의 행위주체 또한 te이다.

25 to는 명사 뒤에 붙어 '~로부터', '~에서', '~때문에', '~대로', '~와 같이'의 의미를 나타내는 접미사이고 종격 어미처럼 쓰인다.

26 제1행 : 이 행의 술어는 samativijjhati(샌다)이고, 주어는 vuṭṭhi(비가), 그리고 목적어는 agāraṃ(집에)이다. 과거분사 ducchannaṃ(엉성하게 이어진)은 agāraṃ(집에)을 수식하므로 agāraṃ(중성, 단수, 대격)의 성, 수, 격에 일치한다.

27 제2행 : 이 행의 술어는 samativijjhati(스며든다)이고, 주어는 rāgo(탐욕이), 그리고 목적어는 cittaṃ(마음에)이다. 과거분사 abhāvitaṃ(수행이 안 된)은 cittaṃ(마음에)을 수식하므로 cittaṃ(중성, 단수, 대격)의 성, 수, 격에 일치한다.

yathā [*adv.*] ~와 같이, ~처럼

agāraṃ [agāra(*nt.*)의 *Sg.Acc.*] 집에

ducchannaṃ [duchanna의 *nt.Sg.Acc.*] 엉성하게 이어진. du : *indecl.* 나쁜, 부족한, 어려운. channa : 짚으로 이어진, √chad(덮다, 짚으로 이다)의 *Pp.*

vuṭṭhi [vuṭṭhi(*f.*)의 *Sg.Nom.*] 비가

samativijjhati [saṃ-ati√vidh(꿰뚫다)의 *Pres.3.Sg.*] 침투한다, ~에 스며든다, 샌다

evaṃ [*adv.*] ~와 마찬가지로, 이와 같이, 이렇게

abhāvitaṃ [abhāvita의 *nt.Sg.Acc.*] 수행이 안 된. a : *pref.* 아니다, 없다. bhāvita : 수행된, 수련된, √bhū(이다, 있다)의 *Caus. Pp.*

cittaṃ [citta(*nt.*)의 *Sg.Acc.*] 마음에

rāgo [rāga(*m.*)의 *Sg.Nom.*] 탐욕이, 갈망이

samativijjhati [saṃ-ati√vidh(꿰뚫다)의 *Pres.3.Sg.*] 침투한다, ~에 스며든다, 샌다

14 yathā agāraṃ succhannaṃ vuṭṭhi na samativijjhati[28]
evaṃ subhāvitaṃ cittaṃ rāgo na samativijjhati.[29]

14 잘 이어진 집에 비가 새지 못하는 것처럼
수행이 잘된 마음에 탐욕이 스며들지 못한다.

yathā [*adv.*] ~와 같이, ~처럼

agāraṃ [agāra(*nt.*)의 *Sg.Acc.*] 집에

succhannaṃ [suchanna의 *nt.Sg.Acc.*] 잘 이어진. su : *indecl.* 잘, 철저하게. channa : 짚으로 이어진, √chad(덮다, 짚으로 이다)의 *Pp.*

vuṭṭhi [vuṭṭhi(*f.*)의 *Sg.Nom.*] 비가

na [*indecl.*] ~아니다, ~없다

28 제1행 : 이 행의 술부는 na samativijjhati(새지 못한다)이고, 주어는 vuṭṭhi(비가), 그리고 목적어는 agāraṃ(집에)이다. 과거분사 succhannaṃ(잘 이어진)은 agāraṃ(집에)을 수식하므로 agāraṃ(중성, 단수, 대격)의 성, 수, 격에 일치한다.

29 제2행 : 이 행의 술부는 na samativijjhati(스며들지 못한다)이고, 주어는 rāgo(탐욕이), 그리고 목적어는 cittaṃ(마음에)이다. 과거분사 subhāvitaṃ(수행이 잘된)은 cittaṃ(마음에)을 수식하므로 cittaṃ(중성, 단수, 대격)의 성, 수, 격에 일치한다.

samativijjhati [saṃ-ati√vidh(꿰뚫다)의 *Pres.3.Sg.*] 침투한다, ~에 스며든다, 샌다

evaṃ [*adv.*] ~와 마찬가지로, 이와 같이, 이렇게

subhāvitaṃ [subhāvita의 *nt.Sg.Acc.*] 수행이 잘된. su : *indecl.* 잘, 철저하게. bhāvita : 수행된, 수련된, √bhū(이다, 있다)의 *Caus.Pp.*

cittaṃ [citta(*nt.*)의 *Sg.Acc.*] 마음에

rāgo [rāga(*m.*)의 *Sg.Nom.*] 탐욕이, 갈망이

na [*indecl.*] ~아니다, ~없다

samativijjhati [saṃ-ati√vidh(꿰뚫다)의 *Pres.3.Sg.*] 침투한다, ~에 스며든다, 샌다

---

15 idha socati pecca socati[30]
pāpakārī ubhayattha socati,[31]
so socati so vihaññati
disvā kammakiliṭṭham attano.[32]

15 여기서 한탄한다. 죽은 후에도 한탄한다.
악행을 저지르는 자는 [현세와 사후] 두 곳 다에서 한탄한다.
그는 한탄한다. 그는 괴로워한다.
자신의 악한 행위를 보고는.

idha [*indecl.*] 여기서, 지금, 이때에, 이 세상에서

socati [√suc(슬퍼하다, 한탄하다)의 *Pres.3.Sg.*] 슬퍼한다, 한탄한다

pecca [pa√i(가다)의 *Ger.*] 간 후에, 떠난 후에, 죽은 후에

socati [√suc(슬퍼하다, 한탄하다)의 *Pres.3.Sg.*] 슬퍼한다, 한탄한다

pāpakārī [pāpakārin(*adj.*)의 *m.Sg.Nom.*] (*n.*) 악행을 저지르는 자는. pāpa : *nt.* 악, 악행. kārin : *adj.* 하는, 행하는, *fr.* √kar(하다, 행하다)

ubhayattha [*adv.*] 두 곳 다에서

---

30 제1행 : 이 행의 술어는 socati(한탄한다)이고, 주어는 제2행의 pāpakārī(악행을 저지르는 자는)이다.

31 제2행 : 이 행의 술어는 socati(한탄한다)이고, 주어는 pāpakārī(악행을 저지르는 자는)이다.

32 제3~4행 : 제3행은 주절이고, 제4행은 절대분사 disvā가 이끄는 종속절이다. 주절의 술어는 socati(한탄한다)와 vihaññati(괴로워한다)이고, 주어는 so(그는)이다. 절대분사 disvā는 주절의 술어 socati와 vihaññati 이전의 행위를 나타낸다. disvā의 행위주체 또한 so이다.

socati [√suc(슬퍼하다, 한탄하다)의 *Pres.3.Sg.*] 슬퍼한다, 한탄한다
so [ta(*3.pron.*)의 *m.Sg.Nom.*] 그는, 그것은
socati [√suc(슬퍼하다, 한탄하다)의 *Pres.3.Sg.*] 슬퍼하다, 한탄하다
so [ta(*3.pron.*)의 *m.Sg.Nom.*] 그는, 그것은
vihaññati [vi√han(때리다, 고통을 주다)의 *Pres.Pass.3.Sg.*] 맞는다, 괴로워한다
disvā [√dis(보다)의 *Ger.*] 보고 나서, 보고는
kammakiliṭṭham = kammakiliṭṭhaṃ [kammakiliṭṭha(*nt.*)의 *Sg.Acc.*] 악한 행위를. kamma : *nt.* 행위. kiliṭṭha : 나쁜, 악한, √kilis(나빠지다, 더러워지다)의 *Pp.*
attano [attan(*m.*)의 *Sg.Gen.*] 자신의

16 idha modati pecca modati[33]
katapuñño ubhayattha modati,[34]
so modati so pamodati
disvā kammavisuddhim attano.[35]

16 여기서 기뻐한다. 죽은 후에도 기뻐한다.
공덕을 짓는 이는 [현세와 사후] 두 곳 다에서 기뻐한다.
그는 기뻐한다. 그는 흐뭇해한다.
자신의 청정한 행위를 보고는.

idha [*indecl.*] 여기서, 지금, 이때에, 이 세상에서
modati [√mud(기뻐하다, 즐기다)의 *Pres.3.Sg.*] 기뻐한다, 즐긴다
pecca [pa√i(가다)의 *Ger.*] 간 후에, 떠난 후에, 죽은 후에
modati [√mud(기뻐하다, 즐기다)의 *Pres.3.Sg.*] 기뻐한다, 즐긴다
katapuñño [katapuñña의 *m.Sg.Nom.*] (*n.*) 공덕을 짓는 이는, 선행을 하는 이는. kata : 한, 행한, √kar(하다, 행하다)의 *Pp.* puñña : *nt.* 공덕, 선, 선행

33 제1행 : 이 행의 술어는 modati(기뻐한다)이고, 주어는 제2행의 katapuñño(공덕을 짓는 이는)이다.
34 제2행 : 이 행의 술어는 modati(기뻐한다)이고, 주어는 katapuñño(공덕을 짓는 이는)이다.
35 제3~4행 : 제3행은 주절이고, 제4행은 절대분사 disvā가 이끄는 종속절이다. 주절의 술어는 modati(기뻐한다)와 pamodati(흐뭇해한다)이고, 주어는 so(그는)이다. 절대분사 disvā는 주절의 술어 modati와 pamodati 이전의 행위를 나타낸다. disvā의 행위주체 또한 so이다.

ubhayattha [*adv.*] 두 곳 다에서

modati [√mud(기뻐하다, 즐기다)의 *Pres.3.Sg.*] 기뻐한다, 즐긴다

so [ta(*3.pron.*)의 *m.Sg.Nom.*] 그는, 그것은

modati [√mud(기뻐하다, 즐기다)의 *Pres.3.Sg.*] 기뻐한다, 즐긴다

so [ta(*3.pron.*)의 *m.Sg.Nom.*] 그는, 그것은

pamodati [pa√mud(기뻐하다, 즐기다)의 *Pres.3.Sg.*] 흐뭇해한다, 기뻐한다

disvā [√dis(보다)의 *Ger.*] 보고 나서, 보고는

kammavisuddhim = kammavisuddhiṃ [kammavisuddhi(*nt.*)의 *Sg.Acc.*] 청정한 행위를. kamma : *nt.* 행위. visuddhi : *f.* 청정, 밝음, 덕

attano [attan(*m.*)의 *Sg.Gen.*] 자신의

---

17 idha tappati pecca tappati[36]
pāpakārī ubhayattha tappati,[37]
“pāpaṃ me katan”ti tappati.[38]
bhiyyo tappati duggatiṃ gato.[39]

17 여기서 괴로워한다. 죽은 후에도 괴로워한다.
악행을 저지르는 자는 [현세와 사후] 두 곳 다에서 괴로워한다.
“내가 악행을 저질렀다”라며 괴로워한다.
비참한 세계에 가서 더 크게 괴로워한다.

idha [*indecl.*] 여기서, 지금, 이때에, 이 세상에서

tappati [√tap(태우다, 빛나게 하다)의 *Pres.Pass.3.Sg.*] 탄다, 괴로워한다

pecca [pa√i(가다)의 *Ger.*] 간 후에, 떠난 후에, 죽은 후에

tappati [√tap(태우다, 빛나게 하다)의 *Pres.Pass.3.Sg.*] 탄다, 괴로워한다

pāpakārī [pāpakārin(*adj.*)의 *m.Sg.Nom.*] (*n.*) 악행을 저지르는 자는. pāpa : *nt.* 악, 악행.

---

36 제1행 : 이 행의 술어는 tappati(괴로워한다)이고, 주어는 제2행의 pāpakārī(악행을 저지르는 자는)이다.

37 제2행 : 이 행의 술어는 tappati(괴로워한다)이고, 주어는 pāpakārī(악행을 저지르는 자는)이다.

38 제3행 : 이 행의 술어는 tappati(괴로워한다)이고, 주어는 제2행의 pāpakārī(악행을 저지르는 자는)이다. “pāpaṃ me kataṃ”은 수동형 문장(악행이 나에 의해 저질러졌다)인데 능동형 문장(내가 악행을 저질렀다)으로 바꾸어 번역하였다.

39 제4행 : 이 행의 술어는 tappati(괴로워한다)이고, 주어는 제2행의 pāpakārī(악행을 저지르는 자는)이다.

kārin : *adj.* 하는, 행하는, *fr.* √kar(하다, 행하다)

ubhayattha [*adv.*] 두 곳 다에서

tappati [√tap(태우다, 빛나게 하다)의 *Pres.Pass.3.Sg.*] 탄다, 괴로워한다

pāpaṃ [pāpa(*nt.*)의 *Sg.Nom.*] 악이, 죄악이, 악행이

me [amha(*1.pron.*)의 *Sg.Ins.*] 나에 의하여, 나로 인해, 나 때문에

katan"ti = kataṃ iti : "~ 저질러졌다"라고. kataṃ [kata의 *nt.Sg.Nom.*] ~한, 되어졌다. kata : √kar(하다, 행하다)의 *Pp.* ti / iti [*indecl.*] 직접화법이 끝났음을 나타내거나 바로 언급한 것을 나타냄. "pāpaṃ me katan"ti : "악행이 나에 의해 저질러졌다(= 내가 악행을 저질렀다)"라고

tappati [√tap(태우다, 빛나게 하다)의 *Pres.Pass.3.Sg.*] 탄다, 괴로워한다

bhiyyo [*adv.*] 보다 많이, 더욱 크게, 더욱

tappati [√tap(태우다, 빛나게 하다)의 *Pres.Pass.3.Sg.*] 탄다, 괴로워한다

duggatiṃ [duggati(*f.*)의 *Sg.Acc.*] 비참한 세계에. du : *indecl.* 나쁜, 부족한, 어려운. gati : *f.* 내세, 내생, 운명, *fr.* √gam(가다)

gato [gata의 *m.Sg.Nom.*] 간, 가서는, 이른. gata : √gam(가다)의 *Pp.*

---

18 idha nandati pecca nandati[40]
katapuñño ubhayattha nandati,[41]
"puññaṃ me katan"ti nandati.[42]
bhiyyo nandati suggatiṃ gato.[43]

18 여기서 즐거워한다. 죽은 후에도 즐거워한다.
공덕을 짓는 이는 [현세와 사후] 두 곳 다에서 즐거워한다.
"내가 공덕을 지었다"라며 즐거워한다.
좋은 세계에 가서 더 크게 즐거워한다.

---

40 제1행 : 이 행의 술어는 nandati(즐거워한다)이고, 주어는 제2행의 katapuñño(공덕을 짓는 이는)이다.

41 제2행 : 이 행의 술어는 nandati(즐거워한다)이고, 주어는 katapuñño(공덕을 짓는 이는)이다.

42 제3행 : 이 행의 술어는 nandati(즐거워한다)이고, 주어는 제2행의 katapuñño(공덕을 짓는 이는)이다. "puññaṃ me kataṃ"은 수동형 문장(공덕이 나에 의해 지어졌다)인데 능동형 문장(내가 공덕을 지었다)으로 바꾸어 번역하였다.

43 제4행 : 이 행의 술어는 nandati(즐거워한다)이고, 주어는 제2행의 katapuñño(공덕을 짓는 이는)이다.

idha [*indecl.*] 여기서, 지금, 이때에, 이 세상에서

nandati [√nand(기뻐하다, 즐거워하다)의 *Pres.3.Sg.*] 즐거워한다

pecca [pa√i(가다)의 *Ger.*] 간 후에, 떠난 후에, 죽은 후에

nandati [√nand(기뻐하다, 즐거워하다)의 *Pres.3.Sg.*] 즐거워한다

katapuñño [katapuñña의 *m.Sg.Nom.*] 공덕을 짓는 이는, 선행을 하는 이는. kata : 한, 행한, √kar(하다, 행하다)의 *Pp.* puñña : *nt.* 공덕, 선, 선행

ubhayattha [*adv.*] 두 곳 다에서

nandati [√nand(기뻐하다, 즐거워하다)의 *Pres.3.Sg.*] 즐거워한다

puññaṃ [puñña(*nt.*)의 *Sg.Nom.*] 공덕은, 선은, 선행은

me [amha(*1.pron.*)의 *Sg.Ins.*] 나에 의하여, 나로 인해, 나 때문에

katan"ti = kataṃ iti : "~ 행해졌다"라고. kataṃ [kata의 *nt.Sg.Nom.*] ~한, 되어졌다. kata : √kar(하다, 행하다)의 *Pp.* ti / iti [*indecl.*] 직접화법이 끝났음을 나타내거나 바로 언급한 것을 나타냄. "puññaṃ me katan"ti : "공덕이 나에 의해 지어졌다(= 내가 공덕을 지었다)"라고

nandati [√nand(기뻐하다, 즐거워하다)의 *Pres.3.Sg.*] 즐거워한다

bhiyyo [*adv.*] 보다 많이, 더욱 크게, 더욱

nandati [√nand(기뻐하다, 즐거워하다)의 *Pres.3.Sg.*] 즐거워한다

suggatiṃ [suggati(*f.*)의 *Sg.Acc.*][44] 좋은 세계에. su : *indecl.* 잘, 철저하게. gati : *f.* 내세, 내생, 운명, *fr.* √gam(가다)

gato [gata의 *m.Sg.Nom.*] 간, 가서는, 이른. gata : √gam(가다)의 *Pp.*

19 bahum pi ce sahitaṃ bhāsamāno
na takkaro hoti naro pamatto[45]
gopo va gāvo gaṇayaṃ paresaṃ[46]
na bhāgavā sāmaññassa hoti.[47]

19 비록 수많은 경전을 읊는다 할지라도

44 운문에서 sugati는 suggati로 쓰이기도 한다.

45 제1~2행 : 이 행들의 술부는 na hoti(아니다)이고, 주어는 naro(사람은)이다.

46 제3행 : 이 행은 va(= iva)가 이끄는 부사절이다. 이 부사절의 술어는 현재분사 gaṇayaṃ(세는)이고, 주어는 gopo(소 치는 자가), 그리고 목적어는 gāvo(소들을)이다.

47 제4행 : 이 행의 술부는 na hoti(아니다)이고, 주어는 제2행의 naro(사람은)이다.

게을러서 그에 따라 행하지 않는다면,
소 치는 자가 남의 소들을 세는 것과 같으므로
그 사람은 수행의 삶을 사는 것이 아니다.

bahum = bahuṃ [bahu(*adj.*)의 *nt.Sg.Acc.*] 많은, 다수의

pi / api [*indecl.*] ~도 또한, 비록 그렇다고 하더라도

ce [*indecl.*] 만약 ~이면, 만약 ~하면. pi / api ce : 비록 ~할지라도, ~라고 하더라도

sahitaṃ [sahita의 *nt.Sg.Acc.*] 결합된, 한 데 모은, (*n.*) 경전, 삼장. sahita : saṃ√dhā(두다, 놓다)의 *Pp.*

bhāsamāno [bhāsamāna의 *m.Sg.Nom.*] 읊는, 읽는. bhāsamāna : √bhās(말하다, 이야기하다)의 *Ppr.*

na [*indecl.*] ~아니다, ~없다

takkaro [takkara(*adj.*)의 *m.Sg.Nom.*] 그것에 따라 행하는. tat : *3.pron.* 그, 그것. kara : *adj.* 하는, 행하는, *fr.* √kar(하다, 행하다)

hoti [√bhū(있다, 이다, 되다)의 *Pres.3.Sg.*] 있다, 이다, 된다

naro [nara(*m.*)의 *Sg.Nom.*] 인간은, 사람은

pamatto [pamatta의 *m.Sg.Nom.*] 나태한, 게으른. pamatta : pa√mad(취하다)의 *Pp.*

gopo [gopa(*m.*)의 *Sg.Nom.*] 소 치는 자가, 목동이

va = iva [*indecl.*] ~와 같이, ~처럼, ~와 마찬가지로

gāvo [go(*m.*)의 *Pl.Acc.*] 소들을

gaṇayaṃ [gaṇayanta의 *m.Sg.Nom.*] 세는. gaṇayanta : √gaṇ(세다, 계산하다)의 *Ppr.*

paresaṃ [para(*m.*)의 *Pl.Gen.*] 남의

na [*indecl.*] ~아니다, ~없다

bhāgavā [bhāgavant(*adj.*)의 *m.Sg.Nom.*] 일부분인, 함께 하는. bhāgavant : *fr.* bhāga(*m.* 일부분, 부분, 몫)

sāmaññassa [sāmañña(*nt.*)의 *Sg.Gen.*] 종교적인 삶의, 수행의 삶의, 수행자의 신분의. sāmañña : samaṇa(*m.* 수행자)의 추상명사

hoti [√bhū(있다, 이다, 되다)의 *Pres.3.Sg.*] 있다, 이다, 된다

20 appam pi ce sahitaṃ bhāsamāno
dhammassa hoti anudhammacārī

rāgañ ca dosañ ca pahāya mohaṃ
sammappajāno suvimuttacitto
anupādiyāno idha vā huraṃ vā[48]
sa bhāgavā sāmaññassa hoti.[49]

20 비록 얼마 안 되는 경전을 읊는다 할지라도
진리 안에서 불법(佛法)에 따라 살고,
탐내는 마음, 성내는 마음, 그리고 어리석은 마음을 다 버리고서
올바르게 알아 완전히 자유로운 마음으로,
여기 이 세상이든 저 세상이든 집착하지 않는다면
그는 수행의 삶을 사는 것이다.

appam = appaṃ [appa(*adj.*)의 *m.Sg.Acc.*] 얼마 안 되는, 적은, 조금

pi / api [*indecl.*] ~도 또한, 비록 그렇다고 하더라도

ce [*indecl.*] 만약 ~이면, 만약 ~하면. pi / api ce : 비록 ~할지라도, ~라고 하더라도

sahitaṃ [sahita의 *nt.Sg.Acc.*] 결합된, 한 데 모은, (*n.*) 경전, 삼장. sahita : saṃ√dhā(두다, 놓다)의 *Pp.*

bhāsamāno [bhāsamāna의 *m.Sg.Nom.*] 읊는, 읽는. bhāsamāna : √bhās(말하다, 이야기하다)의 *Ppr.*

dhammassa [dhamma(*m.*)의 *Sg.Gen.*] 불법(佛法)의, 진리의

hoti [√bhū(있다, 이다, 되다)의 *Pres.3.Sg.*] 있다, 이다, 된다

anudhammacārī [anudhammacārin(*adj.*)의 *m.Sg.Nom.*] 불법(佛法)에 따라 사는. anudhamma(anu-dhamma) : *m.* 불법을 따름. cārin : *adj.* 사는, 행하는, *fr.* √car(살다, 행하다)

rāgañ = rāgaṃ [rāga(*m.*)의 *Sg.Acc.*] 탐욕을, 집착을

ca [*indecl.*] 그리고, ~와

dosañ = dosaṃ [dosa(*m.*)의 *Sg.Acc.*] 노여움을, 증오를

ca [*indecl.*] 그리고, ~와

pahāya [pa√hā(버리다, 포기하다)의 *Ger.*] 다 버리고서

mohaṃ [moha(*m.*)의 *Sg.Acc.*] 어리석음을, 미혹을

sammappajāno [sammappajāna의 *m.Sg.Nom.*] 올바르게 아는. sammā : *indecl.* 완전하

48 제1~5행 : 이 행들은 ce가 이끄는 부사절로서 제6행에 연결된다.

49 제6행 : 이 행의 술어는 hoti(이다)이고, 주어는 sa(그는)이다.

게, 올바르게, 더할 나위 없이. pa : *pref.* 행동의 강조를 나타냄. jāna : *adj.* 아는, 알고 있는, *fr.* √ñā(알다)

suvimuttacitto [suvimuttacitta의 *m.Sg.Nom.*] 완전히 자유로운 마음으로. su : *indecl.* 잘, 철저하게. vimutta : 자유로운, vi√muc(해방하다, 풀다, 자유롭게 하다)의 *Pp.* citta : *nt.* 마음, 생각

anupādiyāno [anupādiyāna의 *m.Sg.Nom.*] 집착하지 않는. an : *pref.* 아니다, 없다. upādiyāna : 집착하는, upa-ā√dā(주다)의 *Ppr.*[50]

idha [*indecl.*] 여기서, 지금, 이때에, 이 세상에서

vā [*indecl.*] 또는

huraṃ [*adv.*] 거기서, 저 세상에서

vā [*indecl.*] 또는

sa [ta(*3.pron.*)의 *m.Sg.Nom.*] 그는, 그것은

bhāgavā [bhāgavant(*adj.*)의 *m.Sg.Nom.*] 일부분인, 함께 하는. bhāgavant : *fr.* bhāga(*m.* 일부분, 부분, 몫)

sāmaññassa [sāmañña(*nt.*)의 *Sg.Gen.*] 종교적인 삶의, 수행의 삶의, 수행자의 신분의. sāmañña : samaṇa(*m.* 수행자)의 추상명사

hoti [√bhū(있다, 이다, 되다)의 *Pres.3.Sg.*] 있다, 이다, 된다

50 현재분사 어미 āna가 쓰였다.

제2장

방심하지 않음

Appampāda

21 appamādo amatapadaṃ pamādo maccuno padaṃ,[1]
appamattā na mīyanti ye pamattā yathā matā[2]

21 깨어있음은 죽음이 없는 상태이고, 방심함은 죽음의 상태이다.
깨어있는 이들은 죽지 아니하고, 방심한 이들은 죽은 것과 마찬가지이다.

appamādo [appamāda(*m.*)의 *Sg.Nom.*] 깨어있음은, 성실함은. a : *pref.* 아니다, 없다. pamāda : *m.* 방심함, 게으름

amatapadaṃ [amatapada(*nt.*)의 *Sg.Nom.*] 죽음이 없는 상태. a : *pref.* 아니다, 없다. mata : 죽은, √mar(죽다)의 *Pp.* pada : *nt.* 장소, 상태, 길

pamādo [pamāda(*m.*)의 *Sg.Nom.*] 방심함은

maccuno [maccu(*m.*)의 *Sg.Gen.*] 죽음의, 파멸의

padaṃ [pada(*nt.*)의 *Sg.Nom.*] 장소, 상태, 길

appamattā [appamatta의 *m.Pl.Nom.*] (*n.*) 깨어있는 이들은. a : *pref.* 아니다, 없다. pamatta : pa√mad(취하다)의 *Pp.*

na [*indecl.*] ~아니다, ~없다

1 제1행 : "appamādo amatapadaṃ"의 술어는 amatapadaṃ(죽음이 없는 상태)이고, 주어는 appamādo(깨어있음은)이다. "pamādo maccuno padaṃ"의 술부는 maccuno padaṃ(죽음의 상태)이고, 주어는 pamādo(방심함은)이다.

2 제2행 : "appamattā na mīyanti"의 술부는 na mīyanti(죽지 않는다)이고, 주어는 appamattā(깨어있는 이들은)이다. "ye pamattā yathā matā"의 술부는 yathā matā(죽은 것과 마찬가지이다)이고, 주부는 ye pamattā(방심한 이들은)이다.

mīyanti [√mar(죽다)의 *Pres.3.Pl.*] 죽는다
ye [ya(*pron.*)의 *m.Pl.Nom.*] ~하는 이들은
pamattā [pamatta의 *m.Pl.Nom.*] 방심한. pamatta : pa√mad(취하다)의 *Pp.*
yathā [*adv.*] ~와 같이, ~처럼
matā [mata의 *m.Pl.Nom.*] 죽은. mata : √mar(죽다)의 *Pp.*

22 etaṃ visesato ñatvā appamādamhi paṇḍitā
appamāde pamodanti ariyānaṃ gocare ratā.[3]

22 지혜로운 이들은 깨어있음에 대한 이 이치를 명확하게 알고 나서
성인(聖人)들의 경지를 즐기며 깨어있음에 기뻐한다.

etaṃ [etad(*pron.*)의 *m.Sg.Acc.*] 이것을, 그것을
visesato [visesa의 *Abl.*] 특징적으로, 명확하게, 뚜렷하게
ñatvā [√ñā(알다)의 *Ger.*] 알고 나서, 알고는
appamādamhi [appamāda(*m.*)의 *Sg.Loc.*] 깨어있음에 대해. a : *pref.* 아니다, 없다. pamāda : *m.* 방심함, 게으름
paṇḍitā [paṇḍita(*m.*)의 *Pl.Nom.*] 지혜로운 이들은
appamāde [appamāda(*m.*)의 *Sg.Loc.*] 깨어있음에
pamodanti [pa√mud(기뻐하다, 즐기다)의 *Pres.3.Pl.*] 흐뭇해한다, 기뻐한다
ariyānaṃ [ariya(*m.*)의 *Pl.Gen.*] 성인(聖人)들의
gocare [gocara(*m.*)의 *Sg.Loc.*] 목초지에, 음식에, 적당한 장소에, 경지에
ratā [rata의 *m.Pl.Nom.*] 즐기는, 열중해 있는. rata : √ram(기뻐하다, 즐기다)의 *Pp.*

23 te jhāyino sātatikā niccaṃ daḷhaparakkamā
phusanti dhīrā nibbānaṃ yogakkhemaṃ anuttaraṃ.[4]

---

3 제1~2행 : 제1행은 절대분사 ñatvā가 이끄는 종속절이고, 제2행은 주절이다. 주절의 술어는 pamodanti(즐긴다)이고, 주어는 paṇḍitā(지혜로운 이들은)이다. 절대분사 ñatvā는 주절의 술어 pamodanti 이전의 행위를 나타내고, ñatvā의 행위주체 또한 paṇḍitā이다. ñatvā의 목적어는 etaṃ(이것을)이다. 여기서 etaṃ은 문맥상 '이 이치를'로 번역하였다.

23 명상적이고 끈기 있으며 항상 열심히 노력하는 그들,
[그런] 현명한 이들은 속박에서 벗어난 최고의 안식처인 열반에 이른다.

te [ta(*3.pron.*)의 *m.Pl.Nom.*] 그들은, 그것들은

jhāyino [jhāyin(*adj.*)의 *m.Pl.Nom.*] 명상하는, 명상적인, 집중하는. jhāyin : *fr.* √jhe(명상하다, 숙고하다)

sātatikā [sātatika(*adj.*)의 *m.Pl.Nom.*] 끈기 있는, 참을성 있는. sātatika : *fr.* sātatā(*f.* 행복)

niccaṃ [*adv.*] 항상, 변함없이, 언제나, nicca(*adj.* 변함없는)의 *nt.Sg.Acc.*

daḷhaparakkamā [daḷhaparakkama(*adj.*)의 *m.Pl.Nom.*] 열심히 노력하는. daḷha : *adj.* 확고한, 강한, 굳은. parakkama : *m.* 노력, 수고

phusanti [√phus(~에 닿다, 도달하다, 이르다)의 *Pres.3.Pl.*] 이른다

dhīrā [dhīra(*adj.*)의 *m.Pl.Nom.*] (*n.*) 현명한 이들은

nibbānaṃ [nibbāna(*nt.*)의 *Sg.Acc.*] 열반에

yogakkhemaṃ [yogakkhema의 *nt.Sg.Acc.*] 속박에서 벗어난 안식처. yoga : *m.* 속박, 집착, 인연, *fr.* √yuj(묶다, 결합하다). khema : *nt.* 안식처, 안전한 곳, 평온

anuttaraṃ [anuttara(*adj.*)의 *nt.Sg.Acc.*] (이보다 더 나을 수가 없다는 의미에서) 최고의, 최상의, 견줄 데 없는. an : *pref.* 아니다, 없다. uttara : *adj.* 더 높은, 보다 나은

24 uṭṭhānavato satīmato
sucikammassa nisammakārino
saññatassa ca dhammajīvino
appamattassa yaso'bhivaḍḍhati[5]

24 힘써 노력하고 알아차리고
행위가 청정하고 사려 깊게 행동하며,
자제하고 올바르게 살며

4 제1~2행 : 이 시의 술어는 phusanti(이른다)이고, 주어는 dhīrā(현명한 이들은), 그리고 목적어는 nibbānaṃ(열반에)이다. jhāyino(명상적인), sātatikā(끈기 있는), daḷhaparakkamā(열심히 노력하는)는 te를 수식하므로 te(남성, 복수, 주격)의 성, 수, 격에 일치한다. yogakkhemaṃ anuttaraṃ(속박에서 벗어난 최고의 안식처인)은 nibbānaṃ(열반에)을 수식하므로 nibbānaṃ(중성, 단수, 대격)의 성, 수, 격에 일치한다.

5 제1~4행 : 이 시의 술어는 abhivaḍḍhati(높아진다)이고, 주어는 yaso(명성은)이다.

깨어있는 이의 명성은 높아진다.

uṭṭhānavato [uṭṭhānavant(*adj.*)의 *m.Sg.Gen.*] (*n.*) 노력하는 이의. uṭṭhānavant : *fr.* uṭṭhāna(*nt.* 활기, 힘, 노력)

satīmato = satimato [satimant(*adj.*)의 *m.Sg.Gen.*] (*n.*) 알아차리는 이의. satimant : *fr.* sati(*f.* 알아차림)[6]

sucikammassa [sucikamma(*adj.*)의 *m.Sg.Gen.*] (*n.*) 행위가 청정한 이의. suci : *adj.* 청정한. kamma : *nt.* 행위

nisammakārino [nisammakārī(*adj.*)의 *m.Sg.Gen.*] (*n.*) 사려 깊게 행동하는 이의. nisamma : *adv.* 사려 깊게, 주의 깊게. kārin : *adj.* 행동하는, *fr.* √kar(하다, 행하다)

saññatassa = saṃyatassa[7] [saṃyata의 *m.Sg.Gen.*] (*n.*) 자제하는 이의. saṃyata : saṃ√yam(제어하다, 참다)의 *Pp.*

ca [*indecl.*] 그리고, ~와

dhammajīvino [dhammajīvin(*adj.*)의 *m.Sg.Gen.*] (*n.*) 법에 따라 사는 이의, 올바르게 사는 이의. dhamma : *m.* 법, 정의, 진실. jīvin : *adj.* ~하게 사는, ~한 삶을 사는, *fr.* √jīv(살다, 살아있다)

appamattassa [appamatta의 *m.Sg.Gen.*] (*n.*) 깨어있는 이의. a : *pref.* 아니다, 없다. pamatta : 방심한, pa√mad(취하다)의 *Pp.*

yaso'bhivaḍḍhati = yaso-abhivaḍḍhati : 명성은 높아진다. yaso [yasa(*m.*)의 *Sg.Nom.*] 영광은, 명성은. abhivaḍḍhati [abhi√vaḍḍh(성장하다, 자라다)의 *Pres.3.Sg.*] 높아진다

25 uṭṭhānen'appamādena saññamena damena ca
dīpaṃ kayirātha medhāvī yaṃ ogho nābhikīrati.[8]

25 지혜로운 이는 노력과 깨어있음, 절제와 단련으로
홍수가 휩쓸지 못하는 섬을 만들어야 한다.

6 소유형용사를 만드는 접미사 vant는 a로 끝나는 단어 뒤에 붙고, mant는 a 이외의 모음으로 끝나는 단어 뒤에 붙는다.

7 saṃy는 종종 saññ로 표기되기도 한다.

8 제1~2행 : 이 시의 술어는 kayirātha(만들어야 한다)이고, 주어는 medhāvī(지혜로운 이는), 그리고 목적어는 dīpaṃ(섬을)이다. 제2행의 "yaṃ ogho nābhikīrati"는 관계대명사 yaṃ이 이끄는 관계절로서 dīpaṃ을 지시한다.

uṭṭhānen'appamādena = uṭṭhānena-appamādena : 노력과 깨어있음으로.
uṭṭhānena [uṭṭhāna(*nt.*)의 *Sg.Ins.*] 노력으로. appamādena [appamāda(*m.*)의 *Sg.Ins.*] 깨어있음으로. a : *pref.* 아니다, 없다. pamāda : *m.* 방심함

saññamena = saṃyamena [saṃyama(*m.*)의 *Sg.Ins.*] 절제로

damena [dama(*nt.*)의 *Sg.Ins.*] 단련으로, 길들임으로

ca [*indecl.*] 그리고, ~와

dīpaṃ [dīpa(*m.*)의 *Sg.Acc.*] 섬을, 의지처를

kayirātha [√kar(하다, 행하다, 만들다)의 *A.Pot.3.Sg.*][9] 만들어야 한다

medhāvī [medhāvin(*adj.*)의 *m.Sg.Nom.*] (*n.*) 지혜로운 이는. medhāvin : *fr.* medhā(*f.* 지혜, 현명함)

yaṃ [ya(*pron.*)의 *m.Sg.Acc.*] ~하는. dīpaṃ을 지시함

ogho [ogha(*m.*)의 *Sg.Nom.*] 홍수가

nābhikīrati = na-abhikīrati / abhikirati : 덮치지 못한다, 휩쓸지 못한다. na [*indecl.*] ~아니다, ~없다. abhikirati [abhi√kir(흩어버리다, 산재시키다)의 *Pres.3.Sg.*] 덮친다, 휩쓴다

26 pamādam anuyuñjanti
bālā dummedhino janā[10]
appamādañ ca medhāvī
dhanaṃ seṭṭhaṃ va rakkhati[11]

26 어리석은 자들과 무지(無知)한 자들은
방심함에 빠진다.
그러나 지혜로운 이는 깨어있음을
최고의 보물처럼 지킨다.

9 동사 kayira뒤에 오는 etha(*A.Pot.3.Sg.* 어미)의 첫 모음 e는 ā로 바뀐다.

10 제1~2행 : 이 행들의 술어는 anuyuñjanti(~에 빠진다, 몰두한다)이고, 주어는 bālā(어리석은 자들은)와 dummedhino janā(무지한 자들은), 그리고 목적어는 pamādaṃ(방심함에)이다.

11 제3~4행 : 이 행들의 술어는 rakkhati(지킨다)이고, 주어는 medhāvī(지혜로운 이는), 그리고 목적어는 appamādaṃ(깨어있음을)이다. "dhanaṃ seṭṭhaṃ va"는 va(= iva)가 이끄는 부사절이다.

pamādam = pamādaṃ [pamāda(*m.*)의 *Sg.Acc.*] 방심함에

anuyuñjanti [anu√yuj(묶다, 결합하다)의 *Pres.3.Pl.*] 몰두한다, 추구한다, ~에 빠진다

bālā [bāla(*m.*)의 *Pl.Nom.*] 어리석은 자들은

dummedhino [dummedhin(*adj.*) *m.Pl.Nom.*] 무지(無知)한. du : *indecl.* 나쁜, 부족한, 어려운. medhin : *adj.* 지혜로운, 현명한, *fr.* medhā(*f.* 지혜, 현명함, 총명)

janā [jana(*m.*)의 *Pl.Nom.*] 사람들은, 보통의 사람들은, 범부(凡夫)들은

appamādañ = appamādaṃ [appamāda(*m.*)의 *Sg.Acc.*] 깨어있음을. a : *pref.* 아니다, 없다. pamāda : *m.* 방심함

ca = tu [*indecl.*] 그러나, 하지만

medhāvī [medhāvin(*adj.*)의 *m.Sg.Nom.*] (*n.*) 지혜로운 이는. medhāvin : *fr.* medhā(*f.* 지혜, 현명함)

dhanaṃ [dhana(*nt.*)의 *Sg.Acc.*] 보물, 재산

seṭṭhaṃ [seṭṭha(*adj.*)의 *nt.Sg.Acc.*] 최고의, 최초의, 주요한

va = iva [*indecl.*] ~와 같이, ~처럼, ~와 마찬가지로

rakkhati [√rakkh(보호하다, 지키다)의 *Pres.3.Sg.*] 지킨다

---

27 mā pamādam anuyuñjetha mā kāmaratisanthavaṃ,[12]
appamatto hi jhāyanto pappoti vipulaṃ sukhaṃ.[13]

27 방심함에 빠지지도 말고, 감각적 쾌락으로 교제하는 것에 빠지지도 말라.
깨어있고 명상하는 이는 반드시 커다란 즐거움을 얻는다.

mā [*indecl.*] ~지 말라, ~면 안 된다

pamādam = pamādaṃ [pamāda(*m.*)의 *Sg.Acc.*] 방심함에

---

12 제1행 : 이 행의 술부는 mā anuyuñjetha(몰두하지 말라, 빠지지 말라)이다. 동사 anuyuñjetha를 통해 주어가 2인칭 복수임을 알 수 있다. 목적어는 pamādaṃ(방심함에)과 kāmaratisanthavaṃ(감각적 쾌락으로 교제하는 것에)이다. 불변화사 mā는 아오리스트나 명령법과 함께 쓰여 '~하지 말라', ~하면 안 된다'의 의미로 금지를 나타낸다.

13 제2행 : 이 행의 술어는 pappoti(얻는다)이고, 주부는 appamatto jhāyanto(깨어있고 명상하는 이는), 그리고 목적어는 sukhaṃ(즐거움을)이다. vipulaṃ(큰)은 sukhaṃ(즐거움을)을 수식하므로 sukhaṃ(중성, 단수, 대격)의 성, 수, 격에 일치한다.

anuyuñjetha [anu√yuj(묶다, 결합하다)의 *Imper.2.Pl.*] 몰두하라, 추구하라, ~에 빠지라

mā [*indecl.*] ~지 말라, ~면 안 된다

kāmaratisanthavaṃ [kāmaratisanthava(*m.*)의 *Sg.Acc.*] 감각적 쾌락으로 교제하는 것에. kāma : *m.* 감각적 쾌락. rati : *f.* 사랑, 쾌락, 즐거움, *fr.* √ram(기뻐하다, 즐기다). santhava : *m.* 친밀함, 교제

appamatto [appamatta의 *m.Sg.Nom.*] 깨어있는. a : *pref.* 아니다, 없다. pamatta : pa√mad(취하다)의 *Pp.*

hi [*indecl.*] 실로, 참으로, 왜냐하면, ~조차, ~라도

jhāyanto [jhāyanta의 *m.Sg.Nom.*] (*n.*) 명상하는 이는. jhāyanta : √jhe(명상하다, 숙고하다)의 *Ppr.*

pappoti [pa√ap(얻다, ~에 이르다)의 *Pres.3.Sg.*] ~에 이른다, 얻는다, 성취한다

vipulaṃ [vipula(*adj.*)의 *nt.Sg.Acc.*] 큰, 많은

sukhaṃ [sukha(*nt.*)의 *Sg.Acc.*] 즐거움을, 행복을

---

28 pamādaṃ appamādena yadā nudati paṇḍito[14]
paññāpāsādaṃ āruyha asoko sokiniṃ pajaṃ[15]
pabbataṭṭho va bhummaṭṭhe dhīro bāle avekkhati.[16]

28 지혜로운 이가 깨어있음으로 방심함을 물리치면
지혜의 성채에 올라 슬픔 없이 슬픔에 잠긴 인간을 [바라본다].
산에 올라선 이가 땅에 서있는 이들을 바라보듯, 현명한 이는 어리석은 자들을 바라본다.

pamādaṃ [pamāda(*m.*)의 *Sg.Acc.*] 방심함을

---

14 제1행 : 이 행은 yadā가 이끄는 부사절로서 제2행에 연결된다. 부사절의 술어는 nudati(물리친다)이고, 주어는 paṇḍito(지혜로운 이가), 그리고 목적어는 pamādaṃ(방심함을)이다.

15 제2행 : 이 행의 술어는 제3행의 avekkhati(본다)이고, 주어는 제1행의 paṇḍito(지혜로운 이가), 그리고 목적어는 pajaṃ(인간을)이다. sokiniṃ(슬픔에 잠긴)은 pajaṃ(인간을)을 수식하므로 pajaṃ(여성, 단수, 대격)의 성, 수, 격에 일치한다. "paññāpāsādaṃ aruyha"는 절대분사 aruyha가 이끄는 종속절이다. 절대분사 aruyha는 전체 문장의 주동사 avekkhati 이전의 행위를 나타낸다. aruyha(오르고는, 올라)의 목적어는 paññāpāsādaṃ(지혜의 성채에)이다.

16 제3행 : 이 행의 술어는 avekkhati(본다)이고, 주어는 dhīro(현명한 이는), 그리고 목적어는 bāle(어리석은 자들을)이다. "pabbataṭṭho va bhummaṭṭhe"는 va(= iva)가 이끄는 부사절이다.

appamādena [appamāda(*m.*)의 *Sg.Ins.*] 깨어있음으로. a : *pref.* 아니다, 없다. pamāda : *m.* 방심함

yadā [*adv.*] ~할 때에, ~하면

nudati [√nud(몰아내다, 물리치다)의 *Pres.3.Sg.*] 몰아낸다, 물리친다

paṇḍito [paṇḍita(*m.*)의 *Sg.Nom.*] 지혜로운 이가

paññāpāsādaṃ [paññāpāsāda(*m.*)의 *Sg.Acc.*] 지혜의 성채에. paññā : *f.* 지혜, 지식, *fr.* pa√ñā(알다). pāsāda : *m.* 요새(要塞), 성채, 높은 곳

āruyha [ā√ruh(오르다, 올라가다)의 *Ger.*] 오르고는, 오르고 나서

asoko [asoka(*adj.*)의 *m.Sg.Nom.*] 슬픔이 없는, 슬픔에서 벗어난. a : *pref.* 아니다, 없다. soka : *m.* 슬픔

sokiniṃ [sokinī(*adj.*)의 *f.Sg.Acc.*] 슬픈, 슬픔에 잠긴. sokinī : *fr.* soka(*m.* 슬픔)

pajaṃ [pajā (*f.*)의 *Sg.Acc.*] 인간을, 사람을

pabbataṭṭho [pabbataṭṭha(*adj.*)의 *m.Sg.Nom.*] (*n.*) 산에 올라선 이가. pabbata : *m.* 산, 언덕. ṭṭha / ṭha : *adj.* 서서, ~에 의거하여, *fr.* √ṭhā(서다)

va = iva [*indecl.*] ~와 같이, ~처럼, ~와 마찬가지로

bhummaṭṭhe [bhummaṭṭha(*adj.*)의 *m.Pl.Acc.*] (*n.*) 땅에 서있는 이들을. bhumma : *nt.* 땅, 지상. ṭṭha / ṭha : *adj.* 서서, ~에 의거하여, *fr.* √ṭhā(서다)

dhīro [dhīra(*adj.*)의 *m.Sg.Nom.*] (*n.*) 현명한 이는

bāle [bāla(*m.*)의 *Pl.Acc.*] 어리석은 자들을

avekkhati [ava√ikkh(보다)의 *Pres.3.Sg.*] 본다

---

29 appamatto pamattesu suttesu bahujāgaro
abalassaṃ va sīghasso hitvā yāti sumedhaso.[17]

29 방심한 자들 가운데 깨어있는 이, 잠자는 자들 가운데 완전히 잠에서 깬 이, [이런] 지혜로운 이는 날쌘 말이 힘없는 말을 내버려두고 가듯, [방심하고 잠자는 자들을] 버려두고 간다.

appamatto [appamatta의 *m.Sg.Nom.*] (*n.*) 깨어있는 이는. a : *pref.* 아니다, 없다. pamatta

17 제1~2행 : 이 시의 술부는 hitvā yāti(버려두고 간다)이고, 주어는 sumedhaso(아주 지혜로운 이는)이다. 제2행의 "abalassaṃ va sīghasso'는 va(= iva)가 이끄는 부사절이다. 이 부사절의 술어 또한 hitvā yāti(버려두고 간다)이다.

: 방심한, 깨어있지 않은, pa√mad(취하다)의 *Pp.*

pamattesu [pamatta(*adj.*)의 *m.Pl.Loc.*] (*n.*) 방심한 자들 가운데. pamatta : pa√mad(취하다)의 *Pp.*

suttesu [sutta의 *m.Pl.Loc.*] (*n.*) 잠자는 자들 가운데. sutta : √sup(자다, 잠자다)의 *Pp.*

bahujāgaro [bahujāgara(*adj.*)의 *m.Sg.Nom.*] (*n.*) 완전히 잠이 깬 이는. bahu : *adj.* 많이, (복합어에서) 대단히, 완전히, 아주. jāgara : *adj.* 깨어있는, 잠이 깬, *fr.* √jāgar(깨어있다)

abalassaṃ [abalassa(*m.*)의 *Sg.Acc.*] 힘없는 말을. a : *pref.* 아니다, 없다. bala : *nt.* 힘. assa : *m.* 말

va = iva [*indecl.*] ~와 같이, ~처럼, ~와 마찬가지로

sīghasso [sīghassa(*m.*)의 *Sg.Nom.*] 날쌘 말이. sīgha : *adj.* 날쌘, 빠른. assa : *m.* 말

hitvā [√hā(버리다, 포기하다)의 *Ger.*] 버리고 나서, 버리고는

yāti [√yā(가다, 나아가다)의 *Pres.3.Sg.*] 간다, 나아간다

sumedhaso [sumedhasa(*adj.*)의 *m.Sg.Nom.*] (*n.*) 아주 지혜로운 이는. su : *indecl.* 잘, 철저하게. medhasa : *adj.* 지혜로운

---

30 appamādena Maghavā devānaṃ seṭṭhataṃ gato,[18]
appamādaṃ pasaṃsanti pamādo garahito sadā.[19]

30 깨어있음에 의해 인드라 신은 신들 중 최상위에 이르렀다.
깨어있음을 칭찬한다. 방심함은 항상 비난받는다.

appamādena [appamāda(*m.*)의 *Sg.Ins.*] 깨어있음에 의해. a : *pref.* 아니다, 없다. pamāda : *m.* 방심함

Maghavā [maghavant(*m.*)의 *Sg.Nom.*] 인드라 신은

devānaṃ [dava(*m.*)의 *Pl.Gen.*] 신들 중에서

seṭṭhataṃ [seṭṭhatā(*f.*)의 *Sg.Acc.*] 최고에, 최상위에

---

18 제1행 : 이 행의 술어는 과거분사 gato(이르렀다)이고, 주어는 Maghavā(인드라 신은)이다. 과거분사는 문장에서 수식어로 쓰이기도 하고, 분사적 술어로 쓰이기도 한다. 여기서 분사적 술어로 쓰인 gato는 주어 Maghavā(남성, 단수, 주격)의 성, 수, 격에 일치한다. 목적어는 seṭṭhataṃ(최상위에)이다.

19 제2행 : "appamādaṃ pasaṃsanti"의 술어는 pasaṃsanti(칭찬한다)이고, 동사 pasaṃsanti를 통해 주어가 3인칭 복수임을 알 수 있다. 목적어는 appamādaṃ(깨어있음을)이다. "pamādo garahito sadā"의 술어는 과거분사 garahito(비난받는다)이고, 주어는 pamādo(방심함은)이다. 분사적 술어 garahito는 주어 pamādo(남성, 단수, 주격)의 성, 수, 격에 일치한다.

gato [gata의 *m.Sg.Nom.*] 간, 이른. gata : √gam(가다)의 *Pp.*

appamādaṃ [appamāda(*m.*)의 *Sg.Acc.*] 깨어있음을, 성실함을

pasaṃsanti [pa√saṃs(지적하다, 선언하다)의 *Pres.3.Pl.*] 칭찬한다

pamādo [pamāda(*m.*)의 *Sg.Nom.*] 방심함은

garahito [garahita의 *m.Sg.Nom.*] 비난받는. garahita : √garah(비난하다, 나무라다)의 *Pp.*

sadā [*adv.*] 언제나, 늘, 항상

---

31 appamādarato bhikkhu pamāde bhayadassivā
saññojanaṃ aṇuṃthūlaṃ ḍahaṃ aggī va gacchati.[20]

31 깨어있음을 즐기거나 방심함에서 두려움을 보는 수행승은
작든 크든 속박을 다 태워버리고 가는 불처럼 [열심히 자신의 길을] 간다.

appamādarato [appamādarata의 *m.Sg.Nom.*] 깨어있음을 즐기는. a : *pref.* 아니다, 없다. pamāda : *m.* 방심함. rata : 즐기는, 열중해 있는, √ram(기뻐하다, 즐기다)의 *Pp.*

bhikkhu [bhikkhu(*m.*)의 *Sg.Nom.*] 수행승은, 비구는

pamāde [pamāda(*m.*)의 *Sg.Loc.*] 방심함에서

bhayadassivā = bhayadassī-vā. bhayadassī [bhayadassin(*adj.*)의 *m.Sg.Nom.*] 두려움을 보는, 위험을 감지하는. bhaya : *nt.* 두려움, 두려움의 대상, 즉 위험. dassin : *adj.* 보는, *fr.* √dis(보다). vā [*indecl.*] 또는

saññojanaṃ = saṃyojanaṃ[21] [saṃyojana(*nt.*)의 *Sg.Acc.*] 족쇄를, 속박을

aṇuṃthūlaṃ = aṇuṃ-thūlaṃ : 작든 크든. aṇuṃ [aṇu(*adj.*)의 *nt.Sg.Acc.*] 작은. thūlaṃ [thūla(*adj.*)의 *nt.Sg.Acc.*] 큰

ḍahaṃ [ḍahanta의 *m.Sg.Nom.*] 불태우는, 태워버리는. ḍahanta : √dah(불태우다)의 *Ppr.*

aggī = aggi [aggi(*m.*)의 *Sg.Nom.*] 불

va = iva [*indecl.*] ~와 같이, ~처럼, ~와 마찬가지로

---

20 제1~2행 : 이 시의 술어는 gacchati(간다)이고, 주어는 bhikkhu(수행승은)이다. 제1행의 appamādarato(깨어있음을 즐기는)와 bhayadassī(두려움을 보는)는 bhikkhu(수행승은)를 수식하므로 bhikkhu(남성, 단수, 주격)의 성, 수, 격에 일치한다. 제2행의 "saññojanaṃ aṇuṃthūlaṃ ḍahaṃ aggī va"는 va(= iva)가 이끄는 부사절이다. 여기서 aṇuṃthūlaṃ(작은 것이든 큰 것이든)은 saññojanaṃ(속박을)을 수식하므로 saññojanaṃ(중성, 단수, 대격)의 성, 수, 격에 일치한다. ḍahaṃ(태워버리는)은 aggi(불)를 수식하므로 aggi(남성, 단수, 주격)의 성, 수, 격에 일치한다.

21 saṃy는 종종 saññ로 표기되기도 한다.

gacchati [√gam(가다)의 *Pres.3.Sg.*] 간다

---

32 appamādarato bhikkhu pamāde bhayadassivā
abhabbo parihānāya nibbānass'eva santike.[22]

32 깨어있음을 즐기거나 방심함에서 두려움을 보는 수행승은
퇴보할 수 없고 다만 열반에 가까울 뿐이다.

appamādarato [appamādarata의 *m.Sg.Nom.*] 깨어있음을 즐기는. a : *pref.* 아니다, 없다. pamāda : *m.* 방심함. rata : 즐기는, 열중해 있는, √ram(기뻐하다, 즐기다)의 *Pp.*

bhikkhu [bhikkhu(*m.*)의 *Sg.Nom.*] 수행승은, 비구는

pamāde [pamāda(*m.*)의 *Sg.Loc.*] 방심함에서

bhayadassivā = bhayadassī-vā. bhayadassī [bhayadassin(*adj.*)의 *m.Sg.Nom.*] 두려움을 보는, 위험을 감지하는. bhaya : *nt.* 두려움, 두려움의 대상, 즉 위험. dassin : *adj.* 보는, *fr.* √dis(보다). vā [*indecl.*] 또는

abhabbo [abhabba(*adj.*)의 *m.Sg.Nom.*][23] 불가능한, ~할 수 없는. a : *pref.* 아니다, 없다. bhabba : √bhū(있다, 이다, 되다)의 *Grd.*

parihānāya [parihāna(*nt.*)의 *Sg.Dat.*] 퇴보, 역행. parihāna : *fr.* pari√hā(버리다, 포기하다)

nibbānass'eva = nibbānassa-eva. nibbānassa [nibbāna(*nt.*)의 *Sg.Gen.*] 열반의. eva [*adv.*] 실로, 단지, 바로

santike [santika(*nt.*)의 *Sg.Loc.*] 근처에, 부근에, 가까이

22 제1~2행 : 이 시의 술부는 제2행 전체이고, 주어는 bhikkhu(수행승은)이다. 제1행의 appamādarato(깨어있음을 즐기는)와 bhayadassī(두려움을 보는)는 bhikkhu(수행승은)를 수식하므로 bhikkhu(남성, 단수, 주격)의 성, 수, 격에 일치한다.

23 bhabba / abhabba는 주로 위격과 함께 쓰인다 : abhabbo parihānāya.

제3장

마음

Citta

33 phandanaṃ capalaṃ cittaṃ dūrakkhaṃ dunnivārayaṃ
ujuṃ karoti medhāvī usukāro va tejanaṃ.[1]

33 불안정하고 변덕스러우며, 지키기도 어렵고 제어하기도 어려운 마음을
지혜로운 이는 곧게 만든다. 화살을 만드는 이가 화살을 곧게 만들 듯.

phandanaṃ [phandana(*adj.*)의 *nt.Sg.Acc.*] 흔들리는, 불안정한. phandana : *fr.* √phad (흔들리다, 떨다)

capalaṃ [capala(*adj.*)의 *nt.Sg.Acc.*] 변덕스러운, 변하기 쉬운

cittaṃ [citta(*nt.*)의 *Sg.Acc.*] 마음을

dūrakkhaṃ = durakkhaṃ [durakkha(*adj.*)의 *nt.Sg.Acc.*] 지키기 어려운. du : *indecl.* 나쁜, 부족한, 어려운. rakkha : *adj.* 지키는, 보호하는, *fr.* √rakkh(지키다, 보호하다)

dunnivārayaṃ [dunnivāraya의 *nt.Sg.Acc.*] 제어하기 어려운. du : *indecl.* 나쁜, 부족한, 어려운. nivāraya : ni√var(막다)의 *Grd.*

ujuṃ [*adv.*] 곧게, 일직선으로, uju / ujju(*adj.*)의 *nt.Sg.Acc.*

karoti [√kar(하다, 행하다, 만들다)의 *Pres.3.Sg.*] 한다, 행한다, 만든다. ujuṃ karoti : 곧게 만든다[2]

---

1 제1~2행 : 이 시의 술부는 ujuṃ karoti(곧게 만든다)이고, 주어는 medhāvī(지혜로운 이는), 그리고 목적어는 cittaṃ(마음을)이다. 제1행의 phandanaṃ(불안정한), capalaṃ(변덕스러운), dūrakkhaṃ(지키기 어려운), 그리고 dunnivārayaṃ(제어하기 어려운)은 cittaṃ(마음을)을 수식하므로 cittaṃ(중성, 단수, 대격)의 성, 수, 격에 일치한다. 제2행의 "usukāro va tejanaṃ"은 va(= iva)가 이끄는 부사절이다. 이 부사절의 술부 또한 ujuṃ karoti이다.

medhāvī [medhāvin(*adj.*)의 *m.Sg.Nom.*] (*n.*) 지혜로운 이는. medhāvin : *fr.* medhā(*f.* 지혜, 현명함)

usukāro [usukāra(*m.*)의 *Sg.Nom.*] 화살을 만드는 이가. usu : *m.* 화살. kāra : *m.* 만드는 이, *fr.* √kar(하다, 행하다, 만들다)

va = iva [*indecl.*] ~와 같이, ~처럼, ~와 마찬가지로

tejanaṃ [tejana(*nt.*)의 *Sg.Acc.*] 화살을

---

34 vārijo va thale khitto okamokata ubbhato pariphandat'idaṃ cittaṃ Māradheyyaṃ pahātave.[3]

34 물에서 끄집어 올려져 마른 땅에 내던져진 물고기처럼
이 마음은 파닥거린다. 악마의 지배에서 벗어나려고.

vārijo [vārija(*m.*)의 *Sg.Nom.*] 물고기. vāri : *nt.* 물. ja : *adj.* 태어난, *fr.* √jan(태어나다)

va = iva [*indecl.*] ~와 같이, ~처럼, ~와 마찬가지로

thale [thala(*nt.*)의 *Sg.Loc.*] 마른 땅에

khitto [khitta의 *m.Sg.Nom.*] 던져진, 내던져진. khitta : √khip(던지다)의 *Pp.*

okamokata = okamokato [okamoka[4]의 *Sg.Abl.*] 물의 집에서, 물에서. oka : *nt.* 물, 쉬는 곳, 집

ubbhato [ubbhata의 *m.Sg.Nom.*] 끄집어 올려져. ubbhata / uddhata : ud√har(나르다, 가져오다)의 *Pp.*

pariphandat'idaṃ = pariphandati-idaṃ. pariphadati [pari√phad(떨다, 흔들리다)의 *Pres.3.Sg.*] 떤다, 흔들린다. idaṃ [ima(*pron.*) *nt.Sg.Nom.*] 이것은, 이는

cittaṃ [citta(*nt.*)의 *Sg.Nom.*] 마음은

Māradheyyaṃ [māradheyya(*nt.*)의 *Sg.Acc.*] 악마의 지배에서, 악마의 세계에서. māra : *m.* 악마, 마왕. dheyya : ~의 세계에서, ~의 영역에서, ~에 지배되어, *fr.* √dhā(두다)

pahātave [pa√hā(버리다, 포기하다)의 *Inf.*][5] 버리기 위하여, 벗어나려고

---

2 ujuṃ karoti는 시 80과 145의 namayanti와 같은 의미이다.

3 제1~2행 : 이 시의 술어는 pariphandati(떤다, 파닥거린다)이고, 주어는 cittaṃ(마음은)이다. 제2행의 idaṃ(이는)은 cittaṃ을 수식하므로 cittaṃ(중성, 단수, 주격)의 성, 수, 격에 일치한다. 제1행은 va(= iva)가 이끄는 부사절이다. khitto(내던져진)와 ubbhato(끄집어 올려져)는 vārijo(물고기)를 수식하므로 vārijo(남성, 단수, 주격)의 성, 수, 격에 일치한다.

4 oka와 oka사이, 즉 모음과 모음 사이에 m이 삽입되었다.

35 dunniggahassa lahuno yatthakāmanipātino
cittassa damatho sādhu, cittaṃ dantaṃ sukhāvahaṃ.[6]

35 제어하기 어렵고 재빠르며, 내키는 곳 어디든지 내려앉는
마음의 단련은 좋은 것이다. 단련된 마음은 행복을 가져온다.

dunniggahassa [dunniggaha(*adj.*)의 *nt.Sg.Gen.*] 제어하기 어려운. du : *indecl.* 나쁜, 부족한, 어려운. niggaha : *m.* 제어, 통제, *fr.* ni√gah(가지다, 잡다)

lahuno [lahu(*adj.*)의 *nt.Sg.Gen.*] 빠른, 재빠른

yatthakāmanipātino [yatthakāmanipātin(*adj.*)의 *nt.Sg.Gen.*] 내키는 곳 어디든지 내려앉는. yattha : *adv.* 어디에, 어디로. kāma : *m.* 욕망, 바라는 것. yatthakāma = yatthakāmaṃ : 바라는 곳으로, 내키는 곳 어디든지. nipātin : *adj.* 떨어지는, 내리는, *fr.* ni√pat(떨어지다, 내리다)

cittassa [citta(*nt.*)의 *Sg.Gen.*] 마음의

damatho [damatha(*m.*)의 *Sg.Nom.*] 단련은. damatha : *fr.* √dam(길들이다, 단련시키다)

sādhu [sādhu(*adj.*)의 *m.Sg.Nom.*] 좋다, 훌륭하다, 유익하다

cittaṃ [citta(*nt.*)의 *Sg.Nom.*] 마음은

dantaṃ [danta의 *nt.Sg.Nom.*] 단련된. danta : √dam(길들이다, 단련시키다)의 *Pp.*

sukhāvahaṃ [sukhāvaha(*adj.*)의 *nt.Sg.Nom.*] 행복을 가져오는. sukha : *nt.* 행복, 기쁨, 즐거움. āvaha : *adj.* 가져오는, 불러오는, *fr.* ā√vah(나르다)

36 sududdasaṃ sunipuṇaṃ
yatthakāmanipātinaṃ
cittaṃ rakkhetha medhāvī,[7]

5 부정사를 만드는 어미는 'tuṃ'과 'tave'인데, 이 중 'tave'는 주로 법구경과 같은 운문에서 사용된다.

6 제1~2행 : "dunniggahassa lahuno yatthakāmanipātino cittassa damatho sādhu"의 술어는 형용사 sādhu(좋은 것이다)이고, 주어는 damatho(단련은)이다. dunniggahassa(제어하기 어려운), lahuno(재빠른), 그리고 yatthakāmanipātino(내키는 곳 어디든지 내려앉는)는 cittassa(마음)을 수식하므로 cittassa(중성, 단수, 속격)의 성, 수, 격에 일치한다. "cittaṃ dantaṃ sukhāvahaṃ"의 술어는 형용사 sukhāvahaṃ(행복을 가져다 준다)이고, 주어는 cittaṃ(마음은)이다. dantaṃ(단련된)은 cittaṃ을 수식하므로 cittaṃ(중성, 단수, 주격)의 성, 수, 격에 일치한다.

7 제1~3행 : 이 행들의 술어는 rakkhetha(지켜야 한다)이고, 주어는 medhāvī(지혜로운 이는), 그리고 목적

cittaṃ guttaṃ sukhāvahaṃ.[8]

36 아주 보기 어렵고 아주 미묘(微妙)하며
내키는 곳 어디든지 내려앉는
마음을 지혜로운 이는 지켜야 한다.
보호된 마음은 행복을 가져온다.

sududdasaṃ [sududdasa(*adj.*)의 *nt.Sg.Acc.*] 보기 아주 어려운. su : *indecl.* 대단히, 매우, 아주. du : *indecl.* 나쁜, 부족한, 어려운. dasa : *adj.* 보는, 파악하는, *fr.* √dis(보다, 깨닫다)

sunipuṇaṃ [sunipuṇa(*adj.*) *nt.Sg.Acc.*] 아주 미묘(微妙)한. su : *indecl.* 대단히, 매우, 아주. nipuṇa : *adj.* 미묘한, 난해한, 교묘한

yatthakāmanipātinaṃ [yatthakāmanipātin(*adj.*)의 *nt.Sg.Acc.*] 내키는 곳 어디든지 내려앉는. yattha : *adv.* 어디에, 어디로. kāma : *m.* 욕망, 바라는 것. yatthakāma = yatthakāmaṃ : 바라는 곳으로, 내키는 곳 어디든지. nipātin : *adj.* 떨어지는, 내리는, *fr.* ni √pat(떨어지다, 내리다)

cittaṃ [citta(*nt.*)의 *Sg.Acc.*] 마음을

rakkhetha [√rakkh(보호하다, 지키다)의 *A.Pot.3.Sg.*] 지켜야 한다, 보호해야 한다

medhāvī [medhāvin(*adj.*)의 *m.Sg.Nom.*] (*n.*) 지혜로운 이는. medhāvin : *fr.* medhā(*f.* 지혜, 현명함)

cittaṃ [citta(*nt.*)의 *Sg.Nom.*] 마음은

guttaṃ [gutta의 *nt.Sg.Nom.*] 보호된. gutta : √gup(지키다, 보호하다)의 *Pp.*

sukhāvahaṃ [sukhāvaha(*adj.*)의 *nt.Sg.Nom.*] 행복을 가져오는. sukha : *nt.* 행복, 기쁨, 즐거움. āvaha : *adj.* 가져오는, 불러오는, *fr.* ā√vah(나르다)

37 dūraṅgamaṃ ekacaraṃ asarīraṃ guhāsayaṃ
ye cittaṃ saññamessanti mokkhanti Mārabandhanā.[9]

어는 cittaṃ(마음을)이다. 제1~2행의 sududdasaṃ(보기 아주 어려운), sunipuṇaṃ(아주 미묘한), 그리고 yatthakāmanipātinaṃ(내키는 곳 어디든지 내려앉는)은 cittaṃ을 수식하므로 cittaṃ(중성, 단수, 대격)의 성, 수, 격에 일치한다.

8 제4행 : 이 행의 술어는 sukhāvahaṃ(행복을 가져다준다)이고, 주어는 cittaṃ(마음은)이다. guttaṃ(보호된)은 cittaṃ을 수식하므로 cittaṃ(중성, 단수, 주격)의 성, 수, 격에 일치한다.

37 멀리 가고 홀로 다니며 형체도 없고 [마음의] 동굴에서 사는
[이] 생각을 제어할 이들은 악마의 속박으로부터 벗어날 것이다.

dūraṅgamaṃ [dūraṅgama(*adj.*)의 *nt.Sg.Acc.*] 멀리 가는. dūraṃ : *adv.* 멀리, 먼 곳으로, dūra(*adj.*)의 *nt.Sg.Acc.* gama : *adj.* 가는, *fr.* √gam(가다)

ekacaraṃ [ekacara(*adj.*)의 *nt.Sg.Acc.*] 홀로 다니는. eka : *adj.* 하나, 홀로, 혼자서. cara : *adj.* 사는, 다니는, *fr.* √car(살다, 다니다)

asarīraṃ [asarīra(*adj.*)의 *nt.Sg.Acc.*] 형체가 없는. a : *pref.* 아니다, 없다. sarīra : *nt.* 몸

guhāsayaṃ [guhāsaya(*adj.*)의 *nt.Sg.Acc.*] 동굴에서 사는. guhā : *f.* 동굴, (비유적으로 쓰여) 마음. āsaya : *adj.* ~에 사는, ~에 의지하는

ye [ya(*pron.*)의 *m.Pl.Nom.*] ~하는 이들은

cittaṃ [citta(*nt.*)의 *Sg.Acc.*] 생각을[10]

saññamessanti = saṃyamessanti[11] [saṃ√yam(제어하다)의 *Fut.3.Pl.*] 제어할 것이다

mokkhanti [√muc(해방하다, 자유롭게 하다)의 *Fut.Pass.3.Pl.*] 벗어날 것이다, 자유로워질 것이다

Mārabandhanā [mārabandhana(*nt.*)의 *Sg.Abl.*] 악마의 속박으로부터. māra : *m.* 악마, 마왕. bandhana : *nt.* 속박, 족쇄, *fr.* √bandh(묶다, 얽매다)

38 anavaṭṭhitacittassa saddhammaṃ avijānato
pariplavapasādassa paññā na paripūrati.[12]

38 마음이 안정되지 않고 참된 가르침을 알지 못하며
신념이 흔들리는 이의 지혜는 완성되지 않는다.

9 제1~2행 : 이 시의 술어는 mokkhanti(벗어날 것이다)이고, 주어는 관계대명사 ye이다. "dūraṅgamaṃ ekacaraṃ asarīraṃ guhāsayaṃ ye cittaṃ saññamessanti"는 관계대명사 ye가 이끄는 관계절로서 문장의 주부이다. dūraṅgamaṃ(멀리 가는), ekacaraṃ(홀로 다니는), asarīraṃ(실체가 없는), 그리고 guhāsayaṃ(동굴에서만 사는)은 cittaṃ(생각을)을 수식하므로 cittaṃ(중성, 단수, 대격)의 성, 수, 격에 일치한다.

10 문맥상 혼동을 피하기 위해 citta를 '마음'이 아닌 '생각'으로 번역하였다.

11 saṃy는 종종 saññ로 표기되기도 한다.

12 제1~2행 : 이 시의 술부는 na paripūrati(완성되지 않는다)이고, 주어는 paññā(지혜는)이다. anavaṭṭhitacittassa(불안정한 마음을 가진이의), saddhammaṃ avijānato(참된 가르침을 알지 못하는 이의), 그리고 pariplavapasādassa(흔들리는 신념을 가진 이의)는 주어 paññā(지혜)의 소유자를 나타낸다.

anavaṭṭhitacittassa [anavaṭṭhitacitta의 *m.Sg.Gen.*] (*n.*) 불안정한 마음을 가진 이의. an : *pref.* 아니다, 없다. avaṭṭhita : 고정된, 확고한, 안정된, ava√ṭhā(서다)의 *Pp.* citta : *nt.* 마음
saddhammaṃ [saddhamma(*m.*)의 *Sg.Acc.*] 참된 법을, 참된 가르침을. sant : 있는, 존재하는, 좋은, 참된, √as(이다, 있다, 존재하다)의 *Ppr.* dhamma : *m.* 법, 가르침
avijānato [avijānanta의 *m.Sg.Gen.*] (*n.*) 알지 못하는 이의. a : *pref.* 아니다, 없다. vijānanta : 알고 있는, vi√ñā(알다, 이해하다)의 *Ppr.*
pariplavapasādassa [pariplavapasāda의 *m.Sg.Gen.*] (*n.*) 흔들리는 신념을 가진 이의. pariplava : *adj.* 흔들리는, 불안정한 : *fr.* pari√plu(뜨다, 떠다니다, 흔들리다). pasāda : *m.* 밝음, 신념, *fr.* pa√sad(가라앉다)
paññā [paññā(*f.*)의 *Sg.Nom.*] 지혜는, 지식은. paññā : *fr.* pa√ñā(알다, 이해하다)
na [*indecl.*] ~아니다, ~없다
paripūrati [pari√pūr(가득 차다, 충만해지다)의 *Pres.3.Sg.*] 완전해진다, 충만해진다

---

39 anavassutacittassa ananvāhatacetaso
puññapāpapahīnassa n'atthi jāgarato bhayaṃ.[13]

39 마음에 번뇌가 없고 마음에 동요가 없으며
선과 악[에 대한 생각]을 떨쳐 버린 깨어있는 이에게 두려움은 없다.

anavassutacittassa [anavassutacitta의 *m.Sg.Dat. / Gen.*] (*n.*) 마음에 번뇌가 없는 이에게. an : *pref.* 아니다, 없다. avassuta : 흘러나오는, 새는, (비유적으로) 번뇌 / 욕망이 있는, ava√su(흘러나오다, 새다)의 *Pp.* citta : *nt.* 마음
ananvāhatacetaso [ananvāhataceto의 *m.Sg.Dat. / Gen.*] (*n.*) 마음에 동요가 없는 이에게. an : *pref.* 아니다, 없다. anvāhata : 동요하는, anu-ā√han(치다, 때리다)의 *Pp.* ceto = citta : *nt.* 생각, 마음
puññapāpapahīnassa [puññapāpapahīna의 *m.Sg.Dat. / Gen.*] (*n.*) 선과 악(에 대한 생각)을 버린 이에게. puñña : *nt.* 덕, 선. pāpa : *nt.* 악. pahīna : 버린, pa√hā(버리다)의 *Pp.*
n'atthi = na-atthi : 없다, 존재하지 않는다. na [*indecl.*] ~아니다, ~없다. atthi [√as(이다, 있다, 존재하다)의 *Pres.3.Sg.*] 있다, 존재한다

---

13 제1~2행 : 이 시의 술어는 n'atthi(없다)이고, 주어는 bhayaṃ(두려움은)이다.

jāgarato [jāgaranta의 *m.Sg.Dat.* / *Gen.*] (*n.*) 깨어 있는 이에게. jāgaranta : √jāgar(깨어 있다, 방심하지 않다)의 *Ppr.*

bhayaṃ [bhaya(*nt.*)의 *Sg.Nom.*] 두려움은, 무서움은, 불안은

---

40 kumbhūpamaṃ kāyam imaṃ viditvā
nagarūpamaṃ cittam idaṃ ṭhapetvā
yodhetha Māraṃ paññāvudhena
jitañ ca rakkhe anivesano siyā.[14]

40 이 몸을 물 항아리와 같이 [깨지기 쉬운 헛된 것이라는 것을] 알고
이 마음을 요새(要塞)도시와 같이 [견고하게] 만들어
지혜를 무기로 삼아 악마와 싸우고
정복한 것을 지키되, [이것에] 집착해선 안 된다.

kumbhūpamaṃ [kumbhūpama(*adj.*)의 *m.Sg.Acc.*] 물 항아리와 같이. kumbha : *m.* 물 항아리. upama : *adj.* ~와 같은, 비슷한

kāyam = kāyaṃ [kāya(*m.*)의 *Sg.Acc.*] 몸을, 육체를

imaṃ [ima(*pron.*)의 *m.Sg.Acc.*] 이것을, 이를

viditvā [√vid(알다)의 *Ger.*] 알고는, 알고 나서

nagarūpamaṃ [nagarūpama(*adj.*)의 *nt.Sg.Acc.*] 성채와 같이, 요새(要塞)도시와 같이. nagara : *nt.* 성채, 요새도시. upama : *adj.* ~와 같은, 비슷한

cittam = cittaṃ [citta(*nt.*)의 *Sg.Acc.*] 마음을

idaṃ [ima(*pron.*)의 *nt.Sg.Acc.*] 이것을, 이를

ṭhapetvā [√ṭhā(서다)의 *Caus.Ger.*] 세우고는, 만들고는

yodhetha [√yudh(싸우다)의 *A.Pot.Caus.3.Sg.*][15] 싸워야 한다

Māraṃ [māra(*m.*)의 *Sg.Acc.*][16] 악마와, 마왕과

---

14 제1~4행 : 이 시의 술어는 yodhetha(싸워야 한다), rakkhe(지켜야 한다), 그리고 siyā(이어야 한다)이고, 이 동사들을 통해 주어가 3인칭 단수임을 알 수 있다. 제1행의 viditvā(알고 나서)와 제2행의 ṭhapetvā(세우고 나서)는 전체 문장의 술어들인 yodhetha, rakkhe, 그리고 siyā 이전의 행위들을 나타낸다.

15 yodheti는 대격과 함께 쓰인다 : yodhetha māraṃ.

16 여기서 Māraṃ은 문맥상 '악마와'로 번역하였다.

paññāvudhena [paññāvudha(*nt.*)의 *Sg.Ins.*] 지혜의 무기로. paññā : *f.* 지혜, 지식, *fr.* pa√ñā(알다). āvudha : *nt.* 무기

jitañ = jitaṃ [jita(*nt.*)의 *Sg.Acc.*] 승리를, 정복한 것을. jita : √ji(이기다, 정복하다)의 *Pp.*

ca [*indecl.*] 그리고, ~와

rakkhe [√rakkh(지키다, 보호하다)의 *Pot.3.Sg.*] 지켜야 한다

anivesano [anivesana의 *m.Sg.Nom.*] 집착 없는. a : *pref.* 아니다, 없다. nivesana : *nt.* 고정, 머무름, 집착

siyā [√as(이다, 있다, 존재하다, 되다)의 *Pot.3.Sg.*] ~이여야 한다

---

41 aciraṃ vat'ayaṃ kāyo paṭhaviṃ adhisessati
chuddho apetaviññāṇo niratthaṃ va kaliṅgaraṃ.[17]

41 아, 머지않아 이 몸은 땅에 누울 것이다.
의식을 잃고 내팽개쳐져…… 마치 쓸모없는 나무토막과 같이.

aciraṃ [*adv.*] 오래지 않아, 곧. a : *pref.* 아니다, 없다. ciraṃ : cira(*adj.*)의 *nt.Sg.Acc.*

vat'ayaṃ = vata ayaṃ. vata [*indecl.*] 아!, 참!, 실로, 정말. ayaṃ [ima(*pron.*)의 *m.Sg.Nom.*] 이는, 이것은

kāyo [kāya(*m.*)의 *Sg.Nom.*] 집합체는, 더미는, 몸은

paṭhaviṃ [paṭhavī(*f.*)의 *Sg.Acc.*] 땅에

adhisessati [adhi√si(눕다, 누워 있다, 앉다)의 *Fut.3.Sg.*] 누워 있을 것이다, 누울 것이다

chuddho [chuddha의 *m.Sg.Nom.*] 내버려진, 팽개쳐진

apetaviññāṇo [apetaviññāṇa의 *m.Sg.Nom.*] 의식이 없는. apeta : 없는, 결여된, ~을 잃은, apa√i(가다)의 *Pp.* viññāṇa : *nt.* 의식, 정신, 생기

niratthaṃ [nirattha(*adj.*)의 *nt.Sg.Nom.*] 쓸모없는. ni : *pref.*[18] 아래쪽으로, ~에 떨어져서. attha : *m.* 의미, 중요성

va = iva [*indecl.*] ~와 같이, ~처럼, ~와 마찬가지로

kaliṅgaraṃ [kaliṅgara(*nt.*)의 *Sg.Nom.*] 통나무, 나무토막

---

17 제1~2행 : 이 시의 술어는 adhisessati(누울 것이다)이고, 주어는 kāyo(몸은), 그리고 목적어는 paṭhaviṃ(땅에)이다. 제2행의 chuddho(내팽개쳐진)와 apetaviññāṇo(의식을 잃은)는 제1행의 kāyo(몸은)를 수식하므로 kāyo(남성, 단수, 주격)의 성, 수, 격에 일치한다. "niratthaṃ va kaliṅgaraṃ"은 va(= iva)가 이끄는 부사절이다.

18 접두사 ni가 모음 앞에 올 때는 nir가 된다.

42 diso disaṃ yan taṃ kayirā verī vā pana verinaṃ[19]
micchāpaṇihitaṃ cittaṃ pāpiyo naṃ tato kare.[20]

42 적이 적에게 혹은 원수가 원수에게 할 수 있는 그 어떤 것이든,
나쁘게 의도된 마음이 그것보다 더 악하게 그에게 행할 수 있다.

diso [disa(*m.*)의 *Sg.Nom.*] 적이, 원수가
disaṃ [disa(*m.*)의 *Sg.Acc.*] 적에게, 원수에게
yan = yaṃ [ya(*pron.*)의 *m.Sg.Acc.*] ~하는 것. taṃ을 지시함
taṃ [ta(*3.pron.*)의 *m.Sg.Acc.*] 그를, 그것을
kayirā [√kar(하다, 행하다, 만들다)의 *Pot.3.Sg.*][21] 행할 수 있다, 행할지도 모른다
verī [verin(*adj.*)의 *m.Sg.Nom.*] (*n.*) 적의를 품은 이가. verin : *fr.* vera(*nt.* 증오, 적의)
vā [*indecl.*] 또는, 혹은
pana [*indecl.*] 그리고, 그러나, 또한, 그래서
verinaṃ [verin(*adj.*)의 *m.Sg.Acc.*] (*n.*) 적의를 품은 이에게. verin : *fr.* vera(*nt.* 증오, 적의)
micchāpaṇihitaṃ [micchāpaṇihita의 *nt.Sg.Nom.*] 나쁘게 의도된. micchā : *adv.* 진실이 아닌, 그릇되게. paṇihita : 유도된, 의도된, pa-ni√dhā(두다, 놓다)의 *Pp.*
cittaṃ [citta(*nt.*)의 *Sg.Nom.*] 마음이
pāpiyo [*adj.*] ~보다 나쁜, 더 나쁜, pāpa(*adj.*)의 비교급
naṃ [ta(*3.pron.*)의 *m.Sg.Acc.*] 그에게
tato [ta(*3.pron.*)의 *Acc.*] 그것보다, 거기서부터, 그런 까닭에
kare [√kar(하다, 행하다, 만들다)의 *Pot.2.Sg.*] 행할 수 있다, 행할지도 모른다

43 na taṃ mātā pitā kayirā aññe vāpi ca ñātakā[22]

19 제1행 : 이 행의 "diso disaṃ yaṃ kayirā verī vā pana verinaṃ"은 관계대명사 yaṃ이 이끄는 관계절로서 taṃ을 지시한다. 이 taṃ은 제2행의 tato를 지시한다.

20 제2행 : 이 행의 술어는 kare(행할 수 있다)이고, 주어는 cittaṃ(마음이), 그리고 목적어는 naṃ(그에게)이다. 제2행의 micchāpaṇihitaṃ(나쁘게 의도된)은 cittaṃ(마음이)을 수식하므로 cittaṃ(중성, 단수, 주격)의 성, 수, 격에 일치한다.

21 동사 kayira 뒤에 오는 eyya(*Pot.3.Sg.* 어미)는 ā로 바뀐다.

22 제1행 : 이 행의 "na mātā pitā kayirā aññe vāpi ca ñātakā"는 관계대명사 yaṃ이 이끄는 관계절인데 yaṃ이 생략되어 있다. 이 관계절은 taṃ을 지시한다. 이 taṃ은 제2행의 tato를 지시한다.

sammāpaṇihitaṃ cittaṃ seyyaso naṃ tato kare.[23]

43 어머니와 아버지, 또는 그 밖의 친척들조차도 할 수 없는 것을 올바르게 의도된 마음이 그것보다 더 좋게 그에게 행할 수 있다.

na [*indecl.*] ~아니다, ~없다

taṃ [ta(*3.pron.*)의 *m.Sg.Acc.*] 그를, 그것을

mātā [mātar(*f.*)의 *Sg.Nom.*] 어머니가

pitā [pitar(*m.*)의 *Sg.Nom.*] 아버지가

kayirā [√kar(하다, 행하다, 만들다)의 *Pot.3.Sg.*][24] 행할 수 있다, 행할지도 모른다

aññe [añña(*pron.*)의 *m.Pl.Nom.*] 다른, 그 밖의

vāpi = vā-pi / api : 또는 ~조차, 또는 ~라도. vā : *indecl.* 또는. pi / api : *indecl.* ~라도

ca [*indecl.*] 그리고, ~와

ñātakā [ñātaka(*m.*)의 *Pl.Nom.*] 친척들이

sammāpaṇihitaṃ [sammāpaṇihita의 *nt.Sg.Nom.*] 올바르게 의도된. sammā : *indecl.* 완전하게, 올바르게. paṇihita : 유도된, 의도된, pa-ni√dhā(두다, 놓다)의 *Pp.*

cittaṃ [citta(*nt.*)의 *Sg.Nom.*] 마음이

seyyaso [*adv.*] 훨씬 더 좋게, 더욱 더 좋게, seyya(*adj.*)의 *Abl.*

naṃ [ta(*3.pron.*)의 *m.Sg.Acc.*] 그에게

tato [ta(*3.pron.*)의 *Acc.*] 그것보다, 거기서부터, 그런 까닭에

kare [√kar(하다, 행하다, 만들다)의 *Pot.2.Sg.*] 행할 수 있다, 행할지도 모른다

23 제2행 : 이 행의 술어는 kare(행할 수 있다)이고, 주어는 cittaṃ(마음이), 그리고 목적어는 naṃ(그에게)이다. sammāpaṇihitaṃ(올바르게 의도된)은 cittaṃ(마음이)을 수식하므로 cittaṃ(중성, 단수, 주격)의 성, 수, 격에 일치한다.

24 동사 kayira 뒤에 오는 eyya(*Pot.3.Sg.* 어미)는 ā로 바뀐다.

제4장

꽃
Puppha

44 ko imaṃ paṭhaviṃ vijessati
Yamalokaṃ ca imaṃ sadevakaṃ?[1]
ko dhammapadaṃ sudesitaṃ
kusalo puppham iva-ppacessati?[2]

44 누가 이 땅을,
야마의 세계를, 그리고 천신들이 소유한 이 세계를 정복할 것인가?
누가 잘 설해진 진리의 말씀을,
솜씨 좋은 이가 꽃을 따 모으듯, [잘 분별하여] 따 모을 것인가?

ko [ka(*interr.pron.*)의 *m.Sg.Nom.*] 누가
imaṃ [ima(*pron.*)의 *f.Sg.Acc.*] 이것을, 이를
paṭhaviṃ [paṭhavī(*f.*)의 *Sg.Acc.*] 땅을

1 제1~2행 : 이 행들의 술어는 vijessati(정복할 것이다)이고, 주어는 의문대명사 ko(누가), 그리고 목적어는 paṭhaviṃ(땅을), Yamalokaṃ(야마의 세계를), 그리고 sadevakaṃ(천신들이 소유한 세계를)이다. 제1행의 imaṃ(이)은 paṭhaviṃ(땅을)을 수식하므로 paṭhaviṃ(여성, 단수, 대격)의 성, 수, 격에 일치한다. 제2행의 imaṃ(이)은 sadevakaṃ(천신들이 소유한 세계를)을 수식하므로 sadevakaṃ(남성, 단수, 대격)의 성, 수, 격에 일치한다.

2 제3~4행 : 이 행들의 술어는 pacessati(따 모을 것이다)이고, 주어는 의문대명사 ko(누가), 그리고 목적어는 dhammapadaṃ(진리의 말씀을)이다. sudesitaṃ(잘 설해진)은 dhammapadaṃ(진리의 말씀을)을 수식하므로 dhammapadaṃ(중성, 단수, 대격)의 성, 수, 격에 일치한다. "kusalo puppham iva(pacessati)"는 iva가 이끄는 부사절이다. 이 부사절의 술어 또한 pacessati(따 모을 것이다)이다.

vijessati [vi√ji(정복하다, 이기다)의 *Fut.3.Sg.*] 정복할 것이다. ko -vijessati : 누가 정복할 것인가?

Yamalokaṃ [yamaloka(*m.*)의 *Sg.Acc.*] 야마의 세계를. yama : *m.* 야마(= 죽은 자들의 세계의 지배자). loka : *m.* 세계

ca [*indecl.*] 그리고, ~와

imaṃ [ima(*pron.*)의 *m.Sg.Acc.*] 이것을

sadevakaṃ [sadevaka(*adj.*)의 *m.Sg.Acc.*] 천신들이 소유한 (세계). sa = saṃ : *pref.* ~와, ~을 가진. devaka : *adj.* 천신들이 소유한, 천신들의, *fr.* deva(*m.* 신)

ko [ka(*interr.pron.*)의 *m.Sg.Nom.*] 누가

dhammapadaṃ [dhammapada(*nt.*)의 *Sg.Acc.*] 진리의 말씀을. dhamma : *m.* 진리. pada : *nt.* 말, 글귀, 경구

sudesitaṃ [sudesita의 *nt.Sg.Acc.*] 잘 설해진. su : *indecl.* 잘, 철저하게. desita : 설명된, 가르쳐진, 보여진, √dis(설명하다, 가르치다, 보이다)의 *Caus.Pp.*

kusalo [kusala(*adj.*)의 *m.Sg.Nom.*] 능숙한, 솜씨 좋은

puppham = pupphaṃ [puppha(*nt.*)의 *Sg.Acc.*] 꽃을

iva-ppacessati = iva pacessati. iva [*indecl.*] ~와 같이, ~와 마찬가지로. pacessati [pa√ci (따다, 뜯다)의 *Fut.3.Sg.*] 딸 것이다. ko -paccessati : 누가 딸 것인가?

---

45 sekho paṭhaviṃ vijessati
Yamalokaṃ ca imaṃ sadevakaṃ[3]
sekho dhammapadaṃ sudesitaṃ
kusalo puppham iva-ppacessati.[4]

45 수행자가 땅을,
야마의 세계를, 그리고 천신들이 소유한 이 세계를 정복할 것이다.

3 제1~2행 : 이 행들의 술어는 vijessati(정복할 것이다)이고, 주어는 sekho(수행자가), 그리고 목적어는 paṭhaviṃ(땅을), Yamalokaṃ(야마의 세계를), 그리고 sadevakaṃ(천신들이 소유한 세계를)이다. 제1행의 imaṃ(이)은 paṭhaviṃ(땅을)을 수식하므로 paṭhaviṃ(여성, 단수, 대격)의 성, 수, 격에 일치한다. 제2행의 imaṃ(이)은 sadevakaṃ(천신들이 있는 세계를)을 수식하므로 sadevakaṃ(남성, 단수, 대격)의 성, 수, 격에 일치한다.

4 제3~4행 : 이 행들의 술어는 pacessati(딸 것이다, 모을 것이다)이고, 주어는 sekho(수행자가), 그리고 목적어는 dhammapadaṃ(진리의 말씀을)이다. sudesitaṃ(잘 설해진)은 dhammapadaṃ(진리의 말씀)을 수식하므로 dhammapadaṃ(중성, 단수, 대격)의 성, 수, 격에 일치한다. "kusalo puppham iva"는 iva가 이끄는 부사절이다. 이 부사절의 술어 또한 pacessati(따 모을 것이다)이다.

수행자가 잘 설해진 진리의 말씀을,
솜씨 좋은 이가 꽃을 따 모으듯, [잘 분별하여] 따 모을 것이다.

sekho [sekha(*m.*)의 *Sg.Nom.*] (아라한의 경지에 이르지 않은) 아직 수행 중인 사람이, 수행자가
paṭhaviṃ [paṭhavī (*f.*)의 *Sg.Acc.*] 땅을
vijessati [vi√ji(정복하다, 이기다)의 *Fut.3.Sg.*] 정복할 것이다
Yamalokaṃ [yamaloka(*m.*)의 *Sg.Acc.*] 야마의 세계를. yama : *m.* 야마(= 죽은 자들의 세계의 지배자). loka : *m.* 세계
ca [*indecl.*] 그리고, ~와
imaṃ [ima(*pron.*)의 *m.Sg.Acc.*] 이것을, 이를
sadevakaṃ [sadevaka(*adj.*)의 *m.Sg.Acc.*] 천신들이 소유한 (세계). sa = saṃ : *pref.* ~와, ~을 가진. devaka : *adj.* 천신들이 소유한, 천신들의, *fr.* deva(*m.* 신)
sekho [sekha(*m.*)의 *Sg.Nom.*] (아라한의 경지에 이르지 않은) 아직 수행 중인 사람이, 수행자가
dhammapadaṃ [dhammapada(*nt.*)의 *Sg.Acc.*] 진리의 말씀을. dhamma : *m.* 진리. pada : *nt.* 말, 글귀, 경구
sudesitaṃ [sudesita의 *nt.Sg.Acc.*] 잘 설명된, 잘 가르쳐진. su : *indecl.* 잘, 철저하게. desita : 설명된, 가르쳐진, 보여진, √dis(설명하다, 가르치다, 보이다)의 *Caus.Pp.*
kusalo [kusala(*adj.*)의 *m.Sg.Nom.*] 능숙한, 솜씨 좋은
puppham = pupphaṃ [puppha(*nt.*)의 *Sg.Acc.*] 꽃을
iva-ppacessati = iva-pacessati. iva [*indecl.*] ~와 같이, ~와 마찬가지로. pacessati [pa√ci(따다, 뜯다)의 *Fut.3.Sg.*] 딸 것이다

46 pheṇūpamaṃ kāyam imaṃ viditvā
marīcidhammaṃ abhisambudhāno
chetvāna Mārassa papupphakāni
adassanaṃ maccurājassa gacche.[5]

5 제1~4행 : 이 시의 술어는 gacche(가야 한다)이고, 이 술어동사를 통해 주어가 3인칭 단수임을 알 수 있다. 목적어는 adassanaṃ(시야에서 벗어난 곳에)이다. 절대분사인 제1행의 viditvā와 제3행의 chetvāna는 전체 문장의 술어 gacche 이전의 행위를 나타낸다.

46 이 몸을 거품과 같은 것으로 알고
신기루처럼 실체가 없다는 것을 완전히 깨달아
악마의 꽃장식을 제거하고는
죽음의 왕의 시야에서 벗어난 곳에 가야한다.

pheṇūpamaṃ [pheṇūpama(*adj.*)의 *m.Sg.Acc.*] 거품과 같은. pheṇa : *nt.* 거품. upama : *adj.* ~와 같은, 비슷한

kāyam = kāyaṃ [kāya(*m.*)의 *Sg.Acc.*] 집합체를, 더미를, 몸을

imaṃ [ima(*pron.*)의 *m.Sg.Acc.*] 이것을, 이를

viditvā [√vid(알다)의 *Ger.*] 알고 나서, 알고는

marīcidhammaṃ [marīcidhamma(*m.*)의 *Sg.Acc.*] 실체가 없는, 신기루와 같은. marīci : *f.* 신기루. dhamma : *m.* 본질, 특징, 성질

abhisambudhāno [abhisambudhāna의 *m.Sg.Nom.*] 완전히 깨달은. abhisambudhāna : abhi-saṃ√budh(알다, 이해하다)의 *Ppr.*[6]

chetvāna [√chid(베어내다, 제거하다)의 *Ger.*] 베어내고는, 제거하고는

Mārassa [māra(*m.*)의 *Sg.Gen.*] 악마의, 마왕의

papupphakāni [papupphaka(*adj.*)의 *nt.Pl.Acc.*] 꽃들로 장식된. pa : *pref.* 앞으로, 밖으로. pupphaka : *fr.* puppha(*nt.* 꽃)

adassanaṃ [adassana(*nt.*)의 *Sg.Acc.*] 시야에서 벗어난 곳에. a : *pref.* 아니다, 없다. dassana : *nt.* 시야, 눈길 닿는 범위, *fr.* √dis(보다)

maccurājassa [maccurājā(*m.*)의 *Sg.Gen.*] 죽음의 왕의. maccu : *m.* 죽음. rājā : *m.* 왕

gacche [√gam(가다)[7]의 *Pot.3.Sg.*] 가야 한다

47 pupphāni h'eva pacinantaṃ
vyāsattamanasaṃ naraṃ
suttaṃ gāmaṃ mahogho va
maccu ādāya gacchati.[8]

6 현재분사 어미 āna가 쓰였다.

7 gacche 처럼 '이동'을 나타내는 동사는 대격을 취하므로 adassana의 대격인 adassanaṃ이 쓰였다.

8 제1~4행 : 전체 시의 술어는 ādāya gacchati(휩쓸어 간다)이고, 주어는 maccu(죽음이), 그리고 목적어는 naraṃ(사람을)이다. 제1행의 pacinantaṃ(따 모으고 있는)과 제2행의 vyāsattamanasaṃ(집착하는 마음

47 꽃들을 따 모으며
집착하는 마음을 가진 사람을
죽음이 휩쓸어간다.
거대한 홍수가 잠들어 있는 마을을 휩쓸어가듯.

pupphāni [puppha(*nt.*)의 *Pl.Acc.*] 꽃들을 (여기서 꽃은 감각적 쾌락을 의미함)
h'eva = hi-eva. hi [*indecl.*] 실로, 왜냐하면, ~조차, ~라도. eva [*indecl.*] 실로, 정말로
pacinantaṃ [pacinanta의 *m.Sg.Acc.*] 따 모으고 있는. pacinanta : pa√ci(따다, 뜯다)의 *Ppr.*
vyāsattamanasaṃ [vyāsattamanasa의 *m.Sg.Acc.*] 집착하는 마음을 가진. vyāsatta : 들러붙은, 집착한, vi-ā√saj(붙이다, 매달다)의 *Pass.Pp.* manasa : *adj.* ~한 마음을 가진, ~한 마음으로, *fr.* mana(*nt.* 마음)
naraṃ [nara(*m.*)의 *Sg.Acc.*] 사람을
suttaṃ [sutta의 *m.Sg.Acc.*] 잠든. sutta : √sup(자다, 잠자다)의 *Pp.*
gāmaṃ [gāma(*m.*)의 *Sg.Acc.*] 마을을
mahogho [mahogha(*m.*)의 *Sg.Nom.*] 거대한 홍수가. mahant : *adj.* 큰, 거대한, 복합어에서 mahā / maha로 쓰임. ogha : *m.* 홍수
va = iva [*indecl.*] ~와 같이, ~처럼, ~와 마찬가지로
maccu [maccu(*m.*)의 *Sg.Nom.*] 죽음이
ādāya [ā√dā(주다)의 *Ger.*] 가지고는, 붙잡아, 휩쓸어
gacchati [√gam(가다, 이동하다)의 *Pres.3.Sg.*] 간다, 이동한다

48 pupphāni h'eva pacinantaṃ vyāsattamanasaṃ naraṃ atittaṃ yeva kāmesu antako kurute vasaṃ.[9]

48 꽃들을 따 모으며 집착하는 마음을 가진,

을 가진)은 naraṃ(사람을)을 수식하므로 naraṃ(남성, 단수, 대격)의 성, 수, 격에 일치한다. 제3행은 va(=iva)가 이끄는 부사절이다. 이 부사절의 술어 또한 ādāya gacchati(휩쓸어간다)이고, 주어는 mahogho(거대한 홍수가), 그리고 목적어는 gāmaṃ(마을을)이다. suttaṃ(잠든)은 gāmaṃ(마을을)을 수식하므로 gāmaṃ(남성, 단수, 대격)의 성, 수, 격에 일치한다.

9 제1~2행 : 이 시의 술어는 kurute(한다, 행한다)이고, 주어는 antako(죽음이), 그리고 목적어는 vesaṃ(힘을, 지배를)과 naraṃ(사람에게)이다. 제1행의 pacinantaṃ(따 모으고 있는)과 vyāsattamanasaṃ(집착하는 마음을 가진), 그리고 제2행의 atittaṃ(만족을 모르는)은 naraṃ을 수식하므로 naraṃ(남성, 단수, 대격)의 성, 수, 격에 일치한다.

감각적 욕망에 만족할 줄 모르는 사람을 죽음이 제압한다.

pupphāni [puppha(*nt.*)의 *Pl.Acc.*] 꽃들을 (여기서 꽃은 감각적 쾌락을 의미함)
h'eva = hi-eva. hi [*indecl.*] 실로, 참으로, 왜냐하면, ~조차, ~라도. eva [*indecl.*] 실로, 정말로
pacinantaṃ [pacinanta의 *m.Sg.Acc.*] 따 모으고 있는. pacinanta : pa√ci(따다, 뜯다)의 *Ppr.*
vyāsattamanasaṃ [vyāsattamanasa의 *m.Sg.Acc.*] 집착하는 마음을 가진. vyāsatta : 들러붙은, 집착한, vi-ā√saj(붙이다, 매달다)의 *Pass.Pp.* manasa : *adj.* ~한 마음을 가진, ~한 마음으로, *fr.* mana(*nt.* 마음)
naraṃ [nara(*m.*)의 *Sg.Acc.*] 사람을, 사람에게
atittaṃ [atitta(*adj.*)의 *m.Sg.Acc.*] 만족할 줄 모르는. a : *pref.* 아니다, 없다. titta : 만족한, √tapp(만족하다, 충족하다)의 *Pp.*
yeva = eva [*indecl.*] 실로, 단지, 바로
kāmesu [kāma(*m.*)의 *Pl.Loc.*] 감각적 쾌락에, 감각적 욕망에
antako [antaka(*m.*)의 *Sg.Nom.*] 끝에 있는 것이, 죽음이
kurute [√kar(하다, 행하다, 만들다)의 *A.Pres.3.Sg.*] 한다, 행한다, 만든다
vasaṃ [vasa(*m.*)의 *Sg.Acc.*] 힘을, 지배를, 통제를

49 yathāpi bhamaro pupphaṃ
vaṇṇagandhaṃ aheṭhayaṃ
paleti rasam ādāya[10]
evaṃ gāme munī care.[11]

49 마치 벌이 꽃과
[꽃의] 색과 향기를 건드리지 않고
꿀만 가지고 떠나는 것처럼

10 제1~3행 : 이 행들은 yathā가 이끄는 부사절로서 이 부사절의 술어는 paleti(떠난다)이고, 주어는 bhamaro(벌이)이다. 제2행의 현재분사 aheṭhayaṃ(상처내지 않는)은 pupphaṃ(꽃을)과 vaṇṇagandhaṃ(색과 향기를)을 목적어로 가진다. 현재분사인 aheṭhayaṃ은 주어 bhamaro(벌)을 서술하고 있으므로 bhamaro(남성, 단수, 주격)의 성, 수, 격에 일치한다. 제3행의 절대분사 ādāya는 전체 문장의 술어 paleti 이전의 행위를 나타낸다. ādāya의 행위주체 또한 bhamaro이다.

11 제4행 : 이 행의 술어는 care(다녀야 한다)이고, 주어는 munī(성자는)이다. 제1행의 yathāpi와 제4행의 evaṃ은 함께 쓰여 '마치 ~인 것처럼 …이다', '~이듯이 …이다' 등을 의미한다.

그렇게 성자(聖者)는 마을에서 다녀야 한다.

yathāpi = yathā-pi : 마치 ~처럼. yathā [*adv.*] ~와 같이, ~처럼. pi / api [*indecl.*] ~도 또한, 비록 그렇다고 하더라도

bhamaro [bhamara(*m.*)의 *Sg.Nom.*] 벌이

puppham̩ [puppha(*nt.*)의 *Sg.Acc.*] 꽃을

vaṇṇagandham̩ [vaṇṇagandha(*m.*)의 *Sg.Acc.*] 색과 향기를. vaṇṇa : *m.* 색, 색깔. gandha : *m.* 향기

aheṭhayam̩ [aheṭhayanta의 *m.Sg.Nom.*] 해하지 않는. a : *pref.* 아니다, 없다. heṭhayanta : 해하는, √heṭh(상처를 입히다, 해하다)의 *Ppr.*

paleti [√pal(잠깐 들르다, 지나가다, 달아나다)의 *Pres.3.Sg.*] 지나간다, 떠난다

rasam = rasam̩ [rasa(*m.*)의 *Sg.Acc.*] 주스를, 꿀을, 맛을

ādāya [ā√dā(주다)의 *Ger.*] 가지고는, 가지고 나서

evam̩ [*adv.*] ~와 마찬가지로, 이와 같이, 이렇게. yathāpi - evam̩ : 마치 ~인 것처럼 …이다

gāme [gāma(*m.*)의 *Sg.Loc.*] 마을에, 마을 안에

munī = muni [muni(*m.*)의 *Sg.Nom.*] 성자(聖者)는

care [√car(살다, 행하다, 다니다)의 *Pot.3.Sg.*] 다녀야 한다

---

50 na paresam̩ vilomāni, na paresam̩ katākatam̩[12]
attano va avekkheyya katāni akatāni ca.[13]

50 남의 잘못이나 남이 [하지 말아야 하는데] 한 일과 [해야 하는데] 하지 않은 일을 살피지 말고,
다만 자신이 [하지 말아야 하는데] 한 일들과 [해야 하는데] 하지 않은 일들을 살펴야 한다.

---

12 제1행 : 이 행의 술부는 na avekkheyya(살피면 안 된다. avekkheyya는 제2행에서 가져옴)이고, 이 술어동사 avekkheyya를 통해 주어가 3인칭 단수임을 알 수 있다. 목적어는 vilomāni(잘못을)와 katākatam̩(한 일과 하지 않은 일을)이다.

13 제2행 : 이 행의 술어는 avekkheyya(살펴야 한다)이고, 이 술어동사를 통해 주어가 3인칭 단수임을 알 수 있다. 목적어는 katāni(한 일들을)와 akatāni(하지 않은 일들을)이다.

na [*indecl.*] ~아니다, ~없다

paresaṃ [para(*m.*)의 *Pl.Gen.*] 남의

vilomāni [viloma(*adj.*)의 *nt.Pl.Acc.*] 그릇된, 잘못된, 모순된

na [*indecl.*] ~아니다, ~없다

paresaṃ [para(*m.*)의 *Pl.Gen.*] 다른 사람들의, 남의

katākataṃ [katākata(*nt.*)의 *Sg.Acc.*] (*n.*) 한 일과 하지 않은 일을. kata : 한, √kar(하다, 행하다)의 *Pp.* akata(a-kata) : 하지 않은

attano [attan(*m.*)의 *Sg.Gen.*] 자신의

va = eva [*adv.*] 실로, 단지, 바로

avekkheyya [ava√ikkh(보다)의 *Pot.3.Sg.*] 살펴야 한다, 봐야 한다

katāni [kata(*nt.*)의 *Pl.Acc.*] (*n.*) 한 일들을

akatāni [akata(*nt.*)의 *Pl.Acc.*] (*n.*) 하지 않은 일들을

ca [*indecl.*] 그리고, ~와

---

51 yathāpi ruciraṃ pupphaṃ vaṇṇavantaṃ agandhakaṃ[14]
evaṃ subhāsitā vācā aphalā hoti akubbato.[15]

51 [어떤] 아름다운 꽃은 빛깔만 곱고 향기가 없듯
잘 설해진 말도 실천하지 않는 이에게는 무익하다.

yathāpi = yathā-pi : 마치 ~처럼. yathā [*adv.*] ~와 같이, ~처럼. pi / api [*indecl.*] ~도 또한, 비록 그렇다고 하더라도

ruciraṃ [rucira(*adj.*)의 *nt.Sg.Nom.*] 아름다운, 고운

pupphaṃ [puppha(*nt.*)의 *Sg.Nom.*] 꽃이

vaṇṇavantaṃ [vaṇṇavant(*adj.*)의 *nt.Sg.Nom.*] 빛깔이 있는. vaṇṇavant : *fr.* vaṇṇa(*m.* 색)

agandhakaṃ [agandhaka(*adj.*)의 *nt.Sg.Nom.*] 향기가 없는. a : *pref.* 아니다, 없다. gan-

14 제1행 : 이 행은 yathā가 이끄는 부사절이다. ruciraṃ(아름다운), vaṇṇavantaṃ(빛깔이 있는), 그리고 agandhakaṃ(향기가 없는)은 pupphaṃ(꽃)을 수식하므로 pupphaṃ(중성, 단수, 주격)의 성, 수, 격에 일치한다.

15 제2행 : 이 행의 술부는 aphalā hoti(무익하다)이고, 주어는 vācā(말은)이다. subhāsitā(잘 다듬어진)는 vācā를 수식하므로 vācā(여성, 단수, 주격)의 성, 수, 격에 일치한다. 형용사적 술어 aphalā(열매가 없는, 무익한)는 주어 vācā(여성, 단수, 주격)의 성, 수, 격에 일치한다.

dhaka : *adj.* 향기가 있는, *fr.* gandha(*m.* 향기)

evaṃ [*adv.*] ~와 마찬가지로, 이와 같이, 이렇게. yathāpi - evaṃ : 마치 ~인 것처럼 …이다

subhāsitā [subhāsita의 *f.Sg.Nom.*] 잘 말한, 말이 잘 다듬어진. su : *indecl.* 잘, 철저하게. bhāsita : 말한, √bhās(말하다)의 *Pp.*

vācā [vācā(*f.*)의 *Sg.Nom.*] 말은

aphalā [aphala(*adj.*)의 *f.Sg.Nom.*] 헛된, 무익한. a : *pref.* 아니다, 없다. phala : *nt.* 열매, 결실, 성과

hoti [√bhū(있다, 이다, 되다)의 *Pres.3.Sg.*] 있다, 이다, 된다

akubbato [akubbanta의 *m.Sg.Gen.*] (*n.*) 실천하지 않는 이의. a : *pref.* 아니다, 없다. kubbanta : 행하는, √kar(하다, 행하다)의 *Ppr.*

---

52 yathāpi ruciraṃ pupphaṃ
vaṇṇavantaṃ sagandhakaṃ[16]
evaṃ subhāsitā vācā
saphalā hoti sakubbato.[17]

52 [어떤] 아름다운 꽃은
빛깔도 곱고 향기도 있듯
잘 설해진 말은
실천하는 이에게 유익하다.

yathāpi = yathā-pi : 마치 ~처럼. yathā [*adv.*] ~와 같이, ~처럼. pi / api [*indecl.*] ~도 또한, 비록 그렇다고 하더라도

ruciraṃ [rucira(*adj.*)의 *nt.Sg.Nom.*] 아름다운, 고운

pupphaṃ [puppha(*nt.*)의 *Sg.Nom.*] 꽃이

vaṇṇavantaṃ [vaṇṇavant(*adj.*)의 *nt.Sg.Nom.*] 빛깔이 있는. vaṇṇavant : *fr.* vaṇṇa(*m.* 색)

16 제1~2행 : 이 행들은 yathā가 이끄는 부사절이다. ruciraṃ(아름다운), vaṇṇavantaṃ(빛깔이 있는), 그리고 sagandhakaṃ(향기가 있는)은 pupphaṃ(꽃)을 수식하므로 pupphaṃ(중성, 단수, 주격)의 성, 수, 격에 일치한다.

17 제3~4행 : 이 행의 술부는 saphalā hoti(유익하다)이고, 주어는 vācā(말은)이다. subhāsitā(잘 다듬어진)는 vācā를 수식하므로 vācā(여성, 단수, 주격)의 성, 수, 격에 일치한다. 형용사적 술어 saphalā(열매가 있는, 유익한)는 주어 vācā(여성, 단수, 주격)의 성, 수, 격에 일치한다.

sagandhakaṃ [sagandhaka(*adj.*)의 *nt.Sg.Nom.*] 향기로운. sa = saṃ : *pref.* ~와, ~을 가진. gandhaka : *adj.* 향기가 있는, *fr.* gandha(*m.* 향기)

evaṃ [*adv.*] ~와 마찬가지로, 이와 같이, 이렇게. yathāpi - evaṃ : 마치 ~인 것처럼 …이다

subhāsitā [subhāsita의 *f.Sg.Nom.*] 잘 말한, 말이 잘 다듬어진. su : *indecl.* 잘, 철저하게. bhāsita : 말한, √bhās(말하다)의 *Pp.*

vācā [vācā(*f.*)의 *Sg.Nom.*] 말은

saphalā [saphala(adj.)의 *f.Sg.Nom.*] 열매를 맺는, 유익한. sa = saṃ : *pref.* ~와, ~을 가진. phala : *nt.* 열매, 결실, 성과

hoti [√bhū(있다, 이다, 되다)의 *Pres.3.Sg.*] 있다, 이다, 되다

sakubbato [sakubbanta의 *m.Sg.Gen.*] (*n.*) 행하는 이의, 실천하는 이의. sa = saṃ : *pref.* ~와, ~을 가진. kubbanta : 하는, 행하는, √kar(하다, 행하다)의 *Ppr.*

---

53 yathāpi puppharāsimhā kayirā mālāguṇe bahū[18] evaṃ jātena maccena kattabbaṃ kusalaṃ bahuṃ.[19]

53 꽃 더미에서 많은 꽃다발을 만들 수 있듯이
사람으로 태어난 자는 많은 선업을 지어야 한다.

yathāpi = yathā-pi : 마치 ~처럼. yathā [*adv.*] ~와 같이, ~처럼. pi / api [*indecl.*] ~도 또한

puppharāsimhā [puppharāsi(*m.*)의 *Sg.Abl.*] 꽃 더미에서. puppha : *nt.* 꽃. rāsi : *m.* 많음, 더미, 쌓아올린 것

kayirā [√kar(하다, 행하다, 만들다)의 *Pot.3.Sg.*][20] 만들 수 있다

mālāguṇe [mālāguṇa(*m.*)의 *Pl.Acc.*] 꽃다발들을. mālā : *f.* 화환. guṇa : *m.* 끈, 꿴 것

bahū [bahu(*adj.*)의 *nt.Pl.Acc.*] 많은, 다량의, 다수의

evaṃ [*adv.*] ~와 마찬가지로, 이와 같이, 이렇게. yathāpi ~ evaṃ··· : 마치 ~인 것처럼 …이다

---

18 제1행 : 이 행은 yathā가 이끄는 부사절로서 이 부사절의 술어는 kayirā(만들 수 있다)이고, 이 술어동사를 통해 주어가 3인칭 단수임을 알 수 있다. 목적어는 mālāguṇe(꽃다발을)이고, bahū(많은)는 mālāguṇe를 수식하므로 mālāguṇe(중성, 복수, 대격)의 성, 수, 격에 일치한다.

19 제2행 : 이 행의 술어는 미래수동분사인 kattabbaṃ(행해져야 한다, 지어져야 한다)이고, 주어는 kusalaṃ(선업이)이다. 수동형 문장(사람으로 태어난 자에 의해 많은 선업이 지어져야 한다)을 능동형 문장(사람으로 태어난 자는 많은 선업을 지어야 한다)으로 바꾸어 번역하였다. jātena(태어난)는 maccena(사람)를 수식하므로 maccena(남성, 단수, 구격)의 성, 수, 격에 일치한다. bahuṃ(많은)은 kusalaṃ(선업)을 수식하므로 kusalaṃ(중성, 단수, 주격)의 성, 수, 격에 일치한다.

20 동사 kayira 뒤에 오는 eyya(*Pot.3.Sg.* 어미)는 ā로 바뀐다.

jātena [jāta의 *m.Sg.Ins.*] (*n.*) 태어난 자에 의해서. jāta : √jan(태어나다)의 *Pp.*

maccena [macca(*m.*)의 *Sg.Ins.*] 인간으로, 사람으로

kattabbaṃ [kattabba(*adj.*)의 *nt.Sg.Nom.*] 행해져야 한다, kattabba : √kar(하다, 행하다)의 *Grd.*

kusalaṃ [kusala(*nt.*)의 *Sg.Nom.*] 선한 행위가, 선업이, 착한 일이

bahuṃ [bahu(*adj.*)의 *nt.Sg.Nom.*] 많은, 다량의, 다수의

---

54 na pupphagandho paṭivātam eti[21]
na candanaṃ tagaramallikā vā
satañ ca gandho paṭivātam eti[22]
sabbā disā sappuriso pavāti.[23]

54 꽃향기는 바람을 거슬러 가지 않는다.
백단이나 따가라, 또는 재스민 향기도 그렇다.
그러나 참된 이들의 향기는 바람을 거슬러 간다.
참된 사람은 모든 방향으로 향기를 퍼뜨린다.

na [*indecl.*] ~아니다, ~없다

pupphagandho [pupphagandha(*m.*)의 *Sg.Nom.*] 꽃향기는. puppha : *nt.* 꽃. gandha : *m.* 냄새, 향기

paṭivātam = paṭivātaṃ [*adv.*] 바람을 거슬러. paṭi : *pref.* ~을 향하여, ~에 반대하여, ~에 거슬러. vātaṃ : vāta(*m.*바람)의 *Sg.Acc.*

eti [√i(가다)의 *Pres.3.Sg.*] 간다

na [*indecl.*] ~아니다, ~없다

candanaṃ [candana(*nt.*)의 *Sg.Nom.*] 백단이, 백단향이

tagaramallikā [tagaramallika(*f.*)의 *Pl.Nom.*] 따가라와 재스민이. tagara : *nt.* 따가라. mallika : *f.* 재스민

vā [*indecl.*] 또는

---

21 제1행 : 이 행의 술부는 paṭivātaṃ na eti(바람을 거슬러 가지 않는다)이고, 주어는 pupphagandho(꽃향기는)이다.

22 제3행 : 이 행의 술부는 paṭivātaṃ eti(바람을 거슬러 간다)이고, 주어는 gandho(향기는)이다.

23 제4행 : 이 행의 술어는 pavāti(퍼진다)이고, 주어는 sappuriso(참된 사람은)이다.

satañ = sataṃ [santa의 *m.Pl.Gen.*] (*n.*) 참된 이들의. santa : √as(이다, 있다, 존재하다)의 *Ppr.*

ca = tu [*indecl.*] 그러나, 하지만

gandho [gandha(*m.*)의 *Sg.Nom.*] 향기는

paṭivātam = paṭivātaṃ [*adv.*] 바람을 거슬러. paṭi : *pref.* ~을 향하여, ~에 반대하여, ~에 거슬러. vātaṃ : vāta(*m.* 바람)의 *Sg.Acc.*

eti [√i(가다)의 *Pres.3.Sg.*] 간다

sabbā [sabba(*adj.*)의 *f.Pl.Acc.*] 모든, 어느 ~이나

disā [disa(*f.*)의 *Pl.Acc.*] 방향으로

sappuriso [sappurisa(*m.*)의 *Sg.Nom.*] 참된 사람은. sa = santa : 좋은, 훌륭한, 참된, √as (이다, 있다, 존재하다)의 *Ppr.* purisa : *m.* 사람

pavāti [pa√vā(불다)의 *Pres.3.Sg.*] 퍼진다, 널리 퍼진다

---

55 candanaṃ tagaraṃ vāpi uppalaṃ atha vassikī
etesaṃ gandhajātānaṃ sīlagandho anuttaro.[24]

55 백단과 따가라, 또는 수련이나 재스민,
이러한 향기의 종류들 가운데 덕행의 향기가 가장 뛰어나다.

candanaṃ [candana(*nt.*)의 *Sg.Nom.*] 백단은, 백단향은

tagaraṃ [tagara(*nt.*)의 *Sg.Nom.*] 따가라는

vāpi = vā-pi / api : 또는 ~조차, 또는 ~라도. vā : *indecl.* 또는. pi / api : *indecl.* ~라도, ~도 또한

uppalaṃ [uppala(*nt.*)의 *Sg.Nom.*] 수련은, 연꽃은

atha [*indecl.*] 그리고, 또한, 또는, 그러고 나서

vassikī [vassikī(*f.*)의 *Sg.Nom.*] 재스민은

etesaṃ [etad(*pron.*)의 *nt.Pl.Gen.*] 이 가운데

gandhajātānaṃ [gandhajāta(*nt.*)의 *Pl.Gen.*] 향기의 종류들 가운데. gandha : *m.* 냄새, 향기. jāta : ~종류의, 종류 가운데, √jan(태어나다)의 *Pp.*

sīlagandho [sīlagandha(*m.*)의 *Sg.Nom.*] 덕행의 향기는. sīla : *nt.* 덕, 덕행. gandha : *m.*

24 제1~2행 : 이 시의 술어는 anuttaro(가장 뛰어나다)이고, 주어는 sīlagandho(덕행의 향기가)이다. 제2행의 etesaṃ(이)은 gandhajātānaṃ(향기의 종류들 가운데)을 수식하므로 gandhajātānaṃ(중성, 복수, 속격)의 성, 수, 격에 일치한다.

냄새, 향기

anuttaro [anuttara(*adj.*)의 *m.Sg.Nom.*] (이보다 더 나을 수가 없다는 의미에서) 가장 뛰어난, 최고의, 견줄 데 없는. an : *pref.* 아니다, 없다. uttara : *adj.* 보다 나은, 보다 뛰어난

---

56 appamatto ayaṃ gandho yāyaṃ tagaracandanī[25]
yo ca sīlavataṃ gandho vāti devesu uttamo.[26]

56 따가라와 백단이 가진 이런 향기는 미약하다.
그러나 계를 갖춘 이들이 가진 향기는 가장 훌륭하여 신들에게까지 퍼진다.

appamatto [appamatta(*adj.*)의 *m.Sg.Nom.*] 약한. appa : *adj.* 작은, 약한. matta : *adj.* ~량의

ayaṃ [ima(*pron.*)의 *m.Sg.Nom.*] 이는, 이것은

gandho [gandha(*m.*)의 *Sg.Nom.*] 향기는

yāyaṃ = yo-ayaṃ. yo [ya(*pron.*)의 *m.Sg.Nom.*] ~하는 것. ayaṃ을 지시함. ayaṃ [ima(*pron.*)의 *m.Sg.Nom.*] 이는, 이것은

tagaracandanī[27] [tagaracandanin(*adj.*)의 *m.Sg.Nom.*] 따가라와 백단이 가진. tagaracandanin : *fr.* tagaracandana(tagara-candana)

yo [ya(*pron.*)의 *m.Sg.Nom.*] ~하는 것. gandho를 지시함

ca = tu [*indecl.*] 그러나, 하지만

sīlavataṃ [sīlavant(*adj.*)의 *m.Pl.Gen.*] (*n.*) 계를 갖춘 이들이 가진. sīlavant : *fr.* sīla(*nt.* 계, 덕)

gandho [gandha(*m.*)의 *Sg.Nom.*] 냄새는, 향기는

vāti [√vā(불다)의 *Pres.3.Sg.*] 퍼진다

devesu [deva(*m.*)의 *Pl.Loc.*] 신들 사이에서, 신들 속에

uttamo [uttama(*adj.*)의 *m.Sg.Nom.*] 가장 훌륭한, 최고인

---

25 제1행 : 이 행의 술어는 형용사 appamatto(미약하다)이고, 주어는 gandho(향기는)이다. "yāyaṃ tagaracandanī"은 관계대명사 yo가 이끄는 관계절로서 ayaṃ을 지시하고, ayaṃ은 gandho를 지시한다.

26 제2행 : 이 행의 술어는 vāti(퍼진다)이고, 주어는 gandho(향기는)이다. "yo sīlavataṃ"은 관계대명사 yo가 이끄는 관계절로서 gandho를 지시한다.

27 tagaracandanī는 tagaracandanīgandho를 나타낸다.

57 tesaṃ sampannasīlānaṃ appamādavihārinaṃ
sammadaññāvimuttānaṃ Māro maggaṃ na vindati.[28]

57 계를 갖추고 깨어있는 삶을 살며
완전한 지식으로 자유로워진 이들의 길을 악마는 찾아내지 못한다.

tesaṃ [ta(*3.pron.*)의 *m.Pl.Gen.*] 이들의, 그들의

sampannasīlānaṃ [sampannasīla의 *m.Pl.Gen.*] 계를 갖춘. sampanna : 갖춘, 가진, saṃ √pad(가다)의 *Pp.* sīla : *nt.* 계, 덕

appamādavihārinaṃ [appamādavihārin의 *m.Pl.Gen.*] 깨어있는 삶을 사는. appamāda : *m.* 깨어있음, 성실함. vihārin : *adj.* ~하게 사는, ~하게 생활하는, *fr.* vi√har(나르다, 가져오다)

sammadaññāvimuttānaṃ [sammadaññāvimutta의 *m.Pl.Gen.*] 완전한 지식으로 자유로워진. samma = sammā : *indecl.* 완전하게, 올바르게. aññā : *f.* 지식. sammadaññā[29] : 완전한 지식. vimutta : 자유로워진, vi√muc(해방하다, 자유롭게 하다)의 *Pp.*

Māro [māra(*m.*)의 *Sg.Nom.*] 악마가, 마왕이

maggaṃ [magga(*m.*)의 *Sg.Acc.*] 길을, 행로를

na [*indecl.*] ~아니다, ~없다

vindati [√vid(알다, 찾다)의 *Pres.3.Sg.*] 찾아낸다, 알아낸다

58 yathā saṃkāradhānasmiṃ ujjhitasmiṃ mahāpathe
padumaṃ tattha jāyetha sucigandhaṃ manoramaṃ,[30]

58 큰길에 내버려진 쓰레기더미 속에서도

28 제1~2행 : 이 시의 술부는 na vindati(찾아내지 못한다)이고, 주어는 Māro(악마는), 그리고 목적어는 maggaṃ(길을)이다. 제1행의 sampannasīlānaṃ(덕을 갖춘), appamādavihārinaṃ(깨어있는 삶을 사는), 그리고 제2행의 sammadaññāvimuttānaṃ(완전한 지식으로 자유로워진)은 제1행의 tesaṃ을 수식하므로 tesaṃ(남성, 복수, 속격)의 성, 수, 격에 일치한다.

29 모음으로 끝나는 samma와 모음으로 시작되는 aññā 사이에 d가 삽입되었다.

30 제1~2행 : 이 시 전체는 yathā가 이끄는 부사절로서, evaṃ이 이끄는 절인 다음 시 59에 연결된다. 술어는 jāyetha(필 수 있다)이고, 주어는 padumaṃ(연꽃이)이다. sucigandhaṃ(향기로운)과 manoramaṃ(아름다운)은 padumaṃ(연꽃이)을 수식하므로 padumaṃ(중성, 단수, 주격)의 성, 수, 격에 일치한다.

향기롭고 아름다운 연꽃이 피듯

yathā [*adv.*] ~와 같이, ~처럼

saṃkāradhānasmiṃ [saṃkāradhāna(*nt.*)의 *Sg.Loc.*] 쓰레기더미에서. saṃkāra : *m.* 쓰레기. dhāna : *nt.* 두는 곳, 저장소, 더미

ujjhitasmiṃ [ujjhita의 *nt.Sg.Loc.*] 내버려진. ujjhita : √ujjh(내던지다, 버리다)의 *Pp.*

mahāpathe [mahāpatha(*m.*)의 *Sg.Loc.*] 큰 길에. mahant : *adj.* 큰, 복합어에서 mahā / maha로 쓰임. patha : *m.* 길

padumaṃ [paduma(*nt.*)의 *Sg.Nom.*] 연꽃이

tattha [*adv.*] 거기에(서), 그곳에(서)

jāyetha [√jan(태어나다, 생기다)의 *Pot.3.Sg.*] 생길 수 있다, 태어날 수 있다

sucigandhaṃ [sucigandha(*adj.*)의 *nt.Sg.Nom.*] 향기로운. suci : *adj.* 맑은, 순수한. gandha : *m.* 향기

manoramaṃ [manorama(*adj.*)의 *nt.Sg.Nom.*] 마음을 즐겁게 하는, 아름다운. mano / mana : *nt.* 마음, mana가 복합어에서 앞에 위치할 때 mano로 쓰임. rama : *adj.* 즐거운, *fr.* √ram(기뻐하다, 즐기다)

59 evaṃ saṃkārabhūtesu andhabhūte puthujjane
atirocati paññāya sammāsambuddhasāvako.[31]

59 쓰레기 같고 눈먼 중생들 속에서도
더할 나위 없이 완전하게 깨달은 이(= 붓다)의 제자는 지혜로 인해 밝게 빛난다.

evaṃ [*adv.*] ~와 마찬가지로, 이와 같이, 이렇게

saṃkārabhūtesu [saṃkārabhūta(*adj.*)의 *m.Pl.Loc.*] 쓰레기 같은. saṃkāra : *m.* 쓰레기. bhūta : (서술적 용법으로 쓰여) 이러이러하게 된, ~와 같은, √bhū(이다, 되다, 존재하다)의 *Pp.*

andhabhūte [andhabhūta(*adj.*)의 *m.Sg.Loc.*] 눈먼, 어리석은. andha : *adj.* 눈먼, 암흑의,

---

31 제1~2행 : 이 시 전체는 evaṃ이 이끄는 하나의 절로서 yathā 가 이끄는 절인 앞의 시 58에 연결된다. 술어는 atirocati(밝게 빛난다)이고, 주어는 sammāsambuddhasāvako(더할 나위 없이 완전하게 깨달은 이의 제자는)이다.

어리석은. bhūta : (서술적 용법으로 쓰여) 이러이러하게 된, ~와 같은, √bhū(이다, 되다, 존재하다)의 *Pp.*

puthujjane [puthujjana(*m.*)의 *Sg.Loc.*] 중생들 가운데. puthu : *adj.* 많은, 다수의, 다양한. jana : *m.* 사람, 사람들

atirocati [ati√ruc(빛나다, 반짝이다)의 *Pres.3.Sg.*] 밝게 빛난다

paññāya [paññā(*f.*)의 *Sg.Ins.*] 지혜로 인해. paññā : *fr.* pa√ñā(알다)

sammāsambuddhasāvako [sammāsambuddhasāvaka(*m.*)의 *Sg.Nom.*] 더할 나위 없이 완전하게 깨달은 이(=붓다)의 제자는. sammā : *indecl.* 완전하게, 올바르게, 더할 나위 없이. sambuddha : *m.* 완전히 깨달은 이, 붓다, saṃ√budh(알다, 깨닫다)의 *Pp.* sāvaka : *m.* 제자, *fr.* √su(듣다)

제5장

어리석은 자

Bāla

60 dīghā jāgarato rattī dīghaṃ santassa yojanaṃ[1]
dīgho bālānaṃ saṃsāro saddhammaṃ avijānataṃ.[2]

60 깨어 있는 이에게 밤은 길고, 피로한 이에게 요자나는 길며,
참된 가르침을 알지 못하는 어리석은 자들에게 윤회는 길다.

dīghā [dīgha(*adj.*)의 *f.Sg.Nom.*] 길다
jāgarato [jāgaranta의 *m.Sg.Gen.*] (*n.*) 깨어 있는 이의. jāgaranta : √jāgar(깨어있다)의 *Ppr.*
rattī [ratti(*f.*)의 *Sg.Nom.*] 밤은
dīghaṃ [dīgha(*adj.*)의 *nt.Sg.Nom.*] 길다
santassa [santa의 *m.Sg.Gen.*] (*n.*) 피로한 이의. santa : √sam(피로하다, 지치다)의 *Pp.*
yojanaṃ [yojana[3](*nt.*)의 *Sg.Nom.*] 요자나는
dīgho [dīgha(*adj.*)의 *m.Sg.Nom.*] 길다
bālānaṃ [bāla(*m.*)의 *Pl.Gen.*] 어리석은 자들의
saṃsāro [saṃsāra(*m.*)의 *Sg.Nom.*] 윤회는. saṃsāra : *fr.* saṃ√sar(움직이다, 흐르다)
saddhammaṃ [saddhamma(*m.*)의 *Sg.Acc.*] 참된 가르침을. sant : 존재하는, 좋은, 참된, √as(이다, 있다, 존재하다)의 *Ppr.* dhamma : *m.* 법, 가르침

1 제1행 : 'dīghā jāgarato rattī'의 술어는 형용사 dīghā(길다)이고, 주어는 rattī(밤은)이다. 'dīghaṃ santassa yojanaṃ'의 술어는 dīghaṃ(길다)이고, 주어는 yojanaṃ(요자나는)이다.

2 제2행 : 이 행의 술어는 형용사 dīgho(길다)이고, 주어는 saṃsāro(윤회는)이다. 현재분사 avijānataṃ(알지 못하는)은 bālānaṃ(어리석은 자들에게)을 수식하므로 bālānaṃ(남성, 복수, 속격)의 성, 수, 격에 일치한다.

3 yojana는 길이의 단위로서 대강 7마일 정도이다.

avijānataṃ [avijānanta의 *m.Pl.Gen.*] 알지 못하는. a : *pref.* 아니다, 없다. vijānanta : 아는, 알고 있는, vi√ñā(알다, 이해하다)의 *Ppr.*

---

61 carañ ce nādhigaccheyya seyyaṃ sadisam attano[4]
ekacariyaṃ daḷhaṃ kayirā n'atthi bāle sahāyatā.[5]

61 더 낫거나 자신과 비슷한 이를 다니면서 만나지 못하면,
단호히 혼자 다녀야 한다. 어리석은 자와는 사귀지 말라.

carañ = caraṃ [caranta의 *m.Sg.Nom.*] 다니는. caranta : √car(살다, 다니다)의 *Ppr.*

ce [*indecl.*] 만약 ~이면, 만약 ~하면

nādhigaccheyya = na-adhigaccheyya : 만나지 못하면. na [*indecl.*] ~아니다, ~없다. adhigaccheyya [adhi√gam(가다)의 *Pot.3.Sg.*] 얻으면, 만나면

seyyaṃ [seyya(*adj.*)의 *m.Sg.Acc.*] 보다 나은, 보다 좋은

sadisam = sadisaṃ [sadisa(*adj.*)의 *m.Sg.Acc.*] 비슷한, 같은, 동등한

attano [attan(*m.*)의 *Sg.Dat.* / *Gen.*] 자신에게, 자신의

ekacariyaṃ [ekacariyā(*f.*)의 *Sg.Acc.*] 혼자 다니는 것을, 혼자 길 떠나는 것을. eka : *adj.* 하나, 홀로, 혼자서. cariya : *f.* 사는 것, 다니는 것, *fr.* √car(살다, 돌아다니다)

daḷhaṃ [*adv.*] 단호하게, 강하게. daḷha(*adj.* 단호한, 강한)의 *nt.Sg.Acc.*

kayirā [√kar(하다, 행하다)의 *Pot.3.Sg.*][6] 해야 한다

n'atthi = na-atthi : 없다. na [*indecl.*] ~아니다, ~없다. atthi [√as(이다, 있다, 존재하다)의 *Pres.3.Sg.*] 있다

bāle [bāla(*m.*)의 *Sg.Loc.*] 어리석은 자와

sahāyatā [sahāyatā(*f.*)의 *Sg.Nom.*] 교제는, 사귐은. sahāyatā : sahāya(*m.* 친구, 벗)의 추상명사

---

4 제1행 : 이 행은 ce가 이끄는 부사절로서 이 부사절의 술어는 nādhigaccheyya(찾지 못하면)이고, 이 술어동사를 통해 주어가 3인칭 단수임을 알 수 있다. 목적어는 seyyaṃ(보다 나은 이를)과 sadisaṃ(비슷한 이를)이다.

5 제2행 : "ekacariyaṃ daḷhaṃ kayirā"의 술어는 kayirā(해야 한다)이고, 이 술어동사를 통해 주어가 3인칭 단수임을 알 수 있다. 목적어는 ekacariyaṃ(혼자 다니는 것을)이다. "n'atthi bāle sahāyatā"의 술어는 n'atthi(없다)이고, 주어는 sahāyatā(사귐은, 교제는)이다. 이 행을 직역하면 "단호히 혼자 다니는 것을 해야 한다. 어리석은 자와 사귀는 일은 없다"인데, "단호히 혼자 다녀야 한다. 어리석은 자와는 사귀지 말라"로 의역하였다.

6 동사 kayira 뒤에 오는 eyya(*Pot.3.Sg.* 어미)는 ā로 바뀐다.

62 “puttā m’atthi dhanaṃ m’atthi” iti bālo vihaññati[7]
attā hi attano n’atthi kuto puttā kuto dhanaṃ.[8]

62 “내 아들들이다, 내 재산이다”라며 어리석은 자는 괴로워한다.
자신도 제 것이 아닌데, 어찌하여 아들들이, 어찌하여 재산이 [제 것이겠는가].

puttā [putta(*m.*)의 *Pl.Nom.*] 아들들이

m’atthi = me-atthi. me [amha(*1.pron.*)의 *Sg.Gen.*] 나의. atthi [√as(이다, 있다, 존재하다)의 *Pres.3.Sg.*] 이다

dhanaṃ [dhana(*nt.*)의 *Sg.Nom.*] 부가, 재산이

m’atthi = me-atthi. me [amha(*1.pron.*)의 *Sg.Gen.*] 나의. atthi [√as(이다, 있다, 존재하다)의 *Pres.3.Sg.*] 이다

ti / iti [*indecl.*] 직접화법이 끝났음을 나타내거나 바로 언급한 것을 나타냄

bālo [bāla(*m.*)의 *Sg.Nom.*] 어리석은 자는

vihaññati [vi√han(때리다, 고통을 주다)의 *Pres.Pass.3.Sg.*] 맞는다, 괴로워한다

attā [attan(*m.*)의 *Sg.Nom.*] 자신이

hi [*indecl.*] 실로, 참으로, 왜냐하면, ~조차, ~라도

attano [attan(*m.*)의 *Sg.Gen.*] 자신의

n’atthi = na-atthi : 아니다. na [*indecl.*] ~아니다, ~없다. atthi [√as(이다, 있다, 존재하다)의 *Pres.3.Sg.*] 이다

kuto [*adv.*] 어디서, 어찌하여

puttā [putta(*m.*)의 *Pl.Nom.*] 아들들이

kuto [*adv.*] 어디서, 어찌하여

dhanaṃ [dhana(*nt.*)의 *Sg.Nom.*] 부가, 재산이

63 yo bālo maññatī balyaṃ paṇḍito vāpi tena so,[9]

7 제1행 : 이 행의 술어는 vihaññati(괴로워한다)이고, 주어는 bālo(어리석은 자는)이다.
8 제2행 : “attā hi attano n’atthi”의 술어는 n’atthi(없다)이고, 주어는 attā(자신이)이다.
9 제1행 : 이 행의 술어는 형용사 paṇḍito(현명하다)이고, 주어는 so(그는)이다. “yo bālo maññatī balyaṃ”은 관계대명사 yo가 이끄는 관계절로서 so를 지시한다. 이 행의 tena(그것으로, 그것 때문에)는 문맥상 “그 아는 것 때문에”로 번역하였다.

bālo ca paṇḍitamānī sa ve bālo ti vuccati.[10]

63 어리석으면서 어리석음을 아는 그는, 그 아는 것 때문에 실로 현명하다. 그러나 어리석으면서도 현명하다고 생각하는 그는, 참으로 어리석은 자라고 불린다.

yo [ya(*pron.*)의 *m.Sg.Nom.*] ~하는 이. so를 지시함

bālo [bāla(*adj.*)의 *m.Sg.Nom.*] 어리석은

maññatī = maññati [√man(생각하다)의 *Pres.3.Sg.*] 생각한다

balyaṃ [balya(*nt.*)의 *Sg.Acc.*] 어리석음을, *fr.* bāla(*adj.* 어리석은)

paṇḍito [paṇḍita(*adj.*)의 *m.Sg.Nom.*] 현명한, 지혜로운

vāpi = vā-pi / api : 또는 ~조차, 또는 ~라도. vā : *indecl.* 또는. pi / api : *indecl.* ~라도, ~도 또한

tena [ta(*3.pron.*)의 *Sg.Ins.*] 그것으로, 그것 때문에

so [ta(*3.pron.*)의 *m.Sg.Nom.*] 그는, 그것은

bālo [bāla(*adj.*)의 *m.Sg.Nom.*] 어리석은

ca = tu [*indecl.*] 그러나, 하지만

paṇḍitamānī [paṇḍitamānin(*adj.*)의 *m.Sg.Nom.*] 현명하다고 생각하는. paṇḍita : *adj.* 현명한, 지혜로운. mānin : *adj.* 거만한, *fr.* māna(*m.* 자랑, 자만)

sa [ta(*3.pron.*)의 *m.Sg.Nom.*] 그는, 그것은

ve [*indecl.*] 참으로, 정말, 바로, 확실히

bālo [bāla(*m.*)의 *Sg.Nom.*] 어리석은 자

ti / iti [*indecl.*] 직접화법이 끝났음을 나타내거나 바로 언급한 것을 나타냄

vuccati [√vac(말하다)의 *Pres.Pass.3.Sg.*] 불린다

---

64 yāvajīvam pi ce bālo paṇḍitaṃ payirupāsati[11]
na so dhammaṃ vijānāti dabbī sūparasaṃ yathā.[12]

10 제2행 : 이 행의 술부는 bālo ti vuccati(어리석은 자라고 불린다)이고, 주어는 sa(그는)이다. iti가 주격 단어 뒤에 올 때 iti와 그 주격 단어를 포함하는 절은 서술적으로 쓰인다. bālo(어리석으면서)와 paṇḍitamānī(현명하다고 생각하는)는 주어 sa를 수식하므로 sa(남성, 단수, 주격)의 성, 수, 격에 일치한다.

11 제1행 : 이 행은 ce가 이끄는 부사절로서 다음 행에 연결된다. 부사절의 술어는 payirupāsati(섬긴다)이고, 주어는 bālo(어리석은 자가), 그리고 목적어는 paṇḍitaṃ(지혜로운 이를)이다.

64 어리석은 자가 일생동안 지혜로운 이를 섬긴다고 하더라도
그는 진리를 깨닫지 못한다. 숟가락이 국의 맛을 알지 못하듯.

yāvajīvam = yāvajīvaṃ [*adv.*] 일생동안. yāva : *adv.* ~하는 동안은. jīvaṃ : jīva(*m.* 삶, 목숨, 생애)의 *Sg.Acc.*

pi / api [*indecl.*] ~도 또한, 비록 그렇다고 하더라도

ce [*indecl.*] 만약 ~이면, 만약 ~하면. pi / api ce : 비록 ~할지라도, ~라고 하더라도

bālo [bāla(*m.*)의 *Sg.Nom.*] 어리석은 자가

paṇḍitaṃ [paṇḍita(*m.*)의 *Sg.Acc.*] 지혜로운 이를

payirupāsati [pari-upa√ās(앉다)의 *Pres.3.Sg.*] 가까이에 둘러앉는다 즉, 시중들다, 섬긴다

na [*indecl.*] ~아니다, ~없다

so [ta(*3.pron.*)의 *m.Sg.Nom.*] 그는, 그것은

dhammaṃ [dhamma(*m.*)의 *Sg.Acc.*] 법을, 진리를

vijānāti [vi√ñā(알다, 깨닫다)의 *Pres.3.Sg.*] 안다, 깨닫는다

dabbī [dabbī(*f.*)의 *Sg.Nom.*] 숟가락이, 국자가

sūparasaṃ [sūparasa(*m.*)의 *Sg.Acc.*] 국의 맛을. sūpa : *m.* 국. rasa : *m.* 맛

yathā [*adv.*] ~와 같이, ~처럼

65 muhuttam api ce viññū paṇḍitaṃ payirupāsati[13]
khippaṃ dhammaṃ vijānāti jivhā sūparasaṃ yathā.[14]

65 총명한 이는 잠깐 지혜로운 이를 섬긴다고 하더라도
곧 진리를 깨닫는다. 혀가 국의 맛을 알듯.

12 제2행 : 이 행의 술부는 na vijānāti(깨닫지 못한다)이고, 주어는 so(그는), 즉 제1행의 bālo(어리석은 자는)이다. 그리고 목적어는 dhammaṃ(진리를)이다. "dabbī sūparasaṃ yathā"는 yathā가 이끄는 부사절이다. 이 부사절의 술부 또한 na vijānāti(알지 못한다)이다.

13 제1행 : 이 행은 ce가 이끄는 부사절로서 다음 행에 연결된다. 부사절의 술어는 payirupāsati(섬긴다)이고, 주어는 viññū(총명한 이는), 그리고 목적어는 paṇḍitaṃ(지혜로운 이를)이다.

14 제2행 : 이 행의 술어는 vijānāti(깨닫는다)이고, 주어는 제1행의 viññū(총명한 이는), 그리고 목적어는 dhammaṃ(진리를)이다. "jivhā sūparasaṃ yathā"는 yathā가 이끄는 부사절이다. 이 부사절의 술어 또한 vijānāti(안다)이다.

muhuttam = muhuttaṃ [muhutta(*m.* / *nt.*)의 *Sg.Acc.*] 순간, 찰나, 단시간, 잠깐

api [*indecl.*] ~도 또한, 비록 그렇다고 하더라도, 실로

ce [*indecl.*] 만약 ~이면, 만약 ~하면

viññū [viññū(*m.*)의 *Sg.Nom.*] 총명한 이는, 현명한 이는

paṇḍitaṃ [paṇḍita(*m.*)의 *Sg.Acc.*] 지혜로운 이를

payirupāsati [pari-upa√ās(앉다)의 *Pres.3.Sg.*] 가까이에 둘러앉는다 즉, 시중들다, 섬긴다

khippaṃ [*adv.*] 빠르게, 곧. *fr.* khippa(*adj.*)의 *nt.Sg.Acc.*

dhammaṃ [dhamma(*m.*)의 *Sg.Acc.*] 법을, 진리를

vijānāti [vi√ñā(알다, 깨닫다)의 *Pres.3.Sg.*] 안다, 깨닫는다

jivhā [jivhā(*f.*)의 *Sg.Nom.*] 혀가

sūparasaṃ [sūparasa(*m.*)의 *Sg.Acc.*] 국의 맛을. sūpa : *m.* 국. rasa : *m.* 맛

yathā [*adv.*] ~와 같이, ~처럼

66 caranti bālā dummedhā amitteneva attanā[15]
karontā pāpakaṃ kammaṃ yaṃ hoti kaṭukapphalaṃ.[16]

66 지혜가 부족한 어리석은 자들은 자신을 적으로 삼고 살아간다.
고통스러운 결과가 있는 악행을 저지르면서.

caranti [√car(살다, 다니다)의 *Pres.3.Pl.*] 산다, 다닌다

bālā [bāla(*m.*)의 *Pl.Nom.*] 어리석은 자들은

dummedhā [dummedhā(*adj.*)의 *m.Pl.Nom.*] 지혜가 부족한, 어리석은. du : *pref.* 나쁜, 부족한, 어려운. medhā : *f.* 지혜, 현명함

amitteneva = amittena-iva : 적과 마찬가지로. amittena [amitta(*m.*)의 *Sg.Ins.*] 적과, 적으로, a : *pref.* 아니다, 없다. mitta : *m.* 친구, 벗. iva [*indecl.*] ~와 같이, ~와 마찬가지로

attanā [attan(*m.*)의 *Sg.Ins.*] 자신과

15 제1행 : 이 시의 술어는 caranti(산다)이고, 주어는 bālā(어리석은 자들은)이다.

16 제2행 : 이 행은 현재분사 karontā(하는)가 이끄는 절로서 제1행의 bālā(어리석은 자들은)를 수식한다. karontā는 bālā(남성, 복수, 주격)의 성, 수, 격에 일치하고, kammaṃ(행위를)를 목적어로 갖는다. pāpakaṃ(악한)은 kammaṃ을 수식하므로 kammaṃ(중성, 단수, 대격)의 성, 수, 격에 일치한다. "yaṃ hoti kaṭukapphalaṃ"은 관계대명사 yaṃ이 이끄는 관계절로서 kammaṃ을 지시한다.

karontā [karonta의 *m.Pl.Nom.*] 저지르면서. karonta : √kar(하다, 행하다)의 *Ppr.*
pāpakaṃ [pāpaka(*adj.*)의 *nt.Sg.Acc.*] 나쁜, 악한. pāpaka : *fr.* pāpa(*nt.* 악, 죄)
kammaṃ [kamma(*nt.*)의 *Sg.Acc.*] 행위를, 일을
yaṃ [ya(*pron.*)의 *nt.Sg.Nom.*] ~하는 것. kammaṃ을 지시함
hoti [√bhū(있다, 이다, 존재하다)의 *Pres.3.Sg.*] 있다
kaṭukapphalaṃ [kaṭukapphala(*nt.*)의 *Sg.Nom.*] 쓴 열매가, 고통스러운 결과가. kaṭuka : *adj.* 쓴, 고통스러운. phala : *nt.* 열매, 결실, 결과

67 na taṃ kammaṃ kataṃ sādhu yaṃ katvā anutappati
yassa assumukho rodaṃ vipākaṃ paṭisevati.[17]

67 하고 나서 후회하고, 눈물 젖은 얼굴로 울면서
과보를 받게 되는 그런 일은 잘되어진 것이 아니다.

na [*indecl.*] ~아니다, ~없다
taṃ [ta(*3.pron.*)의 *nt.Sg.Nom.*] 그는, 그것은
kammaṃ [kamma(*nt.*)의 *Sg.Nom.*] 행위는, 행동은, 일은
kataṃ [kata의 *nt.Sg.Nom.*] 된. kata : √kar(하다, 행하다)의 *Pp.*
sādhu [*adv.*] 잘, 좋게, sādhu(*adj.*)의 *nt.Sg.Acc.*
yaṃ [ya(*pron.*)의 *nt.Sg.Nom.*] ~하는 것. taṃ을 지시함
katvā [√kar(하다, 행하다)의 *Ger.*] 하고는, 하고 나서
anutappati [anu√tap(태우다, 빛나게 하다)의 *Pres.Pass.3.Sg.*] 후회한다, 한탄한다
yassa [ya(*pron.*)의 *nt.Sg.Gen.*] ~하는
assumukho [assumukha(*adj.*)의 *m.Sg.Nom.*] 눈물 젖은 얼굴로, 우는 얼굴로. assu : *nt.* 눈물. mukha : *nt.* 얼굴
rodaṃ [rodanta의 *m.Sg.Nom.*] 우는, 울부짖는, 슬퍼하는. rodanta : √rud(울다)의 *Ppr.*
vipākaṃ [vipāka(*m.*)의 *Sg.Acc.*] (행위에 대한) 결과를, 과보를
paṭisevati [paṭi√sev(섬기다)의 *Pres.3.Sg.*] 따라 간다, 뒤쫓는다, 받다

17 제1~2행 : 이 시의 술부는 na sādhu(좋지 않다)이고, 주어는 kammaṃ(일은)이다. "yaṃ katvā anutappati"는 관계대명사 yaṃ이 이끄는 관계절로서 taṃ을 지시한다. taṃ은 kammaṃ을 수식하므로 kammaṃ(중성, 단수, 주격)의 성, 수, 격에 일치한다. 제2행은 관계대명사 yassa가 이끄는 관계절이다.

68 tañ ca kammaṃ kataṃ sādhu yaṃ katvā nānutappati
yassa patīto sumano vipākaṃ paṭisevati.[18]

68 그러나 하고 나서 후회하지 않고, 기뻐하고 즐거워하면서
과보를 받게 되는 그런 일은 잘되어진 것이다.

tañ = taṃ [ta(*3.pron.*)의 *nt.Sg.Nom.*] 그는, 그것은
ca = tu [*indecl.*] 그러나, 하지만
kammaṃ [kamma(*nt.*)의 *Sg.Nom.*] 행위는, 일은
kataṃ [kata의 *nt.Sg.Nom.*] 된. kata : √kar(하다, 행하다)의 *Pp.*
sādhu [*adv.*] 잘, 좋게, sādhu(*adj.*)의 *nt.Sg.Acc.*
yaṃ [ya(*pron.*)의 *nt.Sg.Nom.*] ~하는 것. taṃ을 지시함
katvā [√kar(하다, 행하다)의 *Ger.*] 하고는, 하고 나서
nānutappati = na-anutappati : 후회하지 않는다. na [*indecl.*] ~아니다, ~없다. anutappati [anu√tap(태우다, 빛나게 하다) *Pres.Pass.3.Sg.*] 후회한다, 한탄하다
yassa [ya(*pron.*)의 *nt.Sg.Gen.*] ~하는
patīto [patīta의 *m.Sg.Nom.*] 기쁜, 기뻐하는, 좋아하는. patīta : paṭi√i(가다)의 *Pp.*
sumano [sumana(*adj.*)의 *m.Sg.Nom.*] 기쁜, 즐거운. su : *indecl.* 잘, 철저하게. mana : *nt.* 마음
vipākaṃ [vipāka(*m.*)의 *Sg.Acc.*] (행위에 대한) 결과를, 과보를
paṭisevati [paṭi√sev(섬기다)의 *Pres.3.Sg.*] 따라 간다, 뒤좇는다, 받다

69 madhuvā maññatī bālo[19]
yāva pāpaṃ na paccati[20]
yadā ca paccatī pāpaṃ[21]

18 제1~2행 : 이 시의 술어는 sādhu(좋다)이고, 주어는 kammaṃ(일은)이다. "yaṃ katvā nānutappati"는 관계대명사 yaṃ이 이끄는 관계절로서 taṃ을 지시한다. taṃ은 kammaṃ을 수식하므로 kammaṃ(중성, 단수, 주격)의 성, 수, 격에 일치한다. 제2행은 관계대명사 yassa가 이끄는 관계절이다.
19 제1행 : 이 행의 술어는 maññati(생각한다, 여긴다)이고, 주어는 bālo(어리석은 자는)이다.
20 제2행 : 이 행은 yāva가 이끄는 부사절로서 제1행에 연결된다. 부사절의 술부는 na paccati(익지 않는다)이고, 주어는 pāpaṃ(악이)이다.
21 제3행 : 이 행은 yadā가 이끄는 부사절로서 제4행에 연결된다. 부사절의 술어는 paccati(익는다)이고, 주어는 pāpaṃ(악이)이다.

atha bālo dukkhaṃ nigacchati.[22]

69 어리석은 자는 [악행을] 꿀로 여긴다,
악이 익지 않은 한…….
그러나 악이 익으면
어리석은 자는 고통을 경험하게 된다.

madhuvā = madhu-iva : 꿀처럼. madhu : *nt.* 꿀. iva : *indecl.* ~와 같이, ~처럼
maññatī = maññati [√man(생각하다)의 *Pres.3.Sg.*] 생각한다, 여긴다
bālo [bāla(*m.*)의 *Sg.Nom.*] 어리석은 자는
yāva [*adv.*] ~까지, ~하는 한, ~하는 동안은
pāpaṃ [pāpa(*nt.*)의 *Sg.Nom.*] 악이, 악행이
na [*indecl.*] ~아니다, ~없다
paccati [√pac(삶다, 끓이다)의 *Pres.Pass.3.Sg.*] 익는다, 괴로워한다
yadā [*adv.*] ~할 때에, ~하면
ca = tu [*indecl.*] 그러나, 하지만
paccatī = paccati [√pac(삶다, 끓이다)의 *Pres.Pass.3.Sg.*] 익는다, 괴로워한다
pāpaṃ [pāpa(*nt.*)의 *Sg.Nom.*] 악이, 악행이
atha [*indecl.*] 그리고, 또한, 또는, 그러고 나서
bālo [bāla(*m.*)의 *Sg.Nom.*] 어리석은 자는
dukkhaṃ [dukkha(*nt.*)의 *Sg.Acc.*] 고통을
nigacchati [ni√gam(가다)의 *Pres.3.Sg.*] 겪는다, 경험한다, 받는다

70 māse māse kusaggena bālo bhuñjetha bhojanaṃ[23]
na so saṃkhātadhammānaṃ kalaṃ agghati soḷasiṃ.[24]

70 어리석은 자가 매달 꾸사 풀잎의 끝부분만큼 [적게] 음식을 먹을지라도

22 제4행 : 이 행의 술어는 nigacchati(경험한다)이고, 주어는 bālo(어리석은 자는), 그리고 목적어는 dukkhaṃ(고통을)이다.

23 제1행 : 이 행의 술어는 bhuñjetha(먹을지라도)이고, 주어는 bālo(어리석은 자가), 그리고 목적어는 bhojanaṃ(음식을)이다.

24 제2행 : 이 행의 술부는 na agghati(가치가 없다)이고, 주어는 so(그는), 즉 제1행의 bālo(어리석은 자)이다. 목적어는 kalaṃ soḷasiṃ(16분의 1)이다.

그는 진리에 통달한 사람들의 16분의 1의 가치도 되지 않는다.

māse māse [māsa(*m.*)의 *Sg.Loc.*] 매달, 다달이, 달마다

kusaggena [kusagga(*nt.*)의 *Sg.Ins.*] 꾸사 풀잎의 끝부분만큼 적게. kusa : *m.* 꾸사 풀. agga : *nt.* 뾰족한 끝

bālo [bāla(*m.*)의 *Sg.Nom.*] 어리석은 자가

bhuñjetha [√bhuj(먹다)의 *A.Pot.3.Sg.*] 먹을지도 모른다

bhojanaṃ [bhojana(*nt.*)의 *Sg.Acc.*] 음식을. bhojana : *fr.* √bhuj(먹다)

na [*indecl.*] ~아니다, ~없다

so [ta(*3.pron.*)의 *m.Sg.Nom.*] 그는, 그것은

saṃkhātadhammānaṃ[25] [saṃkhātadhamma(*m.*)의 *Pl.Gen.*] 진리에 통달한 사람들의. saṃkhāta : 완전히 이해한, 평가한, saṃ√khā(이해하다, 파악하다, 깨닫다)의 *Pp.* dhamma : *m.* 법, 진리

kalaṃ [kalā(*f.*)의 *Sg.Acc.*] 전체의 일부분, 아주 조금, 소량,

agghati[26] [√aggh(~할 만하다, ~할 가치가 있다)의 *Pres.3.Sg.*] ~할 가치가 있다

soḷasiṃ [soḷasa(*f.*)의 *Sg.Acc.*] 열여섯 번째의, 16분의 1의. na kalaṃ agghati soḷasiṃ : 16분의 1만큼의 가치도 없는, 아주 작은 가치도 없는

---

71 na hi pāpaṃ kataṃ kammaṃ
sajju khīraṃ va mucchati[27]
ḍahantam bālam anveti
bhasmācchanno va pāvako.[28]

71 저질러진 악행[의 결과]은 [곧바로 드러나지 않는다].
우유가 곧바로 응고되지 않듯.
그것은 어리석은 자를 뒤쫓는다.

---

25 PTS본 : saṃkhatadhammānaṃ.

26 PTS본 : nāgghati.

27 제1~2행 : 이 행들의 술부는 na mucchati(응고되지 않는다)이고, 주어는 kammaṃ(행위는)이다. 제1행의 pāpaṃ(악한)은 kammaṃ(행위는)를 수식하므로 kammaṃ(중성, 단수, 주격)의 성, 수, 격에 일치한다.

28 제3~4행 : 이 행들의 술어는 anveti(따른다, 뒤쫓는다)이고, 주어는 taṃ(그것은), 즉 제1행의 pāpaṃ kammaṃ(악행)이다. 목적어는 bālaṃ(어리석은 자를)이다.

재로 덮인 불처럼 타면서.

na [*indecl.*] ~아니다, ~없다
hi [*indecl.*] 실로, 참으로, 왜냐하면, ~조차, ~라도
pāpaṃ [pāpa(*adj.*)의 *nt.Sg.Nom.*] 나쁜, 악한.
kataṃ [kata(*nt.*)의 *Sg.Nom.*] 된, 행해진. kata : √kar(하다)의 *Pp.*
kammaṃ [kamma(*nt.*)의 *Sg.Nom.*] 행위는, 일은
sajju [*adv.*] 곧바로, 즉시, 곧, 이내
khīraṃ [khīra(*nt.*)의 *Sg.Nom.*] 우유가
va = iva [*indecl.*] ~와 같이, ~처럼, ~와 마찬가지로
mucchati [√mucch(굳어지다, 응고되다)의 *Pres.3.Sg.*] 응고된다
ḍahantam = ḍahaṃ-taṃ. ḍahaṃ [ḍahanta의 *m.Sg.Nom.*] 불타는. ḍahanta : √dah(불지르다, 불태우다)의 *Ppr.* taṃ [ta(*3.pron.*)의 *nt.Sg.Nom.*] 그것은, 그는
bālam = bālaṃ [bāla(*m.*)의 *Sg.Acc.*] 어리석은 자를
anveti [anu√i(가다)의 *Pres.3.Sg.*] 따른다, 뒤쫓는다, 따라간다
bhasmācchanno [bhasmācchanna의 *m.Sg.Nom.*] 재로 덮인. bhasma : *nt.* 재. channa : 덮인, √chad(덮다, 덮어 가리다, 감추다)의 *Pp.*
va = iva [*indecl.*] ~와 같이, ~처럼, ~와 마찬가지로
pāvako [pāvaka(*m.*)의 *Sg.Nom.*] 불

72 yāvad eva anatthāya ñattaṃ bālassa jāyati[29]
hanti bālassa sukkaṃsaṃ muddham assa vipātayaṃ.[30]

72 어리석은 자에게 지식은 실로 불이익을 위해 생긴다.
[지식은] 어리석은 자의 밝은 운을 파괴한다. 그의 머리를 쪼개면서.

yāvad eva = yāva-eva : 하는 만큼, ~하는 한, 실로, 다만. yāva [*adv.*] ~하는 한. eva [*adv.*]

29 제1행 : 이 행의 술어는 jāyati(생긴다)이고, 주어는 ñattaṃ(지식은)이다.
30 제2행 : 이 행의 술어는 hanti(없앤다)이고, 주어는 제1행의 ñattaṃ(지식은), 그리고 목적어는 sukkaṃsaṃ(밝은 운을)이다. "muddham assa vipātayaṃ"은 현재분사 vipātayaṃ이 이끄는 절로서 주어 ñattaṃ을 수식한다. vipātayaṃ은 ñattaṃ(중성, 단수, 주격)의 성, 수, 격에 일치한다.

실로, 단지

anatthāya [anattha(*m.*)의 *Sg.Dat.*] 불이익, 해(害), 악영향. an : *pref.* 아니다, 없다. attha : *m.* 이익, 득

ñattaṃ [ñatta(*nt.*)의 *Sg.Nom.*] 지식은, 배움은

bālassa [bāla(*m.*)의 *Sg.Gen.*] 어리석은 자에게

jāyati [√jan(태어나다, 일어나다)의 *Pres.3.Sg.*] 태어난다, 일어난다, 생긴다

hanti = hanati [√han(죽이다, 때리다)의 *Pres.3.Sg.*] 때린다, 파괴한다

bālassa [bāla(*m.*)의 *Sg.Gen.*] 어리석은 자의

sukkaṃsaṃ [sukkaṃsa(*m.*)의 *Sg.Acc.*] 밝은 운을, 공덕을, 행운을. sukka : *adj.* 밝은, 좋은. aṃsa : *m.* 부분, 면

muddham = muddhaṃ [muddha(*m.*)의 *Sg.Acc.*] 머리를, 꼭대기를

assa [ima(*pron.*)의 *m.Sg.Gen.*] 이것의, 그의

vipātayaṃ [vipātayanta의 *nt.Sg.Nom.*] 떨어뜨리는, 쪼개는. vipātayanta : vi√pat(떨어지다)의 *Caus.Ppr.*

---

73 asataṃ bhāvanam iccheyya
purekkhārañ ca bhikkhusu
āvāsesu ca issariyaṃ
pūjā parakulesu ca.[31]

73 [어리석은 자는] 악한 자들 사이에서 명성을 바란다.
수행승들 가운데에서는 우위를,
머무르는 곳에서는 권력을,
그리고 다른 가정에서는 공양을 [바란다].

asataṃ [asanta의 *m.Pl.Gen.*] (*n.*) 악한 자들 사이에서. a : *pref.* 아니다, 없다. santa : 있는, 좋은, 참된, √as(이다, 있다, 존재하다)의 *Ppr.*

31 제1~4행 : 이 시의 술어는 iccheyya(바란다)이고, 이 술어동사를 통해 주어가 3인칭 단수임을 알 수 있다. 목적어는 bhāvanaṃ(명성을), purekkhāraṃ(우위를), issariyaṃ(권력을), 그리고 pūjā(공양을)이다. 제1행의 asataṃ을 bhāvanaṃ의 수식어로서 중성, 단수, 대격으로 보고 "헛된 명성을 바란다"라고 번역할 수도 있다. 그러나 문맥상 asataṃ을 남성, 복수, 속격으로 보고 "악한 자들 사이에서"라고 번역하였다.

bhāvanam = bhāvanaṃ [bhāvana(*nt.*)의 *Sg.Acc.*] 명성을, 존경을, 경의를
iccheyya [√is(바라다, 원하다, 기대하다)의 *Pot.3.Sg.*] 바랄 수도 있다, 원할지도 모른다
purekkhārañ = purekkhāraṃ [purekkhāra(*m.*)의 *Sg.Acc.*] 존경을, 우위를
ca [*indecl.*] 그리고, ~와
bhikkhusu = bhikkhūsu [bhikkhu(*m.*)의 *Pl.Loc.*] 수행승들 가운데
āvāsesu [āvāsa(*m.*)의 *Pl.Loc.*] 사는 곳에서, 머무르는 곳에
ca [*indecl.*] 그리고, ~와
issariyaṃ [issariya(*nt.*)의 *Sg.Acc.*] 권력을. issariya : *fr.* issara(*m.* 지배자, 주인)
pūjā [pūjā(*f.*)의 *Pl.Acc.*] 공양을, 존경을
parakulesu [parekula(*nt.*)의 *Pl.Loc.*] 다른 가정에서. para : *adj.* 다른. kula : *nt.* 가정, 집안
ca [*indecl.*] 그리고, ~와

---

74 "mam'eva kataṃ maññantu gihī pabbajitā ubho,[32]
mam'evātivasā assu kiccākiccesu kismici",[33]
iti bālassa saṃkappo, icchā māno ca vaḍḍhati.[34]

74 "속인들과 출가자들 다 [이것이] 나에 의해 되어졌다고 생각하라.
해야 하는 것과 해서는 안 되는 그 어떤 것이든 나의 지배 아래 있게 하라."
이것이 어리석은 자의 생각이다. 그리고 그의 바람과 자만은 커져만 간다.

mam'eva = mama-eva. mama [amha(*1.pron.*)의 *Sg.Gen.*] 나의. eva [*adv.*] 실로, 단지, 바로
kataṃ[35] [kata의 *nt.Sg.Nom.*] 된. kata : √kar(하다)의 *Pp.*
maññantu [√man(생각하다)의 *Imper.3.Pl.*] 생각하라
gihī [gihī(*m.*)의 *Pl.Nom.*] 속인들은
pabbajitā [pabbajita(*m.*)의 *Pl.Nom.*] 출가자들은. pabbajita : pa√vaj(가다, 나아가다)의 *Pp.*
ubho [ubha(*adj.*)의 *Nom.*] 양쪽 다, 둘 다
mam'evātivasā = mama-eva-ativasa : 나의 지배 아래. mama [amha(*1.pron.*)의 *Sg.Gen.*]

---

32 제1행 : 이 행의 술어는 maññantu(생각하라)이고, 주어는 gihī(속인들은)와 pabbajitā(출가자들은)이다.
33 제2행 : 이 행의 술어는 assu(있게 하라)이고, 주어는 제1행의 gihī(속인들은)와 pabbajitā(출가자들은)이다.
34 제3행 : "iti bālassa saṃkappo"에서 술어는 saṃkappo이고, 주어는 앞의 제1~2행 전체를 말한다. "icchā māno ca vaḍḍhati"에서 술어는 vaḍḍhati(커진다)이고, 주어는 icchā(바람은)와 māno(자만은)이다.
35 PTS본 : kata.

나의. eva [*indecl.*] 실로, 단지, 다만. ativasā [ativasa(*adj.*)의 *m.Pl.Nom.*] 지배 아래

assu [√as(이다, 있다)의 *Pot.3.Pl.*] 있게 하라

kiccākiccesu [kiccākicca(*nt.*)의 *Pl.Loc.*] 해야 하는 것과 해서는 안 되는 것. kicca : *nt.* 해야 하는 것, √kar(하다, 행하다)의 *Grd.* akicca(a-kicca) : *nt.* 해서는 안 되는 것

kismici = kismiṃ-ci. kismiṃ [kiṃ(*pron.*)의 *nt.Sg.Loc.*] 누가, 무엇이. ci [*indecl.*] ~하는 어떤 ~도

ti / iti [*indecl.*] 직접화법이 끝났음을 나타내거나 바로 언급한 것을 나타냄

bālassa [bāla(*m.*)의 *Sg.Gen.*] 어리석은 자의

saṃkappo [saṃkappa(*m.*)의 *Sg.Nom.*] 생각, 의도

icchā [icchā(*f.*)의 *Sg.Nom.*] 바람은

māno [māna(*m.*)의 *Sg.Nom.*] 자만은

ca [*indecl.*] 그리고, ~와

vaḍḍhati [√vaḍḍh(자라다, 증대하다)의 *Pres.3.Sg.*] 자란다, 커진다, 증대한다

---

75 aññā hi lābhūpanisā aññā nibbānagāminī,
evam etaṃ abhiññāya bhikkhu Buddhassa sāvako
sakkāraṃ nābhinandeyya vivekam anubrūhaye.[36]

75 하나는 이득을 위한 방법이고, 다른 하나는 열반으로 가는 방법이다.
그러므로 붓다의 제자인 수행승은 이것을 잘 이해하고 나서
대접받기를 좋아하지 말고 혼자의 삶에 전념해야 한다.

aññā [añña(*pron.*)의 *f.Sg.Nom.*] 하나는. añña…añña : 하나는 ~나머지 하나는

hi [*indecl.*] 실로, 참으로, 왜냐하면, ~조차, ~라도

lābhūpanisā [lābhūpanisā(*f.*)의 *Sg.Nom.*] 이득을 위한 방법. lābha : *m.* 이익, *fr.* √labh(얻다, 도달하다). upanisā : *f.* 수단, 방법, 원인

aññā [añña(*pron.*)의 *f.Sg.Nom.*] 나머지 하나는. añña…añña : 하나는 ~나머지 하나는

nibbānagāminī [nibbānagāmin(*adj.*)의 *f.Sg.Nom.*] 열반으로 가는. nibbāna : *nt.* 열반. gāmin : *adj.* ~가는, *fr.* √gam(가다)

36 제2~3행 : 이 행들의 술어는 nābhinandeyya(좋아하면 안 된다)와 anubrūhaye(전념해야 한다)이고, 주어는 Buddhassa sāvako(붓다의 제자는), 즉 bhikkhu(수행승은)이다. nābhinandeyya의 목적어는 sakkāraṃ(대접받기를)이고, anubrūhaye의 목적어는 vivekaṃ(혼자의 삶에)이다.

evam = evaṃ [*adv.*] ~와 마찬가지로, 이와 같이, 이렇게

etaṃ [etad(*pron.*)의 *nt.Sg.Acc.*] 이를, 이것을

abhiññāya [abhi√ñā(알다)의 *Ger.*] 잘 이해하고 나서

bhikkhu [bhikkhu(*m.*)의 *Sg.Nom.*] 수행승은, 비구는

Buddhassa [buddha(*m.*)의 *Sg.Gen.*] 깨달은 이의, 붓다의. buddha : √budh(알다, 깨닫다)의 *Pp.*

sāvako [sāvaka(*m.*)의 *Sg.Nom.*] 제자는. sāvaka : *fr.* √su(듣다)

sakkāraṃ [sakkāra(*m.*)의 *Sg.Acc.*] 환대를, 대접받기를

nābhinandeyya = na-abhinandeyya : 좋아하면 안 된다. na [*indecl.*] ~아니다, ~없다. abhinandeyya [abhi√nand(기뻐하다, 좋아하다)의 *Pot.3.Sg.*] 좋아해야 한다

vivekam = vivekaṃ [viveka(*m.*)의 *Sg.Acc.*] 초연함을, 혼자의 삶에

anubrūhaye [anu√brūh(자라다, 발전하다)의 *Pot.3.Sg.*] 수행해야 한다, 전념해야 한다

제6장

지혜로운 이

Paṇḍita

76 nidhīnaṃ va pavattāraṃ yaṃ passe vajjadassinaṃ
niggayhavādiṃ medhāviṃ tādisaṃ paṇḍitaṃ bhaje,[1]
tādisaṃ bhajamānassa seyyo hoti na pāpiyo.

76 보물을 전하는 이처럼, 허물을 보고 꾸짖는
현명한 이를 만나면, 그런 지혜로운 이를 가까이해야 한다.
그런 이를 가까이하는 이에게 좋은 일이 있을 뿐 나쁜 일은 없다.

nidhīnaṃ [nidhi(*m.*)의 *Pl.Gen.*] 보물의, 보배의. nidhi : *fr.* ni√dah(놓다, 두다)

va = iva [*indecl.*] ~와 같이, ~처럼, ~와 마찬가지로

pavattāraṃ [pavattar(*m.*)의 *Sg.Acc.*] ~을 전하는 이. pavattar : *fr.* pa√vac(말하다)

yaṃ [ya(*pron.*)의 *m.Sg.Acc.*] ~하는 이를

passe [√dis(보다)의 *Pot.3.Sg.*] 보면, 만나면

vajjadassinaṃ [vajjadassin(*adj.*)의 *m.Sg.Acc.*] 허물을 보는. vajja : *nt.* 허물, 잘못. dassin : *adj.* 보는, *fr.* √dis(보다)

niggayhavādiṃ [niggayhavādin(*adj.*)의 *m.Sg.Acc.*] 꾸짖으며 말하는. niggayha : 꾸짖

1 제1~2행 : "nidhīnaṃ va pavattāraṃ yaṃ passe vajjadassinaṃ niggayhavādiṃ medhāviṃ"의 술어는 passe(만나면)이고, 이 술어동사를 통해 주어가 3인칭 단수임을 알 수 있다. 여기서 목적어는 medhāviṃ(현명한 이를)이다. vajjadassinaṃ(허물을 보는)과 niggayhavādiṃ(꾸짖으며 말하는)은 medhāviṃ을 수식하므로 medhāviṃ(남성, 단수, 대격)의 성, 수, 격에 일치한다. "tādisaṃ paṇḍitaṃ bhaje"에서 술어는 bhaje(가까이해야 한다)이고, 이 술어동사를 통해 주어가 3인칭 단수임을 알 수 있다. 여기서 목적어는 paṇḍitaṃ(지혜로운 이를)이다.

는, 나무라는, ni√gah(잡다, 붙들다)의 *Ger.* vādin : *adj.* 말하는, *fr.* √vad(말하다)

medhāviṃ [medhāvin(*adj.*)의 *m.Sg.Acc.*] 현명한. medhāvin : *fr.* medhā(*f.* 지혜, 현명함)

tādisaṃ [tādisa(*adj.*)의 *m.Sg.Acc.*] 그러한, 그런

paṇḍitaṃ [paṇḍita(*m.*)의 *Sg.Acc.*] 지혜로운 이를

bhaje [√bhaj(가까이하다, 사귀다, 따르다)의 *Pot.3.Sg.*] 가까이해야 한다

tādisaṃ [tādisa(*adj.*)의 *m.Sg.Acc.*] (*n.*) 그런 이를

bhajamānassa [bhajamāna의 *m.Sg.Dat.* / *Gen.*] (*n.*) 가까이하는 이에게. bhajamāna : √bhaj(가까이하다, 사귀다, 따르다)의 *Ppr.*

seyyo [seyya(*nt.*)의 *Sg.Nom.*] 좋은 일, 이익, 행복

hoti [√bhū(있다, 이다, 되다)의 *Pres.3.Sg.*] 있다

na [*indecl.*] ~아니다, ~없다

pāpiyo [*adj.*] ~보다 나쁜, 더 나쁜, pāpa(*adj.*)의 비교급

---

77 ovadeyyānusāseyya asabbhā ca nivāraye,[2]
sataṃ hi so piyo hoti asataṃ hoti appiyo.[3]

77 조언하고 훈계해야 한다. 그리고 비도덕적인 것으로부터 멀리해야 한다.
그는 실로 참된 이들에게 사랑을 받고, 참되지 않은 이들에게 미움을 받는다.

ovadeyyānusāseyya = ovadeyya-anusāseyya : 조언하고 훈계해야 한다. ovadeyya [ava√vad(말하다)의 *Pot.3.Sg.*] 조언해야 한다. anusāseyya [anu√sās(가르치다, 훈계하다)의 *Pot.3.Sg.*] 훈계해야 한다

asabbhā [asabbha(*adj.*)의 *m.Sg.Abl.*] 비도덕적인 것으로부터

ca [*indecl.*] 그리고, ~와

nivāraye [ni√var(막다)의 *Pot.Caus.3.Sg.*] 억제해야 한다, 멀리해야 한다

sataṃ [santa의 *m.Pl.Gen.*] (*n.*) 참된 이들에게. santa : √as(이다, 있다)의 *Ppr.*

hi [*indecl.*] 실로, 참으로, 왜냐하면, ~조차, ~라도

so [ta(*3.pron.*)의 *m.Sg.Nom.*] 그는, 그것은

---

2 제1행 : 이 행의 술어는 ovadeyyānusāseyya(조언하고 훈계해야 한다)와 nivāraye(멀리해야 한다)이고, 이 술어동사를 통해 주어가 3인칭 단수임을 알 수 있다.

3 제2행 : "sataṃ hi so piyo hoti"의 술부는 piya hoti(사랑을 받는다)이고, 주어는 so(그는)이다. "asataṃ hoti appiyo"의 술부는 appiyo hoti(미움을 받는다)이고, 주어는 앞 문장의 so(그는)이다. 형용사적 술어 piyo(소중한)와 apiyo(소중하지 않는)는 주어 so(남성, 단수, 주격)의 성, 수, 격에 일치한다.

piyo [piya(*adj.*)의 *m.Sg.Nom.*] 소중한, 사랑을 받는

hoti [√bhū(있다, 이다, 되다)의 *Pres.3.Sg.*] 있다, 이다, 된다

asataṃ [asanta의 *m.Pl.Gen.*] (*n.*) 참되지 않은 이들에게. a : *pref.* 아니다, 없다. santa : 좋은, 참된, √as(이다, 있다)의 *Ppr.*

hoti [√bhū(있다, 이다, 되다)의 *Pres.3.Sg.*] 있다, 이다, 된다

appiyo [appiya(*adj.*)의 *m.Sg.Nom.*] 싫은, 미움을 받는. a : *pref.* 아니다, 없다. piya : *adj.* 소중한, 사랑을 받는

---

78 na bhaje pāpake mitte na bhaje purisādhame,[4]
bhajetha mitte kalyāṇe bhajetha purisuttame.[5]

78 악덕한 친구들을 가까이하지 말고, 비열한 사람들을 가까이하지 말라.
덕 있는 친구들을 가까이하고, 최상의 사람들을 가까이하라.

na [*indecl.*] ~아니다, ~없다

bhaje [√bhaj(가까이하다, 사귀다, 따르다)의 *Pot.3.Sg.*] 가까이해야 한다

pāpake [pāpaka(*adj.*)의 *m.Pl.Acc.*] 나쁜, 악덕한. pāpaka : *fr.* pāpa(*nt.* 악, 죄)

mitte [mitta(*m.*)의 *Pl.Acc.*] 친구들을

na [*indecl.*] ~아니다, ~없다

bhaje [√bhaj(가까이하다, 사귀다, 따르다)의 *Pot.3.Sg.*] 가까이해야 한다

purisādhame [purisādhama(*m.*)의 *Pl.Acc.*] 비열한 사람들을. purisa : *m.* 사람. adhama : *adj.* 비열한, 천한

bhajetha [√bhaj(가까이하다, 사귀다, 따르다)의 *A.Pot.3.Sg.*] 가까이해야 한다

mitte [mitta(*m.*)의 *Pl.Acc.*] 친구들을

kalyāṇe [kalyāṇa(*adj.*)의 *Pl.Acc.*] 덕 있는, 고결한

4 제1행 : "na bhaje pāpake mitte"의 술부는 na bhaje(가까이하면 안 된다)이고, 이 술어동사 bhaje를 통해 주어가 3인칭 단수임을 알 수 있다. 목적어는 mitte(친구들을)이다. pāpake(악덕한)는 mitte를 수식하므로 mitte(남성, 복수, 대격)의 성, 수, 격에 일치한다. "na bhaje purisādhame"의 술부는 na bhaje(가까이하면 안 된다)이고, 이 술어동사 bhaje를 통해 주어가 3인칭 단수임을 알 수 있다. 목적어는 purisādhame(비열한 사람들을)이다.

5 제2행 : "bhajetha mitte kalyāṇe"의 술어는 bhajetha(가까이해야 한다)이고, 이 술어동사를 통해 주어가 3인칭 단수임을 알 수 있다. 목적어는 mitte(친구들을)이다. kalyāṇe(덕 있는)는 mitte를 수식하므로 mitte(남성, 복수, 대격)의 성, 수, 격에 일치한다. "bhajetha purisuttame"의 술어는 bhajetha(가까이해야 한다)이고, 이 술어동사를 통해 주어가 3인칭 단수임을 알 수 있다. 목적어는 purisuttame(최상의 사람들을)이다.

bhajetha [√bhaj(가까이하다, 사귀다, 따르다)의 *A.Pot.3.Sg.*] 가까이해야 한다
purisuttame [purisuttama(*m.*)의 *Pl.Acc.*] 최상의 사람들을. purisa : *m.* 사람. uttama : *adj.* 최상의, 최고의

79 dhammapītī sukhaṃ seti vippasannena cetasā,[6]
ariyappavedite dhamme sadā ramati paṇḍito.[7]

79 진리를 마시는 이는 맑아진 마음으로 편안하게 잠잔다.
지혜로운 이는 성인(聖人)에 의해 가르쳐진 진리 안에서 항상 즐거워한다.

dhammapītī[8] [dhammapītin(*adj.*)의 *m.Sg.Nom.*] (*n.*) 진리를 마시는 이는. dhamma : *m.* 진리, 법. pītin : 마시는, *fr.* pīta(√pā의 *Pp.*)
sukhaṃ [*adv.*] 기쁘게, 편안하게, 안락하게, sukha(*adj.*)의 *nt.Sg.Acc.*
seti [√si(자다)의 *Pres.3.Sg.*] 잔다, 잠잔다
vippasannena[9] [vippasanna의 *nt.Sg.Ins.*] (명료하게) 이해된, 맑아진. vippasanna : vi-pa√sad(가라앉다)의 *Pp.*
cetasā [ceto(*nt.*)의 *Sg.Ins.*] 마음으로
ariyappavedite [ariyappavedita의 *m.Sg.Loc.*] 성인(聖人)에 의해 가르쳐진. ariya : *m.* 성인. pavedita : 가르쳐진, 알려진, pa√vid(알다, 찾다)의 *Pp.*
dhamme [dhamma(*m.*)의 *Sg.Loc.*] 진리 안에
sadā [*adv.*] 언제나, 늘, 항상
ramati [√ram(즐거워하다, 즐기다)의 *Pres.3.Sg.*] 즐거워한다, 즐긴다
paṇḍito [paṇḍita(*m.*)의 *Sg.Nom.*] 지혜로운 이는

80 udakaṃ hi nayanti nettikā[10]

6 제1행 : 이 행의 술어는 seti(잠잔다)이고, 주어는 dhammapītī(진리를 마시는 이는)이다. vippasannena(맑아진)는 cetasā(마음으로)를 수식하므로 cetasā(중성, 단수, 구격)의 성, 수, 격에 일치한다.
7 제2행 : 이 행의 술어는 ramati(즐거워한다)이고, 주어는 paṇḍito(지혜로운 이는)이다. ariyappavedite(성인에 의해 가르쳐진)는 dhamme(진리 안에서)를 수식하므로 dhamme(남성, 단수, 처격)의 성, 수, 격에 일치한다.
8 PTS본 : dhammapīti.
9 PTS본 : vipasannena.

usukārā namayanti tejanaṃ[11]
dāruṃ namayanti tacchakā[12]
attānaṃ damayanti paṇḍitā.[13]

80 관개수로를 만드는 이들은 물을 통하게 한다.
화살을 만드는 이들은 화살을 곧게 만든다.
목수들은 나무를 곧게 만든다.
지혜로운 이들은 자신을 단련시킨다.

---

udakaṃ [udaka(*nt.*)의 *Sg.Acc.*] 물을
hi [*indecl.*] 실로, 참으로, 왜냐하면, ~조차, ~라도
nayanti [√nī(이끌다)의 *Pres.3.Pl.*] 이끈다, 통하게 한다, 인도한다
nettikā [nettika(*m.*)의 *Pl.Nom.*] 관개수로를 만드는 이들은
usukārā [usukāra(*m.*)의 *Pl.Nom.*] 화살을 만드는 이들은. usu : *m.* 화살. kāra : 만드는 이, *fr.* √kar(만들다)
namayanti [√nam(구부러지다, 휘다)의 *Pres.Caus.3.Pl.*] 구부린다, 곧게 만든다
tejanaṃ [tejana(*nt.*)의 *Sg.Acc.*] 화살을
dāruṃ [dāru(*nt.*)의 *Sg.Acc.*] 나무를, 목재를
namayanti [√nam(구부러지다, 휘다)의 *Pres.Caus.3.Pl.*] 구부린다, 곧게 만든다
tacchakā [tacchaka(*m.*)의 *Pl.Nom.*] 목수들은, 목공들은
attānaṃ [attan(*m.*)의 *Sg.Acc.*] 자신을
damayanti [√dam(길들이다, 단련시키다)의 *Pres.3.Pl.*] 단련시킨다
paṇḍitā [paṇḍita(*m.*)의 *Pl.Nom.*] 지혜로운 이들은

---

10 제1행 : 이 행의 술어는 nayanti(통하게 한다)이고, 주어는 nettikā(관개수로를 만드는 이들은), 그리고 목적어는 udakaṃ(물을)이다.

11 제2행 : 이 행의 술어는 namayanti(곧게 만든다)이고, 주어는 usukārā(화살을 만드는 이들은), 그리고 목적어는 tejanaṃ(화살을)이다. 여기서 namayati는 시 33의 ujuṃ karoti(곧게 만든다)와 같은 의미이다.

12 제3행 : 이 행의 술어는 namayanti(곧게 만든다)이고, 주어는 tacchakā(목수들은), 그리고 목적어는 dāruṃ(나무를)이다.

13 제4행 : 이 행의 술어는 damayanti(단련시킨다)이고, 주어는 paṇḍitā(지혜로운 이들은), 그리고 목적어는 attānaṃ(자신을)이다.

81 selo yathā ekaghano vātena na samīrati[14]
evaṃ nindāpasaṃsāsu na samiñjanti paṇḍitā.[15]

81 단단한 바위가 바람에 흔들리지 않듯
지혜로운 이들은 비난과 칭찬에 흔들리지 않는다.

selo [sela(*m.*)의 *Sg.Nom.*] 바위가

yathā [*adv.*] ~와 같이, ~처럼

ekaghano [ekaghana(*adj.*)의 *m.Sg.Nom.*] 단단한. eka : *adj.* 하나, 혼자. ghana : *adj.* 단단한, 견고한

vātena [vāta(*m.*)의 *Sg.Ins.*] 바람에 의해

na [*indecl.*] ~아니다, ~없다

samīrati [saṃ√īr(흔들리다)의 *Pres.3.Sg.*] 흔들린다, 움직인다

evaṃ [*adv.*] ~와 마찬가지로, 이와 같이, 이렇게

nindāpasaṃsāsu [nindāpasaṃsā(*f.*)의 *Pl.Loc.*] 비난과 칭찬에. nindā : *f.* 비난. pasaṃsā : *f.* 칭찬

na [*indecl.*] ~아니다, ~없다

samiñjanti [saṃ√inj(움직이다, 흔들리다)의 *Pres.3.Pl.*] 움직인다, 흔들린다

paṇḍitā [paṇḍita(*m.*)의 *Pl.Nom.*] 지혜로운 이들은

82 yathāpi rahado gambhīro vippasanno anāvilo[16]
evaṃ dhammāni sutvāna vippasīdanti paṇḍitā.[17]

---

14 제1행 : 이 행은 yathā가 이끄는 부사절로서 이 부사절의 술어는 na samīrati(흔들리지 않는다)이고, 주어는 selo(바위는)이다. ekaghano(단단한)은 selo(바위는)를 수식하므로 selo(남성, 단수, 주격)의 성, 수, 격에 일치한다.

15 제2행 : 이 행의 술부는 na samiñjanti(흔들리지 않는다)이고, 주어는 pannḍitā(지혜로운 이들은)이다.

16 제1행 : 이 행은 yathā가 이끄는 부사절로서 이 부사절의 술어는 과거분사 vippasanno(맑은)와 형용사 anāvilo(흔들리지 않는)이고, 주어는 rahado(호수는)이다. 분사적 술어 vippasanno와 형용사적 술어 anāvilo와 gambhīro는 주어 rahado(남성, 단수, 주격)의 성, 수, 격에 일치한다.

17 제2행 : 이 행의 술어는 vippasīdanti(고요해진다)이고, 주어는 paṇḍitā(지혜로운 이들은)이다. 절대분사 sutvāna는 전체 문장의 술어 vippasīdanti 이전의 행위를 나타낸다. sutvāna의 행위주체 또한 paṇḍitā(지혜로운 이들은)이고, 목적어는 dhammaṃ(가르침을)이다.

82 깊은 호수가 맑고 고요하듯
지혜로운 이들은 가르침을 듣고 나서 고요해진다.

yathāpi = yathā-pi : 마치 ~처럼. yathā [*adv.*] ~와 같이, ~처럼. pi / api [*indecl.*] ~도 또한

rahado [rahada(*m.*)의 *Sg.Nom.*] 호수는

gambhīro [gambhīra(*adj.*)의 *m.Sg.Nom.*] 깊은

vippasanno [vippasanna의 *m.Sg.Nom.*] 맑은, 깨끗한. vippasanna : vi-pa√sad(가라앉다)의 *Pp.*

anāvilo [anāvila(*adj.*) *m.Sg.Nom.*] 고요한. an : *pref.* 아니다, 없다. āvila : *adj.* 흔들리는

evaṃ [*adv.*] 이와 같이, 이렇게. yathāpi - evaṃ = 마치 ~인 것처럼 …이다

dhammāni [dhamma(*m.*)의 *Pl.Acc.*][18] 진리를, 가르침을

sutvāna [√su(듣다)의 *Ger.*] 듣고 나서, 듣고는

vippasīdanti [vi-pa√sad(가라앉다)의 *Pres.3.Pl.*] 고요해진다, 맑아진다

paṇḍitā [paṇḍita(*m.*)의 *Pl.Nom.*] 지혜로운 이들은

83 sabbattha ve sappurisā vajanti,[19]
na kāmakāmā lapayanti santo,[20]
sukhena phuṭṭhā athavā dukhena
na uccāvacaṃ paṇḍitā dassayanti.[21]

83 참된 사람들은 어떠한 일이 있어도 나아간다.
참된 이들은 욕망을 가지고서 쓸데없는 말을 하지 않는다.
행복이나 불행에 영향을 받아도
지혜로운 이들은 의기양양함이나 의기소침함을 드러내지 않는다.

---

18 dhamma가 남성명사이지만 āni를 복수 대격어미로 가질 때가 있다.
19 제1행 : 이 행의 술어는 vajanti(간다, 나아간다)이고, 주어는 sappurisā(참된 사람들은)이다.
20 제2행 : 이 행의 술부는 na lapayanti(쓸데없는 말을 하지 않는다)이고, 주어는 santo(참된 이들은)이다.
21 제3~4행 : 이 행들의 술부는 na dassayanti(드러내지 않는다)이고, 주어는 paṇḍitā(지혜로운 이들은), 그리고 목적어는 uccāvacaṃ(의기양양함과 의기소침함을)이다.

sabbattha [*adv.*] 어디나, 어디에나, 모든 곳에, 어떠한 일이 있어도
ve [*indecl.*] 참으로, 정말, 바로, 확실히
sappurisā [sappurisa(*m.*)의 *Pl.Nom.*] 훌륭한 사람들은, 참된 사람들은. sa = santa : 좋은, 훌륭한, 참된, √as(이다, 있다, 존재하다)의 *Ppr.* purisa : *m.* 사람
vajanti [√vaj(가다, 나아가다)의 *Pres.3.Pl.*] 간다, 나아간다, 계속하여 행한다
na [*indecl.*] ~아니다, ~없다
kāmakāmā [kāmakāma(*adj.*)의 *m.Pl.Nom.*] 갈망하는, 욕망하는, [감각적] 쾌락을 좇는
lapayanti [√lap(말하다)의 *Pres.3.Pl.*][22] 말한다, 지껄인다, 쓸데없는 말을 한다
santo [santa의 *m.Pl.Nom.*] (*n.*) 좋은 이들은, 참된 이들은. santa : √as(이다)의 *Ppr.*
sukhena [sukha(*nt.*)의 *Sg.Ins.*] 행복으로, 기쁨으로
phuṭṭhā [phuṭṭha의 *m.Pl.Nom.*] 닿은, 접촉한, 영향을 받은. phuṭṭha : √phus(닿다, 접촉하다)의 *Pp.*
athavā = atha-vā : ~도 또한. atha : *indecl.* 그리고, 또한, 그러고 나서. vā : *indecl.* 또는
dukhena = dukkhena [dukkha(*nt.*)의 *Sg.Ins.*] 고통으로, 불행으로
na [*indecl.*] ~아니다, ~없다. athavā na : ~도 또한 ~않다
uccāvacaṃ [uccāvaca(*adj.*)의 *m.Sg.Acc.*] (*n.*) 의기양양함과 의기소침함을. ucca : *adj.* 의기양양한, 우쭐대는. avaca : *adj.* 의기소침한, 낙담한
paṇḍitā [paṇḍita(*m.*)의 *Pl.Nom.*] 지혜로운 이들은
dassayanti [√dis(보다)의 *Caus.*의 *Pres.Caus.3.Pl.*] 보인다, 나타낸다, 드러낸다

84 na attahetu na parassa hetu
na puttam icche na dhanaṃ na raṭṭhaṃ[23]
na iccheyya adhammena samiddhim attano[24]
sa sīlavā paññavā dhammiko siyā.[25]

22 lapayanti는 여기서 사역형이 아닌 7류 동사의 현재형으로 쓰였다.
23 제1~2행 : 이 행들의 술부는 na icche(바라지 않는다면)이고, 이 술어동사 icche를 통해 주어가 3인칭 단수임을 알 수 있다. 목적어는 puttaṃ(아들을), dhanaṃ(부를), 그리고 raṭṭhaṃ(왕국을)이다.
24 제3행 : 이 행의 술부는 na iccheyya(바라지 않는다면)이고, 이 술어동사 iccheyya를 통해 주어가 3인칭 단수임을 알 수 있다. 목적어는 samiddhiṃ(성공을)이다.
25 제4행 : 이 행의 술어는 siyā(이다)이고, 주어는 sa(그는)이다. sīlavā(덕 있는), paññavā(지혜로운), 그리고 dhammika(올바른)는 주어 sa를 수식하므로 sa(남성, 단수, 주격)의 성, 수, 격에 일치한다.

84 자신을 위해서도 남을 위해서도
자손이나 부, 또는 왕국을 바라지 않으며
올바르지 못한 방법으로 자신의 성공을 바라지 않는다면
그는 덕 있고 지혜로우며 올바르다.

na [*indecl.*] ~아니다, ~없다

attahetu [attahetu(*m.*)의 *Sg.Acc.*] 자신 때문에, 자신을 위해. attan : *m.* 자신. hetu : *m.* 원인, 이유, 조건

na [*indecl.*] ~아니다, ~없다

parassa [para(*m.*)의 *Sg.Gen.*] 다른 사람, 남

hetu [hetu(*m.*)의 *Sg. Acc.*] (*Gen.*와 함께 쓰여) ~ 때문에, ~을 위해

na [*indecl.*] ~아니다, ~없다

puttam = puttaṃ [putta(*m.*)의 *Sg.Acc.*] 아들을

icche [√is(바라다, 원하다, 기대하다)의 *Pot.3.Sg.*] 바란다면

na [*indecl.*] ~아니다, ~없다

dhanaṃ [dhana(*nt.*)의 *Sg.Acc.*] 부를, 재산을

na [*indecl.*] ~아니다, ~없다

raṭṭhaṃ [raṭṭha(*nt.*)의 *Sg.Acc.*] 왕국을, 왕토를, 권력을

na [*indecl.*] ~아니다, ~없다

iccheyya [√is(바라다, 원하다, 기대하다)의 *Pot.3.Sg.*] 바란다면

adhammena [adhamma(*m.*)의 *Sg.Ins.*] 올바르지 못한 것으로. a : *pref.* 아니다, 없다. dhamma : *m.* 정의, 올바른 것

samiddhim = samiddhiṃ [samiddhi(*f.*)의 *Sg.Acc.*] 성공을, 번영을

attano [attan(*m.*)의 *Sg.Gen.*] 자신의

sa [ta(*3.pron.*)의 *m.Sg.Nom.*] 그는, 그것은

sīlavā [sīlavant(*adj.*)의 *m.Sg.Nom.*] 덕을 갖춘, 고결한. sīlavant : *fr.* sīla(*nt.* 덕, 덕행)

paññavā [paññavant(*adj.*)의 *m.Sg.Nom.*] 지혜로운. paññavant : *fr.* paññā(*f.* 지혜)

dhammiko [dhammika(*adj.*)의 *m.Sg.Nom.*] 올바른. dhammika : *fr.* dhamma(*m.* 정의, 올바른 것)

siyā [√as(이다, 있다, 존재하다)의 *Pot.3.Sg.*] 이다

---

85 appakā te manussesu ye janā pāragāmino,[26]

athāyaṃ itarā pajā tīram evānudhāvati.[27]

85 사람들 가운데 피안(彼岸)으로 가는 이들은 드물고,
다른 사람들은 그저 강가를 따라 달릴 뿐이다.

appakā [appaka(*adj.*)의 *m.Pl.Nom.*] 적다

te [ta(*3.pron.*)의 *m.Pl.Nom.*] 그들은, 그것들은

manussesu [manussa(*m.*)의 *Pl.Loc.*] 사람들 중에서

ye [ya(*pron.*)의 *m.Pl.Nom.*] ~하는 이들. te를 지시함

janā [jana(*m.*)의 *Pl.Nom.*] 사람들은

pāragāmino [pāragāmin(*adj.*)의 *m.Pl.Nom.*] 피안(彼岸)으로 가는. pāra : *nt.* 건너편, 피안. gāmin : *adj.* 가는, *fr.* √gam(가다)

athāyaṃ = atha-ayaṃ. atha [*indecl.*] 그리고, 그러나. ayaṃ [ima(*pron.*)의 *m.Sg.Nom.*] 이는, 이것은

itarā [itara(*adj.*)의 *f.Pl.Nom.*] 다른

pajā [pajā(*f.*)의 *Pl.Nom.*] 사람들은

tīram = tīraṃ [tīra(*nt.*)의 *Sg.Acc.*] 강기슭을, 강가를

evānudhāvati = eva-anudhāvati. eva [*adv.*] 실로, 단지, 바로. anudhāvati [anu√dhāv(달리다, 뛰다)의 *Pres.3.Sg.*] 따라 달린다, 좇아 달린다

86 ye ca kho sammadakkhāte
dhamme dhammānuvattino[28]
te janā pāram essanti,[29]
maccudheyyaṃ suduttaraṃ.

26 제1행 : 이 행의 술어는 형용사 appakā(적다, 드물다)이고, 주어는 te(그들은)이다. 형용사적 술어인 appakā는 te(남성, 복수, 주격)의 성, 수, 격에 일치한다. “ye janā pāragāmino”는 관계대명사 ye가 이끄는 관계사절로서 te를 지시한다.

27 제2행 : 이 행의 술어는 anudhāvati(따라 달린다)이고, 주어는 pajā(사람들은), 그리고 목적어는 tīraṃ(강가를)이다. 형용사 itarā(다른)는 pajā(사람들)를 수식하므로 pajā(여성, 복수, 주격)의 성, 수, 격에 일치한다.

28 제1~2행 : 이 행들은 관계대명사 ye가 이끄는 관계절로서 제3행의 te를 지시한다.

29 제3행 : 이 행의 술어는 essanti(갈 것이다)이고, 주어는 janā(사람들은), 그리고 목적어는 pāraṃ(피안에)이다. te(그)는 janā(사람들)를 수식하므로 janā(남성, 복수, 주격)의 성, 수, 격에 일치한다. essanti처럼 ‘이동’을 나타내는 동사는 대격을 취하므로 pāra의 대격인 pāraṃ이 쓰였다.

86 그러나 잘 설해진 진리 안에서 진리에 따라 행동하는 이들,
그 사람들은 피안(彼岸)으로 갈 것이다.
건너기 아주 힘든 죽음의 세계를 [넘어서].

ye [ya(*pron.*)의 *m.Pl.Nom.*] ~하는 이들. te를 지시함

ca = tu [*indecl.*] 그러나, 하지만

kho [*indecl.*] 실로, 참으로, 확실히

sammadakkhāte [sammadakkhāta[30](*adj.*)의 *m.Sg.Loc.*] 잘 설해진. sammā : *indecl.* 완전히, 올바르게, 더할 나위 없이. akkhāta : 알린, 선언한, 설교한, ā√khā(말하다, 선언하다)의 *Pp.*

dhamme [dhamma(*m.*)의 *Sg.Loc.*] 법 안에, 진리 안에

dhammānuvattino [dhammānuvattin(*adj.*)의 *m.Pl.Nom.*] 진리에 따라 행동하는. dhamma : *m.* 법, 진리. anuvattin : *adj.* 따르는, ~에 따라 행동하는, *fr.* anu√vat(존재하다, 행동하다)

te [ta(*3.pron.*)의 *m.Pl.Nom.*] 그들은, 그것들은

janā [jana(*m.*)의 *Pl.Nom.*] 사람들은

pāram = pāraṃ [pāra(*nt.*)의 *Sg.Acc.*] 피안(彼岸)에, 건너편에

essanti [√i(가다)의 *Fut.3.Pl.*] 갈 것이다, 도달할 것이다, 이를 것이다

maccudheyyaṃ [maccudheyya의 *m.Sg.Acc.*] 죽음의 세계를. maccu : *m.* 죽음. dheyya : ~의 세계에서, ~의 영역에서, *fr.* √dhā(두다)

suduttaraṃ [suduttara의 *m.Sg.Acc.*] 건너기 아주 힘든. su : *pref.* 대단히, 아주, 무척. du : *pref.* 나쁜, 부족한, 어려운. tara : *adj.* 건너는, *fr.* √tar(가로지르다, 건너다)

---

87 kaṇhaṃ dhammaṃ vippahāya
sukkaṃ bhāvetha paṇḍito,[31]
okā anokaṃ āgamma

30 sammā와 단모음으로 시작하는 단어 사이에 d가 삽입되었다.

31 제1~2행 : 제1행은 절대분사 vippahāya가 이끄는 종속절이고, 제2행은 주절이다. 주절의 술어는 bhāvetha(계발해야 한다)이고, 주어는 paṇḍito(지혜로운 이는), 그리고 목적어는 sukkaṃ dhammaṃ(밝은 성품을)이다. sukkaṃ(밝은) 뒤에 dhammaṃ(성품을)이 생략되어 있다. 절대분사 vippahāya는 주절의 술어 bhāvetha 이전의 행위를 나타낸다. vippahāya의 행위주체 또한 paṇḍito이다.

viveke yattha dūramaṃ.[32]

87 어두운 성품을 완전히 버리고 나서
지혜로운 이는 밝은 성품을 계발해야 한다.
집을 떠나 집 없는 삶으로 와서는
홀로, 즐기기 어려운 곳에서 [즐거움을 찾아야 한다].

kaṇhaṃ [kaṇha(*adj.*)의 *m.Sg.Acc.*] 어두운, 나쁜, 악한
dhammaṃ [dhamma(*m.*)의 *Sg.Acc.*] 성품을, 본성을
vippahāya [vi-pa√hā(버리다, 포기하다)의 *Ger.*] 완전히 버리고 나서
sukkaṃ [sukka(*adj.*)의 *m.Sg.Acc.*] 밝은, 좋은, 선량한
bhāvetha [√bhū(있다, 이다, 되다)의 *A.Pot.Caus.3.Sg.*] 계발해야 한다, 수련해야 한다
paṇḍito [paṇḍita(*m.*)의 *Sg.Nom.*] 지혜로운 이는
okā [oka(*nt.*)의 *Sg.Abl.*] 집에서, 가정에서
anokaṃ [anoka(*nt.*)의 *Sg.Acc.*] 집 없는 삶으로. an : *pref.* 아니다, 없다. oka : *nt.* 집, 가정
āgamma [ā√gam(가다)의 *Ger.*] 와서는, 오고 나서
viveke [viveka(*m.*)의 *Sg.Loc.*] 홀로, 고독하게, 외롭게
yattha [*adv.*] 어디에, 어디로
dūramaṃ [dūrama(*adj.*)의 *Sg.Nom.*] 즐기기 어려운. du : *pref.* 나쁜, 부족한, 어려운. rama : *adj.* 즐기는, *fr.* √ram(기뻐하다, 즐기다)

88 tatrābhiratim iccheyya,[33] hitvā kāme akiñcano
pariyodapeyya attānaṃ cittaklesehi paṇḍito.[34]

88 거기서 즐거움을 찾아야 한다. 감각적 쾌락을 버리고 나서 아무 것도 없이.

32 제3~4행 : 이 행들은 다음 시 88에 연결되고, 술어와 목적어도 다음 시에 있다. 주어는 제2행의 paṇḍito(지혜로운 이는)이다.

33 "tatrābhiratim iccheyya"는 이전의 시 87과 연결된다. 이 문장의 술어는 iccheyya(바라야 한다)이고, 주어는 시 87의 paṇḍito(지혜로운 이는), 그리고 목적어는 abhiratiṃ(즐거움을)이다.

34 "hitvā kāme akiñcano pariyodapeyya attānaṃ cittaklesehi paṇḍito"의 술어는 pariyodapeyya(정화해야 한다)이고, 주어는 paṇḍito(지혜로운 이는), 그리고 목적어는 attānaṃ(자신을)이다. "hitvā kāme"는 절대분사 hitvā가 이끄는 종속절이다. 절대분사 hitvā는 전체 문장의 술어 pariyodapeyya 이전의 행위를 나타낸다. hitvā의 행위주체 또한 paṇḍito이다.

지혜로운 이는 마음의 더러움으로부터 자신을 정화해야 한다.

tatrābhiratim = tatra-abhiratiṃ. tatra [*adv.*] 거기서, 그곳에서. abhiratiṃ [abhirati(*f.*)의 *Sg.Acc.*] 즐거움. abhirati : *fr.* abhi√ram(즐거워하다, 즐기다)

iccheyya [√is(바라다, 원하다)의 *Pot.3.Sg.*] 원해야 한다, 찾아야 한다

hitvā [√hā(버리다, 포기하다)의 *Ger.*] 버리고는, 버리고 나서

kāme [kāma(*m.*)의 *Pl.Acc.*] 감각적 쾌락을, 즐거움을, 욕망을

akiñcano [akiñcana(*adj.*)의 *m.Sg.Nom.*] 아무 것도 없이. a : *pref.* 아니다, 없다. kiñcana : *nt.* 어떤 것

pariyodapeyya [pari-o√dā(깨끗해 지다)의 *Pot.Caus.3.Sg.*] 깨끗이 해야 한다, 정화해야 한다

attānaṃ [attan(*m.*)의 *Sg.Acc.*] 자신을

cittaklesehi [cittaklesa(*m.*)의 *Pl.Abl.*] 마음의 더러움으로부터. citta : *nt.* 마음. klesa = kilesa. *m.* 더러움, 번뇌

paṇḍito [paṇḍita(*m.*)의 *Sg.Nom.*] 지혜로운 이는

---

89 yesaṃ sambodhi-aṅgesu sammā cittaṃ subhāvitaṃ[35]
ādānapaṭinissagge anupādāya ye ratā[36]
khīṇāsavā jutīmanto te loke parinibbutā.[37]

89 깨달음의 요소들 안에서 마음이 아주 잘 수행된 이들,
집착을 버리고 나서 집착을 버린 것에 기뻐하는 이들,
번뇌가 없고 빛이 나는 그들은 [이] 세상에서 완전히 평온해진 것이다.

yesaṃ [ya(*pron.*)의 *m.Pl.Gen.*] ~하는. te를 지시함

---

35 제1행 : 이 행은 관계대명사 yesaṃ이 이끄는 관계절로서 제3행의 te를 지시한다. 관계절의 술어는 과거분사 subhāvitaṃ(잘 수행된)이고, 주어는 cittaṃ(마음이)이다. 분사적 술어 subhāvitaṃ은 주어 cittaṃ(중성, 단수, 주격)의 성, 수, 격에 일치한다.

36 제2행 : 이 행은 관계대명사 ye가 이끄는 관계절로서 제3행의 te를 지시한다. 관계절의 술어는 과거분사 ratā(기뻐하는)이고, 주어는 관계대명사 ye이다.

37 제3행 : 이 행의 술어는 과거분사 parinibbutā(완전히 평온해진)이고, 주어는 te(그들은)이다. 분사적 술어 parinibbutā는 주어 te(남성, 복수, 주격)의 성, 수, 격에 일치한다. khīṇāsavā(번뇌가 없는)와 jutīmanto(빛나는)는 te(그들은)를 수식하므로 te(남성, 복수, 주격)의 성, 수, 격에 일치한다.

sambodhi-aṅgesu [sambodhi-aṅga(*m.*)의 *Pl.Loc.*] 깨달음의 요소들 안에서. sambodhi : *f.* 깨달음. aṅga : *nt.* 요소

sammā [*indecl.*] 완전히, 올바르게, 아주

cittaṃ [citta(*nt.*)의 *Sg.Nom.*] 마음이

subhāvitaṃ [subhāvita의 *nt.Sg.Nom.*] 잘 수행된. su : *indecl.* 잘, 철저하게. bhāvita : 수행된, √bhū(이다, 있다)의 *Caus.Pp.*

ādānapaṭinissagge [ādānapaṭinissagga(*m.*)의 *Sg.Loc.*] 집착의 버림에. ādāna : *nt.* 집착, 애착, *fr.* ā√dā(주다). paṭinissagga : *m.* 버리기, 포기

anupādāya : 집착하지 않고는. an : *pref.* 아니다, 없다. upādāya : 집착하고는, upa-ā√dā(주다)의 *Ger.*

ye [ya(*pron.*)의 *m.Pl.Nom.*] ~하는 이들. te를 지시함

ratā [rata의 *m.Pl.Nom.*] 기뻐하는. rata : √ram(기뻐하다, 즐기다, 좋아하다)의 *Pp.*

khīṇāsavā [khīṇāsava(*adj.*)의 *m.Pl.Nom.*] 번뇌가 없는. khīṇa : 파괴된, 없는, √khī(파괴하다)의 *Pp.* āsava : *m.* 번뇌

jutīmanto = jutimanto [jutimant(*adj.*)의 *m.Pl.Nom.*] 빛나는. jutimant : *fr.* juti(*f.* 빛남)

te [ta(*3.pron.*)의 *m.Pl.Nom.*] 그들은, 그것들은

loke [loka(*m.*)의 *Sg.Loc.*] 세상에서, 세계에서

parinibbutā [parinibbuta의 *m.Pl.Nom.*] 완전히 평온해진, 해탈한. pari : *pref.* 사방에, 완전히, 전부. nibbuta : (불 등이) 꺼진, 소멸된, ni√vā(불다)의 *Pp.*

제7장

아라한

Arahanta

90 gataddhino visokassa vippamuttassa sabbadhi
sabbaganthappahīnassa pariḷāho na vijjati.[1]

90 [인생의] 여행을 끝내고 슬픔도 없고 모든 점에서 자유로우며
모든 얽매임을 끊은 이에게 고뇌는 존재하지 않는다.

gataddhino [gataddhin(*adj.*)의 *m.Sg.Dat.* / *Gen.*] (*n.*) 여행을 끝낸 이에게. gata : 간, 이른, √gam(가다)의 *Pp.* addhin : *adj.* 길에 속한, 여행하는, *fr.* addhan(길, 여행)

visokassa [visoka(*adj.*)의 *m.Sg.Dat.* / *Gen.*] (*n.*) 슬픔이 없는 이에게. vi : *pref.* 떨어져서, 멀리, 없이. soka : *m.* 슬픔, 고통

vippamuttassa [vippamutta의 *m.Sg.Dat.* / *Gen.*] (*n.*) 자유로워진 이에게. vippamutta : vi-pa√muc(해방하다, 자유롭게 하다)의 *Pp.*

sabbadhi [*adv.*] 어디에나, 모든 점에서

sabbaganthappahīnassa [sabbaganthappahīna의 *m.Sg.Dat.* / *Gen.*] (*n.*) 모든 얽매임을 끊은 이에게 . sabba : *adj.* 모든. gantha : *m.* 속박, 얽매임. pahīna : 버린, 제거한, pa√hā(버리다, 포기하다)의 *Pp.*

pariḷāho [pariḷāha(*m.*)의 *Sg.Nom.*] 고뇌는, 열병은, 고통은

na [*indecl.*] ~아니다, ~없다

vijjati [√vid(찾다, 알다)의 *Pres.Pass.3.Sg.*] 존재한다, 있다

1 제1~2행 : 이 시의 술부는 na vijjati(존재하지 않는다)이고, 주어는 pariḷāho(고뇌는)이다.

91 uyyuñjanti satīmanto na nikete ramanti te[2]
haṃsā va pallalaṃ hitvā okamokaṃ jahanti te.[3]

91 깨어있는 이들은 가정을 떠난다. 그들은 가정 안에서 즐거워하지 않는다.
호수를 버리고 떠나는 백조들처럼 그들은 어떤 집이든 버리고 떠난다.

uyyuñjanti [ud√yuj(묶다, 결합하다)의 *Pres.3.Pl.*] 떠난다, 집을 떠난다
satīmanto = satimanto [satimant(*adj.*)의 *m.Pl.Nom.*] (*n.*) 깨어있는 이들은. satimant : *fr.* sati(*f.* 알아차림)
na [*indecl.*] ~아니다, ~없다
nikete [niketa(*nt.*)의 *Sg.Loc.*] 집에서, 가정에서
ramanti [√ram(즐거워하다, 즐기다)의 *Pres.3.Sg.*] 즐거워한다
te [ta(*3.pron.*)의 *m.Pl.Nom.*] 그들은, 그것들은
haṃsā [haṃsa(*m.*)의 *Pl.Nom.*] 백조들
va = iva [*indecl.*] ~와 같이, ~처럼, ~와 마찬가지로
pallalaṃ [pallala(*nt.*)의 *Sg.Acc.*] 호수를, 못을
hitvā [√hā(버리다, 버리고 떠나다, 포기하다)의 *Ger.*] 버리고 떠나는
okamokaṃ [okamoka(*nt.*)의 *Sg.Acc.*][4] 어떤 집이든, 이런 저런 집. oka : *nt.* 물, 쉬는 곳, 집
jahanti [√hā(버리다, 버리고 떠나다, 포기하다)의 *Pres.3.Pl.*] 버리고 떠난다
te [ta(*3.pron.*)의 *m.Pl.Nom.*] 그들은, 그것들은

92 yesaṃ sannicayo n'atthi ye pariññātabhojanā[5]
suññato animitto ca vimokho yesaṃ gocaro[6]

2 제1행 : "uyyuñjanti satīmanto"의 술어는 uyyuñjanti(떠난다)이고, 주어는 satīmanto(깨어있는 이들은)이다. "na nikete ramanti te"의 술부는 na ramati(즐거워하지 않는다)이고, 주어는 te(그들은), 즉 앞 문장의 satīmanto(깨어있는 이들은)이다.
3 제2행 : 이 행의 술어는 jahanti(버리고 떠난다)이고, 주어는 te(그들은), 즉 satīmanto(깨어있는 이들은)이다. 그리고 목적어는 okamokaṃ(어떤 집이든)이다. "haṃsā va pallalaṃ hitvā"는 va(= iva)가 이끄는 부사절이다.
4 oka와 oka사이, 즉 모음과 모음 사이에 m이 삽입되었다.
5 제1행 : "yesaṃ sannicayo n'atthi"는 관계대명사 yesaṃ이 이끄는 관계절이고, "ye pariññātabhojanā"는 관계대명사 ye가 이끄는 관계절이다. 두 관계절 다 제3행에 있는 tesaṃ을 지시한다.

ākāse va sakuntānaṃ gati tesaṃ durannayā.[7]

92 모은 것이 없고 음식에 대해 완전히 알며
경지는 비어 조건 지어지지 않은 자유의 상태인
그들의 행로는 하늘에 있는 새들의 행로처럼 찾아내기 어렵다.

---

yesaṃ [ya(*pron.*)의 *m.Pl.Gen.*] ~하는. tesaṃ을 지시함

sannicayo [sannicaya(*m.*)의 *Sg.Nom.*] 모은 것. saṃ : *pref.* ~와 함께, 완전히, 아주. ni-caya : *m.* 쌓아올린 것

n'atthi = na-atthi : 없다. na [*indecl.*] ~아니다, ~없다. atthi [√as(이다, 있다, 존재하다)의 *Pres.3.Sg.*] 있다

ye [ya(*pron.*)의 *m.Pl.Nom.*] ~하는 이들. tesaṃ을 지시함

pariññātabhojanā [pariññātabhojana의 *m.Pl.Nom.*] 음식에 대해 완전히 아는. pariññāta : 완전히 안, pari√ñā(알다)의 *Pp.* bhojana : *nt.* 음식, *fr.* √bhuj(먹다)

suññato [suññata(*adj.*)의 *m.Sg.Nom.*] 빈, 비어있는

animitto [animitta(*adj.*)의 *m.Sg.Nom.*] 조건 지어지지 않은. a : *pref.* 아니다, 없다. ni-mitta : *adj.* 조건 지어진

ca [*indecl.*] 그리고, ~와

vimokho [vimokha(*m.*)의 *Sg.Nom.*] 자유는, 해탈은. vimokha : *fr.* vi√muc(해방하다, 자유롭게 하다)

yesaṃ [ya(*pron.*)의 *m.Pl.Gen.*] ~하는. tesaṃ을 지시함

gocaro [gocara(*m.*)의 *Sg.Nom.*] 목초지는, 삶의 영역은, 경지는

ākāse [ākāsa(*m.*)의 *Sg.Loc.*] 하늘에

va = iva [*indecl.*] ~와 같이, ~처럼, ~와 마찬가지로

sakuntānaṃ [sakunta(*m.*)의 *Pl.Gen.*] 새들의

gati [gati(*f.*)의 *Sg.Nom.*] 가는 것은, 행로는, 발자취는, 내세는, *fr.* √gam(가다)

tesaṃ [ta(*3.pron.*)의 *m.Pl.Gen.*] 그들의

durannayā [durannaya(*adj.*)의 *f.Sg.Nom.*] 따라가기 어려운, 찾아내기 어려운. du:[8] *pref.*

---

6 제2행 : 이 행은 관계대명사 yesaṃ이 이끄는 관계절로서 제3행에 있는 tesaṃ을 지시한다. suññato(비어있는)와 animitto(조건 지어지지 않은), 그리고 vimokho(자유)는 gocaro(경지는)를 수식하므로 gocaro(남성, 단수, 주격)의 성, 수, 격에 일치한다.

7 제3행 : 이 시의 술어는 형용사 durannayā(찾아내기 어렵다)이고, 주어는 gati(행로는)이다. 형용사적 술어 durannayā는 주어 gati(여성, 단수, 주격)의 성, 수, 격에 일치한다. "ākāse va sakuntānaṃ(gati)"는 va(= iva)가 이끄는 부사절이다.

8 접두사 du는 모음 앞에서 dur로 바뀐다.

나쁜, 부족한, 어려운. annaya = anvaya : *adj.* 따라가는, *fr.* anu√i(가다)

93 yassāsavā parikkhīṇā āhāre ca anissito[9]
suññato animitto ca vimokho yassa gocaro[10]
ākāse va sakuntānaṃ padaṃ tassa durannayaṃ.[11]

93 번뇌가 완전히 제거되었고 음식에 집착하지 않으며
경지는 비어 조건 지어지지 않은 자유의 상태인
그의 행로는 하늘에 있는 새들의 행로처럼 찾아내기 어렵다.

yassāsavā = yassa-āsavā. yassa [ya(*pron.*)의 *m.Sg.Gen.*] ~하는. tassa를 지시함. āsavā [āsava(*m.*)의 *Pl.Nom.*] 번뇌가

parikkhīṇā [parikkhīṇa의 *m.Pl.Nom.*] 완전히 제거된. parikkhīṇa : 파괴된, pari√khī(파괴하다)의 *Pp.*

āhāre [āhāra(*m.*)의 *Sg.Loc.*] 음식에

ca [*indecl.*] 그리고, ~와

anissito [anissita의 *m.Sg.Nom.*] 집착하지 않는. a : *pref.* 아니다, 없다. nissita : 집착하는, 의존하는, ni√si(달라붙다, 의지하다)의 *Pp.*

suññato [suññata(*adj.*)의 *m.Sg.Nom.*] 빈, 비어있는

animitto [animitta(*adj.*)의 *m.Sg.Nom.*] 조건 지어지지 않은. a : *pref.* 아니다, 없다. nimitta : *adj.* 조건 지어진

ca [*indecl.*] 그리고, ~와

vimokho [vimokha(*m.*)의 *Sg.Nom.*] 자유는, 해탈은. vimokha : *fr.* vi√muc(해방하다, 자유롭게 하다)

yassa [ya(*pron.*)의 *m.Sg.Gen.*] ~하는. tassa를 지시함

---

9 제1행 : "yassāsavā parikkhīṇā"는 관계대명사 yassa가 이끄는 관계절이고, "āhāre ca anissito"는 생략된 관계대명사 yo가 이끄는 관계절이다. 두 관계절 다 제3행에 있는 tassa를 지시한다.

10 제2행 : 이 행은 관계대명사 yassa가 이끄는 관계절로서 제3행에 있는 tassa를 지시한다. suññato(비어있는)와 animitto(조건 지어지지 않은), 그리고 vimokho(자유)는 gocaro(경지는)를 수식하으로 gocaro(남성, 단수, 주격)의 성, 수, 격에 일치한다.

11 제3행 : 이 시의 술어는 형용사 durannayaṃ(찾아내기 어렵다)이고, 주어는 padaṃ(행로는)이다. 형용사적 술어 durannayaṃ은 주어 padaṃ(중성, 단수, 주격)의 성, 수, 격에 일치한다. "ākāse va sakuntānaṃ(padaṃ)"은 va(= iva)가 이끄는 부사절이다.

gocaro [gocara(*m.*)의 *Sg.Nom.*] 목초지는, 삶의 영역은, 경지는

ākāse [ākāsa(*m.*)의 *Sg.Loc.*] 하늘에

va = iva [*indecl.*] ~와 같이, ~처럼, ~와 마찬가지로

sakuntānaṃ [sakunta(*m.*)의 *Pl.Gen.*] 새들의

padaṃ [pada(*nt.*)의 *Sg.Nom.*] 행로는, 길은, 발자취는

tassa [ta(*3.pron.*)의 *m.Sg.Gen.*] 그의

durannayaṃ [durannaya(*adj.*)의 *nt.Sg.Nom.*] 따라가기 어려운, 찾아내기 어려운. du:[12] *pref.* 나쁜, 부족한, 어려운. annaya = anvaya : *adj.* 따라가는, *fr.* anu√i(가다)

---

94 yass'indriyāni samathaṃ gatāni
assā yathā sārathinā sudantā[13]
pahīnamānassa anāsavassa
devāpi tassa pihayanti tādino.[14]

94 마부에 의해 잘 길들여진 말들처럼
감관(感官)들이 평온함에 이르렀으며
자만심을 버리고 번뇌가 없는
그러한 이를 신들마저도 부러워한다.

yass'indriyāni = yassa-indriyāni. yassa [ya(*pron.*)의 *m.Sg.Gen.*] ~하는. tassa를 지시함. indriyāni [indriya(*nt.*)의 *Pl.Nom.*] 감관(感官)들이

samathaṃ [samatha(*m.*)의 *Sg.Acc.*] 평온함에, 고요함에

gatāni [gata의 *nt.Pl.Nom.*] 간, 이른. gata : √gam(가다)의 *Pp.*

assā [assa(*m.*)의 *Pl.Nom.*] 말들

yathā [*adv.*] ~와 같이, ~처럼

12 접두사 du는 모음 앞에서 dur로 바뀐다.

13 제1~2행 : 이 행들은 관계대명사 yassa가 이끄는 관계절로서 제4행에 있는 tassa를 지시한다. 관계절의 술어는 과거분사 gatāni(이른)이고, 주어는 indriyāni(감관들이), 그리고 목적어는 samathaṃ(평온함에)이다. 분사적 술어 gatāni는 주어 indriyāni(중성, 복수, 주격)의 성, 수, 격에 일치한다. 제2행은 yathā가 이끄는 부사절로서 제1행에 연결된다.

14 제3~4행 : 이 행들의 술어는 pihayanti(부러워한다)이고, 주어는 devā(신들은)이다. pahīnamānassa(자만심을 버린)와 anāsavassa(번뇌가 없는)는 tassa를 수식하므로 tassa(남성, 단수, 속격)의 성, 수, 격에 일치한다.

sārathinā [sārathi(*m.*)의 *Sg.Ins.*] 마부에 의해

sudantā [sudanta의 *m.Pl.Nom.*] 잘 길들여진, 잘 훈련된. su : *indecl.* 잘, 철저하게. danta : 길들여진, 훈련된, √dam(길들이다, 단련시키다)의 *Pp.*

pahīnamānassa [pahīnamāna의 *m.Sg.Gen.*] 자만심을 버린. pahīna : 버린, pa√hā(버리다)의 *Pp.* māna : *m.* 자만심

anāsavassa [anāsava의 *m.Sg.Gen.*] 번뇌가 없는. an : *pref.* 아니다, 없다. āsava : *m.* 번뇌

devāpi = devā-pi / api : 신들도 또한, 신들마저. devā [deva(*m.*)의 *Pl.Nom.*] 신들은. pi / api [*indecl.*] ~도 또한

tassa [ta(*3.pron.*)의 *m.Sg.Gen.*] 그의

pihayanti [√pih(부러워하다, 바라다)의 *Pres.3.Pl.*][15] 부러워한다, 바란다

tādino [tādin(*adj.*)의 *m.Sg.Gen.*] 그러한, 그와 같은

---

95 paṭhavīsamo no virujjhati
indakhīlūpamo tādi subbato
rahado va apetakaddamo
saṃsārā na bhavanti tādino.[16]

95 대지(大地)처럼 맞서지 아니하고
인드라의 기둥처럼 의무를 다하는 그러한 이,
더러움이 없는 호수와 같은
그러한 이에게 [더 이상의] 윤회는 없다.

paṭhavīsamo [paṭhavīsama(*adj.*)의 *m.Sg.Nom.*] 대지(大地)처럼. paṭhavī : *f.* 땅, 대지. sama : *adj.* ~처럼

no [*indecl.*] ~아니다, ~없다

virujjhati [vi√rudh(방해하다)의 *Pres.Pass.3.Sg.*] 맞선다, 대항한다

indakhīlūpamo [indakhīlūpama(*adj.*)의 *m.Sg.Nom.*] 인드라의 기둥처럼. inda : *m.* 인드라 신. khīla : *m.* 기둥. upama : *adj.* ~와 같은, ~처럼

15 √pih가 '부러워하다'의 의미로 쓰일 경우에 속격을 취하므로 ta의 속격인 tassa가 쓰였다. 여기서 tassa는 문맥상 "그를"로 번역하였다.

16 제1~4행 : 이 시의 술부는 na bhavanti(없다)이고, 주어는 saṃsārā(윤회는)이다.

tādi [tādin(*adj.*)의 *m.Sg.Nom.*] (*n.*) 그러한 이는, 그와 같은 이는

subbato [subbata의 *m.Sg.Nom.*] (종교적) 의무를 잘 준수하는. su : *indecl.* 잘, 철저하게. vata : *nt.* (종교적) 의무, 의무의 준수, 서원

rahado [rahada(*m.*)의 *Sg.Nom.*] 호수

va = iva [*indecl.*] ~와 같이, ~처럼, ~와 마찬가지로

apetakaddamo [apetakaddama의 *m.Sg.Nom.*] 더러움이 없는. apeta : ~이 없는, 결여된, ~을 잃은, apa√i(가다)의 *Pp.* kaddama : *m.* 진흙, 더러움

saṃsārā [saṃsāra(*m.*)의 *Pl.Nom.*] 윤회는. saṃsāra : *fr.* saṃ√sar(움직이다, 흐르다)

na [*indecl.*] ~아니다, ~없다

bhavanti [√bhū(있다, 이다)의 *Pres.3.Pl.*] 있다

tādino [tādin(*adj.*)의 *m.Sg.Dat.* / *Gen.*] (*n.*) 그러한 이에게, 그와 같은 이에게

---

96 santaṃ tassa manaṃ hoti santā vācā ca kamma ca[17]
sammadaññāvimuttassa upasantassa tādino.[18]

96 완전한 지식으로 자유로워지고 평온해진, 그러한
그의 마음은 고요하고, 말과 행동 또한 고요하다.

santaṃ [santa의 *nt.Sg.Nom.*] 고요한. santa : √sam(진정되다, 가라앉다)의 *Pp.*

tassa [ta(*3.pron.*)의 *m.Sg.Gen.*] 그의

manaṃ [mana(*nt.*)의 *Sg.Nom.*] 마음은

hoti [√bhū(있다, 이다, 되다)의 *Pres.3.Sg.*] 있다, 이다, 된다

santā [santa의 *m.Pl.Nom.*] 고요한. santa : √sam(진정되다, 가라앉다)의 *Pp.*

vācā [vācā(*f.*)의 *Sg.Nom.*] 말이

ca [*indecl.*] 그리고, ~와

kamma = kammaṃ [kamma(*nt.*)의 *Sg.Nom.*] 행동이

ca [*indecl.*] 그리고, ~와

sammadaññāvimuttassa [sammadaññāvimutta의 *m.Sg.Gen.*] 완전한 지식으로 자유로워

---

17 제1행 : "santaṃ tassa manaṃ hoti"의 술부는 santaṃ hoti(고요하다)이고, 주어는 manaṃ(마음은)이다. "santā vācā ca kamma ca"의 술어는 santā(고요하다 -honti가 생략되어 있음)이고, 주어는 vācā(말은)와 kamma(행동은)이다.

18 제2행 : sammadaññāvimuttassa(완전한 지식으로 자유로워진), upasantassa(평온해진), 그리고 tādino (그러한)는 제1행의 tassa를 수식하므로 tassa(남성, 단수, 속격)의 성, 수, 격에 일치한다.

진. samma = sammā : *indecl.* 완전히, 올바르게. aññā : *f.* 지식. sammadaññā[19] : 완전한 지식. vimutta : 자유로워진, *fr.* vi√muc(자유롭게 하다, 해방하다)의 *Pp.*

upasantassa [upasanta의 *m.Sg.Gen.*] 평온해진. upasanta : upa√sam(진정되다, 가라앉다)의 *Pp.*

tādino [tādin(*adj.*)의 *m.Sg.Gen.*] 그러한, 그와 같은

---

97 assaddho akataññū ca sandhicchedo ca yo naro hatāvakāso vantāso sa ve uttamaporiso.[20]

97 경솔하게 믿지 않고 만들어지지 않은 것에 대해 알고 있으며 속박을 끊은 사람, [선업이든 악업이든 지을] 기회가 파괴되었고 욕망을 버린 사람, 그는 참으로 최상의 사람이다.

assaddho [assaddha(*adj.*)의 *m.Sg.Nom.*] 경솔하게 믿지 않는. a : *pref.* 아니다, 없다. saddha : *adj.* 믿는, 신앙심이 있는

akataññū [akataññū(*adj.*)의 *m.Sg.Nom.*] 만들어지지 않은 것에 대해 알고 있는. akata(*nt.* a-kata) : 만들어지지 않은 것. ññū : *adj.* 아는, 알고 있는, *fr.* √ñā(알다)

ca [*indecl.*] 그리고, ~와

sandhicchedo [sandhiccheda(*m.*)의 *Sg.Nom.*] 속박의 파괴. sandhi : *m.* 결합, 속박. cheda : *m.* 파괴, *fr.* √chid(베어내다, 제거하다)

ca [*indecl.*] 그리고, ~와

yo [ya(*pron.*)의 *m.Sg.Nom.*] ~하는 이. naro를 지시함

naro [nara(*m.*)의 *Sg.Nom.*] 인간은, 사람은

hatāvakāso [hatāvakāsa의 *m.Sg.Nom.*] (선업이든 악업이든 지을) 기회가 파괴된. hata : 파괴된, √han(죽이다, 때리다)의 *Pp.* avakāsa : *nt.* 기회, 경우, 일

vantāso [vantāsa의 *m.Sg.Nom.*] 욕망을 버린. vanta : 버린, 끊은, √vam(토하다, 내던지다, 끊다)의 *Pp.* āsa : *adj.* 바라는, 원하는, *fr.* āsā(*f.* 바람, 기대, 욕망)

---

19 모음으로 끝나는 samma와 모음으로 시작되는 aññā사이에 d가 삽입되었다.

20 제1~2행 : 이 시의 술어는 명사 uttamaporiso(최상의 사람)이고, 주어는 sa(그는), 즉 naro(사람은)이다. 명사적 술어 uttamaporiso는 sa를 수식하므로 sa(주격)의 격에 일치한다. "assaddho akataññū ca sandhicchedo ca yo hatāvakāso vantāso"는 관계대명사 yo가 이끄는 관계절로서 naro를 지시한다. 제2행의 sa는 제1행의 naro를 받는다.

sa [ta(*3.pron.*)의 *m.Sg.Nom.*] 그는
ve [*indecl.*] 참으로, 정말, 바로, 확실히
uttamaporiso [uttamaporisa(*m.*)의 *Sg.Nom.*] 최상의 사람. uttama : *adj.* 최상의. porisa : *m.* 사람

---

98 gāme vā yadi vāraññe
ninne vā yadi vā thale
yatth'arahanto viharanti
taṃ bhūmiṃ rāmaṇeyyakaṃ.[21]

98 마을이든 숲이든
낮은 지대의 땅이든 높은 지대의 땅이든
아라한들이 머무르는
그곳은 즐겁다.

gāme [gāma(*m.*)의 *Sg.Loc.*] 마을에
vā [*indecl.*] 또는
yadi [*indecl.*] 만약, ~이든
vāraññe = vā-araññe : 또는 숲에. vā [*indecl.*] 또는. araññe [arañña(*nt.*)의 *Sg.Loc.*] 숲에
ninne [ninna(*nt.*)의 *Sg.Loc.*] 낮은 지대의 땅에
vā [*indecl.*] 또는
yadi [*indecl.*] 만약, ~이든
vā [*indecl.*] 또는
thale [thala(*nt.*)의 *Sg.Loc.*] 고원에, 높은 지대의 땅에
yatth'arahanto = yattha-arahanto. yattha [*adv.*] 어디에, 어디로. arahanto [arahanta의 *m.Pl.Nom.*] (*n.*) 아라한들이. arahanta : √arah(~할 가치가 있다, ~의 자격이 있다)의 *Ppr.*
viharanti [vi√har(나르다, 가져오다)의 *Pres.3.Pl.*] 산다, 머무른다
taṃ [ta(*3.pron.*)의 *nt.Sg.Nom.*] 그는, 그것은
bhūmiṃ [bhūmi(*nt.*)의 *Sg.Nom.*][22] 땅은, 세계는, 영역은, 장소는, ~곳은

---

21 제1~4행 : 이 시의 술어는 형용사 rāmaṇeyyakaṃ(즐겁다)이고, 주어는 bhūmiṃ(장소는, 곳은)이다. 제3행은 yattha가 이끄는 부사절로서 제4행의 taṃ bhūmiṃ을 수식한다.
22 bhūmi는 원래 여성명사이기 때문에 bhūmiṃ의 형태인 경우 단수 대격으로 볼 수 있으나 문맥상 맞지 않

rāmaṇeyyakaṃ [rāmaṇeyyaka(*adj.*)의 *nt.Sg.Nom.*] 즐겁다, 유쾌하다

---

99 ramaṇīyāni araññāni, yattha na ramatī jano[23]
vītarāgā ramissanti, na te kāmagavesino.[24]

99 숲은 즐겁다. 보통 사람들이 즐거워하지 않는 곳에서
탐욕이 없는 이들은 즐거워할 것이다. 그들은 감각적 쾌락을 추구하지 않기에.

ramaṇīyāni [ramaṇīya(*adj.*)의 *nt.Pl.Nom.*] 즐겁다. ramaṇīya : √ram(즐거워하다)의 *Grd.*
araññāni [arañña(*nt.*)의 *Pl.Nom.*] 숲은
yattha [*adv.*] 어디에, 어디서
na [*indecl.*] ~아니다, ~없다
ramatī = ramati [√ram(즐거워하다)의 *Pres.3.Sg.*] 즐거워한다
jano [jana(*m.*)의 *Sg.Nom.*] 보통의 사람들은, 범부(凡夫)는, (집합명사로서) 대중은
vītarāgā [vītarāga의 *m.Pl.Nom.*] (*n.*) 탐욕이 없는 이들은. vīta : *adj.* ~이 없는, vi-ita(√i의 *Pp.*). rāga : *m.* 탐욕
ramissanti [√ram(즐거워하다)의 *Fut.3.Pl.*] 즐거워할 것이다
na [*indecl.*] ~아니다, ~없다
te [ta(*3.pron.*)의 *m.Pl.Nom.*] 그들은, 그것들은
kāmagavesino [kāmagavesin(*adj.*)의 *m.Pl.Nom.*] 감각적 쾌락을 추구하는. kāma : *m.* 감각적 쾌락, 즐거움. gavesin : *adj.* 추구하는, *fr.* √gaves(찾다, 추구하다)

다. 문맥상 bhūmiṃ은 단수 주격의 중성명사로 쓰였다.

23 제1행 : "ramaṇīyāni araññāni"의 술어는 형용사 ramaṇīyāni(즐겁다)이고, 주어는 araññāni(숲은)이다. "yattha na ramatī jano"는 yattha가 이끄는 부사절이다.

24 제2행 : "vītarāgā ramissanti"의 술어는 ramissanti(좋아할 것이다)이고, 주어는 vītarāgā(탐욕이 없는 이들은)이다. "na te kāmagavesino"의 술부는 na kāmagavesino(쾌락을 추구하지 않는)이고, 주어는 te(그들은), 즉 vītarāgā(탐욕이 없는 이들은)이다.

제8장

천(千)

Sahassa

100 sahassam api ce vācā anatthapadasaṃhitā[1]
ekam atthapadaṃ seyyo yaṃ sutvā upasammati.[2]

100 비록 천 마디의 말들이라도 의미 없는 말들로 구성된 것이라면
듣고 나서 [마음이] 평온해지는 한 마디의 의미 있는 말이 좋은 것이다.

sahassam = sahassaṃ [sahassa(*nt.*)의 *Sg.Nom.*][3] 천(千), 천의

pi / api [*indecl.*] ~도 또한, 비록 그렇다고 하더라도

ce [*indecl.*] 만약 ~이면, 만약 ~하면. pi / api ce : 비록 ~할지라도, ~라고 하더라도

vācā [vācā(*f.*)의 *Pl.Nom.*] 말들이

anatthapadasaṃhitā [anatthapadasaṃhitā의 *f.Pl.Nom.*] 의미 없는 말들로 구성된. an : *pref.* 아니다, 없다. attha : *m.* 의미, 중요성. pada : *nt.* 말, 경구. saṃhita : 모은, 구성된, 갖춘, saṃ√dhā(두다, 놓다)의 *Pp.*

ekam = ekaṃ [eka(*adj.*)의 *nt.Sg.Nom.*][4] 하나, 하나의

---

1 제1행 : 이 행은 ce가 이끄는 부사절로서 제2행에 연결된다. anatthapadasaṃhitā(의미 없는 말들로 구성된)는 vācā(말들이)를 수식하므로 vācā(여성, 복수, 주격)의 성, 수, 격에 일치한다.

2 제2행 : 이 행의 술어는 명사 seyyo(좋은 것)이고, 주어는 atthapadaṃ(의미 있는 말이)이다. 명사적 술어 seyyo는 주어 atthapadaṃ의 격에 일치한다. "yaṃ sutvā upasammati"는 관계대명사 yaṃ이 이끄는 관계절로서 atthapadaṃ을 지시한다. ekaṃ(하나의)은 atthapadaṃ(의미 있는 말이)을 수식하므로 atthapadaṃ(남성, 단수, 주격)의 성, 수, 격에 일치한다.

3 수사 sahassa(천)는 단수로서 복수형태의 단어와 함께 쓰이며, 중성명사의 변화를 따른다.

4 수사 eka가 '하나'의 의미로 쓰일 경우 항상 단수로 쓰이고, 수식하는 단어의 각각의 성(남성, 여성, 중성)에 따라 다르게 활용된다.

atthapadaṃ [atthapada(*nt.*)의 *Sg.Nom.*] 의미 있는 말이. attha : *m.* 의미, 중요성. pada : *nt.* 말, 경구

seyyo [seyya(*nt.*)의 *Sg.Nom.*][5] 좋은 일, 이익, 행복

yaṃ [ya(*pron.*)의 *nt.Sg.Nom.*] ~하는 것. atthapadaṃ을 지시함

sutvā [√su(듣다)의 *Ger.*] 듣고 나서, 듣고는

upasammati [upa√sam(가라앉다, 진정되다)의 *Pres.3.Sg.*] 평온해진다

---

101 sahassam api ce gāthā anatthapadasaṃhitā[6]
ekaṃ gāthāpadaṃ seyyo yaṃ sutvā upasammati.[7]

101 비록 천 개의 시들이라도 의미 없는 말들로 구성된 것이라면
듣고 나서 [마음이] 평온해지는 하나의 시구가 좋은 것이다.

sahassam = sahassaṃ [sahassa(*nt.*)의 *Sg.Nom.*] 천(千), 천의

pi / api [*indecl.*] ~도 또한, 비록 그렇다고 하더라도

ce [*indecl.*] 만약 ~이면, 만약 ~하면. pi / api ce : 비록 ~할지라도, ~라고 하더라도

gāthā [gāthā(*f.*)의 *Pl.Nom.*] 시들은

anatthapadasaṃhitā [anatthapadasaṃhitā의 *f.Pl.Nom.*] 의미 없는 말들로 구성된. an : *pref.* 아니다, 없다. attha : *m.* 의미, 중요성. pada : *nt.* 말. saṃhita : 모은, 구성된, 갖춘, saṃ√dhā(두다, 놓다)의 *Pp.*

ekam = ekaṃ [eka(*adj.*)의 *nt.Sg.Nom.*] 하나, 하나의

gāthāpadaṃ [gāthāpada(*nt.*)의 *Sg.Nom.*] 시구가, 시의 구절이. gāthā : *f.* 시. pada : *nt.* 말, 경구

seyyo [seyya(*nt.*)의 *Sg.Nom.*] 좋은 일, 이익, 행복

yaṃ [ya(*pron.*)의 *nt.Sg.Nom.*] ~하는 것. gāthāpadaṃ을 지시함

sutvā [√su(듣다)의 *Ger.*] 듣고 나서, 듣고는

---

5 seyyo는 좋은 일, 행복을 의미하는 중성명사로 쓰이기도 한다.

6 제1행 : 이 행은 ce가 이끄는 부사절로서 제2행에 연결된다. anatthapadasaṃhitā(의미 없는 말들로 구성된)는 gāthā(시들은)를 수식하므로 gāthā(여성, 복수, 주격)의 성, 수, 격에 일치한다.

7 제2행 : 이 행의 술어는 명사 seyyo(좋은 것)이고, 주어는 gāthāpadaṃ(시구가)이다. 명사적 술어 seyyo는 주어 gāthāpadaṃ의 격에 일치한다. "yaṃ sutvā upasammati"는 관계대명사 yaṃ이 이끄는 관계절로서 gāthāpadaṃ을 지시한다. ekaṃ(하나의)은 gāthāpadaṃ(시의 구절이)을 수식하므로 gāthāpadaṃ(중성, 단수, 주격)의 성, 수, 격에 일치한다.

upasammati [upa√sam(가라앉다, 진정되다)의 *Pres.3.Sg.*] 평온해진다

---

102 yo ca gāthāsataṃ bhāse anatthapadasaṃhitā[8]
ekaṃ dhammapadaṃ seyyo yaṃ sutvā upasammati.[9]

102 그리고 누가 백 개의 시들을 읊을지라도 무의미한 말들로 구성된 것이라면 듣고 나서 [마음이] 평온해지는 한 마디 진리의 말씀이 좋은 것이다.

yo [ya(*pron.*)의 *m.Sg.Nom.*][10] 누가 ~한다면, 누가 ~할지라도
ca [*indecl.*] 그리고, ~와
gāthāsataṃ [gāthāsata(*nt.*)의 *Sg.Acc.*] 백 개의 시들을. gāthā : *f.* 시. sata : *nt.* 백(百), 백 개
bhāse [√bhās(말하다)의 *Pot.3.Sg.*] 읊을지라도
anatthapadasaṃhitā [anatthapadasaṃhitā의 *f.Pl.Nom.*] 의미 없는 말들로 구성된. an : *pref.* 아니다, 없다. attha : *m.* 의미, 중요성. pada : *nt.* 말. saṃhita : 모은, 구성된, 갖춘, saṃ√dhā(두다, 놓다)의 *Pp.*
ekam = ekaṃ [eka(*adj.*)의 *nt.Sg.Nom.*] 하나, 하나의
dhammapadaṃ [dhammapada(*nt.*)의 *Sg.Nom.*] 진리의 말씀이. dhamma : *m.* 진리, 가르침. pada : *nt.* 말
seyyo [seyya(*nt.*)의 *Sg.Nom.*] 좋은 일, 이익, 행복
yaṃ [ya(*pron.*)의 *nt.Sg.Nom.*] ~하는 것. dhammapadaṃ을 지시함
sutvā [√su(듣다)의 *Ger.*] 듣고 나서, 듣고는
upasammati [upa√sam(가라앉다, 진정되다)의 *Pres.3.Sg.*] 가라앉는다, 진정된다, 평온해진다

---

8 제1행 : 이 행은 관계대명사 yo가 이끄는 관계절로서 이 관계절의 술어는 bhāse(읊을지라도)이고, 주어는 관계대명사 yo(누가), 그리고 목적어는 gāthāsataṃ(백 개의 시들을)이다.

9 제2행 : 이 행의 술어는 명사 seyyo(좋은 것)이고, 주어는 dhammapadaṃ(진리의 말씀이)이다. 명사적 술어 seyyo는 주어 dhammapadaṃ의 격에 일치한다. "yaṃ sutvā upasammati"는 관계대명사 yaṃ이 이끄는 관계절로서 dhammapadaṃ을 지시한다. ekaṃ(하나의)은 dhammapadaṃ(진리의 말씀이)을 수식하므로 dhammapadaṃ(중성, 단수, 주격)의 성, 수, 격에 일치한다.

10 yo는 '누가~한다면, 누가~할지라도'라는 의미로 쓰였다. 이러한 경우는 시 102, 103, 106, 107, 110~115, 190에서 볼 수 있다.

103 yo sahassaṃ sahassena saṅgāme mānuse jine[11]
ekañ ca jeyya-m-attānaṃ sa ve saṅgāmajuttamo.[12]

103 누가 전투에서 백만 명의 사람들을 정복할지라도
단 한 명, 즉 자신을 정복한다면 그가 바로 최고의 승리자이다.

yo [ya(*pron.*)의 *m.Sg.Nom.*] 누가 ~한다면, 누가 ~할지라도
sahassam = sahassaṃ [sahassa(*nt.*)의 *Sg.Nom.*] 천(千), 천의
sahassena [sahassa(*nt.*)의 *Sg.Ins.*] 천(千), 천 번, 천 배
saṅgāme [saṅgāma(*m.*)의 *Sg.Loc.*] 전투에서, 싸움에서
mānuse [mānusa(*m.*)의 *Pl.Acc.*] 사람들을. sahassaṃ sahassena mānuse : 천 명의 사람들을 천 번(배), 즉 백만 명의 사람들을
jine [√ji(이기다, 정복하다)의 *Pot.3.Sg.*] 정복할지라도
ekañ = ekaṃ [eka(*adj.*)의 *m.Sg.Acc.*] 하나, 하나의
ca = tu [*indecl.*] 그러나, 하지만
jeyya-m-attānaṃ = jeyya-attānaṃ:[13] 자신을 이긴다면. jeyya [√ji(이기다, 정복하다)의 *Pot.3.Sg.*] 정복한다면. attānaṃ [attan(*m.*)의 *Sg.Acc.*] 자신을
sa [ta(*3.pron.*)의 *m.Sg.Nom.*] 그가
ve [*indecl.*] 참으로, 정말, 바로, 확실히
saṅgāmajuttamo [saṅgāmajuttama의 *m.Sg.Nom.*] 승리자 중에서 최고인, 최고의 승리자인. saṅgāma : *m.* 전투, 싸움. ji : *adj.* 이긴, (*n.*) 승리자, *fr.* √ji(이기다, 정복하다). uttama : *adj.* 최상의, 최고의

104 attā have jitaṃ seyyo yā cāyaṃ itarā pajā,[14]

11 제1행 : 이 행은 관계대명사 yo가 이끄는 관계절로서 이 관계절의 술어는 jine(정복할지라도)이고, 주어는 관계대명사 yo, 그리고 목적어는 mānuse(사람들을)이다.
12 제2행 : "ekañ ca jeyy-m-attānaṃ"의 술어는 jeyya(정복한다면)이고, 주어는 제1행의 관계대명사 yo이다. 목적어는 attānaṃ(자신을)이다. "sa ve saṅgāmajuttamo"의 술어는 명사 saṅgāmajuttamo(최고의 승리자)이고, 주어는 sa(그는)이다. 명사적 술어 saṅgāmajuttamo는 sa를 수식하므로 sa(주격)의 격에 일치한다.
13 모음과 모음 사이에 m이 삽입되었다.
14 제1행 : 이 행의 술어는 명사 seyyo(좋은 것)이고, 주어는 jitaṃ(정복이)이다. 명사적 술어 seyyo는 주어 jitaṃ의 격에 일치한다. "yā cāyaṃ itarā pajā"는 관계대명사 yā가 이끄는 관계절이다.

attadantassa posassa niccaṃ saññatacārino.[15]

104 실로 자신에 대한 정복이 다른 사람에 대한 정복보다 좋은 것이다.
자신을 다스리고 항상 자제하며 사는 사람,

attā [attan(*m.*)의 *Sg.Nom.*] 자신

have [*indecl.*] 실로, 참으로, 확실히, 정말

jitaṃ [jita(*nt.*)의 *Sg.Nom.*] 정복이, 승리가. jita : √ji(이기다, 정복하다)의 *Pp.*

seyyo [seyya(*nt.*)의 *Sg.Nom.*][16] 좋은 일, 이익, 행복

yā [ya(*pron.*)의 *f.Sg.Nom.*] ~하는 것

cāyaṃ = ce-ayaṃ. ce [*indecl.*] 만약 ~이면, 만약 ~하면. ayaṃ [ima(*pron.*)의 *f.Sg.Nom.*] 이는, 이것은. yā ce : (yā가 이끄는 내용)보다 ~

itarā [itara(*adj.*)의 *f.Sg.Nom.*] 다른

pajā [pajā(*f.*)의 *Sg.Nom.*] 인간, 사람

attadantassa [attadanta의 *m.Sg.Gen.*] 자신을 다스린. attan : *m.* 자신, 복합어에서 atta로 쓰임. danta : 길들여진, 단련된, 다스린, √dam(길들이다, 단련시키다)의 *Pp.*

posassa [posa(*m.*)의 *Sg.Gen.*] 사람의

niccaṃ [*adv.*] 항상, 변함없이, 언제나, nicca(*adj.* 변함없는)의 *nt.Sg.Acc.*

saññatacārino [saññatacārin(*adj.*)의 *m.Sg.Gen.*] 자제하며 사는. saññata = saṃyata : 자제하는, saṃ√yam(제어하다, 억누르다)의 *Pp.* cārin : *adj.* 사는, *fr.* √car(살다, 행하다)

---

105 n'eva devo na gandhabbo na Māro saha Brahmunā
jitaṃ apajitaṃ kayirā tathārūpassa jantuno.[17]

105 신도 건달바도 브라흐마 신과 악마도

---

15 제2행 : 이 행은 다음 시 105에 연결된다. attadantassa(자신을 다스린)와 saññatacīrino(자제하며 사는)는 posassa(사람)를 수식하므로 posassa(남성, 단수, 속격)의 성, 수, 격에 일치한다. posassa는 다음 시 105의 thatārūpassa jantuno와 연결된다.

16 seyyo는 좋은 일, 행복을 의미하는 중성명사로 쓰이기도 한다.

17 제1~2행 : 이 시의 술부는 na kayirā(만들 수 없다)이고, 주어는 devo(신은), gandhabbo(건달바는), Māro saha Brahmunā(브라흐마 신과 악마는)이다. 목적어는 jitaṃ(승리를)와 apajitaṃ(패배를)이다. tathārūpassa jantuno(그와 같은 사람)는 이전 시 104의 "attadantassa posassa niccaṃ saññatacārino(자신을 다스리고 항상 자제하며 사는 사람)"를 의미한다.

그와 같은 사람의 승리를 패배로 만들 수 없다.

n'eva = na-eva. na [*indecl.*] ~아니다, ~없다. eva [*adv.*] 실로, 단지, 바로
devo [deva(*m.*)의 *Sg.Nom.*] 신은
na [*indecl.*] ~아니다, ~없다
gandhabbo [gandhabba(*m.*)의 *Sg.Nom.*] 건달바는
na [*indecl.*] ~아니다, ~없다
Māro [māra(*m.*)의 *Sg.Nom.*] 악마는, 마왕은
saha [*indecl.*] ~와 함께, ~와 더불어
Brahmunā [brahma(*m.*)의 *Sg.Ins.*] 브라흐마 신과
jitaṃ [jita(*nt.*)의 *Sg.Acc.*] 정복을, 승리를. jita : √ji(이기다, 정복하다)의 *Pp.*
apajitaṃ [apajita(*nt.*)의 *Sg.Acc.*] 패배로. apajita : apa√ji(이기다, 정복하다)의 *Pp.*
kayirā [√kar(하다, 만들다)의 *Pot.3.Sg.*][18] 만들 수 있다, 바꿔놓을 수 있다
tathārūpassa [tathārūpa(*adj.*)의 *m.Sg.Gen.*] 그러한, 그와 같은, 그런 종류의. tathā [*adv.*] 이렇게 하여, 마찬가지로, 똑같이. rūpa : *nt.* 모양, 이러이러한 형태, ~한 종류
jantuno [jantu(*m.*)의 *Sg.Gen.*] 사람의

---

106 māse māse sahassena yo yajetha sataṃsamaṃ[19]
ekañ ca bhāvitattānaṃ muhuttam api pūjaye[20]
sā yeva pūjanā seyyo yañ ce vassasataṃ hutaṃ.[21]

106 누가 매달 천 번씩 백 년 동안 제사를 지낼지라도
마음이 잘 다스려진 한 사람을 잠깐 공양한다면,
바로 그 공양이 백 년 동안의 제사보다 좋은 것이다.

---

18 동사 kayira 뒤에 오는 eyya(*Pot.3.Sg.* 어미)는 ā로 바뀐다.

19 제1행 : 이 행의 술어는 yajetha(제사를 지낼지라도)이고, 주어는 관계대명사 yo(누가)이다.

20 제2행 : 이 행의 술어는 pūjaye(공양한다면)이고, 주어는 제1행의 yo(누가), 그리고 목적어는 bhāvitattānaṃ (마음이 잘 다스려진 이를)이다.

21 제3행 : 이 행의 술어는 명사 seyyo(좋은 것)이고, 주어는 pūjanā(공양이)이다. 명사적 술어 seyyo는 주어 pūjanā의 격에 일치한다.

māse māse [māsa(*m.*)의 *Sg.Loc.*] 매달, 다달이, 달마다

sahassena [sahassa(*nt.*)의 *Sg.Ins.*] 천(千), 천 번, 천 배

yo [ya(*pron.*)의 *m.Sg.Nom.*] 누가 ~한다면, 누가 ~할지라도

yajetha [√yaj(희생하다, 제물을 바치다, 공양하다)의 *A.Pot.3.Sg.*] 제사를 지낼지라도

sataṃsamaṃ = sataṃ-samaṃ : 백 년 동안. sataṃ [sata(*nt.*)의 *Sg.Acc.*] 백(百). samaṃ [samā(*f.*)의 *Sg.Acc.*] 연(年)

ekañ = ekaṃ [eka(*adj.*)의 *m.Sg.Acc.*] 하나를

ca = tu [*indecl.*] 그러나, 하지만

bhāvitattānaṃ [bhāvitattā(*adj.*)의 *m.Sg.Acc.*] 마음이 (잘) 다스려진. bhāvita : 수련된, 다스려진, √bhū(이다, 있다)의 *Caus.Pp.* attā : *m.* 영혼, 자신, 여기서 attā는 citta와 같은 뜻인 '마음'으로 쓰임

muhuttam = muhuttaṃ [muhutta(*m.*)의 *Sg.Acc.*] 순간, 찰나, 잠깐

pi / api [*indecl.*] ~도 또한, 비록 그렇다고 하더라도

pūjaye [√pūj(존경하다, 예배하다)의 *Pot.3.Sg.*] 공양한다면

sā [ta(*3.pron.*)의 *f.Sg.Nom.*] 그는, 그것은

yeva = eva [*indecl.*] 실로, 단지, 바로

pūjanā [pūjanā(*f.*)의 *Sg.Nom.*] 공양이, 예배가

seyyo [seyya(*nt.*)의 *Sg.Nom.*] 좋은 일, 이익, 행복

yañ = yaṃ [ya(*pron.*)의 *nt.Sg.Nom.*]

ce [*indecl.*] 만약 ~이면, 만약 ~하면. yañ ce : (yaṃ이 이끄는 내용)보다 ~

vassasataṃ [vassasata(*nt.*)의 *Sg.Nom.*] 백 년 동안. vassa : *nt.* 연(年). sata : *adj.nt.* 백(百)

hutaṃ [huta의 *nt.Sg.Nom.*] (*n.*) 제물을 바치는 것은, 제사는. huta : √hu(바치다, 공양하다)의 *Pp.*

---

107 yo ca vassasataṃ jantu aggiṃ paricare vane[22]
ekañ ca bhāvitattānaṃ muhuttam api pūjaye[23]
sā yeva pūjanā seyyo yañ ce vassasataṃ hutaṃ.[24]

---

22 제1행 : 이 행의 술어는 paricare(섬길지라도)이고, 주부는 yo jantu(어떤 사람이), 그리고 목적어는 aggiṃ(불을)이다.

23 제2행 : 이 행의 술어는 pūjaye(공양한다면)이고, 주부는 제1행의 yo jantu(어떤 사람이), 그리고 목적어는 bhāvitattānaṃ(마음이 잘 다스려진 이를)이다.

107 누가 백 년 동안 숲에서 불을 섬길지라도
마음이 잘 다스려진 한 사람을 잠깐 공양한다면,
바로 그 공양이 백 년 동안의 제사보다 좋은 것이다.

yo [ya(*pron.*)의 *m.Sg.Nom.*] 누가 ~한다면, 누가 ~할지라도

ca [*indecl.*] 그리고, ~와

vassasataṃ [vassasata(*nt.*)의 *Sg.Nom.*] 백 년 동안. vassa : *nt.* 연(年). sata : *nt.* 백(百)

jantu [jantu(*m.*)의 *Sg.Nom.*] 사람이

aggiṃ [aggi(*m.*)의 *Sg.Acc.*] 불을

paricare [pari√car(살다, 행하다, 걷다)의 *Pot.3.Sg.*] (aggi와 함께 쓰여) 예배한다면, 섬길지라도

vane [vana(*nt.*)의 *Sg.Loc.*] 숲에서

ekañ = ekaṃ [eka(*adj.*)의 *m.Sg.Acc.*] 하나를

ca = tu [*indecl.*] 그러나, 하지만

bhāvitattānaṃ [bhāvitattā(*adj.*)의 *m.Sg.Acc.*] 마음이 (잘) 다스려진. bhāvita : 수련된, 다스려진, bhū(이다, 있다)의 *Caus.Pp.* attā : *m.* 영혼, 자신, 여기서 attā는 citta와 같은 뜻인 '마음'으로 쓰임

muhuttam = muhuttaṃ [muhutta(*m.*)의 *Sg.Acc.*] 순간, 찰나, 잠깐

pi / api [*indecl.*] ~도 또한, 비록 그렇다고 하더라도

pūjaye [√pūj(존경하다, 예배하다)의 *Pot.3.Sg.*] 공양한다면

sā [ta(*3.pron.*)의 *f.Sg.Nom.*] 그는, 그것은

yeva = eva [*indecl.*] 실로, 단지, 바로

pūjanā [pūjanā(*f.*)의 *Sg.Nom.*] 공양이, 예배가

seyyo [seyya(*nt.*)의 *Sg.Nom.*][25] 좋은 일, 이익, 행복

yañ = yaṃ [ya(*pron.*)의 *nt.Sg.Nom.*]

ce [*indecl.*] 만약 ~이면, 만약 ~하면. yañ ce : (yaṃ이 이끄는 내용)보다

vassasataṃ [vassasata(*nt.*)의 *Sg.Nom.*] 백 년 동안. vassa : *nt.* 연(年). sata : *adj.nt.* 백(百)

hutaṃ [huta의 *nt.Sg.Nom.*] (*n.*) 제물을 바치는 것은, 제사는. huta : √hu(바치다, 공양하다)의 *Pp.*

24 제3행 : 이 행의 술어는 명사 seyyo(좋은 것)이고, 주어는 pūjanā(공양이)이다. 명사적 술어 seyyo는 주어 pūjanā의 격에 일치한다.

25 seyyo는 좋은 일, 행복을 의미하는 중성명사로 쓰이기도 한다.

108 yaṃ kiñci yiṭṭhañ ca hutañ ca loke
samvaccharaṃ yajetha puññapekkho[26]
sabbam pi taṃ na catubhāgam eti[27]
abhivādanaṃ ujjugatesu seyyo.[28]

108 온갖 공물과 제물로 이승에서
일 년간 공덕을 짓고자 제사지내더라도
그 모든 것은 4분의 1에도 미치지 못한다.
곧은 삶을 사는 이를 향한 예경이 더 좋은 것이다.

yaṃ kiñci : ~하는 모든, ~하는 어떤 ~도, 어떤 ~이라도

yiṭṭhañ = yiṭṭhaṃ [yiṭṭha(*nt.*)의 *Sg.Acc.*][29] 공물을, 공양을. yiṭṭha : √yaj(제물을 바치다, 공양하다)의 *Pp.*

ca [*indecl.*] 그리고, ~와

hutaṃ [huta의 *nt.Sg.Acc.*] (*n.*) 제물을 바치는 것을, 제사를. huta : √hu(바치다, 공양하다)의 *Pp.*

ca [*indecl.*] 그리고, ~와

loke [loka(*m.*)의 *Sg.Loc.*] 세상에서, 이승에서

saṃvaccharaṃ [saṃvacchara(*nt.*)의 *Sg.Acc.*] 연(年), 일 년

yajetha [√yaj(제물을 바치다, 공양하다)의 *A.Pot.3.Sg.*] 제사지내더라도

puññapekkho[30] [puññapekha의 *m.Sg.Nom.*] 공덕을 지으려고. puñña : *nt.* 공덕. pekkha : *adj.* 원하는, 바라는, *fr.* pa√ikkh(보다)

sabbam = sabbaṃ [sabba(*adj.*)의 *nt.Sg.Nom.*] 모든

pi / api [*indecl.*] ~도 또한, 비록 그렇다고 하더라도

taṃ [ta(*3.pron.*)의 *nt.Sg.Nom.*] 그는, 그것은

26 제1~2행 : 이 행들의 술어는 yajetha(제사지내더라도)이고, 이 술어동사를 통해 주어가 3인칭 단수임을 알 수 있다. 목적어는 관계대명사 yaṃ이 이끄는 절 yaṃ kiñci yiṭṭhaṃ ca hutañ ca(어떤 공물과 제물)이다.

27 제3행 : 이 행의 술부는 na eti(미치지 않는다)이고, 주어는 taṃ(그것은), 그리고 목적어는 catubhāgaṃ(4분의 1에)이다.

28 제4행 : 이 행의 술어는 명사 seyyo(좋은 것)이고, 주어는 abhivādanaṃ(예경이)이다. 명사적 술어 seyyo는 주어 abhivādanaṃ의 격에 일치한다.

29 대격 명사인 yiṭṭhaṃ은 동사 yajetha와 같은 어근에서 파생된 동족목적어이다.

30 PTS본 : puññapekkho.

na [*indecl.*] ~아니다, ~없다

catubhāgam = catubhāgaṃ [catubhāga(*m.*)의 *Sg.Acc.*] 4분의 1. catur : *adj.* 넷, 사(四)의, 복합어에서 catu로 쓰이기도함. bhāga : *m.* 일부분, 부분, 몫

eti [√i(가다)의 *Pres.3.Sg.*] 간다, 온다, 이른다, 미친다

abhivādanaṃ[31] [abhivādana(*nt.*)의 *Sg.Nom.*] 인사가, 예경이. abhivādana : *fr.* abhi√vad(말하다)

ujjugatesu [ujjugata의 *m.Pl.Loc.*] (*n.*) 곧은 삶을 사는 이에게. ujju : *adj.* 곧은, 고결한. gata : 간, 이른, √gam(가다)의 *Pp.*

seyyo [seyya(*nt.*)의 *Sg.Nom.*] 좋은 일, 이익, 행복

---

109 abhivādanasīlissa
niccaṃ vaddhāpacāyino
cattāro dhammā vaḍḍhanti :
āyu vaṇṇo sukhaṃ balaṃ.[32]

109 예경이 생활화되어있고
어른을 공경하는 이에게
네 가지 것들이 증대하니,
수명, 아름다움, 행복, 힘이다.

abhivādanasīlissa [abhivādanasīlin(*adj.*)의 *Sg.Gen.*] (*n.*) 예경이 생활화된 이의. abhivādana : *nt.* 인사, 예경. sīlin : *adj.* 성향이 있는, 생활화된, (일상적으로) 행하는, *fr.* sīla(*nt.* 덕, 도덕)

niccaṃ [*adv.*] 항상, 변함없이, 언제나, nicca(*adj.* 변함없는)의 *nt.Sg.Acc.*

vaddhāpacāyino [vaddhāpacāyin(*adj.*)의 *Sg.Gen.*] 어른을 공경하는 이의. vaddha = vuddha = vuḍḍha : 늙은, 나이 많은, √vaḍḍh(자라다, 성장하다)의 *Pp.* apacāyin : *adj.* 공경하는, *fr.* apa√cāy(받들어 모시다, 공경하다)

cattāro [catu(*adj.*)의 *m.Pl.Nom.*] 넷, 4의

---

31 PTS본 : abhivādanā.

32 제1~4행 : 이 시의 술어는 vaḍḍhanti(증대한다)이고, 주부는 cattāro dhammā(네 가지 것들이)이다. 이 네 가지는 제4행에 열거된 āyu(수명), vaṇṇo(아름다움), sukhaṃ(행복), 그리고 balaṃ(힘)이다.

dhammā [dhamma(*m.*)의 *Pl.Nom.*] 일들이, 것들이, 사항들이
vaḍḍhanti [√vaḍḍh(자라다, 증대하다)의 *Pres.3.Pl.*] 증대한다
āyu [āyu(*nt.*)의 *Sg.Nom.*] 나이, 수명
vaṇṇo [vaṇṇa(*m.*)의 *Sg.Nom.*] 아름다움, 용모, 생김새
sukhaṃ [sukkha(*nt.*)의 *Sg.Nom.*] 행복, 즐거움
balaṃ [bala(*nt.*)의 *Sg.Nom.*] 힘, 체력

---

110 yo ca vassasataṃ jīve dussīlo asamāhito[33]
ekāhaṃ jīvitaṃ seyyo sīlavantassa jhāyino.[34]

110 그리고 누가 백 년을 살지라도 부도덕하고 차분하지 않다면
덕 있고 명상적인 이의 하루 동안의 삶이 좋은 것이다.

yo [ya(*pron.*)의 *m.Sg.Nom.*][35] 누가 ~한다면, 누가 ~할지라도
ca [*indecl.*] 그리고, ~와
vassasataṃ [vassasata(*nt.*)의 *Sg.Acc.*] 백 년 동안. vassa : *nt.* 연(年). sata : *nt.* 백(百)
jīve [√jīv(살다, 살아있다)의 *Pot.3.Sg.*] 살지라도
dussīlo [dussīla(*adj.*)의 *m.Sg.Nom.*] 부도덕한. du : *pref.* 나쁜, 부족한. sīla : *nt.* 덕, 도덕
asamāhito [asamāhita의 *m.Sg.Nom.*] 차분하지 않은. a : *pref.* 아니다, 없다. samāhita : 고정된, 차분한, 갖춘, saṃ-ā√dhā(두다, 놓다)의 *Pp.*
ekāhaṃ [ekāha(*nt.*)의 *Sg.Nom.*] 1일, 하루. eka : *adj.* 하나, 1의. aha : *nt.* 날, 일(日)
jīvitaṃ [jīvita(*nt.*)의 *Sg.Nom.*] 삶이. jīvita : √jīv(살다, 살아있다)의 *Pp.*
seyyo [seyya(*nt.*)의 *Sg.Nom.*] 좋은 일, 이익, 행복
sīlavantassa [sīlavant(*adj.*)의 *m.Sg.Gen.*] (*n.*) 덕 있는 이의. sīlavant : *fr.* sīla(*nt.* 덕, 도덕)
jhāyino [jhāyin(*adj.*)의 *m.Sg.Gen.*] (*n.*) 명상적인 이의. jhīyin : *fr.* √jhe(명상하다)

---

33 제1행 : 이 행의 술어는 jīve(살지라도)이고, 주어는 관계대명사 yo(누가)이다.
34 제2행 : 이 행의 술어는 명사 seyyo(좋은 것)이고, 주어는 jīvitaṃ(삶이)이다. 명사적 술어 seyyo는 주어 jīvitaṃ의 격에 일치한다.
35 yo는 '누가 ~한다면, 누가 ~할지라도'라는 의미로 쓰였다. 이러한 경우는 시 102, 103, 106, 107, 110~115, 190에서 볼 수 있다.

111 yo ca vassasataṃ jīve duppañño asamāhito[36]
ekāhaṃ jīvitaṃ seyyo paññāvantassa jhāyino.[37]

111 그리고 누가 백 년을 살지라도 어리석고 차분하지 않다면
지혜롭고 명상적인 이의 하루 동안의 삶이 좋은 것이다.

yo [ya(*pron.*)의 *m.Sg.Nom.*] 누가 ~한다면, 누가 ~할지라도

ca [*indecl.*] 그리고, ~와

vassasataṃ [vassasata(*nt.*)의 *Sg.Acc.*] 백 년 동안. vassa : *nt.* 연(年). sata : *nt.* 백(百)

jīve [√jīv(살다, 살아있다)의 *Pot.3.Sg.*] 살지라도

duppañño [duppañña(*adj.*)의 *m.Sg.Nom.*] 지혜가 없는, 어리석은. du : *pref.* 나쁜, 부족한, 어려운. pañña : *adj.* 지혜로운, *fr.* paññā(*f.* 지혜, 지식)

asamāhito [asamāhita의 *m.Sg.Nom.*] 차분하지 않은. a : *pref.* 아니다, 없다. samāhita : 가라앉은, 차분한, 갖춘, saṃ-ā√dhā(두다, 놓다)의 *Pp.*

ekāhaṃ [ekāha(*nt.*)의 *Sg.Nom.*] 1일, 하루. eka : *adj.* 하나, 1의. aha : *nt.* 날, 일(日)

jīvitaṃ [jīvita(*nt.*)의 *Sg.Nom.*] 삶이. jīvita : √jīv(살다, 살아있다)의 *Pp.*

seyyo [seyya(*nt.*)의 *Sg.Nom.*] 좋은 일, 이익, 행복

paññāvantassa [paññāvant(*adj.*)의 *m.Sg.Gen.*] (*n.*) 지혜로운 이의. paññāvant : *fr.* paññā(*f.* 지혜, 지식)

jhāyino [jhāyin(*adj.*)의 *m.Sg.Gen.*] (*n.*) 명상적인 이의. jhīyin : *fr.* √jhe(명상하다)

112 yo ca vassasataṃ jīve kusīto hīnavīriyo[38]
ekāhaṃ jīvitaṃ seyyo viriyam ārabhato daḷhaṃ.[39]

112 그리고 누가 백 년을 살지라도 나태하고 정진을 게을리한다면
열심히 정진에 힘쓰는 이의 하루 동안의 삶이 좋은 것이다.

---

36 제1행 : 이 행의 술어는 jīve(살지라도)이고, 주어는 관계대명사 yo(누가)이다.
37 제2행 : 이 행의 술어는 명사 seyyo(좋은 것)이고, 주어는 jīvitaṃ(삶이)이다.
38 제1행 : 이 행의 술어는 jīve(살지라도)이고, 주어는 관계대명사 yo(누가)이다.
39 제2행 : 이 행의 술어는 명사 seyyo(좋은 것)이고, 주어는 jīvitaṃ(삶이)이다.

yo [ya(*pron.*)의 *m.Sg.Nom.*] 누가 ~한다면, 누가 ~할지라도

ca [*indecl.*] 그리고, ~와

vassasataṃ [vassasata(*nt.*)의 *Sg.Acc.*] 백 년 동안. vassa : *nt.* 연(年). sata : *nt.* 백(百)

jīve [√jīv(살다, 살아있다)의 *Pot.3.Sg.*] 살지라도

kusīto [kusīta(*adj.*)의 *m.Sg.Nom.*] 게으른, 나태한

hīnavīriyo [hīnavīriya의 *m.Sg.Nom.*] 정진을 게을리하는. hīna : 부족한, 열등한, 적은, √hā(줄다, 감소하다)의 *Pp.* vīriya = viriya : *nt.* 정진, 힘, 활기

ekāhaṃ [ekāha(*nt.*)의 *Sg.Nom.*] 1일, 하루. eka : *adj.* 하나, 1의. aha : *nt.* 날, 일(日)

jīvitaṃ [jīvita(*nt.*)의 *Sg.Nom.*] 삶이. jīvita : √jīv(살다, 살아있다)의 *Pp.*

seyyo [seyya(*nt.*)의 *Sg.Nom.*] 좋은 일, 이익, 행복

viriyam = viriyaṃ [viriya(*nt.*)의 *Sg.Acc.*] 정진을, 활기를

ārabhato [ārabhanta의 *m.Sg.Gen.*] 힘쓰는. ārabhanta : ā√rabh(시작하다, 노력하다)의 *Ppr.*

daḷhaṃ [*adv.*] 강하게, 열심히. daḷha(*adj.* 단호한, 강한)의 *nt.Sg.Acc.*

---

113 yo ca vassasataṃ jīve apassaṃ udayavyayaṃ[40]
ekāhaṃ jīvitaṃ seyyo passato udayavyayaṃ.[41]

113 그리고 누가 백 년을 살지라도 일어남과 사라짐을 깨닫지 못한다면
일어남과 사라짐을 깨달은 이의 하루 동안의 삶이 좋은 것이다.

yo [ya(*pron.*)의 *m.Sg.Nom.*] 누가 ~한다면, 누가 ~할지라도

ca [*indecl.*] 그리고, ~와

vassasataṃ [vassasata(*nt.*)의 *Sg.Acc.*] 백 년 동안. vassa : *nt.* 연(年). sata : *nt.* 백(百)

jīve [√jīv(살다, 살아있다)의 *Pot.3.Sg.*] 살지라도

apassaṃ [apassanta의 *m.Sg.Nom.*] 깨닫지 못하는. a : *pref.* 아니다, 없다. passanta : 보는, √dis(보다, 깨닫다)의 *Ppr.*

udayavyayaṃ [udayavyaya(*m.*)의 *Sg.Acc.*] 일어남과 사라짐을. udaya : *m.* 오름, 일어남. vyaya = vaya : *m.* 내림, 사라짐

40 제1행 : 이 행의 술어는 jīve(살지라도)이고, 주어는 관계대명사 yo(누가)이다.

41 제2행 : 이 행의 술어는 명사 seyyo(좋은 것)이고, 주어는 jīvitaṃ(삶이)이다.

ekāhaṃ [ekāha(*nt.*)의 *Sg.Nom.*] 1일, 하루. eka : *adj.* 하나, 1의. aha : *nt.* 날, 일(日)
jīvitaṃ [jīvita(*nt.*)의 *Sg.Nom.*] 삶이. jīvita : √jīv(살다, 살아있다)의 *Pp.*
seyyo [seyya(*nt.*)의 *Sg.Nom.*] 좋은 일, 이익, 행복
passato [passanta의 *m.Sg.Gen.*] (*n.*) 깨달은 이의. passanta : √dis(보다, 깨닫다)의 *Ppr.*
udayavyayaṃ [udayavyaya(*m.*)의 *Sg.Acc.*] 일어남과 사라짐을. udaya : *m.* 오름, 일어남. vyaya = vaya : *m.* 내림, 사라짐

---

114 yo ca vassasataṃ jīve apassaṃ amataṃ padaṃ[42]
ekāhaṃ jīvitaṃ seyyo passato amataṃ padaṃ.[43]

114 그리고 누가 백 년을 살지라도 죽음으로부터 자유로운 상태를 깨닫지 못한다면 죽음으로부터 자유로운 상태를 깨달은 이의 하루 동안의 삶이 좋은 것이다.

yo [ya(*pron.*)의 *m.Sg.Nom.*] 누가 ~한다면, 누가 ~할지라도
ca [*indecl.*] 그리고, ~와
vassasataṃ [vassasata(*nt.*)의 *Sg.Acc.*] 백 년 동안. vassa : *nt.* 연(年). sata : *nt.* 백(百)
jīve [√jīv(살다, 살아있다)의 *Pot.3.Sg.*] 살지라도
apassaṃ [apassanta의 *m.Sg.Nom.*] 깨닫지 못하는. a : *pref.* 아니다, 없다. passanta : 보는, √dis(보다, 깨닫다)의 *Ppr.*
amataṃ [amata(*nt.*)의 *Sg.Acc.*] 죽음으로부터 자유로운. a : *pref.* 아니다, 없다. mata : 죽은, √mar(죽다)의 *Pp.*
padaṃ [pada(*nt.*)의 *Sg.Acc.*] 장소를, 상태를, 길을
ekāhaṃ [ekāha(*nt.*)의 *Sg.Nom.*] 1일, 하루. eka : *adj.* 하나, 1의. aha : *nt.* 날, 일(日)
jīvitaṃ [jīvita(*nt.*)의 *Sg.Nom.*] 삶이. jīvita : √jīv(살다, 살아있다)의 *Pp.*
seyyo [seyya(*nt.*)의 *Sg.Nom.*] 좋은 일, 이익, 행복
passato [passanta의 *m.Sg.Gen.*] (*n.*) 깨달은 이의. passanta : √dis(보다, 깨닫다)의 *Ppr.*
amataṃ [amata(*nt.*)의 *Sg.Acc.*] 죽음으로부터 자유로운. a : *pref.* 아니다, 없다. mata : 죽은, √mar(죽다)의 *Pp.*
padaṃ [pada(*nt.*)의 *Sg.Acc.*] 장소를, 상태를, 길을

---

42 제1행 : 이 행의 술어는 jīve(살지라도)이고, 주어는 관계대명사 yo(누가)이다.
43 제2행 : 이 행의 술어는 명사 seyyo(좋은 것)이고, 주어는 jīvitaṃ(삶이)이다.

115 yo ca vassasataṃ jīve apassaṃ dhammam uttamaṃ[44]
ekāhaṃ jīvitaṃ seyyo passato dhammam uttamam.[45]

115 그리고 누가 백 년을 살지라도 최상의 진리를 깨닫지 못한다면
최상의 진리를 깨달은 이의 하루 동안의 삶이 좋은 것이다.

yo [ya(*pron.*)의 *m.Sg.Nom.*] 누가 ~한다면, 누가 ~할지라도
ca [*indecl.*] 그리고, ~와
vassasataṃ [vassasata(*nt.*)의 *Sg.Acc.*] 백 년 동안. vassa : *nt.* 연(年). sata : *nt.* 백(百)
jīve [√jīv(살다, 살아있다)의 *Pot.3.Sg.*] 살지라도
apassaṃ [apassanta의 *m.Sg.Nom.*] 깨닫지 못하는. a : *pref.* 아니다, 없다. passanta : 보는, √dis(보다, 깨닫다)의 *Ppr.*
dhammam = dhammaṃ [dhamma(*m.*)의 *Sg.Acc.*] 법을, 진리를
uttamaṃ [uttama(*adj.*)의 *m.Sg.Acc.*] 가장 좋은, 최상인, 최고인
ekāhaṃ [ekāha(*nt.*)의 *Sg.Nom.*] 1일, 하루. eka : *adj.* 하나, 1의. aha : *nt.* 날, 일(日)
jīvitaṃ [jīvita(*nt.*)의 *Sg.Nom.*] 삶이. jīvita : √jīv(살다, 살아있다)의 *Pp.*
seyyo [seyya(*nt.*)의 *Sg.Nom.*] 좋은 일, 이익, 행복
passato [passanta의 *m.Sg.Gen.*] (*n.*) 깨달은 이의. passanta : √dis(보다, 깨닫다)의 *Ppr.*
dhammam = dhammaṃ [dhamma(*m.*)의 *Sg.Acc.*] 법을, 진리를
uttamaṃ [uttama(*adj.*)의 *m.Sg.Acc.*] 최상의, 가장 좋은

44 제1행 : 이 행의 술어는 jīve(살지라도)이고, 주어는 관계대명사 yo(누가)이다.
45 제2행 : 이 행의 술어는 명사 seyyo(좋은 것)이고, 주어는 jīvitaṃ(삶이)이다.

제9장

악

Pāpa

116 abhittharetha kalyāṇe pāpā cittaṃ nivāraye,[1]
dandhaṃ hi karoto puññaṃ pāpasmiṃ ramatī mano.[2]

116 선한 일에 서둘러야 하고, 마음을 악으로부터 멀리해야 한다.
공덕을 게으르게 짓는 자의 마음은 악행을 즐긴다.

abhittharetha [abhi√tar(서두르다)의 *A.Pot.3.Sg.*] 서둘러야 한다
kalyāṇe [kalyāna(*nt.*)의 *Sg.Loc.*] 선한 일에
pāpā [pāpa(*nt.*)의 *Sg.Abl.*] 악으로부터, 악행으로부터
cittaṃ [citta(*nt.*)의 *Sg.Acc.*] 마음을
nivāraye [ni√var(막다)의 *Pot.3.Sg.*] 억제해야 한다, 멀리해야 한다
dandhaṃ [*adv.*] 느리게, 게으르게, dandha(*adj.* 느린, 게으른)의 *nt.Sg.Acc.*
hi [*indecl.*] 실로, 참으로, 왜냐하면, ~조차, ~라도
karoto [karonta의 *m.Sg.Gen.*] (*n.*) 짓는 자의. karonta : √kar(하다, 행하다)의 *Ppr.*
puññaṃ [puñña(*nt.*)의 *Sg.Acc.*] 덕을, 공덕을, 선을
pāpasmiṃ [pāpa(*nt.*)의 *Sg.Loc.*] 악에서, 악행에서
ramatī = ramati [√ram(즐거워하다, 즐기다)의 *Pres.3.Sg.*] 즐긴다
mano [mana(*m.*)의 *Sg.Nom.*] 마음은

1 제1행 : "abhittharetha kalyāṇe"의 술어는 abhittharetha(서둘러야 한다)이고, 이 술어동사를 통해 주어가 3인칭 단수임을 알 수 있다. "pāpā cittaṃ nivāraye"의 술어는 nivāraye(멀리해야 한다)이고, 이 술어동사를 통해 주어가 3인칭 단수임을 알 수 있다. 목적어는 cittaṃ(마음을)이다.

2 제2행 : 이 행의 술어는 ramati(즐긴다)이고, 주어는 mano(마음은)이다.

117 pāpañ ce puriso kayirā[3]
na taṃ kayirā punappunaṃ,[4]
na tamhi chandaṃ kayirātha,[5]
dukkho pāpassa uccayo.[6]

117 만약 어떤 사람이 악행을 저질렀다면
그것을 반복해서 하면 안 된다.
그것에 뜻을 두면 안 된다.
악행이 쌓이면 고통스럽다.

pāpañ = pāpaṃ [pāpa(*nt.*)의 *Sg.Acc.*] 악을, 악행을
ce [*indecl.*] 만약 ~이면, 만약 ~하면
puriso [purisa(*m.*)의 *Sg.Nom.*] 사람이
kayirā [√kar(하다, 행하다, 만들다)의 *Pot.3.Sg.*] 저질렀다면
na [*indecl.*] ~아니다, ~없다
taṃ [ta(*3.pron.*)의 *m.Sg.Acc.*] 그를, 그것을
kayirā [√kar(하다, 행하다, 만들다)의 *Pot.3.Sg.*] 해야 한다, 행해야 한다
punappunaṃ [puna(*indecl.*)의 중복] 반복하여
na [*indecl.*] ~아니다, ~없다
tamhi [ta(*3.pron.*)의 *nt.Sg.Loc.*] 그것에
chandaṃ [chanda(*m.*)의 *Sg.Acc.*] 뜻을, 의향을
kayirātha [√kar(하다, 행하다, 만들다)의 *A.Pot.3.Sg.*] 해야 한다, 행해야 한다
dukkho [dukkha(*adj.*)의 *m.Sg.Nom.*] 괴로운, 고통스러운
pāpassa [pāpa(*nt.*)의 *Sg.Gen.*] 악의, 악행의

3 제1행 : 이 행은 ce가 이끄는 부사절로서 이 부사절의 술어는 kayirā(저질렀다면)이고, 주어는 puriso(사람이), 그리고 목적어는 pāpaṃ(악행을)이다.
4 제2행 : 이 행의 술부는 na kayirā(하면 안 된다)이고, 주어는 제1행의 puriso(사람이), 그리고 목적어는 taṃ(그것을), 즉 제1행의 pāpaṃ(악행을)이다.
5 제3행 : 이 행의 술부는 na kayirātha(하면 안 된다)이고, 주어는 제1행의 puriso(사람이), 그리고 목적어는 chandaṃ(뜻을)이다.
6 제4행 : 이 행의 술어는 형용사 dukkho(고통스럽다)이고, 주어는 uccayo(축적은)이다. 형용사적 술어 dukkho는 주어 uccayo(남성, 주격, 단수)의 성, 수, 격에 일치한다. 이 행을 직역하면 "악행의 축적은 고통스럽다"인데, "악행이 쌓이면 고통스럽다"로 의역하였다.

uccayo [uccaya(*m.*)의 *Sg.Nom.*] 축적은, 쌓임은. uccaya : *fr.* ud√ci(쌓다, 모으다)

---

118 puññañ ce puriso kayirā[7]
kayirāth'enaṃ punappunaṃ,[8]
tamhi chandaṃ kayirātha,[9]
sukho puññassa uccayo.[10]

118 만약 어떤 사람이 선행을 했다면
그것을 반복해서 해야 한다.
그것에 뜻을 두어야 한다.
선행이 쌓이면 즐겁다.

puññañ = puññaṃ [puñña(*nt.*)의 *Sg.Acc.*] 덕행을, 선행을

ce [*indecl.*] 만약 ~이면, 만약 ~하면

puriso [purisa(*m.*)의 *Sg.Nom.*] 사람이

kayirā [√kar(하다, 행하다, 만들다)의 *Pot.3.Sg.*] 했다면, 행했다면

kayirāth'enaṃ = kayirātha- enaṃ. kayirātha [√kar(하다, 행하다, 만들다)의 *A.Pot.3.Sg.*] 해야 한다, 행해야 한다. enaṃ [ena(*pron.*)의 *nt.Sg.Acc.*][11] 그를, 그것을

punappunaṃ [puna(*indecl.*)의 중복] 반복하여

tamhi [ta(*3.pron.*)의 *nt.Sg.Loc.*] 그것에

chandaṃ [chanda(*m.*)의 *Sg.Acc.*] 뜻을, 의향을

kayirātha [√kar(하다, 행하다, 만들다)의 *A.Pot.3.Sg.*] 해야 한다, 행해야 한다

sukho [sukha(*adj.*)의 *m.Sg.Nom.*] 행복한, 즐거운

---

7 제1행 : 이 행은 ce가 이끄는 부사절로서 이 부사절의 술어는 kayirā(했다면)이고, 주어는 puriso(사람이), 그리고 목적어는 puññaṃ(선행을)이다.

8 제2행 : 이 행의 술어는 kayirā(해야 한다)이고, 주어는 제1행의 puriso(사람이), 그리고 목적어는 enaṃ(그것을), 즉 제1행의 puññaṃ(선행을)이다.

9 제3행 : 이 행의 술어는 kayirātha(해야 한다)이고, 주어는 제1행의 puriso(사람이), 그리고 목적어는 chandaṃ(뜻을)이다.

10 제4행 : 이 행의 술어는 형용사 sukho(즐겁다)이고, 주어는 uccayo(축적은)이다. 형용사적 술어 sukho는 주어 uccayo(남성, 주격, 단수)의 성, 수, 격에 일치한다. 이 행을 직역하면 "선행의 축적은 즐겁다"인데, "선행이 쌓이면 즐겁다"로 의역하였다.

11 대명사 ena는 대격 형태인 enaṃ으로만 쓰인다.

puññassa [puñña(*nt.*)의 *Sg.Gen.*] 덕의, 공덕의, 선의
uccayo [uccaya(*m.*)의 *Sg.Nom.*] 축적은, 쌓임은. uccaya : *fr.* ud√ci(쌓다, 모으다)

119 pāpo pi passatī bhadraṃ[12]
yāva pāpaṃ na paccati,[13]
yadā ca paccatī pāpaṃ[14]
atha pāpo pāpāni passati.[15]

119 악한 자라도 행복을 경험한다,
악이 무르익지 않는 한…….
그러나 악이 무르익으면
악한 자는 악[의 결과]들을 경험하게 된다.

pāpo [pāpa(*adj.*)의 *m.Sg.Nom.*] (*n.*) 악한 자는
pi / api [*indecl.*] ~도 또한, 비록 그렇다고 하더라도
passatī = passati [√dis(보다, 깨닫다)의 *Pres.3.Sg.*] 본다, 경험한다
bhadraṃ [bhadra(*nt.*)의 *Sg.Acc.*] 선(善)을, 행복을
yāva [*adv.*] ~까지, ~하는 한, ~하는 동안은
pāpaṃ [pāpa(*nt.*)의 *Sg.Nom.*] 악이, 악행이
na [*indecl.*] ~아니다, ~없다
paccati [√pac(삶다, 끓이다)의 *Pres.Pass.3.Sg.*] 익는다, 괴로워한다
yadā [*adv.*] ~할 때에, ~하면
ca = tu [*indecl.*] 그러나, 하지만
paccatī = paccati [√pac(삶다, 끓이다)의 *Pres.Pass.3.Sg.*] 익는다, 괴로워한다
pāpaṃ [pāpa(*nt.*)의 *Sg.Nom.*] 악이, 악행이
atha [*indecl.*] 그리고, 또한, 또는, 그리고 나서

12 제1행 : 이 행의 술어는 passati(경험한다)이고, 주어는 pāpo(악한 자는), 그리고 목적어는 bhadraṃ(행복을)이다.
13 제2행 : 이 행은 yāva가 이끄는 부사절로서 이 부사절의 술부는 na paccati(익지 않는다)이고, 주어는 pāpaṃ(악이)이다.
14 제3행 : 이 행은 yadā가 이끄는 부사절로서 이 부사절의 술어는 paccati(익는다)이고, 주어는 pāpaṃ(악이)이다.
15 제4행 : 이 행의 술어는 passati(경험한다)이고, 주어는 pāpo(악한 자는), 그리고 목적어는 pāpāni(악들을)이다.

pāpo [pāpa(*adj.*)의 *m.Sg.Nom.*] (*n.*) 악한 자는
pāpāni [pāpa(*nt.*)의 *Pl.Acc.*] 악들을, 악행들을
passati [√dis(보다, 깨닫다)의 *Pres.3.Sg.*] 본다, 경험한다

---

120 bhadro pi passatī pāpaṃ[16]
yāva bhadraṃ na paccati,[17]
yadā ca paccatī bhadraṃ[18]
atha bhadro bhadrāni passati.[19]

120 선한 이라도 불행을 경험한다,
선(善)이 무르익지 않는 한…….
그러나 선이 무르익으면
선한 이는 선[의 결과]들을 경험하게 된다.

bhadro [bhadra(*adj.*)의 *m.Sg.Nom.*] (*n.*) 선한 이는, 덕 있는 이는
pi / api [*indecl.*] ~도 또한, 비록 그렇다고 하더라도
passatī = passati [√dis(보다, 깨닫다)의 *Pres.3.Sg.*] 본다, 경험한다
pāpaṃ [pāpa(*nt.*)의 *Sg.Nom.*] 불행을, 불운을
yāva [*adv.*] 까지, ~하는 한, ~하는 동안은
bhadraṃ [bhadra(*nt.*)의 *Sg.Acc.*] 선(善)을, 행복을
na [*indecl.*] ~아니다, ~없다
paccati [√pac(삶다, 끓이다)의 *Pres.Pass.3.Sg.*] 익는다, 괴로워한다
yadā [*adv.*] ~할 때에, ~하면
ca = tu [*indecl.*] 그러나, 하지만
paccatī = paccati [√pac(삶다, 끓이다)의 *Pres.Pass.3.Sg.*] 익는다, 괴로워한다
bhadraṃ [bhadra(*nt.*)의 *Sg.Nom.*] 선이, 행복이

16 제1행 : 이 행의 술어는 passati(경험한다)이고, 주어는 bhadro(선한 이는), 그리고 목적어는 pāpaṃ(불행을)이다.
17 제2행 : 이 행은 yāva가 이끄는 부사절로서 이 부사절의 술부는 na paccati(익지 않는다)이고, 주어는 bhadraṃ(선이)이다.
18 제3행 : 이 행은 yadā가 이끄는 부사절로서 이 부사절의 술어는 paccati(익는다)이고, 주어는 bhadraṃ(선이)이다.
19 제4행 : 이 행의 술어는 passati(경험한다)이고, 주어는 bhadro(선한 이는), 그리고 목적어는 bhadrāni(선들을)이다.

atha [*indecl.*] 그리고, 또한, 또는, 그러고 나서
bhadro [bhadra(*adj.*)의 *m.Sg.Nom.*] (*n.*) 선한 이는, 덕 있는 이는
bhadrāni [bhadra(*nt.*)의 *Pl.Acc.*] 선을, 행복을
passati [√dis(보다, 깨닫다)의 *Pres.3.Sg.*] 본다, 깨닫는다

---

121 māppamaññetha pāpassa "na man taṃ āgamissati",[20]
udabindunipātena udakumbho pi pūrati,[21]
bālo pūrati pāpassa thokathokam pi ācinaṃ.[22]

121 "그것은 내게 오지 않을 것이다"라며 악행을 가벼이 여기지 말라.
물 한 방울씩 떨어지는 것으로도 물 항아리는 가득 찬다.
어리석은 자는 조금씩 [악을] 쌓으면서 악으로 가득 차게 된다.

māppamaññetha = mā-appa-maññetha : 가벼이 여기지 말라. mā [*indecl.*] ~지 말라, ~면 안 된다. appa [*adj.*] 작은, 하찮은. maññetha [√man(생각하다, 여기다)의 *A.Pot.3.Sg.*] 가벼이 여겨야 한다
pāpassa [pāpa(*nt.*)의 *Sg.Gen.*][23] 악의, 악행의
na [*indecl.*] ~아니다, ~없다
man = maṃ [amha(*1.pron.*)의 *Sg.Acc.*] 나를, 나에게
taṃ [ta(*3.pron.*)의 *nt.Sg.Nom.*] 그것은, 그는
āgamissati [ā√gam(가다)의 *Fut.3.Sg.*] 올 것이다, 이를 것이다
udabindunipātena [udabindunipāta(*m.*)의 *Sg.Ins.*][24] 물 한 방울씩 떨어지는 것으로. uda : *nt.* 물. bindu : *nt.* 방울, 한 방울, 소량. nipāta : *m.* 떨어지는 것, *fr.* ni√pat(떨어지다, 내리다)

---

20 제1행 : 이 행의 술어는 māppamaññetha(가벼이 여기지 말라)이고, 이 술어동사를 통해 주어가 3인칭 단수임을 알 수 있다. "na man taṃ āgamissati"의 술부는 na āgamissati(오지 않을 것이다)이고, 주어는 taṃ(그것은), 그리고 목적어는 maṃ(나에게)이다. āgamissati처럼 '이동'을 나타내는 동사는 대격을 취하므로 amha의 단수, 대격인 maṃ이 쓰였다.
21 제2행 : 이 행의 술어는 pūrati(가득 찬다)이고, 주어는 udakumbho(물 항아리는)이다.
22 제3행 : 이 행의 술어는 pūrati(가득 찬다)이고, 주어는 bālo(어리석은 자는)이다. 현재분사 ācinaṃ(쌓으면서)은 주어 bālo를 수식하므로 bālo(남성, 단수, 주격)의 성, 수, 격에 일치한다.
23 동사 appamaññati는 속격을 취하므로 pāpa의 속격인 pāpassa가 쓰였다.
24 동사 pūrati는 구격 또는 속격을 취하므로 udabindunipāta의 구격인 udabindunipātena가 쓰였다.

udakumbho [udakumbha(*m.*)의 *Sg.Nom.*] 물 항아리는. uda : *nt.* 물. kumbha : *m.* 항아리, 단지

pi / api [*indecl.*] ~도 또한, 비록 그렇다고 하더라도

pūrati [√pūr(가득 차다)의 *Pres.3.Sg.*] 가득 찬다

bālo [bāla(*m.*)의 *Sg.Nom.*] 어리석은 자는

pūrati [√pūr(가득 차다)의 *Pres.3.Sg.*] 가득 찬다

pāpassa [pāpa(*nt.*)의 *Sg.Gen.*][25] 악의, 악행의

thokathokam = thokathokaṃ [*adv.* thoka의 중복] 조금씩, 점차. thoka : *adj.* 작은, 조금

pi / api [*indecl.*] ~도 또한, 비록 그렇다고 하더라도

ācinaṃ [ācinanta의 *m.Sg.Nom.*] 쌓으면서. ācinanta : ā√ci(모으다, 쌓다)의 *Ppr.*

---

122 māppamaññetha puññassa “na man taṃ āgamissati”,[26]
udabindunipātena udakumbho pi pūrati,[27]
dhīro pūrati puññassa thokathokam pi ācinaṃ.[28]

122 “그것은 내게 오지 않을 것이다”라며 선행을 가벼이 여기지 말라.
물 한 방울씩 떨어지는 것으로도 물 항아리는 가득 찬다.
지혜로운 이는 조금씩 [선을] 쌓으면서 선으로 가득 차게 된다.

māppamaññetha = mā-appa-maññetha : 가벼이 여기지 말라. mā [*indecl.*] ~지 말라, ~면 안 된다. appa [*adj.*] 작은, 하찮은. maññetha [√man(생각하다, 여기다)의 *A.Pot.3.Sg.*] 가벼이 여겨야 한다

puññassa [puñña(*nt.*)의 *Sg.Gen.*][29] 선의, 선행의, 덕행의

na [*indecl.*] ~아니다, ~없다

man = maṃ [amha(*1.pron.*)의 *Sg.Acc.*] 나를, 나에게

---

25 동사 pūrati는 구격 또는 속격을 취하므로 pāpa의 속격인 pāpassa가 쓰였다.

26 제1행 : 이 행의 술어는 māppamaññetha(가벼이 여기지 말라)이고, 이 술어동사를 통해 주어가 3인칭 단수임을 알 수 있다. “na man taṃ āgamissati”의 술어는 na āgamissati(오지 않을 것이다)이고, 주어는 taṃ(그것은), 그리고 목적어는 maṃ(나에게)이다. āgamissati처럼 ‘이동’을 나타내는 동사는 대격을 취하므로 amha의 단수, 대격인 maṃ이 쓰였다.

27 제2행 : 이 행의 술어는 pūrati(가득 찬다)이고, 주어는 udakumbho(물 항아리는)이다.

28 제3행 : 이 행의 술어는 pūrati(가득 찬다)이고, 주어는 dhīro(지혜로운 이는)이다. 현재분사 ācinaṃ(쌓으면서)은 주어 dhīro를 수식하므로 dhīro(남성, 단수, 주격)의 성, 수, 격에 일치한다.

29 동사 appamaññati는 속격을 취하므로 puñña의 속격인 puññassa가 쓰였다.

taṃ [ta(*3.pron.*)의 *nt.Sg.Nom.*] 그것은, 그는

āgamissati [ā√gam(가다)의 *Fut.3.Sg.*] 올 것이다, 이를 것이다, 미칠 것이다

udabindunipātena [udabindunipāta(*m.*)의 *Sg.Ins.*][30] 물 한 방울씩 떨어지는 것으로. uda : *nt.* 물. bindu : *nt.* 방울, 한 방울, 소량. nipāta : *m.* 떨어지는 것, *fr.* ni√pat(떨어지다, 내리다)

udakumbho [udakumbha(*m.*)의 *Sg.Nom.*] 물 항아리는. uda : *nt.* 물. kumbha : *m.* 항아리, 단지

pi / api [*indecl.*] ~도 또한, 비록 그렇다고 하더라도

pūrati [√pūr(가득 차다)의 *Pres.3.Sg.*] 가득 찬다

dhīro [dhīra(*adj.*)의 *m.Sg.Nom.*] (*n.*) 현명한 이는

pūrati [√pūr(가득 차다)의 *Pres.3.Sg.*] 가득 찬다

puññassa [puñña(*nt.*)의 *Sg.Gen.*][31] 선의, 선행의

thokathokam = thokathokaṃ [*adv.* thoka의 중복] 조금씩, 점차. thoka : *adj.* 작은, 조금

pi / api [*indecl.*] ~도 또한, 비록 그렇다고 하더라도

ācinaṃ [ācinanta의 *m.Sg.Nom.*] 쌓으면서. ācinanta : ā√ci(모으다, 쌓다)의 *Ppr.*

---

123 vāṇijo va bhayaṃ maggaṃ appasattho mahaddhano[32]
visaṃ jīvitukāmo va pāpāni parivajjaye.[33]

123 많은 재산을 가진 소규모 대상(隊商)의 상인이 위험한 길을 피하듯
살고자 하는 이가 독을 피하듯 악행을 피해야 한다.

vāṇijo [vāṇija(*m.*)의 *Sg.Nom.*] 상인은

va = iva [*indecl.*] ~와 같이, ~처럼, ~와 마찬가지로

---

30 동사 pūrati는 구격 또는 속격을 취하므로 udabindunipāta의 구격인 udabindunipātena가 쓰였다.

31 동사 pūrati는 구격 또는 속격을 취하므로 puñña의 속격인 puññaassa가 쓰였다.

32 제1행 : 이 행은 va(= iva)가 이끄는 부사절로서 이 부사절의 술어는 제2행의 parivajjaye(피해야 한다)이고, 주어는 vāṇijo(상인이), 그리고 목적어는 maggaṃ(길을)이다. 여기서 중성명사 bhayaṃ은 남성명사 maggaṃ을 수식하는 단어로 쓰였다. appasattho(소규모 대상의)와 mahaddhano(많은 재산의)는 vāṇijo를 수식하므로 vāṇijo(남성, 단수, 주격)의 성, 수, 격에 일치한다.

33 제2행 : "visaṃ jīvitukāmo va"는 va(= iva)가 이끄는 부사절로서 이 부사절의 술어는 다음 문장의 parivajjaye이고, 주어는 jīvitukāmo(살고자 하는 이가), 그리고 목적어는 visaṃ(독을)이다. "pāpāni parivajjaye"의 술어는 parivajjaye(피해야 한다)이고, 이 술어동사를 통해 주어가 3인칭 단수임을 알 수 있다. 목적어는 pāpāni(악행을)이다.

bhayaṃ [bhaya(*nt.*)의 *Sg.Acc.*] 두려움을, 두려움의 대상, 즉 위험을

maggaṃ [magga(*m.*)의 *Sg.Acc.*] 길을

appasattho [appasattha(*adj.*)의 *m.Sg.Nom.*] 소규모 대상(隊商). appa : *adj.* 작은, 소규모의. sattha : *m.* 대상

mahaddhano [mahaddhana(*adj.*)의 *m.Sg.Nom.*] 많은 재산. mahant : *adj.* 큰, 많은, 복합어에서 mahā / maha로 쓰임. dhana : *nt.* 부, 재산

visaṃ [visa(*nt.*)의 *Sg.Acc.*] 독을

jīvitukāmo [jīvitukāma(*adj.*)의 *m.Sg.Nom.*] (*n.*) 살고자 하는 이가. jīvituṃ : √jīv(살다, 살아있다)의 *Inf.*[34] kāma : *adj.* (복합어에서 부정사와 함께 쓰여) ~하기를 바라는, ~하고자 하는

va = iva [*indecl.*] ~와 같이, ~처럼, ~와 마찬가지로

pāpāni [pāpa(*nt.*)의 *Pl.Acc.*] 악들을, 악행들을

parivajjaye [pari√vajj(피하다, 삼가다)의 *Pot.3.Sg.*] 피해야 한다

---

124 pāṇimhi ce vaṇo nāssa hareyya pāṇinā visaṃ,[35]
nābbaṇaṃ visam anveti, n'atthi pāpaṃ akubbato.[36]

124 만약 손에 상처가 없다면 손으로 독을 만져도 된다.
상처 없는 이에게 독이 미치지 않고, [악을] 저지르지 않는 이에게 악은 없다.

pāṇimhi [pāṇi(*m.*)의 *Sg.Loc.*] 손에

ce [*indecl.*] 만약 ~이면, 만약 ~하면

vaṇo [vaṇa(*m.*)의 *Sg.Nom.*] 상처가, 부상이

nāssa = na-assa : 없다면. na [*indecl.*] ~아니다, ~없다. assa [√as(이다, 있다, 존재하다)의 *Pot.3.Sg.*] ~ 있다면

hareyya [√har(나르다, 가져오다, 집어들다)의 *Pot.3.Sg.*] 집어도 된다, 만져도 된다

pāṇinā [pāṇi(*m.*)의 *Sg.Ins.*] 손으로

---

34 부정사 어미 tuṃ의 ṃ은 생략되기도 한다.

35 제1행 : "pāṇimhi ce vaṇo nāssa"는 ce가 이끄는 부사절로서 이 부사절의 술어는 nāssa(없다면)이고, 주어는 vaṇo(상처가)이다. "hareyya pāṇinā visaṃ"의 술어는 hareyya(만져도 된다)이고, 이 술어동사를 통해 주어가 3인칭 단수임을 알 수 있다. 목적어는 visaṃ(독을)이다.

36 제2행 : "nābbaṇaṃ visam anveti"의 술부는 na anveti(미치지 않는다)이고, 주어는 visaṃ(독이)이다. "n'atthi pāpaṃ akubbato"의 술어는 n'atthi(없다)이고, 주어는 pāpaṃ(악은)이다.

visaṃ [visa(*nt.*)의 *Sg.Acc.*] 독을

nābbaṇaṃ = na-abbaṇaṃ. na [*indecl.*] ~아니다, ~없다. abbaṇaṃ [abbaṇa(*adj.*)의 *m.Sg.Acc.*] (*n.*) 상처가 없는 이에게. a : *pref.* 아니다, 없다. vaṇa : *m.* 상처, 부상

visam = visaṃ [visa(*nt.*)의 *Sg.Nom.*] 독이

anveti [anu√i(가다)의 *Pres.3.Sg.*] 따른다, 뒤쫓는다, 미친다

n'atthi = na-atthi : 없다. na [*indecl.*] ~아니다, ~없다. atthi [√as(이다, 있다, 존재하다)의 *Pres.3.Sg.*] 있다

pāpaṃ [pāpa(*nt.*)의 *Sg.Nom.*] 악은, 불행은

akubbato [akubbanta의 *m.Sg.Dat. / Gen.*] (*n.*) 저지르지 않는 이에게. a : *pref.* 아니다, 없다. kubbanta : 하는, 행하는, √kar(하다, 행하다)의 *Ppr.*

---

125 yo appaduṭṭhassa narassa dussati
suddhassa posassa anaṅgaṇassa[37]
tam eva bālaṃ pacceti pāpaṃ[38]
sukhumo rajo paṭivātaṃ va khitto.[39]

125 청정한 사람이나
순수하고 흠 없는 사람을 괴롭히는 자,
악은 바로 그 어리석은 자에게 되돌아온다.
바람을 거슬러서 던져진 미세한 먼지가 되돌아오듯.

yo [ya(*pron.*)의 *m.Sg.Nom.*] ~하는 이. taṃ을 지시함

appaduṭṭhassa [appaduṭṭha의 *m.Sg.Dat.*] 타락하지 않은, 청정한. a : *pref.* 아니다, 없다.

37 제1~2행 : 이 행들은 관계대명사 yo가 이끄는 관계절로서 제3행의 taṃ을 지시한다. 이 행들의 술어는 dussati(괴롭힌다)이고, 주어는 yo(~하는 누구든지)이다. 제1행의 appaduṭṭhassa(청정한)은 narassa(사람)를 수식하므로 narassa(남성, 단수, 위격)의 성, 수, 격에 일치한다. 제2행의 suddhassa(순수한)와 anaṅgaṇassa(흠이 없는)는 posassa(사람)를 수식하므로 posassa(남성, 단수, 위격)의 성, 수, 격에 일치한다.

38 제3행 : 이 행의 술어는 pacceti(되돌아온다)이고, 주어는 pāpaṃ(악은), 그리고 목적어는 bālaṃ(어리석은 자에게)이다. taṃ(그)은 bālaṃ(어리석은 자에게)을 수식하므로 bālaṃ(남성, 단수, 대격)의 성, 수, 격에 일치한다. pacceti처럼 '이동'을 나타내는 동사는 대격을 취하므로 bāla의 대격인 bālaṃ이 쓰였다.

39 제4행 : 이 행은 va(= iva)가 이끄는 부사절로서 이 부사절의 술어는 제3행의 pacceti(되돌아온다)이고, 주어는 rajo(먼지가)이다. sukhumo(미세한)와 khitto(던져진)는 rajo(먼지가)를 수식하므로 rajo(남성, 단수, 주격)의 성, 수, 격에 일치한다.

padutṭha : 나쁜, 악한, pa√dus(해를 끼치다, 괴롭히다)의 *Pp.*

narassa [nara(*m.*)의 *Sg.Dat.*] 사람

dussati [√dus(해를 끼치다, 괴롭히다)의 *Pres.3.Sg.*][40] 괴롭힌다

suddhassa [suddha의 *m.Sg.Dat.*] 순수한, 깨끗한. suddha : √sudh(깨끗해지다)의 *Pp.*

posassa [posa(*m.*)의 *Sg.Dat.*] 사람

anaṅgaṇassa [anaṅgaṇa의 *m.Sg.Dat.*] 흠이 없는. an : *pref.* 아니다, 없다. aṅgaṇa : *nt.* 얼룩, 결점, 흠

tam = taṃ [ta(*3.pron.*)의 *m.Sg.Acc.*] 그를, 그것을

eva [*adv.*] 실로, 단지, 바로

bālaṃ [bāla(*m.*)의 *Sg.Acc.*] 어리석은 자에게

pacceti [paṭi√i(가다)의 *Pres.3.Sg.*] 온다, (되)돌아온다

pāpaṃ [pāpa(*nt.*)의 *Sg.Nom.*] 악은, 악행은

sukhumo [sukhuma(*adj.*)의 *m.Sg.Nom.*] 미세한

rajo [raja(*m.*)의 *Sg.Nom.*] 먼지가, 티끌이, 더러움이

paṭivātaṃ [*adv.*] 바람을 거슬러. paṭi : *pref.* ~을 향하여, ~에 반대하여, ~에 거슬러. vātaṃ : vāta(*m.*바람)의 *nt.Sg.Acc.*

va = iva [*indecl.*] ~와 같이, ~처럼, ~와 마찬가지로

khitto [khitta의 *m.Sg.Nom.*] 던져진. khitta : √khip(던지다)의 *Pp.*

---

126 gabbham eke upapajjanti nirayaṃ pāpakammino,[41]
saggaṃ sugatino yanti parinibbanti anāsavā.[42]

126 어떤 이들은 모태에 들어가고, 악행을 저지르는 자들은 지옥에 태어나며,
선량한 이들은 천상에 가고, 번뇌가 없는 이들은 열반에 든다.

40 동사 dussati는 위격(또는 처격)을 취하므로 위격인 appaduṭṭhassa narassa와 suddhassa posassa anaṅgaṇassa가 쓰였다.

41 제1행 : "gabbham eke upapajjanti"의 술어는 upapajjanti(태어난다)이고, 주어는 eke(어떤 이들은), 그리고 목적어는 gabbhaṃ(모태에)이다. "nirayaṃ pāpakammino"의 술어는 앞 문장의 upapajjanti(태어난다)이고, 주어는 pāpakammino(악행을 저지르는 자들은), 그리고 목적어는 nirayaṃ(지옥에)이다.

42 제2행 : "saggaṃ sugatino yanti"의 술어는 yanti(간다)이고, 주어는 sugatino(선량한 이들은), 그리고 목적어는 saggaṃ(천상에)이다. "parinibbanti anāsavā"의 술어는 parinibbanti(열반에 든다)이고, 주어는 anāsavā(번뇌가 없는 이들은)이다.

gabbham = gabbhaṃ [gabbha(*m.*)의 *Sg.Acc.*] 모태에

eke [eka(*adj.*)의 *m.Pl.Nom.*] (*n.*)[43] 어떤 이들은, 몇몇은

upapajjanti [upa√pad(가다)의 *Pres.3.Pl.*][44] 태어난다, 생긴다

nirayaṃ [niraya(*m.*)의 *Sg.Acc.*] 지옥을, 지옥에

pāpakammino [pāpakammin(*adj.*)의 *m.Pl.Nom.*] (*n.*) 악을 저지르는 자들은. pāpa : *nt.* 악, 악행. kammin : *adj.* 저지르는, *fr.* kamma(*nt.* 행위, 행동)

saggaṃ [sagga(*m.*)의 *Sg.Acc.*] 천상에

sugatino [sugatin(*adj.*)의 *m.Pl.Nom.*] (*n.*) 선량한 이들은. sugatin : *fr.* sugati(*f.* 행복한 운명)

yanti [√yā(가다, 나아가다)의 *Pres.3.Pl.*] 간다

parinibbanti [pari-ni√vā(불다)의 *Pres.3.Pl.*] 해탈한다, 열반에 든다

anāsavā [anāsava(*adj.*)의 *m.Pl.Nom.*] (*n.*) 번뇌가 없는 이들은. an : *pref.* 아니다, 없다. āsava : *m.* 번뇌

127 na antalikkhe na samuddamajjhe
na pabbatānaṃ vivaraṃ pavissa
na vijjatī so jagatippadeso
yatthaṭṭhito mucceyya pāpakammā.[45]

127 공중에도 바다 한가운데에도
산의 굴에 들어가도
악업으로부터 자유로워질 수 있는 곳,
이 세상에 그런 곳은 존재하지 않는다.

na [*indecl.*] ~아니다, ~없다

43 eka가 '하나'라는 의미로 쓰일 때는 항상 단수이지만, '어떤', '몇몇의' 등의 의미로 쓰일 때는 단수와 복수 다 쓸 수 있다.

44 동사 upapajjati는 대격을 취하므로 gabbha와 niraya의 대격인 gabbaṃ과 nirayaṃ이 쓰였다.

45 제1~4행 : 이 시의 술부는 na vijjati(존재하지 않는다)이고, 주어는 jagatippadeso(이 세상 어느 곳은)이다. so(그, 그것)는 jagatippadeso를 수식하므로 jagatippadeso(남성, 단수, 주격)의 성, 수, 격에 일치한다. 제4행은 yattha가 이끄는 부사절로서 제3행에 연결된다.

antalikkhe [antalikkha(*nt.*)의 *Sg.Loc.*] 하늘에, 공중에

na [*indecl.*] ~아니다, ~없다

samuddamajjhe [samuddamajjha의 *m.Sg.Loc.*] 바다 한가운데에. samudda : *m.* 바다. majjha : *adj.* 한가운데의

na [*indecl.*] ~아니다, ~없다

pabbatānaṃ [pabbata(*m.*)의 *Pl.Gen.*] 산의

vivaraṃ [vivara(*nt.*)의 *Sg.Acc.*] 구멍에, 틈에

pavissa [pa√vis(들어가다)의 *Ger.*][46] 들어가서

na [*indecl.*] ~아니다, ~없다

vijjatī = vijjati [√vid(찾다, 알다)의 *Pres.Pass.3.Sg.*] 존재한다, 있다

so [ta(*3.pron.*)의 *m.Sg.Nom.*] 그는, 그것은

jagatippadeso [jagatippadesa(*m.*)의 *Sg.Nom.*] 이 세상 어느곳은. jagatī : *f.* 이승, 이 세계, 복합어에서 jagatī는 jagati로 쓰임. padesa : *m.* 장소, 지점, 곳

yatthaṭṭhito [yatthaṭṭhita의 *m.Sg.Nom.*] 있는 곳. yattha [*adv.*] 어디. ṭhita : 선, √ṭhā(서다)의 *Pp.*

mucceyya[47] [√muc(해방하다, 자유롭게 하다)의 *Pot.Pass.3.Sg.*] 자유로워질 수 있다

pāpakammā [pāpakamma(*nt.*)의 *Sg.Abl.*] 악업으로부터. pāpa : *nt.* 악, 악행. kamma : *nt.* 행위, 업

---

128 na antalikkhe na samuddamajjhe
na pabbatānaṃ vivaraṃ pavissa
na vijjatī so jagatippadeso
yatthaṭṭhitaṃ na-ppasahetha maccu.[48]

128 공중에도 바다 한가운데에도
산의 굴에 들어가도
죽음이 정복할 수 없는 곳,

---

46 pavistvā와 같은 의미이다.

47 PTS본 : muñceyya.

48 제1~4행 : 이 시의 술부는 na vijjati(존재하지 않는다)이고, 주어는 jagatippadeso(이 세상 어느 곳은)이다. so(그, 그것)는 jagatippadeso를 수식하므로 jagatippadeso(남성, 단수, 주격)의 성, 수, 격에 일치한다. 제4행은 yattha가 이끄는 부사절로서 제3행에 연결된다. 제4행의 술부는 na-ppasahetha(정복할 수 없다)이고, 주어는 maccu(죽음이)이다.

이 세상에 그런 곳은 존재하지 않는다.

na [*indecl.*] ~아니다, ~없다

antalikkhe [antalikkha(*nt.*)의 *Sg.Loc.*] 하늘에, 공중에

na [*indecl.*] ~아니다, ~없다

samuddamajjhe [samuddamajjha의 *m.Sg.Loc.*] 바다 한가운데에. samudda : *m.* 바다. majjha : *adj.* 한가운데의

na [*indecl.*] ~아니다, ~없다

pabbatānaṃ [pabbata(*m.*)의 *Pl.Gen.*] 산의

vivaraṃ [vivara(*nt.*)의 *Sg.Acc.*] 구멍에, 틈에

pavissa [pa√vis(들어가다)의 *Ger.*] 들어가서

na [*indecl.*] ~아니다, ~없다

vijjatī = vijjati [√vid(찾다, 알다)의 *Pres.Pass.3.Sg.*] 존재한다, 있다

so [ta(*3.pron.*)의 *m.Sg.Nom.*] 그는, 그것은

jagatippadeso [jagatippadesa(*m.*)의 *Sg.Nom.*] 이 세상 어느 곳은. jagatī : *f.* 이승, 이 세계, 복합어에서 jagatī는 jagati로 쓰임. padesa : *m.* 장소, 지점, 곳

yatthaṭṭhitaṃ [yatthaṭṭhita의 *m.Sg.Acc.*] 있는 곳. yattha [*adv.*] 어디. ṭhita : 선, √ṭhā (서다)의 *Pp.*

na-ppasahetha = na-pasahetha : 정복할 수 없다. na [*indecl.*] ~아니다, ~없다. pasahetha [pa√sah(정복하다, 이기다)의 *A.Pot.3.Sg.*] 정복할 수 있다

maccu [maccu(*m.*)의 *Sg.Nom.*] 죽음이

제10장

폭력

Daṇḍa

129 sabbe tasanti daṇḍassa sabbe bhāyanti maccuno,[1]
attānaṃ upamaṃ katvā na haneyya na ghātaye.[2]

129 모두가 폭력을 두려워하고, 모두가 죽음을 무서워한다.
[남을] 자신과 견주고는, [남을] 죽여서도 안 되고 [남을 시켜] 죽게 해서도 안 된다.

sabbe [sabba(*adj.*)의 *m.Pl.Nom.*] (*n.*) 모두가
tasanti [√tas(떨다, 두려워하다)의 *Pres.3.Pl.*][3] 두려워한다
daṇḍassa [daṇḍa(*m.*)의 *Sg.Gen.*] 몽둥이의, 폭력의
sabbe [sabba(*adj.*)의 *m.Pl.Nom.*] (*n.*) 모두가
bhāyanti [√bhī(두려워하다, 무서워하다)의 *Pres.3.Pl.*][4] 무서워하다
maccuno [maccu(*m.*)의 *Sg.Gen.*] 죽음의
attānaṃ [attan(*m.*)의 *Sg.Acc.*] 자신을

1 제1행 : "sabbe tasanti daṇḍassa"의 술어는 tasanti(두려워한다)이고, 주어는 sabbe(모두가)이다. "sabbe bhāyanti maccuno"의 술어는 bhāyanti(무서워한다)이고, 주어는 sabbe(모두가)이다.

2 제2행 : 이 행의 술부는 na haneyya(죽여서는 안 된다)와 na ghātaya(죽게 해서는 안 된다)이고, 이 술어동사들 haneyya와 ghātaya를 통해 주어가 3인칭 단수임을 알 수 있다. "attānaṃ upamaṃ katvā"는 절대분사 katvā가 이끄는 종속절로서 주절 "na haneyya na ghātaye"에 연결된다. 절대분사 katvā는 전체 문장의 술어 na haneyya와 na ghātaye 이전의 행위를 나타낸다.

3 동사 tasati는 속격을 취하므로 daṇḍa의 속격인 daṇḍassa가 쓰였다.

4 동사 bhāyati는 속격을 취하므로 daṇḍa의 속격인 daṇḍassa가 쓰였다.

upamaṃ [upamā(*f.*)의 *Sg.Acc.*] 비유를, 비교를
katvā [√kar(하다, 행하다)의 *Ger.*] 하고는, 하고 나서
na [*indecl.*] ~아니다, ~없다
haneyya [√han(죽이다, 치다, 때리다)의 *Pot.3.Sg.*] 죽여야 한다
na [*indecl.*] ~아니다, ~없다
ghātaye [√han(죽이다, 때리다)의 *Pot.Caus.3.Sg.*][5] (남을 시켜) 죽게 하다

---

130 sabbe tasanti daṇḍassa sabbesaṃ jīvitaṃ piyaṃ,[6] attānaṃ upamaṃ katvā na haneyya na ghātaye.[7]

130 모두가 폭력을 두려워하고, 모두의 삶이 소중하다.
[남을] 자신과 견주고는, [남을] 죽여서도 안 되고, [남을 시켜] 죽게 해서도 안 된다.

sabbe [sabba(*adj.*)의 *m.Pl.Nom.*] (*n.*) 모두가
tasanti [√tas(떨다, 두려워하다)의 *Pres.3.Pl.*] 두려워한다
daṇḍassa [daṇḍa(*m.*)의 *Sg.Gen.*] 몽둥이의, 폭력의
sabbesaṃ [sabba(*adj.*)의 *m.Pl.Gen.*] 모두의
jīvitaṃ [jīvita(*nt.*)의 *Sg.Nom.*] 삶이
piyaṃ [piya(*adj.*)의 *nt.Sg.Nom.*] 소중한, 귀한
attānaṃ [attan(*m.*)의 *Sg.Acc.*] 자신을
upamaṃ [upamā(*f.*)의 *Sg.Acc.*] 비유를, 비교를
katvā [√kar(하다, 행하다)의 *Ger.*] 하고는, 하고 나서
na [*indecl.*] ~아니다, ~없다
haneyya [√han(죽이다, 치다, 때리다)의 *Pot.3.Sg.*] 죽여야 한다

---

5 어근 √han은 √ghāt으로 바뀌기도 한다.

6 제1행 : "sabbe tasanti daṇḍassa"의 술어는 tasanti(두려워한다)이고, 주어는 sabbe(모두가)이다. "sabbesaṃ jīvitaṃ piyaṃ"의 술어는 형용사 piyaṃ(소중하다)이고, 주어는 jīvitaṃ(삶이)이다. 형용사적 술어 piyaṃ은 주어 jīvitaṃ(중성, 단수, 주격)의 성, 수, 격에 일치한다.

7 제2행 : 이 행의 술부는 na haneyya(죽여서는 안 된다)와 na ghātaya(죽게 해서는 안 된다)이고, 이 술어동사들 haneyya와 ghātaya를 통해 주어가 3인칭 단수임을 알 수 있다. "attānaṃ upamaṃ katvā"는 절대분사 katvā가 이끄는 종속절로서 주절 "na haneyya na ghātaye"에 연결된다. 절대분사 katvā는 전체 문장의 술어 na haneyya와 na ghātaye 이전의 행위를 나타낸다.

na [*indecl.*] ~아니다, ~없다

ghātaye [√han(죽이다, 때리다)의 *Pot.Caus.3.Sg.*] (남을 시켜) 죽게 하다

131 sukhakāmāni bhūtāni yo daṇḍena vihiṃsati[8]
attano sukham esāno pecca so na labhate sukhaṃ.[9]

131 자신의 행복을 구하면서, 행복을 바라는 [다른] 생명을
폭력으로 해치는 자, 그는 죽은 후에 행복을 얻을 수 없다.

sukhakāmāni [sukhakāma(*adj.*)의 *nt.Pl.Acc.*] 행복을 바라는. sukha : *nt.* 행복. kāma : *adj.* 바라는

bhūtāni [bhūta(*nt.*)의 *Pl.Acc.*] 존재들을, 생명들을. bhūta : √bhū(이다, 존재하다)의 *Pp.*

yo [ya(*pron.*)의 *m.Sg.Nom.*] ~하는 이. so를 지시함

daṇḍena [daṇḍa(*m.*)의 *Sg.Ins.*] 몽둥이로, 폭력으로

vihiṃsati [vi√hiṃs(다치게 하다, 해치다)의 *Pres.3.Sg.*] 해친다

attano [attan(*m.*)의 *Sg.Gen.*] 자신의

sukham = sukhaṃ [sukha(*nt.*)의 *Sg.Acc.*] 행복을

esāno [esāna의 *m.Sg.Nom.*][10] 구하는. esāna : ā√is(바라다, 원하다)의 *Ppr.*

pecca [pa√i(가다)의 *Ger.*] 간 후에, 떠난 후에, 죽은 후에

so [ta(*3.pron.*)의 *m.Sg.Nom.*] 그는, 그것은

na [*indecl.*] ~아니다, ~없다

labhate [√labh(얻다, 도달하다, 이르다)의 *Pot.3.Sg.*] 얻을 수 있다

sukhaṃ [sukha(*nt.*)의 *Sg.Acc.*] 행복을

8 제1행 : 이 행은 관계대명사 yo가 이끄는 관계절로서 제2행의 so를 지시한다. 이 관계절의 술어는 vihiṃsati(해친다)이고, 목적어는 bhūtāni(생명을)이다. sukhakāmāni(행복을 바라는)는 bhūtāni를 수식하므로 bhūtāni(중성, 복수, 대격)의 성, 수, 격에 일치한다.

9 제2행 : 이 시의 술부는 na labhate(얻을 수 없다)이고, 주어는 so(그는), 그리고 목적어는 sukhaṃ(행복을)이다. "attano sukham esāno(자신의 행복을 구하면서)"는 현재분사 esāno가 이끄는 절로서 주어 so(그는)를 수식한다.

10 현재분사 어미 āna가 쓰였다.

132 sukhakāmāni bhūtāni yo daṇḍena na hiṃsati[11]
attano sukham esāno pecca so labhate sukhaṃ.[12]

132 자신의 행복을 구하면서, 행복을 바라는 [다른] 생명을
폭력으로 해치지 않는 이, 그는 죽은 후에 행복을 얻을 수 있다.

sukhakāmāni [sukhakāma(*adj.*)의 *nt.Pl.Acc.*] 행복을 바라는. sukha : *nt.* 행복. kāma : *adj.* 바라는

bhūtāni [bhūta(*nt.*)의 *Pl.Acc.*] 존재들을, 생명들을. bhūta : √bhū(이다, 존재하다)의 *Pp.*

yo [ya(*pron.*)의 *m.Sg.Nom.*] ~하는 이. so를 지시함

daṇḍena [daṇḍa(*m.*)의 *Sg.Ins.*] 몽둥이로, 폭력으로

na [*indecl.*] ~아니다, ~없다

hiṃsati [√hiṃs(상처를 내다, 다치게 하다)의 *Pres.3.Sg.*] 해친다

attano [attan(*m.*)의 *Sg.Gen.*] 자신의

sukham = sukhaṃ [sukha(*nt.*)의 *Sg.Acc.*] 행복을

esāno [esāna의 *m.Sg.Nom.*] 구하는. esāna : ā√is(바라다, 원하다)의 *Ppr.*

pecca [pa√i(가다)의 *Ger.*] 간 후에, 떠난 후에, 죽은 후에

so [ta(*3.pron.*)의 *m.Sg.Nom.*] 그는, 그것은

labhate [√labh(얻다, 도달하다, 이르다)의 *Pot.3.Sg.*] 얻을 수 있다

sukhaṃ [sukha(*nt.*)의 *Sg.Acc.*] 행복을

133 mā voca pharusaṃ kañci vuttā paṭivadeyyu taṃ,[13]
dukkhā hi sārambhakathā paṭidaṇḍā phuseyyu taṃ.[14]

11 제1행 : 이 행은 관계대명사 yo가 이끄는 관계절로서 제2행의 so를 지시한다. 이 관계절의 술부는 na hiṃsati(해치지 않는다)이고, 목적어는 bhūtāni(생명을)이다. sukhakāmāni(행복을 바라는)는 bhūtāni를 수식하므로 bhūtāni(중성, 복수, 대격)의 성, 수, 격에 일치한다.

12 제2행 : 이 시의 술어는 labhate(얻을 수 있다)이고, 주어는 so(그는), 그리고 목적어는 sukhaṃ(행복을)이다. "attano sukham esāno(자신의 행복을 구하면서)"는 현재분사 esāno가 이끄는 절로서 주어 so(그)를 수식한다.

13 제1행 : "mā voca pharusaṃ kañci"의 술부는 mā avoca(말하지 말라)이고, 이 술어동사 avoca를 통해 주어가 2인칭 단수임을 알 수 있다. "vuttā paṭivadeyyu taṃ"의 술어는 paṭivadeyyu(도로 응할 것이다)이고, 주어는 vuttā(들은 이들이), 그리고 목적어는 taṃ(너에게)이다.

133 누구에게도 난폭하게 말하지 말라. 들은 이들이 너에게 도로 응할 것이다. 거친 말은 실로 고통스럽다. 너에게 보복이 가해질지도 모른다.

mā [*indecl.*] ~지 말라, ~면 안 된다

voca = avoca [√vac(말하다)의 *Aor.2.Sg.*] 말했다. mā avoca : 말하지 말라

pharusaṃ [pharusa(*adj.*)의 *m.Sg.Acc.*] 거친, 난폭한

kañci = kaṃ-ci : 누구에게도

vuttā [vutta의 *m.Pl.Nom.*] (*n.*) 들은 이들은. vutta : √vac(말하다)의 *Pp.*

paṭivadeyyu [paṭi√vad(말하다)의 *Pot.3.Pl.*][15] 응답할 것이다, 도로 응할 것이다

taṃ [tumha(*2.pron.*)의 *Sg.Acc.*] 너를, 너에게

dukkhā [dukkhā(*adj.*)의 *f.Sg.Nom.*] 괴로운, 고통스러운

hi [*indecl.*] 실로, 참으로, 왜냐하면, ~조차, ~라도

sārambhakathā [sārambhakathā(*f.*)의 *Sg.Nom.*] 거친 말은. sārambha : *m.* 격렬, 화. kathā : *f.* 말

paṭidaṇḍā [paṭidaṇḍa(*m.*)의 *Pl.Nom.*] 보복이, 앙갚음이. paṭi : *pref.* ~을 향하여, ~에 반대하여, ~에 거슬러. daṇḍa : *m.* 몽둥이, 폭력

phuseyyu [√phus(닿다, 이르다, ~에 달하다)의 *Pot.3.Pl.*][16] 이를지도 모른다

taṃ [tumha(*2.pron.*)의 *Sg.Acc.*] 너를, 너에게

134 sace neresi attānaṃ kaṃso upahato yathā[17]
esa patto si nibbānaṃ sārambho te na vijjati.[18]

14 제2행 : "dukkhā hi sārambhakathā"의 술어는 형용사 dukkhā(고통스럽다)이고, 주어는 sārambhakathā(거친 말은)이다. 형용사적 술어 dukkhā는 주어 sārambhakathā(여성, 단수, 주격)의 성, 수, 격에 일치한다. "paṭidaṇḍā phuseyyu taṃ"의 술어는 phuseyyuṃ(이를지도 모른다)이고, 주어는 paṭidaṇḍā(보복이), 그리고 목적어는 taṃ(너에게)이다.

15 3인칭 복수 원망법 어미는 eyyuṃ 인데, 운율을 위해 ṃ이 생략되었다.

16 3인칭 복수 원망법 어미는 eyyuṃ 인데, 운율을 위해 ṃ이 생략되었다.

17 제1행 : 이 행 전체는 sace가 이끄는 부사절로서 이 부사절의 술부는 na īresi(흔들지 않는다)이고, 이 술어동사 īresi를 통해 주어가 2인칭 단수임을 알 수 있다. 목적어는 attānaṃ(자신을)이다. "kaṃso upahato yathā"는 yathā가 이끄는 부사절이다. upahato(깨어진)는 kaṃso(청동징)을 수식하므로 kaṃso(남성, 단수, 주격)의 성, 수, 격에 일치한다.

18 제2행 : "esa patto si nibbānaṃ"의 술부는 patto si(이른 것이다)이고, 주어는 esa, 그리고 목적어는 nibbānaṃ(열반에)이다. "sārambho te na vijjati"의 술부는 na vijjati(존재하지 않는다)이고, 주어는 sārambho(격렬함은)이다.

134 만약 깨어진 청동징처럼 그대 자신을 흔들지 않는다면
그대는 열반에 이른 것이다. 그대에게 격렬함은 존재하지 않는다.

sace [*indecl.*][19] 만약 ~이면, 만약 ~하면, 비록 ~할지라도

neresi = na-īreti : 흔들지 않는다. na [*indecl.*] ~아니다, ~없다. īresi [√īr(흔들다, 움직이다)의 *Pres.2.Sg.*] 흔든다

attānaṃ [attan(*m.*)의 *Sg.Acc.*] 자신을

kaṃso [kaṃsa(*m.*)의 *Sg.Nom.*] 청동징이

upahato [upahata의 *m.Sg.Nom.*] 깨어진. upahata : upa√han(때리다, 깨뜨리다)의 *Pp.*

yathā [*adv.*] ~와 같이, ~처럼

esa = eso [etad(*pron.*)의 *m.Sg.Nom.*][20] 이것은, (여기서는 2인칭 단수로 쓰여) 너는, 그대는

patto [patta의 *m.Sg.Nom.*] 얻은, 이른. patta : pa√ap(얻다, 이르다)의 *Pp.*

si = asi [√as(이다, 있다, 존재하다)의 *Pres.2.Sg.*] 이다

nibbānaṃ [nibbāna(*nt.*)의 *Sg.Acc.*] 열반을, 열반에

sārambho [sārambha(*m.*)의 *Sg.Nom.*] 격렬함은, 거만은, 화는

te [tumha(*2.pron.*)의 *Sg.Dat.* / *Gen.*] 너에게, 너의

na [*indecl.*] ~아니다, ~없다

vijjati [√vid(찾다, 알다)의 *Pres.Pass.3.Sg.*] 존재한다, 있다

---

135 yathā daṇḍena gopālo gāvo pāceti gocaraṃ[21]
evaṃ jarā ca maccu ca āyuṃ pācenti pāṇinaṃ.[22]

135 소 치는 이가 막대기로 소들을 목장으로 몰아대듯
늙음과 죽음은 살아있는 존재들의 목숨을 몰아댄다.

---

19 ce, sace, 그리고 yadi는 가정이나 조건을 나타내는 불변화사이다. sace와 yadi는 ce와 달리 문장의 맨 앞에 온다.

20 esa는 3인칭인데 2인칭 단수 현재형인 si(asi)와 함께 쓰였다. 주어는 3인칭인데 2인칭 동사와 함께 쓰이는 경우가 시 236, 238, 379에도 나타난다.

21 제1행 : 이 행은 yathā가 이끄는 부사절로서 이 부사절의 술어는 pāceti(몰아댄다)이고, 주어는 gopālo(소 치는 이가), 그리고 목적어는 gāvo(소들을)와 gocaraṃ(목장으로)이다.

22 제2행 : 이 행의 술어는 pācenti(몰아댄다)이고, 주어는 jarā(늙음은)와 maccu(죽음은), 그리고 목적어는 āyuṃ(목숨을)이다.

yathā [*adv.*] ~와 같이, ~처럼
daṇḍena [daṇḍa(*m.*)의 *Sg.Ins.*] 몽둥이로, 폭력으로
gopālo [gopāla(*m.*)의 *Sg.Nom.*] 소 치는 이가
gāvo [go(*m.*)의 *Pl.Acc.*] 소들을
pāceti = pājeti [pa√aj(몰다)의 *Pres.3.Sg.*] 몰아댄다, 재촉한다
gocaraṃ [gocara(*m.*)의 *Sg.Acc.*] 목장으로, 목초지로
evaṃ [*adv.*] ~와 마찬가지로, 이와 같이, 이렇게
jarā [jarā(*f.*)의 *Sg.Nom.*] 늙음은
ca [*indecl.*] 그리고, ~와
maccu [maccu(*m.*)의 *Sg.Nom.*] 죽음은, 파멸은
ca [*indecl.*] 그리고, ~와
āyuṃ [āyu(*nt.*)의 *Sg.Acc.*] 나이를, 수명을, 목숨을
pācenti = pājenti [pa√aj(몰다, 몰아대다)의 *Pres.3.Pl.*] 몰아댄다, 재촉한다
pāṇinaṃ [pāṇī(*m.*)의 *Pl.Gen.*] 생명들의, 살아있는 존재들의

136 atha pāpāni kammāni karaṃ bālo na bujjhati,[23]
sehi kammehi dummedho aggidaḍḍho va tappati.[24]

136 그러나 어리석은 자는 악업을 지으면서도 [그것을] 깨닫지 못한다.
지혜가 부족한 자는 자신에 의한 업으로 불에 타듯 괴로워한다.

atha [*indecl.*] 그리고, 또한, 또는, 그러고 나서
pāpāni [pāpa(*adj.*)의 *nt.Pl.Acc.*] 악한, 나쁜
kammāni [kamma(*nt.*)의 *Pl.Acc.*] 행위들을, 업들을
karaṃ [karanta의 *m.Sg.Nom.*] 짓는, 행하는. karanta : √kar(하다, 행하다)의 *Ppr.*
bālo [bāla(*m.*)의 *Sg.Nom.*] (*n.*) 어리석은 자는

23 제1행 : 이 행의 술부는 na bujjhati(알지 못한다)이고, 주어는 bālo(어리석은 자는)이다. "pāpāni kammāni karaṃ(악업을 지으면서)"은 현재 분사 karaṃ(행하는, 짓는)이 이끄는 절로서 bālo를 수식한다. karaṃ은 bālo(남성, 단수, 주격)의 성, 수, 격에 일치한다.
24 제2행 : 이 행의 술어는 tappati(괴로워한다)이고, 주어는 dummedho(지혜가 부족한 자는)이다. "aggidaḍḍho va"는 va(= iva)가 이끄는 부사절이다.

na [*indecl.*] ~아니다, ~없다

bujjhati [√budh(알다, 깨닫다)의 *Pres.3.Sg.*] 안다, 깨닫는다

sehi [sa(*reflex.pron.*)의 *m.Pl.Ins.*] 자신에 의한

kammehi [kamma(*nt.*)의 *Pl.Ins.*] 행위들로, 업들로

dummedho [dummedha(*adj.*)의 *m.Sg.Nom.*] (*n.*) 지혜가 부족한 자는. du : *pref.* 나쁜, 부족한, 어려운. medhā : *f.* 지혜, 총명함

aggidaḍḍho [aggidaḍḍha의 *m.Sg.Nom.*] 불에 탄. aggi : *m.* 불. daḍḍha : 탄, √dah(불태우다)의 *Pp.*

va = iva [*indecl.*] ~와 같이, ~처럼, ~와 마찬가지로

tappati [√tap(태우다, 빛나게 하다)의 *Pres.pass.3.Sg.*] 탄다, 괴로워한다

---

137 yo daṇḍena adaṇḍesu
appaduṭṭhesu dussati
dasannam aññataraṃ ṭhānaṃ
khippam eva nigacchati.[25]

137 비폭력적이고 청정한 이들을
폭력으로 해치는 자는
열 가지 중 어느 한 곳에
아주 빠르게 떨어진다.

yo [ya(*pron.*)의 *m.Sg.Nom.*] ~하는 이는

daṇḍena [daṇḍa(*m.*)의 *Sg.Ins.*] 몽둥이로, 폭력으로

adaṇḍesu [adaṇḍa의 *m.Pl.Loc.*] (*n.*) 비폭력적인 이들을. a : *pref.* 아니다, 없다. daṇḍa : *m.* 몽둥이, 폭력

appaduṭṭhesu [appaduṭṭha의 *m.Pl.Loc.*] (*n.*) 청정한 이들을. a : *pref.* 아니다, 없다. paduṭṭha : 나쁜, 악한, pa√dus(해를 끼치다, 괴롭히다)의 *Pp.*

dussati [√dus(해를 끼치다, 괴롭히다)의 *Pres.3.Sg.*][26] 해를 끼친다, 괴롭힌다

25 제1~4행 : 이 시의 술어는 nigacchati(떨어진다)이고, 주부는 관계대명사 yo가 이끄는 관계절인 "yo daṇḍena adaṇḍesu appaduṭṭhesu dussati(비폭력적이고 청정한 이들을 폭력으로 해치는 자는)이다. 목적어는 aññataraṃ ṭhānaṃ(어떤 곳에)이다.

dasannam = dasannaṃ [dasa(*adj.*)의 *nt.Pl.Gen.*][27] 십(十)의, 열의
aññataraṃ [aññatara(*pron.*)의 *nt.Pl.Acc.*] 어떤, 어느
ṭhānaṃ [ṭhāna(*nt.*)의 *Sg.Acc.*] 장소에, 곳에, 영역에
khippam = khippaṃ [*adv.*] 빠르게, 곧, *fr.* khippa(*adj.*)의 *nt.Sg.Acc.*
eva [*adv.*] 실로, 단지, 바로
nigacchati [ni√gam(가다)의 *Pres.3.Sg.*] 떨어진다, 들어간다, 겪는다

---

138 vedanaṃ pharusaṃ jāniṃ sarīrassa ca bhedanaṃ
garukaṃ vāpi ābādhaṃ cittakkhepaṃ va pāpuṇe.[28]

138 격심한 고통이나 노쇠, 또는 육체의 파괴에,
또는 위중한 질병과 마음의 혼란에까지 이를 것이다.

vedanaṃ [vedanā(*f.*)의 *Sg.Acc.*] 느낌을, 감각을
pharusaṃ [pharusa(*adj.*)의 *f.Sg.Acc.*] 참혹한, 격심한
jāniṃ [jāni(*f.*)의 *Sg.Acc.*] 손실에, 노쇠에
sarīrassa [sarīra(*nt.*)의 *Sg.Gen.*] 몸의, 육체의
ca = vā [*indecl.*] 또는
bhedanaṃ [bhedana(*nt.*)의 *Sg.Acc.*] 파괴에. bhedana : *fr.* √bhid(깨뜨리다, 부수다)
garukaṃ [garuka(*adj.*)의 *m.Sg.Acc.*] 심한, 위중한
vāpi = vā-pi / api : 또는 ~조차, 또는 ~라도. vā : *indecl.* 또는. pi / api : *indecl.* ~라도, ~도 또한
ābādhaṃ [ābādha(*m.*)의 *Sg.Acc.*] 병에, 질병에, 고통에
cittakkhepaṃ [cittakkhepa(*m.*)의 *Sg.Acc.*] 마음의 상실에, 혼란에. citta : *nt.* 마음. khepa : *m.* 내던짐, 잃음, 상실, *fr.* √khip(던지다, 팽개치다)
va = vā [*indecl.*] 또는
pāpuṇe [pa√ap(얻다, ~에 이르다)의 *Pot.3.Sg.*] 얻을 것이다, 이를 것이다

---

26 동사 dussati는 처격(또는 위격)을 취하므로 처격인 adaṇḍesu appaduṭṭhesu가 쓰였다.
27 이 열 가지에 대해서는 다음 시들(138~140)에서 설명된다.
28 제1~2행 : 이 시의 술어는 pāpuṇe(이를 것이다)이고, 주어는 시 137의 "yo daṇḍena adaṇḍesu appaduṭṭhesu dussati(비폭력적이고 청정한 이들을 폭력으로 해치는 자는)이다. 목적어는 vedanaṃ pharusaṃ(격심한 고통에), jāniṃ(노쇠에), sarīrassa bhedanaṃ(육체의 파괴에), garukaṃ ābādhaṃ(위중한 질병에), 그리고 cittakkhepaṃ(마음의 혼란에)이다.

139 rājato va upassaggaṃ
abbhakkhānaṃ va dāruṇaṃ
parikkhayaṃ va ñātinaṃ
bhogānaṃ va pabhaṅguṇaṃ.[29]

139 또는 왕으로부터의 공격에,
심한 중상(中傷)에,
친척들의 몰락에,
재산의 손실에 이를 것이다.

rājato [rājā(*m.*)의 *Sg.Abl.*] 왕으로부터
va = vā [*indecl.*] 또는
upassaggaṃ = upasaggaṃ [upasagga(*m.*)의 *Sg.Acc.*] 공격에
abbhakkhānaṃ [abbhakkhāna(*nt.*)의 *Sg.Acc.*] 비난에, 중상(中傷)에
va = vā [*indecl.*] 또는
dāruṇaṃ [dāruṇa(*adj.*)의 *nt.Sg.Acc.*] 심한, 호된, 모진
parikkhayaṃ [parikkhaya(*m.*)의 *Sg.Acc.*] 파멸에, 몰락에
va = vā [*indecl.*] 또는
ñātinaṃ [ñāti(*m.*)의 *Pl.Gen.*] 친척들의, 친족들의
bhogānaṃ [bhoga(*m.*)의 *Pl.Gen.*] 부의, 재산의
va = vā [*indecl.*] 또는
pabhaṅguṇaṃ [pabhaṅguṇa(*m.*)의 *Sg.Acc.*] 잃음에, 손실에

140 athav'assa agārāni aggī ḍahati pāvako,[30]
kāyassa bhedā duppañño nirayaṃ sopapajjati.[31]

29 제1~4행 : 이 시의 술어는 시 138의 pāpuṇe(이를 것이다)이고, 주어는 시 137의 "yo daṇḍena adaṇḍesu appaduṭṭhesu dussati(비폭력적이고 청정한 이들을 폭력으로 해치는 자는)이다. 목적어는 upassaggaṃ(공격에), abbhakkhānaṃ(중상에), parikkhayaṃ(몰락에), 그리고 pabhaṅguṇaṃ(손실에)이다.
30 제1행 : 이 행의 술어는 ḍahati(태운다)이고, 주어는 aggī(불이), 그리고 목적어는 agārāni(집들을)이다.
31 제2행 : 이 행의 술어는 upapajjati(태어난다)이고, 주어는 so(그는), 즉 duppañño(어리석은 자는)이다. 목

140 또는 밝은 불이 그의 집들을 태운다.
육체의 파괴 후에 어리석은 자는 지옥에 떨어진다.

athav'assa = atha-vā-assa. atha [*indecl.*] 그리고, 또한, 또는, 그러고 나서. vā [*indecl.*] 또는. assa [ima(*pron.*)의 *m.Sg.Gen.*] 이것의, 그의

agārāni [agāra(*nt.*)의 *Pl.Acc.*] 집들을

aggī = aggi [aggi(*m.*)의 *Sg.Nom.*] 불이

ḍahati [√dah(불태우다)의 *Pres.3.Sg.*] 불태운다

pāvako [pāvaka(*adj.*)의 *m.Sg.Nom.*] 밝은, 빛나는

kāyassa [kāya(*m.*)의 *Sg.Gen.*] 몸의, 육체의

bhedā [bheda(*m.*)의 *Sg.Abl.*] 파괴로부터. bheda : *fr.* √bhid(깨뜨리다, 부수다)

duppañño [duppañña(*adj.*)의 *m.Sg.Nom.*] (*n.*) 어리석은 자는. du : *pref.* 나쁜, 부족한, 어려운. pañña : *adj.* 지혜로운, *fr.* paññā(*f.* 지혜, 지식)

nirayaṃ [niraya(*m.*)의 *Sg.Acc.*] 지옥에

sopapajjati = so-upapajjati. so [ta(*3.pron.*)의 *m.Sg.Nom.*] 그는, 그것은. upapajjati [upa √pad(가다)의 *Pres.3.Sg.*][32] 태어난다, 생긴다

141 na naggacariyā na jaṭā na paṃkā
nānāsakā thaṇḍilasāyikā vā
rajo va jallaṃ ukkuṭikappadhānaṃ
sodhenti maccaṃ avitiṇṇakaṃkhaṃ.[33]

141 나체도, 헝클어진 머리도, 진창도,
단식도, 맨땅에서 자는 것도,
재와 땀도, 웅크리고 앉아 수련하는 것도

적어는 nirayaṃ(지옥에)이다.

32 동사 upapajjati는 대격을 취하므로 niraya의 대격인 nirayaṃ이 쓰였다.

33 제1~4행 : 이 시의 술부는 na sodhenti(맑게 하지 못한다)이고, 주어는 naggacariyā(나체는), jaṭā(헝클어진 머리는), paṃkā(진창은), anāsaka(단식은), thaṇḍilasāyikā(맨땅에서 자는 것은), rajo(재는), jallaṃ(땀은), 그리고 ukkuṭikappadhānaṃ(웅크리고 앉아 수련하는 것은)이다. 목적어는 maccaṃ(사람을)이고, avitiṇṇakaṃkhaṃ(의심이 제거되지 않은)은 maccaṃ을 수식하므로 maccaṃ(남성, 단수, 대격)의 성, 수, 격에 일치한다.

의심이 제거되지 않은 사람을 맑게 하지 못한다.

na [*indecl.*] ~아니다, ~없다

naggacariyā [naggacariyā(*f.*)의 *Sg.Nom.*] 나체는. nagga : *adj.* 나체의. cariyā : *f.* 행위, ~의 상태, ~의 삶

na [*indecl.*] ~아니다, ~없다

jaṭā [jaṭā(*f.*)의 *Sg.Nom.*] 헝클어진 머리는

na [*indecl.*] ~아니다, ~없다

paṃkā [paṃka(*m.*)의 *Pl.Nom.*] 진흙은, 진창은

nānāsakā = na-anāsakā. na [*indecl.*] ~아니다, ~없다. anāsakā [anāsaka(*adj.*)의 *f.Sg.Nom.*] 단식은

thaṇḍilasāyikā [thaṇḍilasāyikā(*f.*)의 *Sg.Nom.*] 맨땅에서 자는 것은. thaṇḍila : *nt.* 맨땅. sāyika : *adj.* 자는

vā [*indecl.*] 또는

rajo [raja(*nt.*)의 *Sg.Nom.*] 먼지는, 재는

va = vā [*indecl.*] 또는

jallaṃ [jalla(*nt.*)의 *Sg.Nom.*] 땀은

ukkuṭikappadhānaṃ [ukkuṭikappadhāna(*nt.*)의 *Sg.Nom.*] ukkuṭika를 수련하는. ukkuṭika : *m.* 웅크리고 앉아서 하는 수행 자세. padhāna : *nt.* 노력, 애씀

sodhenti [√sudh(깨끗해지다)의 *Pres.Caus.3.Pl.*] 깨끗이 한다, 맑게 한다

maccaṃ [macca(*m.*)의 *Sg.Acc.*] 인간을, 사람을

avitiṇṇakaṃkhaṃ [avitiṇṇakaṃkha의 *m.Sg.Acc.*] 의심이 제거되지 않은. a : *pref.* 아니다, 없다. vitiṇṇa : 제거된, vi√tar(건너가다, 지나가다)의 *Pp.* kaṃkha : *adj.* 의심하는

---

142 alaṃkato ce pi samaṃ careyya
santo danto niyato brahmacārī
sabbesu bhūtesu nidhāya daṇḍaṃ[34]
so brāhmaṇo so samaṇo sa bhikkhu.[35]

---

34 제1~3행 : 이 행들은 ce가 이끄는 부사절로서 제4행에 연결된다.

35 제4행 : 이 행의 술어는 명사 brāhmaṇo(브라흐만), samaṇo(수행자), 그리고 bhikkhu(수행승)이고, 주어는 so(그는) 또는 sa(그는)이다. 명사적 술어 brāhmaṇo, samaṇo, 그리고 bhikkhu는 so를 수식하므로 so

142 비록 잘 갖춰 입었어도 평온하게 살며,
고요하고, 단련되었고, 자제하고, 종교적인 삶을 살고,
모든 살아있는 존재들에 대해 폭력을 버렸다면
그는 브라흐만이요, 수행자요, 수행승이다.

alaṃkato [alaṃkata의 *m.Sg.Nom.*] 꾸민, 단장한. alaṃkata : alaṃ√kar(하다, 만들다)의 *Pp.*
ce [*indecl.*] 만약 ~이면, 만약 ~하면
pi / api [*indecl.*] ~도 또한, 비록 그렇다고 하더라도
samaṃ [*adv.*] 평온하게, 평등하게, sama(*adj.* 평온한, 평등한)의 *nt.Sg.Acc.*
careyya [√car(살다, 행하다)의 *Pot.3.Sg.*] 산다면
santo [santa의 *m.Sg.Nom.*] 고요한. santa : √sam(진정되다, 가라앉다)의 *Pp.*
danto [danta의 *m.Sg.Nom.*] 단련된. danta : √dam(길들이다, 단련시키다)의 *Pp.*
niyato [niyata의 *m.Sg.Nom.*] 자제하는. niyata : ni√yam(제어하다, 참다)의 *Pp.*
brahmacārī [brahmacārin(*adj.*)의 *m.Sg.Nom.*] 종교적인 삶을 사는. brahma : *adj.* 신성한, 종교적인. cārin : *adj.* 사는, *fr.* √car(살다, 행하다)
sabbesu [sabba(*adj.*)의 *nt.Pl.Loc.*] 모든
bhūtesu [bhūta(*nt.*)의 *Pl.Loc.*] 살아있는 존재들에. bhūta : √bhū(이다, 존재하다)의 *Pp.*
nidhāya [ni√dhā(두다)의 *Ger.*] 버리고, 내버려두고
daṇḍaṃ [daṇḍa(*m.*)의 *Sg.Acc.*] 몽둥이를, 폭력을
so [ta(*3.pron.*)의 *m.Sg.Nom.*] 그는, 그것은
brāhmaṇo [brāhmaṇa(*m.*)의 *Sg.Nom.*] 브라흐만
so [ta(*3.pron.*)의 *m.Sg.Nom.*] 그는, 그것은
samaṇo [samaṇa(*m.*)의 *Sg.Nom.*] 수행자, 수도자
sa [ta(*3.pron.*)의 *m.Sg.Nom.*] 그는, 그것은
bhikkhu [bhikkhu(*m.*)의 *Sg.Nom.*] 수행승, 비구

143 hirīnisedho puriso koci lokasmi vijjati[36]
yo nindaṃ appabodhati asso bhadro kasām iva.[37]

(주격)의 격에 일치한다.

36 제1행 : 이 행의 술어는 vijjati(있다, 존재한다)이고, 주어는 puriso(사람이)이다. hirīnisedho(겸손으로 자제하는)는 puriso를 수식하므로 puriso(남성, 단수, 주격)의 성, 수, 격에 일치한다.

143 좋은 말이 채찍질을 야기하지 않듯, 비난을 야기하지 않으면서 겸손으로 자제하는 사람이 이 세상에 누가 있는가.

hirīnisedho [hirīnisedha(*adj.*)의 *m.Sg.Nom.*] 겸손으로 자제하는. hirī : *f.* 부끄러움, 조심성, 겸손. nisedha : *adj.* 자제하는, 삼가는

puriso [purisa(*m.*)의 *Sg.Nom.*] 사람이

koci = ko-ci : 누가

lokasmi = lokasmiṃ [loka(*m.*)의 *Sg.Loc.*] 이 세상에서, 세계에서

vijjati [√vid(찾다, 알다)의 *Pres.Pass.3.Sg.*] 존재하다, 있다

yo [ya(*pron.*)의 *m.Sg.Nom.*] ~하는 이. puriso를 지시함

nindaṃ [nindā(*f.*)의 *Sg.Acc.*] 비난을, 질책을

appabodhati [a-pa√budh(알다, 깨닫다)의 *Pres.3.Sg.*] 일으키지 않는다, 야기하지 않는다

asso [assa(*m.*)의 *Sg.Nom.*] 말이

bhadro [bhadra(*adj.*)의 *m.Sg.Nom.*] 좋은

kasām = kasaṃ [kasā(*f.*)의 *Sg.Acc.*] 채찍을, 채찍질을

iva [*indecl.*] ~와 같이, ~와 마찬가지로

---

144 asso yathā bhadro kasāniviṭṭho
ātāpino saṃvegino bhavātha[38]
saddhāya sīlena ca viriyena ca
samādhinā dhammavinicchayena ca
sampannavijjācaraṇā patissatā
pahassatha dukkham idaṃ anappakaṃ.[39]

37 제2행 : 이 행은 관계대명사 yo가 이끄는 관계절로서 제1행에 있는 puriso를 지시한다. 관계절 내의 술어는 appabodhati(야기하지 않는다)이고, 목적어는 nindaṃ(비난을)이다. "asso bhadro kasām iva"는 iva가 이끄는 부사절이다. 이 부사절의 술어 또한 appabodhati이고, 주어는 asso(말이), 그리고 목적어는 kasaṃ(채찍을)이다.

38 PTS본은 이 두 행을 시 143과 연결된 것으로 보고 나머지 행들과 구분하고 있다. 제1~2행 : 이 행들의 술부는 ātāpino saṃvegino bhavātha(열심히 노력하고, 종교적인 감동에 차 있으라)이고, 술어동사 bhavātha를 통해 주어가 2인칭 복수임을 알 수 있다.

39 제3~6행 : 이 행들의 술어는 pahassatha(여읠 것이다)이고, 이 술어동사를 통해 주어가 2인칭 복수임을 알 수 있다. 목적어는 dukkhaṃ(고통을)이고, idaṃ anappakaṃ(이 심한)은 dukkhaṃ을 수식하므로 dukkhaṃ

144 채찍으로 다스려진 좋은 말과 같이
열심히 노력하고, 종교적인 감동에 차 있으라.
믿음과 계행과 정진에 의해, 그리고
집중과 진리에 대한 통찰에 의해,
지식과 덕행을 갖추고 생각이 깊어져서
[그대들은] 이 심한 고통을 여읠 것이다.

asso [assa(*m.*)의 *Sg.Nom.*] 말이

yathā [*adv.*] ~와 마찬가지로, ~와 같이, ~ 처럼, ~에 따라서

bhadro [bhadra(*adj.*)의 *m.Sg.Nom.*] 좋은

kasāniviṭṭho [kasāniviṭṭha의 *m.Sg.Nom.*] 채찍으로 다스려진. kasā : *f.* 채찍, 채찍질. niviṭṭha : 안정된, 다스려진, ni√vis(들어가다)의 *Pp.*

ātāpino [ātāpin(*adj.*)의 *m.Pl.Nom.*] 열심인, 열심히 노력하는. ātāpin : *fr.* ātāpa(*m.* 열의, 노력)

saṃvegino [saṃvegin(*adj.*)의 *m.Pl.Nom.*] 종교적 감동에 찬. saṃvegin : *fr.* saṃvega(*m.* 흥분, 종교적 감동)

bhavātha [√bhū(있다, 이다, 되다)의 *Imper.2.Pl.*] 되라

saddhāya [saddhā(*f.*)의 *Sg.Ins.*] 믿음으로, 확신으로

sīlena [sīla(*nt.*)의 *Sg.Ins.*] 계행으로, 덕행으로

ca [*indecl.*] 그리고, ~와

viriyena [viriya(*nt.*)의 *Sg.Ins.*] 정진으로, 노력으로

ca [*indecl.*] 그리고, ~와

samādhinā [samādhi(*m.*)의 *Sg.Acc.*] 집중으로, 삼매로, 정(定)으로. samādhi : *fr.* saṃ-ā √dhā(두다, 놓다)

dhammavinicchayena [dhammavinicchaya(*m.*)의 *Sg.Ins.*] 진리에 대한 통찰로. dhamma : *m.* 법, 진리. vinicchaya : *m.* 식별, 통찰력

ca [*indecl.*] 그리고, ~와

sampannavijjācaraṇā [sampannavijjācaraṇa의 *m.Pl.Nom.*] 지식과 덕행을 갖춘. sampanna : 갖춘, 가진, saṃ√pad(가다)의 *Pp.* vijjā : *f.* 지식. caraṇa : *nt.* 덕행, 선행

patissatā = paṭissatā [paṭissata의 *m.Pl.Nom.*] 생각이 깊은. paṭissata : paṭi√sar(생각하다, 숙고하다)의 *Pp.*

pahassatha [pa√hā(버리다, 포기하다)의 *Fut.2.Pl.*] 버릴 것이다, 여읠 것이다

(중성, 단수, 대격)의 성, 수, 격에 일치한다.

dukkham = dukkhaṃ [dukkha(*nt.*)의 *Sg.Acc.*] 고통을
idaṃ [ima(*pron.*)의 *nt.Sg.Acc.*] 이를, 이것을
anappakaṃ [anappaka(*adj.*)의 *nt.Sg.Acc.*] 큰, 심한. an : *pref.* 아니다, 없다. appaka : *adj.* 조금, 작은

---

145 udakaṃ hi nayanti nettikā[40]
usukārā namayanti tejanaṃ[41]
dāruṃ namayanti tacchakā[42]
attānaṃ damayanti subbatā.[43]

145 관개수로를 만드는 이들은 물을 통하게 한다.
화살을 만드는 이들은 화살을 곧게 만든다.
목수들은 나무를 곧게 만든다.
덕 있는 이들은 자신을 단련시킨다.

udakaṃ [udaka(*nt.*)의 *Sg.Acc.*] 물을
hi [*indecl.*] 실로, 참으로, 왜냐하면, ~조차, ~라도
nayanti [√nī(이끌다)의 *Pres.3.Pl.*] 이끈다, 통하게 한다, 인도한다
nettikā [nettika(*m.*)의 *Pl.Nom.*] 관개수로를 만드는 이들은
usukārā [usukāra(*m.*)의 *Pl.Nom.*] 화살을 만드는 이들은. usu : *m.* 화살. kāra : 만드는 이, *fr.* √kar(만들다)
namayanti [√nam(구부러지다, 휘다)의 *Pres.Caus.3.Pl.*] 구부린다, 곧게 만든다
tejanaṃ [tejana(*nt.*)의 *Sg.Acc.*] 화살을
dāruṃ [dāru(*nt.*)의 *Sg.Acc.*] 나무를, 목재를

40 제1행 : 이 행의 술어는 nayanti(통하게 한다)이고, 주어는 nettikā(관개수로를 만드는 이들은), 그리고 목적어는 udakaṃ(물을)이다.
41 제2행 : 이 행의 술어는 namayanti(곧게 만든다)이고, 주어는 usukārā(화살을 만드는 이들은), 그리고 목적어는 tejanaṃ(화살을)이다. 여기서 namayati는 시 33에 나오는 ujuṃ karoti(곧게 만든다)와 같은 의미이다.
42 제3행 : 이 행의 술어는 namayanti(곧게 만든다)이고, 주어는 tacchakā(목수들은), 그리고 목적어는 dāruṃ(나무를)이다.
43 제4행 : 이 행의 술어는 damayanti(단련시킨다)이고, 주어는 subbatā(덕 있는 이들은), 그리고 목적어는 attānaṃ(자신을)이다.

namayanti [√nam(구부러지다, 휘다)의 *Pres.Caus.3.Pl.*] 구부린다, 곧게 만든다

tacchakā [tacchaka(*m.*)의 *Pl.Nom.*] 목수들은, 목공들은

attānaṃ [attan(*m.*)의 *Sg.Acc.*] 자신을

damayanti [√dam(길들이다, 단련시키다)의 *Pres.3.Pl.*] 단련시킨다

subbatā [subbata(*adj.*)의 *m.Pl.Nom.*] (*n.*) 종교적 의무를 잘 준수하는 이들은, 덕 있는 이들은. su : *indecl.* 잘, 철저하게. vata : *nt.* (종교적) 의무, 서원

제11장

늙음

Jarā

146 ko nu hāso kim ānando niccaṃ pajjalite sati,
andhakārena onaddhā padīpaṃ na gavessatha.[1]

146 끊임없이 불길에 싸여 있으면서 무엇이 그리 우습고 무엇이 즐거운가.
암흑으로 둘러싸인 채 등불을 찾지 않을 것인가.

ko [ka(*interr.pron.*)의 *m.Sg.Nom.*] 누가, 무엇이

nu [*indecl.*] 참으로, 지금, 그러면

hāso [hāsa(*m.*)의 *Sg.Nom.*] 웃음은, 웃음소리는

kim = kiṃ [ka(*interr.pron.*)의 *nt.Sg.Nom.*] 무엇이

ānando [ānanda(*m.*)의 *Sg.Nom.*] 기쁨은, 즐거움은

niccaṃ [*adv.*] 항상, 변함없이, 언제나, nicca(*adj.* 변함없는)의 *nt.Sg.Acc.*

pajjalite [pajjalita의 *m.Sg.Loc.*] 불길에 싸여. pajjalita : pa√jal(불타다, 타오르다)의 *Pp.*

sati [santa의 *m.Sg.Loc.*] 있는, 존재하는. santa : √as(이다, 있다, 존재하다)의 *Ppr.*

andhakārena [andhakāra(*m.*)의 *Sg.Ins.*] 암흑, 무지(無知). andha : *adj.* 눈먼, 어두운. kāra : (복합어에서) -의 상태, *fr.* √kar(하다, 행하다)

onaddhā [onaddha의 *m.Pl.Nom.*] 덮인, 둘러싸인. onaddha : o / ava√nah(묶다)의 *Pp.*

padīpaṃ [padīpa(*m.*)의 *Sg.Acc.*] 빛을, 등불을

na [*indecl.*] ~아니다, ~없다

1 제2행 : 이 행의 술부는 na gavessatha(찾지 않을 것이다)이고, 술어동사 gavessatha 를 통해 주어가 2인칭 복수임을 알 수 있다. 목적어는 padīpaṃ(등불을)이다.

gavessatha [√gaves(찾다, 추구하다)의 *Fut.2.Pl.*] 찾을 것이다

---

147 passa cittakataṃ bimbaṃ arukāyaṃ samussitaṃ
āturaṃ bahusaṃkappaṃ yassa n'atthi dhuvaṃ ṭhiti.[2]

147 보라. 꾸며진 형상을, 상처더미를, 조합된 덩어리를,
병들고 망상으로 가득차고 영원성도 안정성도 없는 것을.

passa [√dis(보다, 깨닫다)의 *Imper.2.Sg.*] 보라, 이해하라

cittakataṃ [cittakata의 *nt.Sg.Acc.*] 꾸며진, 장식된. citta : *adj.* 다채로운, 아름다운. kata : 되어진, 만들어진, √kar(하다, 행하다)의 *Pp.*

bimbaṃ [bimba(*nt.*)의 *Sg.Acc.*] 모습을, 형상을

arukāyaṃ [arukāya(*m.*)의 *Sg.Acc.*] 상처더미를. aru : *nt.* 상처, 고통. kāya : *m.* 집합체, 더미, 몸

samussitaṃ [samussita의 *m.Sg.Acc.*] (*n.*) 조합된 것. saṃ : *pref.* ~와 함께, 완전히, 아주. ussita : *adj.* 올려진, 조립된

āturaṃ [ātura(*adj.*)의 *m.Sg.Acc.*] 병든, 괴로운

bahusaṃkappaṃ [bahusaṃkappa의 *m.Sg.Acc.*] 많은 생각을. bahu : *adj.* 많은. saṃkappa : *m.* 생각, 의도

yassa [ya(*pron.*)의 *m.Sg.Gen.*] ~하는

n'atthi = na-atthi : 없다. na [*indecl.*] ~아니다, ~없다. atthi [√as(이다, 있다, 존재하다)의 *Pres.3.Sg.*] 있다

dhuvaṃ [dhuva(*nt.*)의 *Sg.Nom.*] 영원은, 불변은

ṭhiti [ṭhiti(*f.*)의 *Sg.Nom.*] 안정은, 영속은. ṭhiti : *fr.* √ṭhā(서다)

---

148 parijiṇṇaṃ idaṃ rūpaṃ roganiḍḍaṃ pabhaṅguṇaṃ,[3]

2 제1~2행 : 이 시의 술어는 passa(보라)이고, 주어는 이 술어동사를 통해 2인칭 단수임을 알 수 있다. 목적부는 passa를 제외한 시의 나머지 부분 전체이다.

3 제1행 : 이 행의 술어는 parijiṇṇaṃ(낡은), roganiḍḍaṃ(병의 소굴인), 그리고 pabhaṅguṇaṃ(부서지기 쉬운)이고, 주어는 rūpaṃ(육신은)이다. parijiṇṇaṃ, roganiḍḍaṃ, 그리고 pabhaṅguṇaṃ은 rūpaṃ을 수

bhijjati pūtisandeho maraṇantaṃ hi jīvitaṃ.[4]

148 이 육신은 낡았고, 병의 소굴이며, 부서지기 쉽다.
부패한 몸은 파괴되고, 삶은 반드시 죽음으로 끝난다.

parijiṇṇaṃ [parijiṇṇa의 *nt.Sg.Nom.*] 썩은, 낡은. pari√jar(썩다, 부패하다, 쇠하다)의 *Pp.*
idaṃ [ima(*pron.*)의 *nt.Sg.Nom.*] 이것은, 이 ~은 / 는
rūpaṃ [rūpa(*nt.*)의 *Sg.Nom.*] 형상은, 몸은, 육신은
roganiḍḍaṃ [roganiḍḍa(*nt.*)의 *Sg.Nom.*] 병의 소굴. roga : *m.* 병. niḍḍa / niḍḍha : *nt.* 보금자리, 소굴
pabhaṅguṇaṃ [pabhaṅguṇa의 *nt.Sg.Nom.*] 부서지기 쉬운. pabhaṅguṇa : *fr.* pa√bhañj (깨어지다, 부서지다)
bhijjati [√bhid(깨뜨리다, 부수다)의 *Pres.Pass.3.Sg.*] 부서진다, 파괴된다.
pūtisandeho [pūtisandeha의 *m.Sg.Nom.*] 부패한 몸은. pūti : *adj.* 부패한. sandeha : *m.* 축적물, 인간의 몸
maraṇantaṃ [maraṇanta의 *nt.Sg.Nom.*] 죽음으로 끝나는. maraṇa : *nt.* 죽음. anta : *adj.* 끝이 있는
hi [*indecl.*] 실로, 참으로, 왜냐하면, ~조차, ~라도
jīvitaṃ [jīvita(*nt.*)의 *Sg.Nom.*] 삶은. jīvita : √jīv(살다, 살아있다)의 *Pp.*

149 yān'imāni apatthāni alāpūn'eva sārade
kāpotakāni aṭṭhīni tāni disvāna kā rati.[5]

149 가을에 버려진 호박들과 같은
이 잿빛의 뼈들, 이것들을 보고는 무슨 기쁨이 있겠는가.

yān'imāni = yāni-imāni. yāni [ya(*pron.*)의 *nt.Pl.Acc.*] ~하는. tāni를 지시함. imāni

식하므로 rūpaṃ(중성, 단수, 주격)의 성, 수, 격에 일치한다.

4 제2행 : "bhijjati pūtisandeho"의 술어는 bhijjati(파괴된다)이고, 주어는 pūtisandeho(부패한 몸은)이다. "maraṇantaṃ hi jīvitaṃ"의 술어는 maraṇantaṃ(죽음으로 끝나는)이고, 주어는 jīvitaṃ(삶은)이다.

5 제1~2행 : "yān'imāni apatthāni alāpūn'eva sārade kāpotakāni aṭṭhīni"는 관계대명사 yāni가 이끄는 관계절로서 뒤에 오는 tāni를 지시한다.

[ima(*pron.*)의 *nt.Pl.Acc.*] 이들을, 이것들을

apatthāni [apattha(*adj.*)의 *nt.Pl.Acc.*] 버려진, 던져진. apattha : *fr.* apa√as(던지다)

alāpūn'eva = alāpūni-eva. alāpūni [alāpu(*nt.*)의 *Pl.Acc.*] 박들, 호박들. eva = iva [*indecl.*] ~와 같이, ~처럼

sārade [sārada(*adj.*)의 *Sg.Loc.*] 가을에

kāpotakāni [kāpotaka(*adj.*)의 *nt.Pl.Acc.*] 회색의, 잿빛의

aṭṭhīni [aṭṭhi(*nt.*)의 *Pl.Acc.*] 뼈들을

tāni [ta(*3.pron.*)의 *nt.Pl.Acc.*] 이들을

disvāna [√dis(보다)의 *Ger.*] 보고 나서, 보고 난 후에

kā [ka(*interr.pron.*)의 *f.Sg.Nom.*] 누가, 무엇이, 어떤

rati [rati(*f.*)의 *Sg.Nom.*] 기쁨이, 즐거움이. rati : *fr.* √ram(기뻐하다, 즐기다)

---

150 aṭṭhīnaṃ nagaraṃ kataṃ maṃsalohitalepanaṃ[6]
yattha jarā ca maccu ca māno makkho ca ohito.[7]

150 뼈들로 만들어지고 살과 피로 발라진 성채,
그곳에 늙음과 죽음, 그리고 자만과 위선이 들어 있다.

aṭṭhīnaṃ [aṭṭhi(*nt.*)의 *Pl.Gen.*] 뼈들의

nagaraṃ [nagara(*nt.*)의 *Sg.Nom.*] 성채는, 요새(要塞)도시는

kataṃ [kata의 *nt.Sg.Nom.*] 만들어진. kata : √kar(하다, 만들다)의 *Pp.*

maṃsalohitalepanaṃ [maṃsalohitalepana의 *nt.Sg.Nom.*] 살과 피로 발라진 것은. maṃsa : *nt.* 살, 육체. lohita : *nt.* 피. lepana : *nt.* 바른 것, 발라 붙인 것

yattha [*adv.*] 어디에, 어디서

jarā [jarā(*f.*)의 *Sg.Nom.*] 늙음은

ca [*indecl.*] 그리고, ~와

maccu [maccu(*m.*)의 *Sg.Nom.*] 죽음은

ca [*indecl.*] 그리고, ~와

---

6 제1행 : kataṃ(만들어진)과 maṃsalohitalepanaṃ(살과 피로 발라진)은 nagaraṃ(성채, 몸)을 수식하므로 nagaraṃ(중성, 단수, 주격)의 성, 수, 격에 일치한다.

7 제2행 : 이 행은 관계 부사 yattha가 이끄는 관계절로서 이 관계절의 술어는 과거분사 ohito(놓인)이고, 주어는 jarā(늙음은), maccu(죽음은), māno(자만은), 그리고 makkho(위선은)이다.

māno [māna(*m.*)의 *Sg.Nom.*] 자만은
makkho [makkha(*m.*)의 *Sg.Nom.*] 위선은
ca [*indecl.*] 그리고, ~와
ohito [ohita의 *m.Sg.Nom.*] 놓인, 둔. ohita : o / ava√dhā(두다, 놓다)의 *Pp.*

---

151 jīranti ve rājarathā sucittā[8]
atho sarīram pi jaraṃ upeti[9]
satañ ca dhammo na jaraṃ upeti[10]
santo have sabbhi pavedayanti.[11]

151 화려하게 장식된 왕의 마차들도 낡아간다.
그리고 육체 또한 늙어간다.
그러나 참된 이들의 진리는 쇠퇴하지 않는다.
참된 이들이 참된 이들에게 [진리를] 전하기에.

jīranti [√jar(늙다, 쇠하다, 파괴되다)의 *Pres.Caus.3.Pl.*] 낡아간다
ve [*indecl.*] 참으로, 정말, 바로, 확실히
rājarathā [rājaratha(*m.*)의 *Pl.Nom.*] 왕의 마차들은. rāja : *m.* 왕. ratha : *m.* 마차, 수레
sucittā [sucitta(*adj.*)의 *m.Pl.Nom.*] 화려하게 장식된, 아름답게 꾸며진
atho [*indecl.*] 그리고, 또한, 또는, 그러고 나서
sarīram = sarīraṃ [sarīra(*nt.*)의 *Sg.Nom.*] 몸은, 육체는.
pi / api [*indecl.*] ~도 또한, 비록 그렇다고 하더라도
jaraṃ [jarā(*f.*)의 *Sg.Acc.*] 늙음에, 노화에
upeti [upa√i(가다)의 *Pres.3.Sg.*] 이른다, 미친다, 닿는다
satañ = sataṃ [santa의 *m.Pl.Gen.*] (*n.*) 참된 이들의. santa : √as(이다, 있다, 존재하다)의 *Ppr.*
ca = tu [*indecl.*] 그러나, 하지만

8 제1행 : 이 행의 술어는 jīranti(낡아간다)이고, 주어는 rājarathā(왕의 마차들은)이다. sucittā(화려하게 장식된)는 rājarathā를 수식하므로 rājarathā(남성, 복수, 주격)의 성, 수, 격에 일치한다.
9 제2행 : 이 행의 술어는 upeti(이른다)이고, 주어는 sarīraṃ(육체는), 그리고 목적어는 jaraṃ(늙음에)이다.
10 제3행 : 이 행의 술부는 na upeti(이르지 않는다)이고, 주어는 dhammo(진리는), 그리고 목적어는 jaraṃ(늙음에)이다.
11 제4행 : 이 행의 술어는 pavedayanti(알린다, 전한다)이고, 주어는 santo(참된 이들은)이다.

dhammo [dhamma(*m.*)의 *Sg.Nom.*] 법은, 진리는, 가르침은
na [*indecl.*] ~아니다, ~없다
jaraṃ [jarā(*f.*)의 *Sg.Acc.*] 늙음에, 노화에
upeti [upa√i(가다)의 *Pres.3.Sg.*] 이른다, 미친다, 닿는다
santo [santa의 *m.Pl.Nom.*] (*n.*) 참된 이들이. santa : √as(이다, 있다, 존재하다)의 *Ppr.*
have [*indecl.*] 실로, 참으로, 확실히, 정말
sabbhi [santa의 *m.Pl.Dat.*] (*n.*) 참된 이들에게. santa : √as(이다, 있다, 존재하다)의 *Ppr.*
pavedayanti [pa√vid(찾다, 알다)의 *Pres.Caus.3.Pl.*] 알린다, 전한다, 선언한다

---

152 appassutāyaṃ puriso balivaddo va jīrati,[12]
maṃsāni tassa vaḍḍhanti paññā tassa na vaḍḍhati.[13]

152 지식이 조금 있는 이 사람은 소처럼 늙어간다.
그의 몸은 살찌고 그의 지혜는 깊어지지 않는다.

appassutāyaṃ = appassuto-ayaṃ. appassuto [appassuta의 *m.Sg.Nom.*] 지식이 조금 있는. appa : *adj.* 적은, 조금. suta : *nt.* 지식, 종교적 지식. ayaṃ [ima(*pron.*)의 *m.Sg.Nom.*] 이는, 이것은
puriso [purisa(*m.*)의 *Sg.Nom.*] 사람은
balivaddo [balivadda(*m.*)의 *Sg.Nom.*] 소
va = iva [*indecl.*] ~와 같이, ~처럼, ~와 마찬가지로
jīrati [√jar(늙다, 쇠하다, 파괴되다)의 *Pres.Caus.3.Sg.*] 늙어간다
maṃsāni [maṃsa(*nt.*)의 *Pl.Nom.*] 살은, 육체는
tassa [ta(*3.pron.*)의 *m.Sg.Gen.*] 그의
vaḍḍhanti [√vaḍḍh(자라다, 늘다)의 *Pres.3.Pl.*] 는다, 자란다, 커진다
paññā [paññā(*f.*)의 *Sg.Nom.*] 지혜는. paññā : *fr.* pa√ñā(알다, 이해하다)
tassa [ta(*3.pron.*)의 *m.Sg.Gen.*] 그의
na [*indecl.*] ~아니다, ~없다
vaḍḍhati [√vaḍḍh(자라다, 늘다)의 *Pres.3.Sg.*] 자란다, 커진다

12 제1행 : 이 행의 술어는 jīrati(늙는다)이고, 주어는 puriso(사람은)이다.
13 제2행 : "maṃsāni tassa vaḍḍhanti"의 술어는 vaḍḍhanti(는다, 자란다)이고, 주어는 maṃsāni(살은)이다. "paññā tassa na vaḍḍhati"의 술부는 na vaḍḍhati(깊어지지 않는다)이고, 주어는 paññā(지혜는)이다.

153 anekajātisaṃsāraṃ sandhāvissaṃ anibbisaṃ
gahakārakaṃ gavesanto, dukkhā jāti punappunaṃ.[14]

153 집 짓는 자를 찾으려 했지만 찾아내지 못하고 수많은 생을 윤회했다.
거듭하여 태어나는 것은 고통스럽다.

anekajātisaṃsāraṃ [anekajātisaṃsāra(*m.*)의 *Sg.Acc.*] 수많은 생의 윤회. aneka(an-eka) : *adj.* 하나가 아닌, 수많은. jāti : *f.* 태어남, 탄생. saṃsāra : *m.* 윤회

sandhāvissaṃ [saṃ√dhāv(달리다, 다니다)의 *Aor.1.Sg.*][15] 이동했다, 윤회했다

anibbisaṃ [anibbisanta의 *m.Sg.Nom.*] 찾아내지 못하고. a : *pref.* 아니다, 없다. nibbisanta : 찾는, ni√vis(들어가다)의 *Ppr.*

gahakārakaṃ [gahakāraka(*m.*)의 *Sg.Acc.*] 집 짓는 자를. gaha : *nt.* 집. kāraka : *m.* 만드는 자, *fr.* √kar(하다, 만들다)

gavesanto [gavesanta의 *m.Sg.Nom.*] 찾는. gavesanta : √gaves(찾다, 추구하다)의 *Ppr.*

dukkhā [dukkha(*adj.*)의 *f.Sg.Nom.*] 고통스럽다

jāti [jāti(*f.*)의 *Sg.Nom.*] 태어남은, 탄생은

punappunaṃ [puna(*indecl.*)의 중복] 반복해서, 거듭하여

154 gahakāraka diṭṭho si puna gehaṃ na kāhasi,[16]
sabbā ete phāsukā bhaggā gahakūṭaṃ visaṃkhitaṃ,[17]
visaṃkhāragataṃ cittaṃ taṇhānaṃ khayam ajjhagā.[18]

14 "anekajātisaṃsāraṃ sandhāvissaṃ anibbisaṃ gahakārakaṃ gavesanto"의 술어는 sandhāvissaṃ(이동했다, 윤회했다)이고, 이 술어동사를 통해 주어가 1인칭 단수임을 알 수 있다. 목적어는 anekajātisaṃsāraṃ(수많은 생의 윤회를)이다. "dukkhā jāti punappunaṃ"의 술어는 형용사 dukkhā(고통스럽다)이고, 주어는 jāti(태어남은)이다.

15 미래형 어미를 취했으나 이 경우는 아오리스트(과거) 어미로 간주한다.

16 제1행 : "gahakāraka diṭṭho si"의 술부는 diṭṭho asi(알려졌다)이고, 술어동사 asi를 통해 주어가 2인칭 단수임을 알 수 있다. "puna gehaṃ na kāhasi"의 술부는 na kāhasi(짓지 않을 것이다)이고, 술어동사 kāhasi를 통해 주어가 2인칭 단수임을 알 수 있다. 목적어는 gehaṃ(집을)이다.

17 제2행 : "sabbā ete phāsukā bhaggā"의 술어는 과거분사 bhaggā(파괴된)이고, 주어는 phāsukā(서까래는)이다. 분사적 술어 bhaggā는 주어 phāsukā(여성, 복수, 주격)의 성, 수, 격에 일치한다. "gahakūṭaṃ visaṃkhitaṃ"의 술어는 과거분사 visaṃkhitaṃ(부서진)이고, 주어는 gahakūṭaṃ(지붕은)이다. 분사적 술어 visaṃkhitaṃ은 주어 gahakūṭaṃ(중성, 단수, 주격)의 성, 수, 격에 일치한다.

154 집 짓는 자여! [그대는] 알려졌다. [그대는] 또다시 집을 짓지 않을 것이다.
이 모든 서까래들은 파괴되었고, 지붕도 부서졌다.
조건 지어진 것이 제거된 마음은 갈애의 파괴에 이르렀다.

gahakāraka [gahakāraka(*m.*)의 *Sg.Voc.*] 집 짓는 자여!. gaha : *nt.* 집. kāraka : *m.* 만드는 자, *fr.* √kar(하다, 만들다)

diṭṭho si = diṭṭho-asi : 알려졌다. diṭṭho [diṭṭha의 *m.Sg.Nom.*] 보여진, 알려진. diṭṭha : √dis(보다, 찾아내다, 알다)의 *Pp.* asi [√as(이다, 있다, 존재하다, 되다)의 *Pres.2.Sg.*] 이다

puna [*indecl.*] 다시, 또

gehaṃ [geha(*nt.*)의 *Sg.Acc.*] 집을

na [*indecl.*] ~아니다, ~없다

kāhasi [√kar(하다, 만들다) *Fut.2.Sg.*] 만들 것이다, 지을 것이다

sabbā [sabba(*adj.*)의 *f.Pl.Nom.*] 모든

ete [etad(*pron.*)의 *m.Pl.Nom.*] 이것들은, 이들은

phāsukā [phāsukā(*f.*)의 *Pl.Nom.*] 서까래들은

bhaggā [bhagga의 *f.Pl.Nom.*] 파괴된. bhagga : √bhañj(파괴하다)의 *Pp.*

gahakūṭaṃ [gahakūṭa(*nt.*)의 *Sg.Nom.*] 지붕. gaha : *nt.* 집. kūṭa : *nt.* 꼭대기

visaṃkhitaṃ [visaṃkhita의 *nt.Sg.Nom.*] 부서진. visaṃkhita : vi-saṃ√kar(하다, 만들다)의 *Pp.*

visaṃkhāragataṃ [visaṃkhāragata의 *nt.Sg.Nom.*] 조건 지어진 것이 제거된. visaṃkhāra : *m.* 조건 지어진 것의 제거. gata : 간, 이른, *fr.* gam(가다)의 *Pp.*

cittaṃ [citta(*nt.*)의 *Sg.Nom.*] 마음은, 생각은

taṇhānaṃ [taṇhā(*f.*)의 *Pl.Gen.*] 갈애의

khayam = khayaṃ [khaya(*m.*)의 *Sg.Acc.*] 파괴에, 파멸에

ajjhagā [adhi√gam(가다)의 *Aor.3.Sg.*] 이르렀다, 도달했다

155 acaritvā brahmacariyaṃ aladdhā yobbane dhanaṃ
jiṇṇakoñcā va jhāyanti khīṇamacche va pallale.[19]

18 제3행 : 이 행의 술어는 ajjhagā(이르렀다)이고, 주어는 cittaṃ(마음은), 그리고 목적어는 khayaṃ(파괴에)이다. visaṃkhāragataṃ은 cittaṃ을 수식하므로 cittaṃ(중성, 단수, 주격)의 성, 수, 격에 일치한다.

19 이 시의 술어는 jhāyanti(죽는다)이고, 이 술어동사를 통해 주어가 3인칭 복수임을 알 수 있다. 제1행의 절대분사 acaritvā와 aladdhā는 전체 문장의 술어 jhāyanti 이전의 행위를 나타낸다. 제2행의 "jiṇṇakoñcā

155 신성한 삶을 살지 않고 젊은 시절에 재산을 모으지도 못한 자들은
물고기가 없는 연못에 늙은 백로들처럼 죽어간다.

acaritvā : 살지 않은.[20] a : *pref.* 아니다, 없다. caritvā : √car(살다, 행하다)의 *Ger.*

brahmacariyaṃ [brahmacariya(*nt.*)의 *Sg.Acc.*] 신성한 삶을. brahma : *adj.* 신성한, 정결한, 종교적인. cariya : *nt.* 사는 것, 지내는 것, *fr.* √car(살다, 행하다)

aladdhā : 얻지 않은. a : *pref.* 아니다, 없다. laddhā : √labh(얻다, 도달하다)의 *Ger.*

yobbane [yobbana(*nt.*)의 *Sg.Loc.*] 젊은 시절에

dhanaṃ [dhana(*nt.*)의 *Sg.Acc.*] 부를, 재산을

jiṇṇakoñcā [jiṇṇakoñca(*m.*)의 *Pl.Nom.*] 늙은 백로들이. jiṇṇa : 늙은, 쇠한, √jar(늙다, 쇠하다)의 *Pp.* koñca : *m.* 왜가리, 백로

va = iva [*indecl.*] ~와 같이, ~처럼, ~와 마찬가지로

jhāyanti [√jhā(불타다)의 *Pres.3.Pl.*] 불탄다, 쇠약해진다, 죽는다

khīṇamacche [khīṇamaccha의 *nt.Sg.Loc.*] 물고기가 없는. khīṇa : 없어진, √khī(고갈되다, 없어지다, 제거되다)의 *Pp.* maccha : *m.* 물고기

va = iva [*indecl.*] ~와 같이, ~처럼, ~와 마찬가지로

pallale [pallala(*nt.*)의 *Sg.Loc.*] 연못에, 호수에

---

156 acaritvā brahmacariyaṃ aladdhā yobbane dhanaṃ
senti cāpātikhīṇā va purāṇāni anutthunaṃ.[21]

156 신성한 삶을 살지 않고 젊은 시절에 재산을 모으지도 못한 자들은
과거를 한탄하면서 활에서 쏘아진 화살처럼 누워있다.

acaritvā : 살지 않은. a : *pref.* 아니다, 없다. caritvā : √car(살다, 행하다)의 *Ger.*

brahmacariyaṃ [brahmacariya(*nt.*)의 *Sg.Acc.*] 신성한 삶을. brahma : *adj.* 신성한, 정

---

va khīṇamacche va pallale"는 va(= iva)가 이끄는 부사절이다.

20 부정을 나타내는 접두사 a는 어근에 바로 붙지 않는다. 그러므로 단어 acaritvā를 분석할 때 "a√car의 절대분사"로 표시하지 않은 것이다. 여기서 a는 절대분사 caritvā에 붙은 것이다.

21 이 시의 술어는 senti(누워있다)이고, 이 술어동사를 통해 주어가 3인칭 복수임을 알 수 있다. 제1행의 절대분사인 acaritvā와 aladdhā은 전체 문장의 술어 senti 이전의 행위를 나타낸다. 주어는 복수인데 주어를 수식하는 현재분사인 anutthunaṃ은 단수로 쓰였다.

결한, 종교적인. cariya : *nt.* 사는 것, 지내는 것, *fr.* √car(살다, 행하다)

aladdhā : 얻지 않은. a : *pref.* 아니다, 없다. laddhā : √labh(얻다, 도달하다)의 *Ger.*

yobbane [yobbana(*nt.*)의 *Sg.Loc.*] 젊은 시절에

dhanaṃ [dhana(*nt.*)의 *Sg.Acc.*] 부를, 재산을

senti [√si(눕다, 누워있다, 앉다)의 *Pres.3.Pl.*] 누워있다

cāpātikhīṇā = cāpā-atikhīṇā : (*n.*) 활에서 쏘아진 것들, 즉 화살들은. cāpā [cāpa(*m.*)의 *Sg.Abl.*] 활에서. atikhīṇā [atikhīṇa의 *m.Pl.Nom.*] 쏘아진. atikhīṇa : ati√khī(고갈되다, 없어지다, 제거되다)의 *Pp.*

va = iva [*indecl.*] ~와 같이, ~처럼, ~와 마찬가지로

purāṇāni [purāṇa(*adj.*)의 *nt.Pl.Acc.*] 과거를

anutthunaṃ [anutthunanta의 *m.Sg.Nom.*] 슬퍼하면서, 한탄하면서. anutthunanta : anu√thu(슬퍼하다, 괴로워하다)의 *Ppr.*

제12장

자기

Atta

157 attānañ ce piyaṃ jaññā rakkheyya naṃ surakkhitaṃ,[1]
tiṇṇaṃ aññataraṃ yāmaṃ paṭijaggeyya paṇḍito.[2]

157 만약 자신이 소중하다는 걸 안다면, 자신을 잘 보호해야 한다.
지혜로운 이는 밤의 세 시간대 가운데 한번은 깨어있어야 한다.

attānañ = attānaṃ [attan(*m.*)의 *Sg.Acc.*] 자신을

ce [*indecl.*] 만약 ~이면, 만약 ~하면

piyaṃ [piya(*adj.*)의 *m.Sg.Acc.*] 귀중한, 소중한

jaññā [√ñā(알다, 깨닫다)의 *Pot.3.Sg.*] 안다면

rakkheyya [√rakkh(보호하다, 지키다)의 *Pot.3.Sg.*] 보호해야 한다

naṃ [ta(*3.pron.*)의 *m.Sg.Acc.*] 그를, 그것을

surakkhitaṃ [surakkhita의 *m.Sg.Acc.*][3] 잘 보호된. su : *indecl.* 잘, 철저하게. rakkhita : 보호된, √rakkh(보호하다, 지키다)의 *Pp.*

tiṇṇaṃ [ti(*adj.*)의 *m.Pl.Gen.*] 셋 중의

aññataraṃ [aññatara(*pron.*)의 *m.Pl.Acc.*] ~중의 하나, 어떤, 어느

1 제1행 : "attānañ ce piyaṃ jaññā"는 ce가 이끄는 부사절이다. 이 부사절의 술어는 jaññā(안다면)이고, 이 술어동사를 통해 주어가 3인칭 단수임을 알 수 있다. 목적어는 attānaṃ(자신을)이다. "rakkheyya naṃ surakkhitaṃ"의 술어는 rakkheyya(지켜야 한다)이고, 이 술어동사를 통해 주어가 3인칭 단수임을 알 수 있다. 목적어는 naṃ(그것을), 즉 attānaṃ(자신을)이다.

2 제2행 : 이 행의 술어는 paṭijaggeyya(깨어있어야 한다)이고, 주어는 paṇḍito(지혜로운 이는)이다.

3 대격 명사인 surakkhitaṃ은 동사 rakkheyya와 같은 어근에서 파생된 동족목적어이다.

yāmaṃ [yāma(*m.*)의 *Sg.Acc.*] 밤의 세 시간대, (비유적으로) 삶의 세 시기
paṭijaggeyya [paṭi√jāgar(깨어있다, 살피다)의 *Pot.3.Sg.*] 깨어있어야 한다, 살펴야 한다
paṇḍito [paṇḍita(*m.*)의 *Sg.Nom.*] 지혜로운 이는

---

158 attānam eva paṭhamaṃ patirūpe nivesaye,[4]
ath'aññam anusāseyya, na kilisseyya paṇḍito.[5]

158 자신을 먼저 올바르게 확립해야 한다.
그러고 나서 남을 훈계해야 한다. 지혜로운 이는 비난받지 않을 것이다.

attānam = attānaṃ [attan(*m.*)의 *Sg.Acc.*] 자신을
eva [*adv.*] 실로, 단지, 바로
paṭhamaṃ [*adv.*] 처음으로, 우선, 먼저, paṭhama(*nt.*)의 *Sg.Acc.*
patirūpe = paṭirūpe [paṭirūpa(*adj.*)의 *Sg.Loc.*] 타당하게, 올바르게
nivesaye [ni√vis(들어가다)의 *Pot.Caus.3.Sg.*] 확립해야 한다
ath'aññam = atha-aññaṃ. atha [*indecl.*] 그리고, 그러고 나서. aññaṃ [añña(*pron.*)의 *m.Sg.Acc.*] (*n.*) 남을
anusāseyya [anu√sās(가르치다, 교육하다)의 *Pot.3.Sg.*] 훈계해야 한다
na [*indecl.*] ~아니다, ~없다
kilisseyya [√kilis(더러워지다, 괴로워하다)의 *Pot.3.Sg.*] 더러워질 것이다, 손상될 것이다
paṇḍito [paṇḍita(*m.*)의 *Sg.Nom.*] 지혜로운 이는

---

159 attānañ ce tathā kayirā yath'aññam anusāsati[6]

4 제1행 : 이 행의 술어는 nivesaye(확립해야 한다)이고, 이 술어동사를 통해 주어가 3인칭 단수임을 알 수 있다. 목적어는 attānaṃ(자신을)이다.

5 제2행 : "ath'aññam anusāseyya"의 술어는 anusāseyya(훈계해야 한다)이고, 이 술어동사를 통해 주어가 3인칭 단수임을 알 수 있다. 목적어는 aññaṃ(남을)이다. "na kilisseyya paṇḍito"의 술부는 na kilisseya (비난받지 않을 것이다)이고, 주어는 paṇḍito(지혜로운 이는)이다.

6 제1행 : 이 행은 ce가 이끄는 부사절로서 이 부사절의 술어는 kayirā(행한다면)이고, 이 술어동사를 통해 주어가 3인칭 단수임을 알 수 있다. 목적어는 attānaṃ(자신에게)이다. "yath'aññam anusāsati"는 yathā가 이끄는 부사절이다.

sudanto vata dametha, attā hi kira duddamo.[7]

159 만약 남을 가르치듯 그렇게 자신에게 행한다면,
잘 다스려진 상태로 [남을] 다스릴 수 있다. 왜냐하면 자신은 참으로 다스리기 어려우므로.

attānañ = attānaṃ [attan(*m.*)의 *Sg.Acc.*] 자신을

ce [*indecl.*] 만약 ~이면, 만약 ~하면

tathā [*adv.*] 이렇게 하여, 마찬가지로, 똑같이

kayirā [kar(하다, 행하다, 만들다)의 *Pot.3.Sg.*][8] ~한다면, 행한다면

yath'aññam = yathā-aññaṃ. yathā [*adv.*] ~와 같이, ~처럼. aññaṃ [añña(*pron.*)의 *m.Sg.Acc.*] (*n.*) 남을

anusāsati [anu√sās(가르치다, 교육하다)의 *Pres.3.Sg.*] 가르친다, 훈계한다

sudanto [sudanta의 *m.Sg.Nom.*] 잘 다스려진. su : *indecl.* 잘, 철저하게. danta : 다스려진, √dam(길들이다, 단련시키다)의 *Pp.*

vata [*indecl.*] 아아!, 참!, 실로, 정말

dametha [√dam(길들이다, 단련시키다)의 *A.Pot.3.Sg.*] 다스릴 수 있다

attā [attan(*m.*)의 *Sg.Nom.*] 자신은

hi [*indecl.*] 실로, 참으로, 왜냐하면, ~조차, ~라도

kira [*adv.*] 알다시피, 실로, 참으로

duddamo [duddama의 *m.Sg.Nom.*] 다스리기 어렵다. du : *indecl.* 나쁜, 부족한, 어려운. dama : *nt.* 절제, 단련

160 attā hi attano nātho, ko hi nātho paro siyā;[9]
attanā hi sudantena nāthaṃ labhati dullabhaṃ.[10]

---

7 제2행 : "sudanto vata dametha"의 술어는 dametha(다스릴 수 있다)이다. "attā hi kira duddamo"의 술어는 duddamo(다스리기 어렵다)이고, 주어는 attā(자신은)이다.

8 동사 kayira 뒤에 오는 eyya(*Pot.3.Sg.* 어미)는 ā로 바뀐다.

9 제1행 : "attā hi attano nātho"의 술어는 명사 nātho(주인)이고, 주어는 attā(자신이)이다. 명사적 술어 nātho는 주어 attā(주격)의 격에 일치한다. "ko hi nātho paro siyā"의 술부는 nātho siyā(주인이다)이고, 주어는 의문 대명사 ko(누가)이다.

10 제2행 : 이 행의 술어는 labhati(얻는다)이고, 이 술어동사를 통해 주어가 3인칭 단수임을 알 수 있다. 목적어는 nāthaṃ(주인을)이다. dullabhaṃ(얻기 어려운)은 nāthaṃ(주인을)을 수식하므로 nāthaṃ(남성, 단

160 자신이 참으로 자신의 의지처이다. 그 밖의 누가 의지처이겠는가.
잘 다스려진 자신에 의해서 얻기 어려운 의지처를 얻는다.

attā [attan(*m.*)의 *Sg.Nom.*] 자신이

hi [*indecl.*] 실로, 참으로, 왜냐하면, ~조차, ~라도

attano [attan(*m.*)의 *Sg.Gen.*] 자신의

nātho [nātha(*m.*)의 *Sg.Nom.*] 의지처는, 보호자는, 주인은

ko [ka(*interr.pron.*)의 *m.Sg.Nom.*] 누가

hi [*indecl.*] 실로, 참으로, 왜냐하면, ~조차, ~라도

nātho [nātha(*m.*)의 *Sg.Nom.*] 의지처는, 보호자는, 주인은

paro [para(*adj.*)의 *m.Sg.Nom.*] 다른, 그 밖의

siyā [√as(이다, 있다, 존재하다)의 *Pot.3.Sg.*] 이다

attanā [attan(*m.*)의 *Sg.Ins.*] 자신과, 자신에 의해

hi [*indecl.*] 실로, 참으로, 왜냐하면, ~조차, ~라도

sudantena [sudanta의 *m.Sg.Ins.*] 잘 다스려진. su : *indecl.* 잘, 철저하게. danta : 다스려진, √dam(길들이다, 단련시키다)의 *Pp.*

nāthaṃ [nātha(*m.*)의 *Sg.Acc.*] 의지처를, 보호자를, 주인을

labhati [√labh(얻다, 도달하다, 이르다)의 *Pres.3.Sg.*] 얻는다

dullabhaṃ [dullabha(*adj.*)의 *m.Sg.Acc.*] 얻기 어려운. du : *indecl.* 나쁜, 부족한, 어려운. labha : *adj.* 얻는, 도달하는, *fr.* √labh(얻다, 도달하다, 이르다)

161 attanā va kataṃ pāpaṃ
attajaṃ attasambhavaṃ[11]
abhimatthati dummedhaṃ
vajiraṃ v'amhamayaṃ maṇiṃ.[12]

수, 대격)의 성, 수, 격에 일치한다. sudantena(잘 다스려진)는 attanā(자신에 의해서)를 수식하므로 attanā(남성, 단수, 구격)의 성, 수, 격에 일치한다.

11 제1~2행 : 이 행들의 술어는 kataṃ(되어진), attajaṃ(스스로 난), 그리고 attasambhavaṃ(자신으로부터 비롯되는)이고, 주어는 pāpaṃ(악은)이다. kataṃ, attajaṃ, 그리고 attasambhavaṃ은 pāpaṃ을 수식하므로 pāpaṃ(중성, 단수, 주격)의 성, 수, 격에 일치한다.

12 제3~4행 : 이 행들의 술어는 abhimatthati(산산조각 낸다)이고, 주어는 제1행의 pāpaṃ(악은), 그리고 목적어는 dummedhaṃ(어리석은 자를)이다. 제4행은 va(=iva)가 이끄는 부사절로서 이 부사절의 술어는 제3행의

161 악은 자기 스스로 행해지고,
자기 스스로 생겨났으며, 자신으로부터 비롯된다.
[악은] 어리석은 자를 산산조각 낸다.
금강석이 돌로 만들어진 보석을 산산조각 내듯.

attanā [attan(*m.*)의 *Sg.Ins.*] 자신에 의해

va = eva [*adv.*] 실로, 단지, 바로

kataṃ [kata의 *nt.Sg.Nom.*] ~한, 되어진, 만들어진. kata : √kar(하다)의 *Pp.*

pāpaṃ [pāpa(*nt.*)의 *Sg.Nom.*] 악은

attajaṃ [attaja(*adj.*)의 *nt.Sg.Nom.*] 스스로 난, 자생의. attan : *m.* 자신, 복합어에서 atta로 쓰임. ja : *adj.* 태어난, 태생의, 생긴, *fr.* √jan(태어나다)

attasambhavaṃ [attasambhava의 *nt.Sg.Nom.*] 자신으로부터 비롯되는. attan : *m.* 자신. sambhava : *m.* 기원(起源), 시작

abhimatthati [abhi√math(뭉개다, 짓밟다)의 *Pres.3.Sg.*] 산산조각 낸다, 뭉갠다

dummedhaṃ [dummedha(*adj.*)의 *m.Sg.Acc.*] (*n.*) 지혜가 부족한 자는, 어리석은 자는. du : *pref.* 나쁜, 부족한, 어려운. medha : *adj.* medhā(*f.* 지혜, 총명함)

vajiraṃ [vajira(*nt.*)의 *Sg.Nom.*] 금강석이, 다이아몬드가

v'amhamayaṃ = v'asmamayaṃ = va-asmamayaṃ. va = iva [*indecl.*] ~와 같이, ~처럼, ~와 마찬가지로. asmamayaṃ [asmamaya의 *m.Sg.Acc.*] 돌로 만들어진. asmā : *nt.* 돌. maya : *adj.* 만들어진

maṇiṃ [maṇi(*m.*)의 *Sg.Acc.*] 보석을

162 yassa accantadussīlyaṃ māluvā sālam iv'otataṃ[13]
karoti so tath'attānaṃ yathā naṃ icchatī diso.[14]

---

abhimatthati(산산조각 낸다)이고, 주어는 vajiraṃ(금강석이), 그리고 목적어는 maṇiṃ(보석을)이다. asmamaya(돌로 만들어진)는 maṇiṃ(보석을)을 수식하므로 maṇiṃ(남성, 단수, 대격)의 성, 수, 격에 일치한다.

13 제1행 : 이 행은 관계대명사 yassa가 이끄는 관계절로서 이 관계절의 술어는 과거분사 otataṃ(휘감은)이고, 주어는 accantadussīlyaṃ(아주 나쁜 행위가)이다. "māluvā sālam iv'otataṃ"은 iva가 이끄는 부사절로서 이 부사절의 술어는 otataṃ(휘감은)이고, 주어는 māluvā(덩굴 식물이), 그리고 목적어는 sālaṃ(사라나무를)이다.

14 제2행 : 이 행의 술어는 karoti(행한다)이고, 주어는 so(그는), 그리고 목적어는 attānaṃ(자신에게)이다. "yathā naṃ icchatī diso"는 yathā가 이끄는 부사절로서 이 부사절의 술어는 icchati(바란다)이고, 주어는 diso(적이), 그리고 목적어는 naṃ(그에게)이다.

162 덩굴 식물이 사라나무를 휘감듯 아주 나쁜 행위에 휘감긴 자,
그는 마치 적이 그에게 바라는 것처럼 그렇게 자신에게 행한다.

yassa [ya(*pron.*)의 *m.Sg.Gen.*] ~하는. so를 지시함

accantadussīlyaṃ [accantadussīlya(*nt.*)의 *Sg.Nom.*] 아주 나쁜 행위가. accanta : *adj.* 아주, 몹시, 극도로. dussīlya = dussīliya(du-sāliya) : *nt.* 나쁜 행위

māluvā [māluvā(*f.*)의 *Sg.Nom.*] 기는 것이, 덩굴 식물이

sālam = sālaṃ [sāla(*m.*)의 *Sg.Acc.*] 사라쌍수(沙羅雙樹)를, 사라나무를

iv'otataṃ = iva-otataṃ. iva [*indecl.*] ~와 같이, ~와 마찬가지로. otataṃ [otata의 *nt.Sg.Nom.*] 뻗친, ~을 덮은, 휘감은. otata : o / ava√tan(뻗치다, 늘이다, 펴다)의 *Pp.*

karoti [√kar(하다, 행하다, 만들다)의 *Pres.3.Sg.*] 한다, 행한다, 만든다

so [ta(*3.pron.*)의 *m.Sg.Nom.*] 그는, 그것은

tath'attānaṃ = tathā-attānaṃ. tathā [*adv.*] 이렇게 하여, 마찬가지로, 똑같이. attānaṃ [attan(*m.*)의 *Sg.Acc.*] 자신을

yathā [*adv.*] ~와 마찬가지로, ~와 같이, ~ 처럼, ~에 따라서

naṃ [ta(*3.pron.*)의 *m.Sg.Acc.*] 그를, 그것을

icchatī = icchati [√is(바라다, 원하다, 기대하다)의 *Pres.3.Sg.*] 바란다

diso [disa(*m.*)의 *Sg.Nom.*] 적이, 원수가

---

163 sukarāni asādhūni attano ahitāni ca,[15]
yaṃ ve hitañ ca sādhuñ ca taṃ ve paramadukkaraṃ.[16]

163 그릇되고 자신에게 해로운 일들은 행하기 쉽고,
실로 유익하고 좋은 일은 행하기 가장 어렵다.

sukarāni [sukara의 *nt.Pl.Nom.*] 행하기 쉬운. su : *indecl.* 잘, 철저하게. kara : *adj.* 행하는, *fr.* √kar(하다, 행하다)

---

15 제1행 : 이 행의 술어는 sukarāni(행하기 쉽다)이고, 주어는 asādhūni(그릇된 일들은)와 ahitāni(해로운 일들은)이다. 형용사적 술어 sukarāni는 주어 asādhūni와 ahitāni(중성, 복수, 주격)의 성, 수, 격에 일치한다.

16 제2행 : 이 행의 술어는 형용사 paramadukkaraṃ(행하기 가장 어렵다)이고, 주어는 taṃ(그것은)이다. "yaṃ ve hitañ ca sādhuñ ca"는 관계대명사 yaṃ이 이끄는 관계절로서 taṃ을 지시한다.

asādhūni [asādhu의 *nt.Pl.Nom.*] (*n.*) 그릇된 일들은. a : *pref.* 아니다, 없다. sādhu : *adj.* 좋다, 훌륭하다
attano [attan(*m.*)의 *Sg.Gen.*] 자신의
ahitāni [ahita(*nt.*)의 *Pl.Nom.*] 해로운 일들은. a : *pref.* 아니다, 없다. hita : *nt.* 유익한 일, 좋은 것
ca [*indecl.*] 그리고, ~와
yaṃ [ya(*pron.*)의 *nt.Sg.Nom.*] ~한 것. taṃ을 지시함
ve [*indecl.*] 참으로, 정말, 바로, 확실히
hitañ = hitaṃ [hita(*adj.*)의 *nt.Sg.Nom.*] 유익한, 좋은
ca [*indecl.*] 그리고, ~와
sādhuñ = sādhuṃ [sādhu(*adj.*)의 *nt.Sg.Nom.*] 좋은
ca [*indecl.*] 그리고, ~와
taṃ [ta(*3.pron.*)의 *nt.Sg.Nom.*] 그는, 그것은
ve [*indecl.*] 참으로, 정말, 바로, 확실히
paramadukkaraṃ [paramadukkara의 *nt.Sg.Nom.*] 행하기 가장 어려운. parama : *adj.* 최고의. du : *indecl.* 나쁜, 부족한, 어려운. kara : *adj.* 행하는, *fr.* √kar(하다, 행하다)

---

164 yo sāsanaṃ arahataṃ ariyānaṃ dhammajīvinaṃ
paṭikkosati dummedho diṭṭhiṃ nissāya pāpikaṃ
phalāni kaṭṭhakasseva attaghaññāya phallati.[17]

164 아라한들과 성인(聖人)들과 참되게 사는 이들의 가르침을
그릇된 견해 때문에 멸시하는 어리석은 자는
갈대의 열매처럼 자멸을 위해 익어간다.

yo [ya(*pron.*)의 *m.Sg.Nom.*] ~하는 이. dummedho를 지시함
sāsanaṃ [sāsana(*nt.*)의 *Sg.Acc.*] 가르침을, 교훈을
arahataṃ [arahanta의 *m.Pl.Gen.*] (*n.*) 아라한들의. arahanta : √arah(~할 가치가 있다, ~의 자격이 있다)의 *Ppr.*

17 이 시의 술어는 phallati(익어간다)이고, 주어는 dummedho(어리석인 자는)이다. "yo sāsanaṃ arahataṃ ariyānaṃ dhammajīvinaṃ paṭikkosati diṭṭhiṃ nissāya pāpikaṃ"은 관계대명사 yo가 이끄는 관계절로서 dummedho를 지시한다.

ariyānaṃ [ariya(*m.*)의 *Pl.Gen.*] 성인(聖人)들의

dhammajīvinaṃ [dhammajīvin(*adj.*)의 *m.Pl.Gen.*] 법에 따라 사는 이들의, 참되게 사는 이들의. dhamma : *m.* 법, 진실. jīvin : *adj.* ~하게 사는, ~한 삶을 사는, *fr.* √jīv(살다, 살아있다)

paṭikkosati [paṭi√kus(학대하다, 욕하다)의 *Pres.3.Sg.*] 비난한다, 멸시한다

dummedho [dummedha(*adj.*)의 *m.Sg.Nom.*] (*n.*) 지혜가 부족한 자는, 어리석은 자는. du : *pref.* 나쁜, 부족한, 어려운. medhā : *f.* 지혜, 총명함

diṭṭhiṃ [diṭṭhi(*f.*)의 *Sg.Acc.*] 견해를, 의견을, 신념을

nissāya [ni√si(달라붙다, 의지하다)의 *Ger.*] 의지하는, 따르는, ~때문에, ~에 의하여

pāpikaṃ [pāpikā(*adj.*)의 *f.Sg.Acc.*] 악한, 나쁜. pāpikā : *fr.* pāpa(*nt.* 악, 죄악)

phalāni [phala(*nt.*)의 *Pl.Nom.*] 열매들

kaṭṭhakasseva = kaṭṭhakassa-iva. kaṭṭhakassa [kaṭṭhaka(*m.*)의 *Sg.Gen.*] 갈대의, 대나무의. iva [*indecl.*] ~와 같이, ~와 마찬가지로

attaghaññāya [attaghañña(*m.*)의 *Sg.Dat.*] 자멸을 위해. attan : *m.* 자신. ghañña : *m.* 파괴, 파멸

phallati = phalati [√phal(열매를 맺다)의 *Pres.3.Sg.*] 열매를 맺는다, 익는다

---

165 attanā va kataṃ pāpaṃ attanā saṃkilissati,[18]
attanā akataṃ pāpaṃ attanā va visujjhati,[19]
suddhī asuddhī paccattaṃ nāñño aññaṃ visodhaye.[20]

165 자신에 의해 악이 행해지고 자신에 의해 더러워진다.
자신에 의해 악이 행해지지 않고 자신에 의해 깨끗해진다.
청정함과 더러움은 개인의 몫이지, 남이 남을 깨끗하게 할 수는 없다.

---

18 제1행 : “attanā va kataṃ pāpaṃ”의 술어는 과거분사 kataṃ(되어진, 행해진)이고, 주어는 pāpaṃ(악이)이다. “attanā saṃkilissati”의 술어는 saṃkilissati(더러워진다)이고, 이 술어동사를 통해 주어가 3인칭 단수임을 알 수 있다.

19 제2행 : “attanā akataṃ pāpaṃ”의 술어는 과거분사 akataṃ(행해지지 않은)이고, 주어는 pāpaṃ(악이)이다. “attanā va visujjhati”의 술어는 visujjhati(깨끗해진다)이고, 이 술어동사를 통해 주어가 3인칭 단수임을 알 수 있다.

20 제3행 : “suddhī asuddhī paccattaṃ”의 술어는 부사적으로 쓰인 paccattaṃ(개인적으로, 혼자 힘으로)이고, 주어는 suddhī(청정함은)와 asuddhī(더러움은)이다. “nāñño aññaṃ visodhaye”의 술어는 na visodhaye(깨끗하게 할 수 없다)이고, 주어는 añño(남이) , 그리고 목적어는 aññaṃ(남을)이다.

attanā [attan(*m.*)의 *Sg.Ins.*] 자신에 의해

va = eva [*adv.*] 실로, 단지, 바로

kataṃ [kata의 *nt.Sg.Nom.*] 행해진. kata : √kar(하다, 행하다)의 *Pp.*

pāpaṃ [pāpa(*nt.*)의 *Sg.Nom.*] 악은

attanā [attan(*m.*)의 *Sg.Ins.*] 자신에 의해

saṃkilissati [saṃ√kilis(더러워지다, 타락하다)의 *Pres.3.Sg.*] 더러워진다

attanā [attan(*m.*)의 *Sg.Ins.*] 자신에 의해

akataṃ [akata의 *nt.Sg.Nom.*] 행해지지 않은. a : *pref.* 아니다, 없다. kata : √kar(하다, 행하다)의 *Pp.*

pāpaṃ [pāpa(*nt.*)의 *Sg.Nom.*] 악은

attanā [attan(*m.*)의 *Sg.Ins.*] 자신에 의해

va = eva [*adv.*] 실로, 단지, 바로

visujjhati [vi√sudh(깨끗해지다)의 *Pres.3.Sg.*] 깨끗해진다, 청정해진다

suddhī [suddhi(*f.*)의 *Sg.Nom.*] 청정함은, 깨끗함은

asuddhī [asuddhi(*f.*)의 *Sg.Nom.*] 불순은, 더러움은. a : *pref.* 아니다, 없다. suddhi : *f.* 청정, 깨끗함

paccattaṃ [*adv.*] 개인적으로, 혼자서. paccatta(*adj.* 개개의)의 *nt.Sg.Acc.*

nāñño = na-añño. na [*indecl.*] ~아니다, ~없다. añño [añña(*pron.*)의 *m.Sg.Nom.*] (*n.*) 남이

aññaṃ [añña(*pron.*)의 *m.Sg.Acc.*] (*n.*) 남을

visodhaye [vi√sudh(깨끗해지다)의 *Pot.Caus.3.Sg.*] 깨끗하게 할 수 있다

---

166 attadatthaṃ paratthena bahunā pi na hāpaye,[21]
attadattham abhiññāya sadatthapasuto siyā.[22]

166 아무리 대단해도 남의 일로 자신의 일을 소홀히 하면 안 된다.
자신의 일을 완전히 알고 나서 자기 자신의 일에 전념해야 한다.

---

21 제1행 : 이 행의 술부는 na hāpaye(소홀히 하면 안 된다)이고, 술어동사 hāpaye를 통해 주어가 3인칭 단수임을 알 수 있다. 목적어는 attadatthaṃ(자신의 일을)이다.

22 제2행 : 이 행의 술부는 pasuto siyā(전념해야 한다)이고, 술어동사 siyā를 통해 주어가 3인칭 단수임을 알 수 있다.

attadatthaṃ [attadattha(*m.*)의 *Sg.Acc.*][23] 자신의 일을. attan : *m.* 자신. attha : *m.* 이익, 일

paratthena [parattha(*m.*)의 *Sg.Ins.*] 남의 일로. para : *m.* 남의. attha : *m.* 이익, 일

bahunā [bahu(*adj.*)의 *m.Sg.Ins.*] 많은, 대단한

pi / api [*indecl.*] ~도 또한, 비록 그렇다고 하더라도

na [*indecl.*] ~아니다, ~없다

hāpaye [√hā(버리다, 포기하다)의 *Pot.Caus.3.Sg.*] 소홀히 해야 한다

attadatthaṃ [attadattha(*m.*)의 *Sg.Acc.*] 자신의 일을. attan : *m.* 자신. attha : *m.* 이익, 일

abhiññāya [abhi√ñā(알다, 깨닫다)의 *Ger.*] 완전히 알고 나서

sadatthapasuto [sadatthapasuta의 *m.Sg.Nom.*][24] 자기 자신의 일에 전념하는. sa : *reflex.pron.* 자기 자신의. attha : *m.* 이익, 일. pasuta : *adj.* 열중하는, 전념하는

siyā [√as(이다, 있다, 존재하다, 되다)의 *Pot.3.Sg.*] 되어야 한다

23 atta와 attha사이, 즉 모음과 모음 사이에 d가 삽입되었다.

24 sa와 attha사이, 즉 모음과 모음 사이에 d가 삽입되었다.

제13장

세상

Loka

167 hīnaṃ dhammaṃ na seveyya pamādena na saṃvase[1]
micchādiṭṭhiṃ na seveyya na siyā lokavaḍḍhano.[2]

167 저급한 삶의 방식을 따르면 안 되고, 나태하게 살면 안 된다.
잘못된 견해를 따르면 안 되고, 속세에 빠져선 안 된다.

hīnaṃ [hīna의 *m.Sg.Acc.*] 부족한, 저급의. hīna : √hā(버리다, 포기하다)의 *Pp.*

dhammaṃ [dhamma(*m.*)의 *Sg.Acc.*] 삶의 방식, ~것

na [*indecl.*] ~아니다, ~없다

seveyya [√sev(섬기다, 따르다)의 *Pot.3.Sg.*] 따라야 한다

pamādena [pamāda(*m.*)의 *Sg.Ins.*] 나태함과

na [*indecl.*] ~아니다, ~없다

saṃvase [saṃ√vas(살다)의 *Pot.3.Sg.*] ~와 함께 산다, 받아들인다

micchādiṭṭhiṃ [micchādiṭṭhi(*f.*)의 *Sg.Acc.*] 잘못된 견해를. micchā : *adv.* 잘못된. diṭṭhi : *f.* 견해

1 제1행 : "hīnaṃ dhammaṃ na seveyya"의 술부는 na seveyya(따르면 안 된다)이고, 술어동사 seveyya를 통해 주어가 3인칭 단수임을 알 수 있다. 목적어는 dhammaṃ(삶의 방식을)이다. hīnaṃ(저급한)은 dhammaṃ을 수식하므로 dhammaṃ(남성, 단수, 대격)의 성, 수, 격에 일치한다. "pamādena na saṃvase"의 술부는 na saṃvase(~와 함께 살면 안 된다)이고, 술어동사 saṃvase를 통해 주어가 3인칭 단수임을 알 수 있다.

2 제2행 : "micchādiṭṭhiṃ na seveyya"의 술부는 na seveyya(따르면 안 된다)이고, 술어동사 seveyya를 통해 주어가 3인칭 단수임을 알 수 있다. 목적어는 micchādiṭṭhiṃ(잘못된 견해를)이다. "na siyā lokavaḍḍhano"의 술부는 na siyā(있어선 안 된다)이고, 술어동사 siyā를 통해 주어가 3인칭 단수임을 알 수 있다.

na [*indecl.*] ~아니다, ~없다

seveyya [√sev(섬기다, 따르다)의 *Pot.3.Sg.*] 따라야 한다

na [*indecl.*] ~아니다, ~없다

siyā [√as(이다, 있다, 존재하다, 되다)의 *Pot.3.Sg.*] 되어야 한다

lokavaḍḍhano [lokavaḍḍhana의 *m.Sg.Nom.*] 속세에 빠지는. loka : *m.* 세상, 속세. vaḍḍhana : *adj.* 빠지는, 섬기는, *fr.* √vaḍḍh(자라다, 증대하다)

---

168 uttiṭṭhe na-ppamajjeyya dhammaṃ sucaritaṃ care,[3]
dhammacārī sukhaṃ seti asmiṃ loke paramhi ca.[4]

168 노력해야 한다. 나태해지면 안 된다. 도리를 잘 행해야 한다.
도리를 행하는 이는 이승과 저승에서 편히 잠든다.

uttiṭṭhe [ud√ṭhā(서다)의 *Pot.3.Sg.*] 일어나야 한다, 노력해야 한다

na-ppamajjeyya = na-pamajjeyya : 나태해지면 안 된다. na [*indecl.*] ~아니다, ~없다. pamajjeyya [pa√mad(취하다)의 *Pot.3.Sg.*] 나태해져야 한다

dhammaṃ [dhamma(*m.*)의 *Sg.Acc.*] 도리를, 진리를

sucaritaṃ [sucarita(*adj.*)의 *m.Sg.Acc.*] 잘 행하는. su : *indecl.* 잘, 철저하게. carita : *adj.* 행하는, √car(살다, 행하다)의 *Pp.*

care [√car(살다, 행하다)의 *Pot.3.Sg.*] 행해야 한다

dhammacārī [dhammacārin(*adj.*)의 *m.Sg.Nom.*] (*n.*) 도리를 행하는 이는. dhamma : *m.* 도리, 진리. cārin : *adj.* 행하는, *fr.* √car(살다, 행하다)

sukhaṃ [*adv.*] 기쁘게, 편안하게, 안락하게, sukha(*adj.*)의 *nt.Sg.Acc.*

seti [√si(자다)의 *Pres.3.Sg.*] 잔다, 잠잔다

asmiṃ [ima(*pron.*)의 *m.Sg.Loc.*] 이것에, 이에

loke [loka(*m.*)의 *Sg.Loc.*] 세상에서, 세계에서

paramhi [para(*adj.*)의 *m.Sg.Loc.*] 다른

ca [*indecl.*] 그리고, ~와

---

3 제1행 : "uttiṭṭhe", "na-ppamajjeyya", 그리고 "dhammaṃ sucaritaṃ care"의 술어는 각각 uttiṭṭhe(노력해야 한다), pamajjeyya(나태해지면 안 된다), 그리고 care(행해야 한다)이고, 이 술어동사들을 통해 공통주어가 3인칭 단수임을 알 수 있다. care의 목적어는 dhammaṃ(도리를)이다.

4 제2행 : 이 행의 술어는 seti(잔다)이고, 주어는 dhammacārī(도리를 행하는 이는)이다.

169 dhammaṃ care sucaritaṃ na naṃ duccaritaṃ care,[5]
dhammacārī sukhaṃ seti asmiṃ loke paramhi ca.[6]

169 도리를 잘 행해야 한다. 그것을 잘못 행하면 안 된다.
도리를 행하는 이는 이승과 저승에서 편히 잠든다.

dhammaṃ [dhamma(*m.*)의 *Sg.Acc.*] 도리를, 진리를
care [√car(살다, 행하다, 다니다)의 *Pot.3.Sg.*] 행해야 한다
sucaritaṃ [sucarita(*adj.*)의 *m.Sg.Acc.*] 잘 행하는. su : *indecl.* 잘, 철저하게. carita : *adj.* 행하는, √car(살다, 행하다)의 *Pp.*
na [*indecl.*] ~아니다, ~없다
naṃ [ta(*3.pron.*)의 *m.Sg.Acc.*] 그를, 그것을
duccaritaṃ [ducarita(*adj.*)의 *m.Sg.Acc.*] 잘못 행하는. du : *indecl.* 나쁜, 부족한, 어려운. carita : *adj.* 행하는, √car(살다, 행하다)의 *Pp.*
care [√car(살다, 행하다)의 *Pot.3.Sg.*] 행해야 한다
dhammacārī [dhammacārin(*adj.*)의 *m.Sg.Nom.*] (*n.*) 도리를 행하는 이는. dhamma : *m.* 도리, 진리. cārin : *adj.* 행하는, *fr.* √car(살다, 행하다)
sukhaṃ [*adv.*] 기쁘게, 편안하게, 안락하게, sukha(*adj.*)의 *nt.Sg.Acc.*
seti [√si(자다)의 *Pres.3.Sg.*] 잔다, 잠잔다
asmiṃ [ima(*pron.*)의 *m.Sg.Loc.*] 이것에, 이에
loke [loka(*m.*)의 *Sg.Loc.*] 세상에서, 세계에서
paramhi [para(*adj.*)의 *m.Sg.Loc.*] 다른
ca [*indecl.*] 그리고, ~와

170 yathā bubbulakaṃ passe yathā passe marīcikaṃ[7]

5 제1행 : "dhammaṃ care sucaritaṃ"의 술어는 care(행해야 한다)이고, 이 술어동사를 통해 주어가 3인칭 단수임을 알 수 있다. 목적어는 dhammaṃ(도리를)이다. "na naṃ duccaritaṃ care"의 술부는 na care(행하면 안 된다)이고, 술어동사 care를 통해 주어가 3인칭 단수임을 알 수 있다. 목적어는 naṃ(그것을), 즉 dhammaṃ(도리를)이다.

6 제2행 : 이 행의 술어는 seti(잔다)이고, 주어는 dhammacārī(도리를 행하는 이는)이다.

7 제1행 : "yathā bubbulakaṃ passe"와 "yathā passe marīcikaṃ"은 yathā가 이끄는 부사절로서 이 부사절의 술어는 passe(봐야 한다)이고, 이 술어동사를 통해 주어가 3인칭 단수임을 알 수 있다. 목적어는 제2

evaṃ lokaṃ avekkhantaṃ maccurājā na passati.[8]

170 거품처럼 보라. 신기루처럼 보라.
이렇게 세상을 바라보는 이를 죽음의 왕은 찾아내지 못한다.

yathā [*adv.*] ~와 같이, ~처럼
bubbulakaṃ [bubbulaka(*nt.*)의 *Sg.Acc.*] 거품
passe [√dis(보다)의 *Pot.3.Sg.*] 봐야 한다
yathā [*adv.*] ~와 같이, ~처럼
passe [√dis(보다)의 *Pot.3.Sg.*] 봐야 한다
marīcikaṃ [marīcīkā(*f.*)의 *Sg.Acc.*] 신기루, 망상
evaṃ [*adv.*] ~와 마찬가지로, 이와 같이, 이렇게
lokaṃ [loka(*m.*)의 *Sg.Acc.*] 세상을, 세계를
avekkhantaṃ [avekkhanta의 *m.Sg.Acc.*] (*n.*) 바라보는 이를. avekkhanta : ava√ikkh(보다)의 *Ppr.*
maccurājā [maccurājā(*m.*)의 *Sg.Nom.*] 죽음의 왕은. maccu : *m.* 죽음. rājā : *m.* 왕
na [*indecl.*] ~아니다, ~없다
passati [√dis(보다, 깨닫다)의 *Pres.3.Sg.*] 본다, 찾아낸다

171 etha passath'imaṃ lokaṃ cittaṃ rājarathūpamaṃ[9]
yattha bālā visīdanti, n'atthi saṅgo vijānataṃ.[10]

171 화려한 왕의 마차와 같은 이 세상을 와서 보라.
거기에 어리석은 자들은 몰두하지만, 현명한 이들은 집착하지 않는다.

행의 lokaṃ(세상을)이다.

8 제2행 : 이 행의 술부는 na passati(찾지 못한다)이고, 주어는 maccurājā(죽음의 왕은), 그리고 목적어는 avekkhantaṃ(바라보는 이를)이다.

9 제1행 : 이 행의 술어는 etha(오라)와 passatha(보라)이고, 이 술어동사들을 통해 주어가 2인칭 복수임을 알 수 있다. 목적어는 lokaṃ(세상을)이다. imaṃ(이)은 lokaṃ(세상을)을 수식하므로 lokaṃ(남성, 단수, 대격)의 성, 수, 격에 일치한다.

10 제2행 : "yattha bālā visīdanti"의 술어는 visīdanti(빠진다, 몰두한다)이고, 주어는 bālā(어리석은 자들은)이다. "n'atthi saṅgo vijānataṃ"의 술어는 n'atthi(없다)이고, 주어는 saṅgo(집착은)이다. "n'atthi saṅgo vijānataṃ"을 직역하면 "현명한 이에게 집착은 없다"인데, 문맥상 "현명한 이들은 집착하지 않는다"로 의역하였다.

etha [ā√i(가다)의 *Imper.2.Pl.*] 오라

passath'imaṃ = passatha-imaṃ. passatha [√dis(보다, 깨닫다)의 *Imper.2.Pl.*] 보라. imaṃ [ima(*pron.*)의 *m.Sg.Acc.*] 이것을

lokaṃ [loka(*m.*)의 *Sg.Acc.*] 세상을, 세계를

cittaṃ [citta(*adj.*)의 *m.Sg.Acc.*] 아름다운, 화려한

rājarathūpamaṃ [rājarathūpama의 *m.Sg.Acc.*] 왕의 마차와 같은. rājā : *m.* 왕. ratha : *m.* 마차, 수레. upama : *adj.* ~와 같은, 비슷한

yattha [*adv.*] 어디에, 어디로

bālā [bāla(*m.*)의 *Pl.Nom.*] 어리석은 자들은

visīdanti [vi√sad(가라앉다)의 *Pres.3.Pl.*] 가라앉는다, 몰두한다

n'atthi = na-atthi : 없다. na [*indecl.*] ~아니다, ~없다. atthi [√as(이다, 있다, 존재하다)의 *Pres.3.Sg.*] 있다

saṅgo [saṅga(*m.*)의 *Sg.Nom.*] 집착은, 애착은

vijānataṃ [vijānanta의 *m.Pl.Dat.*] (*n.*) 현명한 이에게. vijānanta : vi√ñā(알다, 이해하다)의 *Ppr.*

---

172 yo ca pubbe pamajjitvā pacchā so na-ppamajjati[11]
so'maṃ lokaṃ pabhāseti abbhā mutto va candimā.[12]

172 이전에 게을렀더라도 후에 게으르지 않는 이,
그는 구름을 벗어난 달처럼 이 세상을 비춘다.

yo [ya(*pron.*)의 *m.Sg.Nom.*] ~하는 이. so를 지시함

ca = tu [*indecl.*] 그러나, 하지만

pubbe [pubba(*adj.*)의 *Sg.Loc.*] 전에, 앞에

pamajjitvā [pa√mad(취하다)의 *Ger.*] 게을렀더라도

11 제1행 : 이 행은 관계대명사 yo가 이끄는 관계절로서 so를 지시한다. 이 관계절의 술부는 na-ppamajjati(게으르지 않다)이다. 절대분사 pamajjitvā는 전체 문장의 술어 na-ppamajjati 이전의 행위를 나타낸다.

12 제2행 : 이 행의 술어는 pabhāseti(비춘다)이고, 주어는 so(그는), 그리고 목적어는 lokaṃ(세상을)이다. imaṃ(이)은 lokaṃ(세상을)을 수식하므로 lokaṃ(남성, 단수, 대격)의 성, 수, 격에 일치한다. "abbhā mutto va candimā"는 va(= iva)가 이끄는 부사절이다.

pacchā [*adv.*] 이후에, 뒤에

so [ta(*3.pron.*)의 *m.Sg.Nom.*] 그는, 그것은

na-ppamajjati = na-pamajjati : 게으르지 않다. na [*indecl.*] ~아니다, ~없다. pamajjeyya [pa√mad(취하다)의 *Pres.3.Sg.*] 게으르다, 나태하다

so'maṃ = so-imaṃ. so [ta(*3.pron.*)의 *m.Sg.Nom.*] 그는, 그것은. imaṃ [ima(*pron.*)의 *m.Sg.Acc.*] 이것을

lokaṃ [loka(*m.*)의 *Sg.Acc.*] 세상을, 세계를

pabhāseti [pa√bhās(빛나다)의 *Pres.Caus.3.Sg.*] 비춘다, 밝힌다

abbhā [abbha(*nt.*)의 *Sg.Abl.*] 구름으로부터

mutto [mutta의 *m.Sg.Nom.*] 자유로워진. mutta : √muc(해방하다, 자유롭게 하다)의 *Pp.*

va = iva [*indecl.*] ~와 같이, ~처럼, ~와 마찬가지로

candimā [candimā(*m.*)의 *Sg.Nom.*] 달

---

173 yassa pāpaṃ kataṃ kammaṃ kusalena pithīyati[13]
so'maṃ lokaṃ pabhāseti abbhā mutto va candimā.[14]

173 저지른 악행이 선행으로 덮이는 이,
그는 구름을 벗어난 달처럼 이 세상을 비춘다.

yassa [ya(*pron.*)의 *m.Sg.Gen.*] ~하는 이. so를 지시함

pāpaṃ [pāpa(*adj.*)의 *nt.Sg.Nom.*] 나쁜, 악한

kataṃ [kata의 *nt.Sg.Nom.*] ~한, 되어진, 만들어진. kata : √kar(하다)의 *Pp.*

kammaṃ [kamma *nt.Sg.Nom.*] 행위는, 일은

kusalena [kusala(*nt.*)의 *Sg.Ins.*] 선한 행위로, 착한 일로

pithīyati [pi / api√dhā(두다, 놓다)의 *Pres.Pass.3.Sg.*] 덮인다, 가려진다

so'maṃ = so-imaṃ. so [ta(*3.pron.*)의 *m.Sg.Nom.*] 그는, 그것은. imaṃ [ima(*pron.*)의 *m.Sg.Acc.*] 이것을

---

13 제1행 : 이 행은 관계대명사 yassa가 이끄는 관계절로서 so를 지시한다. 이 관계절의 술어는 pithīyati(덮인다)이고, 주어는 kammaṃ(행위가)이다. pāpaṃ(악한)은 kammaṃ(행위가)을 수식하므로 kammaṃ(중성, 단수, 주격)의 성, 수, 격에 일치한다.

14 제2행 : 이 행의 술어는 pabhāseti(비춘다)이고, 주어는 so(그는), 그리고 목적어는 lokaṃ(세상을)이다. imaṃ(이)은 lokaṃ(세상을)을 수식하므로 lokaṃ(남성, 단수, 대격)의 성, 수, 격에 일치한다. "abbhā mutto va candimā"는 va(= iva)가 이끄는 부사절이다.

lokaṃ [loka(*m.*)의 *Sg.Acc.*] 세상을, 세계를
pabhāseti [pa√bhās(빛나다)의 *Pres.Caus.3.Sg.*] 비춘다, 밝힌다
abbhā [abbha(*nt.*)의 *Sg.Abl.*] 구름으로부터
mutto [mutta의 *m.Sg.Nom.*] 자유로워진. mutta : √muc(해방하다, 자유롭게 하다)의 *Pp.*
va = iva [*indecl.*] ~와 같이, ~처럼, ~와 마찬가지로
candimā [candimā(*m.*)의 *Sg.Nom.*] 달

---

174 andhabhūto ayaṃ loko tanuk'ettha vipassati,[15]
sakunto jālamutto va appo saggāya gacchati.[16]

174 이 세상은 어둡고, 소수만이 여기에서 명확히 본다.
덫에서 벗어난 새처럼 소수만이 천상에 간다.

andhabhūto [andhabhūta(*adj.*)의 *m.Sg.Nom.*] 어두운. andha : *adj.* 눈먼, 어두운, 어리석은. bhūta : (서술적 용법으로 쓰여) ~하게 된, ~와 같은, √bhū(이다, 되다, 존재하다)의 *Pp.*
ayaṃ [ima(*pron.*)의 *m.Sg.Nom.*] 이는, 이것은
loko [loka(*m.*)의 *Sg.Nom.*] 세상은, 세계는
tanuk'ettha = tanuko-ettha. tanuko [tanuka(*adj.*)의 *m.Sg.Nom.*] 작은, 소수의. ettha [*adv.*] 여기에서, 이 곳에서, 이 세상에서
vipassati [vi√dis(보다, 깨닫다)의 *Pres.3.Sg.*] 명확히 본다
sakunto [sakunta(*m.*)의 *Sg.Nom.*] 새
jālamutto [jālamutta의 *m.Sg.Nom.*] 덫에서 벗어난. jāla : *nt.* 덫, 올가미. mutta : 자유로워진, √muc(해방하다, 자유롭게 하다)의 *Pp.*
va = iva [*indecl.*] ~와 같이, ~처럼, ~와 마찬가지로
appo [appa(*adj.*)의 *m.Sg.Nom.*] (*n.*) 소수가
saggāya [sagga(*m.*)의 *Sg.Dat.*][17] 하늘에
gacchati [√gam(가다)의 *Pres.3.Sg.*] 간다

---

15 제1행 : "andhabhūto ayaṃ loko"의 술어는 형용사 andhabhūto(어둡다)이고, 주어는 loko(세상은)이다. ayaṃ(이)은 loko(세상은)를 수식하므로 loko(남성, 단수, 주격)의 성, 수, 격에 일치한다. "tanuk'ettha vipassati"의 술어는 vipassati(명확히 본다)이고, 주어는 tanuko(소수가)이다.

16 제2행 : 이 행의 술어는 gacchati(간다)이고, 주어는 appo(소수가)이다. "sakunto jālamutto va"는 va(=iva)가 이끄는 부사절이다.

17 움직임 / 이동의 목적지 / 목표를 나타내는 위격이다.

175 haṃsādiccapathe yanti ākāse yanti iddhiyā[18]
nīyanti dhīrā lokamhā jetvā Māraṃ savāhanaṃ.[19]

175 백조들은 태양의 길로 간다. 그들은 초자연적인 힘으로 하늘에 간다.
현명한 이들은 악마와 그 무리들을 정복하고 나서 속세로부터 벗어난다.

haṃsādiccapathe = haṃsā-ādiccapathe. haṃsā [haṃsa(*m.*)의 *Pl.Nom.*] 백조들은. ādiccapathe [ādiccapatha(*m.*)의 *Sg.Loc.*] 태양의 길로. ādicca : *m.* 태양. patha : *m.* 길, 행로

yanti [√yā(가다, 나아가다)의 *Pres.3.Pl.*] 간다

ākāse [ākāsa(*m.*)의 *Sg.Loc.*] 하늘에

yanti [√yā(가다, 나아가다)의 *Pres.3.Pl.*] 간다

iddhiyā [iddhi(*f.*)의 *Sg.Ins.*] 심적인 힘으로, 초자연적인 힘으로

nīyanti [√nī(이끌다)의 *Pres.Pass.3.Pl.*] 이끌어진다, 인도된다

dhīrā [dhīra(*adj.*)의 *m.Pl.Nom.*] (*n.*) 현명한 이들은

lokamhā [loka(*m.*)의 *Sg.Abl.*] 세상으로부터, 속세로부터

jetvā [√ji(이기다, 정복하다, 패배시키다)의 *Ger.*] 정복하고는

Māraṃ [māra(*m.*)의 *Sg.Acc.*] 악마를, 마왕을

savāhanaṃ [savāhana(*nt.*)의 *Sg.Acc.*] 코끼리와 함께. saṃ : *pref.* ~와 함께, 완전히, 아주. vāhana : *nt.* 짐 끄는 짐승, 여기서는 코끼리를 뜻함

176 ekaṃ dhammaṃ atītassa musāvādissa jantuno
vitiṇṇaparalokassa n'atthi pāpaṃ akāriyaṃ.[20]

176 유일한 법을 어기고 거짓되게 말하고

18 제1행 : "haṃsādiccapathe yanti"의 술어는 yanti(간다)이고, 주어는 haṃsā(백조들은)이다. "ākāse yanti iddhiyā"의 술어는 yanti(간다)이고, 이 술어동사를 통해 주어가 3인칭 복수임을 알 수 있다.

19 제2행 : 이 행의 술어는 nīyanti(이끌어진다)이고, 주어는 dhīrā(현명한 이들은)이다. "jetvā māraṃ savāhanaṃ"은 절대분사 jetvā가 이끄는 종속절이다. 절대분사 jetvā는 전체 문장의 술어 nīyanti 이전의 행위를 나타내고, jetvā의 행위주체 또한 dhīrā이다.

20 제1~2행 : 이 시의 술어는 n'atthi(없다)이고, 주어는 pāpaṃ(악행은)이다. akāriyaṃ(행해지지 않는)은 pāpaṃ을 수식하므로 pāpaṃ(중성, 단수, 주격)의 성, 수, 격에 일치한다. "… jantuno n'atthi pāpaṃ akāriyaṃ"을 직역하면 "… 사람에게 행해지지 않을 악행이 없다"인데, "… 사람이 행하지 않을 악행은 없다"로 의역하였다.

저 세상을 포기한 사람이 행하지 않을 악행은 없다.

ekaṃ [eka(*adj.*)의 *m.Sg.Acc.*] 하나, 유일한

dhammaṃ [dhamma(*m.*)의 *Sg.Acc.*] 법을, 올바른 것을, 진실을

atītassa [atīta(*adj.*)의 *m.Sg.Gen.*] 어긴, 넘은. ati : *pref.* ~까지, ~을 넘어서. ita : 간, √i(가다)의 *Pp.*

musāvādissa [musāvādin(*adj.*)의 *m.Sg.Gen.*] 거짓되게 말하는. musā : *adv.* 거짓되게, 틀리게. vādin : *adj.* 말하는, *fr.* √vad(말하다)

jantuno [jantu(*m.*)의 *Sg.Gen.*] 사람에게

vitiṇṇaparalokassa [vitiṇṇaparaloka(*m.*)의 *Sg.Gen.*] 저 세상을 포기한. vitiṇṇa : 포기한, 버린, vi√tar(건너가다, 지나가다)의 *Ppr.* para : *adj.* 저쪽의, 너머의. loka : *m.* 세계, 세상

n'atthi = na-atthi : 없다. na [*indecl.*] ~아니다, ~없다. atthi [√as(이다, 있다, 존재하다)의 *Pres.3.Sg.*] 있다

pāpaṃ [pāpa(*nt.*)의 *Sg.Nom.*] 악은, 악행은

akāriyaṃ [akāriya의 *nt.Sg.Nom.*] 행해지지 않아야 하는. a : *pref.* 않다, 아니다. kāriya : 행해져야 하는, √kar(하다)의 *Caus.Grd.*

---

177 na ve kadariyā devalokaṃ vajanti[21]
bālā have na-ppasaṃsanti dānaṃ,[22]
dhīro ca dānaṃ anumodamāno[23]
ten'eva so hoti sukhī parattha.[24]

177 실로 인색한 자들은 신들의 세계에 가지 못한다.
어리석은 자들은 보시(布施)를 칭찬하지 않는다.

---

21 제1행 : 이 행의 술부는 na vajanti(가지 못한다)이고, 주어는 kadariyā(인색한 자들은), 그리고 목적어는 devalokaṃ(신들의 세계에)이다.

22 제2행 : 이 행의 술부는 na-ppasaṃsanti(칭찬하지 않는다)이고, 주어는 bālā(어리석은 자들은), 그리고 목적어는 dānaṃ(보시를)이다.

23 제3행 : 이 행의 술어는 현재분사 anumodamāno(기뻐하는)이고, 주어는 dhīro(지혜로운 이는), 그리고 목적어는 dānaṃ(보시를)이다.

24 제4행 : 이 행의 술부는 sukhī hoti(편안해진다)이고, 주어는 so(그는), 즉 제3행의 dhīro(지혜로운 이는)이다.

그러나 현명한 이는 보시를 기뻐하며
그것으로 인해 그는 내세에 편안해진다.

na [*indecl.*] ~아니다, ~없다
ve [*indecl.*] 참으로, 정말, 바로, 확실히
kadariyā [kadariya(*adj.*)의 *m.Pl.Nom.*] (*n.*) 인색한 자들은, 욕심 많은 자들은
devalokaṃ [devaloka(*m.*)의 *Sg.Acc.*] 신들의 세계에, 천상에. deva : *m.* 신. loka : *m.* 세상, 세계
vajanti [√vaj(가다, 나아가다)의 *Pres.3.Pl.*] 간다, 나아간다
bālā [bāla(*m.*)의 *Pl.Nom.*] 어리석은 이들은
have [*indecl.*] 실로, 참으로, 확실히, 정말
na-ppasaṃsanti = na-pasaṃsanti : 칭찬하지 않는다. na [*indecl.*] ~아니다, ~없다. pasaṃsanti [pa√saṃs : 지적하다, 선언하다)의 *Pres.3.Pl.*] 칭찬한다
dānaṃ [dāna(*nt.*)의 *Sg.Acc.*] 보시(布施)를, 베푸는 것을. dāna : *fr.* √dā(주다)
dhīro [dhīra(*adj.*)의 *m.Sg.Nom.*] (*n.*) 현명한 이는
ca = tu [*indecl.*] 그러나, 하지만
dānaṃ [dāna(*nt.*)의 *Sg.Acc.*] 보시(布施)를, 베푸는 것을. dāna : *fr.* √dā(주다)
anumodamāno [anumodamāna의 *m.Sg.Nom.*] 기뻐하는, 고마워하는. anumodamāna : anu√mud(기뻐하다, 즐기다)의 *Ppr.*
ten'eva = tena-eva. tena [ta(*3.pron.*)의 *Sg.Ins.*] 그것으로 인해. eva [*indecl.*] 실로, 정말로, 단지, 다만
so [ta(*3.pron.*)의 *m.Sg.Nom.*] 그는, 그것은
hoti [√bhū(있다, 이다, 되다)의 *Pres.3.Sg.*] 있다, 이다, 된다
sukhī [sukhin(*adj.*)의 *m.Sg.Nom.*] 행복한, 편안한. sukhin : *fr.* sukha(*nt.* 기쁨, 행복)
parattha [*adv.*] 내세에서는, 장차, 미래에는

178 pathavyā ekarajjena saggassa gamanena vā
sabbalokādhipaccena sotāpattiphalaṃ varaṃ.[25]

25 제1~2행 : 이 시의 술어는 명사 varaṃ(최고)이고, 주어는 sotāpattiphalaṃ(진리의 흐름에 든 것의 결과가)이다. 명사적 술어 varaṃ은 주어 sotāpattiphalaṃ(주격)의 격에 일치한다. ekarajjena(유일한 왕권보다), gamanena(가는 것보다), 그리고 sabbalokādhipaccena(전 세계의 통치권보다)는 구격 단어들로서 '비교'의 구격으로 사용된 것이다.

178 지상의 유일한 왕권보다, 천상으로 가는 것보다, 또는
전 세계의 통치권보다 진리의 흐름에 든 것의 결과가 최고이다.

pathavyā [pathavī(*f.*)의 *Sg.Gen.*] 땅의, 이승의, 지상의

ekarajjena [ekarañña(*nt.*)의 *Sg.Ins.*] 유일한 왕권보다. eka : *adj.* 하나의, 유일한. rajja : *nt.* 왕위, 왕권

saggassa [sagga(*m.*)의 *Sg.Gen.*][26] 하늘의, 천상의

gamanena [gamana의 *nt.Sg.Ins.*] 가는 것보다. gamana : *fr.* √gam(가다)

vā [*indecl.*] 또는

sabbalokādhipaccena [sabbalokādhipacca(*nt.*)의 *Sg.Ins.*] 전 세계의 통치권보다. sabba : *adj.* 모든. loka : *m.* 세상, 세계. ādhipacca : *nt.* 통치권, 주권

sotāpattiphalaṃ [sotāpattiphala(*nt.*)의 *Sg.Nom.*] 진리의 흐름에 든 것의 결과가. sotāpatti : *f.* 진리의 흐름에 든 것. phala : *nt.* 열매, 결과, 성과

varaṃ [vara(*nt.*)의 *Sg.Nom.*] 가장 좋은 것, 최고

26 움직임 / 이동의 목적지 / 목표를 나타내는 속격이다.

제14장

깨달은 이
Buddha

179 yassa jitaṃ nāvajīyati[1]
jitaṃ assa no yāti koci loke,[2]
tam buddham anantagocaraṃ
apadaṃ kena padena nessatha.[3]

179 그의 승리는 빼앗기지 않고
세상 어디에도 가버리지 않는다.
깨달았고 경지가 무한하며
자취도 남기지 않는 그를 무슨 수로 이끌 것인가?

yassa [ya(*pron.*)의 *m.Sg.Gen.*] ~하는
jitaṃ [jita(*nt.*)의 *Sg.Nom.*] 정복은, 승리는. jita : √ji(이기다, 정복하다)의 *Pp.*
nāvajīyati = na-avajīyati : 빼앗기지 않는다. na [*indecl.*] ~아니다, ~없다. avajīyati [ava √ji(이기다, 정복하다)의 *Pres.Pass.3.Sg.*] 빼앗긴다, 잃게 된다

1 제1행 : 이 행의 술어는 nāvajīyati(빼앗기지 않는다)이고, 주어는 jitaṃ(승리는)이다.

2 제2행 : 이 행의 술부는 no yāti(가버리지 않는다)이고, 주어는 jitaṃ(승리는)이다. koci(누구도)를 주어로, jitaṃ(승리에)을 목적어로, yāti를 pappoti(이르다, 얻다)와 같은 의미로 보고, "세상 누구도 그의 승리에 이르지 못한다"로 번역할 수도 있다.

3 제3~4행 : 이 행들의 술어는 nessatha(이끌 것이다)이고, 이 술어동사를 통해 주어가 2인칭 복수임을 알 수 있다. 목적어는 taṃ(그를)이고, buddhaṃ(깨달은), anantagocaraṃ(경지가 무한한), 그리고 apadaṃ(자취를 남기지 않는)은 taṃ을 수식하므로, taṃ(남성, 단수, 대격)의 성, 수, 격에 일치한다.

jitaṃ [jita(*nt.*)의 *Sg.Nom.*] 정복은, 승리는. jita : √ji(이기다, 정복하다)의 *Pp.*

assa [ima(*pron.*)의 *m.Sg.Gen.*] 이것의, 그의

no [*indecl.*] ~아니다, ~없다

yāti [√yā(가다, 나아가다, 가버리다)의 *Pres.3.Sg.*] 가버린다

koci = ko-ci : 하는 것은 누구든지, (ci가 처격 부사로 쓰여) 어디에도

loke [loka(*m.*)의 *Sg.Loc.*] 세상에, 세계에

tam = taṃ [ta(*3.pron.*)의 *m.Sg.Acc.*] 그를, 그것을

buddham = buddhaṃ [buddha의 *m.Sg.Acc.*] 깨달은. buddha : √budh(알다, 깨닫다)의 *Pp.*

anantagocaraṃ [anantagocara의 *m.Sg.Acc.*] 무한한 경지의. ananta : *adj.* 무한한. go-cara : *m.* 경지

apadaṃ [apada의 *m.Sg.Acc.*] 자취를 남기지 않는. a : *pref.* 아니다, 없다. pada : *nt.* 흔적, 자취

kena [ka(*interr.pron.*)의 *m.Sg.Ins.*] 무엇으로

padena [pada(*nt.*)의 *Sg.Ins.*] 방법으로, 방식으로

nessatha [√nī(이끌다) *Fut.2.Pl.*] 이끌 것이다

---

180 yassa jālinī visattikā
taṇhā n'atthi kuhiñci netave[4]
tam buddham anantagocaraṃ
apadaṃ kena padena nessatha.[5]

180 [그를] 어딘가로 이끌
유혹, 집착, 갈애가 [그에게는] 없다.
깨달았고 경지가 무한하며
자취도 남기지 않는 그를 무슨 수로 이끌 것인가?

yassa [ya(*pron.*)의 *m.Sg.Gen.*] ~하는

4 제1~2행 : 이 행들은 관계대명사 yassa가 이끄는 관계절로서 이 관계절의 술어는 n'atthi(없다)이고, 주어는 jālinī(유혹은), visattikā(집착은), 그리고 taṇhā(갈애는)이다.

5 제3~4행 : 이 행들의 술어는 nessatha(이끌 것이다)이고, 이 술어동사를 통해 주어가 2인칭 복수임을 알 수 있다. 목적어는 taṃ(그를)이고, buddhaṃ(깨달은), anantagocaraṃ(경지가 무한한), 그리고 apadaṃ(자취를 남기지 않는)은 taṃ을 수식하므로, taṃ(남성, 단수, 대격)의 성, 수, 격에 일치한다.

jālinī [jālinī(*f.*)의 *Sg.Nom.*] 유혹은, 덫은
visattikā [visattikā(*f.*)의 *Sg.Nom.*] 집착은
taṇhā [taṇhā(*f.*)의 *Sg.Nom.*] 갈애는
n'atthi = na-atthi : 없다. na [*indecl.*] ~아니다, ~없다. atthi [√as(이다, 있다, 존재하다)의 *Pres.3.Sg.*] 있다
kuhiñci [*adv.*] 어디에도
netave [√nī(이끌다)의 *Inf.*][6] 이끌, 이끌기 위한
tam = taṃ [ta(*3.pron.*)의 *m.Sg.Acc.*] 그를, 그것을
buddham = buddhaṃ [buddha의 *m.Sg.Acc.*] 깨달은. buddha : √budh(알다, 깨닫다)의 *Pp.*
anantagocaraṃ [anantagocara의 *m.Sg.Acc.*] 무한한 경지의. ananta : *adj.* 무한한. gocara : *m.* 경지
apadaṃ [apada의 *m.Sg.Acc.*] 자취를 남기지 않는. a : *pref.* 아니다, 없다. pada : *nt.* 흔적, 자취
kena [ka(*interr.pron.*)의 *m.Sg.Ins.*] 무엇으로
padena [pada(*nt.*)의 *Sg.Ins.*] 방법으로, 방식으로
nessatha [√nī(이끌다) *Fut.2.Pl.*] 이끌 것이다

181 ye jhānapasutā dhīrā nekkhammūpasame ratā
devāpi tesaṃ pihayanti sambuddhānaṃ satīmataṃ.[7]

181 명상에 전념하고 현명하며 욕망을 여읜 고요함을 즐기는 이들,
완전히 깨달았고 잘 알아차리는 이들을 신들조차도 부러워한다.

ye [ya(*pron.*)의 *m.Pl.Nom.*] ~하는 이들. tesaṃ을 지시함
jhānapasutā [jhānapasuta의 *m.Pl.Nom.*] 명상에 전념하는. jhāna : *nt.* 명상. pasuta : *adj.* 전념하는
dhīrā [dhīra(*adj.*) *m.Pl.Nom.*] 현명한, 지혜로운
nekkhammūpasame [nekkhammūpasama(*m.*)의 *Sg.Loc.*] 욕망을 여읜 고요함을. nekkhamma : *nt.* 욕망을 여읨, 해탈. upasama : *m.* 평온, 고요

6 부정사를 만드는 어미는 'tuṃ' 과 'tave'인데, 이 중 'tave'는 주로 법구경과 같은 운문에서 사용된다.
7 제1~2행 : 이 시의 술어는 pihayanti(부러워한다)이고, 주어는 devā(신들은)이다. sambuddhānaṃ(완전히 깨달은)과 satīmataṃ(알아차리는)은 tesaṃ을 수식하므로 tesaṃ(남성, 복수, 속격)의 성, 수, 격에 일치한다. 제1행은 관계대명사 ye가 이끄는 관계절로서 제2행의 tesaṃ을 지시한다. jhānapasutā(명상에 전념하는), dhīrā(현명한), 그리고 ratā(즐기는)는 ye(남성, 복수, 주격)의, 성, 수, 격에 일치한다.

ratā [rata의 *m.Pl.Nom.*] 기뻐하는, 즐기는. rata : √ram(기뻐하다, 즐기다)의 *Pp.*

devāpi = devā-api : 신들도, 신들조차. devā [deva(*m.*)의 *Pl.Nom.*] 신들은. pi / api [*indecl.*] ~도 또한

tesaṃ [ta(*3.pron.*)의 *m.Pl.Gen.*] 이들의, 그들의

pihayanti [√pih(부러워하다, 질투하다)의 *Pres.3.Pl.*][8] 부러워한다, 질투한다

sambuddhānaṃ [sambuddha의 *m.Pl.Gen.*] 완전히 깨달은. sambuddha : saṃ√budh (알다, 깨닫다)의 *Pp.*

satīmataṃ = satimataṃ [satimant(*adj.*)의 *m.Pl.Gen.*] 알아차리는. satimant : sati(*f.* 알아차림, 깨어있음)

---

182 kiccho manussapaṭilābho,[9]
kicchaṃ maccāna jīvitaṃ,[10]
kicchaṃ saddhammasavanaṃ,[11]
kiccho Buddhānam uppādo.[12]

182 사람 몸 받기 어렵고
인간의 수명 얻기 어렵고
참된 법 듣기 어렵고
깨달은 이들의 출현도 어렵다.

kiccho [kiccha(*adj.*)의 *m.Sg.Nom.*] 어렵다, 얻기 어렵다

manussapaṭilābho [manussapaṭilābha(*m.*)의 *Sg.Nom.*] 사람 몸을 받는 것은. manussa : *m.* 사람. paṭilābha : *m.* 획득, 받음, *fr.* paṭi√labh(얻다, 도달하다, 이르다)

---

8 동사 pihayati(부러워한다, 질투한다)는 속격을 취하므로 ta의 속격인 tesaṃ이 쓰였다.

9 제1행 : 이 행의 술어는 형용사 kiccho(어렵다)이고, 주어는 manussapaṭilābho(사람 몸 받는 것은)이다. 형용사적 술어 kiccho는 주어 manussapaṭilābho(남성, 단수, 주격)의 성, 수, 격에 일치한다.

10 제2행 : 이 행의 술어는 형용사 kicchaṃ(어렵다)이고, 주어는 jīvitaṃ(삶은, 수명은)이다. 형용사적 술어 kicchaṃ은 주어 jīvitaṃ(중성, 단수, 주격)의 성, 수, 격에 일치한다.

11 제3행 : 이 행의 술어는 형용사 kicchaṃ(어렵다)이고, 주어는 saddhammasavanaṃ(참된 법 듣기는)이다. 형용사적 술어 kicchaṃ은 주어 saddhammasavanaṃ(중성, 단수, 주격)의 성, 수, 격에 일치한다.

12 제4행 : 이 행의 술어는 형용사 kiccho(어렵다)이고, 주어는 uppādo(출현)이다. 형용사적 술어 kiccho는 주어 uppādo(남성, 단수, 주격)의 성, 수, 격에 일치한다.

kiccham̩ [kiccha(*adj.*)의 *nt.Sg.Nom.*] 어렵다, 얻기 어렵다

maccāna = maccānaṃ [macca(*m.*)의 *Pl.Gen.*] (죽음을 면할 수 없는 존재로서의) 사람들의, 인간들의

jīvitaṃ [jīvita(*nt.*)의 *Sg.Nom.*] 삶이. jīvita : √jīv(살다, 살아있다)의 *Pp.*

kicchaṃ [kiccha(*adj.*)의 *nt.Sg.Nom.*] 어렵다, 얻기 어렵다

saddhammasavanaṃ [saddhammasavana(*nt.*)의 *Sg.Nom.*] 참된 법을 듣는 것은. sant : 참된, √as(이다, 있다, 존재하다)의 *Ppr.* dhamma : *m.* 법, 진리. savana : *nt.* 듣기, *fr.* √su(듣다)

kiccho [kiccha(*adj.*)의 *m.Sg.Nom.*] 어렵다, 얻기 어렵다

Buddhānam = buddhānaṃ [buddha(*m.*)의 *Pl.Gen.*] 깨달은 이들의. buddha : √budh(알다, 깨닫다)의 *Pp.*

uppādo [uppāda(*m.*)의 *Sg.Nom.*] 출현은, 태어남은

---

183 sabbapāpassa akaraṇaṃ kusalassa upasampadā sacittapariyodapanaṃ etaṃ Buddhāna sāsanaṃ.[13]

183 모든 악을 삼가고 선을 행하며
자기 자신의 마음을 깨끗이 하는 것, 이것이 깨달은 이들의 가르침이다.

sabbapāpassa [sabbapāpa(*nt.*)의 *Sg.Gen.*] 모든 악행의. sabba : *adj.* 모든. pāpa : *nt.* 악, 악행

akaraṇaṃ [akaraṇa(*nt.*)의 *Sg.Nom.*] 행하지 않음. a : *pref.* 아니다, 없다. karaṇa : *nt.* 행함, 실행, *fr.* √kar(하다, 행하다)

kusalassa [kusala(*nt.*)의 *Sg.Gen.*] 선의, 선행의

upasampadā [upasampadā(*f.*)의 *Sg.Nom.*] 획득은, 얻음은. upasampadā : *fr.* upa-saṃ√pad(가다)

sacittapariyodapanaṃ [sacittapariyodapana(*nt.*)의 *Sg.Nom.*] 자기 자신의 마음의 정화. sa : *reflex.pron.* 자기 자신의. citta : *nt.* 마음. pariyodapana : *nt.* 정화

etaṃ [etad(*pron.*)의 *nt.Sg.Nom.*] 이것이, 그것이

---

13 제1~2행 : 이 시의 술어는 명사 sāsanaṃ(가르침)이고, 주어는 etaṃ(이것이), 즉 sabbapāpassa akaraṇaṃ(악행의 삼감이), kusalassa upasampadā(선행의 자청이), 그리고 sacittapariyodapanaṃ(자신의 마음의 정화가)이다. 명사적 술어 sāsanaṃ은 주어 etaṃ(주격)의 격에 일치한다. "sabbapāpassa akaraṇaṃ kusalassa upasampadā sacittapariyodapanaṃ"을 직역하면 "악행의 삼감, 선행의 자청, 자신의 마음의 정화"인데 "모든 악을 삼가고 선을 행하며 자기 자신의 마음을 깨끗이 하는 것"으로 의역하였다.

Buddhāna = buddhānaṃ [buddha(*m.*)의 *Pl.Gen.*] 깨달은 이들의. buddha : √budh(알다, 깨닫다)의 *Pp.*

sāsanaṃ [sāsana(*nt.*)의 *Sg.Nom.*] 가르침, 교훈

---

184 khantī paramaṃ tapo titikkhā,[14]
nibbānaṃ paramaṃ vadanti Buddhā,[15]
na hi pabbajito parūpaghātī[16]
samaṇo hoti paraṃ viheṭhayanto.[17]

184 인내와 용서는 최고의 고행이다.
깨달은 이들은 열반을 최고라고 말한다.
남을 해하는 자는 출가자가 아니고,
남을 괴롭히는 자는 수행자가 아니다.

khantī = khanti [khanti(*f.*)의 *Sg.Nom.*] 인내는, 참을성은

paramaṃ [parama(*adj.*)의 *nt.Sg.Nom.*] 최고의, 최상의

tapo [tapo(*m.* / *nt.*)의 *Sg.Nom.*] 고행은, 수행은. tapa : *fr.* √tap(태우다, 괴롭히다)

titikkhā [titikkhā(*f.*)의 *Sg.Nom.*] 용서는, 관대함은

nibbānaṃ [nibbāna(*nt.*)의 *Sg.Acc.*] 열반을

paramaṃ [parama(*adj.*)의 *nt.Sg.Acc.*] 최고의, 최상의

vadanti [√vad(말하다)의 *Pres.3.Pl.*] 말한다

Buddhā [buddha(*m.*)의 *Pl.Nom.*] 깨달은 이들은, 붓다들은. buddha : √budh(알다, 깨닫다)의 *Pp.*

na [*indecl.*] ~아니다, ~없다

---

14 제1행 : 이 행의 술어는 명사 tapo(고행)이고, 주어는 khantī(인내는)와 titikkhā(용서는)이다. 명사적 술어 tapo는 주어 khantī와 titikkhā의 격에 일치한다.

15 제2행 : 이 행의 술부는 paramaṃ vadanti(최고라고 말한다)이고, 주어는 Buddhā(깨달은 이들은), 목적어는 nibbānaṃ(열반을)이다.

16 제3행 : 이 행의 술부는 pabbajito na hoti(출가자가 아니다 –hoti는 제4행에서 가져옴)이고, 주어는 parūpaghātī(해하는 자는)이다.

17 제4행 : 이 행의 술부는 samaṇo na hoti(수행자가 아니다 –na는 제3행에서 가져옴)이고, 주어는 viheṭhayanto(괴롭히는 자는)이다.

hi [*indecl.*] 실로, 참으로, 왜냐하면, ~조차, ~라도

pabbajito [pabbajita(*m.*)의 *Sg.Nom.*] 출가자가. pabbajita : pa√vaj(가다, 나아가다)의 *Pp.*

parūpaghātī [parūpaghātin(*adj.*)의 *m.Sg.Nom.*] (*n.*) 남을 해하는 자는. para : *m.* 남. upaghātin : *adj.* 해하는, *fr.* upaghāta(*m.* 상처, 해)

samaṇo [samaṇa(*m.*)의 *Sg.Nom.*] 수행자가, 수도자가

hoti [√bhū(있다, 이다, 되다)의 *Pres.3.Sg.*] 이다

paraṃ [para(*m.*)의 *Sg.Acc.*] 남을

viheṭhayanto [viheṭhayanta의 *m.Sg.Nom.*] (*n.*) 괴롭히는 자는. viheṭhayanta : vi√heṭh(괴롭히다, 다치게 하다)의 *Ppr.*

---

185 anupavādo anupaghāto pātimokkhe ca saṃvaro
mattaññutā ca bhattasmiṃ pantañ ca sayanāsanaṃ
adhicitte ca āyogo etaṃ Buddhāna sāsanaṃ.[18]

185 [남을] 비난하지 않고 해하지 않으며, 계율에 따라 자제하고
음식을 절제할 줄 알며, 홀로 떨어져 살고
사색에 전념하는 것, 이것이 깨달은 이들의 가르침이다.

anupavādo [anupavāda(*m.*)의 *Sg.Nom.*] 비난하지 않음. an : *pref.* 아니다, 없다. upavāda : *m.* 비난, 모욕, 불평, *fr.* upa√vad(말하다)

anupaghāto [anūpaghāta(*m.*)의 *Sg.Nom.*] 해하지 않음. an : *pref.* 아니다, 없다. upaghāta : *m.* 해하는 것, 해침, *fr.* upa√han(죽이다, 때리다)

pātimokkhe [pātimokkha(*nt.*)의 *Sg.Loc.*] 계율에, 계율에 따라

ca [*indecl.*] 그리고, ~와

saṃvaro [saṃvara(*m.*)의 *Sg.Nom.*] 제어는, 자제는. saṃvara : *fr.* saṃ√var(막다)

mattaññutā [mattaññutā(*f.*)의 *Sg.Nom.*] 절제할 줄 아는 것. mattā : *f.* 완화, 절제, 중용. ñūtā / ññūtā : *f.* 앎, 아는 것, *fr.* √ñā(알다)

ca [*indecl.*] 그리고, ~와

18 제1~3행 : 이 시의 술어는 명사 sāsanaṃ(가르침)이고, 주어는 etaṃ(이것이)이다. etaṃ은 anupavādo(비난하지 않는 것), anupaghāto(해하지 않는 것), pātimokkhe saṃvaro(계율에 따라 자제함), mattaññutā bhattasmiṃ(음식에 있어 절제할 줄 아는 것), pantaṃ sayanāsanaṃ(홀로 떨어져 사는 것), 그리고 adhicitte āyogo(사색에 전념하는 것)을 말한다.

bhattasmiṃ [bhatta(*nt.*)의 *Sg.Loc.*] 음식에

pantañ = pantaṃ [panta(*adj.*)의 *nt.Sg.Nom.*] 고독한, 혼자

ca [*indecl.*] 그리고, ~와

sayanāsanaṃ [sayanāsana(*nt.*)의 *Sg.Nom.*] 잠자리와 앉는 자리, 자는 것과 앉는 것, 즉 사는 것. sayana : *nt.* 잠자리, 잠. āsana : *nt.* 자리, 앉음

adhicitte [adhicitta(*nt.*)의 *Sg.Loc.*] 사색에. adhi : *pref.* ~로 향하여, 위에. citta : *nt.* 마음, 생각

ca [*indecl.*] 그리고, ~와

āyogo [āyoga(*m.*)의 *Sg.Nom.*] 전념은, 추구는

etaṃ [etad(*pron.*)의 *nt.Sg.Nom.*] 이것이, 그것이

Buddhāna = buddhānaṃ [buddha(*m.*)의 *Pl.Gen.*] 깨달은 이들의. buddha : √budh(알다, 깨닫다)의 *Pp.*

sāsanaṃ [sāsana(*nt.*)의 *Sg.Nom.*] 가르침, 교훈

---

186 na kahāpaṇavassena titti kāmesu vijjati,[19]
"appassādā dukhā kāmā"iti viññāya paṇḍito,[20]

186 쏟아지는 돈으로도 감각적 쾌락에 충족이란 없다.
지혜로운 이는 "감각적 쾌락은 약간의 달콤함이 있을 뿐 고통스럽다"는 것을 깨닫고는,

na [*indecl.*] ~아니다, ~없다

kahāpaṇavassena [kahāpaṇavassa(*m.*)의 *Sg.Ins.*] 쏟아지는 돈으로, 많은 돈으로. kahāpaṇa : *nt.* 옛 인도에서 사용했던 동전. vassa : *m.* 비, 소나기

titti [titti(*f.*)의 *Sg.Nom.*] 충족은, 만족은

kāmesu [kāma(*m.*)의 *Pl.Loc.*] 감각적 쾌락에

vijjati [√vid(찾다, 알다)의 *Pres.Pass.3.Sg.*] 존재하다, 있다

appassādā [appassāda(*m.*)의 *Pl.Nom.*] 약간의 달콤함. appa : *adj.* 약간, 조금. assāda : *m.* 달콤함

dukhā = dukkhā [dukkha(*adj.*)의 *m.Pl.Nom.*] 고통스럽다

19 제1행 : 이 행의 술부는 na vijjati(없다)이고, 주어는 titti(충족은)이다.

20 제2행 : 이 행의 술어는 viññāya(깨닫고는)이고, 주어는 paṇḍito(지혜로운 이는)이다. 이 행은 다음 시 187에 연결된다.

kāmā [kāma(*m.*)의 *Pl.Nom.*] 감각적 쾌락에

ti / iti [*indecl.*] 직접화법이 끝났음을 나타내거나 바로 언급한 것을 나타냄

viññāya [vi√ñā(알다, 깨닫다)의 *Ger.*] 알고는, 깨닫고는

paṇḍito [paṇḍita(*m.*)의 *Sg.Nom.*] 지혜로운 이는

---

187 api dibbesu kāmesu ratiṃ so nādhigacchati,[21]
taṇhakkhayarato hoti sammāsambuddhasāvako.[22]

187 천상의 쾌락에서조차 그는 즐거움을 구하지 않는다.
더할 나위 없이 완전하게 깨달은 이의 제자는 갈애의 파괴를 기뻐한다.

pi / api [*indecl.*] ~도 또한, 비록 그렇다고 하더라도

dibbesu [dibba(*adj.*)의 *m.Sg.Loc.*] 신성한, 천상의

kāmesu [kāma(*m.*)의 *Sg.Loc.*] 감각적 쾌락에

ratiṃ [rati(*f.*)의 *Sg.Acc.*] 즐거움을

so [ta(*3.pron.*)의 *m.Sg.Nom.*] 그는, 그것은

nādhigacchati = na-adhigacchati : 찾지 않는다. na [*indecl.*] ~아니다, ~없다. adhigacchati [adhi√gam(가다)의 *Pres.3.Sg.*] 얻는다, 찾는다

taṇhakkhayarato [taṇhakkhayarata의 *m.Sg.Nom.*] 갈애의 파괴를 즐기는. taṇhā : *f.* 갈애. khaya : *m.* 파괴, 파멸. rata : 기뻐하는, √ram(기뻐하다, 즐기다, 좋아하다)의 *Pp.*

hoti [√bhū(있다, 이다, 되다)의 *Pres.3.Sg.*] 있다, 이다, 되다

sammāsambuddhasāvako [sammāsambuddhasāvaka(*m.*)의 *Sg.Nom.*] 더할 나위 없이 완전하게 깨달은 이(=붓다)의 제자는. sammā : *indecl.* 완전하게, 올바르게, 더할 나위 없이. sambuddha : *m.* 완전히 깨달은 이, 붓다, saṃ√budh(알다, 깨닫다)의 *Pp.* sāvaka : *m.* 제자, *fr.* √su(듣다)

---

21 제1행 : 이 행의 술어는 nādhigacchati(구하지 않는다)이고, 주어는 so(그는)이다. 여기서 so는 시 186의 paṇḍito(지혜로운 이는)를 말한다.

22 제2행 : 이 행의 술부는 taṇhakkhayarato hoti(욕망의 파괴를 기뻐한다)이고, 주어는 sammāsambuddhasāvako(더할 나위 없이 완전하게 깨달은 이의 제자는)이다.

188 bahuṃ ve saraṇaṃ yanti pabbatāni vanāni ca
ārāmarukkhacetyāni manussā bhayatajjitā,[23]

188 두려움에 질린 사람들은 실로 여러 의지처로 간다.
산들과 숲들로, 공원들과 나무들로, 그리고 탑들로.

bahuṃ [bahu(*adj.*)의 *nt.Sg.Acc.*] 많은, 여러
ve [*indecl.*] 참으로, 정말, 바로, 확실히
saraṇaṃ [saraṇa(*nt.*)의 *Sg.Acc.*] 의지처로
yanti [√yā(가다, 나아가다)의 *Pres.3.Pl.*] 간다
pabbatāni [pabbata(*m.*)의 *Pl.Acc.*][24] 산들로
vanāni [vana(*nt.*)의 *Pl.Acc.*] 숲들로
ca [*indecl.*] 그리고, ~와
ārāmarukkhacetyāni [ārāmarukkhacetya(*nt.*)의 *Pl.Acc.*] 공원들과 나무들, 그리고 탑들로. ārāma : *m.* 공원, 정원. rukkha : *m.* 나무. cetya = cetiya : *nt.* 탑
manussā [manussa(*m.*)의 *Pl.Nom.*] 사람들은
bhayatajjitā [bhayatajjita의 *m.Pl.Nom.*] 두려움에 질린. bhaya : *nt.* 두려움, 공포. tajjitā : 두려워하는, √tajj(두려워하게 하다)의 *Pp.*

189 n'etaṃ kho saraṇaṃ khemaṃ,[25]
n'etaṃ saraṇaṃ uttamaṃ,[26]
n'etaṃ saraṇaṃ āgamma,

23 제1~2행 : 이 시의 술어는 yanti(간다)이고, 주어는 manussā(사람들은), 그리고 목적어는 saraṇaṃ(의지처로), pabbatāni(산들로), vanāni(숲들로), ārāmarukkhācetyāni(공원들과 나무들, 그리고 탑들로)이다. bhayatajjitā(두려움에 질린)는 manussā(사람들은)를 수식하므로 manussā(남성, 복수, 주격)의 성, 수, 격에 일치한다.

24 pabbata는 남성명사임에도 복수 대격 어미를 āni로 가질 때가 있다.

25 제1행 : 이 행의 술부는 na saraṇaṃ(의지처는 아니다)이고, 주어는 etaṃ(이것이)이다. khemaṃ(안전한)은 saraṇaṃ(의지처는)을 수식하므로 saraṇaṃ(중성, 단수, 주격)의 성, 수, 격에 일치한다.

26 제2행 : 이 행의 술부는 na saraṇaṃ(의지처는 아니다)이고, 주어는 etaṃ(이것이)이다. uttamaṃ(최고의)은 saraṇaṃ(의지처는)을 수식하므로 saraṇaṃ(중성, 단수, 주격)의 성, 수, 격에 일치한다.

sabbadukkhā pamuccati.[27]

189 이것이 실로 안전한 의지처는 아니다.
이것이 가장 좋은 의지처는 아니다.
이 의지처에 온다고 해서
모든 괴로움에서 벗어나는 것은 아니다.

n'etaṃ = na-etaṃ. na [*indecl.*] ~아니다, ~없다. etaṃ [etad(*pron.*)의 *nt.Sg.Nom.*] 이것이, 이는
kho [*indecl.*] 실로, 참으로, 확실히
saraṇaṃ [saraṇa(*nt.*)의 *Sg.Nom.*] 의지처는, 은신처는
khemaṃ [khema(*adj.*)의 *nt.Sg.Nom.*] 안전한, 평화로운
n'etaṃ = na-etaṃ. na [*indecl.*] ~아니다, ~없다. etaṃ [etad(*pron.*)의 *nt.Sg.Nom.*] 이것이, 이는
saraṇaṃ [saraṇa(*nt.*)의 *Sg.Nom.*] 의지처는, 은신처는
uttamaṃ [uttama(*adj.*)의 *nt.Sg.Acc.*] 가장 좋은, 최상인
n'etaṃ = na-etaṃ. na [*indecl.*] ~아니다, ~없다. etaṃ [etad(*pron.*)의 *nt.Sg.Acc.*] 이것을, 이를
saraṇaṃ [saraṇa(*nt.*)의 *Sg.Acc.*] 의지처를, 은신처를
āgamma [ā√gam(가다)의 *Ger.*] 와서는, 오고나서
sabbadukkhā [sabbadukkha(*nt.*)의 *Sg.Abl.*] 모든 괴로움으로부터. sabba : *adj.* 모든. dukkha : *nt.* 괴로움
pamuccati [pa√muc(해방하다, 자유롭게 하다)의 *Pres.Pass.3.Sg.*] 벗어난다

190 yo ca Buddhañ ca Dhammañ ca
Saṃghañ ca saraṇaṃ gato[28]
cattāri ariyasaccāni
sammapaññāya passati :[29]

---

27 제3~4행 : 제3~4행의 술부는 na pamuccati(벗어나지 않는다)이고, 술어동사 pamuccati를 통해 주어가 3인칭 단수임을 알 수 있다. "etaṃ saraṇaṃ āgamma"는 절대분사 āgamma가 이끄는 종속절이다. 절대분사 āgamma는 전체 문장의 술어 na pamuccati 이전의 행위를 나타낸다.

28 제1~2행 : 이 행들은 관계대명사 yo가 이끄는 관계절로서 이 관계절의 술부는 과거분사 saraṇaṃ gato(의지처로 삼는다면)이고, 주어는 관계대명사 yo(누가)이다. 목적어는 Buddhaṃ(붓다를), Dhammaṃ(진리를), Saṃghaṃ(승가를, 스님들을)이다.

29 제3~4행 : 이 행들의 술어는 passati(깨닫는다)이고, 이 술어동사를 통해 주어가 3인칭 단수임을 알 수 있

190 그러나 누구든 붓다와 진리와
스님들을 의지처로 삼는다면
네 가지 성스러운 진리를
완전한 지혜에 의하여 깨닫는다.

yo [ya(*pron.*)의 *m.Sg.Nom.*][30] 누가 ~한다면, 누가 ~할지라도
ca = tu [*indecl.*] 그러나, 하지만
Buddhañ = buddhaṃ [buddha(*m.*)의 *Sg.Acc.*] 깨달은 이를, 붓다를. buddha : √budh(알다, 깨닫다)의 *Pp.*
ca [*indecl.*] 그리고, ~와
Dhammañ = dhammaṃ [dhamma(*m.*)의 *Sg.Acc.*] 법을, 진리를
ca [*indecl.*] 그리고, ~와
Saṃghañ = saṃghaṃ [saṃgha(*m.*)의 *Sg.Acc.*] 승가를, 스님들을
ca [*indecl.*] 그리고, ~와
saraṇaṃ [saraṇa(*nt.*)의 *Sg.Acc.*] 의지처로
gato [gata의 *m.Sg.Nom.*] 간, 이른. gata : √gam(가다)의 *Pp.*
cattāri [catu(*adj.*)의 *nt.Pl.Acc.*] 4의, 네 개의
ariyasaccāni [ariyasacca(*nt.*)의 *Pl.Acc.*] 성스러운 진리를. ariya : *adj.* 고귀한, 성스러운. sacca : *nt.* 진리
sammapaññāya [sammapaññā(*f.*)의 *Sg.Ins.*] 완전한 지혜에 의하여. samma = sammā : *indecl.* 완전히, 올바르게. paññā : *f.* 지혜, 지식, *fr.* pa√ñā(알다, 이해하다)
passati [√dis(보다, 깨닫다)의 *Pres.3.Sg.*] 깨닫는다

---

191 dukkhaṃ dukkhasamuppādaṃ
dukkhassa ca atikkamaṃ
ariyañ c'aṭṭhaṅgikaṃ maggaṃ
dukkhūpasamagāminaṃ.[31]

다. 그리고 목적어는 ariyasaccāni(성스러운 진리를)이다. cattāri(네 개의)는 ariyasaccāni를 수식하므로 cattāri(중성, 복수, 대격)의 성, 수, 격에 일치한다.

30 yo는 '누가 ~한다면, 누가 ~할지라도'라는 의미로 쓰였다.

31 제1~4행 : 이 시는 시 190의 cattāri ariyasaccāni(네 가지 성스러운 진리)에 대한 내용이다. passati(깨닫는

191 괴로움, 괴로움의 원인,
괴로움의 초월,
그리고 괴로움의 소멸에 이르는 성스러운 여덟 가지 길을 [깨닫는다].

dukkhaṃ [dukkha(*nt.*)의 *Sg.Acc.*] 괴로움을

dukkhasamuppādaṃ [dukkhasamuppāda(*m.*)의 *Sg.Acc.*] 괴로움의 원인을. dukkha : *nt.* 괴로움. samuppāda : *m.* 기원(起源), 원인, *fr.* saṃ-ud√pad(가다)

dukkhassa [dukkha(*nt.*)의 *Sg.Gen.*] 괴로움의

ca [*indecl.*] 그리고, ~와

atikkamaṃ [atikkama(*m.*)의 *Sg.Acc.*] 초월을, 극복을. atikkama : *fr.* ati√kam(가다)

ariyañ = ariyaṃ [ariya(*adj.*)의 *m.Sg.Acc.*] 고귀한, 성스러운

c'aṭṭhaṅgikaṃ = ca aṭṭhaṅgikaṃ. ca [*indecl.*] 그리고, ~와. aṭṭhaṅgikaṃ [aṭṭhaṅgika(*adj.*)의 *m.Sg.Acc.*] 여덟 개의

maggaṃ [magga(*m.*)의 *Sg.Acc.*] 길을

dukkhūpasamagāminaṃ [dukkhūpasamagāmin(*adj.*)의 *m.Sg.Acc.*] 괴로움의 소멸로 가는. dukkha : *nt.* 괴로움. upasama : *m.* 고요, 진정. gāmin : *adj.* ~로 가는, ~을 향해 가는, *fr.* √gam(가다)

192 etaṃ kho saraṇaṃ khemaṃ etaṃ saraṇaṃ uttamaṃ[32]
etaṃ saraṇaṃ āgamma sabbadukkhā pamuccati.[33]

192 이것이 실로 안전한 의지처이다. 이것이 가장 좋은 의지처이다.
이 의지처에 온 후에는 모든 괴로움에서 벗어난다.

다)의 목적어로 쓰인 이 네 가지는 dukkhaṃ(괴로움), dukkhasamuppādaṃ(괴로움의 원인), dukkhassa atikkhamaṃ(괴로움의 초월), 그리고 ariyañ c'aṭṭhaṅgikaṃ maggaṃ dukkhūpasamagāminaṃ(괴로움의 소멸에 이르는 성스러운 여덟 가지 길)이다.

32 제1행 : "etaṃ kho saraṇaṃ khemaṃ"의 술어는 명사 saraṇaṃ(의지처)이고, 주어는 etaṃ(이것이)이다. 명사적 술어 saraṇaṃ은 주어 etaṃ의 격에 일치한다. khemaṃ(안전한)은 saraṇaṃ을 수식하므로 saraṇaṃ(중성, 단수, 주격)의 성, 수, 격에 일치한다. "etaṃ saraṇaṃ uttamaṃ"의 술어는 명사 saraṇaṃ(의지처)이고, 주어는 etaṃ(이것이)이다. uttamaṃ(최고의)은 saraṇaṃ을 수식하므로 saraṇaṃ(중성, 단수, 주격)의 성, 수, 격에 일치한다.

33 제2행 : 이 행의 술어는 pamuccati(벗어난다)이고, 이 술어동사를 통해 주어가 3인칭 단수임을 알 수 있다. "etaṃ saraṇaṃ āgamma"는 절대분사 āgamma가 속해있는 종속절이다. 절대분사 āgamma는 전체 문장의 술어 pamuccati 이전의 행위를 나타낸다.

etaṃ [etad(*pron.*)의 *nt.Sg.Nom.*] 이것이, 그것이

kho [*indecl.*] 실로, 참으로, 확실히

saraṇaṃ [saraṇa(*nt.*)의 *Sg.Nom.*] 의지처

khemaṃ [khema(*adj.*)의 *nt.Sg.Nom.*] 안전한, 평화로운

etaṃ [etad(*pron.*)의 *nt.Sg.Nom.*] 이것이, 그것이

saraṇaṃ [saraṇa(*nt.*)의 *Sg.Nom.*] 의지처

uttamaṃ [uttama(*adj.*)의 *nt.Sg.Acc.*] 가장 좋은, 최상인

etaṃ [etad(*pron.*)의 *nt.Sg.Acc.*] 이를, 이것을

saraṇaṃ [saraṇa(*nt.*)의 *Sg.Acc.*] 의지처에

āgamma [ā√gam(가다)의 *Ger.*] 와서는, 온 후에

sabbadukkhā [sabbadukkha(*nt.*)의 *Sg.Abl.*] 모든 괴로움으로부터. sabba : *adj.* 모든. dukkha : *nt.* 괴로움

pamuccati [pa√muc(해방하다, 자유롭게 하다)의 *Pres.Pass.3.Sg.*] 벗어난다

---

193 dullabho purisājañño na so sabbattha jāyati,[34]
yattha so jāyatī dhīro taṃ kulaṃ sukham edhati.[35]

193 고결한 사람은 얻기 어렵다. 그는 아무데서나 태어나지는 않는다.
그 지혜로운 이가 태어나는 그 집안은 행복하게 번영한다.

dullabho [dullabha(*adj.*)의 *m.Sg.Nom.*] 얻기 어렵다. du : *indecl.* 나쁜, 부족한, 어려운. labha : *adj.* 얻는, *fr.* √labh(얻다, 도달하다)

purisājañño [purisājañña(*m.*)의 *Sg.Nom.*] 고결한 사람은. purisa : *m.* 사람, 인간. ājañña : *adj.* 고결한 집안의, 훌륭한 가문의

na [*indecl.*] ~아니다, ~없다

so [ta(*3.pron.*)의 *m.Sg.Nom.*] 그는, 그것은

sabbattha [*adv.*] 어디나, 어디에나, 어떠한 일이 있어도

34 제1행 : "dullabho purisājañño"의 술어는 형용사 dullabho(얻기 어렵다)이고, 주어는 purisājañño(고결한 사람은)이다. "na so sabbattha jāyati"의 술부는 na jāyati(태어나지 않는다)이고, 주어는 so(그는)이다.

35 제2행 : 이 행의 술어는 edhati(번영한다)이고, 주어는 kulaṃ(집안은)이다. "yattha so jāyatī dhīro(그 지혜로운 이가 태어나는)"는 yattha가 이끄는 절로서 taṃ kulaṃ(그 집안은)을 수식한다.

jāyati [√jan(태어나다, 일어나다, 생기다)의 *Pres.3.Sg.*] 태어난다
yattha [*adv.*] 어디에, 어디로
so [ta(*3.pron.*)의 *m.Sg.Nom.*] 그는, 그것은
jāyatī = jāyati [√jan(태어나다, 일어나다, 생기다)의 *Pres.3.Sg.*] 태어난다
dhīro [dhīra(*adj.*)의 *m.Sg.Nom.*] (*n.*) 현명한 이는, 지혜로운 이는
taṃ [ta(*3.pron.*)의 *nt.Sg.Nom.*] 그는, 그것은
kulaṃ [kula(*nt.*)의 *Sg.Nom.*] 가족은, 집안은
sukham = sukhaṃ [*adv.*] 기쁘게, 편안하게, 행복하게, sukha(*adj.*)의 *nt.Sg.Acc.*
edhati [√edh(늘다, 번영하다)의 *Pres.3.Sg.*] 번영한다, 번성한다

---

194 sukho Buddhānaṃ uppādo sukhā saddhammadesanā[36]
sukhā saṃghassa sāmaggī samaggānaṃ tapo sukho.[37]

194 깨달은 이들의 출현은 기쁘고, 참된 진리의 가르침도 기쁘다.
승가의 화합도 기쁘고, 화합한 이들의 수행도 기쁘다.

sukho [sukha(*adj.*)의 *m.Sg.Nom.*] 기쁘다, 행복하다, 즐겁다
Buddhānaṃ [buddha(*m.*)의 *Pl.Gen.*] 깨달은 이들의, 붓다들의. buddha : √budh(알다, 깨닫다)의 *Pp.*
uppādo [uppāda(*m.*)의 *Sg.Nom.*] 출현은, 탄생은
sukhā [sukha(*adj.*)의 *f.Sg.Nom.*] 기쁘다, 행복하다, 즐겁다
saddhammadesanā [saddhammadesanā(*f.*)의 *Sg.Nom.*] 참된 진리의 가르침은. sant : 좋은, 참된, √as(이다, 있다, 존재하다)의 *Ppr.* dhamma : *m.* 법, 진리. desanā : *f.* 가르침, 설법
sukhā [sukha(*adj.*)의 *f.Sg.Nom.*] 기쁘다, 행복하다, 즐겁다
saṃghassa [saṃgha(*m.*)의 *Sg.Gen.*] 승가의, 스님들의
sāmaggī [sāmaggī(*f.*)의 *Sg.Nom.*] 화합은
samaggānaṃ [samagga(*m.*)의 *Pl.Gen.*] 화합한, 하나가 된
tapo [tapo(*m.* / *nt.*)의 *Sg.Nom.*] 고행은, 수행은. tapa : *fr.* √tap(태우다, 괴롭히다)

---

36 제1행 : "sukho Buddhānaṃ uppādo"의 술어는 형용사 sukho(기쁘다)이고, 주어는 uppādo(출현은)이다. "sukhā saddhammadesanā"의 술어는 형용사 sukhā(기쁘다)이고, 주어는 saddhammadesanā(참된 진리의 가르침은)이다.

37 제2행 : "sukhā saṃghassa sāmaggī"의 술어는 형용사 sukhā(기쁘다)이고, 주어는 sāmaggī(화합은)이다. "samaggānaṃ tapo sukho"의 술어는 형용사 sukho(기쁘다)이고, 주어는 tapo(수행은)이다.

sukho [sukha(*adj.*)의 *m.Sg.Nom.*] 기쁘다, 행복하다, 즐겁다

195 pūjārahe pūjayato Buddhe yadi va sāvake
papañcasamatikkante tiṇṇasokapariddave,[38]

195 공양받을 만한 분들을 공양하는 이들,
장애를 초월하고 고통과 슬픔을 이겨낸 붓다들이나 제자들을 공양하는 이들,

pūjārahe [pūjāraha(*adj.*)의 *m.Pl.Acc.*] (*n.*) 공양받을 만한 분들을. pūjā : *f.* 존경, 귀의. araha : *adj.* 받을 가치가 있는, *fr.* √arah(~할 만하다, ~할 가치가 있다)

pūjayato [pūjayanta의 *m.Sg.Gen.*] (*n.*) 공양하는 이들의. pūjayanta : √pūj(존경하다, 예배하다)의 *Ppr.*

Buddhe [buddha(*m.*)의 *Pl.Acc.*] 깨달은 이들을, 붓다들을. buddha : √budh(알다, 깨닫다)의 *Pp.*

yadi [*indecl.*] 만약, ~이든

va = vā [*indecl.*] 또는. yadi vā = 또는, ~이나…

sāvake [sāvaka(*m.*)의 *Pl.Acc.*] 제자들을. sāvaka : *fr.* √su(듣다)

papañcasamatikkante [papañcasamatikkanta의 *m.Pl.Acc.*] 장애를 초월한. papañca : *m.* 장애(물). samatikkanta : 넘은, 초월한, saṃ-ati√kam(가다)의 *Pp.*

tiṇṇasokapariddave [tiṇṇasokapariddava의 *m.Pl.Acc.*] 고통과 슬픔을 이겨낸. tiṇṇa : 건너간, 이겨낸, √tar(건너가다, 지나가다)의 *Pp.* soka : *m.* 슬픔, 고통. pariddava = parideva : *m.* 슬픔, 탄식

196 te tādise pūjayato nibbute akutobhaye
na sakkā puññaṃ saṃkhātuṃ im'ettam api kenaci.[39]

38 이 시는 시 196에 연결된다.

39 이 시는 앞의 시 195에 연결된다. 시 195~196의 술부는 na sakkā saṃkhātuṃ(헤아려질 수 없다)이고, 주어는 puññaṃ(공덕은)이다. 제2행은 수동형 문장(공덕은 얼마만 하다고 누구에 의해서도 헤아려질 수 없다)인데 능동형 문장(공덕을 누구도 얼마만 하다고 헤아릴 수 없다)으로 바꾸어 번역하였다. te(그들)는 시 195의 pūjārahe(공양받을 만한 분들), Buddhe sāvake papañcasamatikkante tiṇṇasokapariddave(장애를 초월하고 고통과 슬픔을 이겨낸 붓다들과 제자들), 그리고 시 196의 nibbute akutobhaye(욕망을 여의고 두려움을 모르는 분들)을 말한다.

196 [욕망을 여의어] 평온하고 어디에도 두려움이 없는 그런 분들을 공양하는 이들의 공덕을 누구도 얼마만 하다고 헤아릴 수 없다.

te [ta(*3.pron.*)의 *m.Pl.Acc.*] 그들을

tādise [tādisa(*adj.*)의 *m.Pl.Acc.*] 그러한, 그런

pūjayato [pūjayanta의 *m.Sg.Gen.*] (*n.*) 공양하는 이들의. pūjayanta : √pūj(존경하다, 예배하다)의 *Ppr.*

nibbute [nibbuta의 *m.Pl.Acc.*] (불 등이) 꺼진, 평온해진. nibbuta : ni√vā(불다)의 *Pp.*

akutobhaye [akutobhaya(*adj.*)의 *m.Pl.Acc.*] 어디에도 두려움이 없는. a : *pref.* 아니다, 없다. kuto : *adv.* 어디서, 어찌하여. bhaya : *nt.* 두려움, 공포

na [*indecl.*] ~아니다, ~없다

sakkā [*indecl.*] 가능한, 할 수 있는

puññaṃ [puñña(*nt.*)의 *Sg.Nom.*] 덕은, 공덕은

saṃkhātuṃ [saṃ√khā(이해하다, 파악하다, 깨닫다)의 *Inf.*] 완전히 이해한, 헤아리는

im'ettam api = imaṃ-ettaṃ-api. imaṃ [ima(*pron.*)의 *nt.Sg.Nom.*] 이는, 이것은. ettaṃ [*adv.*] 이만, 이 정도. pi / api [*indecl.*] ~도 또한, 비록 그렇다고 하더라도

kenaci = kena-ci : 누구에 의해서도, 무엇에 의해서도

제15장

행복

Sukha

197 **susukhaṃ vata jīvāma verinesu averino,**[1]
verinesu manussesu viharāma averino.[2]

197 적의를 품은 이들 속에서도 적의 없이 참으로 행복하게 살아가자.
적의를 품은 사람들 속에서도 적의 없이 지내자.

susukhaṃ : 참으로 행복하게. su : *indecl.* 잘, 참으로. sukhaṃ : *adv.* 기쁘게, 편안하게, 행복하게, sukha(*adj.*)의 *nt.Sg.Acc.*

vata [*indecl.*] 아!, 참!, 실로, 정말

jīvāma [√jīv(살다, 살아있다)의 *Imper.1.Pl.*] 살아가자

verinesu [verin(*adj.*)의 *m.Pl.Loc.*] (*n.*) 적의를 품은 이들 속에서. verin : *fr.* vera(*nt.* 증오, 적의)

averino [averin(*adj.*)의 *m.Pl.Nom.*] 적의 없이. a : *pref.* 아니다, 없다. verin : *adj.* 적의를 품은, *fr.* vera(*nt.* 증오, 적의)

verinesu [verin(*adj.*)의 *m.Pl.Loc.*] 적의를 품은. verin : *fr.* vera(*nt.* 증오, 적의)

manussesu [manussa(*m.*)의 *Pl.Loc.*] 사람들 속에서.

viharāma [vi√har(나르다, 가져오다)의 *Imper.1.Pl.*] 살자, 지내자

averino [averin(*adj.*)의 *m.Pl.Nom.*] 적의 없이. a : *pref.* 아니다, 없다. verin : *adj.* 적의를 품은, *fr.* vera(*nt.* 증오, 적의)

---

1 제1행 : 이 행의 술어는 jīvāma(살아가자)이고, 이 술어동사를 통해 주어가 1인칭 복수임을 알 수 있다.

2 제2행 : 이 행의 술어는 viharāma(지내자)이고, 이 술어동사를 통해 주어가 1인칭 복수임을 알 수 있다. verinesu(적의를 품은)는 manussesu(사람들 속에서)를 수식하므로 manussesu(남성, 복수, 처격)의 성, 수, 격에 일치한다.

198 susukhaṃ vata jīvāma āturesu anāturā,[3]
āturesu manussesu viharāma anāturā.[4]

198 괴로워하는 이들 속에서도 괴로움 없이 참으로 행복하게 살아가자.
괴로워하는 사람들 속에서도 괴로움 없이 지내자.

susukhaṃ : 참으로 행복하게. su : *indecl.* 잘, 참으로. sukhaṃ : *adv.* 기쁘게, 편안하게, 행복하게, sukha(*adj.*)의 *nt.Sg.Acc.*

vata [*indecl.*] 아!, 참!, 실로, 정말

jīvāma [√jīv(살다, 살아있다)의 *Imper.1.Pl.*] 살아가자

āturesu [ātura(*adj.*)의 *m.Pl.Loc.*] (*n.*) 괴로워하는 이들 속에서, 병든 이들 속에서

anāturā [anātura(*adj.*)의 *m.Pl.Nom.*] 괴로워하지 않는, 건강한. an : *pref.* 아니다, 없다. ātura : *adj.* 병든, 괴로워하는

āturesu [ātura(*adj.*)의 *m.Pl.Loc.*] 괴로워하는, 병든

manussesu [manussa(*m.*)의 *Pl.Loc.*] 사람들 속에서

viharāma [vi√har(나르다, 가져오다)의 *Imper.1.Pl.*] 살자, 지내자

anāturā [anātura(*adj.*)의 *m.Pl.Nom.*] 괴로워하지 않는, 건강한. an : *pref.* 아니다, 없다. ātura : *adj.* 병든, 괴로워하는

199 susukhaṃ vata jīvāma ussukesu anussukā,[5]
ussukesu manussesu viharāma anussukā.[6]

199 욕심 많은 이들 속에서도 욕심 없이 참으로 행복하게 살아가자.
욕심 많은 사람들 속에서도 욕심 없이 지내자.

---

3 제1행 : 이 행의 술어는 jīvāma(살아가자)이고, 이 술어동사를 통해 주어가 1인칭 복수임을 알 수 있다.

4 제2행 : 이 행의 술어는 viharāma(지내자)이고, 이 술어동사를 통해 주어가 1인칭 복수임을 알 수 있다. āturesu(괴로워하는)는 manussesu(사람들 속에서)를 수식하므로 manussesu(남성, 복수, 처격)의 성, 수, 격에 일치한다.

5 제1행 : 이 행의 술어는 jīvāma(살아가자)이고, 이 술어동사를 통해 주어가 1인칭 복수임을 알 수 있다.

6 제2행 : 이 행의 술어는 viharāma(지내자)이고, 이 술어동사를 통해 주어가 1인칭 복수임을 알 수 있다. ussukesu(욕심 많은)는 manussesu(사람들 속에서)를 수식하므로 manussesu(남성, 복수, 처격)의 성, 수, 격에 일치한다.

susukhaṃ : 참으로 행복하게. su : *indecl.* 잘, 참으로. sukhaṃ : *adv.* 기쁘게, 편안하게, 행복하게, sukha(*adj.*)의 *nt.Sg.Acc.*

vata [*indecl.*] 아!, 참!, 실로, 정말

jīvāma [√jīv(살다, 살아있다)의 *Imper.1.Pl.*] 살아가자

ussukesu [ussuka(*adj.*)의 *m.Pl.Loc.*] (*n.*) 욕심 많은 이들 속에서

anussukā [anussuka(*adj.*)의 *m.Pl.Nom.*] 욕심 없는. an : *pref.* 아니다, 없다. ussuka : *m.* 욕심 많은

ussukesu [ussuka(*adj.*)의 *m.Pl.Loc.*] 욕심 많은

manussesu [manussa(*m.*)의 *Pl.Loc.*] 사람들 속에서

viharāma [vi√har(나르다, 가져오다)의 *Imper.1.Pl.*] 살자, 지내자

anussukā [anussuka(*adj.*)의 *m.Pl.Nom.*] 욕심 없는. an : *pref.* 아니다, 없다. ussuka : *m.* 욕심 많은

200 susukhaṃ vata jīvāma yesan no n'atthi kiñcanaṃ,[7]
pītibhakkhā bhavissāma devā ābhassarā yathā.[8]

200 아무 것도 가진 것 없는 우리, 참으로 행복하게 살아가자.
광음천(光音天)의 신들처럼 [우리는] 희열을 먹고 살게 될 것이다.

susukhaṃ : 참으로 행복하게. su : *indecl.* 잘, 참으로. sukhaṃ : *adv.* 기쁘게, 편안하게, 행복하게, sukha(*adj.*)의 *nt.Sg.Acc.*

vata [*indecl.*] 아!, 참!, 실로, 정말

jīvāma [√jīv(살다, 살아있다)의 *Imper.1.Pl.*] 살아가자

yesan = yesaṃ [ya(*pron.*)의 *m.Pl.Dat.*]

no [amha(*1.pron.*)의 *Pl.Dat.*] 우리에게

n'atthi = na-atthi : 없다. na [*indecl.*] ~아니다, ~없다. atthi [√as(이다, 있다, 존재하다)의 *Pres.3.Sg.*] 있다

7 제1행 : 이 행의 술어는 jīvāma(살아가자)이고, 이 술어동사를 통해 주어가 1인칭 복수임을 알 수 있다.

8 제2행 : 이 행의 술부는 pītibhakkhā bhavissāma(희열을 먹고 살게 될 것이다)이고, 술어동사 bhavissāma를 통해 주어가 1인칭 복수임을 알 수 있다. "devā ābhassarā yathā"는 yathā가 이끄는 부사절이다.

kiñcanaṃ [kiñcana(*nt.*)의 *Sg.Nom.*] 아무 것도, 어떤 것도

pītibhakkhā [pītibhakkha(*adj.*)의 *m.Pl.Nom.*] 희열을 먹고 사는. pīti : *f.* 기쁨, 희열. bhakkha : *adj.* 먹는

bhavissāma [√bhū(이다, 되다, 존재하다)의 *Fut.1.Pl.*] 일 것이다, ~이 될 것이다

devā [deva(*m.*)의 *Pl.Nom.*] 신들

ābhassarā [ābhassara(*m.*)의 *Pl.Nom.*] 광음천(光音天)

yathā [*adv.*] ~와 같이, ~처럼

---

201 jayaṃ veraṃ pasavati dukkhaṃ seti parājito,[9]
upasanto sukhaṃ seti hitvā jayaparājayaṃ.[10]

201 승리한 자는 원한을 일으킨다. 패한 자는 고통스럽게 잠든다.
승리와 패배를 버리고 나서 평온해진 이는 편안하게 잠든다.

jayaṃ [jayanta의 *m.Sg.Nom.*] (*n.*) 승리한 자는. jayanta : √ji(이기다)의 *Ppr.*

veraṃ [vera(*nt.*)의 *Sg.Acc.*] 원한을, 증오를

pasavati [pa√su(흐르다)의 *Pres.3.Sg.*] 생기게 한다, 일으킨다

dukkhaṃ [*adv.*] 고통스럽게, dukkha(*adj.*)의 *nt.Sg.Acc.*

seti [√si(자다)의 *Pres.3.Sg.*] 잔다

parājito [parājita의 *m.Sg.Nom.*] (*n.*) 패한 자는. parājita : parā√ji(이기다)의 *Pp.*

upasanto [upasanta의 *m.Sg.Nom.*] (*n.*) 평온해진 이는. upasanta : upa√sam(진정되다, 가라앉다)의 *Pp.*

sukhaṃ [*adv.*] 기쁘게, 편안하게, 행복하게, sukha(*adj.*)의 *nt.Sg.Acc.*

seti [√si(자다)의 *Pres.3.Sg.*] 잔다

hitvā [√hā(버리다, 포기하다)의 *Ger.*] 버리고 나서, 버린 후에

jayaparājayaṃ [jayaparājaya(*m*)의 *Sg.Acc.*] 승리와 패배를. jaya : *m* 승리. parājaya(pa-rā-jaya) : *m* 패배

---

9 제1행 : "jayaṃ veraṃ pasavati"의 술어는 pasavati(일으킨다)이고, 주어는 jayaṃ(승리한 자는), 그리고 목적어는 veraṃ(원한을)이다. "dukkhaṃ seti parājito"의 술부는 dukkhaṃ seti(고통스럽게 잠든다)이고, 주어는 parājito(패한 자는)이다.

10 제2행 : 이 행의 술어는 seti(잠든다)이고, 주어는 upasanto(평온해진 이는)이다. "hitvā jayaparājayaṃ"은 절대분사 hitvā가 이끄는 종속절이다. 절대분사 hitvā는 전체 문장의 술어 seti 이전의 행위를 나타내고, hitvā의 행위주체 또한 upasanto이다.

202 n'atthi rāgasamo aggi,[11]
n'atthi dosasamo kali,[12]
n'atthi khandhādisā dukkhā,[13]
n'atthi santiparaṃ sukhaṃ.[14]

202 탐욕과 같은 불길은 없다.
증오와 같은 죄악은 없다.
존재의 구성요소들과 같은 괴로움은 없다.
[마음의] 고요보다 나은 행복은 없다.

n'atthi = na-atthi : 없다. na [*indecl.*] ~아니다, ~없다. atthi [√as(이다, 있다, 존재하다)의 *Pres.3.Sg.*] 있다

rāgasamo [rāgasama(*adj.*)의 *m.Sg.Nom.*] 탐욕과 같은. rāga : *m.* 탐욕. sama : *adj.* ~와 같은, ~처럼

aggi [aggi(*m.*)의 *Sg.Nom.*] 불은, 불길은

n'atthi = na-atthi : 없다. na [*indecl.*] ~아니다, ~없다. atthi [√as(이다, 있다, 존재하다)의 *Pres.3.Sg.*] 있다

dosasamo [dosasama(*adj.*)의 *m.Sg.Nom.*] 증오와 같은. dosa : *m.* 증오. sama : *adj.* ~와 같은, ~처럼

kali [kali(*m.*)의 *Sg.Nom.*] 불행은, 악은, 죄악은

n'atthi = na-atthi : 없다. na [*indecl.*] ~아니다, ~없다. atthi [√as(이다, 있다, 존재하다)의 *Pres.3.Sg.*] 있다

khandhādisā [khandhādisa(*adj.*)의 *m.Pl.Nom.*] 존재의 구성요소들과 같은. khanda : *m.* 존재의 구성요소. sadisa : *adj.* 비슷한, 같은, 동등한

dukkhā [dukkha(*nt.*)의 *Pl.Nom.*] 괴로움이

n'atthi = na-atthi : 없다. na [*indecl.*] ~아니다, ~없다. atthi [√as(이다, 있다, 존재하다)의

11 제1행 : 이 행의 술어는 n'atthi(없다)이고, 주부는 rāgasamo aggi(탐욕과 같은 불길은)이다. rāgasamo는 aggi를 수식하므로 aggi(남성, 단수, 주격)의 성, 수, 격에 일치한다.

12 제2행 : 이 행의 술어는 n'atthi(없다)이고, 주부는 dosasamo kali(증오와 같은 죄악은)이다. dosasamo는 kali를 수식하므로 kali(남성, 단수, 주격)의 성, 수, 격에 일치한다.

13 제3행 : 이 행의 술어는 n'atthi(없다)이고, 주부는 khandhādisā dukkhā(존재의 구성요소들과 같은 괴로움은)이다. khandhādisā는 dukkhā를 수식하므로 dukkhā(중성, 복수, 주격)의 성, 수, 격에 일치한다. dukkha는 중성명사인데도 복수 주격형인 dukkhā이다.

14 제4행 : 이 행의 술어는 n'atthi(없다)이고, 주부는 santiparaṃ sukhaṃ(고요보다 나은 행복은)이다. santiparaṃ은 sukhaṃ을 수식하므로 sukhaṃ(중성, 단수, 주격)의 성, 수, 격에 일치한다.

Pres.3.Sg.] 있다

santiparaṃ [santipara(*adj.*)의 *nt.Sg.Nom.*] 고요보다 더 나은. santi : *f.* 고요, 평온, *fr.* √sam(진정되다, 가라앉다). para : *adj.* 더 높은, ~보다 이상으로

sukhaṃ [sukha(*nt.*)의 *Sg.Nom.*] 행복은, 즐거움은

---

203 jighacchāparamā rogā,[15]
saṃkhārā paramā dukhā,[16]
etaṃ ñatvā yathābhūtaṃ
nibbānaṃ paramaṃ sukhaṃ.[17]

203 굶주림은 가장 큰 병이고,
조건 지어진 것들은 가장 큰 괴로움이다.
이것을 있는 그대로 알고 나면
열반이 가장 큰 즐거움이다.

jighacchāparamā = jighacchā-paramā. jighacchā [jighacchā(*f.*)의 *Sg.Nom.*] 굶주림은. paramā [parama(*adj.*)의 *m.Pl.Nom.*] 최고의, 가장 큰

rogā [roga(*m.*)의 *Pl.Nom.*] 병

saṃkhārā [saṃkhāra(*m.*)의 *Pl.Nom.*] 조건 지어진 것들은

paramā [parama(*adj.*)의 *m.Pl.Nom.*] 최고의, 가장 큰

dukhā = dukkhā [dukkha(*nt.*)의 *Pl.Nom.*] 괴로움

etaṃ [etad(*pron.*)의 *nt.Sg.Acc.*] 이를, 이것을

ñatvā [√ñā(알다)의 *Ger.*] 알고 나서, 안 후에

yathābhūtaṃ [*adv.*] 진실로, 참으로, 있는 그대로. yathā : *adv.* ~와 마찬가지로, ~와 같이, ~처럼. bhūta : 된, √bhū(이다, 되다, 존재하다)의 *Pp.*

nibbānaṃ [nibbāna(*nt.*)의 *Sg.Nom.*] 열반이

---

15 제1행 : 이 행의 술어는 명사 rogā(병)이고, 주어는 jighacchā(굶주림은)이다. 명사적 술어 rogā는 주어 jighacchā의 격에 일치한다.

16 제2행 : 이 행의 술어는 명사 dukhā(괴로움)이고, 주어는 saṃkhārā(조건 지어진 것들은)이다. 명사적 술어 dukhā는 주어 saṃkhāra의 격에 일치한다.

17 제4행 : 이 행의 술어는 명사 sukhaṃ(즐거움)이고, 주어는 nibbānaṃ(열반이)이다. 명사적 술어 sukhaṃ은 주어 nibbānaṃ의 격에 일치한다.

paramaṃ [parama(*adj.*)의 *nt.Sg.Nom.*] 최고의, 가장 큰
sukhaṃ [sukha(*nt.*)의 *Sg.Nom.*] 행복, 즐거움

204 ārogyaparamā lābhā, santuṭṭhiparamaṃ dhanaṃ,[18]
vissāsaparamā ñātī, nibbānaṃ paramaṃ sukhaṃ.[19]

204 건강은 가장 큰 이익이고, 만족은 가장 큰 재산이며,
신뢰는 가장 귀한 친척들이요, 열반은 최고의 행복이다.

ārogyaparamā = ārogya-paramā. ārogyaṃ [ārogya(*nt.*)의 *Sg.Nom.*] 건강. paramā [parama(*adj.*)의 *m.Pl.Nom.*] 최고의, 가장 큰
lābhā [lābha(*m.*)의 *Pl.Nom.*] 이익은, 득은
santuṭṭhiparamaṃ = santuṭṭhi-paramaṃ. santuṭṭhi [santuṭṭhi(*f.*)의 *Sg.Nom.*] 만족. paramaṃ [parama(*adj.*)의 *nt.Sg.Nom.*] 최고의, 가장 큰
dhanaṃ [dhana(*nt.*)의 *Sg.Nom.*] 부는, 재산은
vissāsaparamā = vissāsa-paramā. vissāso [vissāsa(*m.*)의 *Sg.Nom.*] 신용, 신뢰. paramā [parama(*adj.*)의 *m.Pl.Nom.*] 최고의, 가장 큰
ñātī [ñāti(*m.*)의 *Pl.Nom.*] 친척들은
nibbānaṃ [nibbāna(*nt.*)의 *Sg.Nom.*] 열반은
paramaṃ [parama(*adj.*)의 *nt.Sg.Nom.*] 최고의, 가장 큰
sukhaṃ [sukha(*nt.*)의 *Sg.Nom.*] 행복, 즐거움

205 pavivekarasaṃ pītvā rasaṃ upasamassa ca
niddaro hoti nippāpo dhammapītirasaṃ pivaṃ.[20]

18 제1행 : "ārogyaparamā lābhā"의 술어는 명사 lābhā(이익)이고, 주어는 ārogyaṃ(건강은)이다. "santuṭṭhiparamaṃ dhanaṃ"의 술어는 명사 dhanaṃ(재산)이고, 주어는 santuṭṭhi(만족은)이다.

19 제2행 : "vissāsaparamā ñātī"의 술어는 명사 ñātī(친척들)이고, 주어는 vissāsa(신뢰는)이다. "nibbānaṃ paramaṃ sukhaṃ"의 술어는 명사 sukhaṃ(행복)이고, 주어는 nibbānaṃ(열반은)이다.

20 제1~2행 : 이 시의 술부는 niddaro nippāpo hoti(두려움에서 벗어나고 악에서 벗어난다)이고, 술어동사 hoti를 통해 주어가 3인칭 단수임을 알 수 있다. 제1행은 절대분사 pītvā가 이끄는 종속절이다. 절대분사 pītvā는 전체 문장의 술어 hoti 이전의 행위를 나타낸다.

205 고독의 맛과 평온의 맛을 보고 나서는
두려움에서 벗어나고 악에서 벗어난다. 진리의 기쁨을 맛보면서.

pavivekarasaṃ [pavivekarasa(*m.*)의 *Sg.Acc.*] 고독의 맛을. paviveka : *m.* 홀로 삶, 고독. rasa : *m.* 맛

pītvā [√pā(마시다)의 *Ger.*] 마시고 나서, 마신 후에

rasaṃ [rasa(*m.*)의 *Sg.Acc.*] 맛을

upasamassa [upasama(*m.*)의 *Sg.Gen.*] 평온, 고요

ca [*indecl.*] 그리고, ~와

niddaro [niddara(*adj.*)의 *m.Sg.Nom.*] 두려움에서 벗어난. ni : *pref.* 아래쪽으로, 떨어져서, 없이. dara : *m.* 두려움, 근심

hoti [√bhū(있다, 이다, 되다)의 *Pres.3.Sg.*] 있다, 이다, 된다

nippāpo [nippāpa(*adj.*)의 *m.Sg.Nom.*] 악에서 벗어난. ni : *pref.* 아래쪽으로, 떨어져서, 없이. pāpa : *nt.* 악

dhammapītirasaṃ [dhammapītirasa(*m.*)의 *Sg.Acc.*] 진리의 기쁨의 맛을. dhamma : *m.* 불법(佛法), 진리. pīti : *f.* 기쁨, 희열. rasa : *m.* 맛

pivaṃ [pivanta의 *m.Sg.Nom.*] 마시는. pivanta : √pā(마시다)의 *Ppr.*

---

206 sādhu dassanam ariyānaṃ sannivāso sadā sukho,[21]
adassanena bālānaṃ niccam eva sukhī siyā.[22]

206 성인(聖人)들과의 만남은 좋고, [그들과] 가까이 지내는 것은 항상 즐겁다.
어리석은 자들과의 만남이 없다면 항상 즐거울 것이다.

sādhu [sādhu(*adj.*)의 *m.Sg.Nom.*] 좋다, 훌륭하다, 유익하다

dassanam = dassanaṃ [dassana(*nt.*)의 *Sg.Nom.*] 보는 것은. dassana : *fr.* √dis(보다)

ariyānaṃ [ariya(*m.*)의 *Pl.Gen.*] 성인(聖人)들의

sannivāso [sannivāsa(*m.*)의 *Sg.Nom.*] 교제는, 가까이 지내는 것은

21 제1행 : "sādhu dassanam ariyānaṃ"의 술어는 형용사 sādhu(좋다)이고, 주어는 dassanam(만남은)이다. "sannivāso sadā sukho"의 술어는 형용사 sukho(즐겁다)이고, 주어는 sannivāso(가까이 지내는 것은)이다.

22 제2행 : 이 행의 술부는 sukhī siyā(즐거울 것이다)이고, 술어동사 siyā를 통해 주어가 3인칭 단수임을 알 수 있다.

sadā [*adv.*] 언제나, 항상

sukho [sukha(*adj.*)의 *m.Sg.Nom.*] 행복하다, 즐겁다

adassanena [adassana(*nt.*)의 *Sg.Ins.*] 보지 않음은. a : *pref.* 아니다, 없다. dassana : *nt.* 보는 것, *fr.* √dis(보다)

bālānaṃ [bāla(*m.*)의 *Pl.Gen.*] 어리석은 자들의

niccaṃ [*adv.*] 항상, 변함없이, 언제나, nicca(*adj.* 변함없는)의 *nt.Sg.Acc.*

eva [*adv.*] 실로, 단지, 바로

sukhī [sukhin(*adj.*)의 *m.Sg.Nom.*] 행복한, 즐거운. sukhin : *fr.* sukha(*nt.* 기쁨, 행복)

siyā [√as(이다, 있다, 존재하다, 되다)의 *Pot.3.Sg.*] ~일 것이다

---

207 bālasaṅgatacārī hi dīgham addhāna socati,[23]
dukkho bālehi saṃvāso amitteneva sabbadā,[24]
dhīro ca sukhasaṃvāso ñātīnaṃ va samāgamo.[25]

207 어리석은 자와 가까이 지내면서 사는 이는 실로 오랫동안 괴로워한다.
어리석은 자들과 함께 사는 것은 적들과 늘 그렇듯이 고통스럽다.
그러나 현명한 이와 함께 사는 것은 친척들과의 만남처럼 즐겁다.

bālasaṅgatacārī [bālasaṅgatacārin(*adj.*)의 *m.Sg.Nom.*] (*n.*) 어리석은 자와 가까이 지내면서 사는 이는. bāla : *m.* 어리석은 자. saṅgata : 가까이 지내는, saṃ√gam(가다)의 *Pp.* cārin : *adj.* 사는, *fr.* √car(살다, 행하다)

hi [*indecl.*] 실로, 참으로, 왜냐하면, ~조차, ~라도

dīgham = dīghaṃ [dīgha(*adj.*)의 *nt.Sg.Acc.*] 긴, 오랜

addhāna = addhānaṃ [addhāna(*nt.*)의 *Sg.Acc.*] 시간을, 기간을

socati [√suc(슬퍼하다, 한탄하다)의 *Pres.3.Sg.*] 슬퍼한다, 괴로워한다

---

23 제1행 : 이 행의 술어는 socati(괴로워한다)이고, 주어는 bālasaṅgatacārī(어리석은 자와 가까이 지내면서 사는 이는)이다.

24 제2행 : 이 행의 술어는 형용사 dukkho(고통스럽다)이고, 주어는 saṃvāso(함께 사는 것은)이다. "amitteneva sabbadā"는 va(= iva)가 이끄는 부사절이다.

25 제3행 : 이 행의 술어는 형용사 sukhasaṃvāso(함께 살기가 즐겁다)이고, 주어는 dhīro(지혜로운 이는)이다. 제3행을 직역하면 "그러나 지혜로운 이는 친척들과의 만남처럼 함께 살기가 즐겁다"인데, "그러나 지혜로운 이와 함께 사는 것은 친척들과의 만남처럼 즐겁다"로 의역하였다. ñātīnaṃ va samāgamo는 va(= iva)가 이끄는 부사절이다.

dukkho [dukkha(*adj.*)의 *m.Sg.Nom.*] 고통스럽다

bālehi [bāla(*m.*)의 *Pl.Ins.*] 어리석은 자들과

saṃvāso [saṃvāsa(*m.*)의 *Sg.Nom.*] 함께 사는 것은. saṃvāsa : *fr.* saṃ√vas(살다)

amitteneva = amittena-iva : 적과 같이, 적과 마찬가지로. amittena [amitta(*m.*)의 *Sg.Ins.*] 적과, 적으로. iva [*indecl.*] ~와 같이, ~와 마찬가지로

sabbadā [*adv.*] 항상, 늘, 언제나

dhīro [dhīra(*adj.*)의 *m.Sg.Nom.*] (*n.*) 현명한 이는

ca = tu [*indecl.*] 그러나, 하지만

sukhasaṃvāso [sukhasaṃvāsa의 *m.Sg.Nom.*] 함께 사는 것은 즐겁다. sukha [*adj.*] 행복하다, 즐겁다. saṃvāsa : *m.* 함께 사는 것, *fr.* saṃ√vas(살다)

ñātīnaṃ [ñāti(*m.*)의 *Pl.Gen.*] 친척들의

va = iva [*indecl.*] ~와 같이, ~처럼, ~와 마찬가지로

samāgamo [samāgama(*m.*)의 *Sg.Nom.*] 만남, 모임. saṃ : *pref.* ~와 함께. āgama(ā-gama) : *m.* 가까이함

---

208 dhīrañ ca paññañ ca bahussutañ ca
dhoreyyasīlaṃ vatavantam āriyaṃ
taṃ tādisaṃ sappurisaṃ sumedhaṃ
bhajetha nakkhattapathaṃ va candimā.[26]

208 굳건하고 지혜로우며 학식이 있고,
인내심이 강하고 독실하며 성스러운,
그런 참되고 현명한 사람을
따라야 한다. 마치 달이 천체의 궤도를 따르듯.

dhīrañ = dhīraṃ [dhīra(*adj.*)의 *m.Sg.Acc.*] 굳건한, 견실한

26 제1~4행 : 이 시의 술어는 bhajetha(따라야 한다)이고, 이 술어동사를 통해 주어가 3인칭 단수임을 알 수 있다. 목적어는 taṃ(그를), 즉 sappurisaṃ(훌륭한 사람을)이다. dhīraṃ(굳건한), paññaṃ(지혜로운), bahussutaṃ(학식이 있는), dhoreyyasīlaṃ(인내심이 강한), vatavantaṃ(독실한), āriyaṃ(성스러운), sumedhaṃ(현명한)은 sappurisaṃ을 수식하므로 sappurisaṃ(남성, 단수, 대격)의 성, 수, 격에 일치한다. "nakkhattapathaṃ va candimā"는 va(= iva)가 이끄는 부사절이다.

ca [*indecl.*] 그리고, ~와

paññañ = paññaṃ [pañña(*adj*)의 *m.Sg.Acc.*] 지혜로운. pañña : *fr.* paññā(*f.* 지혜, 지식)

ca [*indecl.*] 그리고, ~와

bahussutañ = bahussutaṃ [bahussuta(*adj.*)의 *m.Sg.Acc.*] 학식이 있는. bahu : *adj.* 많은, 대단한. suta : *nt.* 지식, 종교적 지식

ca [*indecl.*] 그리고, ~와

dhoreyyasīlaṃ [dhoreyyasīla(*adj.*)의 *m.Sg.Acc.*] 멍에를 지는 것에 익숙한, 인내심이 강한. dhoreyya = dhorayha : *adj.* 멍에를 진. sīla : *adj.* ~의 성질을 가진, ~한 품성의

vatavantam = vatavantaṃ [vatavant의 *m.Sg.Acc.*] 종교적 의무를 잘 지키는, 독실한. vatavant : *fr.* vata(*nt.* 종교적 의무, 의무의 준수, 서원)

āriyaṃ [āriya(*adj.*)의 *m.Sg.Acc.*] 고귀한, 성스러운

taṃ [ta(*3.pron.*)의 *m.Sg.Acc.*] 그를, 그것을

tādisaṃ [tādisa(*adj.*)의 *m.Sg.Acc.*] 그러한, 그런

sappurisaṃ [sappurisa(*m.*)의 *Sg.Acc.*] 참된 사람들은. sa = santa : 참된, √as(이다, 있다, 존재하다)의 *Ppr.* purisa : *m.* 사람

sumedhaṃ [sumedha(*adj.*)의 *m.Sg.Acc.*] 아주 현명한. su : *indecl.* 잘, 철저하게, 아주. medhasa : *adj.* 지혜를 가진, 지혜로운

bhajetha [√bhaj(가까이하다, 따르다)의*A.Pot.3.Sg.*] 따라야 한다

nakkhattapathaṃ [nakkhattapatha(*m.*)의 *Sg.Acc.*] 천체의 궤도를. nakkhatta : *nt.* 별, 별자리. patha : *m.* 길, 행로, 궤도

va = iva [*indecl.*] ~와 같이, ~처럼, ~와 마찬가지로

candimā [candimā(*m.*)의 *Sg.Nom.*] 달이

제16장

사랑하는 것

Piya

209 ayoge yuñjaṃ attānaṃ yogasmiñ ca ayojayaṃ
atthaṃ hitvā piyaggāhī pihet'attānuyoginaṃ.[1]

209 진력하지 않아야 하는 것에 전념하고 진력해야 하는 것에 전념하지 않으며 가치 있는 일을 버리고 즐거운 것만 좇는 자는 자신에게 전념하는 이를 부러워한다.

ayoge [a-yoga)의 *m.Sg.Loc.*] 진력하지 않아야 하는 것에. a : *pref.* 아니다, 없다. yoga : *m.* 집중, 진력, 노력, *fr.* √yuj(묶다, 결합하다, 노력하다)

yuñjaṃ [yuñjanta의 *m.Sg.Nom.*] 전념하는. yuñjanta : √yuj(묶다, 결합하다, 노력하다)의 *Ppr.*

attānaṃ [attan(*m.*)의 *Sg.Acc.*] 자신을

yogasmiñ = yogasmiṃ [yoga(*m.*)의 *Sg.Loc.*] 집중에, 진력에, 노력에

ca [*indecl.*] 그리고, ~와

ayojayaṃ [ayojayanta의 *m.Sg.Nom.*] 전념하지 않는. a : *pref.* 아니다, 없다. yojayanta : √yuj(묶다, 결합하다, 노력하다)의 *Caus.Ppr.*[2]

atthaṃ [attha(*m.*)의 *Sg.Acc.*] 선을, 가치를, 행복을

hitvā [√hā(버리다, 포기하다)의 *Ger.*] 버리고 나서, 버린 후에

piyaggāhī [piyaggāhin(*adj.*)의 *m.Sg.Nom.*] (*n.*) 즐거운 것을 좇는 자는. piya : *adj.* 사랑

1 제1~2행 : 이 시의 술어는 piheti(부러워한다)이고, 주어는 piyaggāhī(즐거움을 좇는 자는), 그리고 목적어는 attānuyoginaṃ(자신에게 전념하는 이를)이다.

2 yuñjaṃ과 사역활용인 yojayaṃ은 여기서 의미의 차이가 없다.

하는, 즐거운, 귀중한. gāhin : *adj.* 붙잡는, ~하려고 노력하는, *fr.* gāha(*m.* 붙잡음, 꽉 쥠)

pihet'attānuyoginaṃ = piheti attānuyoginaṃ. piheti [√pih(바라다, 부러워하다)의 *Pres.3.Sg.*] 바란다, 부러워한다. attānuyoginaṃ [attānuyogin(*adj.*)의 *m.Sg.Acc.*] (*n.*) 자신에게 전념하는 이를. attan : *m.* 자신. anuyogin : *adj.* 전념하는, *fr.* anuyoga(*m.* 전념, 열중)

---

210 mā piyehi samāgañchi
appiyehi kudācanaṃ,[3]
piyānaṃ adassanaṃ dukkhaṃ
appiyānañ ca dassanaṃ.[4]

210 사랑하는 이들과도 싫어하는 이들과도
결코 만나지 말라.
사랑하는 이들을 못 만나서 괴롭고,
싫어하는 이들을 만나서 괴롭다.

mā [*indecl.*] ~지 말라, ~면 안 된다

piyehi [piya(*adj.*)의 *m.Pl.Ins.*][5] (*n.*) 사랑하는 이들과

samāgañchi [saṃ-ā√gam(가다) *Aor.3.Sg.*] 모였다, 만났다

appiyehi [appiya(*adj.*)의 *m.Pl.Ins.*] (*n.*) 싫어하는 이들과. a : *pref.* 아니다, 없다. piya : *adj.* 사랑하는

kudācanaṃ [*indecl.*] 언제든지, 어느 때라도

piyānaṃ [piya(*adj.*)의 *m.Pl.Gen.*] (*n.*) 사랑하는 이들의

adassanaṃ [adassana(*nt.*)의 *Sg.Nom.*] 보지 않음은. a : *pref.* 아니다, 없다. dassana : *nt.* 보는 것, *fr.* √dis(보다)

3 제1~2행 : 이 행들의 술부는 mā samāgañchi(만나지 말라)이고, 술어동사 samāgañchi를 통해 주어가 3인칭 단수임을 알 수 있다.

4 제3~4행 : 제3행의 술어는 형용사 dukkhaṃ(괴롭다)이고, 주어는 adassanaṃ(보지 않음은)이다. 제4행의 술어는 제3행의 dukkhaṃ(괴롭다)이고, 주어는 dassanaṃ(봄은)이다. 이 행들을 직역하면 "사랑하는 이와의 보지 않음은 괴롭고 싫어하는 이와의 봄도 괴롭다"인데, "사랑하는 이를 못 만나서 괴롭고, 싫어하는 이를 만나서 괴롭다"로 의역하였다.

5 여기서 piya는 소중히 여기는 사람뿐만 아니라 사물까지 다 적용된다.

dukkhaṃ [dukkha(*adj.*)의 *nt.Sg.Acc.*] 괴롭다

appiyānañ = appiyānaṃ [appiya(*adj.*)의 *m.Pl.Gen.*] (*n.*) 싫어하는 이들의. a : *pref.* 아니다, 없다. piya : *adj.* 사랑하는

ca [*indecl.*] 그리고, ~와

dassanaṃ [dassana(*nt.*)의 *Sg.Nom.*] 봄은, 보는 것은, *fr.* √dis(보다)

---

211 tasmā piyaṃ na kayirātha piyāpāyo hi pāpako,[6]
ganthā tesaṃ na vijjanti yesaṃ n'atthi piyāppiyaṃ.[7]

211 따라서 소중한 것을 만들면 안 된다. 소중한 것과의 이별은 참으로 불행하다. 소중한 것도 소중하지 않은 것도 없는 이들에게 얽매임은 없다.

tasmā [ta(*3.pron.*)의 *m.Sg.Abl.*] 그것으로부터, 그런 까닭에, 따라서

piyaṃ [piya(*nt.*)의 *m.Sg.Acc.*] 소중한 것을

na [*indecl.*] ~아니다, ~없다

kayirātha [√kar(하다, 행하다, 만들다)의 *A.Pot.3.Sg.*][8] 만들어야 한다

piyāpāyo [piyapāya(*m.*)의 *Sg.Nom.*] 소중한 것과의 이별은. piya : *nt.* 소중한 것. apāya : *m.* 이별, 잃음, *fr.* apa√i(가다)

hi [*indecl.*] 실로, 참으로, 왜냐하면, ~조차, ~라도

pāpako [pāpaka(*adj.*)의 *m.Sg.Nom.*] 나쁜, 악한, 불행한. pāpaka : *fr.* pāpa(*nt.* 악, 죄)

ganthā [gantha(*m.*)의 *Pl.Nom.*] 족쇄들은, 속박들은, 얽매임들은

tesaṃ [ta(*3.pron.*)의 *m.Pl.Dat.*] 이들에게, 그들에게

na [*indecl.*] ~아니다, ~없다

vijjanti [√vid(찾다, 알다)의 *Pres.Pass.3.Pl.*] 존재한다, 있다

yesaṃ [ya(*pron.*)의 *m.Pl.Dat.*] ~하는 이들. tesaṃ을 지시함

n'atthi = na-atthi : 없다. na [*indecl.*] ~아니다, ~없다. atthi [√as(이다, 있다, 존재하다)의 *Pres.3.Sg.*] 있다

---

6 제1행 : "tasmā piyaṃ na kayirātha"의 술부는 na kayirātha(만들면 안 된다)이고, 술어동사 kayirātha를 통해 주어가 3인칭 단수임을 알 수 있다. 목적어는 piyaṃ(소중한 것을)이다. "piyāpāyo hi pāpako"의 술어는 형용사 pāpako(불행하다)이고, 주어는 piyāpāyo(소중한 것과의 이별은)이다.

7 제2행 : 이 행의 술부는 na vijjanti(없다)이고, 주어는 ganthā(얽매임은)이다. "yesaṃ n'atthi piyāppiyaṃ"은 관계대명사 yesaṃ이 이끄는 관계절로서 tesaṃ을 지시한다.

8 동사 kayira뒤에 오는 etha(*A.Pot.3.Sg.* 어미)의 첫 모음 e는 ā로 바뀐다.

piyāppiyaṃ [piyāppiya(*nt.*)의 *Sg.Nom.*] 소중한 것과 소중하지 않은 것이. piya : *nt.* 소중한 것. appiya(a-piya) : *nt.* 소중하지 않은 것

---

212 piyato jāyatī soko piyato jāyatī bhayaṃ,[9]
piyato vippamuttassa n'atthi soko kuto bhayaṃ.[10]

212 소중히 여기는 것에서 슬픔이 생기고 소중히 여기는 것에서 두려움이 생긴다.
소중히 여기는 것에서 벗어난 이에게 슬픔이 없는데 어찌 두려움이 있겠는가.

piyato [piya(*adj.*)의 *nt.Sg.Abl.*] (*n.*) 소중히 여기는 것에서

jāyatī = jāyati [√jan(태어나다, 일어나다, 생기다)의 *Pres.3.Sg.*] 생긴다

soko [soka(*m.*)의 *Sg.Nom.*] 슬픔이

piyato [piya(*adj.*)의 *nt.Sg.Abl.*] (*n.*) 소중히 여기는 것에서

jāyatī = jāyati [√jan(태어나다, 일어나다, 생기다)의 *Pres.3.Sg.*] 생긴다

bhayaṃ [bhaya(*nt.*)의 *Sg.Nom.*] 두려움이, 무서움이, 공포가

piyato [piya(*adj.*)의 *nt.Sg.Abl.*] (*n.*) 소중히 여기는 것에서

vippamuttassa [vippamutta의 *m.Sg.Dat.*] (*n.*) 벗어난 이에게, 자유로워진 이에게. vippamutta : vi-pa√muc(해방하다, 자유롭게 하다)의 *Pp.*

n'atthi = na-atthi : 없다. na [*indecl.*] ~아니다, ~없다. atthi [√as(이다, 있다, 존재하다)의 *Pres.3.Sg.*] 있다

soko [soka(*m.*)의 *Sg.Nom.*] 슬픔이

kuto [*adv.*] 어디서, 어찌하여

bhayaṃ [bhaya(*nt.*)의 *Sg.Nom.*] 두려움이, 무서움이

---

213 pemato jāyatī soko pemato jāyatī bhayaṃ,[11]

9 제1행 : "piyato jāyatī soko"의 술어는 jāyati(생긴다)이고, 주어는 soko(슬픔이)이다. "piyato jāyati bhayaṃ"의 술어는 jāyati(생긴다)이고, 주어는 bhayaṃ(두려움이)이다.

10 제2행 : "piyato vippamuttassa n'atthi soko"의 술어는 n'atthi(없다)이고, 주어는 soko(슬픔이)이다.

11 제1행 : "pemato jāyatī soko"의 술어는 jāyati(생긴다)이고, 주어는 soko(슬픔이)이다. "pemato jāyati bhayaṃ"의 술어는 jāyati(생긴다)이고, 주어는 bhayaṃ(두려움이)이다.

pemato vippamuttassa n'atthi soko kuto bhayaṃ.[12]

213 사랑에서 슬픔이 생기고 사랑에서 두려움이 생긴다.
사랑에서 벗어난 이에게 슬픔이 없는데 어찌 두려움이 있겠는가.

pemato [pema(*nt.*)의 *Sg.Abl.*] 사랑으로부터

jāyatī = jāyati [√jan(태어나다, 일어나다, 생기다)의 *Pres.3.Sg.*] 생긴다

soko [soka(*m.*)의 *Sg.Nom.*] 슬픔이

pemato [pema(*nt.*)의 *Sg.Abl.*] 사랑으로부터

jāyatī = jāyati [√jan(태어나다, 일어나다, 생기다)의 *Pres.3.Sg.*] 생긴다

bhayaṃ [bhaya(*nt.*)의 *Sg.Nom.*] 두려움이, 무서움이

pemato [pema(*nt.*)의 *Sg.Abl.*] 사랑으로부터

vippamuttassa [vippamutta의 *m.Sg.Dat.*] (*n.*) 벗어난 이에게, 자유로워진 이에게. vippamutta : vi-pa√muc(해방하다, 자유롭게 하다)의 *Pp.*

n'atthi = na-atthi : 없다. na [*indecl.*] ~아니다, ~없다. atthi [√as(이다, 있다, 존재하다)의 *Pres.3.Sg.*] 있다

soko [soka(*m.*)의 *Sg.Nom.*] 슬픔이

kuto [*adv.*] 어디서, 어찌하여

bhayaṃ [bhaya(*nt.*)의 *Sg.Nom.*] 두려움이, 무서움이

214 ratiyā jāyatī soko ratiyā jāyatī bhayaṃ,[13]
ratiyā vippamuttassa n'atthi soko kuto bhayaṃ.[14]

214 쾌락에서 슬픔이 생기고 쾌락에서 두려움이 생긴다.
쾌락에서 벗어난 이에게 슬픔이 없는데 어찌 두려움이 있겠는가.

ratiyā [rati(*f.*)의 *Sg.Abl.*] 쾌락으로부터

12 제2행 : "pemato vippamuttassa n'atthi soko"의 술어는 n'atthi(없다)이고, 주어는 soko(슬픔이)이다.

13 제1행 : "ratiyā jāyatī soko"의 술어는 jāyati(생긴다)이고, 주어는 soko(슬픔이)이다. "ratiyā jāyati bhayaṃ"의 술어는 jāyati(생긴다)이고, 주어는 bhayaṃ(두려움이)이다.

14 제2행 : "ratiyā vippamuttassa n'atthi soko"의 술어는 n'atthi(없다)이고, 주어는 soko(슬픔이)이다.

jāyatī = jāyati [√jan(태어나다, 일어나다, 생기다)의 *Pres.3.Sg.*] 생긴다
soko [soka(*m.*)의 *Sg.Nom.*] 슬픔이
ratiyā [rati(*f.*)의 *Sg.Abl.*] 쾌락으로부터
jāyatī = jāyati [√jan(태어나다, 일어나다, 생기다)의 *Pres.3.Sg.*] 생긴다
bhayaṃ [bhaya(*nt.*)의 *Sg.Nom.*] 두려움이, 무서움이
ratiyā [rati(*f.*)의 *Sg.Abl.*] 쾌락으로부터
vippamuttassa [vippamutta의 *m.Sg.Dat.*] (*n.*) 벗어난 이에게, 자유로워진 이에게. vippamutta : vi-pa√muc(해방하다, 자유롭게 하다)의 *Pp.*
n'atthi = na-atthi : 없다. na [*indecl.*] ~아니다, ~없다. atthi [√as(이다, 있다, 존재하다)의 *Pres.3.Sg.*] 있다
soko [soka(*m.*)의 *Sg.Nom.*] 슬픔이
kuto [*adv.*] 어디서, 어찌하여
bhayaṃ [bhaya(*nt.*)의 *Sg.Nom.*] 두려움이, 무서움이

---

215 kāmato jāyatī soko kāmato jāyatī bhayaṃ,[15]
kāmato vippamuttassa n'atthi soko kuto bhayaṃ.[16]

215 욕망에서 슬픔이 생기고 욕망에서 두려움이 생긴다.
욕망에서 벗어난 이에게 슬픔이 없는데 어찌 두려움이 있겠는가.

kāmato [kāma(*m.*)의 *Sg.Abl.*] (감각적 쾌락의) 욕망으로부터
jāyatī = jāyati [√jan(태어나다, 일어나다, 생기다)의 *Pres.3.Sg.*] 생긴다
soko [soka(*m.*)의 *Sg.Nom.*] 슬픔이
kāmato [kāma(*m.*)의 *Sg.Abl.*] (감각적 쾌락의) 욕망으로부터
jāyatī = jāyati [√jan(태어나다, 일어나다, 생기다)의 *Pres.3.Sg.*] 생긴다
bhayaṃ [bhaya(*nt.*)의 *Sg.Nom.*] 두려움이, 무서움이
kāmato [kāma(*m.*)의 *Sg.Abl.*] (감각적 쾌락의) 욕망으로부터
vippamuttassa [vippamutta의 *m.Sg.Dat.*] (*n.*) 벗어난 이에게, 자유로워진 이에게. vippamutta : vi-pa√muc(해방하다, 자유롭게 하다)의 *Pp.*

15 제1행 : "kāmato jāyatī soko"의 술어는 jāyati(생긴다)이고, 주어는 soko(슬픔이)이다. "kāmato jāyati bhayaṃ"의 술어는 jāyati(생긴다)이고, 주어는 bhayaṃ(두려움이)이다.
16 제2행 : "kāmato vippamuttassa n'atthi soko"의 술어는 n'atthi(없다)이고, 주어는 soko(슬픔이)이다.

n'atthi = na-atthi : 없다. na [*indecl.*] ~아니다, ~없다. atthi [√as(이다, 있다, 존재하다)의 *Pres.3.Sg.*] 있다

soko [soka(*m.*)의 *Sg.Nom.*] 슬픔이

kuto [*adv.*] 어디서, 어찌하여

bhayaṃ [bhaya(*nt.*)의 *Sg.Nom.*] 두려움이, 무서움이

---

216 taṇhāya jāyatī soko taṇhāya jāyatī bhayaṃ,[17]
taṇhāya vippamuttassa n'atthi soko kuto bhayaṃ.[18]

216 갈애에서 슬픔이 생기고 갈애에서 두려움이 생긴다.
갈애에서 벗어난 이에게 슬픔이 없는데 어찌 두려움이 있겠는가.

taṇhāya [taṇhā(*f.*)의 *Sg.Abl.*] 갈애로부터

jāyatī = jāyati [√jan(태어나다, 일어나다, 생기다)의 *Pres.3.Sg.*] 생긴다

soko [soka(*m.*)의 *Sg.Nom.*] 슬픔이

taṇhāya [taṇhā(*f.*)의 *Sg.Abl.*] 갈애로부터

jāyatī = jāyati [√jan(태어나다, 일어나다, 생기다)의 *Pres.3.Sg.*] 생긴다

bhayaṃ [bhaya(*nt.*)의 *Sg.Nom.*] 두려움이, 무서움이

taṇhāya [taṇhā(*f.*)의 *Sg.Abl.*] 갈애로부터

vippamuttassa [vippamutta의 *m.Sg.Dat.*] (*n.*) 벗어난 이에게, 자유로워진 이에게. vippamutta : vi-pa√muc(해방하다, 자유롭게 하다)의 *Pp.*

n'atthi = na-atthi : 없다. na [*indecl.*] ~아니다, ~없다. atthi [√as(이다, 있다, 존재하다)의 *Pres.3.Sg.*] 있다

soko [soka(*m.*)의 *Sg.Nom.*] 슬픔이

kuto [*adv.*] 어디서, 어찌하여

bhayaṃ [bhaya(*nt.*)의 *Sg.Nom.*] 두려움이, 무서움이

---

17 제1행 : "taṇhāya jāyatī soko"의 술어는 jāyati(생긴다)이고, 주어는 soko(슬픔이)이다. "taṇhāya jāyati bhayaṃ"의 술어는 jāyati(생긴다)이고, 주어는 bhayaṃ(두려움이)이다.

18 제2행 : "taṇhāya vippamuttassa n'atthi soko"의 술어는 n'atthi(없다)이고, 주어는 soko(슬픔이)이다.

217 sīladassanasampannaṃ dhammaṭṭhaṃ saccavādinaṃ
attano kamma kubbānaṃ taṃ jano kurute piyaṃ.[19]

217 덕과 통찰력을 갖추고 진리에 입각하여 진실을 말하며
자신의 의무를 다하는 이를 사람들은 아낀다.

sīladassanasampannaṃ [sīladassanasampanna의 *m.Sg.Acc.*] 덕과 통찰력을 갖춘. sīla : *nt.* 덕. dassana : *nt.* 보는 것, 통찰력, *fr.* √dis(보다). sampanna : 갖춘, 가진, saṃ√pad(가다)의 *Pp.*

dhammaṭṭhaṃ [dhammaṭṭha(*adj.*)의 *m.Sg.Acc.*] 진리에 입각하여, 올바른. dhamma : *m.* 진리, 올바름, 정의. ṭṭha / ṭha : *adj.* 서서, ~에 의거하여, ~에 입각하여, √ṭhā(서다)

saccavādinaṃ [saccavādin(*adj.*)의 *m.Sg.Acc.*] 진실을 말하는. sacca : *nt.* 진리, 참, 진실. vādin : *adj.* 말하는, *fr.* √vad(말하다)

attano [attan(*m.*)의 *Sg.Gen.*] 자신의

kamma [*nt.*] 행위, 일, 의무

kubbānaṃ [kubbāna의 *m.Sg.Acc.*] 행하는. kubbāna : √kar(하다, 행하다)의 *Ppr.*

taṃ [ta(*3.pron.*)의 *m.Sg.Acc.*] 그를, 그것을

jano [jana(*m.*)의 *Sg.Nom.*] (보통의) 사람은 / 사람들은, 범부(凡夫)는

kurute [√kar(하다, 행하다, 만들다)의 *A.Pres.3.Sg.*] 한다, 행한다

piyaṃ [piya(*adj.*)의 *m.Sg.Acc.*] 사랑하는, 귀중한, 소중한

218 chandajāto anakkhāte manasā ca phuṭo siyā
kāmesu ca appaṭibaddhacitto uddhaṃsoto ti vuccati.[20]

218 선언하지 않은 것(= 열반)에 전념하고 마음으로 충만하며

19 제1~2행 : 이 시의 술어는 piyaṃ kurute(소중히 한다, 아낀다)이고, 주어는 jano(사람들은), 그리고 목적어는 taṃ(그를)이다. sīladassanasampannaṃ(덕과 통찰력을 갖춘), dhammaṭṭhaṃ(진리에 입각한), saccavādinaṃ(진실을 말하는), 그리고 kubbānaṃ(하는)은 taṃ을 수식하므로 taṃ(남성, 단수, 대격)의 성, 수, 격에 일치한다.

20 제1~2행 : 이 시의 술부는 uddhaṃsoto ti vuccati(흐름을 거슬러 올라가는 이라 불린다)이고, 이 술어동사를 통해 주어가 3인칭 단수임을 알 수 있다. iti가 주격 단어 뒤에 올 때 iti와 그 주격 단어를 포함하는 절은 서술적으로 쓰인다. "chandajāto anakkhāte manasā ca phuṭo siyā kāmesu ca appaṭibaddhacitto"는 주어를 수식하고 있다.

마음이 쾌락에 얽매이지 않는 이는 흐름을 거슬러 올라가는 이라 불린다.

chandajāto [chandajāta의 *m.Sg.Nom.*] 전념하고 있는. chanda : *m.* 뜻, 결심, 의향. jāta : 태어난, 일어난, 생긴, √jan(태어나다)의 *Pp.*

anakkhāte [anakkhāta의 *m.Sg.Loc.*] (*n.*) 알려지지 않은 것에, 선언하지 않은 것에. an : *pref.* 아니다, 없다. akkhāta : 선언한, ā√khā(말하다, 알리다, 설교하다)의 *Pp.*

manasā [mana(*nt.*)의 *Sg.Ins.*] 마음으로, 마음에 의하여

ca [*indecl.*] 그리고, ~와

phuṭo [phuṭa의 *m.Sg.Nom.*] 충만한. phuṭa : √phar(널리 퍼지다, 채우다)의 *Pp.*

siyā [√as(이다, 있다, 존재하다, 되다)의 *Pot.3.Sg.*] 되어야 한다

kāmesu [kāma(*m.*)의 *Pl.Loc.*] 감각적 쾌락에

ca [*indecl.*] 그리고, ~와

appaṭibaddhacitto [appaṭibaddhacitta의 *m.Sg.Nom.*] (*n.*) 마음이 얽매이지 않은 이는. a : *pref.* 아니다, 없다. paṭibaddha : 얽매인, paṭi√bandh(묶다, 얽매다)의 *Pp.* citta : *nt.* 마음

uddhaṃsoto [uddhaṃsota의 *m.Sg.Nom.*] (*n.*) 흐름속을 거슬러 올라가는 이. uddhaṃ : *adv.* 위쪽으로, 위를 향해서, *fr.* uddha(*adj.*). sota : *m.* / *nt.* 흐름, 조류

ti / iti [*indecl.*] 직접화법이 끝났음을 나타내거나 바로 언급한 것을 나타냄

vuccati [√vac(말하다)의 *Pres.Pass.3.Sg.*] 불린다

219 cirappavāsiṃ purisaṃ dūrato sotthim āgataṃ
ñātimittā suhajjā ca abhinandanti āgataṃ.[21]

219 오랫동안 집을 떠나 있다가 멀리서 무사히 돌아온 사람을
친척들과 벗들, 그리고 친구들은 반긴다.

cirappavāsiṃ [cirappavāsin(*adj.*)의 *m.Sg.Acc.*] 오랫동안 집을 멀리 떠난. cira : *adj.* 긴,

21 제1~2행 : 이 시의 술부는 āgataṃ abhinandanti(돌아온 것을 기뻐한다, 반긴다)이고, 주어는 ñātimittā(친척들과 벗들은)와 suhajjā(친구들은)이다. 목적어는 제1행의 purisaṃ(사람을)이고, cirappavāsiṃ(오랫동안 집을 멀리 떠난)과 āgataṃ(돌아온)은 purisaṃ을 수식하므로 purisaṃ(남성, 단수, 대격)의 성, 수, 격에 일치한다.

오랜. pavāsin : *adj.* 집을 멀리 떠난, *fr.* pavāsa(집에서 떨어져 머묾)

purisaṃ [purisa(*m.*)의 *Sg.Acc.*] 사람을

dūrato [dūra(*adj.*)의 *Sg.Abl.*] 멀리서, 먼 곳에서

sotthim = sotthiṃ [sotthi(*f.*)의 *Sg.Acc.*] 무사히, 안전하게

āgataṃ [āgata의 *m.Sg.Acc.*] 온, 돌아온. āgata : ā√gam(가다)의 *Pp.*

ñātimittā [ñātimitta(*m.*)의 *Pl.Nom.*] 친척들과 벗들은. ñāti : *m.* 친척. mitta : *m.* 친구, 벗

suhajjā [suhajja(*m.*)의 *Pl.Nom.*] 친구들은

ca [*indecl.*] 그리고, ~와

abhinandanti [abhi√nand(기뻐하다, 즐거워하다)의 *Pres.3.Pl.*] 기뻐한다

āgataṃ [āgata(*nt.*)의 *Sg.Acc.*] 돌아옴을. āgata : ā√gam(가다)의 *Pp.* abhinandanti āgataṃ : 돌아온 것을 기뻐한다, 즉 반긴다

---

220 tath'eva katapuññam pi asmā lokā paraṃ gataṃ
puññāni paṭigaṇhanti piyaṃ ñātīva āgataṃ.[22]

220 마찬가지로 이승에서 저승으로 가는, 공덕 쌓은 이를
공덕들이 맞이한다. 친척들이 소중한 이가 돌아옴을 맞이하듯.

tath'eva = tathā-eva. tathā [*adv.*] 이렇게 하여, 마찬가지로, 똑같이. eva [*adv.*] 실로, 단지, 바로

katapuññam = katapuññaṃ [katapuñña(*adj.*)의 *m.Sg.Acc.*] (*n.*) 공덕 쌓은 이를. kata : ~한, 만든, √kar(하다)의 *Pp.* puñña : *nt.* 공덕

pi / api [*indecl.*] ~도 또한, 비록 그렇다고 하더라도

asmā [ima(*pron.*)의 *m.Sg.Abl.*] 이것으로부터, 이로부터

lokā [loka(*m.*)의 *Sg.Abl.*] 세계로부터, 세상으로부터

paraṃ [para(*adj.*)의 *m.Sg.Acc.*] 저쪽으로

gataṃ [gata의 *m.Sg.Acc.*] 간, 이른. gata : √gam(가다)의 *Pp.*

puññāni [puñña(*nt.*)의 *Pl.Nom.*] 공덕들이

paṭigaṇhanti [paṭi√gah(잡다, 붙들다)의 *Pres.3.Pl.*] 받아들인다, 맞이한다, 환영한다

22 제1~2행 : 이 시의 술어는 paṭigaṇhanti(맞이한다)이고, 주어는 puññāni(공덕들이), 그리고 목적어는 katapuññaṃ(공덕 쌓은 자를)이다. "piyaṃ ñātīva āgataṃ"은 iva가 이끄는 부사절이다. 이 부사절의 술어 또한 paṭigaṇhanti이다.

piyaṃ [piya(*adj.*)의 *m.Sg.Acc.*] (*n.*) 소중한 이를

ñātīva = ñātī-iva. ñātī [ñāti(*m.*)의 *Pl.Nom.*] 친척들이. iva [*indecl.*] ~와 같이, ~와 마찬가지로

āgataṃ [āgata(*nt.*)의 *Sg.Acc.*] 돌아옴을. āgata : ā√gam(가다)의 *Pp.*

제17장

화

Kodha

221 kodhaṃ jahe vippajaheyya mānaṃ[1]
saññojanaṃ sabbam atikkameyya[2]
taṃ nāmarūpasmim asajjamānaṃ
akiñcanaṃ nānupatanti dukkhā.[3]

221 화를 버려야 한다. 자만을 내버려야 한다.
모든 속박을 넘어야 한다.
이름과 형상에 집착하지 않으며
아무것도 가지지 않은 그를 괴로움은 따르지 않는다.

kodhaṃ [kodha(*m.*)의 *Sg.Acc.*] 화를

jahe [√hā(버리다, 포기하다)의 *Pot.3.Sg.*] 버려야 한다

vippajaheyya [vi-pa√hā(버리다, 포기하다)의 *Pot.3.Sg.*] 내버려야 한다

1 제1행 : "kodhaṃ jahe"의 술어는 jahe(버려야 한다)이고, 이 술어동사를 통해 주어가 3인칭 단수임을 알 수 있다. 목적어는 kodhaṃ(화를)이다. "vippajaheyya mānaṃ"의 술어는 vippajaheyya(내버려야 한다)이고, 이 술어동사를 통해 주어가 3인칭 단수임을 알 수 있다. 목적어는 mānaṃ(자만을)이다.

2 제2행 : 이 행의 술어는 atikkameyya(넘어야 한다)이고, 이 술어동사를 통해 주어가 3인칭 단수임을 알 수 있다. 목적어는 saññojanaṃ(속박을)이다. sabbaṃ(모든)은 saññojanaṃ(속박을)을 수식하므로 saññojanaṃ(중성, 단수, 대격)의 성, 수, 격에 일치한다.

3 제3~4행 : 이 행들의 술어는 nānupatanti(따르지 않는다)이고, 주어는 dukkhā(괴로움은), 그리고 목적어는 taṃ(그를)이다. asajjamānaṃ(집착하지 않는)과 akiñcanaṃ(아무것도 가지지 않은)은 taṃ을 수식하므로 taṃ(남성, 단수, 대격)의 성, 수, 격에 일치한다.

mānaṃ [māna(*m.*)의 *Sg.Acc.*] 자만을

saññojanaṃ = saṃyojanaṃ [saṃyojana(*nt.*)의 *Sg.Acc.*] 족쇄를, 속박을

sabbam = sabbaṃ [sabba(*adj.*)의 *nt.Sg.Acc.*] 모든

atikkameyya [ati√kam(가다)의 *Pot.3.Sg.*] 넘어야 한다, 극복해야 한다

taṃ [ta(*3.pron.*)의 *m.Sg.Acc.*] 그를, 그것을

nāmarūpasmim = nāmarūpasmiṃ [nāmarūpa(*nt.*)의 *Sg.Loc.*] 이름과 형상에, 마음과 몸에. nāma : *nt.* 이름, 마음. rūpa : *nt.* 모양, 형상, 몸

asajjamānaṃ [asajjamāna(*adj.*)의 *m.Sg.Acc.*] 집착하지 않는. a : *pref.* 아니다, 없다. sajjamāna : 집착하는, √saj(들러붙다, 매달리다, 집착하다)의 *Ppr.*

akiñcanaṃ [akiñcana(*adj.*)의 *m.Sg.Acc.*] 아무 것도 가지지 않은. a : *pref.* 아니다, 없다. kiñcana : *nt.* 어떤 것

nānupatanti = na-anupatanti : 생기지 않는다, 따르지 않는다. na [*indecl.*] ~아니다, ~없다. anupatanti [anu√pat(떨어지다, 내리다)의 *Pres.3.Pl.*] 따른다, ~을 좇는다, 생긴다

dukkhā [dukkha(*nt.*)의 *Pl.Nom.*][4] 괴로움은

---

222 yo ve uppatitaṃ kodhaṃ rathaṃ bhantaṃ va dhāraye[5]
tam ahaṃ sārathiṃ brūmi, rasmiggāho itaro jano.[6]

222 흔들리는 마차를 제어하듯 치미는 화를 억제할 수 있는
그를 나는 마부라고 부른다. 다른 사람들은 고삐만을 잡고 있을 뿐이다.

yo [ya(*pron.*)의 *m.Sg.Nom.*] ~하는 이. taṃ을 지시함

ve [*indecl.*] 참으로, 정말, 바로, 확실히

uppatitaṃ [uppatita의 *m.Sg.Acc.*] 일어난, 발생한. uppatita : ud√pat(떨어지다, 내리다)의 *Pp.*

---

4 dukkha는 중성명사인데도 복수 주격형이 dukkhā이다.

5 제1행 : 이 행은 관계대명사 yo가 이끄는 관계절로서 제2행의 taṃ을 지시한다. 이 관계절의 술어는 dhāraye(억제할 수 있다)이고, 목적어는 kodhaṃ(화를)이다. "rathaṃ bhantaṃ va"는 va(= iva)가 이끄는 부사절이다. 이 부사절의 술어 또한 dhāraye이다.

6 제2행 : "tam ahaṃ sārathiṃ brūmi"의 술어는 brūmi(부른다)이고, 주어는 ahaṃ(나는), 목적어는 taṃ(그를)과 sārathiṃ(마부라고)이다. 여기서 sārathiṃ은 동사 brūmi와 함께 서술적으로 쓰인 목적어이다. "rasmiggāho itaro jano"의 술어는 명사 rasmiggāho(고삐를 잡음)이고, 주어는 jano(사람은)이다. itaro(다른)는 jano를 수식하므로 jano(남성, 단수, 주격)의 성, 수, 격에 일치한다.

kodhaṃ [kodha(*m.*)의 *Sg.Acc.*] 화를, 분노를

rathaṃ [ratha(*m.*)의 *Sg.Acc.*] 마차를, 수레를

bhantaṃ [bhanta의 *m.Sg.Acc.*] 벗어난, 흔들리는. bhanta : √bham(회전하다)의 *Pp.*

va = iva [*indecl.*] ~와 같이, ~처럼, ~와 마찬가지로

dhāraye [√dhar(참다, 견디다)의 *Pot.Caus.3.Sg.*] 참을 수 있다, 억제할 수 있다

tam = taṃ [ta(*3.pron.*)의 *m.Sg.Acc.*] 그를, 그것을

ahaṃ [amha(*1.pron.*)의 *Sg.Nom.*] 나는

sārathiṃ [sārathi(*m.*)의 *Sg.Acc.*] 마부라고

brūmi [√brū(말하다, 부르다)의 *Pres.1.Sg.*] 말한다, 부른다

rasmiggāho [rasamiggāha(*m.*)의 *Sg.Nom.*] 고삐를 잡음. rasmi : *f.* 고삐. gāha : *m.* 잡음, 움켜쥠, *fr.* √gah(가지다, 잡다)

itaro [itara(*adj.*)의 *m.Sg.Nom.*] 다른

jano [jana(*m.*)의 *Sg.Nom.*] (보통의) 사람이 / 사람들이, 범부(凡夫)가

---

223 akkodhena jine kodhaṃ asādhuṃ sādhunā jine,[7]
jine kadariyaṃ dānena saccenālikavādinaṃ.[8]

223 온화함으로 분노를 이겨야 한다. 선으로 악을 이겨야 한다.
자비로써 탐욕을 이겨야 한다. 진실로써 거짓말하는 자를 이겨야 한다.

akkodhena [akkodha(*m.*)의 *Sg.Ins.*] 화가 없음으로, 온화함으로. a : *pref.* 아니다, 없다. kodha : *m.* 화, 분노

jine [√ji(이기다, 정복하다)의 *Pot.3.Sg.*] 이겨야 한다

kodhaṃ [kodha(*m.*)의 *Sg.Acc.*] 화를, 분노를

asādhuṃ [asādhu(*adj.*)의 *m.Sg.Acc.*] (*n.*) 악을. a : *pref.* 아니다, 없다. sādhu : *adj.* 좋다, 훌륭하다

sādhunā [sādhu(*adj.*)의 *m.Sg.Ins.*] (*n.*) 선으로

---

7 제1행 : "akkodhena jine kodhaṃ"의 술어는 jine(이겨야 한다)이고, 이 술어동사를 통해 주어가 3인칭 단수임을 알 수 있다. 목적어는 kodhaṃ(분노를)이다. "asādhuṃ sādhunā jine"의 술어는 jine(이겨야 한다)이고, 이 술어동사를 통해 주어가 3인칭 단수임을 알 수 있다. 목적어는 asādhuṃ(악을)이다.

8 제2행 : "jine kadariyaṃ dānena"의 술어는 jine(이겨야 한다)이고, 이 술어동사를 통해 주어가 3인칭 단수임을 알 수 있다. 목적어는 kadariyaṃ(탐욕을)이다. "saccenālikavādinaṃ"의 술어는 앞 문장의 jine(이겨야 한다)이고, 목적어는 alikavādinaṃ(거짓말하는 자를)이다.

jine [√ji(이기다, 정복하다, 패배시키다)의 *Pot.3.Sg.*] 이겨야 한다

jine [√ji(이기다, 정복하다, 패배시키다)의 *Pot.3.Sg.*] 이겨야 한다

kadariyaṃ [kadariya(*nt.*)의 *Sg.Acc.*] 탐욕을

dānena [dāna(*nt.*)의 *Sg.Ins.*] 자비로, 보시(布施)로, 베푸는 것으로. dāna : *fr.* √dā(주다)

saccenālikavādinaṃ = saccena-alika-vādinaṃ : (*n.*) 진실로써 거짓말하는 자를. saccena [sacca(*nt.*)의 *Sg.Ins.*] 진실로. alika [*adj.*] 거짓의, 진실이 아닌. vādin [*adj.*] 말하는, *fr.* √vad(말하다)

---

224 saccam bhaṇe na kujjheyya dajjā appasmi yācito[9]
etehi tīhi ṭhānehi gacche devāna santike.[10]

224 진실을 말해야 한다. 화내면 안 된다. 조금 가졌어도 청한다면 베풀어야 한다.
이 세 가지 이유들로 신들 곁에 갈 것이다.

saccam = saccaṃ [sacca(*nt.*)의 *Sg.Acc.*] 참을, 진실을

bhaṇe [√bhaṇ(말하다, 이야기하다)의 *Pot.3.Sg.*] 말해야 한다

na [*indecl.*] ~아니다, ~없다

kujjheyya [√kudh(화내다)의 *Pot.3.Sg.*] 화내야 한다

dajjā [√dā(주다)의 *Pot.3.Sg.*] 주어야 한다, 베풀어야 한다

appasmi = appasmiṃ [appa(*adj.*)의 *m.Sg.Loc.*] 적은, 조금

yācito [yācita의 *m.Sg.Nom.*] 청한, 부탁한. yācita : √yāc(청하다, 부탁하다, 빌다)의 *Pp.*

etehi [etad(*pron.*)의 *nt.Pl.Ins.*] 이것들로, 이들로

tīhi [ti(*adj.*)의 *nt.Pl.Ins.*] 셋으로

ṭhānehi [ṭhāna(*nt.*)의 *Pl.Ins.*] 장소로, 이유로, 근거로, ~점으로

gacche [√gam(가다)의 *Pot.3.Sg.*] 갈 것이다

devāna = devānaṃ [deva(*m.*)의 *Pl.Gen.*] 신들의

santike [santika(*nt.*)의 *Sg.Loc.*] 근처에, 부근에, 가까이, ~에 직면하여

---

9 제1행 : "saccam bhaṇe"의 술어는 bhaṇe(말해야 한다)이고, 이 술어동사를 통해 주어가 3인칭 단수임을 알 수 있다. 목적어는 saccaṃ(진실을)이다. "na kujjheyya"의 술부는 na kujjheyya(화내면 안 된다)이고, 술어동사 kujjheyya를 통해 주어가 3인칭 단수임을 알 수 있다. "dajjā appasmi yācito"의 술어는 dajjā (베풀어야 한다)이고, 이 술어동사를 통해 주어가 3인칭 단수임을 알 수 있다.

10 제2행 : 이 행의 술어는 gacche(갈 것이다)이고, 이 술어동사를 통해 주어가 3인칭 단수임을 알 수 있다.

225 ahiṃsakā ye munayo niccaṃ kāyena saṃvutā[11]
te yanti accutaṃ ṭhānaṃ yattha gantvā na socare.[12]

225 살생하지 않고 항상 신체를 제어한 성자(聖者)들,
그들은 불멸의 경지에 가는데, 그곳에 가서는 슬퍼하지 않는다.

ahiṃsakā [ahiṃsaka(*adj.*)의 *m.Pl.Nom.*] 살생하지 않는. ahiṃsaka : *fr.* ahiṃsā(*f.* 불살생, 비폭력)

ye [ya(*pron.*)의 *m.Pl.Nom.*] ~하는 이들. munayo를 지시함

munayo [muni(*m.*)의 *Pl.Nom.*] 성자(聖者)들은

niccaṃ [*adv.*] 항상, 변함없이, 언제나, nicca(*adj.* 변함없는)의 *nt.Sg.Acc.*

kāyena [kāya(*m.*)의 *Sg.Ins.*] 신체로, 몸으로

saṃvutā [saṃvuta의 *m.Pl.Nom.*][13] 제어된, 억누른. saṃvuta : saṃ√var(막다)의 *Pp.*

te [ta(*3.pron.*)의 *m.Pl.Nom.*] 그들은, 그것들은. munayo를 받음

yanti [√yā(가다, 나아가다)의 *Pres.3.Pl.*] 간다

accutaṃ [accuta(*adj.*)의 *nt.Sg.Acc.*] 불멸의. a : *pref.* 않다, 아니다. cuta : *adj.* 사라지는, 죽은

ṭhānaṃ [ṭhāna(*nt.*)의 *Sg.Acc.*] 장소를, 곳을, 경지를

yattha [*adv.*] 어디에, 어디로

gantvā [√gam(가다)의 *Ger.*] 가고 나서, 간 후에

na [*indecl.*] ~아니다, ~없다

socare [√suc(슬퍼하다, 한탄하다)의 *A.Pres.3.Pl.*][14] 슬퍼한다, 한탄한다

226 sadā jāgaramānānaṃ ahorattānusikkhinaṃ
nibbānaṃ adhimuttānaṃ atthaṃ gacchanti āsavā.[15]

11 제1행 : 이 행은 관계대명사 ye가 이끄는 관계절로서 munayo를 지시한다.

12 제2행 : 이 행의 술어는 yanti(간다)이고, 주어는 te(그들은), 즉 제1행의 munayo(성인들)이고, 그리고 목적어는 ṭhānaṃ(경지에)이다. accutaṃ(불멸의)은 ṭhānaṃ(경지에)을 수식하므로 ṭhānaṃ(중성, 단수, 대격)의 성, 수, 격에 일치한다. "yattha gantvā na socare"는 관계부사 yattha가 이끄는 부사절이다.

13 saṃvuta는 주로 구격과 함께 쓰인다.

14 are는 3인칭 단수 직설법 반조태 어미(= ante)이다. 이 어미는 시 307의 upapajjare와 시 316의 lajjare에서도 사용되었다.

15 제1~2행 : 이 시의 술부는 atthaṃ gacchanti(사라져간다)이고, 주어는 āsavā(번뇌는)이다.

226 항상 깨어있고 밤낮으로 공부하며
열반에 뜻을 두고 있는 이들의 번뇌는 사라져간다.

sadā [*adv.*] 항상, 늘, 언제나

jāgaramānānaṃ [jāgaramāna의 *m.Pl.Gen.*] 깨어있는 이들의. jāgaramāna : √jāgar(깨어있다)의 *Ppr.*

ahorattānusikkhinaṃ [ahorattānusikkhin(*adj.*)의 *m.Pl.Gen.*] (*n.*) 밤낮으로 공부하는 이들의. aha : *nt.* 낮, 복합어에서는 aho로 쓰임. ratta : *nt.* 밤. anusikkhin : *adj.* 공부하는, *fr.* anu√sikkh(배우다, 공부하다)

nibbānaṃ [nibbāna(*nt.*)의 *Sg.Acc.*] 열반에

adhimuttānaṃ [adhimutta의 *m.Pl.Gen.*] (*n.*) 전념하고 있는 이들의. adhi√muc(해방하다, 자유롭게 하다)의 *Pass.Pp.*

atthaṃ [attha(*nt.*)의 *Sg.Acc.*] 소멸, 사라짐. gacchati와 함께 쓰여 '소멸하다', '사라지다'의 의미를 가짐

gacchanti [√gam(가다, 이동하다)의 *Pres.3.Pl.*] 간다, 이동한다

āsavā [āsava(*m.*)의 *Pl.Nom.*] 번뇌는

227 porāṇaṃ etaṃ Atula n'etaṃ ajjatanām iva :[16]
nindanti tuṇhiṃ āsīnaṃ nindanti bahubhāṇinaṃ[17]
mitabhāṇinam pi nindanti, n'atthi loke anindito.[18]

227 아뚤라여! 이것은 예로부터 있던 것이지 이것이 단지 오늘의 것만은 아니다 :
[그들은] 조용히 앉아있는 이를 비난하고, 많이 말하는 이를 비난하며,
적당히 말하는 이도 또한 비난한다. 세상에 비난받지 않을 이는 없다.

16 제1행 : 이 행의 술부는 porāṇaṃ na ajjatanām(예로부터 있던 것이지 오늘의 것이 아니다)이고, 주어는 etaṃ(이것은)이다.

17 제2행 : "nindanti tuṇhiṃ āsīnaṃ"의 술어는 nindanti(비난한다)이고, 이 술어동사를 통해 주어가 3인칭 복수임을 알 수 있다. 목적어는 tuṇhiṃ āsīnaṃ(조용히 앉아있는 이를)이다. "nindanti bahubhāṇinaṃ"의 술어는 nindanti(비난한다)이고, 이 술어동사를 통해 주어가 3인칭 복수임을 알 수 있다. 목적어는 bahubhāṇinaṃ(많이 말하는 이를)이다.

18 제3행 : "mitabhāṇinam pi nindanti"의 술어는 nindanti(비난한다)이고, 이 술어동사를 통해 주어가 3인칭 복수임을 알 수 있다. 목적어는 mitabhāṇinaṃ(적당히 이야기하는 이를)이다. "n'atthi loke anindito"의 술어는 n'atthi(없다)이고, 주어는 anindito(비난받지 않을 이는)이다.

porāṇaṃ [porāṇa(*adj.*)의 *nt.Sg.Nom.*] 오래된, 예로부터의

etaṃ [etad(*pron.*)의 *nt.Sg.Nom.*] 이것은, 그것은

Atula [atula(*m.*)의 *Sg.Voc.*] 아뚤라여!

n'etaṃ = na-etaṃ. na [*indecl.*] ~아니다, ~없다. etaṃ [etad(*pron.*)의 *nt.Sg.Nom.*] 이것은, 그것은

ajjatanām = ajjatanaṃ [ajjatana(*adj.*)의 *nt.Sg.Nom.*] 현재의, 오늘의

iva = eva [*adv.*] 실로, 단지, 바로

nindanti [√nind(비난하다)의 *Pres.3.Pl.*] 비난한다

tuṇhiṃ = tuṇhī [*adv.*] 잠자코, 조용히

āsīnaṃ [āsīna의 *m.Sg.Acc.*] (*n.*) 앉아있는 이를. āsīna : √ās(앉다, 앉아 있다)의 *Pp.*

nindanti [√nind(비난하다)의 *Pres.3.Pl.*] 비난한다

bahubhāṇinaṃ [bahubhāṇin(*adj.*)의 *m.Sg.Acc.*] (*n.*) 많이 말하는 이를. bahu : *adj.* 많은. bhāṇin : *adj.* 말하는, *fr.* √bhaṇ(말하다)

mitabhāṇinam = mitabhāṇinaṃ [mitabhāṇin(*adj.*)의 *m.Sg.Acc.*] (*n.*) 적당히 이야기하는 이를. mita : *adj.* 적당히, 알맞게, √mi(재다, 조정하다)의 *Pp.* bhāṇin : *adj.* 말하는, *fr.* √bhaṇ(말하다)

pi / api [*indecl.*] ~도 또한, 비록 그렇다고 하더라도

nindanti [√nind(비난하다)의 *Pres.3.Pl.*] 비난한다

n'atthi = na-atthi : 없다. na [*indecl.*] ~아니다, ~없다. atthi [√as(이다, 있다, 존재하다)의 *Pres.3.Sg.*] 있다

loke [loka(*m.*)의 *Sg.Loc.*] 세상에, 세계에

anindito [anindita(*adj.*)의 *m.Sg.Nom.*] (*n.*) 비난받지 않을 이는. a : *pref.* 아니다, 없다. nindita : 비난할 만한, 비난받을, √nind(비난하다)의 *Pp.*

---

228 na cāhu na ca bhavissati na c'etarahi vijjati
ekantaṃ nindito poso ekantaṃ vā pasaṃsito.[19]

228 [과거에도] 없었고, [미래에도] 없을 것이고, 현재에도 없다.

---

19 제1~2행 : 이 시의 술부는 na ahu(없었다), na bhavissati(없을 것이다), 그리고 na vijjati(없다)이고, 주어는 poso(사람은)이다. nindito(비난받을 만한)와 pasaṃsito(칭찬받을 만한)는 poso를 수식하므로 poso(남성, 단수, 주격)의 성, 수, 격에 일치한다.

완전히 비난만 받을 사람도, 완전히 칭찬만 받을 사람도.

na [*indecl.*] ~아니다, ~없다
cāhu = ca-ahu. ca [*indecl.*] 그리고, ~와. ahu [√bhū(있다, 이다)의 *Aor.3.Sg.*] 있었다
na [*indecl.*] ~아니다, ~없다
ca [*indecl.*] 그리고, ~와
bhavissati [√bhū(이다, 되다, 존재하다)의 *Fut.3.Sg.*] 있을 것이다
na [*indecl.*] ~아니다, ~없다
c'etarahi = ca-etarahi. ca [*indecl.*] 그리고, ~와. etarahi [*adv.*] 지금, 현재
vijjati [√vid(찾다, 알다)의 *Pres.Pass.3.Sg.*] 존재한다, 있다
ekantaṃ [*adv.*] 절대적으로, 극단적으로, 완전히, ekanta(*adj.*)의 *nt.Sg.Acc.*
nindito [nindita의 *m.Sg.Nom.*] 비난받을 만한. nindita : √nind(비난하다)의 *Pp.*
poso [posa(*m.*)의 *Sg.Nom.*] 사람은
ekantaṃ [*adv.*] 절대적으로, 극단적으로, 완전히, ekanta(*adj.*)의 *nt.Sg.Acc.*
vā [*indecl.*] 또는
pasaṃsito [pasaṃsita의 *m.Sg.Nom.*] 칭찬받을 만한. pasaṃsita : pa√saṃs(지적하다, 선언하다)의 *Pp.*

229 yañ ce viññū pasaṃsanti anuvicca suve suve
acchiddavuttiṃ medhāviṃ paññāsīlasamāhitaṃ.[20]

229 그러나 현명한 이들은 매일매일 잘 살피고 나서 칭찬한다.
행위에 있어 결점이 없고, 총명하고, 지혜와 덕을 갖춘 이를.

yañ = yaṃ [ya(*pron.*)의 *m.Sg.Acc.*] ~하는 이. 시 230의 taṃ을 지시함
ce = ca = tu [*indecl.*] 그러나, 하지만
viññū [viññū(*m.*)의 *Pl.Nom.*] 현명한 이들은
pasaṃsanti [pa√saṃs(지적하다, 선언하다)의 *Pres.3.Pl.*] 칭찬한다

20 제1~2행 : 이 시의 술어는 pasaṃsanti(칭찬한다)이고, 주어는 viññū(현명한 이들은)이다. "yaṃ acchiddavuttiṃ medhāviṃ paññāsīlasamāhitaṃ(행위에 있어 결점이 없고 총명하고 지혜와 덕을 갖춘 이를)"은 관계대명사 yaṃ이 이끄는 관계절로서 이 시의 목적절이고, 다음 시 230의 taṃ을 지시한다.

anuvicca [anu√vid(알다, 알고 있다)의 *Ger.*] 살피고 나서

suve suve [suve(*adv.* 내일)의 중복] 매일매일

acchiddavuttiṃ [acchiddavutti의 *m.Sg.Acc.*] 행위에 있어 결점이 없는. a : *pref.* 아니다, 없다. chidda : *adj.* 결점이 있는, 불완전한. vutti : *f.* 행위

medhāviṃ [medhāvin의 *m.Sg.Acc.*] 총명한. medhāvin : *fr.* medhā(*f.* 지혜, 현명함)

paññāsīlasamāhitaṃ [paññāsīlasamāhita의 *m.Sg.Acc.*] 지혜와 덕을 갖춘. paññā : *f.* 지혜, 지식, *fr.* pa√ñā(알다, 이해하다). sīla : *nt.* 덕. samāhita : 가진, 갖춘, saṃ-ā√dhā(두다, 놓다)의 *Pp.*

---

230 nekkhaṃ jambonadasseva ko taṃ ninditum arahati,[21]
devā pi naṃ pasaṃsanti, Brahmunā pi pasaṃsito.[22]

230 잠부강에서 나는 금으로 만든 금화 같은 그를 누가 비난할 수 있겠는가.
천신들 또한 그를 칭찬한다. 브라흐마 신도 [그를] 칭찬한다.

nekkhaṃ [nekkha(*m.*)의 *Sg.Acc.*] 금화를

jambonadasseva = jambonadassa-iva. jambonadassa [jambonada(*m.*)의 *Sg.Gen.*] 잠부강에서 나는 금. iva [*indecl.*] ~와 같이, ~와 마찬가지로

ko [ka(*interr.pron.*)의 *m.Sg.Nom.*] 누가

taṃ [ta(*3.pron.*)의 *m.Sg.Acc.*] 그를, 그것을. 시 229의 yaṃ을 받음

ninditum = ninditum [√nind(비난하다)의 *Inf.*] 비난할, 비난하기 위한

arahati [√arah(~할 만하다, ~의 자격이 있다)의 *Pres.3.Sg.*] ~할 수 있다

devā [deva(*m.*)의 *Pl.Nom.*] 신들은

pi / api [*indecl.*] ~도 또한, 비록 그렇다고 하더라도

naṃ [ta(*3.pron.*)의 *m.Sg.Acc.*] 그를

pasaṃsanti [pa√saṃs(지적하다, 선언하다)의 *Pres.3.Pl.*] 칭찬한다

---

21 제1행 : 이 행의 술부는 ninditum arahati(비난할 수 있겠는가)이고, 주어는 ko(누가), 그리고 목적어는 taṃ(그를)이다. taṃ은 시 229의 관계대명사 yaṃ이 이끄는 절을 받는다. "nekkhaṃ jambonadasseva"는 iva가 이끄는 부사절이다.

22 제2행 : "devā pi naṃ pasaṃsanti"의 술어는 pasaṃsanti(칭찬하다)이고, 주어는 devā(천신들은), 그리고 목적어는 naṃ(그를)이다. "Brahmunā pi pasaṃsito"의 술어는 과거분사 pasaṃsito(칭찬받는다)이다. 수동형 문장(브라흐마 신에 의해서도 칭찬받는다)을 능동형 문장(브라흐마 신도 그를 칭찬한다)으로 바꾸어 번역하였다.

Brahmunā = brahmanā [brahma(*m.*)의 *Sg.Ins.*] 브라흐마 신에 의해서
pi / api [*indecl.*] ~도 또한, 비록 그렇다고 하더라도
pasaṃsito [pasaṃsita의 *m.Sg.Nom.*] 칭찬받는. pasaṃsita : pa√saṃs(지적하다, 선언하다)의 *Pp.*

---

231 kāyappakopaṃ rakkheyya kāyena saṃvuto siyā,[23]
kāyaduccaritaṃ hitvā kāyena sucaritaṃ care.[24]

231 신체의 화를 살펴야 한다. 신체를 제어해야 한다.
신체의 악행을 버리고서 신체로써 선행을 해야 한다.

kāyappakopaṃ [kāyappakopa(*m.*)의 *Sg.Acc.*] 신체의 화를. kāya : *m.* 몸, 신체. pakopa : *m.* 화, 격노
rakkheyya [√rakkh(보호하다, 지키다)의 *Pot.3.Sg.*] 살펴야 한다
kāyena [kāya(*m.*)의 *Sg.Ins.*] 신체로, 몸으로
saṃvuto [saṃvuta의 *m.Sg.Nom.*][25] 제어된. saṃvuta : saṃ√var(막다)의 *Pp.*
siyā [√as(이다, 있다, 존재하다)의 *Pot.3.Sg.*] 되어야 한다
kāyaduccaritaṃ [kāyaduccarita(*nt.*)의 *Sg.Acc.*] 신체의 악행을. kāya : *m.* 몸, 신체. du : *indecl.* 나쁜, 부족한, 어려운. carita : *nt.* 행위, √car(살다, 행하다)의 *Pp.*
hitvā [√hā(버리다, 포기하다)의 *Ger.*] 버리고 나서, 버린 후에
kāyena [kāya(*m.*)의 *Sg.Ins.*] 신체로써, 몸으로
sucaritaṃ [sucarita(*nt.*)의 *Sg.Acc.*][26] 선행을, 선한 행위를. su : *indecl.* 잘, 철저하게. carita : *nt.* 행위
care [√car(살다, 행하다)의 *Pot.3.Sg.*] 행해야 한다

---

23 제1행 : "kāyappakopaṃ rakkheyya"의 술어는 rakkheyya(살펴야 한다)이고, 이 술어동사를 통해 주어가 3인칭 단수임을 알 수 있다. 목적어는 kāyappakopaṃ(신체의 화를)이다. "kāyena saṃvuto siyā"의 술부는 saṃvuto siyā(제어되어야 한다)이고, 술어동사 siyā를 통해 주어가 3인칭 단수임을 알 수 있다.
24 제2행 : 이 행의 술어는 care(행해야 한다)이고, 이 술어동사를 통해 주어가 3인칭 단수임을 알 수 있다. 목적어는 sucaritaṃ(선행을)이다. "kāyaduccaritaṃ hitvā"는 절대분사 hitvā가 이끄는 종속절이다. 절대분사 hitvā는 전체 문장의 술어 care 이전의 행위를 나타낸다.
25 saṃvuta는 주로 구격과 함께 쓰인다.
26 대격 명사인 sucaritaṃ은 동사 care와 같은 어근에서 파생된 동족목적어이다.

232 vacīpakopaṃ rakkheyya vācāya saṃvuto siyā,[27]
vacīduccaritaṃ hitvā vācāya sucaritaṃ care.[28]

232 말의 화를 살펴야 한다. 말을 제어해야 한다.
말의 악행을 버리고서 말로써 선행을 해야 한다.

vacīpakopaṃ [vacīpakopa(*m.*)의 *Sg.Acc.*] 말의 화를. vacī : *f.* 말. pakopa : *m.* 화, 격노
rakkheyya [√rakkh(보호하다, 지키다)의 *Pot.3.Sg.*] 살펴야 한다
vācāya [vācā(*f.*)의 *Sg.Ins.*] 말로
saṃvuto [saṃvuta의 *m.Sg.Nom.*] 제어된. saṃvuta : saṃ√var(막다)의 *Pp.*
siyā [√as(이다, 있다, 존재하다)의 *Pot.3.Sg.*] 되어야 한다
vacīduccaritaṃ [vacīduccarita(*nt.*)의 *Sg.Acc.*] 말의 악행을, 언어의 악행을. vacī [*f.*] 말. du : *indecl.* 나쁜, 부족한, 어려운. carita : *nt.* 행위, √car(살다, 행하다, 다니다)의 *Pp.*
hitvā [√hā(버리다, 포기하다)의 *Ger.*] 버리고 나서, 버린 후에
vācāya [vācā(*f.*)의 *Sg.Ins.*] 말로
sucaritaṃ [sucarita(*nt.*)의 *Sg.Acc.*] 선행을, 선한 행위를. su : *indecl.* 잘, 철저하게. carita : *nt.* 행위, 행동
care [√car(살다, 행하다)의 *Pot.3.Sg.*] 행해야 한다

233 manopakopaṃ rakkheyya manasā saṃvuto siyā,[29]
manoduccaritaṃ hitvā manasā sucaritaṃ care.[30]

27 제1행 : "vacīpakopaṃ rakkheyya"의 술어는 rakkheyya(살펴야 한다)이고, 이 술어동사를 통해 주어가 3인칭 단수임을 알 수 있다. 목적어는 vacīpakopaṃ(말의 화를)이다. "vācāya saṃvuto siyā"의 술부는 saṃvuto siyā(제어되어야 한다)이고, 술어동사 siyā를 통해 주어가 3인칭 단수임을 알 수 있다.

28 제2행 : 이 행의 술어는 care(행해야 한다)이고, 이 술어동사를 통해 주어가 3인칭 단수임을 알 수 있다. 목적어는 sucaritaṃ(선행을)이다. "vacīduccaritaṃ hitvā"는 절대분사 hitvā가 이끄는 종속절이다. 절대분사 hitvā는 전체 문장의 술어 care 이전의 행위를 나타낸다.

29 제1행 : "manopakopaṃ rakkheyya"의 술어는 rakkheyya(살펴야 한다)이고, 이 술어동사를 통해 주어가 3인칭 단수임을 알 수 있다. 목적어는 manopakopaṃ(마음의 화를)이다. "manasā saṃvuto siyā"의 술부는 saṃvuto siyā(제어되어야 한다)이고, 술어동사 siyā를 통해 주어가 3인칭 단수임을 알 수 있다.

30 제2행 : 이 행의 술어는 care(행해야 한다)이고, 이 술어동사를 통해 주어가 3인칭 단수임을 알 수 있다. 목적어는 sucaritaṃ(선행을)이다. "manopakopaṃ hitvā"는 절대분사 hitvā가 이끄는 종속절이다. 절대분사 hitvā는 전체 문장의 술어 care 이전의 행위를 나타낸다.

233 마음의 화를 살펴야 한다. 마음을 제어해야 한다.
마음의 악행을 버리고서 마음으로써 선행을 해야 한다.

manopakopaṃ [manopakopa(mano-pakopa) *m.Sg.Acc.*] 마음의 화를. mano / mana : *nt.* 마음, mana가 복합어에서 앞에 위치할 때 mano로 쓰임. pakopa : *m.* 화, 격노

rakkheyya [√rakkh(보호하다, 지키다)의 *Pot.3.Sg.*] 살펴야 한다

manasā [mana(*nt.*)의 *Sg.Ins.*] 마음으로, 마음에 의하여, 마음에 의해서

saṃvuto [saṃvuta의 *m.Sg.Nom.*] 제어된. saṃvuta : saṃ√var(막다)의 *Pp.*

siyā [√as(이다, 있다, 존재하다)의 *Pot.3.Sg.*] 되어야 한다

manoduccaritaṃ [manoduccarita(*nt.*)의 *Sg.Acc.*] 마음의 악행을. mano : *nt.* 마음. du : *indecl.* 나쁜, 부족한, 어려운. carita : *nt.* 행위, √car(살다, 행하다)의 *Pp.*

hitvā [√hā(버리다, 포기하다)의 *Ger.*] 버리고 나서, 버린 후에

manasā [mana(*nt.*)의 *Sg.Ins.*] 마음으로, 마음에 의하여, 마음에 의해서

sucaritaṃ [sucarita(*nt.*)의 *Sg.Acc.*] 선행을, 선한 행위를. su : *indecl.* 잘, 철저하게. carita : *nt.* 행위, 행동

care [√car(살다, 행하다)의 *Pot.3.Sg.*] 행해야 한다

---

234 kāyena saṃvutā dhīrā atho vācāya saṃvutā[31]
manasā saṃvutā dhīrā te ve suparisaṃvutā.[32]

234 현명한 이들은 신체를 제어하고 말을 제어한다.
현명한 이들은 마음을 제어한다. 그들은 참으로 잘 제어한다.

kāyena [kāya(*m.*)의 *Sg.Ins.*] 신체로, 몸으로

saṃvutā [saṃvuta의 *m.Pl.Nom.*] 제어된. saṃvuta : saṃ√var(막다)의 *Pp.*

dhīrā [dhīra(*adj.*)의 *m.Pl.Nom.*] (*n.*) 현명한 이들은, 지혜로운 이들은

---

31 제1행 : 이 행의 술어는 과거분사 saṃvutā(제어된)이고, 주어는 dhīrā(현명한 이들은)이다.

32 제2행 : "manasā saṃvutā dhīrā"의 술어는 과거분사 saṃvutā(제어된)이고, 주어는 dhīrā(현명한 이들은)이다. 분사적 술어 saṃvutā는 주어 dhīrā(남성, 복수, 주격)의 성, 수, 격에 일치한다. "te ve suparisaṃvutā"의 술어는 과거분사 suparisaṃvutā(아주 잘 제어된)이고, 주어는 te(그들은)이다. te(그들은)는 dhīrā(현명한 이들은)를 받는다.

atho [*indecl.*] 그리고, 또한, 또는, 그러고 나서

vācāya [vācā(*f.*)의 *Sg.Ins.*] 말로

saṃvutā [saṃvuta의 *m.Pl.Nom.*] 제어된. saṃvuta : saṃ√var(막다)의 *Pp.*

manasā [mana(*nt.*)의 *Sg.Ins.*] 마음으로, 마음에 의하여, 마음에 의해서

saṃvutā [saṃvuta의 *m.Pl.Nom.*] 제어된. saṃvuta : saṃ√var(막다)의 *Pp.*

dhīrā [dhīra(*adj.*)의 *m.Pl.Nom.*] (*n.*) 현명한 이들은, 지혜로운 이들은

te [ta(*3.pron.*)의 *m.Pl.Nom.*] 그들은, 그것들은

ve [*indecl.*] 참으로, 정말, 바로, 확실히

suparisaṃvutā [suparisaṃvuta의 *m.Pl.Nom.*] 아주 잘 제어된. su : *indecl.* 잘, 철저하게, 아주. pari : *indecl.* 완전히, 전부. saṃvuta : 제어된, saṃ√var(막다)의 *Pp.*

제18장

더러움

Mala

235 paṇḍupalāso va dāni si[1]
Yamapurisā pi ca taṃ upaṭṭhitā,[2]
uyyogamukhe ca tiṭṭhasi[3]
pātheyyam pi ca te na vijjati.[4]

235 [그대는] 이제 시든 잎과 같다.
그리고 염라대왕의 사자(使者)들도 그대 곁에 와 있다.
죽음의 입구에 서있으면서도
그대에게는 노잣돈마저 없다.

paṇḍupalāso [paṇḍupalāsa(*m.*)의 *Sg.Nom.*] 시든 잎. paṇḍu : *adj.* 붉은, 노란, 시든. palāsa : *m.* 잎

va = iva [*indecl.*] ~와 같이, ~처럼, ~와 마찬가지로

dāni si = dāni-asi. dāni [*indecl.*] 지금, 이제, 현재, idāni의 단축형. asi [√as(이다, 있다, 존재하다)의 *Pres.2.Sg.*] 이다

1 제1행 : 이 행의 술어는 asi(이다)이고, 이 술어동사를 통해 주어가 2인칭 단수임을 알 수 있다.

2 제2행 : 이 행의 술어는 과거분사 upaṭṭhitā(와 있는)이고, 주어는 Yamapurisā(염라대왕의 사자들은), 그리고 목적어는 taṃ(그대에게)이다. 분사적 술어 upaṭṭhitā는 주어 yamapurisā(남성, 복수, 주격)의 성, 수, 격에 일치한다.

3 제3행 : 이 행의 술어는 tiṭṭhasi(서있다)이고, 이 술어동사를 통해 주어가 2인칭 단수임을 알 수 있다.

4 제4행 : 이 행의 술부는 na vijjati(없다)이고, 주어는 pātheyyaṃ(노잣돈은)이다.

Yamapurisā [yamapurisa(*m.*)의 *Pl.Nom.*] 염라대왕의 사자(使者)들은. yama : *m.* 야마 (= 죽은 자들의 세계의 지배자), 염라대왕. purisa : *m.* 사람

pi / api [*indecl.*] ~도 또한, 비록 그렇다고 하더라도

ca [*indecl.*] 그리고, ~와

taṃ [tumha(*2.pron.*)의 *Sg.Acc.*] 너에게

upaṭṭhitā [upaṭṭhita의 *m.Pl.Nom.*] 온, 도착한. upaṭṭhita : upa√ṭhā(서다)의 *Pp.*

uyyogamukhe [uyyogamukha(*nt.*)의 *Sg.Loc.*] 죽음의 입구에. uyyoga : *m.* 떠남, 죽음, 죽음에 가까워짐, *fr.* ud√yuj(묶다, 결합하다, 노력하다). mukha : *nt.* 입, 얼굴, 입구

ca [*indecl.*] 그리고, ~와

tiṭṭhasi [√ṭhā(서다)의 *Pres.2.Sg.*] 서다

pātheyyam = pātheyyaṃ [pātheyya(*nt.*)의 *Sg.Nom.*] 여비(旅費)는, 노자(路資)는

pi / api [*indecl.*] ~도 또한, 비록 그렇다고 하더라도

ca [*indecl.*] 그리고, ~와

te [tumha(*2.pron.*)의 *Sg.Dat.*] 너에게

na [*indecl.*] ~아니다, ~없다

vijjati [√vid(찾다, 알다)의 *Pres.Pass.3.Sg.*] 존재한다, 있다

---

236 so karohi dīpam attano[5]
khippaṃ vāyama paṇḍito bhava,[6]
niddhantamalo anaṅgaṇo
dibbaṃ ariyabhūmim ehisi.[7]

236 자신의 의지처를 만들라.
얼른 정진하여 지혜로워지거라.
더러움이 제거되고 흠이 사라져
[그대는] 천상의 성스러운 곳에 갈 것이다.

---

5 제1행 : 이 행의 술어는 karohi(만들라)이고, 주어는 so, 그리고 목적어는 dīpaṃ(의지처를)이다.

6 제2행 : 이 행의 술부는 vāyama paṇḍito bhava(정진하여 지혜로워지거라)이고, 술어동사 vāyama와 bhava를 통해 주어가 2인칭 단수임을 알 수 있다.

7 제3~4행 : 이 행들의 술어는 ehisi(갈 것이다)이고, 이 술어동사를 통해 주어가 2인칭 단수임을 알 수 있다. 목적어는 dibbaṃ ariyabhūmiṃ(천상의 성스러운 곳에)이다.

so [ta(*3.pron.*)의 *m.Sg.Nom.*][8] (여기서는 2인칭 단수로 쓰여) 너, 그대
karohi [√kar(하다, 행하다, 만들다)의 *Imper.2.Sg.*] 하라, 만들라
dīpam = dīpaṃ [dīpa(*m.*)의 *Sg.Acc.*] 섬을, 의지처를
attano [attan(*m.*)의 *Sg.Gen.*] 자신의
khippaṃ [*adv.*] 빠르게, 곧, 얼른. *fr.* khippa(*adj.*)의 *nt.Sg.Acc.*
vāyama [vi-ā√yam(제어하다, 참다, 억누르다)의 *Imper.2.Sg.*] 정진하라, 노력하라
paṇḍito [paṇḍita(*adj.*)의 *m.Sg.Nom.*] 현명한, 지혜로운
bhava [√bhū(있다, 이다, 되다)의 *Imper.2.Sg.*] 되어라
niddhantamalo [niddhantamala의 *m.Sg.Nom.*] 더러움이 제거된. nidhanta : 날려버린, 제거된, ni√dham(불다)의 *Pp.* mala : *nt.* 더러움
anaṅgaṇo [anaṅgaṇa의 *m.Sg.Nom.*] 흠이 없는. an : *pref.* 아니다, 없다. aṅgaṇa : *m.* 흠
dibbaṃ [dibba(*adj.*)의 *f.Sg.Acc.*] 신성한, 천상의
ariyabhūmim = ariyabhūmiṃ [ariyabhūmi(*f.*)의 *Sg.Acc.*] 성스러운 곳에. ariya : *adj.* 숭고한, 성스러운. bhūmi : *f.* 땅, 장소, 곳
ehisi [√i(가다)의 *Fut.2.Sg.*] 갈 것이다

237 upanītavayo va dāni si[9]
sampayāto si Yamassa santike,[10]
vāso pi ca te n'atthi antarā[11]
pātheyyam pi ca te na vijjati.[12]

237 그리고 [그대는] 이제 생의 끝에 있다.
[그대는] 염라대왕 가까이에 이르러 있다.
도중에 머물 곳도 없는데
그대에게는 노잣돈마저 없다.

---

8 주어 so는 3인칭인데 2인칭 동사와 함께 쓰였다. 이런 경우가 시 134, 238, 379에도 나타난다.
9 제1행 : 이 행의 술어는 asi(이다, 있다)이고, 이 술어동사를 통해 주어가 2인칭 단수임을 알 수 있다.
10 제2행 : 이 행의 술어 asi(이다, 있다)이고, 이 술어동사를 통해 주어가 2인칭 단수임을 알 수 있다.
11 제3행 : 이 행의 술어는 n'atthi(없다)이고, 주어는 vāso(머물 곳은)이다.
12 제4행 : 이 행의 술부는 na vijjati(없다)이고, 주어는 pātheyyam(노잣돈은)이다.

upanītavayo [upanītavaya의 *nt.Sg.Nom.*] 생의 끝. upanīta : ~로 이끈, 끝낸, 멈추게 한, upa√nī(이끌다)의 *Pp.* vaya / vayo : *nt.* 나이, 수명, 일생
va = ca [*indecl.*] 그리고, ~와
dāni si = dāni-asi. dāni [*indecl.*] 지금, 이제, 현재, idāni의 단축형. asi [√as(이다, 있다, 존재하다)의 *Pres.2.Sg.*] 있다
sampayāto si = sampayāto-asi. sampayāto [sampayāta의 *m.Sg.Nom.*] 이른, 간. sampayāta : saṃ-pa√yā(가다, 나아가다)의 *Pp.* asi [√as(이다, 있다, 존재하다)의 *Pres.2.Sg.*] 있다
Yamassa [yama(*m.*)의 *Sg.Gen.*] 야마(= 죽은 자들의 세계의 지배자)의, 염라대왕의
santike [santika(*nt.*)의 *Sg.Loc.*] 근처에, 부근에, 가까이
vāso [vāsa(*m.*)의 *Sg.Nom.*] 머무름은, 머물 곳은. vāsa : *fr.* √vas(살다)
pi / api [*indecl.*] ~도 또한, 비록 그렇다고 하더라도
ca [*indecl.*] 그리고, ~와
te [tumha(*2.pron.*)의 *Sg.Dat.*] 너에게
n'atthi = na-atthi : 없다. na [*indecl.*] ~아니다, ~없다. atthi [√as(이다, 있다, 존재하다)의 *Pres.3.Sg.*] 있다
antarā [*adv.*] 사이에, 도중에, antara(*adj.*)의 *Abl.*
pātheyyam = pātheyyaṃ [pātheyya(*nt.*)의 *Sg.Nom.*] 여비(旅費)는, 노자(路資)는
pi / api [*indecl.*] ~도 또한, 비록 그렇다고 하더라도
ca [*indecl.*] 그리고, ~와
te [tumha(*2.pron.*)의 *Sg.Dat.*] 너에게
na [*indecl.*] ~아니다, ~없다
vijjati [√vid(찾다, 알다)의 *Pres.Pass.3.Sg.*] 존재한다, 있다

---

238 so karohi dīpam attano[13]
khippaṃ vāyama paṇḍito bhava,[14]
niddhantamalo anaṅgaṇo
na punaṃ jātijaraṃ upehisi.[15]

---

13 제1행 : 이 행의 술어는 karohi(만들라)이고, 목적어는 dīpaṃ(의지처를)이다.
14 제2행 : 이 행의 술부는 vāyama paṇḍito bhava(정진하여 지혜로워지거라)이고, 술어동사 vāyama와 bhava를 통해 주어가 2인칭 단수임을 알 수 있다.

238 자신의 의지처를 만들라.
얼른 정진하여 지혜로워지거라.
더러움이 제거되고 흠이 사라져
다시는 태어남과 늙음에 이르지 않을 것이다.

so [ta(*3.pron.*)의 *m.Sg.Nom.*][16] (여기서는 2인칭 단수로 쓰여) 너, 그대

karohi [√kar(하다, 행하다, 만들다)의 *Imper.2.Sg.*] 하라, 만들라

dīpam = dīpaṃ [dīpa(*m.*)의 *Sg.Acc.*] 섬을, 의지처를

attano [attan(*m.*)의 *Sg.Gen.*] 자신의

khippaṃ [*adv.*] 빠르게, 곧, 얼른. *fr.* khippa(*adj.*)의 *nt.Sg.Acc.*

vāyama [vi-ā√yam(제어하다, 참다, 억누르다)의 *Imper.2.Sg.*] 정진하라, 노력하라

paṇḍito [paṇḍita(*adj.*)의 *m.Sg.Nom.*] 현명한, 지혜로운

bhava [√bhū(있다, 이다, 되다)의 *Imper.2.Sg.*] 되어라

niddhantamalo [niddhantamala의 *m.Sg.Nom.*] 더러움이 제거된. nidhanta : 날려버린, 제거된, ni√dham(불다)의 *Pp.* mala : *nt.* 더러움

anaṅgaṇo [anaṅgaṇa의 *m.Sg.Nom.*] 흠이 없는. an : *pref.* 아니다, 없다. aṅgaṇa : *m.* 흠, 결점

na [*indecl.*] ~아니다, ~없다

punaṃ = puna [*indecl.*] 다시, 또

jātijaraṃ [jātijara(*f.*)의 *Sg.Acc.*] 태어남과 늙음에. jāti : *f.* 태어남. jarā : *f.* 늙음

upehisi [upa√i(가다)의 *Fut.2.Sg.*] 이를 것이다, 미칠 것이다

239 anupubbena medhāvī thokathokaṃ khaṇe khaṇe
kammāro rajatasseva niddhame malam attano.[17]

239 지혜로운 이는 차차 조금씩 순간순간

15 제3~4행 : 이 행들의 술부는 na upehisi(이르지 않을 것이다)이고, 술어동사 upehisi를 통해 주어가 2인칭 단수임을 알 수 있다. 목적어는 jātijarā(태어남과 늙음에)이다.

16 주어 so는 3인칭인데 2인칭 동사와 함께 쓰였다.

17 제1~2행 : 이 시의 술어는 niddhame(제거해야 한다)이고, 주어는 medhāvī(현명한 이는), 그리고 목적어는 malaṃ(더러움을)이다. "kammāro rajatasseva(niddhame malaṃ)"은 iva가 이끄는 부사절이다. 이 부사절의 술어 또한 niddhame이다.

자신의 더러움을 제거해야 한다. 대장장이가 은(銀)의 더러움을 제거하듯.

anupubbena [*adv.*] 차차, 차츰, anupubba(*adj.* anu-pubba)의 *Ins.*

medhāvī [medhāvin(*adj.*)의 *m.Sg.Nom.*] (*n.*) 지혜로운 이는. medhāvin : *fr.* medhā(*f.* 지혜, 현명함)

thokathokaṃ [*adv.*] 조금씩. thoka : *adj.* 조금. thokaṃ : *adv.* 조금, thoka(*adj.*)의 *nt.Sg.Acc.*

khaṇe [khaṇa(*m.*)의 *Sg.Loc.*] 순간

khaṇe [khaṇa(*m.*)의 *Sg.Loc.*] 순간. khaṇe khaṇe : 순간순간

kammāro [kammāra(*m.*)의 *Sg.Nom.*] 대장장이가

rajatasseva = rajatassa-iva. rajatassa [rajata(*nt.*)의 *Sg.Gen.*] 은(銀)의. iva [*indecl.*] ~와 같이, ~처럼, ~와 마찬가지로

niddhame [ni√dham(불다)의 *Pot.3.Sg.*] 날려버려야 한다, 제거해야 한다

malam = malaṃ [mala(*nt.*)의 *Sg.Acc.*] 더러움은

attano [attan(*m.*)의 *Sg.Gen.*] 자신의

---

240 ayasā va malaṃ samuṭṭhitaṃ
taduṭṭhāya tam eva khādati[18]
evaṃ atidhonacārinaṃ
sakakammāni nayanti duggatiṃ.[19]

240 쇠에서 생긴 더러움(= 녹)이
그것(= 쇠)에서 생겨 그것을 삼켜버리는 것과 같이
필수품의 적당한 사용을 어긴 자들의
자신의 행위들이 [그들을] 비참한 내생으로 이끈다.

ayasā [aya / ayo(*nt.*)의 *Sg.Abl.*] 쇠로부터, 철에서

---

18 제1~2행 : 이 행들은 iva가 이끄는 부사절로서 이 부사절의 술어는 khādati(삼켜버린다)이고, 주어는 malaṃ(더러움이), 그리고 목적어는 taṃ(그것을)이다.

19 제3~4행 : 이 행들의 술어는 nayanti(이끈다)이고, 주어는 sakakammāni(자기 자신의 행위들이), 그리고 목적어는 duggatiṃ(비참한 내생으로)이다.

va = iva [*indecl.*] ~와 같이, ~처럼, ~와 마찬가지로

malaṃ [mala(*nt.*)의 *Sg.Nom.*] 더러움이

samuṭṭhitaṃ [samuṭṭhita의 *nt.Sg.Nom.*] 생긴, 나온. samuṭṭhita : saṃ-ud√ṭhā(서다)의 *Pp.*

taduṭṭhāya = ta-uṭṭhāya : 그것에서 생겨, 그것에서 나온. ta [*3.pron.*] 그것, 그, 복합어에서 tad로 쓰이기도 함. uṭṭhāya [ud√ṭhā(서다)의 *Ger.*] 생겨, 나온

tam = taṃ [ta(*3.pron.*)의 *nt.Sg.Acc.*] 그를, 그것을

eva [*adv.*] 실로, 단지, 바로

khādati [√khād(씹다, 먹다)의 *Pres.3.Sg.*] 먹는다, 삼켜버린다, 상하게 한다

evaṃ [*adv.*] ~와 마찬가지로, 이와 같이, 이렇게

atidhonacārinaṃ [atidhonacārin(*adj.*)의 *m.Pl.Gen.*] (*n.*) 비구의 네 가지 필수품의 적당한 사용을 어긴 자들의. ati : *indecl.* ~을 넘어서, ~을 어긴. dhona : 비구의 네 가지 필수품. cārin : *adj.* 행하는, *fr.* √car(행하다, 살다)

sakakammāni [sakakamma(*nt.*)의 *Pl.Nom.*] 자기 자신의 행위들이. saka : *adj.* 자기 자신의. kamma : *nt.* 행위

nayanti [√nī(이끌다)의 *Pres.3.Pl.*] 이끈다, 인도한다

duggatiṃ [duggati(*f.*)의 *Sg.Acc.*] 비참한 내생에, 비참한 세계에. du : *indecl.* 나쁜, 부족한, 어려운. gati : *f.* 내생, 운명, *fr.* √gam(가다)

---

241 asajjhāyamalā mantā, anuṭṭhānamalā gharā,[20]
malaṃ vaṇṇassa kosajjaṃ, pamādo rakkhato malaṃ.[21]

241 경전들은 암송하지 않음이 더러움이고 집들은 보살피지 않음이 더러움이며
게으름은 외모의 더러움이고 방심함은 지키는 이의 더러움이다.

asajjhāyamalā [asajjhāyamala의 *nt.Pl.Nom.*] 암송하지 않음이 더러움. a : *pref.* 아니다, 없다. sajjhāya : *m.* 반복, 암송, 공부. asajjhāya : 암송하지 않음. mala : *nt.* 더러움

mantā [manta(*m.*)의 *Pl.Nom.*] 경전들은, 성서들은

anuṭṭhānamalā [anuṭṭhānamala의 *nt.Pl.Nom.*] 노력하지 않음이 더러움. anuṭṭhāna(an-

20 제1행 : "asajjhāyamalā manta"의 술어는 명사 malā(더러움)이고, 주어는 mantā(경전들은)이다. "anuṭṭhānamalā gharā"의 술어는 명사 malā(더러움)이고, 주어는 gharā(집들은, 가정들은)이다.

21 제2행 : "malaṃ vaṇṇassa kosajjaṃ"의 술어는 명사 malaṃ(더러움)이고, 주어는 kosajjaṃ(게으름은)이다. "pamādo rakkhato malaṃ"의 술어는 명사 malaṃ(더러움)이고, 주어는 pamādo(방심함은)이다.

uṭṭhāna) : *nt.* 활발치 못함, 무기력, 침체. mala : *nt.* 더러움

gharā [ghara(*nt.*)의 *Pl.Nom.*] 집들은, 가정들은

malaṃ [mala(*nt.*)의 *Sg.Nom.*] 더러움

vaṇṇassa [vaṇṇa(*m.*)의 *Sg.Gen.*] 외모의, 용모의

kosajjaṃ [kosajja(*nt.*)의 *Sg.Nom.*] 게으름은

pamādo [pamāda(*m.*)의 *Sg.Nom.*] 방심함은, 깨어있지 않음은

rakkhato [rakkhanta의 *m.Sg.Gen.*] (*n.*) 지키는 이의. rakkhanta : √rakkh(보호하다, 지키다)의 *Ppr.*

malaṃ [mala(*nt.*)의 *Sg.Nom.*] 더러움

---

242 mal'itthiyā duccaritaṃ, maccheraṃ dadato malaṃ,[22]
malā ve pāpakā dhammā asmiṃ loke paramhi ca.[23]

242 부정한 행위는 여성의 더러움이고 인색은 베푸는 이의 더러움이며
악한 것들은 참으로 이승과 저승에의 더러움들이다.

mal'itthiyā [mal'itthi(*f.*)의 *Sg.Gen.*] 여성의 더러움. mala : *nt.* 더러움. itthi : *f.* 여성

duccaritaṃ [duccarita(*nt.*)의 *Sg.Nom.*] 부정한 행위는. du : *indecl.* 나쁜, 부족한, 어려운. carita : *nt.* 행위, √car(살다, 행하다)의 *Pp.*

maccheraṃ [macchera(*nt.*)의 *Sg.Nom.*] 탐욕은, 인색은

dadato [dadanta의 *m.Sg.Gen.*] (*n.*) 주는 이의. dadanta : √dā(주다)의 *Ppr.*

malaṃ [mala(*nt.*)의 *Sg.Nom.*] 더러움

malā [mala(*nt.*)의 *Pl.Nom.*] 더러움들

ve [*indecl.*] 참으로, 정말, 바로, 확실히

pāpakā [pāpaka(*adj.*)의 *m.Pl.Nom.*] 나쁜, 악한, 죄있는. pāpaka : *fr.* pāpa(*nt.* 악, 죄)

dhammā [dhamma(*m.*)의 *Pl.Nom.*] 특징들은, ~것들은, 일들은

asmiṃ [ima(*pron.*)의 *m.Sg.Loc.*] 이에, 이것에

loke [loka(*m.*)의 *Sg.Loc.*] 세상에, 세계에, 이승에

22 제1행 : "mal'itthiyā duccaritaṃ"의 술어는 명사 malaṃ(더러움)이고, 주어는 duccaritaṃ(부정한 행위는)이다. "maccheraṃ dadato malaṃ"의 술어는 명사 malaṃ(더러움)이고, 주어는 maccheraṃ(인색은)이다.

23 제2행 : 이 행의 술어는 명사 malā(더러움들)이고, 주부는 pāpakā dhammā(악한 것들은)이다. pāpakā(악한)는 dhammā를 수식하므로 dhammā(남성, 복수, 주격)의 성, 수, 격에 일치한다.

paramhi [para(*adj.*)의 *m.Sg.Loc.*] 다른 ~에
ca [*indecl.*] 그리고, ~와

243 tato malā malataraṃ avijjā paramaṃ malaṃ,
etaṃ malaṃ pahatvāna nimmalā hotha bhikkhavo.[24]

243 그 더러움들보다 더한 더러움, 가장 큰 더러움은 무명(無明)이다.
이 더러움을 버리고서 청정해지거라, 비구들이여!

tato [ta(*3.pron.*)의 *Abl.*][25] 거기서부터, 그런 까닭에, 그것보다
malā [mala(*nt.*)의 *Pl.Nom.*] 더러움들. tato malā : 더러움들보다
malataraṃ [malatara의 *nt.Sg.Nom.*] 더한 더러움. malatara : *fr.* mala(*nt.* 더러움)
avijjā [avijjā(*f.*)의 *Sg.Nom.*] 무지(無知), 무명(無明). a : *pref.* 아니다, 없다. vijjā : *f.* 지식, 앎
paramaṃ [parama(*adj.*)의 *nt.Sg.Nom.*] 가장 큰, 최고의
malaṃ [mala(*nt.*)의 *Sg.Nom.*] 더러움은
etaṃ [etad(*pron.*)의 *nt.Sg.Acc.*] 이를, 이것을
malaṃ [mala(*nt.*)의 *Sg.Acc.*] 더러움을
pahatvāna [pa√hā(버리다, 포기하다)의 *Ger.*] 버리고 나서, 버린 후에
nimmalā [nimmala(*adj.*)의 *m.Pl.Nom.*] 더러움이 없는, 청정한. ni : *pref.* 아래쪽으로, 떨어져서, 없이. mala : *nt.* 불결한 것, 더러움
hotha [√bhū(이다, 되다, 존재하다)의 *Imper.2.Pl.*] 되어라
bhikkhavo [bhikkhu(*m.*)의 *Pl.Voc.*] 비구들이여!, 수행승들이여!

244 sujīvaṃ ahirīkena kākasūrena dhaṃsinā
pakkhandinā pagabbhena saṃkiliṭṭhena jīvitaṃ.[26]

---

24 제2행 : 이 행의 술부는 nimmalā hotha(청정해지거라)이고, 술어동사 hotha를 통해 주어가 2인칭 복수임을 알 수 있다. "etaṃ malaṃ pahatvāna"는 절대분사 pahatvāna가 이끄는 종속절이다. 절대분사 pahatvāna는 전체 문장의 술어 hotha 이전의 행위를 나타낸다.
25 tato는 여기서 malā에 부속된 준(準)종격과 같다.
26 제1~2행 : 이 시의 술어는 형용사 sujīvaṃ(살기 쉽다)이고, 주어는 jīvitaṃ(삶은)이다.

244 부끄러움을 모르고 까마귀처럼 뻔뻔스럽고 무례하며,
허풍을 떨고 건방지고 부도덕한 자에 의한 삶은 살기 쉽다.

sujīvaṃ [sujīva(*adj.*)의 *nt.Sg.Nom.*] 살기 쉬운. su : *indecl.* 잘, 철저하게. jīva : *adj.* 사는, *fr.* √jīv(살다)

ahirīkena [ahirīka(*adj.*)의 *m.Sg.Ins.*] 부끄러움을 모르는. a : *pref.* 아니다, 없다. hirīka : *adj.* 부끄러움을 아는, *fr.* hirī / hiri(*f.* 부끄럼, 수치심)

kākasūrena [kākasūra(*adj.*)의 *m.Sg.Ins.*] 까마귀와 같이 뻔뻔스러운. kāka : *m.* 까마귀. sūra : *adj.* 용감한

dhaṃsinā [dhaṃsin(*adj.*)의 *m.Sg.Ins.*] 무례한. dhaṃsin : *fr.* √dhaṃs(멸망하다, 타락하다)

pakkhandinā [pakkhandin(*adj.*)의 *m.Sg.Ins.*] 허풍을 떠는, 자만하는. pakkhandin : pa√khand(뛰어오르다)

pagabbhena [pagabbha(*adj.*)의 *m.Sg.Ins.*] 주제넘은, 건방진

saṃkiliṭṭhena [saṃkiliṭṭha의 *m.Sg.Ins.*] 부도덕한. saṃkiliṭṭha : saṃ√kilis(더러워지다)의 *Pp.*

jīvitaṃ [jīvita(*nt.*)의 *Sg.Nom.*] 삶이. jīvita : √jīv(살다, 살아있다)의 *Pp.*

245 hirīmatā ca dujjīvaṃ niccaṃ sucigavesinā
alīnen'appagabbhena suddhājīvena passatā.[27]

245 그러나 부끄러워할 줄 알고 항상 순수함을 추구하고
성실하고 겸손하며 청정하게 살고 통찰하는 이에 의한 [삶은] 살기 어렵다.

hirīmatā [hirīmant(*adj.*)의 *m.Sg.Ins.*] 부끄러워하는. hirīmant : *fr.* hirī / hiri(*f.* 부끄럼, 수치심)

ca = tu [*indecl.*] 그러나, 하지만

dujjīvaṃ [dujjīva(*adj.*)의 *nt.Sg.Nom.*] 살아가기 어려운. du : *indecl.* 나쁜, 부족한, 어려운. jīva : *adj.* 사는, *fr.* √jīv(살다)

niccaṃ [*adv.*] 항상, 변함없이, 언제나, nicca(*adj.* 변함없는)의 *nt.Sg.Acc.*

27 제1~2행 : 이 시의 술어는 형용사 dujjīvaṃ(살기 힘들다)이고, 주어는 시 244의 jīvitaṃ(삶은)이다.

sucigavesinā [sucigavesin(*adj.*)의 *m.Sg.Ins.*] 순수함을 추구하는. suci : *nt.* 청정, 순수. gavesin : *adj.* 추구하는, *fr.* √gaves(찾다, 추구하다)

alīnen'appagabbhena = alīnena-appagabbhena : 성실하고 겸손한. alīnena [alīna(*adj.*)의 *m.Sg.Ins.*] 성실한, 대범한. a : *pref.* 아니다, 없다. līna : *adj.* 의존하는, 게으른. appagabbhena [appagabbha(*adj.*)의 *m.Sg.Ins.*] 겸손한. a : *pref.* 아니다, 없다. pagabbha : *adj.* 주제넘은, 건방진

suddhājīvena [suddhājīva(*adj.*)의 *m.Sg.Ins.*] 청정한 삶을 사는. suddha : *adj.* 청정한, √sudh(깨끗해지다)의 *Pp.* ājīva : *m.* 생활 양식, 생활, 생계, *fr.* ā√jīv(살다, 살아있다)

passatā [passanta의 *m.Sg.Ins.*] 통찰하는. passanta : √dis(보다, 깨닫다)의 *Ppr.*

---

246 yo pāṇaṃ atimāpeti musāvādañ ca bhāsati
loke adinnaṃ ādiyati paradārañ ca gacchati,[28]

246 살아있는 생명을 죽이고 거짓을 말하며
이 세상에서 주어지지 않은 것을 취하고 남의 아내를 범하는 사람,

yo [ya(*pron.*)의 *m.Sg.Nom.*] ~하는 이. 시 247의 naro를 지시함

pāṇaṃ [pāṇa *m.Sg.Acc.*] 살아있는 생명을, 생물을

atimāpeti [ati√mī(손상을 입다, 다치다)의 *Pres.Caus.3.Sg.*] 죽인다

musāvādañ = musāvādaṃ [musāvāda(*m.*)의 *Sg.Acc.*] 거짓으로 말하는 것, 거짓말. musā : *adv.* 거짓으로. vāda : *m.* 말하는 것, 말, *fr.* √vad(말하다)

ca [*indecl.*] 그리고, ~와

bhāsati [√bhās(말하다)의 *Pres.3.Sg.*] 말한다

loke [loka(*m.*)의 *Sg.Loc.*] 세상에서, 세계에서

adinnaṃ [adinna의 *nt.Sg.Acc.*] (*n.*) 주어지지 않은 것을. a : *pref.* 아니다, 없다. dinna : 주어진, √dā(주다)의 *Pp.*

ādiyati [ā√dā(주다)의 *Pres.Pass.3.Sg.*] 취한다, 가진다

paradārañ = paradāraṃ [paradāra(*f.*)의 *Sg.Acc.*] 남의 아내를. para : *adj.* 남의. dāra : *m.*

---

28 제1~2행 : 이 시는 관계대명사 yo가 이끄는 관계절로서 시 247의 naro를 지시하고 시 247에 연결된다. "pāṇaṃ atimāpeti"의 술어는 atimāpeti(죽인다)이고, 목적어는 pāṇaṃ(살아있는 생명을)이다. "musāvādañ ca bhāsati"의 술어는 bhāsati(말한다)이고, 목적어는 musāvādaṃ(거짓말을)이다. "loke adinnaṃ ādiyati"의 술어는 ādiyati(취한다)이고, 목적어는 adinnaṃ(주어지지 않은 것을)이다. "paradārañ ca gacchati"의 술어는 gacchati(간다, 범한다)이고, 목적어는 paradāraṃ(남의 아내를)이다.

아내, 부인

ca [*indecl.*] 그리고, ~와

gacchati [√gam(가다)의 *Pres.3.Sg.*] 간다

---

247 surāmerayapānañ ca yo naro anuyuñjati
idh'eva-m-eso lokasmiṃ mūlaṃ khanati attano.[29]

247 또한 술 마시는 것에 빠진 그런 사람은
여기 바로 이 세상에서 자신의 뿌리를 파낸다.

surāmerayapānañ = surāmerayapānaṃ [surāmerayapāna의 *m.Sg.Acc.*] 술을 마시는 것에. surā : *f.* 주류, 술. meraya : *nt.* 럼주. pāna : 마시는 것, 마심, *fr.* √pā(마시다)

ca [*indecl.*] 그리고, ~와

yo [ya(*pron.*)의 *m.Sg.Nom.*] ~하는이. naro를 지시함

naro [nara(*m.*)의 *Sg.Nom.*] 인간은, 사람은

anuyuñjati [anu√yuj(묶다, 결합하다, 노력하다)의 *Pres.3.Sg.*] 몰두한다, ~에 빠진다

idh'eva-m-eso = idha-eva-eso. idha [*indecl.*] 여기서, 지금, 이때에, 이 세상에서. eva [*adv.*] 실로, 단지, 바로. eso [etad(*pron.*)의 *m.Sg.Nom.*] 이것은

lokasmiṃ [loka(*m.*)의 *Sg.Loc.*] 이 세상에서

mūlaṃ [mūla(*nt.*)의 *Sg.Acc.*] 뿌리를

khanati [√khan(파다, 파내다, 뿌리채 뽑다)의 *Pres.3.Sg.*] 판다, 파낸다, 뿌리채 뽑는다

attano [attan(*m.*)의 *Sg.Gen.*] 자신의

---

248 evaṃ bho purisa jānāhi :[30]
pāpadhammā asaññatā,[31]

29 제1~2행 : 이 시의 술어는 khanati(파낸다)이고, 주어는 naro(사람은), 그리고 목적어는 mūlaṃ(뿌리를)이다. 제1행은 관계대명사 yo가 이끄는 관계절로서 naro를 지시한다. 시 246의 관계절 또한 naro를 지시한다.

30 제1행 : 이 행의 술어는 jānāhi(알라)이고, 이 술어동사를 통해 주어가 2인칭 단수임을 알 수 있다.

31 제2행 : 이 행의 술어는 과거분사 asaññatā(억제되지 않는다)이고, 주어는 pāpadhammā(악한 일들은)이다. 분사적 술어 asaññatā는 주어 pāpadhammā(남성, 복수, 주격)의 성, 수, 격에 일치한다.

mā taṃ lobho adhammo ca
ciraṃ dukkhāya randhayuṃ.[32]

248 소중한 이여, 이와 같이 알라.
악함이란 제어하지 않은 것이다.
탐욕과 부도덕 때문에
오랫동안 괴로움에 시달리지 말라.

evaṃ [*adv.*] ~와 마찬가지로, 이와 같이, 이렇게

bho [*indecl.*] 그대여

purisa [purisa(*m.*)의 *Sg.Voc.*] 사람이여! bho purisa : 소중한 이여

jānāhi [√ñā(알다, 깨닫다)의 *Imper.2.Sg.*] 알라

pāpadhammā [pāpadhamma(*m.*)의 *Pl.Nom.*] 악한 일들은. pāpa : *adj.* 나쁜, 악한. dhamma : *m.* ~것, 일

asaññatā [asaññata의 *m.Pl.Nom.*] 억제되지 않은. a : *pref.* 아니다, 없다. saññata = saṃyata : 자제하는, 억제된, saṃ√yam(제어하다, 참다, 억누르다)의 *Pp.*

mā [*indecl.*] ~지 말라, ~면 안 된다

taṃ [tumha(*2.pron.*)의 *Sg.Acc.*] 너를

lobho [lobha(*m.*)의 *Sg.Nom.*] 탐욕이

adhammo [adhamma(*m.*)의 *Sg.Nom.*] 부도덕이. a : *pref.* 아니다, 없다. dhamma : *m.* 올바른 것

ca [*indecl.*] 그리고, ~와

ciraṃ [*adv.*] 길게, 오랫동안, cira(*adj.*)의 *nt.Sg.Acc.*

dukkhāya [dukkha(*nt.*)의 *Sg.Dat.*] 고통에, 괴로움에

randhayuṃ [√radh / √randh(복종하다, 지배를 받다)의 *Aor.3.Pl.*] 복종했다, 지배를 받았다

249 dadanti ve yathāsaddhaṃ yathāpasādanaṃ jano,[33]

32 제3~4행 : 이 행들의 술부는 mā randhayuṃ(받게 하지 말라)이고, 주어는 lobho(탐욕이)와 adhammo(부도덕이), 그리고 목적어는 taṃ(그대를)이다. "mā taṃ lobho adhammo ca ciraṃ dukkhāya randhayuṃ"을 직역하면 "탐욕과 부도덕이 그대를 오랫동안 괴로움에 시달리게 만들지 말라"인데, "탐욕과 부도덕 때문에 오랫동안 괴로움에 시달리지 말라"로 의역하였다.

33 제1행 : 이 행의 술어는 dadanti(준다, 보시한다)이고, 주어는 jano(대중은)이다.

tattha yo maṅku bhavati paresaṃ pānabhojane[34]
na so divā vā rattiṃ vā samādhiṃ adhigacchati.[35]

249 대중은 실로 믿음대로 의향대로 보시(布施)한다.
남들에게 [주어진] 마시는 것과 먹는 것에 마음이 흔들리는 이,
그는 낮에도 밤에도 삼매(= 정(定))에 들지 못한다.

dadanti [√dā(주다)의 *Pres.3.Pl.*] 준다

ve [*indecl.*] 참으로, 정말, 바로, 확실히

yathāsaddhaṃ [*adv.*] 믿음대로. yathā : *adv.* ~와 마찬가지로, ~와 같이, ~처럼. saddhā : *f.* 믿음, 신념

yathāpasādanaṃ [*adv.*] 의향대로. yathā : *adv.* ~와 마찬가지로, ~와 같이, ~처럼. pasādana : *nt.* 만족, 의향

jano [jana(*m.*)의 *Sg.Nom.*] (보통의) 사람이 / 사람들이, 범부(凡夫)가

tattha [*adv.*] 거기서, 그곳에서, 이 점에 대해서

yo [ya(*pron.*)의 *m.Sg.Nom.*] ~하는 이. so를 지시함

maṅku [*adj.*] 불만족스러운, 마음이 흔들리는

bhavati [√bhū(있다, 이다, 되다)의 *Pres.3.Sg.*] 있다, 이다, 된다

paresaṃ [para(*m.*)의 *Pl.Dat.*] 남들에게

pānabhojane [pānabhojana(*nt.*)의 *Sg.Loc.*] 마시는 것과 먹는 것에. pāna : *nt.* 마시는 것, *fr.* √pā(마시다). bhojana : *nt.* 먹는 것, *fr.* √bhuj(먹다)

na [*indecl.*] ~아니다, ~없다

so [ta(*3.pron.*)의 *m.Sg.Nom.*] 그는, 그것은

divā [*adv.*] 낮에는

vā [*indecl.*] 또는

rattiṃ [*adv.*] 밤에, ratti(*f.* 밤)의 *Sg. Acc.*

vā [*indecl.*] 또는

samādhiṃ [samādhi(*m.*)의 *Sg.Acc.*] 집중에, 삼매에, 정(定)에. samādhi : *fr.* saṃ-ā√dhā(두다, 놓다)

adhigacchati [adhi√gam(가다)의 *Pres.3.Pl.*] 이른다, 도달한다

34 제2행 : 이 행은 관계대명사 yo가 이끄는 관계절로서 다음 행의 so를 지시한다.

35 제3행 : 이 행의 술부는 na adhigacchati(이르지 못한다, 들지 못한다)이고, 주어는 so(그는), 그리고 목적어는 samādhiṃ(삼매에)이다.

250 yassa c’etaṃ samucchinnaṃ
mūlaghaccaṃ samūhataṃ
sa ve divā vā rattiṃ vā
samādhiṃ adhigacchati.[36]

250 그러나 이것이 근절되고
근본적으로 파멸되고 완전히 제거된 이,
그는 참으로 낮에도 밤에도
삼매(= 정(定))에 든다.

yassa [ya(*pron.*)의 *Sg.Gen.*] ~하는. sa를 지시함

c’etaṃ = ca-etaṃ. ca = tu [*indecl.*] 그러나, 하지만. etaṃ [etad(*pron.*)의 *nt.Sg.Nom.*] 이것이, 그것이

samucchinnaṃ [samucchinna의 *nt.Sg.Nom.*] 근절된, 뿌리채 뽑힌. samucchinna : saṃ-ud√chid(베어내다, 제거하다)의 *Pp.*

mūlaghaccaṃ [mūlaghacca의 *nt.Sg.Nom.*] 근본적으로 파멸된. mūla : *nt.* 뿌리. ghaccā : *f.* 파괴, 파멸, *fr.* √han(죽이다, 때리다)

samūhataṃ [samūhata의 *nt.Sg.Nom.*] 완전히 제거된. samūhata : saṃ-ud√han(죽이다, 때리다)의 *Pp.*

sa [ta(*3.pron.*)의 *m.Sg.Nom.*] 그는, 그것은

ve [*indecl.*] 참으로, 정말, 바로, 확실히

divā [*adv.*] 낮에는

vā [*indecl.*] 또는

rattiṃ [*adv.*] 밤에, ratti(*f.* 밤)의 *Sg.Acc.*

vā [*indecl.*] 또는

samādhiṃ [samādhi(*m.*)의 *Sg.Acc.*] 집중에, 삼매에, 정(定)에. samādhi : *fr.* saṃ-ā√dhā(두다, 놓다)

adhigacchati [adhi√gam(가다)의 *Pres.3.Pl.*] 이른다, 도달한다

36 제1~4행 : 이 시의 술어는 adhigacchati(이른다, 든다)이고, 주어는 sa(그는), 그리고 목적어는 samādhiṃ(삼매에)이다. 제1~2행은 관계대명사 yassa가 이끄는 관계절로서 sa를 지시한다.

251 n’atthi rāgasamo aggi n’atthi dosasamo gaho[37]
n’atthi mohasamaṃ jālaṃ n’atthi taṇhāsamā nadī.[38]

251 탐욕과 같은 불길은 없다. 증오와 같은 포획자는 없다.
어리석음과 같은 올가미는 없다. 갈애와 같은 강은 없다

n’atthi = na-atthi : 없다. na [*indecl.*] ~아니다, ~없다. atthi [√as(이다, 있다, 존재하다)의 *Pres.3.Sg.*] 있다

rāgasamo [rāgasama(*adj.*)의 *m.Sg.Nom.*] 탐욕과 같은. rāga : *m.* 탐욕. sama : *adj.* ~와 같은, ~처럼

aggi [aggi(*m.*)의 *Sg.Nom.*] 불은, 불길은

n’atthi = na-atthi : 없다

dosasamo [dosasama(*adj.*)의 *m.Sg.Nom.*] 증오와 같은. dosa : *m.* 증오

gaho [gaha(*m.*)의 *Sg.Nom.*] 잡음은, 포획자는. gaha : *fr.* √gah(잡다, 붙들다)

n’atthi = na-atthi : 없다

mohasamaṃ [mahasama(*adj.*)의 *nt.Sg.Nom.*] 어리석음과 같은. moha : *m.* 어리석음

jālaṃ [jāla(*nt.*)의 *Sg.Nom.*] 덫은, 올가미는

n’atthi = na-atthi : 없다

taṇhāsamā [taṇhāsama(*adj.*)의 *f.Sg.Nom.*] 갈애와 같은. taṇhā : *f.* 갈애

nadī [nadī(*f.*)의 *Sg.Nom.*] 강은

252 sudassaṃ vajjam aññesaṃ attano pana duddasaṃ,[39]

37 제1행 : “n’atthi rāgasamo aggi”의 술어는 n’atthi(없다)이고, 주부는 rāgasamo aggi(탐욕과 같은 불길은)이다. rāgasamo는 aggi를 수식하므로 aggi(남성, 단수, 주격)의 성, 수, 격에 일치한다. “n’atthi dosasamo gaho”의 술어는 n’atthi(없다)이고, 주부는 dosasamo gaho(증오와 같은 포획자는)이다. dosasamo는 gaho를 수식하므로 gaho(남성, 단수, 주격)의 성, 수, 격에 일치한다.

38 제2행 : “n’atthi mohasamaṃ jālaṃ”의 술어는 n’atthi(없다)이고, 주부는 mohasamaṃ jālaṃ(어리석음과 같은 올가미는)이다. mohasamaṃ은 jālaṃ을 수식하므로 jālaṃ(중성, 단수, 주격)의 성, 수, 격에 일치한다. “n’atthi taṇhāsamā nadī”의 술어는 n’atthi(없다)이고, 주부는 nadī(갈망과 같은 강은)이다. taṇhāsamā는 nadī를 수식하므로 nadī(여성, 단수, 주격)의 성, 수, 격에 일치한다.

39 제1행 : “sudassaṃ vajjam aññesaṃ”의 술어는 sudassaṃ(보기 쉽다)이고, 주어는 vajjaṃ(허물은)이다. “attano pana duddasaṃ”의 술어는 duddasaṃ(보기 어렵다)이고, 주어는 앞 문장의 vajjaṃ(허물은)이다.

paresaṃ hi so vajjāni opunāti yathā bhusaṃ,[40]
attano pana chādeti kaliṃ va kitavā saṭho.[41]

252 남들의 허물은 보기 쉬우나, 자신의 허물은 보기 어렵다.
그는 남들의 허물은 마치 겨를 까부르듯 폭로하지만
자신의 허물은 마치 교활한 사기꾼이 나쁜 패를 감추듯 감춰버린다.

sudassaṃ [sudassa(*adj.*)의 *nt.Sg.Nom.*] 보기 쉬운. su : *indecl.* 잘, 철저하게. dassa : 보기는, *fr.* √dis(보다)

vajjam = vajjaṃ [vajja(*nt.*)의 *Sg.Nom.*] 잘못은, 허물은

aññesaṃ [añña(*pron.*)의 *m.Pl.Gen.*] (*n.*) 남들의

attano [attan(*m.*)의 *Sg.Gen.*] 자신의

pana [*indecl.*] 그리고, 그러나, 또한, 그래서

duddasaṃ [duddassa(*adj.*)의 *nt.Sg.Nom.*] 보기 어려운. du : *indecl.* 나쁜, 부족한, 어려운. dassa : 보기는, *fr.* √dis(보다)

paresaṃ [para(*m.*)의 *Pl.Gen.*] 남들의

hi [*indecl.*] 실로, 참으로, 왜냐하면, ~조차, ~라도

so [ta(*3.pron.*)의 *m.Sg.Nom.*] 그는, 그것은

vajjāni [vajja(*nt.*)의 *Pl.Acc.*] 잘못들을, 허물들을

opunāti [o / ava√pū(깨끗이 하다)의 *Pres.3.Sg.*] (곡물 · 겨 등을) 까부른다, 폭로한다

yathā [*adv.*] ~와 같이, ~처럼

bhusaṃ [bhusa(*nt.*)의 *Sg.Acc.*] 겨를

attano [attan(*m.*)의 *Sg.Gen.*] 자신의

pana [*indecl.*] 그리고, 그러나, 또한, 그래서

chādeti [√chad(덮다, 감추다)의 *Pres.Caus.3.Sg.*] 덮는다, 감춘다

kaliṃ [kali(*m.*)의 *Sg.Acc.*] 잘못을, 나쁜 패를

va = iva [*indecl.*] ~와 같이, ~처럼, ~와 마찬가지로

kitavā [kitavā(*m.*)의 *Sg.Nom.*] 사기꾼이, 협잡꾼이

saṭho [saṭha(*adj.*)의 *m.Sg.Nom.*] 교활한, 교묘한

40 제2행 : 이 행의 술어는 opunāti(까부른다, 폭로한다)이고, 주어는 so(그는), 그리고 목적어는 vajjāni(허물을), 즉 paresaṃ vajjāni(남들의 허물을)이다. "yathā bhusaṃ"은 yathā가 이끄는 부사절이다. 이 부사절의 술어 또한opunāti이다.

41 제3행 : 이 행의 술어는 chādeti(감춘다)이고, 주어는 제2행의 so(그는), 그리고 목적어는 제2행의 vajjāni(허물을), 즉 attano vajjāni(자신의 허물을)이다. "kaliṃ va kitavā saṭho"는 va(= iva)가 이끄는 부사절이다. 이 부사절의 술어 또한 chādeti이다.

253 paravajjānupassissa niccaṃ ujjhānasaññino
āsavā tassa vaḍḍhanti ārā so āsavakkhayā.[42]

253 남의 허물을 찾아내고 항상 성마른 이의
번뇌는 증가한다. 그는 번뇌의 소멸로부터 멀다.

paravajjānupassissa [paravajjānupassin(*adj.*)의 *m.Sg.Gen.*] 남의 허물을 찾아내는. para : *m.* 남. vajja : *nt.* 잘못, 허물. anupassin : *adj.* 보는, 찾아내는, *fr.* anu√dis(보다)

niccaṃ [*adv.*] 항상, 변함없이, 언제나, nicca(*adj.* 변함없는)의 *nt.Sg.Acc.*

ujjhānasaññino [ujjhānasaññin(*adj.*)의 *m.Sg.Gen.*] 성 잘 내는, 성마른. ujjhāna : *nt.* 성냄. saññin : *adj.* 의식하고 있는, 알고 있는, *fr.* saññā(*f.* 의식, 인식)

āsavā [āsava(*m.*)의 *Pl.Nom.*] 번뇌는

tassa [ta(*3.pron.*)의 *m.Sg.Gen.*] 그의

vaḍḍhanti [√vaḍḍh(자라다, 증대하다)의 *Pres.3.Pl.*] 증가한다

ārā [*indecl.*] 먼, 크게 다른

so [ta(*3.pron.*)의 *m.Sg.Nom.*] 그는, 그것은

āsavakkhayā [āsavakkhaya(*m.*)의 *Sg.Abl.*] 번뇌의 소멸로부터. āsava : *m.* 번뇌. khaya : *m.* 파괴, 소멸

254 ākāse ca padaṃ n'atthi samaṇo n'atthi bāhiro,[43]
papañcābhiratā pajā nippapañcā tathāgatā.[44]

254 허공에는 발자취가 없고 바깥에는 수행자가 없다.

42 제1~2행 : "paravajjānupassissa niccaṃ ujjhānasaññino āsavā tassa vaḍḍhanti"의 술어는 vaḍḍhanti(증가한다)이고, 주어는 āsavā(번뇌는)이다. paravajjānupassissa(남의 허물을 보는)와 ujjhānasaññino(성마른)는 tassa를 수식하므로 tassa(남성, 단수, 속격)의 성, 수, 격에 일치한다. "ārā so āsavakkhayā"의 술어는 ārā(멀다)이고, 주어는 so(그는)이다.

43 제1행 : "ākāse ca padaṃ n'atthi"의 술어는 n'atthi(없다)이고, 주어는 padaṃ(발자취가)이다. "samaṇo n'atthi bāhiro"의 술어는 n'atthi(없다)이고, 주어는 samaṇo(수행자가)이다.

44 제2행 : "papañcābhiratā pajā"의 술어는 과거분사 papañcābhiratā(장애에 빠져있는)이고, 주어는 pajā(범부는)이다. "nippapañcā tathāgatā"의 술어는 nippapañca(장애에서 벗어난)이고, 주어는 tathāgatā(여래들은)이다.

범부(凡夫)는 [정신적인 진보를 막는] 장애에 빠져있지만 여래(如來)들은 장애에서 벗어나 있다.

ākāse [ākāsa(*m.*)의 *Sg.Loc.*] 하늘에, 허공에

ca [*indecl.*] 그리고, ~와

padaṃ [pada(*nt.*)의 *Sg.Nom.*] 길은, 발자국은, 발자취는

n'atthi = na-atthi : 없다. na [*indecl.*] ~아니다, ~없다. atthi [√as(이다, 있다, 존재하다)의 *Pres.3.Sg.*] 있다

samaṇo [samaṇa(*m.*)의 *Sg.Nom.*] 수행자는, 수도자는

n'atthi = na-atthi : 없다

bāhiro [bāhira(*adj.*)의 *m.Sg.Nom.*] 외부는, 바깥쪽은

papañcābhiratā [papañcābhirata의 *f.Sg.Nom.*] 정신적 진보를 막는 것에 빠져 있는. papañca : *m.* 장애(물), 정신적 진보를 막는 것. abhirata : ~을 즐기는, 빠져 있는, 열중해 있는, abhi√ram(즐거워하다, 즐기다)의 *Pp.*

pajā [pajā(*f.*)의 *Sg.Nom.*] 인간은, 사람은, 범부(凡夫)는

nippapañcā [nippapañca(*adj.*)의 *m.Pl.Nom.*] 장애에서 벗어난. ni : *pref.* 아래쪽으로, 떨어져서, 없이. papañca : *m.* 장애(물)

tathāgatā [tathāgata(*adj.*)의 *m.Pl.Nom.*] 이렇게 간, (*n.*) 여래(如來)들은, 깨달은 이들은. tathā : *adv.* 이렇게 하여, 마찬가지로, 똑같이. gata : 간, 이른, gam(가다)의 *Pp.*

---

255 ākāse ca padaṃ n'atthi[45]
samaṇo n'atthi bāhiro[46]
saṃkhārā sassatā n'atthi[47]
n'atthi Buddhānam iñjitaṃ.[48]

255 허공에는 발자취가 없고
바깥에는 수행자가 없다.

45 제1행 : 이 행의 술어는 n'atthi(없다)이고, padaṃ(발자취가)이다.
46 제2행 : 이 행의 술어는 n'atthi(없다)이고, 주어는 samaṇo(수행자가)이다.
47 제3행 : 이 행의 술어는 n'atthi(없다)이고, 주어는 saṃkhārā(조건 지어진 것들은)이다.
48 제4행 : 이 행의 술어는 n'atthi(없다)이고, 주어는 iñjitaṃ(흔들림은)이다.

조건 지어진 것들은 영원한 것이 없고
깨달은 이들에게 흔들림은 없다.

ākāse [ākāsa(*m.*)의 *Sg.Loc.*] 하늘에, 허공에

ca [*indecl.*] 그리고, ~와

padaṃ [pada(*nt.*)의 *Sg.Nom.*] 길은, 발자국은, 발자취는

n'atthi = na-atthi : 없다. na [*indecl.*] ~아니다, ~없다. atthi [√as(이다, 있다, 존재하다)의 *Pres.3.Sg.*] 있다

samaṇo [samaṇa(*m.*)의 *Sg.Nom.*] 수행자는, 수도자는

n'atthi = na-atthi : 없다

bāhiro [bāhira(*adj.*)의 *m.Sg.Nom.*] 외부는, 바깥쪽은

saṃkhārā [saṃkhāra(*m.*)의 *Pl.Nom.*] 조건 지어진 것들은

sassatā [sassata(*adj.*)의 *m.Pl.Nom.*] 영원한, 불변(不變)의

n'atthi = na-atthi : 없다

n'atthi = na-atthi : 없다

Buddhānam = buddhānaṃ [buddha(*m.*)의 *Pl.Dat.*] 깨달은 이들에게. buddha : √budh (알다, 깨닫다)의 *Pp.*

iñjitaṃ [iñjita(*nt.*)의 *Sg.Nom.*] 흔들림은, 동요는

제19장

진리에 입각한 이

Dhammaṭṭha

256 na tena hoti dhammaṭṭho yen'atthaṃ sahasā naye,[1]
yo ca atthaṃ anatthañ ca ubho niccheyya paṇḍito.[2]

256 일을 성급히 이끈다고 해서 진리에 입각한 이는 아니다.
그러나 옳음과 그름 두 가지를 판별할 수 있는 이는 지혜롭다.

na [*indecl.*] ~아니다, ~없다

tena [ta(*3.pron.*)의 *Sg.Ins.*] 그것에 의해, 그것으로 인하여, 그것으로

hoti [√bhū(있다, 이다, 되다)의 *Pres.3.Sg.*] 있다, 이다, 된다

dhammaṭṭho [dhammaṭṭha(*adj.*)의 *m.Sg.Nom.*] (*n.*) 진리에 입각한 이는. dhamma : *m.* 진리, 올바름, 정의. ṭṭha / ṭha : *adj.* 서서, ~에 의거하여, ~에 입각하여, *fr.* √ṭhā(서다)

yen'atthaṃ = yena-atthaṃ. yena [ya(*pron.*)의 *Sg.Ins.*] ~하는. tena를 지시함. atthaṃ [attha(*m.*)의 *Sg.Acc.*] 일을

sahasā [*adv.*] 급히, 성급히

naye [√nī(이끌다)의 *Pot.3.Sg.*] 이끈다, 끈다, 인도한다

yo [ya(*pron.*)의 *m.Sg.Nom.*] ~하는 이는

ca = tu [*indecl.*] 그러나, 하지만

1 제1행 : 이 행의 술부는 dhammaṭṭho na hoti(진리에 입각한 이는 아니다)이고, 술어동사 hoti를 통해 주어가 3인칭 단수임을 알 수 있다. "yen'atthaṃ sahasā naye"는 관계대명사 yena가 이끄는 관계절로서 tena를 지시한다.

2 제2행 : "yo ca atthaṃ anatthañ ca ubho niccheyya"는 관계대명사 yo가 이끄는 관계절로서 이 관계절의 술어는 형용사 paṇḍito(지혜롭다)이고, 주어는 관계대명사 yo이다.

attham [attha(*m.*)의 *Sg.Acc.*] 옳음을

anatthañ = anattham [anattha(*m.*)의 *Sg.Acc.*] 그름을. an : *pref.* 아니다, 없다. attha : *m.* 옳음

ca [*indecl.*] 그리고, ~와

ubho [ubha(*adj.*)의 *Acc.*][3] 양쪽 다, 둘 다

niccheyya [ni√ci(쌓다, 모으다)의 *Pot.3.Sg.*] 판별할 수 있다

paṇḍito [paṇḍita(*adj.*)의 *m.Sg.Nom.*] 지혜로운

---

257 asāhasena dhammena samena nayatī pare
dhammassa gutto medhāvī dhammaṭṭho ti pavuccati.[4]

257 성급하지 않게, 바르고 공정하게 남들을 이끌고
정의의 수호자이면서 현명한 이가 진리에 입각한 이라고 불린다.

asāhasena [*adv.*] 성급하지 않게, 신중하게, asāhasa(*nt.* a-sāhasa)의 *Ins.*

dhammena [*adv.*] 바르게, 정당하게, dhamma(*m.*)의 *Ins.*

samena [*adv.*] 올바르게, 공정하게, sama(*adj.*)의 *Ins.*

nayatī = nayati [√nī(이끌다)의 *Pres.3.Sg.*] 이끈다, 끈다, 인도한다

pare [para(*m.*)의 *Pl.Acc.*] 남들을

dhammassa [dhamma(*m.*)의 *Sg.Gen.*] 진리의, 정의의

gutto [gutta(*m.*)의 *Sg.Nom.*] 지키는 자, 수호자. gutta : √gup(지키다, 보호하다)의 *Pp.*

medhāvī [medhāvin(*adj.*)의 *m.Sg.Nom.*] (*n.*) 현명한 이가. medhāvin : *fr.* medhā(*f.* 지혜, 현명함)

dhammaṭṭho [dhammaṭṭha(*adj.*)의 *m.Sg.Nom.*] (*n.*) 진리에 입각한 이라고. dhamma : *m.* 진리, 올바름, 정의. ṭṭha / ṭha : *adj.* 서서, ~에 의거하여, ~에 입각하여, *fr.* √ṭhā(서다)

ti / iti [*indecl.*] 직접화법이 끝났음을 나타내거나 바로 언급한 것을 나타냄

pavuccati [pa√vac(말하다)의 *Pres.Pass.3.Sg.*] 불린다

---

3 ubha의 주격과 대격 둘 다 ubho인데 여기서는 문맥상 대격이다.

4 제1~2행 : 이 시의 술부는 dhammaṭṭho ti pavuccati(진리에 입각한 이라고 불린다)이고, 주어는 medhāvī(현명한 이가)이다. iti가 주격 단어 뒤에 올 때 iti와 그 주격 단어를 포함하는 절은 서술적으로 쓰인다.

258 na tena paṇḍito hoti yāvatā bahu bhāsati,[5]
khemī averī abhayo paṇḍito ti pavuccati.[6]

258 많이 말한다고 해서 지혜로운 이는 아니다.
평온을 즐기고 적의가 없고 두려움이 없는 이가 지혜로운 이라 불린다.

na [*indecl.*] ~아니다, ~없다

tena [ta(*3.pron.*)의 *Sg.Ins.*] 그것에 의해, 그것으로 인하여, 그러므로

paṇḍito [paṇḍita(*m.*)의 *Sg.Nom.*] 지혜로운 이는

hoti [√bhū(있다, 이다, 되다)의 *Pres.3.Sg.*] 이다

yāvatā [*indecl.*] ~에 관하여, ~때문에, ~라고 해서, ~하는 한

bahu [*adj.*] 많은

bhāsati [√bhās(말하다)의 *Pres.3.Sg.*] 말한다

khemī [khemin(*adj.*)의 *m.Sg.Nom.*] 평온을 즐기는. khemin : *fr.* khema(*nt.* 평온)

averī [averin(*adj.*)의 *m.Sg.Nom.*] 적의가 없는. a : *pref.* 아니다, 없다. verin : *adj.* 적의가 있는, *fr.* vera(*nt.* 적의)

abhayo [abhaya(*adj.*)의 *m.Sg.Nom.*] 두려움이 없는. a : *pref.* 아니다, 없다. bhaya : *nt.* 두려움

paṇḍito [paṇḍita(*m.*)의 *Sg.Nom.*] 지혜로운 이

ti / iti [*indecl.*] 직접화법이 끝났음을 나타내거나 바로 언급한 것을 나타냄

pavuccati [pa√vac(말하다)의 *Pres.Pass.3.Sg.*] 불린다

259 na tāvatā dhammadharo yāvatā bahu bhāsati,[7]

5 제1행 : 이 행의 술부는 paṇḍito na hoti(지혜로운 이는 아니다)이고, 술어동사 hoti를 통해 주어가 3인칭 단수임을 알 수 있다. hoti, bhavati, atthi, vijjati, sampajjati와 같은 '존재'를 나타내는 동사와 함께 쓰인 주격 명사는 서술적으로 쓰인다. "yāvatā bahu bhāsati"는 yāvatā가 이끄는 부사절이다.

6 제2행 : 이 행의 술부는 paṇḍito ti pavuccati(지혜로운 이라 불린다)이고, 주부는 khemī averī abhayo(평온을 즐기고 적의가 없고 두려움이 없는 이가)이다. iti가 주격 단어 뒤에 올 때 iti와 그 주격 단어를 포함하는 절은 서술적으로 쓰인다.

7 제1행 : 이 행의 술부는 dhammadharo na hoti(진리를 갖춘 이는 아니다. hoti는 제3행에서 가져옴)이고, 술어동사 hoti를 통해 주어가 3인칭 단수임을 알 수 있다. "yāvatā bahu bhāsati"는 yāvatā가 이끄는 부사절로서 tāvatā를 수식한다.

yo ca appam pi sutvāna dhammaṃ kāyena passati
sa ve dhammadharo hoti yo dhammaṃ na-ppamajjati.[8]

259 많이 말한다고 해서 진리를 갖춘 이는 아니다.
그러나 아무리 조금이라도 가르침을 듣고 나서 체득한 이,
진리를 소홀히 하지 않는 이, 그가 참으로 진리를 갖춘 이이다.

na [*indecl.*] ~아니다, ~없다

tāvatā [*adv.*] 그 때문에, 따라서, 그런 까닭에

dhammadharo [dhammadhara(*adj.*)의 *m.Sg.Nom.*] (*n.*) 진리를 갖춘 이는. dhamma : *m.* 법, 진리. dhara : *adj.* 지닌, 갖춘, *fr.* √dhar(지니다, 가지다, 참다)

yāvatā [*indecl.*] ~에 관하여, ~때문에, ~라고 해서, ~하는 한(에서는)

bahu [*adj.*] 많은

bhāsati [√bhās(말하다)의 *Pres.3.Sg.*] 말한다

yo [ya(*pron.*)의 *m.Sg.Nom.*] ~하는 이. sa를 지시함

ca = tu [*indecl.*] 그러나, 하지만

appam = appaṃ [appa(*adj.*)의 *m.Sg.Acc.*] 적은, 조금

pi / api [*indecl.*] ~도 또한, 비록 그렇다고 하더라도

sutvāna [√su(듣다)의 *Ger.*] 듣고 나서, 들은 후에

dhammaṃ [dhamma(*m.*)의 *Sg.Acc.*] 가르침을, 진리를

kāyena [kāya(*m.*)의 *Sg.Ins.*] 몸으로

passati [√dis(보다, 깨닫다)의 *Pres.3.Sg.*] 이해한다, 깨닫는다

sa [ta(*3.pron.*)의 *m.Sg.Nom.*] 그는, 그것은

ve [*indecl.*] 참으로, 정말, 바로, 확실히

dhammadharo [dhammadhara(*adj.*)의 *m.Sg.Nom.*] (*n.*) 진리를 갖춘 이는. dhamma : *m.* 법, 진리. dhara : *adj.* 지닌, 갖춘, *fr.* √dhar(지니다, 가지다, 참다)

hoti [√bhū(있다, 이다, 되다)의 *Pres.3.Sg.*] 이다

yo [ya(*pron.*)의 *m.Sg.Nom.*] ~하는 이. sa를 지시함

dhammaṃ [dhamma(*m.*)의 *Sg.Acc.*] 법을, 진리를

na-ppamajjati = na-pamajjati : 소홀히하지 않는다, 게을리하지 않는다. na [*indecl.*] ~아니다, ~없다. pamajjati [pa√mad(취하다)의 *Pres.3.Sg.*] 소홀히하다, 게을리한다

8 제2~3행 : 이 행들의 술부는 dhammadharo hoti(진리를 갖춘 이이다)이고, 주어는 sa(그가)이다. "yo ca appam pi sutvāna dhammaṃ kāyena passati"와 "yo dhammaṃ na-ppamajjati"는 관계대명사 yo가 이끄는 관계절로서 sa를 지시한다.

260 na tena thero hoti yen'assa phalitaṃ siro,[9]
paripakko vayo tassa moghajiṇṇo ti vuccati.[10]

260 그의 머리가 백발이라고 해서 장로(長老)인 것은 아니다.
그의 나이만 많을 뿐이니 그는 헛되이 늙어버린 자라 불린다.

na [*indecl.*] ~아니다, ~없다

tena [ta(*3.pron.*)의 *Sg.Ins.*] 그것에 의해, 그것으로 인하여, 그러므로

thero [thera(*m.*)의 *Sg.Nom.*] 장로(長老)는, 어른은

hoti [√bhū(있다, 이다, 되다)의 *Pres.3.Sg.*] 이다

yen'assa = yena-assa. yena [ya(*pron.*)의 *Sg.Ins.*] ~하는. assa [ima(*pron.*)의 *m.Sg.Gen.*] 이것의, 그의

phalitaṃ [palita(*adj.*)의 *nt.Sg.Nom.*] 백발의

siro [sira(*m.* / *nt.*)의 *Sg.Nom.*] 머리가

paripakko [paripakka(*adj.*)의 *m.Sg.Nom.*] 익은, 성숙한. pari : *indecl.* 완전히, 전부. pakka : *adj.* 익은, √pac(삶다, 끓이다)의 *Pp.*

vayo [vaya(*m.*)의 *Sg.Nom.*] 나이는, 수명은

tassa [ta(*3.pron.*)의 *m.Sg.Gen.*] 그의

moghajiṇṇo [moghajiṇṇa의 *m.Sg.Nom.*] (*n.*) 헛되이 늙은 이라고. mogha : *adj.* 공허한, 헛된. jiṇṇa : 늙은, 쇠한, √jar(늙다, 쇠하다)의 *Pp.*

ti / iti [*indecl.*] 직접화법이 끝났음을 나타내거나 바로 언급한 것을 나타냄

vuccati [√vac(말하다)의 *Pres.Pass.3.Sg.*] 불린다

261 yamhi saccañ ca dhammo ca ahiṃsā saññamo damo[11]
sa ve vantamalo dhīro thero ti pavuccati.[12]

---

9 제1행 : 이 행의 술부는 thero na hoti(장로인 것은 아니다)이고, 술어동사 hoti를 통해 주어가 3인칭 단수임을 알 수 있다. "yen'assa phalitaṃ siro"는 관계대명사 yena가 이끄는 관계절로서 tena를 지시한다.

10 제2행 : 이 행의 술부는 moghajiṇṇo ti vuccati(헛되이 늙어버린 자라 불린다)이고, 술어동사 vuccati를 통해 주어가 3인칭 단수임을 알 수 있다. iti가 주격 단어 뒤에 올 때 iti와 그 주격 단어를 포함하는 절은 서술적으로 쓰인다.

11 제1행 : 이 행은 관계대명사 yamhi가 이끄는 관계절로서 sa를 지시한다.

12 제2행 : 이 행의 술부는 thero ti pavuccati(장로라고 불린다)이고, 주어는 sa(그는)이다. iti가 주격 단어 뒤

261 진실과 진리, 불살생과 절제, 그리고 자제심이 있는 이,
굳건하고 더러움을 버린 그는 참으로 장로(長老)라고 불린다.

yamhi [ya(*pron.*)의 *Sg.Loc.*]
saccañ = saccaṃ [sacca(*nt.*)의 *Sg.Nom.*] 진실은, 참은
ca [*indecl.*] 그리고, ~와
dhammo [dhamma(*m.*)의 *Sg.Nom.*] 진리는, 가르침은
ca [*indecl.*] 그리고, ~와
ahiṃsā [ahiṃsā(*f.*)의 *Sg.Nom.*] 불살생, 비폭력. a : *pref.* 아니다, 없다. hiṃsā : *f.* 살생, 폭력
saññamo = saṃyamo [saṃyama(*m.*)의 *Sg.Nom.*] 절제는. saṃyama : *fr.* saṃ√yam(제어하다, 억누르다)
damo [dama(*nt.*)의 *Sg.Nom.*][13] 자제는. dama : *fr.* √dam(길들이다, 단련시키다)
sa [ta(*3.pron.*)의 *m.Sg.Nom.*] 그는, 그것은
ve [*indecl.*] 참으로, 정말, 바로, 확실히
vantamalo [vantamala(*adj.*)의 *m.Sg.Nom.*] 더러움을 버린, 더러움이 없는. vanta : 버린, 끊은, √vam(토하다, 내던지다, 끊다)의 *Pp.* mala : *nt.* 더러움
dhīro [dhīra(*adj.*)의 *m.Sg.Nom.*] 굳건한, 견실한
thero [thera(*m.*)의 *Sg.Nom.*] 장로(長老)는, 어른은
ti / iti [*indecl.*] 직접화법이 끝났음을 나타내거나 바로 언급한 것을 나타냄
pavuccati [pa√vac(말하다)의 *Pres.Pass.3.Sg.*] 불린다

---

262 na vākkaraṇamattena vaṇṇapokkharatāya vā
sādhurūpo naro hoti issukī maccharī saṭho,[14]

262 단지 말만으로 또는 용모의 화려함으로는
질투심 많고 탐욕스럽고 교활한 사람이 훌륭해지지는 않는다.

에 올 때 iti와 그 주격 단어를 포함하는 절은 서술적으로 쓰인다. vantamalo(더러움을 버린)와 dhīro(굳건한)는 sa를 수식하므로 sa(남성, 단수, 주격)의 성, 수, 격에 일치한다.

13 dama는 중성명사인데도 단수 주격형이 damo이다.

14 제1~2행 : 이 시의 술부는 sādhurūpo na hoti(훌륭해지지는 않는다)이고, 주어는 naro(사람이)이다. issukī(질투심 많은), maccharī(탐욕스러운), 그리고 saṭho(교활한)는 naro를 수식하므로 naro(남성, 단수, 주격)의 성, 수, 격에 일치한다.

na [*indecl.*] ~아니다, ~없다

vākkaraṇamattena [vākkaraṇamattā의 *nt.Sg.Ins.*] 단지 말만으로. vāk : *f.* 말, 복합어에서 앞에 위치함. karaṇa : *nt.* 행함, 행위, *fr.* √kar(하다, 행하다). vākkaraṇa : 말. matta : *adj.* ~에 불과한, 단순한, 단지

vaṇṇapokkharatāya [vaṇṇapokkharatā(*f.*)의 *Sg.Ins.*] 용모의 화려함으로. vaṇṇa : *m.* 피부색, 용모. pokkharatā : *f.* 아름다움, 화려함

vā [*indecl.*] 또는

sādhurūpo [sādhurūpa(*adj.*)의 *m.Sg.Nom.*] 훌륭한. sādhu : *adj.* 좋다, 훌륭하다, 유익하다. rūpa : 복합어에서 형용사나 과거분사 뒤에 위치하여 의미를 강조

naro [nara(*m.*)의 *Sg.Nom.*] 인간이, 사람이

hoti [√bhū(있다, 이다, 되다)의 *Pres.3.Sg.*] 된다

issukī [issukin(*adj.*)의 *m.Sg.Nom.*] 질투심 많은, 시샘하는. Issukin : *fr.* issā(*f.* 질투, 시기)

maccharī [maccharin(*adj.*)의 *m.Sg.Nom.*] 탐욕스러운. maccharin : *fr.* macchara(*nt.* 탐욕, 인색)

saṭho [saṭha(*adj.*)의 *m.Sg.Nom.*] 교활한, 교묘한

---

263 yassa c'etaṃ samucchinnaṃ
mūlaghaccaṃ samūhataṃ[15]
sa vantadoso medhāvī
sādhurūpo ti vuccati.[16]

263 그러나 이것이 근절되고
근본적으로 파멸되어 완전히 제거된 이,
현명하고 증오를 버린 그가
훌륭하다고 한다.

---

15 제1~2행 : 이 행들은 관계대명사 yassa가 이끄는 관계절로서 제3행의 sa를 지시한다.

16 제3~4행 : 이 행들의 술부는 sādhurūpo ti vuccati(훌륭하다고 한다)이고, 주어는 sa(그가)이다. iti가 주격 단어 뒤에 올 때 iti와 그 주격 단어를 포함하는 절은 서술적으로 쓰인다. vantadoso(증오를 버린)와 medhāvī(현명한)는 sa(그)를 수식하므로 sa(남성, 단수, 주격)의 성, 수, 격에 일치한다.

yassa [ya(*pron.*)의 *Sg.Gen.*] ~하는. sa를 지시함

c'etaṃ = ca-etaṃ. ca = tu [*indecl.*] 그러나, 하지만. etaṃ [etad(*pron.*)의 *nt.Sg.Nom.*] 이것이, 그것이

samucchinnaṃ [samucchinna의 *nt.Sg.Nom.*] 근절된. samucchinna : saṃ-ud√chid(베어내다)의 *Pp.*

mūlaghaccaṃ [mūlaghacca의 *nt.Sg.Nom.*] 근본적으로 파멸된. mūla : *nt.* 뿌리. ghaccā : *f.* 파괴, 파멸, 절멸, *fr.* √han(죽이다, 때리다)

samūhataṃ [samūhata의 *nt.Sg.Nom.*] 완전히 제거된. samūhata : saṃ-ud√han(죽이다, 때리다)의 *Pp.*

sa [ta(*3.pron.*)의 *m.Sg.Nom.*] 그는, 그것은

vantadoso [vantadosa의 *m.Sg.Nom.*] 증오를 버린. vanta : 버린, 끊은, √vam(토하다, 내던지다, 끊다)의 *Pp.* dosa : *m.* 증오

medhāvī [medhāvin(*adj.*)의 *m.Sg.Nom.*] 현명한. medhāvin : *fr.* medhā(*f.* 지혜, 현명함)

sādhurūpo [sādhurūpo(*adj.*)의 *m.Sg.Nom.*] 훌륭한. sādhu : *adj.* 좋다, 훌륭하다, 유익하다. rūpa : 복합어에서 형용사나 과거분사 뒤에 위치하여 의미를 강조

ti / iti [*indecl.*] 직접화법이 끝났음을 나타내거나 바로 언급한 것을 나타냄

vuccati [√vac(말하다)의 *Pres.Pass.3.Sg.*] 불린다

---

264 na muṇḍakena samaṇo abbato alikaṃ bhaṇaṃ[17]
icchālobhasamāpanno samaṇo kiṃ bhavissati,[18]

264 삭발했다고 해서 종교적 의무를 지키지 않고 거짓을 말하는 자가 수행자인 것은 아니다.
욕망과 탐욕에 빠져있는 자가 어찌 수행자이겠는가.

na [*indecl.*] ~아니다, ~없다

---

17 제1행 : 이 행의 술부는 samaṇo na(수행자가 아니다)이고, 주부는 abbato alikaṃ bhaṇaṃ(종교적 의무를 지키지 않고 거짓을 말하는 자는)이다.

18 제2행 : 이 행의 술부는 kiṃ samaṇo bhavissati(어찌 수행자이겠는가)이고, 주어는 icchālobhasamāpanno(욕망과 탐욕에 빠져있는 자가)이다.

muṇḍakena [muṇḍaka(*adj.*)의 *m.Sg.Ins.*] 머리를 깎은, 삭발한

samaṇo [samaṇa(*m.*)의 *Sg.Nom.*] 수행자는, 수도자는

abbato [abbata(*adj.*)의 *m.Sg.Nom.*] (*n.*) 종교적 의무를 지키지 않는 자가. a : *pref.* 아니다, 없다. vata : *nt.* 종교적 의무, 의무의 준수, 서원

alikaṃ [alika(*nt.*)의 *Sg.Acc.*] 거짓을

bhaṇaṃ [bhaṇanta의 *m.Sg.Nom.*] (*n.*) 말하는 자가. bhaṇanta : √bhaṇ(말하다)의 *Ppr.*

icchālobhasamāpanno [icchālobhasamāpanna의 *m.Sg.Nom.*] (*n.*) 욕망과 탐욕에 빠져 있는 자가. icchā : *f.* 바람, 욕망. lobha : *m.* 탐욕. samāpanna : 도달한, 탐닉하는, 빠진, saṃ-ā√pad(가다)의 *Pp.*

samaṇo [samaṇa(*m.*)의 *Sg.Nom.*] 수행자, 수도자

kiṃ [ka(*interr.pron.*)의 *nt.Sg.Nom.*] 누가, 무엇이

bhavissati [√bhū(이다, 되다, 존재하다)의 *Fut.3.Sg.*] 일 것이다

---

265 yo ca sameti pāpāni aṇuṃthūlāni sabbaso
samitattā hi pāpānaṃ samaṇo ti pavuccati.[19]

265 그러나 작든 크든 악을 전부 가라앉힌 이는
악의 가라앉음 때문에 수행자라고 불린다.

yo [ya(*pron.*)의 *m.Sg.Nom.*] ~하는 이는

ca = tu [*indecl.*] 그러나, 하지만.

sameti [√sam(진정되다, 가라앉다)의 *Pres.Caus.3.Sg.*] 가라앉히다

pāpāni [pāpa(*nt.*)의 *Pl.Acc.*] 악을, 악행들을

aṇuṃthūlāni = aṇuṃ-thūlāni : 작든 크든. aṇuṃ [aṇu(*adj.*)의 *nt.Sg.Acc.*] 작은. thūlāni [thūla(*adj.*)의 *nt.Pl.Acc.*] 큰

sabbaso [*adv.*] 모든 점에서, 전부, sabba(*adj.*)의 *Abl.*

samitattā [samitatta(*nt.*)의 *Sg.Abl.*] 가라앉음 때문에. samitatta : *fr.* samita(가라앉은, 진정된, √sam의 *Pp.*)

hi [*indecl.*] 실로, 참으로, 왜냐하면, ~조차, ~라도

19 제1~2행 : 이 시의 술부는 samaṇo ti pavuccati(수행자라고 불린다)이고, 주부는 제1행 전체, 즉 관계대명사 yo가 이끄는 관계절 "yo sameti pāpāni aṇuṃthūlāni sabbaso(작든 크든 악을 전부 가라앉힌 사람은)"이다. iti가 주격 단어 뒤에 올 때 iti와 그 주격 단어를 포함하는 절은 서술적으로 쓰인다.

pāpānaṃ [pāpa(*nt.*)의 *Pl.Gen.*] 악의, 악행들의
samaṇo [samaṇa(*m.*)의 *Sg.Nom.*] 수행자라고, 수도자라고
ti / iti [*indecl.*] 직접화법이 끝났음을 나타내거나 바로 언급한 것을 나타냄
pavuccati [pa√vac(말하다)의 *Pres.Pass.3.Sg.*] 불린다

266 na tena bhikkhu hoti yāvatā bhikkhate pare,[20]
vissaṃ dhammaṃ samādāya bhikkhu hoti na tāvatā,[21]

266 걸식한다하여 수행승인 것은 아니다.
모든 법을 갖추고 난 후에야 수행승이 되는 것이지, 걸식하는 것 때문에 [수행승이] 되는 것은 아니다.

na [*indecl.*] ~아니다, ~없다
tena [ta(*3.pron.*)의 *Sg.Ins.*] 그것에 의해, 그것으로 인하여, 그러므로, 이렇게
bhikkhu [bhikkhu(*m.*)의 *Sg.Nom.*] 수행승, 비구
hoti [√bhū(있다, 이다, 되다)의 *Pres.3.Sg.*] 이다, 되다
yāvatā [*indecl.*] ~에 관하여, ~때문에, ~라고 해서, ~하는 한
bhikkhate [√bhikkh(청하다, 구걸하다, 빌다)의 *A.Pres.3.Sg.*] 청한다, 구걸한다
pare [para(*m.*)의 *Pl.Acc.*] 남들을
vissaṃ [vissa(*adj.*)의 *m.Sg.Acc.*] 모든
dhammaṃ [dhamma(*m.*)의 *Sg.Acc.*] 법을, 의무를, 특성을, ~것을
samādāya [saṃ-ā√dā(주다)의 *Ger.*] 받아들이고는, 갖추고는
bhikkhu [bhikkhu(*m.*)의 *Sg.Nom.*] 수행승이라고, 비구라고
hoti [√bhū(있다, 이다, 되다)의 *Pres.3.Sg.*] 이다, 된다
na [*indecl.*] ~아니다, ~없다
tāvatā [*adv.*] 그 ~때문에, 따라서, 그런 까닭에

20 제1행 : 제1행의 술부는 bhikkhu na hoti(수행승은 아니다)이고, 술어동사 hoti를 통해 주어가 3인칭 단수임을 알 수 있다. 여기서 yāvatā는 bhikkhate pare(남들에게 구걸한다 즉, 걸식한다)를 말하고, 제2행의 tāvatā를 지시한다.
21 제2행 : 제1행의 술부는 bhikkhu na hoti(수행승은 아니다)이고, 술어동사 hoti를 통해 주어가 3인칭 단수임을 알 수 있다. 여기서 tāvatā는 걸식하는 것을 말한다.

267 yo’dha puññañ ca pāpañ ca bāhetvā brahmacariyavā
saṃkhāya loke carati sa ve bhikkhū ti vuccati.[22]

267 여기서 선과 악을 버리고서 신성한 삶을 사는 이,
이 세상에서 숙고하면서 사는 그는 참으로 수행승이라 불린다.

yo’dha = yo-idha. yo [ya(*pron.*)의 *m.Sg.Nom.*] ~하는 이. idha [*indecl.*] 여기서, 지금, 이 때에, 이 세상에서

puññañ = puññaṃ [puñña(*nt.*)의 *Sg.Acc.*] 선을, 덕을

ca [*indecl.*] 그리고, ~와

pāpañ = pāpaṃ [pāpa(*nt.*)의 *Sg.Acc.*] 악을

ca [*indecl.*] 그리고, ~와

bāhetvā [bāheti의 *Ger.*] 막고는, 치우고는, 제거하고는. bāheti : *fr.* bahi(*adv.* 밖에)

brahmacariyavā [brahmacariyavant(*adj.*)의 *m.Sg.Nom.*] 신성한 삶을 사는. brahma : *adj.* 신성한, 정결한, 종교적인. cariya : *nt.* 사는 것, ~한 삶, *fr.* √car(살다, 행하다)

saṃkhāya [saṃ√khā(이해하다, 깨닫다)의 *Ger.*] 숙고하고는, 완전히 이해하고는

loke [loka(*m.*)의 *Sg.Loc.*] 세상에서, 세계에서

carati [√car(살다, 지내다)의 *Pres.3.Sg.*] 산다

sa [ta(*3.pron.*)의 *m.Sg.Nom.*] 그는, 그것은

ve [*indecl.*] 참으로, 정말, 바로, 확실히

bhikkhū = bhikkhu [bhikkhu(*m.*)의 *Sg.Nom.*] 수행승, 비구

ti / iti [*indecl.*] 직접화법이 끝났음을 나타내거나 바로 언급한 것을 나타냄

vuccati [√vac(말하다)의 *Pres.Pass.3.Sg.*] 불린다

268 na monena munī hoti mūḷharūpo aviddasu,[23]
yo ca tulaṃ va paggayha varam ādāya paṇḍito[24]

22 제1~2행 : 이 시의 술부는 bhikkhū ti vuccati(수행승이라 불린다)이고, 주어는 sa(그는)이다. iti가 주격 단어 뒤에 올 때 iti와 그 주격 단어를 포함하는 절은 서술적으로 쓰인다. “yo’dha puññañ ca pāpañ ca bāhetvā brahmacariyavā saṃkhāya loke carati”는 관계대명사 yo가 이끄는 관계절로서 sa를 지시한다.

23 제1행 : 이 행의 술부는 munī na hoti(성자가 되는 것은 아니다)이고, 주어는 mūḷharūpo aviddasu(어리석고 무지한 자가)이다.

268 묵언한다고 해서 어리석고 무지(無知)한 자가 성자(聖者)가 되는 것은 아니다.
그러나 저울을 가지고 달듯 최선을 취하고 나서

na [*indecl.*] ~아니다, ~없다

monena [mona(*nt.*)의 *Sg.Ins.*] 묵언으로, 묵언에 의해서

munī = muni [muni(*m.*)의 *Sg.Nom.*] 성자(聖者)가

hoti [√bhū(있다, 이다, 되다)의 *Pres.3.Sg.*] 이다, 된다

mūḷharūpo [mūḷharūpa(*adj.*)의 *m.Sg.Nom.*] 어리석은. mūḷha : 혹한, 분별없는, 어리석은, √muh(혹하다, 얼빠지다)의 *Pp.* rūpa : 복합어에서 형용사나 과거분사 뒤에 위치하여 의미를 강조

aviddasu [aviddasu(*adj.*)의 *m.Sg.Nom.*] 무지(無知)한. a : *pref.* 아니다, 없다. viddasu : *adj.* 현명한

yo [ya(*pron.*)의 *m.Sg.Nom.*] ~하는 이. paṇḍito를 지시함.

ca = tu [*indecl.*] 그러나, 하지만

tulaṃ [tulā(*f.*)의 *Sg.Acc.*] 저울을

va = iva [*indecl.*] ~와 같이, ~처럼, ~와 마찬가지로

paggayha [pa√gah(가지다, 잡다)의 *Ger.*] 올려, 집어 올려

varam = varaṃ [vara(*nt.*)의 *Sg.Acc.*] 가장 좋은 것을, 최선의 것을

ādāya [ā√dā(주다)의 *Ger.*] 가지고는, 잡고는, 취하고는

paṇḍito [paṇḍita(*m.*)의 *Sg.Nom.*] 지혜로운 이

269 pāpāni parivajjeti sa munī tena so muni,[25]
yo munāti ubho loke munī tena pavuccati.[26]

24 제2행 : 이 행은 관계대명사 yo가 이끄는 관계절로서 다음 시 269에 연결된다. "yo ca tulaṃ va paggayha varam ādāya pāpāni parivajjeti"가 전체 관계절로서 paṇḍito를 지시한다. "tulaṃ va paggayha"는 va(=iva)가 이끄는 부사절이다. "varam ādāya"는 절대분사 ādāya가 이끄는 종속절이다. 절대분사 ādāya는 전체 문장의 술어 parivajjeti 이전의 행위를 나타낸다.

25 제1행 : "pāpāni parivajjeti"는 앞의 시 268의 관계절에 속한다. "sa munī"의 술어는 명사 muni(성자)이고, 주어는 sa(그는), 즉 시 268의 paṇḍito(지혜로운 이)이다.

26 제2행 : 이 행의 술부는 muni pavuccati(성자라고 불린다)이고, 주어는 관계대명사 yo가 이끄는 관계절로서 "yo munāti ubho loke(이 세상에서 양쪽을 다 아는 이는)"이다. iti가 주격 단어 뒤에 올 때 iti와 그 주격 단어를 포함하는 절은 서술적으로 쓰인다. 여기서 ubho(양쪽)은 시 268의 varam(최선)과 시 269의 pāpāni

269 악을 가까이하지 않는 지혜로운 이, 그가 성자(聖者)이다. 그것에 의해 그는 성자이다.
이 세상에서 양쪽(= 선과 악)을 다 아는 이는 그것에 의해 성자라고 불린다.

pāpāni [pāpa(*nt.*)의 *Pl.Acc.*] 악을
parivajjeti [pari√vajj(피하다)의 *Pres.Caus.3.Sg.*] 가까이하지 않는다
sa [ta(*3.pron.*)의 *m.Sg.Nom.*] 그는, 그것은
munī = muni [muni(*m.*)의 *Sg.Nom.*] 성자(聖者)
tena [ta(*3.pron.*)의 *Sg.Ins.*] 그것에 의해, 그것으로 인하여, 그러므로
so [ta(*3.pron.*)의 *m.Sg.Nom.*] 그는, 그것은
muni [muni(*m.*)의 *Sg.Nom.*] 성자(聖者)
yo [ya(*pron.*)의 *m.Sg.Nom.*] ~하는 이는
munāti [√mun(알다)의 *Pres.3.Sg.*] 안다, 이해한다
ubho [ubha(*adj.*)의 *Acc.*][27] 양쪽 다, 둘 다
loke [loka(*m.*)의 *Sg.Loc.*] 세상에서, 세계에서
munī = muni [muni(*m.*)의 *Sg.Nom.*] 성자(聖者)라고
tena [ta(*3.pron.*)의 *Sg.Ins.*] 그것에 의해, 그것으로 인하여, 그러므로, 이렇게
pavuccati [pa√vac(말하다)의 *Pres.Pass.3.Sg.*] 불린다

---

270 na tena ariyo hoti yena pāṇāni hiṃsati,[28]
ahiṃsā sabbapāṇānaṃ ariyo ti pavuccati.[29]

270 살아있는 생명을 해치기에 성인(聖人)이 아니다.
모든 살아있는 생명에 대한 불살생으로써 성인이라고 불린다.

(악들)를 받는다.

27 ubha의 주격과 대격 둘 다 ubho인데 여기서는 문맥상 대격이다.

28 제1행 : 이 행의 술부는 ariyo na hoti(성인이 아니다)이고, 술어동사 hoti를 통해 주어가 3인칭 단수임을 알 수 있다. "yena pāṇāni hiṃsati"는 관계대명사 yena가 이끄는 관계절로서 tena를 지시한다.

29 제2행 : 이 행의 술부는 ariyo ti pavuccati(성인이라고 불린다)이고, 술어동사 pavuccati를 통해 주어가 3인칭 단수임을 알 수 있다. iti가 주격 단어 뒤에 올 때 iti와 그 주격 단어를 포함하는 절은 서술적으로 쓰인다.

na [*indecl.*] ~아니다, ~없다

tena [ta(*3.pron.*)의 *Sg.Ins.*] 그것에 의해, 그것으로 인하여, 그러므로, 이렇게

ariyo [ariya(*m.*)의 *Sg.Nom.*] 성인(聖人)이

hoti [√bhū(있다, 이다, 되다)의 *Pres.3.Sg.*] 이다, 되다

yena [ya(*pron.*)의 *Sg.Ins.*]

pāṇāni [pāṇa(*m.*)의 *Pl.Acc.*][30] 살아있는 생명들을, 생물들을

hiṃsati [√hiṃs(상처를 내다, 다치게 하다)의 *Pres.3.Sg.*] 해친다

ahiṃsā = ahiṃsāya [ahiṃsā(*f.*)의 *Sg.Ins.*] 불살생으로. a : *pref.* 아니다, 없다. hiṃsā : *f.* 살생, 폭력

sabbapāṇānaṃ [sabbapāṇa(*m.*)의 *Pl.Gen.*] 모든 살아있는 생명. sabba : *adj.* 모든. pāṇa : *m.* 생명

ariyo [ariya(*m.*)의 *Sg.Nom.*] 성인(聖人)이라고

ti / iti [*indecl.*] 직접화법이 끝났음을 나타내거나 바로 언급한 것을 나타냄

pavuccati [pa√vac(말하다)의 *Pres.Pass.3.Sg.*] 불린다

---

271 na sīlabbatamattena bāhusaccena vā puna
atha vā samādhilābhena viviccasayanena vā[31]

271 단지 계율이나 종교적 의무의 준수만으로 또는 학식이 있는 것으로
또는 삼매(= 정(定))에 든 것이나 멀리 떨어져 자는 것으로

na [*indecl.*] ~아니다, ~없다

sīlabbatamattena [sīlabbatamatta의 *nt.Sg.Ins.*] 단지 계율과 종교적 의무의 준수만으로. sīla : *nt.* 덕, 계율. vata : *nt.* 종교적 의무, 종교적 의무의 준수, 서원. matta : *adj.* ~에 불과한, 단순한, 단지

bāhusaccena [bāhusacca(*nt.*)의 *Sg.Ins.*] 학식이 있는 것으로. bahu : *adj.* 많은, 대단한. suta : *nt.* 지식, 종교적 지식. bāhusacca는 bahussuta(bahu-suta)의 추상화

vā [*indecl.*] 또는

30 pāṇa는 남성명사이지만 복수 대격 어미는 āni이다.
31 제1~2행 : 이 시는 다음 시 272에 연결된다.

puna [*indecl.*] 다시, 또
atha [*indecl.*] 그리고, 또한, 또는, 그러고 나서
vā [*indecl.*] 또는
samādhilābhena [samādhilābha(*m.*)의 *Sg.Ins.*] 삼매에 든 것으로. samādhi : *m.* 집중, 삼매, 정(定). lābha : *m.* 얻음, 소유
viviccasayanena [viviccasayana(*nt.*)의 *Sg.Ins.*] 멀리 떨어져 자는 것으로. vivicca : *indecl.* 멀리 떨어져. sayana : *nt.* 잠자리, 잠
vā [*indecl.*] 또는

---

272 phusāmi nekkhammasukhaṃ aputhujjanasevitaṃ;
bhikkhu vissāsa māpādi appatto āsavakkhayaṃ.[32]

272 "범부(凡夫)가 가까이하지 못한 해탈의 기쁨에 [나는] 도달했다"라며
확신하면 안 된다, 비구여! 번뇌의 소멸에 이르지 않는 한…….

phusāmi [√phus(~에 닿다, 도달하다, 이르다)의 *Pres.1.Sg.*] 도달한다
nekkhammasukhaṃ [nekkhammasukha(*nt.*)의 *Sg.Acc.*] 해탈의 기쁨에. nekkhamma : *nt.* 속세를 떠남, 욕망을 여읨, 해탈. sukha : *nt.* 기쁨
aputhujjanasevitaṃ [aputhujjanasevita의 *nt.Sg.Acc.*] 범부(凡夫)가 가까이하지 못한. a : *pref.* 아니다, 없다. puthujjana(puthu-jana) : *m.* 보통의 사람, 중생, 범부. sevita : 가까이 한, √sev(섬기다)의 *Pp.*
bhikkhu [bhikkhu(*m.*)의 *Sg.Voc.*] 비구여!, 수행승이여!
vissāsa māpādi = vissāsam āpādi : 확신했다. vissāsam = vissāsaṃ [vissāsa(*m.*)의 *Sg.Acc.*] 확신을, 자신감을. āpādi [ā√pad(가다)의 *Aor.3.Sg.*] 들어갔다, 어떤 상태로 되었다, 겪었다. na vissāsam āpādi : (앞 시의 na가 연결되어) 확신하면 안 된다
appatto [appatta(a-patta) *m.Sg.Nom.*] 이르지 않은. a : *pref.* 아니다, 없다. patta : 이른, pa√ap(얻다, 다가가다, ~에 이르다)의 *Pp.*
āsavakkhayaṃ [āsavakkhaya(*m.*)의 *Sg.Acc.*] 번뇌의 소멸에. āsava : *m.* 번뇌. khaya : *m.* 파괴, 소멸

---

32 제1~2행 : 이 시는 앞의 시 271과 연결된다. 시 271~272의 술부는 na āpādi(어떤 상태로 되면 안 된다)이다. 여기서 na는 시 271에서 가져온 것이다. 술어동사 āpādi를 통해 주어가 3인칭 단수임을 알 수 있다. 목적어는 vissāsaṃ(확신)이다.

제20장

길

Magga

273 maggān'aṭṭhaṅgiko seṭṭho saccānaṃ caturo padā,[1]
virāgo seṭṭho dhammānaṃ dipadānañ ca cakkhumā.[2]

273 길들 가운데 팔정도(八正道)가, 진리들 가운데 사성제(四聖諦)가 최고이며, 상태 가운데 탐욕이 사라진 것이, 두 발 가진 자들 가운데 눈 있는 자가 최고이다.

maggān'aṭṭhaṅgiko = maggānaṃ-aṭṭhaṅgiko. maggānaṃ [magga(*m.*)의 *Pl.Gen.*] 길들 가운데. aṭṭhaṅgiko [aṭṭhaṅgika(*adj.*)의 *m.Sg.Nom.*] 여덟 개의, 여기서는 팔정도(八正道)를 말함. aṭṭha : *adj.* 여덟. aṅgika : *adj.* 부분, 요소, ~개

seṭṭho [seṭṭha(*adj.*)의 *m.Sg.Nom.*] 가장 좋은, 최고의

saccānaṃ [sacca(*nt.*)의 *Pl.Gen.*] 진리들 가운데

caturo [catur(*adj.*)의 *m.Pl.Nom.*] 4의, 네 개

padā [pada(*nt.*)의 *Pl.Nom.*][3] 말들은, 경구들은. caturo padā : 여기서는 사성제(四聖諦)를 말함

virāgo [virāga(*m.*)의 *Sg.Nom.*] 탐욕의 사라짐. vi : *pref.* 따로따로, 멀리, 없이. rāga : *m.* 탐욕

seṭṭho [seṭṭha(*adj.*)의 *m.Sg.Nom.*] 가장 좋은, 최고의

dhammānaṃ [dhamma(*m.*)의 *Pl.Gen.*] 상태들 가운데

dipadānañ = dipadānaṃ [dipada(*m.*)의 *Pl.Gen.*] (*n.*) 두 발 가진 자들 즉, 사람들 가운데.

1 제1행 : "maggān'aṭṭhṅgiko seṭṭho"의 술어는 형용사 seṭṭho(최고이다)이고, 주어는 aṭṭhṅgiko(팔정도가)이다. "saccānaṃ caturo padā"의 술어는 앞 문장의 형용사 seṭṭho(최고이다)이고, 주어는 caturo padā(사성제가)이다.

2 제2행 : "virāgo seṭṭho dhammānaṃ"의 술어는 형용사 seṭṭho(최고이다)이고, 주어는 virāgo(탐욕이 사라진 것이)이다. "dipadānañ ca cakkhumā"의 술어는 앞 문장의 seṭṭho(최고이다)이고, 주어는 cakkhumā(눈 있는 이가)이다.

3 pada는 중성명사이지만 복수 주격 어미가 ā이다. 여기서 pada를 수식하는 caturo 또한 남성형으로 쓰였다.

di = dvi : *adj.* 두 개. pada : *nt.* 발

ca [*indecl.*] 그리고, ~와

cakkhumā [cakkhumant(*adj.*)의 *m.Sg.Nom.*] (*n.*) 눈 있는 이가. cakkhumant : *fr.* cakkhu(*nt.* 눈)

---

274 es'eva maggo n'atth'añño
dassanassa visuddhiyā,[4]
etaṃ hi tumhe paṭipajjatha,[5]
Mārass'etaṃ pamohanaṃ.[6]

274 이것만이 길이다.
통찰력의 청정을 위한 다른 길은 없다.
그대들은 이 길을 따르라.
이것은 악마에게는 미혹이다.

es'eva = eso-eva : 이것만이. eso [etad(*pron.*)의 *m.Sg.Nom.*] 이것은. eva [*adv.*] 실로, 단지, 바로

maggo [magga(*m.*)의 *Sg.Nom.*] 길

n'atth'añño = na-atthi-añño : 다른~은 없다. na [*indecl.*] ~아니다, ~없다. atthi [√as(이다, 있다, 존재하다)의 *Pres.3.Sg.*] 있다. añño [añña(*pron.*)의 *m.Sg.Nom.*] 다른, 그 밖의

dassanassa [dassana(*nt.*)의 *Sg.Gen.*] 보는 것의, 통찰력의. dassana : *fr.* √dis(보다)

visuddhiyā [visuddhi(*f.*)의 *Sg.Dat.*] 청정을 위한

etaṃ [etad(*pron.*)의 *m.Sg.Acc.*] 이것을, 그것을

hi [*indecl.*] 실로, 참으로, 왜냐하면, ~조차, ~라도

tumhe [tumha(*2.pron.*)의 *Pl.Nom.*] 너희는

paṭipajjatha [paṭi√pad(가다)의 *Imper.2.Pl.*] 따르라, 따라가라

Mārass'etaṃ = mārassa-etaṃ. mārassa [māra(*m.*)의 *Sg.Dat.*] 악마에게, 마왕에게.

---

4 제1~2행 : "es'eva maggo"의 술어는 명사 maggo(길)이고, 주어는 eso(이것은)이다. "n'atthi añño dassanassa visuddhiyā"의 술어는 n'atthi(없다)이고, 주어는 añño maggo(다른 길은)이다.

5 제3행 : 이 행의 술어는 paṭipajjatha(따르라)이고, 주어는 tumhe(그대들은), 그리고 목적어는 etaṃ(이것을)이다.

6 제4행 : 이 행의 술어는 명사 pamohanaṃ(미혹)이고, 주어는 etaṃ(이것은)이다.

etaṃ [etad(*pron.*)의 *nt.Sg.Nom.*] 이것은, 그것은

pamohanaṃ [pamohana(*nt.*)의 *Sg.Nom.*] 미혹, 망상. pamohana : *fr.* pa√muh(혹하다, 얼빠지다)

---

275 etaṃ hi tumhe paṭipannā
dukkhass'antaṃ karissatha,[7]
akkhāto ve mayā maggo
aññāya sallasanthanaṃ.[8]

275 그대들이 이 길을 따라가면
고통의 종지부를 찍을 것이다.
내가 그대들에게 길을 선언했다.
화살의 제거를 깨닫고는.

etaṃ [etad(*pron.*)의 *m.Sg.Acc.*] 이것을, 그것을

hi [*indecl.*] 실로, 참으로, 왜냐하면, ~조차, ~라도

tumhe [tumha(*2.pron.*)의 *Pl.Nom.*] 너희가

paṭipannā [paṭipanna의 *m.Pl.Nom.*] 따라간. paṭipanna : paṭi√pad(가다)의 *Pp.*

dukkhass'antaṃ = dukkhassa-antaṃ : 고통의 끝을. dukkhassa [dukkha(*nt.*)의 *Sg.Gen.*] 고통의. antaṃ [anta(*m.*)의 *Sg.Acc.*] 끝을, 최후를

karissatha [√kar(하다, 행하다, 만들다)의 *Fut.2.Pl.*] 할 것이다, 만들 것이다

akkhāto [akkhāta의 *m.Sg.Nom.*] 알려진, 선언된. akkhāta : ā√khā(말하다, 선언하다)의 *Pp.*

ve = vo [tumha(*2.pron.*)의 *Pl.Acc.*] 너희들에게

mayā [amha(*1.pron.*)의 *Sg.Ins.*] 나에 의해서, 나에 의하여

maggo [magga(*m.*)의 *Sg.Nom.*] 길은

aññāya [ā√ñā(알다)의 *Ger.*] 알고는, 깨닫고는

---

7 제1~2행 : 이 행들의 술어는 karissatha(만들 것이다)이고, 주어는 tumhe(그대들은), 그리고 목적어는 antaṃ(끝을)이다.

8 제3~4행 : 이 행들의 술어는 과거분사 akkhāto(선언된)이고, 주어는 maggo(길은)이다. "akkhāto ve mayā maggo"를 직역하면 "길은 나에 의해서 그대들에게 선언되었다"인데, "내가 그대들에게 길을 선언했다"로 의역하였다. 제3행은 주절이고, 제4행은 절대분사 aññāya가 이끄는 종속절이다. 제4행의 aññāya는 전체 문장의 술어 akkhāto 이전의 행위를 나타낸다.

sallasanthanaṃ [sallasanthana(*nt.*)의 *Sg.Acc.*] 화살의 제거를. salla : *nt.* 화살. santhana : *nt.* 진정, 완화

---

276 tumhehi kiccaṃ ātappaṃ, akkhātāro tathāgatā,[9] paṭipannā pamokkhanti jhāyino Mārabandhanā.[10]

276 그대들은 노력해야 한다. 여래(如來)들은 가르치는 이일 뿐이다.
[그 길을] 따라가면서 명상하는 이들은 악마의 속박에서 벗어날 것이다.

tumhehi [tumha(*2.pron.*)의 *Pl.Ins.*] 너희들에 의해서
kiccaṃ [kicca의 *nt.Sg.Nom.*] 되어져야 한다. kicca : √kar(하다, 행하다)의 *Grd.*
ātappaṃ [ātappa(*nt.*)의 *Sg.Nom.*] 노력은, 열의는
akkhātāro [akkhātar(*m.*)의 *Pl.Nom.*] 가르치는 이. akkhātar : *fr.* ā√khā(말하다, 알리다)
tathāgatā [tathāgata(*adj.*)의 *m.Pl.Nom.*] 이렇게 간, (*n.*) 여래(如來)들은, 깨달은 이들은. tathā : *adv.* 이렇게 하여, 마찬가지로, 똑같이. gata : 간, gam(가다)의 *Pp.*
paṭipannā [paṭipanna의 *m.Pl.Nom.*] 따라간, 들어간. paṭipanna : paṭi√pad(가다)의 *Pp.*
pamokkhanti [pa√muc(해방하다, 자유롭게 하다)의 *Fut.Pass.3.Pl.*] 자유로워질 것이다, 벗어날 것이다
jhāyino [jhāyin(*adj.*)의 *m.Pl.Nom.*] 명상하는, 명상적인. jhāyin : *fr.* √jhe(명상하다, 숙고하다)
Mārabandhanā [mārabandhana(*nt.*)의 *Sg.Abl.*] 악마의 속박에서. māra : *m.* 악마, 마왕. bandhana : *nt.* 속박, 족쇄, *fr.* √bandh(묶다, 얽매다)

---

277 "sabbe saṃkhārā aniccā"ti yadā paññāya passati[11]

9 제1행 : "tumhehi kiccaṃ ātappaṃ"의 술어는 미래수동분사 kiccaṃ(되어져야 하는 것)이고, 주어는 ātappaṃ(노력은)이다. 수동형 문장(노력은 그대들에 의해서 되어져야 한다)을 능동형 문장(그대들은 노력을 해야 한다)으로 바꾸어 번역하였다. "akkhātāto tathāgatā"의 술어는 명사 akkhātāro(선언한 이, 가르치는 이)이고, 주어는 tathāgatā(여래들은)이다.

10 제2행 : 이 행의 술어는 pamokkhanti(벗어날 것이다)이고, 주부는 paṭipannā jhāyino(따라가면서 명상하는 이들은)이다.

11 제1행 : 이 행은 yadā가 이끄는 부사절로서 다음 행에 연결된다. 이 부사절의 술어는 passati(본다)이고, 이

atha nibbindatī dukkhe, esa maggo visuddhiyā.[12]

277 "모든 조건 지어진 것들은 무상(無常)하다"라는 것을 지혜를 통해 볼 때에 괴로움에 싫증이 나게 된다. 이것이 청정에 이르는 길이다.

sabbe [sabba(*adj.*)의 *m.Pl.Nom.*] 모든

saṃkhārā [saṃkhāra(*m.*)의 *Pl.Nom.*] 조건 지어진 것들은

aniccā [anicca(*adj.*)의 *m.Pl.Nom.*] 무상(無常)하다. a : *pref.* 아니다, 없다. nicca : *adj.* 영속하는, 불변의

ti / iti [*indecl.*] 직접화법이 끝났음을 나타내거나 바로 언급한 것을 나타냄

yadā [*adv.*] ~할 때에, ~하면

paññāya [paññā(*f.*)의 *Sg.Ins.*] 지혜를 통해, 지혜로. paññā : *fr.* pa√ñā(알다)

passati [√dis(보다, 깨닫다)의 *Pres.3.Sg.*] 본다, 깨닫는다

atha [*indecl.*] 그리고, 또한, 또는, 그러고 나서

nibbindatī = nibbindati [ni√vid(알다, 찾다)의 *Pres.3.Sg.*] 싫어진다, 싫증난다, 외면한다

dukkhe [dukkha(*nt.*)의 *Sg.Loc.*] 괴로움에

esa = eso [etad(*pron.*)의 *m.Sg.Nom.*] 이것은

maggo [magga(*m.*)의 *Sg.Nom.*] 길

visuddhiyā [visuddhi(*f.*)의 *Sg.Dat.*][13] 청정으로 가는, 청정에 이르는

278 "sabbe saṃkhārā dukkhā"ti yadā paññāya passati[14]
atha nibbindatī dukkhe, esa maggo visuddhiyā.[15]

278 "모든 조건 지어진 것들은 괴롭다"라는 것을 지혜를 통해 볼 때에

술어동사를 통해 주어가 3인칭 단수임을 알 수 있다. "sabbe saṃkhārā aniccā"의 술어는 형용사 aniccā(무상하다)이고, 주부는 sabbe saṃkhārā(모든 조건 지어진 것들은)이다

12 제2행 : "atha nibbindatī dukkhe"의 술어는 nibbindati(싫증난다)이고, 이 술어동사를 통해 주어가 3인칭 단수임을 알 수 있다. "esa maggo visuddhiyā"의 술어는 명사 maggo(길)이고, 주어는 esa(이것이)이다.

13 움직임 / 이동의 목적지 / 목표를 나타내는 위격이다.

14 제1행 : 이 행은 yadā가 이끄는 부사절로서 다음 행에 연결된다. 이 부사절의 술어는 passati(본다)이고, 이 술어동사를 통해 주어가 3인칭 단수임을 알 수 있다. "sabbe saṃkhārā dukkhā"의 술어는 형용사 dukkhā(괴롭다)이고, 주부는 sabbe saṃkhārā(모든 조건 지어진 것들은)이다

15 제2행 : "atha nibbindatī dukkhe"의 술어는 nibbindati(싫증난다)이고, 이 술어동사를 통해 주어가 3인칭 단수임을 알 수 있다. "esa maggo visuddhiyā"의 술어는 명사 maggo(길)이고, 주어는 esa(이것이)이다.

괴로움에 싫증이 나게 된다. 이것이 청정에 이르는 길이다.

sabbe [sabba(*adj.*)의 *m.Pl.Nom.*] 모든
saṃkhārā [saṃkhāra(*m.*)의 *Pl.Nom.*] 조건 지어진 것들은
dukkhā [dukkha(*adj.*)의 *m.Pl.Nom.*] 괴롭다
ti / iti [*indecl.*] 직접화법이 끝났음을 나타내거나 바로 언급한 것을 나타냄
yadā [*adv.*] ~할 때에, ~하면
paññāya [paññā(*f.*)의 *Sg.Ins.*] 지혜를 통해, 지혜로. paññā : *fr.* pa√ñā(알다)
passati [√dis(보다, 깨닫다)의 *Pres.3.Sg.*] 본다, 깨닫는다
atha [*indecl.*] 그리고, 또한, 또는, 그러고 나서
nibbindatī = nibbindati [ni√vid(알다, 찾다)의 *Pres.3.Sg.*] 싫어진다, 싫증난다, 외면한다
dukkhe [dukkha(*nt.*)의 *Sg.Loc.*] 괴로움에
esa = eso [etad(*pron.*)의 *m.Sg.Nom.*] 이것은
maggo [magga(*m.*)의 *Sg.Nom.*] 길
visuddhiyā [visuddhi(*f.*)의 *Sg.Dat.*] 청정으로 가는, 청정에 이르는

279 "sabbe dhammā anattā"ti yadā paññāya passati[16]
atha nibbindatī dukkhe, esa maggo visuddhiyā.[17]

279 "모든 것들은 실체가 없다"라는 것을 지혜를 통해 볼 때에
괴로움에 싫증이 나게 된다. 이것이 청정에 이르는 길이다.

sabbe [sabba(*adj.*)의 *m.Pl.Nom.*] 모든
dhammā [dhamma(*m.*)의 *Pl.Nom.*] 현상(現象)들은, ~것들은
anattā [anatta(*adj.*)의 *m.Pl.Nom.*] 무아(無我)인, 실체가 없는. a : *pref.* 아니다, 없다. attan : *m.* 자신, 복합어에서 atta로 쓰임
ti / iti [*indecl.*] 직접화법이 끝났음을 나타내거나 바로 언급한 것을 나타냄

16 제1행 : 이 행은 yadā가 이끄는 부사절로서 다음 행에 연결된다. 이 부사절의 술어는 passati(본다)이고, 이 술어동사를 통해 주어가 3인칭 단수임을 알 수 있다. "sabbe dhammā anattā"의 술어는 형용사 anattā(실체가 없다)이고, 주부는 sabbe dhammā(모든 것들은)이다

17 제2행 : "atha nibbindatī dukkhe"의 술어는 nibbindati(싫증난다)이고, 이 술어동사를 통해 주어가 3인칭 단수임을 알 수 있다. "esa maggo visuddhiyā"의 술어는 명사 maggo(길)이고, 주어는 esa(이것이)이다.

yadā [*adv.*] ~할 때에, ~하면

paññāya [paññā(*f.*)의 *Sg.Ins.*] 지혜를 통해, 지혜로. paññā : *fr.* pa√ñā(알다)

passati [√dis(보다, 깨닫다)의 *Pres.3.Sg.*] 본다, 깨닫는다

atha [*indecl.*] 그리고, 또한, 또는, 그러고 나서

nibbindatī = nibbindati [ni√vid(알다, 찾다)의 *Pres.3.Sg.*] 싫어진다, 싫증난다, 외면한다

dukkhe [dukkha(*nt.*)의 *Sg.Loc.*] 괴로움에

esa = eso [etad(*pron.*)의 *m.Sg.Nom.*] 이것은

maggo [magga(*m.*)의 *Sg.Nom.*] 길

visuddhiyā [visuddhi(*f.*)의 *Sg.Dat.*] 청정으로 가는, 청정에 이르는

---

280 uṭṭhānakālamhi anuṭṭhahāno
yuvā balī ālasiyaṃ upeto
saṃsannasaṃkappamano kusīto
paññāya maggaṃ alaso na vindati.[18]

280 노력할 때에 노력하지 않고
젊고 힘 있는데 게으르고
의지와 마음에 활기가 없고 나태하며
게으른 이는 지혜에 의한 길을 찾지 못한다.

uṭṭhānakālamhi [uṭṭhānakāla(*m.*)의 *Sg.Loc.*] 일어날 때에, 노력할 때에. uṭṭhāna : *nt.* 일어남, 기상, 노력. kāla : *m.* 시간, 때

anuṭṭhahāno [anuṭṭhahāna(*adj.*)의 *m.Sg.Nom.*] 노력하지 않는. an : *pref.* 아니다, 없다. uṭṭhahāna : 노력하는, 진력하는, ud√ṭhā(서다)의 *Ppr.*[19]

yuvā [yuvan(*m.*)의 *Sg.Nom.*] 젊음은

balī [balin(*adj.*)의 *m.Sg.Nom.*] 강한, 힘 있는. balin : bala(*nt.* 힘, 체력)

ālasiyaṃ [ālasiya(*nt.*)의 *Sg.Acc.*] 게으름을. ālasiya : *fr.* alasa(*adj.* 게으른, 나태한)

upeto [upeta의 *m.Sg.Nom.*] 가진, 갖춘, 지닌. upeta : upa√i(가다)의 *Pp.*

saṃsannasaṃkappamano [saṃsannasaṃkappamana의 *m.Sg.Nom.*] 의지와 마음에 활

18 제1~4행 : 이 시의 술부는 na vindati(찾지 못한다)이고, 주부는 제1~3행 전체이다. 목적어는 maggaṃ(길을)이다.

19 현재분사 어미 āna가 쓰였다.

기가 없는. saṃsanna : 활기가 없는, 지친, saṃ√sad(가라앉다)의 *Pp.* saṃkappa : *m.* 생각, 의지. mana : *nt.* 마음

kusīto [kusīta(*adj.*)의 *m.Sg.Nom.*] 나태한, 생기없는

paññāya [paññā(*f.*)의 *Sg.Ins.*] 지혜를 가지고, 지혜로. paññā : *fr.* pa√ñā(알다)

maggaṃ [magga(*m.*)의 *Sg.Acc.*] 길을

alaso [alasa(*adj.*)의 *m.Sg.Nom.*] 게으른

na [*indecl.*] ~아니다, ~없다

vindati [√vid(알다, 찾다)의 *Pres.3.Sg.*] 찾는다

---

281 vācānurakkhī manasā susaṃvuto
kāyena ca akusalaṃ na kayirā[20]
ete tayo kammapathe visodhaye,[21]
ārādhaye maggam isippaveditaṃ.[22]

281 말을 조심하고 마음을 잘 제어하고
몸으로 악한 일을 하면 안 된다.
이 세 가지 행위의 길들을 청정히 한다면
현인(賢人)이 말씀한 길에 이를 것이다.

vācānurakkhī [vācānurakkhin(*adj.*)의 *m.Sg.Nom.*] 말을 조심하는. vācā : *f.* 말. anurakkhin : *adj.* 조심하는, 보호하는, *fr.* anu√rakkh(보호하다, 지키다)

manasā [mana(*nt.*)의 *Sg.Ins.*] 마음으로, 마음에 의하여

susaṃvuto [susaṃvuta의 *m.Sg.Nom.*] 잘 제어된. su : *indecl.* 잘, 철저하게. saṃvuta : 제어된, saṃ√var(막다)의 *Pp.*[23]

---

20 제2행 : 이 행의 술부는 na kayirā(하면 안 된다)이고, 술어동사 kayirā를 통해 주어가 3인칭 단수임을 알 수 있다. 목적어는 akusalaṃ(악한 일을)이다.

21 제3행 : 이 행의 술어는 visodhaye(청정히 한다면)이고, 이 술어동사를 통해 주어가 3인칭 단수임을 알 수 있다. 목적어는 kammapathe(행위의 길들을)이다. ete(이)와 tayo(세 가지)는 kammapathe를 수식하므로 kammapathe(남성, 복수, 대격)의 성, 수, 격에 일치한다.

22 제4행 : 이 행의 술어는 ārādhaye(이를 것이다)이고, 이 술어동사를 통해 주어가 3인칭 단수임을 알 수 있다. 목적어는 maggaṃ(길에)이고, 과거분사 isippaveditaṃ(성인에 의해 가르쳐진)은 maggaṃ을 수식하므로 maggaṃ(남성, 단수, 대격)의 성, 수, 격에 일치한다.

kāyena [kāya(*m.*)의 *Sg.Ins.*] 몸으로, 육체로

ca [*indecl.*] 그리고, ~와

akusalaṃ [akusala(*nt.*)의 *Sg.Acc.*] 악한 일을, 악행을. a : *pref.* 아니다, 없다. kusala : *nt.* 선행

na [*indecl.*] ~아니다, ~없다

kayirā [√kar(하다, 행하다, 만들다)의 *Pot.3.Sg.*][24] 행해야 한다, 만들어야 한다

ete [etad(*pron.*)의 *m.Pl.Acc.*] 이것들을, 이들을

tayo [ti(*adj.*)의 *m.Pl.Acc.*] 3의, 세 개의

kammapathe [kammapatha(*m.*)의 *Pl.Acc.*] 행위의 길들을. kamma : *nt.* 행위. patha : *m.* 길, 방식

visodhaye [vi√sudh(깨끗해지다)의 *Pot.Caus.3.Sg.*] 청정히 한다면

ārādhaye [ā√rādh(이루다, 성취하다, 완성하다)의 *Pot.3.Sg.*] 이를 것이다

maggam = maggaṃ [magga(*m.*)의 *Sg.Acc.*] 길에

isippaveditaṃ [isippavedita의 *m.Sg.Acc.*] 성인(聖人)에 의해 가르쳐진. isi : *m.* 현인(賢人), 성인. pavedita : 가르쳐진, 알려진, pa√vid(알다, 찾다)의 *Pp.*

---

282 yogā ve jāyati bhūrī ayogā bhūrisaṃkhayo[25]
etaṃ dvedhāpathaṃ ñatvā bhavāya vibhavāya ca
tath'attānaṃ niveseyya yathā bhūrī pavaḍḍhati.[26]

282 실로 명상에서 지혜가 생기고, 명상하지 않으면 지혜는 사라진다.
생성과 소멸에 이르는 이 두 길을 알고 나서
지혜가 깊어지도록 자신을 확고히 해야 한다.

yogā [yoga(*m.*)의 *Sg.Abl.*] 집중에서, 명상에서. yoga : *fr.* √yuj(묶다, 결합하다, 노력하다)

ve [*indecl.*] 참으로, 정말, 바로, 확실히

jāyati [√jan(태어나다, 일어나다, 생기다)의 *Pres.3.Sg.*] 생긴다

---

23 saṃvuta는 주로 구격과 함께 쓰인다.

24 동사 kayira 뒤에 오는 eyya(*Pot.3.Sg.* 어미)는 ā로 바뀐다.

25 제1행 : "yogā ve jāyati bhūrī"의 술어는 jāyati(생긴다)이고, 주어는 bhūrī(지혜가)이다.

26 제2~3행 : 이 행들의 술어는 niveseyya(확고히 해야 한다)이고, 이 술어동사를 통해 주어가 3인칭 단수임을 알 수 있다. 목적어는 attānaṃ(자신을)이다. 제2행은 절대분사 ñatvā가 이끄는 종속절이다. 절대분사 ñatvā는 전체 문장의 술어 pavaḍḍhati 이전의 행위를 나타낸다.

bhūrī [bhūrī(*f.*)의 *Sg.Nom.*] 지식이, 지혜가

ayogā [ayoga(*m.*)의 *Sg.Abl.*] 정신의 흐트러짐에서, 명상하지 않음에서. a : *pref.* 아니다, 없다. yoga : 집중, 명상, *fr.* √yuj(묶다, 결합하다, 노력하다)

bhūrisaṃkhayo [bhūrisaṃkhaya(*m.*)의 *Sg.Nom.*] 지혜의 잃음이. bhūrī : *f.* 지식, 지혜. saṃkhaya : *m.* 파괴, 잃음, 상실

etaṃ [etad(*pron.*)의 *m.Sg.Acc.*] 이를, 이것을

dvedhāpathaṃ [dvedhāpatha(*m.*)의 *Sg.Acc.*] 두 가지 길을. dvi : *adj.* 둘. dhā : 수사 뒤에 붙어 '방법', '길', '횟수', '종류' 등을 나타내는 부사를 만드는 접미사. dvedhā : *adv.* 둘로, 두 가지로. patha : *m.* 길

ñatvā [√ñā(알다)의 *Ger.*] 알고 나서, 안 후에

bhavāya [bhava(*m.*)의 *Sg.Dat.*][27] 생성(生成)에 이르는. bhava : *fr.* √bhū(이다, 되다, 존재하다)

vibhavāya [vibhava(*m.*)의 *Sg.Dat.*][28] 소멸에 이르는. vi : *pref.* 따로따로, 멀리, 없이. bhava : *m.* 생성, *fr.* √bhū(이다, 되다, 존재하다)

ca [*indecl.*] 그리고, ~와

tath'attānaṃ = tathā-attānaṃ. tathā [*adv.*] 이렇게 하여, 마찬가지로, 똑같이. attānaṃ [attan(*m.*)의 *Sg.Acc.*] 자신을

niveseyya [ni√vis(들어가다)의 *Pot.Caus.3.Sg.*] 확고히 해야 한다, 확립해야 한다

yathā [*adv.*] ~와 같이, ~처럼, (목적의 부사절을 이끌어) ~하기 위해서, ~하도록

bhūrī [bhūrī(*f.*)의 *Sg.Nom.*] 지식이, 지혜가

pavaḍḍhati [pa√vaḍḍh(자라다, 늘다)의 *Pres.3.Sg.*] 깊어진다

---

283 vanaṃ chindatha, mā rukkhaṃ,[29]
vanato jāyatī bhayaṃ,[30]
chetvā vanaṃ vanathañ ca
nibbanā hotha bhikkhavo.[31]

---

27 움직임 / 이동의 목적지 / 목표를 나타내는 위격이다.

28 움직임 / 이동의 목적지 / 목표를 나타내는 위격이다.

29 제1행 : "vanaṃ chindatha"의 술어는 chindatha(베어내라)이고, 이 술어동사를 통해 주어가 2인칭 복수임을 알 수 있다. 목적어는 vanaṃ(숲을)이다. "mā rukkhaṃ"의 술어는 앞 문장의 chindatha와 함께 mā chindatha(베어내지 말라)이고, 주어는 2인칭 복수이다. 목적어는 rukkhaṃ(나무를)이다.

30 제2행 : 이 행의 술어는 jāyati(생긴다)이고, 주어는 bhayaṃ(두려움이)이다.

31 제3~4행 : 이 행들의 술부는 nibbanā hotha(숲이 없는 상태가 되라)이고, 술어동사 hotha를 통해 주어가 2인칭 복수임을 알 수 있다. 제3행은 절대분사 chetvā가 이끄는 종속절이다. 절대분사 chetvā는 전체 문장

283 욕망의 숲을 베어내라. 나무만을 베어내지 말고.
욕망의 숲에서 두려움이 생긴다.
욕망의 숲과 욕망의 잔나무를 베어내고는
욕망의 숲이 없는 상태가 되라, 비구들이여!

vanaṃ [vana(*nt.*)의 *Sg.Acc.*] 숲을, (비유적으로) 욕망의 숲을
chindatha [√chid(베어내다, 제거하다)의 *Imper.2.Pl.*] 베어내라
mā [*indecl.*] ~지 말라, ~면 안 된다
rukkhaṃ [rukkha(*m.*)의 *Sg.Acc.*] 나무를
vanato [vana(*nt.*)의 *Sg.Abl.*] 숲에서, (비유적으로) 욕망의 숲에서
jāyatī = jāyati [√jan(태어나다, 일어나다, 생기다)의 *Pres.3.Sg.*] 생긴다
bhayaṃ [bhaya(*nt.*)의 *Sg.Nom.*] 두려움이
chetvā [√chid(베어내다, 제거하다)의 *Ger.*] 베어내고 나서, 베어낸 후
vanaṃ [vana(*nt.*)의 *Sg.Acc.*] 숲을, (비유적으로) 욕망의 숲을
vanathañ = vanathaṃ [vanatha(*m.*)의 *Sg.Acc.*] 잔나무를, (비유적으로) 욕망의 잔나무를
ca [*indecl.*] 그리고, ~와
nibbanā [nibbana(*adj.*)의 *m.Pl.Nom.*] 욕망의 숲이 없는. ni : *pref.* 아래쪽으로, 떨어져서, 없이. vana : *nt.* 숲
hotha [√bhū(이다, 되다, 존재하다)의 *Imper.2.Pl.*] 되라
bhikkhavo [bhikkhu(*m.*)의 *Pl.Voc.*] 비구들이여!, 수행승들이여!

284 yāvaṃ hi vanatho na chijjati
aṇumatto pi narassa nārisu[32]
paṭibaddhamano va tāva so
vaccho khīrapako va mātari.[33]

의 술어 hotha 이전의 행위를 나타낸다.

32 제1~2행 : 이 행들은 yāva가 이끄는 부사절로서 이 부사절의 술부는 na chijjati(베어지지 않는다)이고, 주어는 vanatho(욕망의 잔나무가)이다. "yāvaṃ hi vanatho na chijjati"는 수동형 문장(욕망의 잔나무가 베어지지 않는 한)인데 능동형 문장(욕망의 잔나무를 베지 않는 한)으로 바꾸어 번역하였다.

33 제3~4행 : 이 행들의 술어는 과거분사 paṭibaddhamano(마음이 얽매인)이고, 주어는 so(그는)이다. 제4행은 va(= iva)가 이끄는 부사절이다. 이 부사절의 술어 또한 paṭibaddhamano이다.

284 아무리 작더라도 여자에 대한 남자의
[욕망의] 잔나무를 베지 않는 한
그의 마음은 얽매여 있다.
마치 젖 빠는 송아지가 어미에게 매여 있듯.

yāvaṃ = yāva [*adv.*] ~까지, ~하는 한, ~하는 동안은

hi [*indecl.*] 실로, 참으로, 왜냐하면, ~조차, ~라도

vanatho [vanatha(*m.*)의 *Sg.Nom.*] 잔나무는, (비유적으로) 욕망의 잔나무는

na [*indecl.*] ~아니다, ~없다

chijjati [√chid(베어내다, 제거하다)의 *Pres.Pass.3.Sg.*] 베어진다

aṇumatto [aṇumatta(*adj.*)의 *m.Sg.Nom.*] 아무리 작더라도. aṇu : *adj.* 작은. matta : *adj.* ~에 불과한, 단지

pi / api [*indecl.*] ~도 또한, 비록 그렇다고 하더라도

narassa [nara(*m.*)의 *Sg.Gen.*] 사람의, 남자의

nārisu [nāri(*f.*)의 *Pl.Loc.*] 여자들에 대한

paṭibaddhamano [paṭibaddhamana의 *m.Sg.Nom.*] 마음이 얽매인. paṭibaddha : 묶인, 얽매인, paṭi√bandh(묶다, 얽매다)의 *Pp.* mana : *nt.* 마음, 생각

va = eva [*adv.*] 실로, 단지, 바로

tāva [*adv.*] ~까지, ~하는 한, ~하는 동안은

so [ta(*3.pron.*)의 *m.Sg.Nom.*] 그는, 그것은

vaccho [vaccha(*m.*)의 *Sg.Nom.*] 송아지가

khīrapako [khīrapaka(*adj.*)의 *m.Sg.Nom.*] 우유를 마시는, 젖을 빠는. khīra : *nt.* 우유. paka : *adj.* 마시는, *fr.* √pā(마시다)

va = iva [*indecl.*] ~와 같이, ~처럼, ~와 마찬가지로

mātari [mātar(*f.*)의 *Sg.Loc.*] 어머니에, 어미에

---

285 ucchinda sineham attano
kumudaṃ sāradikaṃ va pāṇinā,[34]
santimaggam eva brūhaya

34 제1~2행 : 이 행들의 술어는 ucchinda(끊으라)이고, 이 술어동사를 통해 주어가 2인칭 단수임을 알 수 있다. 목적어는 sinehaṃ(애착을)이다. 제2행은 va(= iva)가 이끄는 부사절이다. 이 부사절의 술어 또한 ucchinda이다.

nibbānaṃ sugatena desitaṃ.[35]

285 가을에 피는 백련을 손으로 꺾듯이
자신의 애착을 끊으라.
붓다가 설한 열반,
즉 평온으로 가는 길을 닦으라.

ucchinda [ud√chid(베어내다, 제거하다)의 *Imper.2.Sg.*] 끊으라, 꺾으라
sineham = sinehaṃ [sineha(*m.*)의 *Sg.Acc.*] 애착을, 정을
attano [attan(*m.*)의 *Sg.Gen.*] 자신의
kumudaṃ [kumuda(*nt.*)의 *Sg.Acc.*] 백련을, 연꽃을
sāradikaṃ [sāradika(*adj.*)의 *nt.Sg.Acc.*] 가을의. sāradika : *fr.* sarada : *m.* 가을, 우기(雨期) 바로 뒤에 오는 계절
va = iva [*indecl.*] ~와 같이, ~처럼, ~와 마찬가지로
pāṇinā [pāṇi(*m.*)의 *Sg.Ins.*] 손으로
santimaggam = santimaggaṃ [santimagga(*m.*)의 *Sg.Acc.*] 평온으로 가는 길을. santi : *f.* 고요, 평온, *fr.* √sam(진정되다, 가라앉다). magga : *m.* 길
eva [*adv.*] 실로, 단지, 바로
brūhaya [√brūh(늘리다, 발전시키다, 성장시키다)의 *Imper.2.Sg.*] 발전시키라, 닦으라
nibbānaṃ [nibbāna(*nt.*)의 *Sg.Acc.*] 열반으로
sugatena [sugata(*m.*)의 *Sg.Ins.*] 잘 간 이에 의해, 붓다에 의해. su : *indecl.* 잘, 철저하게. gata : 간, √gam(가다)의 *Pp.*
desitaṃ [desita의 *nt.Sg.Acc.*] 설해진, 보여진. desita : √dis(~해 보이다, 가르치다)의 *Pp.*

286 idha vassaṃ vasissāmi idha hemantagimhisu[36]
iti bālo vicinteti antarāyaṃ na bujjhati.[37]

35 제3~4행 : 이 행들의 술어는 brūhaya(닦으라)이고, 이 술어동사를 통해 주어가 2인칭 단수임을 알 수 있다. 목적어는 santimaggaṃ(평온으로 가는 길을)이다. 제4행의 desitaṃ(설해진)은 nibbānaṃ(열반)을 수식하므로 nibbānaṃ(중성, 단수, 대격)의 성, 수, 격에 일치한다.
36 제1행 : 이 행의 술어는 vasissāmi(살 것이다)이고, 이 술어동사를 통해 주어가 1인칭 단수임을 알 수 있다.
37 제2행 : "iti bālo vicinteti"의 술어는 vicinteti(생각한다)이고, 주어는 bālo(어리석은 자는)이다. "antarāyaṃ na bujjhati"의 술부는 na bujjati(깨닫지 못하다)이고, 주어는 앞 문장의 bālo(어리석은 자는),

286 "여기서 우기(雨期)를 보낼 것이고, 여기서는 겨울과 여름에 살 것이다."
라며 어리석은 자는 생각한다. [삶의] 장애를 깨닫지 못하고.

idha [*indecl.*] 여기서, 지금, 이때에, 이 세상에서

vassaṃ [vissa(*m.*)의 *Sg.Acc.*] 비를, 우기(雨期)를, 장마철을

vasissāmi [√vas(살다)의 *Fut.1.Sg.*] 살 것이다, 지낼 것이다, (때를) 보낼 것이다

idha [*indecl.*] 여기서, 지금, 이때에, 이 세상에서

hemantagimhisu [hemantagimha(*m.*)의 *Pl.Loc.*] 겨울과 여름에. hemanta : *m.* 겨울. gimha : *m.* 더위, 여름

ti / iti [*indecl.*] 직접화법이 끝났음을 나타내거나 바로 언급한 것을 나타냄

bālo [bāla(*m.*)의 *Sg.Nom.*] 어리석은 자는

vicinteti [vi√cint(생각하다)의 *Pres.3.Sg.*] 생각한다, ~라고 생각한다

antarāyaṃ [antarāya(*m.*)의 *Sg.Acc.*] 사이에 오는 것 즉, 장애. antarā : *adv.* 사이에. aya : *m.* 오는 것, *fr.* √i(가다)

na [*indecl.*] ~아니다, ~없다

bujjhati [√budh(알다, 깨닫다)의 *Pres.3.Sg.*] 깨닫는다

287 taṃ puttapasusammattaṃ byāsattamanasaṃ naraṃ
suttaṃ gāmaṃ mahogho va maccu ādāya gacchati.[38]

287 아들과 가축에 빠져 집착하는 마음을 가진 그 사람을
죽음이 휩쓸어간다. 잠든 마을을 거대한 홍수가 휩쓸어가듯.

taṃ [ta(*3.pron.*)의 *m.Sg.Acc.*] 그를, 그것을

puttapasusammattaṃ [puttapasusammatta의 *m.Sg.Acc.*] 아들과 가축에 빠진. putta : *m.* 아들. pasu : *m.* 소, 가축. sammatta(saṃ-matta) : 취한, 중독된, 빠진

그리고 목적어는 antarāyaṃ(장애를)이다.

38 제1~2행 : 이 시의 술부는 ādāya gacchati(휩쓸어간다)이고, 주어는 maccu(죽음이), 그리고 목적어는 naraṃ(사람을)이다. taṃ(그)과 puttapasusammattaṃ(아들과 가축에 빠진), 그리고 byāsattamanasaṃ(집착하는 마음을 가진)은 naraṃ을 수식하므로 naraṃ(남성, 단수, 대격)의 성, 수, 격에 일치한다. "suttaṃ gāmaṃ mahogho va"는 va(= iva)가 이끄는 부사절이다. 이 부사절의 술부 또한 ādāya gacchati이다.

byāsattamanasaṃ [byāsattamanasa의 *m.Sg.Acc.*] 집착하는 마음을 가진. vyāsatta : 집착한, vi-ā√saj(붙이다, 매달다)의 *Pass.Pp.* manasa : *adj.* ~한 마음을 가진, ~한 마음으로, *fr.* mana(*nt.* 마음)

naraṃ [nara(*m.*)의 *Sg.Acc.*] 사람을

suttaṃ [sutta의 *m.Sg.Acc.*] 잠든. sutta : √sup(자다, 잠자다)의 *Pp.*

gāmaṃ [gāma(*m.*)의 *Sg.Acc.*] 마을을

mahogho [mahogha(*m.*)의 *Sg.Nom.*] 거대한 홍수. mahant : *adj.* 큰, 거대한, 복합어에서 mahā / maha로 쓰임. ogha : *m.* 홍수

va = iva [*indecl.*] ~와 같이, ~처럼, ~와 마찬가지로

maccu [maccu(*m.*)의 *Sg.Nom.*] 죽음이

ādāya [ā√dā(주다)의 *Ger.*] 가지고는, 덮쳐, 휩쓸어

gacchati [√gam(가다, 이동하다)의 *Pres.3.Sg.*] 간다, 이동한다

---

288 na santi puttā tāṇāya na pitā na pi bandhavā[39]
antakenādhipannassa n'atthi ñātīsu tāṇatā.[40]

288 아들들이 의지처가 아니고 아버지나 친척들도 또한 의지처가 아니다.
악마에게 사로잡힌 이의 의지처는 친척들 가운데에 없다.

na [*indecl.*] ~아니다, ~없다

santi [√as(이다, 있다, 존재하다)의 *Pres.3.Pl.*] 이다

puttā [putta(*m.*)의 *Pl.Nom.*] 아들들이

tāṇāya [tāṇa(*nt.*)의 *Sg.Dat.*] 보호를 위한, 의지처를 위한

na [*indecl.*] ~아니다, ~없다

pitā [pitar(*m.*)의 *Sg.Nom.*] 아버지가

na [*indecl.*] ~아니다, ~없다

pi / api [*indecl.*] ~도 또한, 비록 그렇다고 하더라도

bandhavā [bandhava(*m.*)의 *Pl.Nom.*] 친척들이

antakenādhipannassa = antakena-adhipannassa. antakena [antaka(*m.*)의 *Sg.Ins.*] 끝을

39 제1행 : 이 행의 술부는 na santi(아니다)이고, 주어는 puttā(아들들이), pitā(아버지가), 그리고 bandhavā(친척들이)이다.

40 제2행 : 이 행의 술어는 n'atthi(없다)이고, 주어는 tāṇatā(의지처는)이다.

만드는 자에 의해, 악마에 의해. adhipannassa [adhipanna의 *m.Sg.Gen.*] (*n.*) 사로잡힌 이의, adhi√pad(가다)의 *Pp.*

n'atthi = na-atthi : 없다. na [*indecl.*] ~아니다, ~없다. atthi [√as(이다, 있다, 존재하다)의 *Pres.3.Sg.*] 있다

ñātīsu [ñāti(*m.*)의 *Pl.Loc.*] 친척들 가운데

tāṇatā [tāṇatā(*f.*)의 *Sg.Nom.*] 보호는, 의지처는

---

289 etaṃ atthavasaṃ ñatvā paṇḍito sīlasaṃvuto
nibbānagamanaṃ maggaṃ khippam eva visodhaye.[41]

289 이 이치를 알고 나서 지혜로운 이는 계율을 잘 지켜
열반에 이르는 길을 어서 청정히 해야 한다.

etaṃ [etad(*pron.*)의 *nt.Sg.Acc.*] 이를, 이것을

atthavasaṃ [atthavasa(*m.*)의 *Sg.Acc.*] 이치를, 도리를. attha : *m.* 의미, 중요성. vasa : *m.* 힘, 영향력

ñatvā [√ñā(알다)의 *Ger.*] 알고 나서, 안 후에

paṇḍito [paṇḍita(*m.*)의 *Sg.Nom.*] 지혜로운 이는

sīlasaṃvuto [sīlasaṃvuta의 *m.Sg.Nom.*] 계율을 잘 지키는. sīla : *nt.* 덕, 덕행, 계율. saṃvuta : 제어된, saṃ√var(막다)의 *Pp.*

nibbānagamanaṃ [nibbānagamana(*adj.*)의 *m.Sg.Acc.*] 열반에 이르는. nibbāna : *nt.* 열반. gamana : *adj.* 가는, *fr.* √gam(가다)

maggaṃ [magga(*m.*)의 *Sg.Acc.*] 길을

khippam = khippaṃ [*adv.*] 빠르게, 곧, *fr.* khippa(*adj.*)의 *nt.Sg.Acc.*

eva [*adv.*] 실로, 단지, 바로

visodhaye [vi√sudh(깨끗해지다)의 *Pot.Caus.3.Sg.*] 청정히 해야 한다

---

41 제1~2행 : 이 시의 술어는 visodhaye(청정히 해야 한다)이고, 주어는 paṇḍito(지혜로운 이는), 그리고 목적어는 maggaṃ(길을)이다. "etaṃ atthavasaṃ ñatvā"는 절대분사 ñatvā가 이끄는 종속절이다. 절대분사 ñatvā는 전체 문장의 술어 visodhaye 이전의 행위를 나타내고, ñatvā의 행위주체 또한 paṇḍito이다. nibbānagamanaṃ(열반에 이르는)은 maggaṃ을 수식하므로 maggaṃ(남성, 단수, 대격)의 성, 수, 격에 일치한다.

제21장

여러 가지

Pakiṇṇaka

290 mattāsukhapariccāgā
passe ce vipulaṃ sukhaṃ[1]
caje mattāsukhaṃ dhīro
sampassaṃ vipulaṃ sukhaṃ.[2]

290 작은 행복을 버림으로써
큰 행복을 찾는다면
현명한 이는 작은 행복을 버릴 것이다.
큰 행복을 보면서.

mattāsukhapariccāgā [mattāsukhapariccāga(*m.*)의 *Sg.Abl.*] 작은 행복을 버림으로써. mattā : *f.* 완화, 절제. sukha : *nt.* 행복, 즐거움. mattāsukha : 작은 행복. pariccāga : *m.* 버림, 포기, *fr.* pari√caj(버리다, 포기하다)

passe [√dis(보다)의 *Pot.3.Sg.*] 본다면, 찾는다면

ce [*indecl.*] 만약 ~이면, 만약 ~하면

vipulaṃ [vipula(*adj.*)의 *nt.Sg.Acc.*] 큰, 많은

1 제1~2행 : 이 행들은 ce가 이끄는 부사절로서 이 부사절의 술어는 passe(찾는다면)이고, 이 술어동사를 통해 주어가 3인칭 단수임을 알 수 있다. 목적어는 sukhaṃ(행복을)이고, vipulaṃ(큰)은 sukhaṃ을 수식하므로 sukhaṃ(중성, 단수, 대격)의 성, 수, 격에 일치한다.

2 제3~4행 : 이 행들의 술어는 caje(버릴 것이다)이고, 주어는 dhīro(현명한 이는), 그리고 목적어는 mattāsukhaṃ(작은 행복을)이다.

sukhaṃ [sukkha(*nt.*)의 *Sg.Acc.*] 행복을, 즐거움을

caje [√caj(버리다, 포기하다)의 *Pot.3.Sg.*] 버릴 것이다

mattāsukhaṃ [mattāsukha(*nt.*)의 *Sg.Acc.*] 작은 행복을. mattā : *f.* 완화, 절제. sukha : *nt.* 행복, 즐거움

dhīro [dhīra(*adj.*)의 *m.Sg.Nom.*] (*n.*) 현명한 이는

sampassaṃ [sampassanta의 *m.Sg.Nom.*] 보는. sampassanta : saṃ√dis(보다)의 *Ppr.*

vipulaṃ [vipula(*adj.*)의 *nt.Sg.Acc.*] 큰, 많은

sukhaṃ [sukkha(*nt.*)의 *Sg.Acc.*] 행복을, 즐거움을

---

291 paradukkhūpadhānena yo attano sukham icchati
verasaṃsaggasaṃsaṭṭho verā so na parimuccati.[3]

291 남에게 고통을 주면서 자신의 행복을 구하는 자,
그는 원한으로 얽히고 얽히어 원한으로부터 벗어나지 못한다.

paradukkhūpadhānena [paradukkhūpadhāna(*adj.*)의 *nt.Sg.Ins.*] 남에게 고통을 주면서. para : *m.* 남. dukkha : *nt.* 고통. upadhāna : *adj.* 주는, 끼치는, 원인이 되는, *fr.* upa√dhā (두다, 놓다)

yo [ya(*pron.*)의 *m.Sg.Nom.*] ~하는 이. so를 지시함

attano [attan(*m.*)의 *Sg.Gen.*] 자신의

sukham = sukhaṃ [sukkha(*nt.*)의 *Sg.Acc.*] 행복을, 즐거움을

icchati [√is(바라다, 원하다, 기대하다)의 *Pres.3.Sg.*] 구한다

verasaṃsaggasaṃsaṭṭho [verasaṃsaggasaṃsaṭṭha의 *m.Sg.Nom.*] 원한으로 이어져 얽힌. vera : *nt.* 원한, 증오. saṃsagga : *m.* 연결, 결합. saṃsaṭṭha : *adj.* 얽힌, 연결된, 뒤섞인, *fr.* saṃ√saj(붙이다, 매달다)

verā [vera(*nt.*)의 *Sg.Abl.*] 원한에서, 증오에서

so [ta(*3.pron.*)의 *m.Sg.Nom.*] 그는, 그것은

na [*indecl.*] ~아니다, ~없다

parimuccati[4] [pari√muc(해방하다, 자유롭게 하다)의 *Pres.Pass.3.Sg.*] 자유로워진다,

3 제1~2행 : 이 시의 술부는 na parimuccati(벗어나지 못하다)이고, 주어는 so(그는)이다. 제1행은 관계대명사 yo가 이끄는 관계절로서 so를 지시한다. verasaṃsaggasaṃsaṭṭho(원한으로 얽히고 얽힌)는 주어 so를 수식하므로 so(남성, 단수, 주격)의 성, 수, 격에 일치한다.

벗어난다

292 yaṃ hi kiccaṃ apaviddhaṃ akiccaṃ pana kayirati[5]
unnaḷānaṃ pamattānaṃ tesaṃ vaḍḍhanti āsavā.[6]

292 해야 할 일을 팽개치고 해서는 안 되는 일을 하는
교만하고 방심한 자들의 번뇌는 늘어만 간다.

yaṃ [ya(*pron.*)의 *nt.Sg.Nom.*] ~하는 것

hi [*indecl.*] 실로, 참으로, 왜냐하면, ~조차, ~라도

kiccaṃ [kicca(*nt.*)의 *Sg.Nom.*] 되어져야 하는 것은. kicca : √kar(하다, 행하다)의 *Grd.*

apaviddhaṃ [apaviddha의 *nt.Sg.Nom.*] 팽개쳐진. apaviddha : apa√vidh(꿰뚫다, 던지다)의 *Pp.*

akiccaṃ [akicca(*nt.*)의 *Sg.Nom.*] 되어져선 안 되는 것은. a : *pref.* 아니다, 없다. kicca : *nt.* 되어져야 하는 것, √kar(하다, 행하다)의 *Grd.*

pana [*indecl.*] 그리고, 그러나, 또한, 그래서

kayirati [√kar(하다, 행하다)의 *Pres.Pass.3.Sg.*] 행해진다, 되어진다

unnaḷānaṃ [unnaḷa(*adj.*)의 *m.Pl.Gen.*] 교만한, 거만한

pamattānaṃ [pamatta의 *m.Pl.Gen.*] 나태한, 방심한. pamatta : pa√mad(취하다)의 *Pp.*

tesaṃ [ta(*3.pron.*)의 *m.Pl.Gen.*] 이들의, 그들의

vaḍḍhanti [√vaḍḍh(자라다, 증대하다)의 *Pres.3.Pl.*] 자란다, 커진다

āsavā [āsava(*m.*)의 *Pl.Nom.*] 번뇌들은

293 yesañ ca susamāraddhā niccaṃ kāyagatā sati[7]

4 PTS본 : pamuccati.

5 제1행 : 제1행은 수동형 문장(되어져야 하는 것은 팽개쳐지고 되어져선 안 되는 것은 행해지는)인데 능동형 문장(해야 할 일을 팽개치고 해서는 안 되는 일을 하는)으로 바꾸어 번역하였다. 제1행은 관계대명사 yaṃ이 이끄는 관계절이다.

6 제2행 : 이 시의 술어는 vaḍḍhanti(자란다)이고, 주어는 āsavā(번뇌는)이다. unnaḷānaṃ(교만한)과 pamattānaṃ(나태한)은 tesaṃ(이들의)을 수식하므로 tesaṃ(남성, 복수, 속격)의 성, 수, 격에 일치한다.

7 제1행 : 이 행의 술어는 과거분사 susamāraddha(잘 행해진)이고, 주어는 sati(알아차림이)이다. 이 행을

akiccan te na sevanti kicce sātaccakārino,[8]
satānaṃ sampajānānaṃ atthaṃ gacchanti āsavā.[9]

293 그러나 몸에 관해 항상 잘 알아차리고,
해선 안 되는 일을 행하지 않고, 해야 할 일들을 끈기있게 행하는 이들,
[이런] 주의 깊고 신중한 이들의 번뇌는 사라져 간다.

yesañ ca = yesaṃ ca. yesaṃ [ya(*pron.*)의 *m.Pl.Gen.*] ~하는. ca = tu [*indecl.*] 그러나, 하지만

susamāraddhā [susamāraddha의 *f.Sg.Nom.*] 잘 행해진. su : *indecl.* 잘, 철저하게. samāraddha : 맡은, 책임을 진, saṃ-ā√rabh(시작하다, 시작되다, 시도하다)의 *Pp.*

niccaṃ [*adv.*] 항상, 변함없이, 언제나, nicca(*adj.* 변함없는)의 *nt.Sg.Acc.*

kāyagatā [kāyagata의 *f.Sg.Nom.*] 몸에 관하여. kāya : *m.* 몸. gata : 간, ~에 관하여, √gam(가다)의 *Pp.*

sati [sati(*f.*)의 *Sg.Nom.*] 알아차림은, 깨어있음은

akiccan = akiccaṃ [akicca(*nt.*)의 *Sg.Nom.*] 되어져선 안 되는 것은. a : *pref.* 아니다, 없다. kicca : *nt.* 되어져야 하는 것, √kar(하다, 행하다)의 *Grd.*

te [ta(*3.pron.*)의 *m.Pl.Nom.*] 그들은, 그것들은

na [*indecl.*] ~아니다, ~없다

sevanti [√sev(섬기다, 행하다)의 *Pres.3.Pl.*] 행한다, 실행한다

kicce [kicca(*nt.*)의 *Pl.Acc.*] 되어져야 하는 것들을. kicca : √kar(하다, 행하다)의 *Grd.*

sātaccakārino [sātaccakārin(*adj.*)의 *m.Sg.Nom.*] 끈기있게 행하는. sātacca : *nt.* 끈기, 참을성. kārin : *adj.* 행하는, *fr.* √kar(하다, 행하다)

satānaṃ [sata의 *m.Pl.Gen.*] 주의 깊은. sata : √sar(생각하다, 기억하다)의 *Pp.*

sampajānānaṃ [sampajāna(*adj.*)의 *m.Pl.Gen.*] 생각이 깊은, 신중한. sampajāna : *fr.* saṃ-pa√ñā(알다, 깨닫다)

atthaṃ [attha(*nt.*)의 *Sg.Acc.*] 소멸, 사라짐. gacchati와 함께 쓰여 '소멸하다', '사라지다'의 의미를 가짐

gacchanti [√gam(가다, 이동하다)의 *Pres.3.Pl.*] 간다, 이동한다

āsavā [āsava(*m.*)의 *Pl.Nom.*] 번뇌들은

직역하면 "그러나 몸에 관한 알아차림이 항상 잘 행해지고"인데, "그러나 몸에 관해 항상 잘 알아차리고"로 의역하였다.

8 제2행 : "akiccan te na sevanti"의 술부는 na sevanti(행하지 않는다)이고, 주어는 te(그들은), 그리고 목적어는 akiccaṃ(해선 안 되는 일을)이다. "kicce sātaccakārino"의 술어는 sātaccakārino(참을성있게 행하는)이고, 주어는 앞 문장의 te(그들은), 그리고 목적어는 kicce(해야 할 일들을)이다.

9 제3행 : 이 행의 술부는 atthaṃ gacchanti(사라져간다)이고, 주어는 āsavā(번뇌는)이다.

294 mātaraṃ pitaraṃ hantvā rājāno dve ca khattiye
raṭṭhaṃ sānucaraṃ hantvā anīgho yāti brāhmaṇo.[10]

294 어머니와 아버지, 그리고 무사 계급의 두 왕들을 죽이고
신하들 뿐 아니라 백성들을 죽이고 나서도 브라흐만은 흔들림 없이 나아간다.

mātaraṃ [mātar(*f.*)의 *Sg.Acc.*] 어머니를

pitaraṃ [pitar(*m.*)의 *Sg.Acc.*] 아버지를

hantvā [√han(죽이다, 치다, 때리다)의 *Ger.*] 죽이고 나서, 죽인 후에

rājāno [rājā(*m.*)의 *Pl.Acc.*] 왕들을

dve [dvi(*adj.*)의 *m.Pl.Acc.*] 2(의), 두 개(의)

ca [*indecl.*] 그리고, ~와

khattiye [khattiya(*m.*)의 *Pl.Acc.*] 무사(武士) 계급의 사람들을. khattiya : *fr.* khatta(*nt.* 힘, 통치)

raṭṭhaṃ [raṭṭha(*nt.*)의 *Sg.Acc.*] 왕국을, 왕국의 백성을

sānucaraṃ [sānucara(*adj.*)의 *nt.Sg.Acc.*] 부하들과 함께, 신하들과 함께. sa : *pref.* ~와(함께), ~을 가진. anucara : *m.* 수행원, 부하

hantvā [√han(죽이다, 치다, 때리다)의 *Ger.*] 죽이고는, 죽이고 나서

anīgho [anīgha(*adj.*)의 *m.Sg.Nom.*] 흔들림 없이. an : *pref.* 아니다, 없다. īgha : *m.* 혼동, 흔들림

yāti [√yā(가다, 나아가다, 가버리다)의 *Pres.3.Sg.*] 간다, 나아간다

brāhmaṇo [brāhmaṇa(*m.*)의 *Sg.Nom.*] 브라흐만은

295 mātaraṃ pitaraṃ hantvā rājāno dve ca sotthiye
veyyagghapañcamaṃ hantvā anīgho yāti brāhmaṇo.[11]

10 제1~2행 : "mātaraṃ pitaraṃ hantvā rājāno dve ca khattiye"와 "raṭṭhaṃ sānucaraṃ hantvā"는 절대분사 hantvā가 이끄는 종속절들이고, "anīgho yāti brāhmaṇo"는 주절이다. 주절의 술어는 yāti(나아간다)이고, 주어는 brāhmaṇo(브라흐만은)이다. anīgho(흔들림 없는)는 brāhmaṇo(브라흐만은)을 수식하므로 brāhmaṇo(남성, 단수, 주격)의 성, 수, 격에 일치한다. 절대분사 hantvā는 주절의 술어 yāti 이전의 행위를 나타내고, hantvā의 행위주체 또한 brāhmaṇo이다.

11 제1~2행 : "mātaraṃ pitaraṃ hantvā rājāno dve ca sotthiye"와 "veyyagghapañcamaṃ hantvā"는 절대분사 hantvā가 이끄는 종속절들이고, "anīgho yāti brāhmaṇo"는 주절이다. 주절의 술어는 yāti(나아간다)이고, 주어는 brāhmaṇo(브라흐만은)이다. anīgho(흔들림 없는)는 brāhmaṇo(브라흐만은)을 수식하

295 어머니와 아버지, 그리고 학식이 있는 브라흐만 계급의 두 왕들을 죽이고 다섯 번째의 호랑이를 죽이고 나서도 브라흐만은 흔들림 없이 나아간다.

mātaraṃ [mātar(*f.*)의 *Sg.Acc.*] 어머니를
pitaraṃ [pitar(*m.*)의 *Sg.Acc.*] 아버지를
hantvā [√han(죽이다, 치다, 때리다)의 *Ger.*] 죽이고 나서, 죽인 후에
rājāno [rājā(*m.*)의 *Pl.Acc.*] 왕들을
dve [dvi(*adj.*)의 *m.Pl.Acc.*] 2(의), 두 개(의)
ca [*indecl.*] 그리고, ~와
sotthiye [sotthiya(*m.*)의 *Pl.Acc.*] 브라흐만 계급의 사람들을, 학식이 있는 사람들을
veyyagghapañcamaṃ [veyyagghapañcama의 *m.Sg.Acc.*] 다섯 번째의 호랑이를. veyyaggha : *m.* 호랑이. pañcama : *adj.* 다섯 번째, pañca의 서수
hantvā [√han(죽이다, 치다, 때리다)의 *Ger.*] 죽이고는, 죽이고 나서
anīgho [anīgha(*adj.*)의 *m.Sg.Nom.*] 흔들림 없이. an : *pref.* 아니다, 없다. īgha : *m.* 혼동, 당황
yāti [√yā(가다, 나아가다, 가버리다)의 *Pres.3.Sg.*] 간다, 나아간다
brāhmaṇo [brāhmaṇa(*m.*)의 *Sg.Nom.*] 브라흐만은

---

296 suppabuddhaṃ pabujjhanti sadā Gotamasāvakā[12]
yesaṃ divā ca ratto ca niccaṃ Buddhagatā sati.[13]

296 고따마의 제자들은 언제나 잘 깨어있다.
그들의 집중은 밤낮으로 항상 붓다를 향해 있다.

suppabuddhaṃ [suppabuddha의 *m.Sg.Acc.*][14] 잘 깨어있는. su : *indecl.* 잘, 철저하게. pabuddha : 깨어있는, pa√budh(알다, 깨닫다)의 *Pp.*
pabujjhanti [pa√budh(알다, 깨닫다)의 *Pres.3.Pl.*] 깨어있다

므로 brāhmaṇo(남성, 단수, 주격)의 성, 수, 격에 일치한다. 절대분사 hantvā는 주절의 술어 yāti 이전의 행위를 나타내고, hantvā의 행위주체 또한 brāhmaṇo이다.

12 제1행 : 이 행의 술어는 pabujjhanti(깨어있다)이고, 주어는 Gotamasāvakā(고따마의 제자들은)이다.

13 제2행 : 이 행은 관계대명사 yesaṃ이 이끄는 관계절로 yesaṃ은 제1행의 Gotamasāvakā를 말한다. 이 관계절의 술어는 과거분사 Buddhagatā(붓다를 향한)이고, 주어는 sati(집중은)이다.

14 대격 형태의 suppabuddhaṃ은 동사 pabujjhati와 어원이 같고 부사적으로 쓰인다.

sadā [*adv.*] 언제나, 항상

Gotamasāvakā [gotamasāvaka(*m.*)의 *Pl.Nom.*] 고따마의 제자들은. gotama : *adj.* 고따마족의. sāvaka : *m.* 제자, *fr.* √su(듣다)

yesaṃ [ya(*pron.*)의 *m.Pl.Gen.*] 그들의. Gotamasāvakā를 말함

divā [*adv.*] 낮에는

ca [*indecl.*] 그리고, ~와

ratto [*adv.*] 밤에는. ratti(*f.*)의 *Loc.* divā ca ratto ca : 밤낮으로, 끊임없이

ca [*indecl.*] 그리고, ~와

niccaṃ [*adv.*] 항상, 변함없이, 언제나, nicca(*adj.* 변함없는)의 *nt.Sg.Acc.*

Buddhagatā [buddhagata의 *f.Sg.Nom.*] 붓다에 관하여, 붓다를 향한. buddha : (*n.*) 깨달은 이, 붓다, √budh(알다, 깨닫다)의 *Pp.* gata : 간, ~에 관하여, √gam(가다)의 *Pp.*

sati [sati(*f.*)의 *Sg.Nom.*] 알아차림은, 집중은

---

297 suppabuddhaṃ pabujjhanti sadā Gotamasāvakā[15]
yesaṃ divā ca ratto ca niccaṃ Dhammagatā sati.[16]

297 고따마의 제자들은 언제나 잘 깨어있다.
그들의 집중은 밤낮으로 항상 붓다의 가르침을 향해 있다.

suppabuddhaṃ [suppabuddha의 *m.Sg.Acc.*] 잘 깨어있는. su : *indecl.* 잘, 철저하게. pabuddha : 깨어있는, pa√budh(알다, 깨닫다)의 *Pp.*

pabujjhanti [pa√budh(알다, 깨닫다)의 *Pres.3.Pl.*] 깨어있다

sadā [*adv.*] 언제나, 항상

Gotamasāvakā [gotamasāvaka(*m.*)의 *Pl.Nom.*] 고따마의 제자들은. gotama : *adj.* 고따마족의. sāvaka : *m.* 제자, *fr.* √su(듣다)

yesaṃ [ya(*pron.*)의 *m.Pl.Gen.*] 그들의. Gotamasāvakā를 말함

divā [*adv.*] 낮에는

ca [*indecl.*] 그리고, ~와

ratto [*adv.*] 밤에는. ratti(*f.*)의 *Loc.* divā ca ratto ca : 밤낮으로, 끊임없이

---

15 제1행 : 이 행의 술어는 pabujjhanti(깨어있다)이고, 주어는 Gotamasāvakā(고따마의 제자들은)이다.

16 제2행 : 이 행은 관계대명사 yesaṃ이 이끄는 관계절로 yesaṃ은 제1행의 Gotamasāvakā를 말한다. 이 관계절의 술어는 과거분사 Dhammagatā(가르침을 향한)이고, 주어는 sati(집중은)이다.

ca [*indecl.*] 그리고, ~와

niccaṃ [*adv.*] 항상, 변함없이, 언제나, nicca(*adj.* 변함없는)의 *nt.Sg.Acc.*

Dhammagatā [dhammagata의 *f.Sg.Nom.*] 붓다의 가르침에 관하여, 붓다의 가르침을 향한. dhamma : *m.* 불법(佛法), 붓다의 가르침. gata : 간, ~에 관하여, √gam(가다)의 *Pp.*

sati [sati(*f.*)의 *Sg.Nom.*] 알아차림은, 집중은

---

298 suppabuddhaṃ pabujjhanti sadā Gotamasāvakā[17]
yesaṃ divā ca ratto ca niccaṃ Saṃghagatā sati.[18]

298 고따마의 제자들은 언제나 잘 깨어있다.
그들의 집중은 밤낮으로 항상 승가를 향해 있다.

suppabuddhaṃ [suppabuddha의 *m.Sg.Acc.*] 잘 깨어있는. su : *indecl.* 잘, 철저하게. pabuddha : 깨어있는, pa√budh(알다, 깨닫다)의 *Pp.*

pabujjhanti [pa√budh(알다, 깨닫다)의 *Pres.3.Pl.*] 깨어있다

sadā [*adv.*] 언제나, 항상

Gotamasāvakā [gotamasāvaka(*m.*)의 *Pl.Nom.*] 고따마의 제자들은. gotama : *adj.* 고따마족의. sāvaka : *m.* 제자, *fr.* √su(듣다)

yesaṃ [ya(*pron.*)의 *m.Pl.Gen.*] 그들의. Gotamasāvakā를 말함

divā [*adv.*] 낮에는

ca [*indecl.*] 그리고, ~와

ratto [*adv.*] 밤에는. ratti(*f.*)의 *Loc.* divā ca ratto ca : 밤낮으로, 끊임없이

ca [*indecl.*] 그리고, ~와

niccaṃ [*adv.*] 항상, 변함없이, 언제나, nicca(*adj.* 변함없는)의 *nt.Sg.Acc.*

Saṃghagatā [saṃghagata의 *f.Sg.Nom.*] 승가에 관하여, 승가를 향한. saṃgha : *m.* 승가. gata : 간, ~에 관하여, √gam(가다)의 *Pp.*

sati [sati(*f.*)의 *Sg.Nom.*] 알아차림은, 집중은

---

17 제1행 : 이 행의 술어는 pabujjhanti(깨어있다)이고, 주어는 Gotamasāvakā(고따마의 제자들은)이다.

18 제2행 : 이 행은 관계대명사 yesaṃ이 이끄는 관계절로 yesaṃ은 제1행의 Gotamasāvakā를 말한다. 이 관계절의 술어는 과거분사 Saṃghagatā(승가를 향한)이고, 주어는 sati(집중은)이다.

299 suppabuddhaṃ pabujjhanti sadā Gotamasāvakā[19]
yesaṃ divā ca ratto ca niccaṃ kāyagatā sati.[20]

299 고따마의 제자들은 언제나 잘 깨어있다.
그들의 집중은 밤낮으로 항상 몸을 향해 있다.

suppabuddhaṃ [suppabuddha의 *m.Sg.Acc.*] 잘 깨어있는. su : *indecl.* 잘, 철저하게. pabuddha : 깨어있는, pa√budh(알다, 깨닫다)의 *Pp.*

pabujjhanti [pa√budh(알다, 깨닫다)의 *Pres.3.Pl.*] 깨어있다

sadā [*adv.*] 언제나, 항상

Gotamasāvakā [gotamasāvaka(*m.*)의 *Pl.Nom.*] 고따마의 제자들은. gotama : *adj.* 고따마족의. sāvaka : *m.* 제자, *fr.* √su(듣다)

yesaṃ [ya(*pron.*)의 *m.Pl.Gen.*] 그들의. Gotamasāvakā를 말함

divā [*adv.*] 낮에는

ca [*indecl.*] 그리고, ~와

ratto [*adv.*] 밤에는. ratti(*f.*)의 *Loc.* divā ca ratto ca : 밤낮으로, 끊임없이

ca [*indecl.*] 그리고, ~와

niccaṃ [*adv.*] 항상, 변함없이, 언제나, nicca(*adj.* 변함없는)의 *nt.Sg.Acc.*

kāyagatā [kāyagata의 *f.Sg.Nom.*] 몸에 관하여, 몸을 향한. kāya : *m.* 몸. gata : 간, ~에 관하여, √gam(가다)의 *Pp.*

sati [sati(*f.*)의 *Sg.Nom.*] 알아차림은, 집중은

300 suppabuddhaṃ pabujjhanti sadā Gotamasāvakā[21]
yesaṃ divā ca ratto ca ahiṃsāya rato mano.[22]

300 고따마의 제자들은 언제나 잘 깨어있다.

---

19 제1행 : 이 행의 술어는 pabujjhanti(깨어있다)이고, 주어는 Gotamasāvakā(고따마의 제자들은)이다.

20 제2행 : 이 행은 관계대명사 yesaṃ이 이끄는 관계절로 yesaṃ은 Gotamasāvakā를 말한다. 이 관계절의 술어는 과거분사 kāyagatā(몸을 향한)이고, 주어는 sati(집중은)이다.

21 제1행 : 이 행의 술어는 pabujjhanti(깨어있다)이고, 주어는 Gotamasāvakā(고따마의 제자들은)이다.

22 제2행 : 이 행은 관계대명사 yesaṃ이 이끄는 관계절로 yesaṃ은 Gotamasāvakā를 말한다. 이 관계절의 술어는 과거분사 rato(즐기는)이고, 주어는 mano(마음은)이다.

그들의 마음은 밤낮으로 불살생을 즐긴다.

suppabuddhaṃ [suppabuddha의 *m.Sg.Acc.*] 잘 깨어있는. su : *indecl.* 잘, 철저하게. pa-buddha : 깨어있는, pa√budh(알다, 깨닫다)의 *Pp.*

pabujjhanti [pa√budh(알다, 깨닫다)의 *Pres.3.Pl.*] 깨어있다,

sadā [*adv.*] 언제나, 항상

Gotamasāvakā [gotamasāvaka(*m.*)의 *Pl.Nom.*] 고따마의 제자들은. gotama : *adj.* 고따마족의. sāvaka : *m.* 제자, *fr.* √su(듣다)

yesaṃ [ya(*pron.*)의 *m.Pl.Gen.*] 그들의. Gotamasāvakā를 말함

divā [*adv.*] 낮에는

ca [*indecl.*] 그리고, ~와

ratto [*adv.*] 밤에는. ratti(*f.*)의 *Loc.* divā ca ratto ca : 밤낮으로, 끊임없이

ca [*indecl.*] 그리고, ~와

ahiṃsāya [ahiṃsā(*f.*)의 *Sg.Loc.*] 불살생에, 자비에. a : *pref.* 아니다, 없다. hiṃsā : *f.* 살생, 폭력

rato [rata의 *m.Sg.Nom.*] 즐기는. rata : √ram(기뻐하다, 즐기다)의 *Pp.*

mano [mana(*nt.*)의 *Sg.Nom.*] 마음은

301 suppabuddhaṃ pabujjhanti sadā Gotamasāvakā[23]
yesaṃ divā ca ratto ca bhāvanāya rato mano.[24]

301 고따마의 제자들은 언제나 잘 깨어있다.
그들의 마음은 밤낮으로 명상을 통한 수행을 즐긴다.

suppabuddhaṃ [suppabuddha의 *m.Sg.Acc.*] 잘 깨어있는. su : *indecl.* 잘, 철저하게. pa-buddha : 깨어있는, pa√budh(알다, 깨닫다)의 *Pp.*

pabujjhanti [pa√budh(알다, 깨닫다)의 *Pres.3.Pl.*] 깨어있다

sadā [*adv.*] 언제나, 항상

23 제1행 : 이 행의 술어는 pabujjhanti(깨어있다)이고, 주어는 Gotamasāvakā(고따마의 제자들은)이다.

24 제2행 : 이 행은 관계대명사 yesaṃ이 이끄는 관계절로 yesaṃ은 Gotamasāvakā를 말한다. 이 관계절의 술어는 과거분사 rato(즐기는)이고, 주어는 mano(마음은)이다.

Gotamasāvakā [gotamasāvaka(*m.*)의 *Pl.Nom.*] 고따마의 제자들은. gotama : *adj.* 고따마족의. sāvaka : *m.* 제자, *fr.* √su(듣다)

yesaṃ [ya(*pron.*)의 *m.Pl.Gen.*] 그들의. Gotamasāvakā를 말함

divā [*adv.*] 낮에는

ca [*indecl.*] 그리고, ~와

ratto [*adv.*] 밤에는. ratti(*f.*)의 *Loc.* divā ca ratto ca : 밤낮으로, 끊임없이

ca [*indecl.*] 그리고, ~와

bhāvanāya [bhāvanā(*f.*)의 *Sg.Loc.*] (명상을 통한) 수행에. bhāvanā : *fr.* bhāveti

rato [rata의 *m.Sg.Nom.*] 즐기는. rata : √ram(기뻐하다, 즐기다)의 *Pp.*

mano [mana(*nt.*)의 *Sg.Nom.*] 마음은

---

302 duppabbajjaṃ durabhiramaṃ durāvāsā gharā dukhā
dukkho'samānasaṃvāso, dukkhānupatit'addhagū
tasmā na c'addhagū siyā na ca dukkhānupatito siyā.[25]

302 출가생활은 힘들고 즐기기 어려우며, 가정생활도 살기 힘들고 괴롭다. 맞지 않은 이와 함께 사는 것도 괴롭고, 나그네가 고통에 시달리기도 한다. 그러므로 나그네가 되지 말고 고통에 시달리지 말라.

duppabbajjaṃ [duppabbajjā의 *nt.Sg.Nom.*] 출가생활은 힘들다. du : *indecl.* 나쁜, 부족한, 어려운. pabbajjā : *f.* 속세를 떠나 수행자의 삶을 받아들이는 것, 출가, *fr.* pa√vaj(가다, 나아가다)

durabhiramaṃ [durabhirama의 *nt.Sg.Nom.*] 즐기기 어렵다. du : *indecl.* 나쁜, 부족한, 어려운. abhirama : 즐기는, *fr.* abhi√ram(즐거워하다, 즐기다)

durāvāsā [durāvāsa의 *m.Pl.Nom.*] 사는 것이 힘들다. du : *indecl.* 나쁜, 부족한, 어려운. āvāsa : *m.* 머무름, 거주, 사는 것, *fr.* ā√vas(살다)

gharā [ghara(*nt.*)의 *Pl.Nom.*] 집들은, 가정들은

dukhā [dukkha(*adj.*)의 *m.Pl.Nom.*] 괴롭다

dukkho'samānasaṃvāso = dukkho-asamānasaṃvāso : 맞지 않은 이와 함께 사는 것은

---

25 제3행 : "tasmā na c'addhagū siyā"의 술부는 addhagū na siyā(나그네가 되어선 안 된다)이고, 술어동사 siyā를 통해 주어가 3인칭 단수임을 알 수 있다. "na ca dukkhānupatito siyā"의 술부는 dukkhānupatito na siyā(고통에 시달리지 말라)이고, 술어동사 siyā를 통해 주어가 3인칭 단수임을 알 수 있다.

괴롭다. dukkho [dukkha(*adj.*)의 *m.Sg.Nom.*] 괴롭다. asamāna [*adj.*] 같지 않은, 비슷하지 않은. saṃvāso [saṃvāsa(*m.*)의 *Sg.Nom.*] 함께 사는 것은, *fr.* saṃ√vas(살다)

dukkhānupatit'addhagū = dukkha-anupatita-addhagū : 나그네가 고통에 시달리는. dukkha [*nt.*] 고통. anupatita [anu√pat(떨어지다)의 *Pp.*] 일어난, 생긴, 닥친. addhagū [addhāgū(*m.*)의 *Sg.Nom.*] 나그네가

tasmā [ta(*3.pron.*)의 *m.Sg.Abl.*] 그것으로부터, 그런 까닭에, 따라서

na [*indecl.*] ~아니다, ~없다

c'addhagū = ca-addhagū. ca [*indecl.*] 그리고, ~와. addhagū [addhāgū(*m.*)의 *Sg.Nom.*] 나그네가

siyā [√as(이다, 있다, 존재하다, 되다)의 *Pot.3.Sg.*] 되어야 한다

na [*indecl.*] ~아니다, ~없다

ca [*indecl.*] 그리고, ~와

dukkhānupatito [dukkhānupatita의 *m.Sg.Nom.*] 고통에 시달리는. dukkha : *nt.* 고통. anupatita : 일어난, 생긴, 닥친, anu√pat(떨어지다)의 *Pp.*

siyā [√as(이다, 있다, 존재하다, 되다)의 *Pot.3.Sg.*] 되어야 한다

---

303 saddho sīlena sampanno yasobhogasamappito
yaṃ yaṃ padesaṃ bhajati tattha tattha'eva pūjito.[26]

303 믿음이 있고 계를 갖추고 명예와 부를 가진 이는
어느 곳에 어울려 있든지 어울리는 곳마다 존경받는다.

saddho [saddha(*adj.*)의 *m.Sg.Nom.*] 믿음이 있는, 신실한

sīlena [sīla(*nt.*)의 *Sg.Ins.*] 덕으로, 계율로

sampanno [sampanna의 *m.Sg.Nom.*] 갖춘, 지닌. sampanna : saṃ√pad(가다)의 *Pp.*

yasobhogasamappito [yasobhogasamappita의 *m.Sg.Nom.*] 명예와 부를 가진. yaso / yasa : *nt.* 명예, 명성. bhoga : *m.* 부, 재산. samappita : 가진, 갖춘, 소유한, saṃ√ap(얻다, 다가가다, ~에 이르다)의 *Pp.*

yaṃ yaṃ [yaṃ(ya의 *nt.Sg.Nom.*)의 중복] 어떤~이라도, ~하는 누구든지, ~하는 어느 것이든지

26 제1~2행 : 이 시의 술어는 과거분사 pūjito(존경받는)이고, 주부는 saddho sīlena sampanno yasobhoga-samappito(믿음이 있고 계를 갖추고 명예와 부를 가진 이는)이다.

padesaṃ [padesa(*m.*)의 *Sg.Acc.*] 장소를, 곳을
bhajati [√bhaj(가까이하다, 어울리다)의 *Pres.3.Sg.*] 어울린다, 가까이 한다
tattha tattha'eva = tattha tattha eva. tattha [*adv.*] 거기에서, 그곳에서, 이 점에 대해서. tattha tattha : 여기저기에, 도처에, 어디에나. eva [*adv.*] 실로, 단지, 바로
pūjito [pūjita의 *m.Sg.Nom.*] 훌륭한, 존경받는. pūjita : √pūj(존경하다, 예배하다)의 *Pp.*

---

304 dūre santo pakāsenti himavanto va pabbato,[27]
asant'ettha na dissanti rattikhittā yathā sarā.[28]

304 참된 이들은 히말라야 산처럼 멀리서도 빛난다.
참되지 않은 자들은 밤에 쏘아진 화살처럼 가까이서도 보이지 않는다.

dūre [*adv.*] 멀리서, 먼 곳에서, dūra(*adj.*)의 *Loc.*
santo [santa의 *m.Pl.Nom.*] (*n.*) 참된 이들은. santa : √as(이다, 있다, 존재하다)의 *Ppr.*
pakāsenti [pa√kās(빛나게 하다)의 *Pres.Caus.3.Pl.*] 보인다, 빛난다
himavanto [himavant(*adj.*)의 *m.Sg.Nom.*] 눈의, 눈으로 덮인. himavant : *fr.* hima(*nt.* 눈)
va = iva [*indecl.*] ~와 같이, ~처럼, ~와 마찬가지로
pabbato [pabbata(*m.*)의 *Pl.Nom.*] 산은. himavanto pabbato : 히말라야 산
asant'ettha = asanto-ettha. asanto [asanta의 *m.Pl.Nom.*] (*n.*) 참되지 않은 이들은. a : *pref.* 아니다, 없다. santa : 좋은, 참된, √as(이다, 있다, 존재하다)의 *Ppr.* ettha [*adv.*] 여기서
na [*indecl.*] ~아니다, ~없다
dissanti [√dis(보다)의 *Pres.Pass.3.Pl.*] 보인다
rattikhittā [rattikhitta의 *m.Pl.Nom.*] 밤에 던져진. ratti : *f.* 밤. khitta : 던져진, √khip(던지다)의 *Pp.*
yathā [*adv.*] ~와 같이, ~처럼
sarā [sara(*m.*)의 *Pl.Nom.*] 화살들

---

27 제1행 : 이 행의 술어는 pakāsenti(빛난다)이고, 주어는 santo(참된 이들은)이다. "himavanto va pabbato"는 va(= iva)가 이끄는 부사절이다.
28 제2행 : 이 행의 술부는 na dissanti(보이지 않는다)이고, 주어는 asanto(참되지 않은 자들은)이다. "rattikhittā yathā sarā"는 yathā가 이끄는 부사절이다.

305 ekāsanaṃ ekaseyyaṃ eko caram atandito
eko damayam attānaṃ vanante ramito siyā.[29]

305 홀로 앉고 홀로 자며 홀로 다니면서도 지치지 않고
홀로 자신을 다스리는 이는 숲 속에서 즐기게 될 것이다.

ekāsanaṃ [ekāsana의 *nt.Sg.Acc.*] 홀로 앉음. eka : *adj.* 하나, 홀로, 혼자서. āsana : *nt.* 자리, 앉음

ekaseyyaṃ [ekaseyyā의 *f.Sg.Acc.*] 홀로 잠. eka : *adj.* 하나, 홀로, 혼자서. seyyā : *f.* 잠자리, 자는 곳

eko [eka(*adj.*)의 *m.Sg.Nom.*] 하나, 홀로, 혼자서

caram = caraṃ [caranta의 *m.Sg.Nom.*] 다니는. caranta : √car(살다, 다니다)의 *Ppr.*

atandito [atandita(*adj.*)의 *m.Sg.Nom.*] 지치지 않는, 활동적인. a : *pref.* 아니다, 없다. tandita : *adj.* 지친, 피곤한

eko [eka(*adj.*)의 *m.Sg.Nom.*] 하나, 홀로, 혼자서

damayam = damayaṃ [damayanta의 *m.Sg.Nom.*] 다스린. damayanta : √dam(길들이다, 단련시키다)의 *Ppr.*

attānaṃ [attan(*m.*)의 *Sg.Acc.*] 자신을

vanante [vananta(*m.*)의 *Sg.Loc.*] 숲 속에서. vana : *nt.* 숲. anta : *m.* 끝, 가장자리

ramito [ramita의 *m.Sg.Nom.*] 즐기는. ramita : √ram(즐기다)의 *Pp.*

siyā [√as(이다, 있다, 존재하다, 되다)의 *Pot.3.Sg.*] 될 것이다

29 제1~2행 : 이 시의 술부는 ramito siyā(즐기게 될 것이다)이고, 주부는 ekāsanaṃ ekaseyyaṃ eko caram atandito eko damayam attānaṃ(홀로 앉고 홀로 자며 홀로 다니면서도 지치지 않고 홀로 자신을 다스리는 이는)이다.

제22장

지옥

Niraya

306 abhūtavādī nirayaṃ upeti[1]
yo vāpi katvā na karomi c'āha[2]
ubho pi te pecca samā bhavanti
nihīnakammā manujā parattha.[3]

306 거짓되게 말하는 자는 지옥에 떨어진다.
했으면서 하지 않았다고 말하는 자 또한 [지옥에 떨어진다].
그들 둘 다 죽은 후에
저 세상에서도 저급한 행위의 사람들로 똑같이 된다.

abhūtavādī [abhūtavādin(*adj.*)의 *m.Sg.Nom.*] 거짓되게 말하는. abhūta(a-bhūta) : *adj.* 진짜가 아닌, 거짓의. vādin : *adj.* 말하는, *fr.* √vad(말하다)

nirayaṃ [niraya(*m.*)의 *Sg.Acc.*] 지옥에

upeti [upa√i(가다)의 *Pres.3.Sg.*] 이른다, 간다

yo [ya(*pron.*)의 *m.Sg.Nom.*] ~하는 이는

vāpi = vā-pi / api : 또는~조차, 또는~라도. vā : *indecl.* 또는, 혹은. pi / api : *indecl.* ~라

1 제1행 : 이 행의 술어는 upeti(간다)이고, 주어는 abhūtavādī(거짓되게 말하는 자는), 그리고 목적어는 nirayaṃ(지옥에)이다.

2 제2행 : 이 행은 관계대명사 yo가 이끄는 관계절로서 관계절 전체가 이 행의 주부이다. 술어는 제1행의 upeti(간다)이고, 목적어는 nirayaṃ(지옥에)이다.

3 제3~4행 : 이 행의 술부는 samā bhavanti(똑같이 된다)이고, 주어는 te(그들은)이다.

도, ~도 또한

katvā [√kar(하다, 행하다)의 *Ger.*] 하고 나서, 한 후에

na [*indecl.*] ~아니다, ~없다

karomi [√kar(하다, 행하다, 만들다)의 *Pres.1.Sg.*] 한다

c'āha = ti-āha. ti / iti [*indecl.*] 직접화법이 끝났음을 나타내거나 바로 언급한 것을 나타냄. āha [√ah(말하다)의 *Perf.3.Sg.*][4] 말했다, 말한다

ubho [ubha(*adj.*)의 *Nom.*] 양쪽 다, 둘 다

pi / api [*indecl.*] ~도 또한, 비록 그렇다고 하더라도

te [ta(*3.pron.*)의 *m.Pl.Nom.*] 그들은, 그것들은

pecca [pa√i(가다)의 *Ger.*] 간 후에, 떠난 후에, 죽은 후에

samā [sama(*adj.*)의 *m.Pl.Nom.*] 같은, 비슷한

bhavanti [√bhū(있다, 이다, 되다)의 *Pres.3.Pl.*] 된다

nihīnakammā [nihīnakamma(*nt.*)의 *Pl.Nom.*] 저급한 행위. nihīna : *adj.* 저급의, 비천한, ni√hā(버리다, 포기하다)의 *Pass.Pp.* kamma : *nt.* 행위

manujā [manuja(*m.*)의 *Pl.Nom.*] 사람들은

parattha [*adv.*] 다른 곳에서, 저 세상에서, 장차

---

307 kāsāvakaṇṭhā bahavo pāpadhammā asaññatā,[5]
pāpā pāpehi kammehi nirayaṃ te upapajjare.[6]

307 황색 승복을 목에 두르고도 성품이 악하고 절제하지 않는 자들이 많다.
그 악한 자들은 악한 행위들에 의해 지옥에 간다.

kāsāvakaṇṭhā [kāsāvakaṇṭha의 *m.Pl.Nom.*] 황색 (승복)을 목에 두른. kāsāva : *nt.* 황색 (승복), kaṇṭha : *m.* 목

bahavo [bahu(*adj.*)의 *m.Pl.Nom.*] 많은

pāpadhammā [pāpadhamma의 *m.Pl.Nom.*] 성품이 악한. pāpa : *adj.* 나쁜, 악한. dhamma : *m.* 성품

---

4 āha는 과거와 현재 의미의 완료형이다.

5 제1행 : 이 행의 술어는 형용사 bahavo(많다)이고, 주부는 kāsāvakaṇṭhā pāpadhammā asaññatā(황색 승복을 목에 두르고도 성품이 악하고 절제하지 않는 자들이)이다.

6 제2행 : 이 행의 술어는 upapajjare(간다)이고, 주어는 te(그들은), 그리고 목적어는 nirayaṃ(지옥에)이다.

asaññatā [asaññata의 *m.Pl.Nom.*] (*n.*) 절제하지 않는 자들이. a : *pref.* 아니다, 없다. saññata = saṃyata : 자제하는, saṃ√yam(제어하다, 참다, 억누르다)의 *Pp.*

pāpā [pāpa(*adj.*)의 *m.Pl.Nom.*] (*n.*) 악한 자들은

pāpehi [pāpa(*adj.*)의 *nt.Pl.Ins.*] 악한

kammehi [kamma(*nt.*)의 *Pl.Ins.*] 행위들에 의해

nirayaṃ [niraya(*m.*)의 *Sg.Acc.*] 지옥에

te [ta(*3.pron.*)의 *m.Pl.Nom.*] 그들은, 그것들은

upapajjare[7] [upa√pad(가다)의 *A.Pres.3.Pl.*] 다시 태어난다, ~에 간다

---

308 seyyo ayoguḷo bhutto tatto aggisikhūpamo[8]
yañ ce bhuñjeyya dussīlo raṭṭhapiṇḍaṃ asaññato.[9]

308 부덕하고 절제하지 않는 자가 나라의 공양을 받아먹을 바에는
차라리 불꽃처럼 뜨거워진 쇠공을 삼키는 것이 낫다.

seyyo [seyya(*adj.*)의 *m.Sg.Nom.*] 보다 나은, 보다 좋은

ayoguḷo [ayoguḷa(*m.*)의 *Sg.Nom.*] 쇠로 만든 공. ayo : *nt.* 철, 쇠. guḷa : *nt.* 공

bhutto [bhutta의 *m.Sg.Nom.*] 먹히는, 삼켜지는. bhutta : √bhuj(먹다)의 *Pp.*

tatto [tatta의 *m.Sg.Nom.*] 뜨거워진, 달아오른. tatta : √tap(태우다, 빛나게 하다)의 *Pp.*

aggisikhūpamo [aggisikhūpama(*adj.*)의 *m.Sg.Nom.*] 불꽃처럼. aggi : *m.* 불. sikhā : *f.* 가장자리, 모서리. aggisikhā : 불꽃, 화염. upama : *adj.* ~와 같은, 비슷한

yañ ce = yaṃ ce. yaṃ [ya(*pron.*)의 *nt.Sg.Nom.*] ~하는. ce [*indecl.*] 만약 ~이면, 만약 ~하면. yañ ce는 여기서 원망법과 함께 쓰여 '(yañ ce 이하)~하기 보다는 (오히려)', '(yañ ce 이하)~할 바에는 (차라리)'의 의미로 쓰임.

bhuñjeyya [√bhuj(먹다)의 *Pot.3.Sg.*] 먹어야 한다면

---

7 are는 3인칭 단수 직설법 반조태 어미(= ante)이다. 이 어미는 시 225의 socare와 시 316의 lajjare에서도 사용되었다.

8 제1행 : 이 행의 술어는 형용사 seyyo(보다 낫다)이고, 주어는 ayoguḷo bhutto(쇠공이 삼켜지는 것이)이다. tatto aggisikhūpamo(불꽃처럼 뜨거워진)는 ayoguḷo(쇠공)를 수식하므로 ayoguḷo(남성, 단수, 주격)의 성, 수, 격에 일치한다. "seyyo ayoguḷo butto"를 직역하면 "쇠공이 삼켜지는 것이 낫다"인데, "쇠공을 삼키는 것이 낫다"로 의역하였다.

9 제2행 : 이 행은 yañ ce가 이끄는 절로서 원망법 동사와 함께 쓰여 '(yañ ce 이하)~하기 보다는 (오히려)' 또는 '(yañ ce 이하)~할 바에는 (차라리)'의 의미를 가진다. 이 행의 술어는 bhuñjeyya(먹어야 한다면)이고, 주부는 dussīlo asaññato(부덕하고 절제하지 않는 자가), 그리고 목적어는 raṭṭhapiṇḍaṃ(나라의 공양을)이다.

dussīlo [dussīla(*adj.*)의 *m.Sg.Nom.*] 부덕한. du : *indecl.* 나쁜, 부족한, 어려운. sīla : *nt.* 덕

raṭṭhapiṇḍaṃ [raṭṭhapiṇḍa(*m.*)의 *Sg.Acc.*] 나라의 공양을. raṭṭha : *nt.* 나라. piṇḍa : *m.* 시주, 보시(布施), 공양

asaññato [asaññata의 *m.Sg.Nom.*] (*n.*) 절제하지 않는 자가. a : *pref.* 아니다, 없다. saññata = saṃyata : 자제하는, saṃ√yam(제어하다, 참다, 억누르다)의 *Pp.*

---

309 cattāri ṭhānāni naro pamatto
āpajjatī paradārūpasevī :[10]
apuññalābhaṃ na nikāmaseyyaṃ
nindaṃ tatīyaṃ nirayaṃ catutthaṃ.

309 부주의하여 남의 아내를 유혹하는 사람은
네 가지 일을 겪는다 :
불행을 당함과 편치 않은 잠자리,
세 번째는 비난, 네 번째는 지옥이다.

cattāri [catu(*adj.*)의 *nt.Pl.Acc.*] 4의, 네 개의

ṭhānāni [ṭhāna(*nt.*)의 *Pl.Acc.*] 일들을, 상황들을, 처지들을

naro [nara(*m.*)의 *Sg.Nom.*] 사람은

pamatto [pamatta의 *m.Sg.Nom.*] 방심한, 부주의한. pamatta : pa√mad(취하다)의 *Pp.*

āpajjatī = āpajjati [ā√pad(가다)의 *Pres.3.Sg.*] ~을 당한다, ~을 겪는다

paradārūpasevī [paradārūpasevin(*adj.*)의 *m.Sg.Nom.*] 남의 아내를 유혹하는. paradāra : *m.* 남의 아내. upasevin : *adj.* ~을 추구하는, 따르는, 유혹하는, *fr.* upa√sev(섬기다)

apuññalābhaṃ [apuññalābha(*m.*)의 *Sg.Acc.*] 불행을 얻음, 화를 입음. a : *pref.* 아니다, 없다. puñña : *nt.* 공덕, 선. lābha : *m.* 얻음, 소유

na [*indecl.*] ~아니다, ~없다

nikāmaseyyaṃ [nikāmaseyya(*f.*)의 *Sg.Acc.*] 편한 잠자리. nikāma : *m.* 즐거움, 만족. seyyā : *f.* 잠자리,

---

10 제1~2행 : 이 행들의 술어는 āpajjati(겪는다)이고, 주어는 naro(사람은), 그리고 목적어는 cattāri ṭhānāni (네 가지 일들을)이다. cattāri ṭhānāni는 제3~4행에 열거된다. pamatto(부주의한)와 paradārūpasevī(남의 아내를 유혹하는)는 주어 naro를 수식하므로 naro(남성, 단수, 주격)의 성, 수, 격에 일치한다.

nindaṃ [nindā(*f.*)의 *Sg.Acc.*] 비난을, 질책을
tatīyaṃ = tatiyaṃ [tatiya(*adj.*)의 *Acc.*] 세 번째로, ti의 서수
nirayaṃ [niraya(*m.*)의 *Sg.Acc.*] 지옥에
catutthaṃ [catuttha(*adj.*)의 *Acc.*] 네 번째로, catu의 서수

---

310 apuññalābho ca gatī ca pāpikā
bhītassa bhītāya ratī ca thokikā[11]
rājā ca daṇḍaṃ garukaṃ paṇeti,[12]
tasmā naro paradāraṃ na seve.[13]

310 불행을 당함과 악한 내세가 있다.
두려워하는 남자와 두려워하는 여자의 즐거움은 짧고
왕도 무거운 벌을 내린다.
그러므로 남의 아내를 가까이하면 안 된다.

apuññalābho [apuññalābha(*m.*)의 *Sg.Nom.*] 불행을 얻음, 화를 입음. a : *pref.* 아니다, 없다. puñña : *nt.* 공덕, 선. lābha : *m.* 얻음, 소유
ca [*indecl.*] 그리고, ~와
gatī = gati [gati(*f.*)의 *Sg.Nom.*] 내세는, 내생은. gati : *fr.* √gam(가다)
ca [*indecl.*] 그리고, ~와
pāpikā [pāpika(*adj.*)의 *f.Sg.Nom.*] 악한, 나쁜. pāpikā : *fr.* pāpa(*nt.* 악)
bhītassa [bhīta의 *m.Sg.Gen.*] (*n.*) 두려워하는 남자의. bhīta : √bhī(두려워하다)의 *Pp.*
bhītāya [bhīta의 *f.Sg.Gen.*] (*n.*) 두려워하는 여자의. bhīta : √bhī(두려워하다)의 *Pp.*
ratī = rati [rati(*f.*)의 *Sg.Nom.*] 즐거움은. rati : *fr.* √ram(기뻐하다, 즐기다)
ca [*indecl.*] 그리고, ~와
thokikā [thokikā(*adj.*)의 *f.Sg.Nom.*] 작은, 짧은

11 제2행 : 이 행의 술어는 형용사 thokikā(짧다)이고, 주어는 rati(즐거움은)이다.
12 제3행 : 이 행의 술어는 paṇeti(과한다, 준다)이고, 주어는 rājā(왕은), 그리고 목적어는 daṇḍaṃ(벌을)이다. garukaṃ(무거운)은 daṇḍaṃ을 수식하므로 daṇḍaṃ(남성, 단수, 대격)의 성, 수, 격에 일치한다.
13 제4행 : 이 행의 술부는 na seve(가까이하면 안 된다)이고, 주어는 naro(사람은), 그리고 목적어는 paradāraṃ(남의 아내를)이다.

rājā [rājā(*m.*)의 *Sg.Nom.*] 왕은
ca [*indecl.*] 그리고, ~와
daṇḍaṃ [daṇḍa(*m.*)의 *Sg.Acc.*] 몽둥이를, 벌을
garukaṃ [garuka(*adj.*)의 *m.Sg.Acc.*] 심한, 중한, 무거운
paṇeti [pa√nī(이끌다)의 *Pres.3.Sg.*] 과한다, 준다
tasmā [ta(*3.pron.*)의 *m.Sg.Abl.*] 그것으로부터, 그런 까닭에, 따라서
naro [nara(*m.*)의 *Sg.Nom.*] 사람은
paradāraṃ [paradāra(*m.*)의 *Sg.Acc.*] 남의 아내를
na [*indecl.*] ~아니다, ~없다
seve [√sev(섬기다)의 *Pot.3.Sg.*] 섬겨야 한다, 가까이 해야 한다

---

311 kuso yathā duggahīto hatthaṃ evānukantati[14]
sāmaññaṃ dupparāmaṭṭhaṃ nirayāy'upakaḍḍhati.[15]

311 잘못 붙든 꾸사 풀이 손을 베는 것과 같이
잘못 받아들인 수행자의 삶이 [사람을] 지옥으로 이끈다.

kuso [kusa(*m.*)의 *Sg.Nom.*] 꾸사 풀이
yathā [*adv.*] ~와 같이, ~처럼
duggahīto [duggahīta(*adj.*)의 *m.Sg.Nom.*] 잘못 붙든. du : *indecl.* 나쁜, 부족한, 어려운. gahīta : 잡은, 붙든, √gah(잡다, 붙들다)의 *Pp.*
hatthaṃ [hattha(*m.*)의 *Sg.Acc.*] 손을
evānukantati = eva-anukantati. eva [*adv.*] 실로, 단지, 바로. anukantati [anu√kat(베다, 잘라내다)의 *Pres.3.Sg.*] 벤다
sāmaññaṃ [sāmañña(*nt.*)의 *Sg.Nom.*] 수행자의 신분은, 수행자의 삶은. sāmañña : samaṇa의 추상명사
dupparāmaṭṭhaṃ [dupparāmaṭṭha의 *nt.Sg.Nom.*] 잘못 받아들인, 잘못 따른. du : *indecl.* 나쁜, 부족한, 어려운. parāmaṭṭha : 잡은, 받아들인, 따른, parā√mas(~에 닿다,

14 제1행 : 이 행은 yathā가 이끄는 부사절로서 이 부사절의 술어는 anukantati(벤다)이고, 주어는 kuso(꾸사 풀이), 그리고 목적어는 hatthaṃ(손을)이다. duggahīto(잘못 붙잡은)는 kuso를 수식하므로 kuso(남성, 단수, 주격)의 성, 수, 격에 일치한다.

15 제2행 : 이 행의 술어는 upakaḍḍhati(이끈다)이고, 주어는 sāmaññaṃ(수행자의 삶이)이다. dupparāmaṭṭhaṃ(잘못 받아들인)은 sāmaññaṃ을 수식하므로 sāmaññaṃ(중성, 단수, 주격)의 성, 수, 격에 일치한다.

만지다)의 *Pp.*

nirayāy'upakaḍḍhati = nirayāya-upakaḍḍhati. nirayāya [niraya(*m.*)의 *Sg.Dat.*][16] 지옥으로. upakaḍḍhati [upa√kaḍḍh(당기다, 끌어당기다)의 *Pres.3.Sg.*] ~향하여 당긴다, ~향하여 끈다

---

312 yaṃ kiñci saṭhilaṃ kammaṃ
saṃkiliṭṭhañ ca yaṃ vataṃ
saṃkassaraṃ brahmacariyaṃ
na taṃ hoti mahapphalaṃ.[17]

312 부주의한 그 어떤 행동도
때 묻은 그 어떤 서원도
확신 없는 [그 어떤] 신성한 삶도
큰 결실이 없다.

yaṃ kiñci : ~하는 모든, ~하는 어떤 ~도, 어떤 ~이라도

saṭhilaṃ [saṭhila(*adj.*) *nt.Sg.Nom.*] 흐트러진, 부주의한

kammaṃ [kamma(*nt.*)의 *Sg.Nom.*] 행위는, 행동은

saṃkiliṭṭhañ ca = saṃkiliṭṭhaṃ ca. saṃkiliṭṭhaṃ [saṃkiliṭṭha의 *nt.Sg.Nom.*] 불결한, 때 묻은, saṃ√kilis(나빠지다, 더러워지다)의 *Pp.* ca [*indecl.*] 그리고, ~와

yaṃ [ya(*pron.*)의 *nt.Sg.Nom.*] ~하는 것. taṃ을 지시함

vataṃ [vata(*nt.*)의 *Sg.Nom.*] (종교적) 의무는, 의무의 준수는, 서원은

saṃkassaraṃ [saṃkassara(*adj.*)의 *nt.Sg.Nom.*] 확신이 없는, (마음이) 정해지지 않은

brahmacariyaṃ [brahmacariya(*nt.*)의 *Sg.Nom.*] 신성한 삶은. brahma : *adj.* 신성한, 정결한, 종교적인. cariya : *nt.* 사는 것, *fr.* √car(살다, 행하다)

na [*indecl.*] ~아니다, ~없다

taṃ [ta(*3.pron.*)의 *nt.Sg.Nom.*] 그는, 그것은

hoti [√bhū(있다, 이다, 되다)의 *Pres.3.Sg.*] 있다, 이다, 된다

mahapphalaṃ [mahapphala의 *nt.Sg.Nom.*] 큰 결실, 대단한 결과. mahant : *adj.* 큰, 거대

---

16 움직임 / 이동의 목적지 / 목표를 나타내는 위격이다.

17 제4행 : 이 행의 술부는 mahapphalaṃ na hoti(큰 결실이 없다)이고, 주어는 taṃ이다.

한, 복합어에서 mahā / maha로 쓰임. phala : *nt.* 열매, 결실, 성과

---

313 kayirañ ce kayirāth'enaṃ daḷham enaṃ parakkame,[18]
saṭhilo hi paribbājo bhiyyo ākirate rajaṃ.[19]

313 만약 해야 하는 것이 있다면 그것을 해야 한다. 그것을 열심히 해나가야 한다.
게으른 수행자는 실로 더러움을 더 퍼뜨린다.

kayirañ ce = kayirā-ce. kayirā [√kar(하다, 행하다)의 *Pot.3.Sg.*][20] 해야 한다, 행해야 한다. ce [*indecl.*] 만약 ~이면, 만약 ~하면

kayirāth'enaṃ = kayirātha-enaṃ. kayirātha [√kar(하다, 행하다)의 *A.Pot.3.Sg.*][21] 해야 한다, 행해야 한다. enaṃ [ena(*pron.*)의 *m.Sg.Acc.*][22] 그를, 그것을

daḷham [*adv.*] 열심히, 굳게, 강하게, daḷha(*adj.*)의 *nt.Sg.Acc.*

enaṃ [ena(*pron.*)의 *m.Sg.Acc.*] 그를, 그것을

parakkame [parā[23]√kam(가다, 들어가다)의 *Pot.3.Sg.*] 노력해야 한다, 힘써야 한다

saṭhilo [saṭhila(*adj.*)의 *m.Sg.Nom.*] 게으른, 흐트러진, 부주의한

hi [*indecl.*] 실로, 참으로, 왜냐하면, ~조차, ~라도

paribbājo [paribbāja(*m.*)의 *Sg.Nom.*] 나그네는, 방랑자는. paribbāja : *fr.* pari√vaj(가다, 나아가다)

bhiyyo [*adv.*] 보다 많이, 더욱 크게, 더욱

ākirate [ā√kīr(뿌리다, 흩어버리다)의 *A.Pres.3.Sg.*] 퍼뜨린다

rajaṃ [raja(*nt.*)의 *Sg.Acc.*] 먼지를, 티끌을, 더러움을

---

18 제1행 : "kayirañ ca kayirāth'enaṃ"의 술어 kayirātha(해야 한다)이고, 이 술어동사를 통해 주어가 3인칭 단수임을 알 수 있다. 목적어는 enaṃ(그것을)이다. "daḷham enaṃ parakkame"의 술부는 daḷham parakkame(열심히 해나가야 한다)이고, 술어동사 parakkame를 통해 주어가 3인칭 단수임을 알 수 있다. 목적어는 enaṃ(그것을)이다.

19 제2행 : 이 행의 술어는 ākirate(퍼뜨린다)이고, 주어는 paribbājo(방랑자는, 수행자는), 그리고 목적어는 rajaṃ(더러움을)이다. saṭhilo(게으른)은 paribbājo를 수식하므로 paribbājo(남성, 단수, 주격)의 성, 수, 격에 일치한다.

20 동사 kayira 뒤에 오는 eyya(*Pot.3.Sg.* 어미)는 ā로 바뀐다.

21 동사 kayira뒤에 오는 etha(*A.Pot.3.Sg.* 어미)의 첫 모음 e는 ā로 바뀐다.

22 대명사 ena는 대격 형태인 enaṃ으로만 쓰인다.

23 parā의 장모음 ā는 중복자음 앞에서 a로 변한다.

314 akataṃ dukkataṃ seyyo pacchā tapati dukkataṃ,[24]
katañ ca sukataṃ seyyo yaṃ katvā nānutappati.[25]

314 악행을 하지 않는 것이 좋은 일이다. 후에 악행이 [그를] 괴롭힌다.
그러나 하고 나서 후회하지 않는 선행을 하는 것이 좋은 일이다.

akataṃ [akata의 *nt.Sg.Nom.*] 행해지지 않은. a : *pref.* 아니다, 없다. kata : 행해진, √kar(하다)의 *Pp.*

dukkataṃ [dukkata(*nt.*)의 *Sg.Nom.*] 나쁘게 행해진 것, 즉 악행. du : *indecl.* 나쁜, 부족한, 어려운. kata : *nt.* 행해진 것, 행위, √kar(하다)의 *Pp.*

seyyo [seyya(*nt.*)의 *Sg.Nom.*][26] 좋은 일, 이익, 행복

pacchā [*adv.*] 이후에, 나중에, 뒤에

tapati [√tap(태우다, 빛나게 하다)의 *Pres.3.Sg.*] 태운다, 괴롭힌다

dukkataṃ [dukkata(*nt.*)의 *Sg.Nom.*] 나쁘게 행해진 것, 즉 악행. du : *indecl.* 나쁜, 부족한, 어려운. kata : *nt.* 행해진 것, 행위, √kar(하다)의 *Pp.*

katañ = kataṃ [kata의 *nt.Sg.Nom.*] 행해진. kata : √kar(하다)의 *Pp.*

ca = tu [*indecl.*] 그러나, 하지만

sukataṃ [sukata(*nt.*)의 *Sg.Nom.*] 좋게 행해진 것, 즉 선행. su : *indecl.* 잘, 철저하게. kata : *nt.* 행해진 것, 행위, √kar(하다)의 *Pp.*

seyyo [seyya(*nt.*)의 *Sg.Nom.*] 좋은 일, 이익, 행복

yaṃ [ya(*pron.*)의 *nt.Sg.Nom.*] ~하는 것. sukataṃ을 지시함

katvā [√kar(하다, 행하다)의 *Ger.*] 하고 나서, 한 후에

nānutappati = na-anutappati : 후회하지 않는다. na [*indecl.*] ~아니다, ~없다. anutappati [anu√tap(태우다, 빛나게 하다)의 *Pres.Pass.3.Sg.*] 후회한다, 한탄한다

---

24 제1행 : "akataṃ dukkataṃ seyyo"의 술어는 seyyo(좋은 일)이고, 주부는 akataṃ dukkataṃ(악행을 하지 않는 것이)이다. 이 문장을 직역하면 "악행은 행해지지 않는 것이 좋은 일이다"인데, "악행을 하지 않는 것이 좋은 일이다"로 의역하였다. "pacchā tapati dukkataṃ"의 술어는 tapati(괴롭힌다)이고, 주어는 dukkataṃ(악행이)이다.

25 제2행 : 이 행의 술어는 seyyo(좋은 일)이고, 주부는 kataṃ sukataṃ(선행을 하는 것이)이다. "kataṃ sukataṃ seyyo"를 직역하면 "선행은 행해지는 것이 좋은 일이다"인데, "선행을 하는 것이 좋은 일이다"로 의역하였다. "yaṃ katvā nānutappati"는 관계대명사 yaṃ이 이끄는 관계절로 sukataṃ을 지시한다.

26 seyyo는 좋은 일, 행복을 의미하는 중성명사로 쓰이기도 한다.

315 nagaraṃ yathā paccantaṃ guttaṃ santarabāhiraṃ[27]
evaṃ gopetha attānaṃ, khaṇo ve mā upaccagā,[28]
khaṇātītā hi socanti nirayamhi samappitā.[29]

315 변경의 성채가 안팎으로 지켜지듯이
마찬가지로 자신을 지키라. 한순간도 놓치지 말라.
기회를 놓친 자들은 지옥으로 떨어져 슬퍼한다.

nagaraṃ [nagara(*nt.*)의 *Sg.Nom.*] 성채는, 요새(要塞)도시는

yathā [*adv.*] ~와 같이, ~처럼

paccantaṃ [paccanta(*adj.*)의 *nt.Sg.Nom.*] 변경의, 국경의

guttaṃ [gutta의 *nt.Sg.Nom.*] 지켜진. gutta : √gup(지키다, 보호하다)의 *Pp.*

santarabāhiraṃ [*adv.*] 안팎으로. santara : *adj.* 안의, 안쪽의. bāhira : *adj.* 밖의, 외부의

evaṃ [*adv.*] ~와 마찬가지로, 이와 같이, 이렇게

gopetha [√gup(지키다, 보호하다)의 *Imper.2.Pl.*] 지키라

attānaṃ [attan(*m.*)의 *Sg.Acc.*] 자신을

khaṇo [khaṇa(*m.*)의 *Sg.Nom.*] 순간은, 기회는, 때는

ve = vo [tumha(*2.pron.*)의 *Pl.Acc.*] 너희들을

mā [*indecl.*] ~지 말라, ~면 안 된다

upaccagā [upa-ati√gam(가다)의 *Aor.3.Sg.*] 지나쳤다, 놓쳤다. mā upaccagā : 놓치게 하지 말라, 놓치지 말라

khaṇātītā [khaṇātīta(*adj.*)의 *m.Pl.Nom.*] (*n.*) 순간을 놓친 자들은, 기회를 놓친 자들은. khaṇa : *m.* 순간, 기회, 때. atīta(*adj.* ati-ita) : 간, 지나간, 이미 없어진

hi [*indecl.*] 실로, 참으로, 왜냐하면, ~조차, ~라도

socanti [√suc(슬퍼하다, 한탄하다)의 *Pres.3.Pl.*] 슬퍼한다, 한탄한다

nirayamhi [niraya(*m.*)의 *Sg.Loc.*] 지옥으로

27 제1행 : 이 행은 yathā가 이끄는 부사절로서 이 부사절의 술어는 과거분사 guttaṃ(지켜진)이고, 주어는 nagaraṃ(성채가)이다. paccantaṃ(변경의)은 nagaraṃ을 수식하므로 nagaraṃ(중성, 단수, 주격)의 성, 수, 격에 일치한다.

28 제2행 : "evaṃ gopetha attānaṃ"의 술어는 gopetha(지키라)이고, 이 술어동사를 통해 주어가 2인칭 복수임을 알 수 있다. 목적어는 attānaṃ(자신을)이다. "khaṇo ve mā upaccagā"의 술부는 mā upaccagā(놓치지 말라)이고, 주어는 khaṇo(순간도), 그리고 목적어는 ve(= vo 너희들을, 그대들을)이다. 이 문장을 직역하면 "한순간도 그대들을 놓치게 하지 말라"인데, "한순간도 놓치지 말라"로 의역하였다.

29 제3행 : 이 행의 술어는 socanti(슬퍼한다)이고, 주어는 khaṇātītā(기회를 놓친 자들은)이다.

samappitā [samappita의 *m.Pl.Nom.*] 인도된, ~에 처하게 된. samappita : saṃ√ap(얻다, 이르다)의 *Pp.*

---

316 alajjitāye lajjanti lajjitāye na lajjare
micchādiṭṭhisamādānā sattā gacchanti duggatiṃ.[30]

316 부끄러워해서는 안 되는 일에 부끄러워하고, 부끄러워해야 하는 일에 부끄러워하지 않는 자들,
[그런] 사람들은 잘못된 견해를 가지고 비참한 세계에 떨어진다.

alajjitāye [alajjitāya의 *nt.Sg.Loc.*] 부끄러워해서는 안 되는 일에. a : *pref.* 아니다, 없다. lajjitāya : √lajj(부끄러워하다, 수줍어하다)의 *Grd.*

lajjanti [√lajj(부끄러워하다, 수줍어하다)의 *Pres.3.Pl.*] 부끄러워한다

lajjitāye [lajjitāya의 *nt.Sg.Loc.*] 부끄러워해야 하는 일에. lajjitāya : √lajj(부끄러워하다, 수줍어하다)의 *Grd.*

na [*indecl.*] ~아니다, ~없다

lajjare [√lajj(부끄러워하다, 수줍어하다)의 *A.Pres.3.Pl.*][31] 부끄러워한다

micchādiṭṭhisamādānā [micchādiṭṭhisamādāna의 *m.Pl.Nom.*] 잘못된 견해를 가진. micchā : *adv.* 잘못된. diṭṭhi : *f.* 견해, 의견. samādāna : *nt.* 가짐, 취함, 받아들임

sattā [satta(*m.*)의 *Pl.Nom.*] 사람들은, 생물들은

gacchanti [√gam(가다, 이동하다)의 *Pres.3.Pl.*] 간다

duggatiṃ [duggati(*f.*)의 *Sg.Acc.*] 비참한 내생에, 비참한 세계에. du : *indecl.* 나쁜, 부족한, 어려운. gati : *f.* 내세, 내생, *fr.* √gam(가다)

317 abhaye bhayadassino bhaye cābhayadassino
micchādiṭṭhisamādānā sattā gacchanti duggatiṃ.[32]

30 제1~2행 : 이 시의 술어는 gacchanti(간다)이고, 주어는 sattā(사람들은), 그리고 목적어는 duggatiṃ(비참한 세계에)이다. micchādiṭṭhisamādānā(잘못된 견해를 가진)는 sattā를 수식하므로 sattā(남성, 복수, 주격)의 성, 수, 격에 일치한다. 제1행은 제2행의 sattā를 수식한다.

31 are는 3인칭 복수 직설법 반조태 어미(= ante)이다. 이 어미는 시 225의 socare와 시 307의 upapajjare에서도 사용되었다.

317 위험이 없는 데서 위험을 보고, 위험에서 위험을 보지 않는 자들,
[그런] 사람들은 잘못된 견해를 가지고 비참한 세계에 떨어진다.

abhaye [abhaya(*nt.*)의 *Sg.Loc.*] 두려울 것이 없는 데서, 위험이 없는 데서. a : *pref.* 아니다, 없다. bhaya : *nt.* 두려움, 두려움의 대상, 즉 위험

bhayadassino [bhayadassin(*adj.*)의 *m.Pl.Nom.*] 두려움을 보는, 위험을 보는. bhaya : *nt.* 두려움, 두려움의 대상, 즉 위험. dassin : *adj.* 보는, *fr.* √dis(보다)

bhaye [bhaya(*nt.*)의 *Sg.Loc.*] 두려움에서, 두려움의 대상, 즉 위험에서

cābhayadassino = ca-abhayadassino. ca [*indecl.*] 그리고, ~와. abhayadassino [abhayadassin(*adj.*)의 *m.Pl.Nom.*] 위험을 보지 않는. a : *pref.* 아니다, 없다. bhaya : *nt.* 두려움, 위험. dassī : *adj.* 보는, *fr.* √dis(보다)

micchādiṭṭhisamādānā [micchādiṭṭhisamādāna의 *m.Pl.Nom.*] 잘못된 견해를 가진. micchā : *adv.* 잘못된. diṭṭhi : *f.* 견해, 의견. samādāna : *nt.* 가짐, 취함, 받아들임

sattā [satta(*m.*)의 *Pl.Nom.*] 사람들은, 생물들은

gacchanti [√gam(가다, 이동하다)의 *Pres.3.Pl.*] 간다

duggatiṃ [duggati(*f.*)의 *Sg.Acc.*] 비참한 내생에, 비참한 세계에. du : *indecl.* 나쁜, 부족한, 어려운. gati : *f.* 내세, 내생, *fr.* √gam(가다)

---

318 avajje vajjamatino vajje cāvajjadassino
micchādiṭṭhisamādānā sattā gacchanti duggatiṃ.[33]

318 잘못이 아닌데 잘못이라 보고, 잘못인데 잘못이 아니라고 보는 자들,
[그런] 사람들은 잘못된 견해를 가지고 비참한 세계에 떨어진다.

avajje [avajja(*nt.*)의 *Sg.Loc.*] 잘못이 없는 데서. a : *pref.* 아니다, 없다. vajja : *nt.* 잘못, 허물

vajjamatino [vajjamatin(*adj.*)의 *m.Pl.Nom.*] 잘못이라 보는. vajja : *nt.* 잘못, 허물. matin

32 제1~2행 : 이 시의 술어는 gacchanti(간다)이고, 주어는 sattā(사람들은), 그리고 목적어는 duggatiṃ(비참한 세계에)이다. 제1행의 bhayadassino(위험을 보는)와 abhayadassino(위험을 보지 않는), 그리고 제2행의 micchādiṭṭhisamādānā(잘못된 견해를 가진)는 sattā를 수식하므로 sattā(남성, 복수, 주격)의 성, 수, 격에 일치한다.

33 제1~2행 : 이 시의 술어는 gacchanti(간다)이고, 주어는 sattā(사람들은), 그리고 목적어는 duggatiṃ(비참한 세계에)이다. 제1행의 vajjamatino(잘못이라 보는)와 avajjadassino(잘못이 아니라고 보는), 그리고 제2행의 micchādiṭṭhisamādānā(잘못된 견해를 가진)는 sattā를 수식하므로 sattā(남성, 복수, 주격)의 성, 수, 격에 일치한다.

: *adj.* 생각하는, ~으로 보는, *fr.* mata(√man의 *Pp.*)

vajje [vajja(*nt.*)의 *Sg.Loc.*] 잘못에서, 허물에서

cāvajjadassino = ca-avajjadassino. ca [*indecl.*] 그리고, ~와. avajjadassino [avajja-dassī(*adj.*)의 *m.Pl.Nom.*] 잘못이라 보지 않는. a : *pref.*] 아니다, 없다. vajja : *nt.* 잘못, 허물. dassin : *adj.* 보는, *fr.* √dis(보다)

micchādiṭṭhisamādānā [micchādiṭṭhisamādāna의 *m.Pl.Nom.*] 잘못된 견해를 가진. micchā : *adv.* 잘못된. diṭṭhi : *f.* 견해, 의견. samādāna : *nt.* 가짐, 취함, 받아들임

sattā [satta(*m.*)의 *Pl.Nom.*] 사람들은, 생물들은

gacchanti [√gam(가다, 이동하다)의 *Pres.3.Pl.*] 간다

duggatiṃ [duggati(*f.*)의 *Sg.Acc.*] 비참한 내생에, 비참한 세계에. du : *indecl.* 나쁜, 부족한, 어려운. gati : *f.* 내세, 내생, *fr.* √gam(가다)

---

319 vajjañ ca vajjato ñatvā avajjañ ca avajjato sammādiṭṭhisamādānā sattā gacchanti suggatiṃ.[34]

319 그러나 잘못을 잘못으로, 잘못이 아닌 것을 잘못이 아닌 것으로 아는 이들, [그런] 사람들은 올바른 견해를 가지고 좋은 세계로 간다.

vajjañ ca = vajjaṃ-ca. vajjaṃ [vajja(*nt.*)의 *Sg.Acc.*] 잘못을, 허물을. ca = tu [*indecl.*] 그러나, 하지만

vajjato[35] [vajja(*nt.*)의 *Sg.Abl.*] 잘못으로.

ñatvā [√ñā(알다)의 *Ger.*] 알고 나서, 안 후에

avajjañ ca = avajjaṃ-ca. avajjaṃ [avajja(*nt.*)의 *Sg.Acc.*] 잘못이 아닌 것을. a : *pref.* 아니다, 없다. vajja : *nt.* 잘못, 허물. ca [*indecl.*] 그리고, ~와

avajjato [avajja(*nt.*)의 *Sg.Abl.*] 잘못이 아닌 것으로. a : *pref.* 아니다, 없다. vajja : *nt.* 잘못, 허물

sammādiṭṭhisamādānā [sammādiṭṭhisamādāna의 *m.Pl.Nom.*] 올바른 견해를 가진.

---

34 제1~2행 : 제1행은 절대분사 ñatvā가 이끄는 종속절이고, 제2행은 주절이다. 주절의 술어는 gacchanti(간다)이고, 주어는 sattā(사람들은), 그리고 목적어는 suggatiṃ(좋은 세계로)이다. sammādiṭṭhisamādānā(올바른 견해를 가진)는 sattā를 수식하므로 sattā(남성, 복수, 주격)의 성, 수, 격에 일치한다. 절대분사 ñatvā는 주절의 술어 gacchanti 이전의 행위를 나타내고, ñatvā의 행위주체 또한 sattā이다.

35 여기서 to는 명사 뒤에 붙어 '~로부터', '~에서', '~때문에', '~대로', '~와 같이'의 의미를 나타내는 접미사로 종격 어미처럼 쓰임

sammā : *indecl.*] 완전히, 올바르게, 더할 나위 없이. diṭṭhi : *f.* 견해, 의견. samādāna : *nt.* 가짐, 취함, 받아들임

sattā [satta(*m.*)의 *Pl.Nom.*] 사람들은, 생물들은

gacchanti [√gam(가다, 이동하다)의 *Pres.3.Pl.*] 간다

suggatiṃ = sugatiṃ [sugati(*f.*)의 *Sg.Acc.*] 행복한 내생에, 좋은 세계에. su [*indecl.*] 잘, 철저하게. gati : *f.* 내세, 내생, *fr.* √gam(가다)

제23장

코끼리

Nāga

320 ahaṃ nāgo va saṃgāme cāpāto patitaṃ saraṃ
ativākyaṃ titikkhissaṃ dussīlo hi bahujjano.[1]

320 전투에서 활로부터 쏘아진 화살을 견디는 코끼리처럼 나는
비난을 견딜 것이다. 실로 많은 사람들이 덕이 없기에.

ahaṃ [amha(*1.pron.*)의 *Sg.Nom.*] 나는
nāgo [nāga(*m.*)의 *Sg.Nom.*] 코끼리
va = iva [*indecl.*] ~와 같이, ~처럼, ~와 마찬가지로
saṃgāme [saṃgāma(*m.*)의 *Sg.Loc.*] 전투에서, 전쟁에서
cāpāto = cāpato [cāpa(*m.*)의 *Sg.Abl.*] 활로부터
patitaṃ [patita의 *m.Sg.Acc.*] 떨어진. patita : √pat(떨어지다, 내리다)의 *Pp.*
saraṃ [sara(*m.*)의 *Sg.Acc.*] 화살을
ativākyaṃ [ativākya의 *Sg.Acc.*] 비난을, 질책을. ativākya : *fr.* ati√vac(말하다)
titikkhissaṃ [√tij(날카롭게 하다, 갈다, 깎다)의 *A.Fut.Desid.1.Sg.*] 견딜 것이다, ~을 참을 것이다
dussīlo [dussīla(*adj.*)의 *m.Sg.Nom.*] 덕이 없는. du : *indecl.* 나쁜, 부족한, 어려운. sīla : *nt.* 덕

1 제1~2행 : "ahaṃ nāgo va saṃgāme cāpāto patitaṃ saraṃ ativākyaṃ titikkhissaṃ"의 술어는 titikkhissaṃ(견딜 것이다)이고, 주어는 ahaṃ(나는), 그리고 목적어는 ativākyaṃ(비난을)이다. "nāgo va saṃgāme cāpāto patitaṃ saraṃ"은 va(= iva)가 이끄는 부사절이다. "dussīlo hi bahujjano"의 술어는 형용사 dussīlo(덕이 없는)이고, 주어는 bahujjano(많은 사람들이)이다.

hi [*indecl.*] 실로, 참으로, 왜냐하면, ~조차, ~라도

bahujjano [bahujjana(*m.*)의 *Sg.Nom.*] 많은 사람들은. bahu : *adj.* 많은. jana : *m.* (보통의) 사람이 / 사람들이, 범부(凡夫)가

---

321 dantaṃ nayanti samitiṃ dantaṃ rājābhirūhati[2]
danto seṭṭho manussesu yo'tivākyaṃ titikkhati.[3]

321 길들여진 것을 전투에 끌고 가고, 길들여진 것을 왕이 탄다.
비난을 견디는, 잘 다스려진 이가 사람들 중에 최고이다.

dantaṃ [danta의 *m.Sg.Acc.*] (*n.*) 길들여진 것을, 훈련된 것을. danta : √dam(길들이다, 단련시키다)의 *Pp.*

nayanti [√nī(이끌다)의 *Pres.3.Pl.*] 이끈다, 끈다, 인도한다

samitiṃ [samiti(*f.*)의 *Sg.Acc.*] 집회에, (문맥상) 전투에. samiti : *fr.* saṃ√i(가다)

dantaṃ [danta의 *m.Sg.Acc.*] (*n.*) 길들여진 것을, 훈련된 것을. danta : √dam(길들이다, 단련시키다)의 *Pp.*

rājābhirūhati = rājā-abhirūhati / abhiruhati. rājā [rājā(*m.*)의 *Sg.Nom.*] 왕이. abhirūhati [abhi√ruh(자라다, 오르다)의 *Pres.3.Sg.*] 오른다, 올라간다, 탄다

danto [danta의 *m.Sg.Nom.*] (*n.*) 길들여진 이가, 훈련된 이가. danta : √dam(길들이다, 단련시키다)의 *Pp.*

seṭṭho [seṭṭha(*adj.*)의 *m.Sg.Nom.*] 가장 좋은, 최고의

manussesu [manussa(*m.*)의 *Pl.Loc.*] 사람들 가운데, 사람들 중에

yo'tivākyaṃ = yo-ativākyaṃ. yo [ya(*pron.*)의 *m.Sg.Nom.*] ~하는 이. danto를 지시함. ativākyaṃ [ativākya(*nt.*)의 *Sg.Acc.*] 비난을, 질책을, 학대를, *fr.* ati√vac(말하다)

titikkhati [√tij(날카롭게 하다, 갈다, 깎다)의 *Pres.Desid.3.Sg.*] 견딘다, 참는다

---

2 제1행 : "dantaṃ nayanti samitiṃ"의 술어는 nayanti(이끈다)이고, 이 술어동사를 통해 주어가 3인칭 복수임을 알 수 있다. 목적어는 dantaṃ(길들여진 것을)과 samitiṃ(집회에, 전투에)이다. "dantaṃ rājābhirūhati"의 술어는 abhirūhati(탄다)이고, 주어는 rājā(왕이), 그리고 목적어는 dantaṃ(길들여진 것을)이다.

3 제2행 : 이 행의 술어는 형용사 seṭṭho(최고이다)이고, 주어는 danto(다스려진 이가)이다. "yo'tivākyaṃ titikkhati"는 관계대명사 yo가 이끄는 관계절로 danto를 지시한다.

322 varam assatarā dantā ājānīyā ca sindhavā
kuñjarā ca mahānāgā, attadanto tato varaṃ.[4]

322 길들여진 노새들, 순종의 말들과 신드의 말들, 그리고
꾼자라 코끼리들과 큰 코끼리들은 최고이다.
자신을 다스리는 이는 그것보다 더 뛰어나다.

varam = varaṃ [vara(*nt.*)의 *Sg.Nom.*] (최상급으로 쓰여) 가장 좋은 것, 최고
assatarā [assatara(*m.*)의 *Pl.Nom.*] 노새들은. assatara : *fr.* assa(*m.* 말)
dantā [danta의 *m.Pl.Nom.*] 길들여진, 훈련된. danta : √dam(길들이다, 단련시키다)의 *Pp.*
ājānīyā [ajānīya(*m.*)의 *Pl.Nom.*] 순종의 말들은
ca [*indecl.*] 그리고, ~와
sindhavā [sindhava(*m.*)의 *Pl.Nom.*] 신드의 말들은
kuñjarā [kuñjara(*m.*)의 *Pl.Nom.*] 꾼자라 코끼리들은
ca [*indecl.*] 그리고, ~와
mahānāgā [mahānāga(*m.*)의 *Pl.Nom.*] 큰 코끼리들은. mahant : *adj.* 큰, 거대한, 복합어에서 mahā / maha로 쓰임. nāga : *m.* 코끼리
attadanto [attadanta(*adj.*)의 *m.Sg.Nom.*] 자신을 제어하는, 자신을 다스리는. attan : *m.* 자신. danta : 길들여진, 제어된, √dam(길들이다, 단련시키다)의 *Pp.*
tato [ta(*3.pron.*)의 *Abl.*] 그것보다, 거기서부터, 그런 까닭에
varaṃ [vara(*nt.*)의 *Sg.Nom.*] (비교급으로 쓰여) 더 나은 것

323 na hi etehi yānehi gaccheyya agataṃ disaṃ[5]
yath'attanā sudantena danto dantena gacchati.[6]

4 제1~2행 : "varam assatarā dantā ājānīyā ca sindhavā kuñjarā ca mahānāgā"의 술어는 명사 varaṃ(최고)이고, 주어는 assatarā dantā(길들여진 노새들은), ājānīyā(순종의 말들은), sindhavā(신드의 말들은), kuñjarā(꾼자라 코끼리들은), 그리고 mahānāgā(큰 코끼리들은)이다. 여기서 술어와 주어가 바뀌어도 무방하다. "attadanto tato varaṃ"의 술어는 명사 varaṃ(더 나은 것)이고, 주어는 attadanto(자신을 다스리는 이는)이다. 명사적 술어 varaṃ은 주어의 격에 일치한다. 이 문장에서도 술어와 주어가 바뀌어도 무방하다.

5 제1행 : 이 행의 술부는 na gaccheyya(갈 수 없다)이고, 술어동사 gaccheyya를 통해 주어가 3인칭 단수임을 알 수 있다. 목적어는 disaṃ(영역에)이고, agataṃ(가보지 못한)은 disaṃ을 수식하므로 disaṃ(여성, 단수, 대격)의 성, 수, 격에 일치한다.

323 이런 탈것들로는 가보지 못한 영역(= 열반)에 갈 수 없다.
다스려진 이가 잘 다스려진 자신과 다스려짐에 의해서만 갈 수 있다.

na [*indecl.*] ~아니다, ~없다
hi [*indecl.*] 실로, 참으로, 왜냐하면, ~조차, ~라도
etehi [etad(*pron.*)의 *nt.Pl.Ins.*] 이것들로
yānehi [yāna(*nt.*)의 *Pl.Ins.*] 탈것들로, 이동 수단들로
gaccheyya [√gam(가다)의 *Pot.3.Sg.*] 갈 수 있다
agataṃ [agata의 *f.Sg.Acc.*] 가보지 못한. a : *pref.* 아니다, 없다. gata : 간, 도달한, √gam(가다)의 *Pp.*
disaṃ [disā(*f.*)의 *Sg.Acc.*] 지역에, 영역에. agataṃ disaṃ : (문맥상) 열반
yath'attanā = yathā-attanā. yathā [*adv.*] ~와 마찬가지로, ~와 같이, ~처럼. attanā [attan(*m.*)의 *Sg.Ins.*] 자신과, 자신에 의해
sudantena [sudanta의 *m.Sg.Ins.*] 잘 다스려진. su : *indecl.* 잘, 철저하게. danta : 길들여진, 다스려진, √dam(길들이다, 단련시키다)의 *Pp.*
danto [danta의 *m.Sg.Nom.*] (*n.*) 다스려진 이가. danta : √dam(길들이다, 단련시키다)의 *Pp.*
dantena [danta의 *m.Sg.Ins.*] 다스려진. danta : √dam(길들이다, 단련시키다)의 *Pp.*
gacchati [√gam(가다)의 *Pres.3.Sg.*] 간다

324 dhanapālako nāma kuñjaro
kaṭukapabhedano dunnivārayo
baddho kabalaṃ na bhuñjati,[7]
sumarati nāgavanassa kuñjaro.[8]

324 '재산을 지키는 자'라는 이름의 꾼자라 코끼리는
발정하면 다루기가 어렵고

6 제2행 : 이 행은 yathā가 이끄는 부사절로서 이 부사절의 술어는 gacchati(간다)이고, 주어는 danto(다스려진 이가)이다.
7 제1~3행 : 이 행들의 술부는 na bhuñjati(먹지 않는다)이고, 주어는 kuñjaro(꾼자라 코끼리는), 그리고 목적어는 kabalaṃ(조금도)이다.
8 제4행 : 이 행의 술어는 sumarati(생각한다)이고, 주어는 kuñjaro(꾼자라 코끼리는)이다.

묶여있으면 조금도 먹지 않는다.
꾼자라 코끼리는 코끼리 숲을 생각하기 때문이다.

dhanapālako [dhanapālaka(*m.*)의 *Sg.Nom.*] 재산을 지키는 자. dhana : *nt.* 부, 재산. pālaka : *m.* 지키는 자

nāma [nāma(*nt.*)의 *Sg.Acc.*] ~라고 하는 이름의

kuñjaro [kuñjara(*m.*)의 *Sg.Nom.*] 꾼자라 코끼리는

kaṭukapabhedano [kaṭukapabheda의 *m.Sg.Nom.*] 관자놀이에서 스며 나오는 독한 액체를 가진, 즉 발정한 상태의 코끼리를 말함. kaṭuka : *nt.* 매움, 매운맛. pabheda : 파괴, *fr.* pa√bhid(깨뜨리다, 부수다)

dunnivārayo [dunnivāraya(*adj.*)의 *m.Sg.Nom.*] 다루기 어려운. du : *indecl.* 나쁜, 부족한, 어려운. nivāraya : *adj.* 제어하는, ni√var(막다)의 *Grd.*

baddho [baddha의 *m.Sg.Nom.*] 묶인. baddha : √bandh(묶다, 얽매다)의 *Pp.*

kabalaṃ [kabala(*m.*)의 *Sg.Acc.*] 한 입의 양을, 조금을

na [*indecl.*] ~아니다, ~없다

bhuñjati [√bhuj(먹다)의 *Pres.3.Sg.*] 먹는다

sumarati = sarati [√sar(생각하다, 생각해 내다)의 *Pres.3.Sg.*][9] 생각한다

nāgavanassa [nāgavana(*nt.*)의 *Sg.Gen.*] 코끼리 숲의. nāga : *m.* 코끼리. vana : *nt.* 숲

kuñjaro [kuñjara(*m.*)의 *Sg.Nom.*] 꾼자라 코끼리는

325 middhī yadā hoti mahagghaso ca
niddāyitā samparivattasāyī
mahāvarāho va nivāpapuṭṭho
punappunaṃ gabbham upeti mando.[10]

325 게으르고 많이 먹고 졸기만 하고
사료로 길러진 큰 멧돼지와 같이
구르면서 잔다면

9 동사 sarati는 속격을 취하므로 nāgavana의 속격인 nāgavanassa가 쓰였다.

10 제1~4행 : 이 행의 술어는 upeti(들어간다)이고, 주어는 mando(어리석은 자는), 그리고 목적어는 gabbhaṃ(태내에)이다. 제1~3행은 yadā가 이끄는 부사절이다.

[그런] 우둔한 자는 몇 번이고 태내에 다시 들어간다.

middhī [middhin(*adj.*)의 *m.Sg.Nom.*] 활기 없는, 게으른. middhin : *fr.* middha(*nt.* 무기력, 졸음, 게으름)

yadā [*adv.*] ~할 때에, ~하면

hoti [√bhū(있다, 이다, 되다)의 *Pres.3.Sg.*] 있다, 이다, 된다

mahagghaso [mahagghasa(*m.*)의 *Sg.Nom.*] 대식가, 많이 먹는 사람. mahant : *adj.* 큰, 거대한, 복합어에서 mahā / maha로 쓰임. ghasa : *nt.* 먹는 사람

ca [*indecl.*] 그리고, ~와

niddāyitā [niddāyitar(*m.*)의 *Sg.Nom.*] 조는 사람은. niddāyitar : *fr.* niddā : *f.* 잠

samparivattasāyī [samparivattasāyin(*adj.*)의 *m.Sg.Nom.*] 구르며 자는. samparivatta : 구르는, 도는, *fr.* saṃ-pari√vat(있다, 존재하다, 움직이다). sāyin : *adj.* 누워있는, 자는, *fr.* √sī(눕다, 자다)

mahāvarāho [mahāvarāha(*m.*)의 *Sg.Nom.*] 큰 멧돼지. mahant : *adj.* 큰, 거대한, 복합어에서 mahā / maha로 쓰임. varāha : *m.* 멧돼지

va = iva [*indecl.*] ~와 같이, ~처럼, ~와 마찬가지로

nivāpapuṭṭho [nivāpapuṭṭha의 *m.Sg.Nom.*] 사료로 길러진. nivāpa : *m.* (사육을 위해) 던져진 음식, 사료, *fr.* ni√vap(뿌리다, 던지다). puṭṭha : 길러진, √pus(기르다)의 *Pp.*

punappunaṃ [puna(*indecl.*)의 중복] 반복하여

gabbham = gabbhaṃ [gabbha(*m.*)의 *Sg.Acc.*] 태내에

upeti [upa√i(가다)의 *Pres.3.Sg.*] 이른다, 미친다, 간다, 들어간다

mando [manda(*adj.*)의 *m.Sg.Nom.*] (*n.*) 우둔한 자는, 어리석은 자는

---

326 idaṃ pure cittam acāri cārikaṃ
yenicchakaṃ yatthakāmaṃ yathāsukhaṃ[11]
tad ajj'ahaṃ niggahessāmi yoniso
hatthippabhinnaṃ viya aṃkusaggaho.[12]

11 제1~2행 : 이 행들의 술어는 acāri(돌아다녔다)이고, 주어는 cittaṃ(마음이), 그리고 목적어는 cārikaṃ(방랑, 돌아다님)이다.

12 제3~4행 : 이 행들의 술어는 niggahessāmi(다스릴 것이다)이고, 주어는 ahaṃ(나는), 그리고 목적어는 tad(= taṃ 그것을), 즉 cittaṃ이다. 제4행은 viya가 이끄는 부사절이다.

326 이전에는 이 마음이 돌아다녔다.
원하는 대로, 바라는 곳으로, 내키는 대로.
오늘 나는 그것을 올바르게 다스릴 것이다.
코끼리를 모는 자가 발정한 코끼리를 다스리듯이.

idaṃ [ima(*pron.*)의 *nt.Sg.Nom.*] 이것은, 이는

pure [*indecl.*] 이전에는, 옛날에는, 앞에

cittam = cittaṃ [citta(*nt.*)의 *Sg.Nom.*] 마음이

acāri [√car(살다, 돌아다니다)의 *Aor.3.Sg.*] 살았다, 돌아다녔다

cārikaṃ [cārika(*f.*)의 *Sg.Acc.*][13] 방랑을, 돌아다님을. cārika : *fr.* √car(살다, 돌아다니다)

yenicchakaṃ [*adv.*] 원하는 대로, 바라는 대로. yena : ya(*pron.*)의 *Sg.Ins*. icchaka : *adj.* 원하는

yatthakāmaṃ [*adv.*] 바라는 곳으로, 어디든지. yattha : *adv.* 어디에, 어디로. kāma : *m.* 욕망, 바라는 것

yathāsukhaṃ [*adv.*] 내키는 대로. yathā : *adv.* ~와 같이, ~ 처럼, ~에 따라서. sukha : *nt.* 기쁨, 즐거움

tad = taṃ [ta(*3.pron.*)의 *nt.Sg.Acc.*] 그를, 그것을

ajj'ahaṃ = ajja-ahaṃ. ajja [*adv.*] 오늘, 지금. ahaṃ [amha(*1.pron.*)의 *Sg.Nom.*] 나는

niggahessāmi [ni√gah(잡다, 붙들다, 쥐다)의 *Fut.1.Sg.*] 다스릴 것이다, 제어할 것이다

yoniso [*adv.*] 완전히, 정연하게, 올바르게, *fr.* yoni(*f.* 자궁, 기원(起源), 원인)

hatthippabhinnaṃ [hatthippabhinna의 *m.Sg.Acc.*] (문맥상) 발정한 코끼리, 미친 코끼리. hatthī : *m.* 코끼리. pabhinna : 터진, 뿜어 나오는, pa√bhid(깨뜨리다, 부수다)의 *Pp.*

viya = iva [*indecl.*] ~와 같이, ~와 마찬가지로

aṃkusaggaho [aṃkusaggaha의 *m.Sg.Nom.*] (*n.*) 갈고리가 있는 몰이 막대기를 쥔 자가, 즉 코끼리를 모는 자가. aṃkusa : *m.* 갈고리가 있는 몰이 막대기. gaha : *m.* 잡음, 움켜쥠, *fr.* √gah(잡다, 붙들다, 쥐다)

327 appamādaratā hotha, sacittam anurakkhatha,
duggā uddharath'attānaṃ paṃke sanno va kuñjaro.[14]

13 대격 명사인 cārikaṃ은 동사 acāri와 같은 어근에서 파생된 동족목적어이다.

14 제2행 : 이 행의 술어는 uddharatha(빼내라, 구하라)이고, 이 술어동사를 통해 주어가 2인칭 복수임을 알

327 깨어있음을 즐기고 자기 자신의 마음을 지키라.
어려운 길에서 자신을 구하라. 늪에 빠진 코끼리가 자신을 구하듯.

appamādaratā [appamādarata의 *m.Pl.Nom.*] 깨어있음을 즐기는. a : *pref.* 아니다, 없다. pamāda : *m.* 깨어있지 않음, 방심함. rata : 즐기는, √ram(기뻐하다, 즐기다)의 *Pp.*

hotha [√bhū(이다, 되다, 존재하다)의 *Imper.2.Pl.*] 되어라

sacittam = sacittaṃ [sacitta(*nt.*)의 *Sg.Acc.*] 자기 자신의 마음. sa : *reflex.pron.* 자기 자신의. citta : *nt.* 마음

anurakkhatha [anu√rakkh(보호하다, 지키다)의 *Imper.2.Pl.*] 지키라

duggā [dugga(*nt.*)의 *Sg.Abl.*] 어려운 길에서. du : *indecl.* 나쁜, 부족한, 어려운. ga : *adj.* 가는, *fr.* √gam(가다)

uddharath'attānaṃ = uddharatha-attānaṃ. uddharatha [ud√har(집어들다, 나르다, 가져오다)의 *Imper.2.Pl.*] ~을 빼내라, 구하라. attānaṃ [attan(*m.*)의 *Sg.Acc.*] 자신을

paṃke [paṃka(*m.*)의 *Sg.Loc.*] 진흙에서, 늪에서, 수렁에서

sanno [sanna의 *m.Sg.Nom.*] 가라앉은, 빠진. sanna : √sad(가라앉다)의 *Pp.*

va = iva [*indecl.*] ~와 같이, ~처럼, ~와 마찬가지로

kuñjaro [kuñjara(*m.*)의 *Sg.Nom.*] 코끼리가

---

328 sace labhetha nipakaṃ sahāyaṃ
saddhiṃcaraṃ sādhuvihāridhīraṃ[15]
abhibhuyya sabbāni parissayāni
careyya ten'attamano satīmā.[16]

328 만약 총명하고 함께 살 만하며
훌륭하게 살고 현명한 친구를 만나거든,

수 있다. 목적어는 attānaṃ(자신을)이다. "paṃke sanno va kuñjaro"는 va(= iva)가 이끄는 부사절이다.

15 제1~2행 : 이 행들은 sace가 이끄는 부사절로서, 이 부사절의 술어는 labhetha(만나거든)이고, 이 술어동사를 통해 주어가 3인칭 단수임을 알 수 있다. 목적어는 nipakaṃ sahāyaṃ(총명한 친구를), saddhiṃcaraṃ(함께 다닐 이를), 그리고 sādhuvihāridhīraṃ(훌륭하게 살고 현명한 이를)이다.

16 제3~4행 : 이 행들의 술어는 careyya(다녀야 한다)이고, 이 술어동사를 통해 주어가 3인칭 단수임을 알 수 있다. 제3행 "abhibhuyya sabbāni parissayāni"는 절대분사 abhibhuyya가 이끄는 종속절이다. 절대분사 abhibhuyya는 전체 문장의 술어 careyya 이전의 행위를 나타낸다.

어떤 어려움도 이겨내고는
[항상] 알아차리면서 기쁘게 그와 함께 다녀야 한다.

sace [*indecl.*][17] 만약 ~이면, 만약 ~하면, 비록 ~할지라도, ~이라 하더라도
labhetha [√labh(얻다, 도달하다, 이르다)의 *A.Pot.3.Sg.*] 얻으면, (문맥상) 만나거든
nipakaṃ [nipaka(*adj.*)의 *m.Sg.Acc.*] 총명한, 똑똑한
sahāyaṃ [sahāya(*m.*)의 *Sg.Acc.*] 친구를, 동료를
saddhiṃcaraṃ [saddhiṃcara의 *m.Sg.Acc.*] 함께 사는. saddhiṃ : *adv.* 함께. cara : *adj.* 사는, 다니는, *fr.* √car(살다, 돌아다니다)
sādhuvihāridhīraṃ [sādhuvihāridhīra의 *m.Sg.Acc.*] 훌륭하게 살고 현명한. sādhu : *adj.* 좋은, 훌륭한. vihārin : *adj.* 사는, *fr.* vihāra(*m.* 거주, 사는 곳). dhīra : *adj.* 현명한
abhibhuyya [abhi√bhū(있다, 이다, 되다)의 *Ger.*] 이겨내고는, 극복하고는
sabbāni [sabba(*adj.*)의 *m.Pl.Acc.*] 모든
parissayāni [parissaya(*m.*)의 *Pl.Acc.*][18] 어려움을, 곤란을
careyya [√car(살다, 돌아다니다)의 *Pot.3.Sg.*] 다녀야 한다
ten'attamano = tena-attamano. tena [ta(*3.pron.*)의 *Sg.Ins.*] 그와 함께. attamano [attamana(*adj.*)의 *m.Sg.Nom.*] 기뻐하는
satīmā = satimā [satimant(*adj.*)의 *m.Sg.Nom.*] 알아차리는. satimant : sati(*f.* 알아차림, 깨어있음)

329 no ce labhetha nipakaṃ sahāyaṃ
saddhiṃcaraṃ sādhuvihāridhīraṃ[19]
rājā va raṭṭhaṃ vijitaṃ pahāya[20]

17 ce, sace, 그리고 yadi는 가정이나 조건을 나타내는 불변화사인데, ce와 달리 sace와 yadi는 문장의 맨 앞에 온다.
18 parissaya는 남성명사임인데도 복수 대격 어미가 āni이다.
19 제1~2행 : 이 행들은 ce가 이끄는 부사절로서 이 부사절의 술부는 na labhetha(못 만나거든)이고, 술어동사 labhetha를 통해 주어가 3인칭 단수임을 알 수 있다. 목적어는 nipakaṃ sahāyaṃ(총명한 친구를), saddhiṃcaraṃ(함께 다닐 이를), 그리고 sādhuvihāridhīraṃ(훌륭하게 살고 현명한 이를)이다.
20 제3행 : 이 행은 va(= iva)가 이끄는 부사절로서 이 부사절의 술어는 pahāya(버리고는)이고, 주어는 rājā(왕이), 그리고 목적어는 raṭṭhaṃ(왕국을)이다. vijitaṃ(정복한)은 raṭṭhaṃ을 수식하므로 raṭṭhaṃ(중성, 단수, 대격)의 성, 수, 격에 일치한다.

eko care mātaṅg'araññe va nāgo.[21]

329 만약 총명하고 함께 살 만하며
훌륭하게 살고 현명한 친구를 못 만나거든,
왕이 정복한 왕국을 완전히 버리고 떠나듯
코끼리 숲의 코끼리처럼 홀로 다녀야 한다.

no [*indecl.*] ~아니다, ~없다

ce [*indecl.*] 만약 ~이면, 만약 ~하면

labhetha [√labh(얻다, 도달하다, 이르다)의 *A.Pot.3.Sg.*] 얻으면, (문맥상) 만나거든

nipakaṃ [nipaka(*adj.*)의 *m.Sg.Acc.*] 총명한, 똑똑한

sahāyaṃ [sahāya(*m.*)의 *Sg.Acc.*] 친구를, 동료를

saddhiṃcaraṃ [saddhiṃcara의 *m.Sg.Acc.*] 함께 사는. saddhiṃ : *adv.* 함께. cara : *adj.* 사는, 다니는, *fr.* √car(살다, 돌아다니다)

sādhuvihāridhīraṃ [sādhuvihāridhīra의 *m.Sg.Acc.*] 훌륭하게 살고 현명한. sādhu : *adj.* 좋은, 훌륭한. vihārin : *adj.* 사는, *fr.* vihāra(*m.* 거주, 사는 곳). dhīra : *adj.* 현명한

rājā [rājā(*m.*)의 *Sg.Nom.*] 왕이

va = iva [*indecl.*] ~와 같이, ~처럼, ~와 마찬가지로

raṭṭhaṃ [raṭṭha(*nt.*)의 *Sg.Acc.*] 왕국을, 왕토를

vijitaṃ [vijita의 *nt.Sg.Acc.*] 정복한. vijita : vi√ji(정복하다, 이기다)의 *Pp.*

pahāya [pa√hā(버리다, 버리고 떠나다)의 *Ger.*] 완전히 버리고 나서

eko [eka(*adj.*)의 *m.Sg.Nom.*] 하나, 홀로, 혼자서

care [√car(살다, 지내다, 다니다)의 *Pot.3.Sg.*] 다녀야 한다

mātaṅg'araññe [mātaṅg'arañña(*nt.*)의 *Sg.Loc.*] 코끼리 숲에. mātaṅga : *m.* 코끼리. arañña : *nt.* 숲

va = iva [*indecl.*] ~와 같이, ~처럼, ~와 마찬가지로

nāgo [nāga(*m.*)의 *Sg.Nom.*] 코끼리

330 ekassa caritaṃ seyyo,[22]

21 제4행 : 이 행의 술어는 care(다녀야 한다)이고, 이 술어동사를 통해 주어가 3인칭 단수임을 알 수 있다. "mātaṅg'araññe va nāgo"는 va(= iva)가 이끄는 부사절이다.

22 제1행 : 이 행의 술어는 명사 seyyo(좋은 것)이고, 주어는 caritaṃ(다니는 것이)이다. 명사적 술어 seyyo

n'atthi bāle sahāyatā,[23]
eko care na ca pāpāni kayirā
appossukko mātaṅg'araññe va nāgo.[24]

330 홀로 다니는 것이 좋은 것이다.
어리석은 자와는 사귀지 말라.
악행을 짓지 말고 홀로 다녀야 한다.
코끼리 숲의 코끼리처럼 큰 욕심 없이.

ekassa [eka(*adj.*)의 *m.Sg.Gen.*] 하나, 홀로, 혼자서

caritaṃ [carita(*nt.*)의 *Sg.Nom.*] 다니는 것, 삶, carita : √car(살다, 다니다)의 *Pp.*

seyyo [seyya(*nt.*)의 *Sg.Nom.*][25] 좋은 일, 이익, 행복

n'atthi = na-atthi : 없다. na [*indecl.*] ~아니다, ~없다. atthi [√as(이다, 있다, 존재하다)의 *Pres.3.Sg.*] 있다

bāle [bāla(*m.*)의 *Sg.Loc.*][26] 어리석은 자와

sahāyatā [sahāyatā(*f.*)의 *Sg.Nom.*] 교제는, 사귐은. sahāyatā : sahāya(*m.* 친구, 벗)의 추상명사

eko [eka(*adj.*)의 *m.Sg.Nom.*] 하나, 홀로, 혼자서

care [√car(살다, 다니다)의 *Pot.3.Sg.*] 다녀야 한다

na [*indecl.*] ~아니다, ~없다

ca [*indecl.*] 그리고, ~와

pāpāni [pāpa(*nt.*)의 *Pl.Acc.*] 악을

kayirā [√kar(하다, 행하다)의 *Pot.3.Sg.*][27] 행해야 한다

appossukko [appossukka(*adj.*)의 *m.Sg.Nom.*] 욕심 없이, 마음 편히. appa : *adj.* 적은, 조금. ussukka : *nt.* 열망

mātaṅg'araññe [mātaṅg'arañña(*nt.*)의 *Sg.Loc.*] 코끼리 숲에. mātaṅga : *m.* 코끼리. ara-

는 주어 caritaṃ의 격에 일치한다.

23 제2행 : 이 행의 술어는 n'atthi(없다)이고, 주어는 sahāyatā(교제는, 사귐은)이다. 이 행을 직역하면 "어리석은 자와 사귐은 없다"인데, "어리석은 자와는 사귀지 말라"로 의역하였다.

24 제3~4행 : 이 행들의 술부는 care(다녀야 한다)와 na kayirā(행하지 않아야 한다)이고, 술어동사 care와 kayirā를 통해 주어가 3인칭 단수임을 알 수 있다. na kayirā의 목적어는 pāpāni(악을)이다. "mātaṅg'araññe va nāgo"는 va(= iva)가 이끄는 부사절이다.

25 seyyo는 좋은 일, 행복을 의미하는 중성명사로 쓰이기도 한다.

26 여기서 구격의 의미로 쓰임.

27 동사 kayira 뒤에 오는 eyya(*Pot.3.Sg.* 어미)는 ā로 바뀐다.

ñña : *nt.* 숲
va = iva [*indecl.*] ~와 같이, ~처럼, ~와 마찬가지로
nāgo [nāga(*m.*)의 *Sg.Nom.*] 코끼리

---

331 atthamhi jātamhi sukhā sahāyā[28]
tuṭṭhī sukhā yā itarītarena,[29]
puññaṃ sukhaṃ jīvitasaṃkhayamhi,[30]
sabbassa dukkhassa sukhaṃ pahānaṃ.[31]

331 일이 생겼을 때 친구들[이 있음]이 즐겁고
어떤 경우에도 만족하는 것이 즐거우며,
삶의 끝에 공덕이 즐겁고
모든 고통의 버림이 즐겁다.

atthamhi [attha(*m.*)의 *Pl.Loc.*] 일, 사정, 필요, 위급함
jātamhi [jāta의 *m.Pl.Loc.*] 생긴, 일어난, 발생한. jāta : √jan(태어나다)의 *Pp.*
sukhā [sukha(*adj.*)의 *m.Pl.Nom.*] 즐겁다, 기쁘다
sahāyā [sahāya(*m.*)의 *Pl.Nom.*] 친구들이, 벗들이
tuṭṭhī = tuṭṭhi [tuṭṭhi(*f.*)의 *Sg.Nom.*] 만족이, 즐거움이
sukhā [sukha(*adj.*)의 *m.Pl.Nom.*] 즐겁다, 기쁘다
yā [ya(*pron.*)의 *f.Sg.Nom.*] ~하는
itarītarena [itarītara(*adj.*)의 *m.Sg.Ins.*] 어떤 경우에도, 어찌되었든

28 제1행 : "sukhā sahāyā"은 주절이고, "atthamhi jātamhi"는 절대처격구문으로 종속절이다. 주절의 술어는 형용사 sukhā(즐겁다)이고, 주어는 sahāyā(친구들이)이다. 형용사적 술어 sukhā는 주어 sahāyā(남성, 복수, 주격)의 성, 수, 격에 일치한다. 절대처격구문은 "명사(또는 대명사)+분사" 구문으로 둘 다 처격을 취한다. 여기서 명사는 분사의 행위주체이므로 "atthamhi jātamhi"에서 과거분사 jātamhi(생겼을 때)의 행위주체는 atthamhi(일이, 사정이)이다. 절대처격구문의 행위주체와 주절의 행위주체 즉, 주어는 일치하지 않는다.
29 제2행 : 이 행의 술어는 형용사 sukhā(즐겁다)이고, 주어는 tuṭṭhī(만족이)이다. 형용사적 술어 sukhā는 주어 tuṭṭhī(여성, 단수, 주격)의 성, 수, 격에 일치한다.
30 제3행 : 이 행의 술어는 형용사 sukhaṃ(즐겁다)이고, 주어는 puññaṃ(공덕이)이다. 형용사적 술어 sukhaṃ은 주어 puññaṃ(남성, 단수, 주격)의 성, 수, 격에 일치한다.
31 제4행 : 이 행의 술어는 형용사 sukhaṃ(즐겁다)이고, 주어는 pahānaṃ(버림이)이다. 형용사적 술어 sukhaṃ은 주어 pahānaṃ(중성, 단수, 주격)의 성, 수, 격에 일치한다.

puññaṃ [puñña(*nt.*)의 *Sg.Nom.*] 덕이, 공덕이, 선이

sukhaṃ [sukha(*adj.*)의 *nt.Sg.Nom.*] 즐겁다, 기쁘다

jīvitasaṃkhayamhi [jīvitasaṃkhaya(*m.*)의 *Sg.Loc.*] 삶의 끝에, 죽음에. jīvita : *nt.* 삶, √jīv(살다, 살아있다)의 *Pp.* saṃkhaya : *m.* 파괴, 잃음, 상실

sabbassa [sabba(*adj.*)의 *nt.Sg.Gen.*] 모든

dukkhassa [dukkha(*nt.*)의 *Sg.Gen.*] 고통의

sukhaṃ [sukha(*adj.*)의 *nt.Sg.Nom.*] 즐겁다, 기쁘다

pahānaṃ [pahāna(*nt.*)의 *Sg.Nom.*] 포기가, 버림이. pahāna : pa√hā(버리다, 포기하다)

---

332 sukhā matteyyatā loke atho petteyyatā sukhā,[32]
sukhā sāmaññatā loke atho brahmaññatā sukhā.[33]

332 세상에서 어머니를 향한 효성은 즐겁고, 아버지를 향한 효성 또한 즐겁다.
세상에서 수행자를 섬기는 것은 즐겁고, 브라흐만을 섬기는 것 또한 즐겁다.

sukhā [sukha(*adj.*)의 *f.Sg.Nom.*] 즐겁다, 기쁘다

matteyyatā [matteyyatā(*f.*)의 *Sg.Nom.*] 어머니를 향한 효성은. matteyyatā : matteyya(*adj.* 어머니를 공경하는)의 추상명사

loke [loka(*m.*)의 *Sg.Loc.*] 세상에, 세계에

atho [*indecl.*] 그리고, 또한, 또는, 그러고 나서

petteyyatā [petteyyatā(*f.*)의 *Sg.Nom.*] 아버지를 향한 효성은. petteyyatā : petteyya(*adj.* 아버지를 공경하는)의 추상명사

sukhā [sukha(*adj.*)의 *f.Sg.Nom.*] 즐겁다, 기쁘다

sukhā [sukha(*adj.*)의 *f.Sg.Nom.*] 즐겁다, 기쁘다

sāmaññatā [sāmaññatā(*f.*)의 *Sg.Nom.*] 수행자를 섬기는 것은. sāmaññatā : sāmañña[34] (*nt.* 수행자의 신분, 수행자로서의 삶)의 추상명사

---

32 제1행 : "sukhā matteyyatā loke"의 술어는 형용사 sukhā(즐겁다)이고, 주어는 matteyyatā(어머니를 향한 효성은)이다. "atho petteyyatā sukhā"의 술어는 형용사 sukhā(즐겁다)이고, 주어는 petteyyatā(아버지를 향한 효성은)이다.

33 제2행 : "sukhā sāmaññatā loke"의 술어는 형용사 sukhā(즐겁다)이고, 주어는 sāmaññatā(수행자를 섬기는 것은)이다. "atho brahmaññatā sukhā"의 술어는 형용사 sukhā(즐겁다)이고, 주어는 brahmaññatā(브라흐만을 섬기는 것은)이다.

34 sāmañña 는 samaṇa(수행자)의 추상명사이다. 즉 sāmaññatā는 samaṇa에서 중복하여 추상명사화 된 것이다.

loke [loka(*m.*)의 *Sg.Loc.*] 세상에, 세계에

atho [*indecl.*] 그리고, 또한, 또는, 그러고 나서

brahmaññatā [brahmaññatā(*f.*)의 *Sg.Nom.*] 브라흐만을 섬기는 것은. brahmaññatā : brahmañña[35](*nt.* 브라흐만의 신분, 브라흐만으로서의 삶)의 추상명사

sukhā [sukha(*adj.*)의 *f.Sg.Nom.*] 즐겁다, 기쁘다

---

333 sukhaṃ yāvajarā sīlam[36]
sukhā saddhā patiṭṭhitā[37]
sukho paññāya paṭilābho[38]
pāpānaṃ akaraṇaṃ sukhaṃ.[39]

333 늙을 때까지 계율[을 지킴]은 즐겁고
믿음이 확립됨은 즐거우며,
지혜의 획득은 즐겁고
악행의 삼감은 즐겁다.

sukhaṃ [sukha(*adj.*)의 *nt.Sg.Nom.*] 즐겁다, 기쁘다

yāvajarā = yāva-jarā : 늙을 때까지, 늙음에 이르기까지. yāva [*adv.*] ~까지, ~하는 한, ~하는 동안은. jarā [jarā(*f.*)의 *Sg.Nom.*] 노화, 늙음

sīlam = sīlaṃ [sīla(*nt.*)의 *Sg.Nom.*] 덕은, 선은, 계율은

sukhā [sukha(*adj.*)의 *f.Sg.Nom.*] 즐겁다, 기쁘다

saddhā [saddhā(*f.*)의 *Sg.Nom.*] 믿음은, 신념은

patiṭṭhitā [patiṭṭhita의 *f.Sg.Nom.*] 확립된, 자리잡은. patiṭṭhita : pati / paṭi√ṭhā(서다)의 *Pp.*

sukho [sukha(*adj.*)의 *m.Sg.Nom.*] 즐겁다, 기쁘다

paññāya [paññā(*f.*)의 *Sg.Gen.*] 지혜의. paññā : *f.* 지혜, 지식, *fr.* pa√ñā(알다, 이해하다)

paṭilābho [paṭilābha(*m.*)의 *Sg.Nom.*] 얻음은, 획득은. paṭilābha : *fr.* paṭi√labh(얻다, 도

35 brahmañña 는 brāhmaṇa(브라흐만, 바라문)의 추상명사이다. 즉 brahmaññatā는 brāhmaṇa에서 중복하여 추상명사화 된 것이다.

36 제1행 : 이 행의 술어는 형용사 sukhaṃ(즐겁다)이고, 주어는 sīlaṃ(계율은)이다.

37 제2행 : 이 행의 술어는 형용사 sukhā(즐겁다)이고, 주부는 saddhā patiṭṭhitā(믿음이 확립됨은)이다.

38 제3행 : 이 행의 술어는 형용사 sukho(즐겁다)이고, 주어는 paṭilābho(획득은)이다.

39 제4행 : 이 행의 술어는 형용사 sukhaṃ(즐겁다)이고, 주어는 akaraṇaṃ(삼감은)이다.

달하다)

pāpānaṃ [pāpa(*nt.*)의 *Pl.Gen.*] 악들의, 악행들의

akaraṇaṃ [akaraṇa(*nt.*)의 *Sg.Nom.*] 절제는, 삼감은. a : *pref.* 아니다, 없다. karaṇa : *nt.* 행함, 실행, *fr.* √kar(하다, 행하다)

sukhaṃ [sukha(*adj.*)의 *nt.Sg.Nom.*] 즐겁다, 기쁘다

제24장

갈애

Taṇhā

334 manujassa pamattacārino
taṇhā vaḍḍhati māluvā viya,[1]
so palavatī hurāhuraṃ
phalam icchaṃ va vanasmi vānaro.[2]

334 방심하며 사는 사람들의
갈애는 말루와 덩굴처럼 자란다.
그는 존재에서 존재로 떠돌아다닌다.
숲에서 열매를 구하는 원숭이처럼.

manujassa [manuja(*m.*)의 *Pl.Gen.*] 사람들의

pamattacārino [pamattacārin(*adj.*)의 *m.Sg.Gen.*] 방심하며 사는. pamatta : 방심한, pa√mad(취하다)의 *Pp.* cārin : *adj.* 사는, *fr.* √car(살다, 행하다)

taṇhā [taṇhā(*f.*)의 *Sg.Nom.*] 갈애는

vaḍḍhati [√vaḍḍh(자라다, 증대하다)의 *Pres.3.Sg.*] 자란다

māluvā [māluvā(*f.*)의 *Sg.Nom.*] 말루와 덩굴

1 제1~2행 : 이 행들의 술어는 vaḍḍhati(자란다)이고, 주어는 taṇhā(갈애는)이다. 제1행의 pamattacārino(부주의하게 사는)는 manujassa(사람들의)를 수식하므로 manujassa(남성, 복수, 속격)의 성, 수, 격에 일치한다.

2 제3~4행 : 이 행들의 술어는 palavatī(떠돌아다닌다)이고, 주어는 so(그는)이다. 제4행은 va(= iva)가 이끄는 부사절이다.

viya = iva [*indecl.*] ~와 같이, ~와 마찬가지로
so [ta(*3.pron.*)의 *m.Sg.Nom.*] 그는, 그것은
palavatī = palavati [√plu(뜨다, 떠다니다, 흔들리다)의 *Pres.3.Sg.*] 떠돌아다닌다
hurāhuraṃ [*adv.*] 존재에서 존재로
phalam = phalaṃ [phala(*nt.*)의 *Sg.Acc.*] 열매를
icchaṃ [icchanta의 *m.Sg.Nom.*] 구하는. icchanta : √is(바라다, 구하다)의 *Ppr.*
va = iva [*indecl.*] ~와 같이, ~처럼, ~와 마찬가지로
vanasmi = vanasmiṃ [vana(*nt.*)의 *Sg.Loc.*] 숲에서
vānaro [vānara(*m.*)의 *Sg.Nom.*] 원숭이

---

335 yaṃ esā sahatī jammī taṇhā loke visattikā[3]
sokā tassa pavaḍḍhanti abhivaṭṭhaṃ va bīraṇaṃ.[4]

335 세상에서 이 천박한 갈애와 집착에 정복된 자,
그의 슬픔은 자란다. 비 맞은 비라나 풀처럼.

yaṃ [ya(*pron.*)의 *m.Sg.Acc.*] ~하는 이. tassa를 지시함
esā [etad(*pron.*)의 *f.Sg.Nom.*] 이것은
sahatī = sahati [√sah(우세하다, 이기다)의 *Pres.3.Sg.*] 정복하다
jammī [jammī(*adj.*)의 *f.Sg.Nom.*] 천박한, 비열한
taṇhā [taṇhā(*f.*)의 *Sg.Nom.*] 갈애는
loke [loka(*m.*)의 *Sg.Loc.*] 세상에, 세계에
visattikā [visattikā(*f.*)의 *Sg.Nom.*] 집착은
sokā [soka(*m.*)의 *Pl.Nom.*] 슬픔은, 비탄은
tassa [ta(*3.pron.*)의 *m.Sg.Gen.*] 그의
pavaḍḍhanti [pa√vaḍḍh(자라다, 늘다)의 *Pres.3.Pl.*] 자란다, 커진다
abhivaṭṭhaṃ [abhivaṭṭha의 *nt.Sg.Nom.*] 비 내린, 비 맞은. abhivaṭṭha : abhi√vass(뿌리

3 제1행 : 이 행은 관계대명사 yaṃ이 이끄는 관계절로서 제2행의 tassa를 지시한다. 이 관계절의 술어는 sahati(정복한다)이고, 주어는 taṇhā(갈애가)와 visattikā(집착이)이다. 제1행을 직역하면 "세상에서 이 천박한 갈애와 집착이 정복한 자는 누구든지"인데, "세상에서 이 천박한 갈애와 집착에 정복된 자는 누구든지"로 의역하였다.
4 제2행 : 이 행의 술어는 pavaḍḍhanti(자란다)이고, 주어는 sokā(슬픔이)이다. "abhivaṭṭhaṃ va bīraṇaṃ"은 va(= iva)가 이끄는 부사절이다.

다, 쏟다, 붓다)의 *Pp.*

va = iva [*indecl.*] ~와 같이, ~처럼, ~와 마찬가지로

bīraṇaṃ [bīraṇa(*nt.*)의 *Sg.Nom.*] 비라나 풀

---

336 yo c'etaṃ sahatī jammiṃ taṇhaṃ loke duraccayaṃ[5]
sokā tamhā papatanti udabindu va pokkharā.[6]

336 그러나 세상에서 이겨내기 어려운 이 천박한 갈애를 정복한 이,
그에게서 슬픔이 떨어져 나간다. 연잎에서 물방울이 굴러 떨어져 나가듯.

yo [ya(*pron.*)의 *m.Sg.Nom.*] ~하는 이. tamhā를 지시함

c'etaṃ = ca-etaṃ. ca = tu [*indecl.*] 그러나, 하지만. etaṃ [etad(*pron.*)의 *f.Sg.Acc.*] 이를, 이것을

sahatī sahatī = sahati [√sah(우세하다, 이기다)의 *Pres.3.Sg.*] 정복한다

jammiṃ [jammī(*adj.*)의 *f.Sg.Acc.*] 천박한, 비열한

taṇhaṃ [taṇhā(*f.*)의 *Sg.Acc.*] 갈애를

loke [loka(*m.*)의 *Sg.Loc.*] 세상에, 세계에

duraccayaṃ [duraccaya(*adj.*)의 *f.Sg.Acc.*] 이겨내기 어려운. du : *indecl.* 나쁜, 부족한, 어려운. accaya : *m.* 넘음, 이겨냄, *fr.* ati√i(가다)

sokā [soka(*m.*)의 *Pl.Nom.*] 슬픔은, 비탄은

tamhā [ta(*3.pron.*)의 *m.Sg.Abl.*] 그로부터, 그에게서

papatanti [pa√pat(떨어지다, 내리다)의 *Pres.3.Pl.*] 굴러 떨어진다

udabindu [udabindu(uda-bindu) *m.Sg.Nom.*] 물방울. uda : *nt.* 물. bindu : *nt.* 방울

va = iva [*indecl.*] ~와 같이, ~처럼, ~와 마찬가지로

pokkharā [pokkhara(*nt.*)의 *Sg.Abl.*] 연잎에서, 연꽃에서

---

5 제1행 : 이 행은 관계대명사 yo가 이끄는 관계절로서 제2행의 tamhā를 지시한다. 이 관계절의 술어는 sahati(정복한다)이고, 주어는 관계대명사 yo, 그리고 목적어는 taṇhaṃ(갈애를)이다. etaṃ(이), jammiṃ(천박한), 그리고 duraccayaṃ(이겨내기 어려운)은 taṇhaṃ을 수식하므로 taṇhaṃ(여성, 단수, 대격)의 성, 수, 격에 일치한다.

6 제2행 : 이 행의 술어는 papatanti(굴러 떨어진다)이고, 주어는 sokā(슬픔이)이다. "udabindu va pokkharā"는 va(= iva)가 이끄는 부사절이다.

337 taṃ vo vadāmi bhaddaṃ vo yāvant'ettha samāgatā[7]
taṇhāya mūlaṃ khanatha usīrattho va bīraṇaṃ[8]
mā vo naḷaṃ va soto va Māro bhañji punappunaṃ.[9]

337 여기에 모인 그대들에게 이것을 말한다, 그대들이여!
우시라 뿌리를 원하는 이가 비라나 풀을 뽑듯 갈애의 뿌리를 뽑으라.
물결이 갈대를 꺾듯 악마가 그대들을 계속해서 제압하게 하지 말라.

taṃ [ta(*3.pron.*)의 *nt.Sg.Acc.*] 그를, 그것을

vo [tumha(*2.pron.*)의 *Pl.Acc.*] 너희들에게

vadāmi [√vad(말하다)의 *Pres.1.Sg.*] 말한다

bhaddaṃ [bhadda(*adj.*)의 *m.Sg.Acc.*] (존대하여 부를 때) 귀하신, 거룩한

vo [tumha(*2.pron.*)의 *Pl.Acc.*] 너희들에게. bhaddaṃ vo : (준호격으로 쓰여) 그대들이여!

yāvant'ettha = yāvanta-ettha. yāvanta [*pron.*] ~이나 되는, ~와 같은 수의. ettha [*adv.*] 여기에서, 이 곳에서, 이 세상에서

samāgatā [samāgata의 *m.Pl.Nom.*] 모인. samāgata : saṃ-ā√gam(가다)의 *Pp.* yāvant'ettha samāgata : 여기에 모인 만큼의

taṇhāya [taṇhā(*f.*)의 *Sg.Gen.*] 갈애의

mūlaṃ [mūla(*nt.*)의 *Sg.Acc.*] 뿌리를

khanatha [√khaṇ(파다, 파내다, 뿌리채 뽑다)의 *Imper.2.Pl.*] 뽑으라

usīrattho [usīrattha의 *m.Sg.Nom.*] 우시라 뿌리를 원하는. usīra : *m.* 우시라 뿌리. attha : *m.* 필요, 원하는 것

va = iva [*indecl.*] ~와 같이, ~처럼, ~와 마찬가지로

bīraṇaṃ [bīraṇa(*nt.*)의 *Sg.Nom.*] 비라나 풀은

mā [*indecl.*] ~지 말라, ~면 안 된다

vo [tumha(*2.pron.*)의 *Pl.Acc.*] 너희들을

naḷaṃ [naḷa(*m.*)의 *Sg.Acc.*] 갈대를

7 제1행 : 이 행의 술어는 vadāmi(말한다)이고, 이 술어동사를 통해 주어가 1인칭 단수임을 알 수 있다. 목적어는 taṃ(이것을)이다.

8 제2행 : 이 행의 술어는 khanatha(뽑으라)이고, 이 술어동사를 통해 주어가 2인칭 복수임을 알 수 있다. 목적어는 mūlaṃ(뿌리를)이다. "usīrattho va bīraṇaṃ"은 va(= iva)가 이끄는 부사절이다.

9 제3행 : 이 행의 술부는 mā bhañji(꺾게 하지 말라 / 제압하게 하지 말라)이고, 주어는 Māro(악마가), 그리고 목적어는 vo(그대들을)이다.

va = eva [*adv.*] 실로, 단지, 바로

soto [sota(*m.* / *nt.*)의 *Sg.Nom.*] 흐름이, 조류가, 물결이

va = iva [*indecl.*] ~와 같이, ~처럼, ~와 마찬가지로

Māro [māra(*m.*)의 *Sg.Nom.*] 악마가, 마왕이

bhañji [√bhañj[10](부수다, 꺾다, 꺾이다)의 *Aor.3.Sg.*] 꺾었다, 꺾였다. mā bhañji : 꺾이지 말라, 꺾게 하지 말라

punappunaṃ [puna(*indecl.*)의 중복] 반복하여

---

338 yathāpi mūle anupaddave daḷhe
chinno pi rukkho punar eva rūhati[11]
evam pi taṇhānusaye anūhate
nibbattati dukkham idaṃ punappunaṃ.[12]

338 뿌리가 다치지 않고 튼튼하면
잘렸다 해도 나무가 다시 자라듯,
잠재적인 갈애가 제거되지 않으면
이 고통은 반복해서 생긴다.

yathāpi = yathā-pi : 마치 ~처럼. yathā [*adv.*] ~와 같이, ~처럼. pi / api [*indecl.*] ~도 또한, 비록 그렇다고 하더라도

mūle [mūla(*nt.*)의 *Sg.Loc.*] 뿌리에

anupaddave [anupaddava의 *nt.Sg.Loc.*] 다치지 않은. an : *pref.* 아니다, 없다. upaddava : *m.* 불운, 위험

daḷhe [daḷha(*adj.*)의 *nt.Sg.Loc.*] 확고한, 강한, 튼튼한

chinno [chinna의 *m.Sg.Nom.*] 벤, 잘린. chinna : √chid(베어내다, 제거하다)의 *Pp.*

pi / api [*indecl.*] ~도 또한, 비록 그렇다고 하더라도

---

10 자동사와 타동사 둘 다 가능하다.

11 제1~2행 : 이 행들은 yathā가 이끄는 부사절로서 이 부사절의 술어는 rūhati(자란다)이고, 주어는 rukkho(나무가)이다.

12 제3~4행 : 제3행은 종속절이고, 제4행은 주절이다. 주절의 술어는 nibbattati(생긴다)이고, 주어는 dukkham(고통은)이다. 제3행의 "taṇhānusaye anūhate"는 절대처격구문으로 과거분사 anūhate(제거되지 않으면)의 행위주체는 taṇhānusaye(잠재적인 갈애가)이다.

rukkho [rukkha(*m.*)의 *Sg.Nom.*] 나무는

punar eva = puna-eva. puna [*indecl.*] 다시, 또. eva [*adv.*] 실로, 단지, 바로

rūhati [√ruh(자라다, 올라가다)의 *Pres.3.Sg.*] 자란다

evam = evaṃ [*adv.*] ~와 마찬가지로, 이와 같이, 이렇게

pi / api [*indecl.*] ~도 또한, 비록 그렇다고 하더라도. evam pi : 이렇게, 이런 식으로, 따라서, 그러므로

taṇhānusaye [taṇhānusaya의 *m.Sg.Loc.*] 잠재적인 갈애. taṇhā : *f.* 갈애. anusaya : 잠복의, 잠재적인, *fr.* anu√sī(눕다, 자다)

anūhate [anūhata의 *m.Sg.Loc.*] 제거되지 않으면. an : *pref.* 아니다, 없다. ūhata : 꺼내어진, 제거된, ud√har(집어들다, 나르다, 가지고 오다)의 *Pp.*

nibbattati [ni√vat(있다, 존재하다)의 *Pres.3.Sg.*] 생긴다, 발생한다

dukkham = dukkhaṃ [dukkha(*nt.*)의 *Sg.Nom.*] 고통이

idaṃ [ima(*pron.*)의 *nt.Sg.Nom.*] 이것은, 이는

punappunaṃ [puna(*indecl.*)의 중복] 반복하여

---

339 yassa chattiṃsatī sotā manāpassavanā bhusā,
vāhā vahanti duddiṭṭhiṃ saṃkappā rāganissitā.[13]

339 쾌락으로 흐르는 서른여섯 개의 흐름들이 세찬 자,
탐욕에 집착하는 생각인 급류는 잘못된 견해를 가진 자를 휩쓸어 간다.

yassa [ya(*pron.*)의 *m.Sg.Gen.*] ~하는

chattiṃsatī = chattiṃsati [*f.*] 36, 서른여섯. cha : *adj.* 6, 여섯. tiṃsati : *f.* 30, 삼십

sotā [sota(*m.* / *nt.*)의 *Pl.Nom.*] 흐름들은, 조류들은, 물결들은

manāpassavanā [manāpasavana의 *m.Pl.Nom.*] 쾌락으로 흐르는. manāpa : *adj.* 즐거운, 유쾌한, 만족한. savana : *nt.* 흐름, *fr.* √su(흐르다)

bhusā [bhusa(*adj.*)의 *m.Pl.Nom.*] 강한, 강력한, 세찬

vāhā [vāha(*m.*)의 *Pl.Nom.*] 나르는 것은, 급류는. vāha : *fr.* √vah(나르다)

vahanti [√vah(나르다)의 *Pres.3.Pl.*] 나른다, 이끈다

duddiṭṭhiṃ [duddiṭṭhi의 *f.Sg.Acc.*][14] 잘못된 견해. du : *indecl.* 나쁜, 부족한, 어려운.

---

13 제2행 : 이 시의 술어는 vahanti(이끈다, 나른다)이고, 주어는 vāhā(급류), 그리고 목적어는 duddiṭṭhiṃ(잘못된 견해)이다.

diṭṭhi : *f.* 견해, 의견
saṃkappā [saṃkappa(*m.*)의 *Pl.Nom.*] 생각들, 의도들
rāganissitā [rāganissita의 *m.Pl.Nom.*] 탐욕에 집착하는. rāga : *m.* 탐욕. nissita : 집착하는, 의존하는, ni√si(달라붙다, 집착하다)의 *Pp.*

---

340 savanti sabbadā sotā, latā ubbhijja tiṭṭhati[15]
tañ ca disvā lataṃ jātaṃ mūlaṃ paññāya chindatha.[16]

340 물결은 언제나 흐르고, 덩굴은 뻗어 나와 있다.
생겨난 그 덩굴을 보고는 지혜로써 뿌리를 제거하라.

savanti [√su(흐르다)의 *Pres.3.Pl.*] 흐른다
sabbadā [*adv.*] 항상, 늘, 언제나
sotā [sota(*m. / nt.*)의 *Pl.Nom.*] 흐름들은, 조류들은, 물결들은
latā [latā(*f.*)의 *Sg.Nom.*] 덩굴은. 탐욕이나 욕망을 나타내기도 함
ubbhijja [ud√bhid(깨뜨리다, 부수다)의 *Ger.*] 뻗어 나와서는, 돋아나서는
tiṭṭhati [√ṭhā(서다, 계속하다)의 *Pres.3.Sg.*] 서있다
tañ = taṃ [ta(*3.pron.*)의 *f.Sg.Acc.*] 그를, 그것을
ca [*indecl.*] 그리고, ~와
disvā [√dis(보다)의 *Ger.*] 보고 나서, 본 후에
lataṃ [latā(*f.*)의 *Sg.Acc.*] 덩굴을
jātaṃ [jāta의 *f.Sg.Acc.*] 생긴, 일어난. jāta : √jan(태어나다)의 *Pp.*
mūlaṃ [mūla(*nt.*)의 *Sg.Acc.*] 뿌리를
paññāya [paññā(*f.*)의 *Sg.Ins.*] 지혜를 가지고, 지혜로써. paññā : *fr.* pa√ñā(알다)
chindatha [√chid(베어내다, 제거하다)의 *Imper.2.Pl.*] 베어내라, 제거하라

---

14 PTS본 : duddiṭṭhaṃ.

15 제1행 : "savanti sabbadā sotā"의 술어는 savanti(흐른다)이고, 주어는 sotā(물결은)이다. "latā ubbhijja tiṭṭhati"의 술부는 ubbhijja tiṭṭhati(뻗어 나와 있다)이고, 주어는 latā(덩굴은)이다.

16 제2행 : 이 행의 술어는 chindatha(제거하라)이고, 이 술어동사를 통해 주어가 2인칭 복수임을 알 수 있다. 목적어는 mūlaṃ(뿌리를)이다. "tañ ca disvā lataṃ jātaṃ"은 절대분사 disvā가 이끄는 종속절이다. 절대분사 disvā는 전체 문장의 술어 chindatha 이전의 행위를 나타낸다.

341 saritāni sinehitāni ca
somanassāni bhavanti jantuno[17]
te sātasitā sukhesino[18]
te ve jātijarūpagā narā.[19]

341 흘러나오고 갈망하는
기쁨이 사람에게 생긴다.
쾌락에 집착하여 즐거움을 찾는 이들,
그 사람들은 참으로 태어남과 늙음을 겪게 된다.

saritāni [sarita의 *nt.Pl.Nom.*] 흐르는. sarita : √su(흐르다)의 *Pp.*

sinehitāni [sinehita의 *nt.Pl.Nom.*] 갈망하는. sinehita : sineheti(*fr.* sineha : *m.* 사랑, 애착)의 *Pp.*

ca [*indecl.*] 그리고, ~와

somanassāni [somanassa(*nt.*)의 *Pl.Nom.*] 기쁨은, 행복은. su : *indecl.* 잘, 철저하게. manassa : *nt.* 마음의, *fr.* mana(*nt.* 마음)

bhavanti [√bhū(있다, 이다)의 *Pres.3.Pl.*] 있다, 이다

jantuno [jantu(*m.*)의 *Sg.Dat.*] 사람에게

te [ta(*3.pron.*)의 *m.Pl.Nom.*] 그들은, 그것들은

sātasitā [sātasita의 *m.Pl.Nom.*] 쾌락에 집착하는. sāta : *nt.* 즐거움, 쾌락. sita : ~에 집착하는, √si(달라붙다, 집착하다)의 *Pp.*

sukhesino [sukhesin(*adj.*)의 *m.Pl.Nom.*] 즐거움을 찾는. sukha : *nt.* 즐거움, 행복. esin : *adj.* ~을 구하는, ~을 찾는

te [ta(*3.pron.*)의 *m.Pl.Nom.*] 그들은, 그것들은

ve [*indecl.*] 참으로, 정말, 바로, 확실히

jātijarūpagā [jātijarūpaga의 *m.Pl.Nom.*] 태어남과 늙음을 겪는. jāti : *f.* 태어남. jarā : *f.* 늙음. upaga : *adj.* 가는, 겪는, *fr.* upa√gam(가다)

17 제1~2행 : 이 행들의 술어는 bhavanti(있다)이고, 주어는 somanassāni(기쁨이)이다. saritāni(흐르는)와 sinehitāni(열망하는)는 somanassāni를 수식하므로 somanassāni(중성, 복수, 주격)의 성, 수, 격에 일치한다.

18 제3행 : 이 행의 술부는 과거분사 sātasitā sukhesino(쾌락에 집착하여 즐거움을 찾는)이고, 주어는 te(그들은)이다. 이 행을 직역하면 "그들은 쾌락에 집착하여 즐거움을 찾는다"이다. 그러나 문맥상 문두에 있는 주어 te를 관계대명사 ye로 보고 번역하였다.

19 제4행 : 이 행의 술어는 형용사 jātijarūpagā(태어남과 늙음을 겪는)이고, 주어는 narā(사람들은)이다. te(그)는 narā(사람들은)를 수식하므로 narā(남성, 복수, 주격)의 성, 수, 격에 일치한다.

narā [nara(*m.*)의 *Pl.Nom.*] 사람들은

---

342 tasiṇāya purakkhatā pajā
parisappanti saso va bādhito,[20]
saññojanasaṅgasattakā
dukkham upenti punappunaṃ cirāya.[21]

342 갈망에 사로잡힌 사람들은
올가미에 걸린 토끼처럼 기어 다닌다.
속박과 애착에 매인 이들은
오랜 시간 되풀이해 고통에 이른다.

tasiṇāya [tasiṇā(*f.*)의 *Sg.Ins.*] 갈애로, 갈망으로

purakkhatā [purakkhata의 *f.Sg.Nom.*] 존경하는, 따르는. purakkhata : purā√kar(하다)의 *Pp.*

pajā [pajā(*f.*)의 *Pl.Nom.*] 인간은, 사람들은

parisappanti [pari√sapp(기다, 포복하다)의 *Pres.3.Pl.*] 기어 다닌다

saso [sasa(*m.*)의 *Sg.Nom.*] 토끼

va = iva [*indecl.*] ~와 같이, ~처럼, ~와 마찬가지로

bādhito [bādhita의 *m.Sg.Nom.*] 올가미에 걸린. bādhita : √bādh(방해하다, 올가미에 걸다)의 *Pp.*

saññojanasaṅgasattakā [saññojanasaṅgasattaka의 *m.Pl.Nom.*] (*n.*) 속박과 애착에 매인 자들. saṃyojana : *nt.* 족쇄, 속박. saṅga : *m.* 애착. sattaka : 매달린, *fr.* satta(√saj의 *Pp.*)

dukkham = dukkhaṃ [dukkha(*nt.*)의 *Sg.Acc.*] 고통에

upenti [upa√i(가다)의 *Pres.3.Pl.*] 이른다, 간다, 들어간다

punappunaṃ [puna(*indecl.*)의 중복] 반복하여

cirāya [*adv.*] 길게, 오랫동안, cira의 *Sg.Dat.*

---

20 제1~2행 : 이 행들의 술어는 parisappanti(기어 다닌다)이고, 주어는 pajā(사람들은)이다. purakkhatā(사로잡힌)는 pajā를 수식하므로 pajā(여성, 단수, 주격)의 성, 수, 격에 일치한다. "saso va bādhito"는 va(=iva)가 이끄는 부사절이다.

21 제3~4행 : 이 행들의 술어는 upenti(이른다)이고, 주어는 saññojanasaṅgasattakā(속박과 애착에 집착한 자들은), 그리고 목적어는 dukkhaṃ(고통에)이다.

343 tasiṇāya purakkhatā pajā
parisappanti saso va bādhito,[22]
tasmā tasiṇaṃ vinodaye
bhikkhu ākaṃkha virāgam attano.[23]

343 갈망에 사로잡힌 사람들은
올가미에 걸린 토끼처럼 기어 다닌다.
그러니 자신을 위해 탐욕을 여의고자 하는 수행승은
갈망을 떨쳐버려야 한다.

tasiṇāya [tasiṇā(*f.*)의 *Sg.Ins.*] 갈애로, 갈망으로

purakkhatā [purakkhata의 *f.Sg.Nom.*] 존경하는, 따르는. purakkhata : purā√kar(하다)의 *Pp.*

pajā [pajā(*f.*)의 *Sg.Nom.*] 인간은, 사람들은

parisappanti [pari√sapp(기다, 포복하다)의 *Pres.3.Pl.*] 기어 다닌다

saso [sasa(*m.*)의 *Sg.Nom.*] 토끼

va = iva [*indecl.*] ~와 같이, ~처럼, ~와 마찬가지로

bādhito [bādhita의 *m.Sg.Nom.*] 올가미에 걸린. bādhita : √bādh(방해하다, 올가미에 걸다)의 *Pp.*

tasmā [ta(*3.pron.*)의 *m.Sg.Abl.*] 그것으로부터, 그런 까닭에, 따라서

tasiṇaṃ [tasiṇa(*f.*)의 *Sg.Acc.*] 갈애를, 갈망을

vinodaye [vi√nud(쫓아내다, 몰아내다)의 *Pot.Caus.3.Sg.*] 몰아내야 한다, 떨쳐버려야 한다

bhikkhu [bhikkhu(*m.*)의 *Sg.Nom.*] 수행승은, 비구는

ākaṃkha = ākaṃkhaṃ [ākaṃkhanta의 *m.Sg.Nom.*] 바라는. ākaṃkhanta : ā√kakh(바라다, 원하다)의 *Ppr.*

virāgam = virāgaṃ [virāga의 *m.Sg.Acc.*] 탐욕이 없는. vi : *pref.* 떨어져서, 멀리, 없이. rāga : *m.* 탐욕

attano [attan(*m.*)의 *Sg.Dat.*] 자신을 위해

22 제1~2행 : 이 행들의 술어는 parisappanti(기어 다닌다)이고, 주어는 pajā(사람들은)이다. purakkhatā(사로잡힌)는 pajā를 수식하므로 pajā(여성, 단수, 주격)의 성, 수, 격에 일치한다. "saso va bādhito"는 va(=iva)가 이끄는 부사절이다.

23 제3~4행 : 이 행들의 술어는 vinodaye(없애야 한다)이고, 주어는 bhikkhu(수행승은), 그리고 목적어는 tasiṇaṃ(욕망을)이다.

344 yo nibbanatho vanādhimutto
vanamutto vanam eva dhāvati[24]
taṃ puggalam eva passatha :[25]
mutto bandhanam eva dhāvati.[26]

344 욕망의 잔나무에서 벗어났으면서 욕망의 숲으로 마음이 쏠리고
욕망의 숲에서 벗어났으면서 욕망의 숲으로 달려가는 자,
저 사람을 보라.
자유로운데도 속박으로 달려간다.

yo [ya(*pron.*)의 *m.Sg.Nom.*] ~하는 이. taṃ (puggalaṃ)을 지시함

nibbanatho [nibbanatha의 *m.Sg.Nom.*] 욕망에서 벗어난. ni : *pref.* 아래쪽으로, 떨어져서, 없이. vanatha : *m.* 잔나무, (비유적으로) 욕망의 잔나무

vanādhimutto [vanādhimutta의 *m.Sg.Nom.*] 욕망의 숲으로 마음이 쏠리는. vana : *nt.* 숲, (비유적으로) 욕망의 숲. adhimutta : 열중해 있는, 마음이 쏠리는, adhi√muc(풀다, 자유롭게 하다)의 *Pass.Pp.*

vanamutto [vanamutta의 *m.Sg.Nom.*] 욕망의 숲에서 벗어난. vana : *nt.* 숲, (비유적으로) 욕망의 숲. mutta : 자유로워진, 벗어난, √muc(풀다, 자유롭게 하다)의 *Pp.*

vanam = vanaṃ [vana(*nt.*)의 *Sg.Acc.*] 숲으로, (비유적으로) 욕망으로

eva [*adv.*] 실로, 단지, 바로

dhāvati [√dhāv(달리다, 다니다)의 *Pres.3.Sg.*] 달린다

taṃ [ta(*3.pron.*)의 *m.Sg.Acc.*] 그를, 그것을

puggalam = puggalaṃ [puggala(*m.*)의 *Sg.Acc.*] 사람을

eva [*adv.*] 실로, 단지, 바로

passatha [√dis(보다, 깨닫다)의 *Imper.2.Pl.*] 보라

mutto [mutta의 *m.Sg.Nom.*] 자유로운. mutta : √muc(풀다, 자유롭게 하다)의 *Pp.*

bandhanam = bandhanaṃ [bandhana(*nt.*)의 *Sg.Acc.*] 속박으로. bandhana : *fr.* √bandh

24 제1~2행 : 이 행들은 관계대명사 yo가 이끄는 관계절로서 제3행의 taṃ (puggalaṃ)을 지시한다.

25 제3행 : 이 행의 술어는 passatha(보라)이고, 이 술어동사를 통해 주어가 2인칭 복수임을 알 수 있다. 목적어는 puggalaṃ(사람을)이다. taṃ(저, 그)은 puggalaṃ(사람을)을 수식하므로 puggalaṃ(남성, 단수, 대격)의 성, 수, 격에 일치한다.

26 제4행 : 이 행의 술어는 dhāvati(달린다)이고, 이 술어동사를 통해 주어가 3인칭 단수임을 알 수 있다. 목적어는 bandhanaṃ(속박으로)이다.

(묶다, 얽매다)

eva [*indecl.*] 다만, 단지, 바로, 혼자서

dhāvati [√dhāv(달리다)의 *Pres.3.Sg.*] 달린다

---

345 na taṃ daḷhaṃ bandhanam āhu dhīrā
yad āyasaṃ dārujaṃ pabbajañ ca[27]
sārattarattā maṇikuṇḍalesu
puttesu dāresu ca yā apekhā,[28]

345 현명한 이들은 쇠와 나무, 그리고 갈대로 만들어진
그런 것들을 강한 속박이라고 말하지 않는다.
혹하여 감동하게 하는 보석 귀고리들과
아들들과 아내들에 대한 애착,

na [*indecl.*] ~아니다, ~없다

taṃ [ta(*3.pron.*)의 *nt.Sg.Acc.*] 그를, 그것을

daḷhaṃ [daḷha(*adj.*)의 *nt.Sg.Acc.*] 강한, 굳은

bandhanam = bandhanaṃ [bandhana(*nt.*)의 *Sg.Acc.*] 속박이라고. bandhana : *fr.* √bandh (묶다, 얽매다)

āhu [√ah(말하다)의 *Perf.3.Pl.*][29] 말했다, 말한다

dhīrā [dhīra(*adj.*)의 *m.Pl.Nom.*] (*n.*) 현명한 이들은

yad = yaṃ [ya(*pron.*)의 *nt.Sg.Acc.*] ~하는 것. taṃ을 지시함

āyasaṃ [āyasa(*adj.*)의 *nt.Sg.Acc.*] 쇠로 만들어진

dārujaṃ [dāruja(*adj.*)의 *nt.Sg.Acc.*] 나무에서 생긴. dāru : *nt.* 나무. ja : *adj.* 태어난, 생긴, *fr.* √jan(태어나다)

pabbajañ = pabbajaṃ [pabbaja(*nt.*)의 *Sg.Acc.*] 갈대로

27 제1~2행 : 이 행들의 술부는 daḷhaṃ bandhanaṃ na āhu(강한 속박이라고 말하지 않는다)이고, 주어는 dhīrā(현명한 이들은), 목적어는 taṃ(그것을)이다. 여기서 daḷhaṃ bandhanaṃ은 동사 āhu와 함께 서술적으로 쓰인 대격 단어들이다. 제2행은 관계대명사 yad(= yaṃ)이 이끄는 관계절로서 제1행의 taṃ을 지시한다.

28 제3~4행 : 이 행들의 주어는 apekhā(애착)이다. 이 행들은 다음 시 346에 연결된다.

29 āhu는 과거와 현재 의미의 완료형이다.

ca [*indecl.*] 그리고, ~와

sārattarattā [sārattarattaの *f.Sg.Nom.*] 혹하여 감동하게 하는. sāratta / saṃratta : 감동하게 하는, 반하게 하는, saṃ√raj(물을 들이다)의 *Pp.* ratta : 물들인, 열중한, 혹한, √raj(물을 들이다)의 *Pp.*

maṇikuṇḍalesu [maṇikuṇḍala(*nt.*)의 *Pl.Loc.*] 보석 귀고리들에 대한. maṇi : *m.* 보석. kuṇḍala : *nt.* 귀고리

puttesu [putta(*m.*)의 *Pl.Loc.*] 아들들에 대한

dāresu [dāra(*f.*)의 *Pl.Loc.*] 아내들에 대한

ca [*indecl.*] 그리고, ~와

yā [ya(*pron.*)의 *f.Sg.Nom.*] ~하는 것. apekhā를 지시함

apekhā [apekhā(*f.*)의 *Sg.Nom.*] 애정, 애착. apekhā : *fr.* apa√ikkh(보다)

---

346 etaṃ daḷhaṃ bandhanam āhu dhīrā
ohārinaṃ sithilaṃ duppamuñcaṃ[30]
etam pi chetvāna paribbajanti
anapekhino kāmasukhaṃ pahāya.[31]

346 무겁고 느슨하면서 자유로워지기 힘든
이런 것을 강한 속박이라고 현명한 이들은 말한다.
[현명한 이들은] 이것 또한 끊고 나서 떠난다.
감각적 쾌락도 완전히 버리고서 마음에 두지 않고.

etaṃ [etad(*pron.*)의 *nt.Sg.Acc.*] 이를, 이것을

daḷhaṃ [daḷha(*adj.*)의 *nt.Sg.Acc.*] 강한, 굳은

bandhanam = bandhanaṃ [bandhana(*nt.*)의 *Sg.Acc.*] 속박이라고. bandhana : *fr.* √

30 제1~2행 : 이 행들의 술부는 daḷhaṃ bandhanaṃ āhu(강한 속박이라고 말한다)이고, 주어는 dhīrā(현명한 이들은), 그리고 목적어는 etaṃ(이것을)이다. 여기서 daḷhaṃ bandhanaṃ은 동사 āhu와 함께 서술적으로 쓰인 대격 단어들이다. 제2행의 ohārinaṃ(무거운), sithilaṃ(느슨한), 그리고 duppamuñcaṃ(자유로워지기 힘든)은 etaṃ(이것을)을 수식한다.

31 제3~4행 : 이 행들의 술어는 paribbajanti(돌아다닌다)이고, 주어는 제1행의 dhīrā(현명한 이들은)이다. "etaṃ pi chetvāna"는 절대분사 chetvāna가 이끄는 종속절이다. 절대분사 chetvāna는 전체 문장의 술어 paribbajanti 이전의 행위를 나타낸다. 여기서 etaṃ은 bandhanaṃ(속박)을 말한다.

bandh(묶다, 얽매다)

āhu [√ah(말하다)의 *Perf.3.Pl.*][32] 말했다, 말한다

dhīrā [dhīra(*adj.*)의 *m.Pl.Nom.*] (*n.*) 현명한 이들은

ohārinaṃ [ohārin(*adj.*)의 *nt.Sg.Acc.*] 무거운. ohārin : *fr.* ava√har(나르다, 가져오다)

sithilaṃ [sithila(*adj.*)의 *nt.Sg.Acc.*] 풀린, 느슨한

duppamuñcaṃ [duppamuñca(*adj.*)의 *nt.Sg.Acc.*] 자유로워지기 힘든. du : *indecl.* 나쁜, 부족한, 어려운. pamuñca : 자유로워지는, *fr.* pa√muc(풀다, 자유롭게 하다)

etam = etaṃ [etad(*pron.*)의 *nt.Sg.Acc.*] 이를, 이것을

pi / api [*indecl.*] ~도 또한, 비록 그렇다고 하더라도

chetvāna [√chid(베어내다, 제거하다)의 *Ger.*] 제거하고는, 끊고는

paribbajanti [pari√vaj(가다, 나아가다)의 *Pres.3.Pl.*] 돌아다닌다, (종교적 수행자로서) 방랑한다

anapekhino [anapekkhin(*adj.*)의 *m.Sg.Nom.*] 무관심한, 마음에 두지 않는. an : *pref.* 아니다, 없다. apekkhin : *adj.* 숙고하는, 고려하는

kāmasukhaṃ [kāmasukha(*nt.*)의 *Sg.Acc.*] 감각적 쾌락을. kāma : *m.* 감각적 쾌락. sukha : *nt.* 즐거움, 쾌락

pahāya [pa√hā(버리다, 포기하다)의 *Ger.*] 완전히 버리고 나서

---

347 ye rāgarattānupatanti sotaṃ
sayaṃkataṃ makkaṭako va jālaṃ[33]
etam pi chetvāna vajanti dhīrā
anapekhino sabbadukkhaṃ pahāya.[34]

347 탐욕에 빠진 자들은 [스스로 만든 욕망의] 흐름을 따라간다.
거미가 스스로 만든 거미줄을 따라가듯.
현명한 이들은 이것 또한 끊고 나서 나아간다.
모든 고통을 완전히 버리고서 마음에 두지 않고.

---

32 āhu는 과거와 현재 의미의 완료형이다.

33 제1~2행 : 이 행들의 술어는 anupatanti(따라간다)이고, 주부는 ye rāgarattā(욕망에 빠진 이들은), 그리고 목적어는 sotaṃ(흐름을)이다. 제2행은 va(= iva)가 이끄는 부사절이다.

34 제3~4행 : 이 행들의 술어는 vajanti(나아간다)이고, 주어는 dhīrā(현명한 이들은)이다. "etaṃ pi chetvāna"는 절대분사 chetvāna가 이끄는 종속절이다. 절대분사 chetvāna는 전체 문장의 술어 vajanti 이전의 행위를 나타낸다. 여기서 etaṃ은 sotaṃ(흐름)을 말한다.

ye [ya(*pron.*)의 *m.Pl.Nom.*] ~하는 이들은

rāgarattānupatanti = rāgarattā-anupatanti. rāgarattā [rāgaratta(*adj.*)의 *m.Pl.Nom.*] 탐욕에 빠진. rāga : *m.* 탐욕. ratta : 물든, 열중한, 빠진, √raj(물을 들이다)의 *Pp.* anupatanti [anu√pat(떨어지다, 내리다)의 *Pres.3.Pl.*] 따라간다, 따른다

sotaṃ [sota(*m.* / *nt.*)의 *Sg.Acc.*] 흐름을, 조류를, 물결을

sayaṃkataṃ [sayaṃkata(*adj.*)의 *m.Sg.Acc.*] 스스로 만든. sayaṃ : *adv.* 혼자서, 스스로. kata : 만든, √kar(하다, 만들다)의 *Pp.*

makkaṭako [makkaṭaka(*m.*)의 *Sg.Nom.*] 거미가

va = iva [*indecl.*] ~와 같이, ~처럼, ~와 마찬가지로

jālaṃ [jāla(*nt.*)의 *Sg.Acc.*] 덫을, 올가미를, (문맥상) 거미줄을

etam = etaṃ [etad(*pron.*)의 *nt.Sg.Acc.*] 이를, 이것을

pi / api [*indecl.*] ~도 또한, 비록 그렇다고 하더라도

chetvāna [√chid(베어내다, 제거하다)의 *Ger.*] 제거하고 나서

vajanti [√vaj(가다, 나아가다)의 *Pres.3.Pl.*] 간다, 나아간다

dhīrā [dhīra(*adj.*)의 *m.Pl.Nom.*] (*n.*) 현명한 이들은

anapekhino [anapekkhin(*adj.*)의 *m.Sg.Nom.*] 무관심한, 마음에 두지 않는. an : *pref.* 아니다, 없다. apekkhin : *adj.* 숙고하는, 고려하는

sabbadukkhaṃ [sabbadukkha(*nt.*)의 *Sg.Acc.*] 모든 고통을. sabba : *adj.* 모든. dukkha : *nt.* 고통

pahāya [pa√hā(버리다, 포기하다)의 *Ger.*] 완전히 버리고 나서

348 muñca pure muñca pacchato
majjhe muñca bhavassa pāragū
sabbattha vimuttamānaso
na punañ jātijaraṃ upehisi.[35]

348 전의 것도 버리고, 후의 것도 버리고,

35 제1~4행 : "muñca pure muñca pacchato majjhe muñca"의 술어는 muñca(버리라)이고, 이 술어동사를 통해 주어가 2인칭 단수임을 알 수 있다. "bhavassa pāragū sabbattha vimuttamānaso na punañ jātijaraṃ upehisi"의 술부는 na upehisi(이르지 않을 것이다, 겪지 않을 것이다)이고, 술어동사 upehisi를 통해 주어가 2인칭 단수임을 알 수 있다. 목적어는 jātijaraṃ(태어남과 늙음에)이다.

가운데 것도 버리라. 존재의 피안(彼岸)에 이르러
모든 것에서 자유로워진 마음을 가진
[그대는] 다시 태어남과 늙음을 겪지 않을 것이다.

muñca [√muc(해방하다, 자유롭게 하다)의 *Imper.2.Sg.*] 버리라
pure [*indecl.*] 앞에, 전에
muñca [√muc(해방하다, 자유롭게 하다)의 *Imper.2.Sg.*] 버리라
pacchato [*adv.*] 뒤에, 후에
majjhe [*adv.*] 한가운데에, ~의 사이에, majjha(*adj.*)의 *Loc.*
muñca [√muc(해방하다, 자유롭게 하다)의 *Imper.2.Sg.*] 버리라
bhavassa [bhava(*m.*)의 *Sg.Gen.*] 존재의. bhava : *fr.* √bhū(있다, 이다, 되다)
pāragū [pāragū(*adj.*)의 *m.Sg.Nom.*] 저편으로 건너간, 피안(彼岸)에 이른. pāra : *nt.* 건너편, 피안, 저 세상. gū : 가는, 간, ~에 완성된, *fr.* √gam(가다)
sabbattha [*adv.*] 어디에나, 모든 곳에, 어떠한 일이 있어도
vimuttamānaso [vimuttamānasa의 *m.Sg.Nom.*] 자유로워진 마음으로. vimutta : 자유로워진, vi√muc(해방하다, 자유롭게 하다)의 *Pp.* mānasa : *adj.* ~한 마음으로, ~한 마음을 가진, *fr.* mano(*nt.* 마음)
na [*indecl.*] ~아니다, ~없다
punañ = puna [*indecl.*] 다시, 또
jātijaraṃ [jātijara(*f.*)의 *Sg.Acc.*] 태어남과 늙음을. jāti : *f.* 태어남. jarā : *f.* 늙음
upehisi [upa√i(가다)의 *Fut.2.Sg.*] 이를 것이다, 겪을 것이다

---

349 vitakkapamathitassa jantuno
tibbarāgassa subhānupassino
bhiyyo taṇhā pavaḍḍhati,[36]
esa kho daḷhaṃ karoti bandhanaṃ.[37]

---

36 제1~3행 : 이 행들의 술어는 pavaḍḍhati(자란다)이고, 주어는 taṇhā(갈애는)이다. vitakkapamathitassa(생각이 혼란한), tibbarāgassa(탐욕이 짙은), 그리고 subhānupassino(아름다운 것만 관찰하는)는 jantuno(사람의)를 수식하므로 jantuno(남성, 단수, 속격)의 성, 수, 격에 일치한다.
37 제4행 : 이 행의 술부는 daḷhaṃ karoti(강하게 만든다)이고, 주어는 esa(그는), 그리고 목적어는 bandhanaṃ(속박을)이다.

349 생각이 혼란스러운 사람,
탐욕이 짙고 아름다운 것만 관찰하는 사람,
[그 사람의] 갈애는 더욱 더 많이 자란다.
이 [사람]는 실로 속박을 강하게 만든다.

vitakkapamathitassa [vitakkapamathita의 *m.Sg.Gen.*] 생각이 혼란스러운. vitakka : *m.* 생각. pamathita : 짓밟힌, 혼란된, 불안한, pa√math(뭉개다, 휘젓다, 혼란시키다)의 *Pp.*

jantuno [jantu(*m.*)의 *Sg.Gen.*] 사람의

tibbarāgassa [tibbarāga의 *m.Sg.Gen.*] 탐욕이 짙은. tibba : *adj.* 짙은, 극단적인. rāga : *m.* 탐욕

subhānupassino [subhānupassin(*adj.*)의 *m.Sg.Gen.*] 아름다운 것을 관찰하는. subha : *nt.* 아름다운 것, 깨끗한 것. anupassin : *adj.* 관찰하는, 생각하는, *fr.* anu√dis(보다)

bhiyyo [*adv.*] 보다 많이, 더욱 크게, 더욱, 더 나아가서

taṇhā [taṇhā(*f.*)의 *Sg.Nom.*] 갈애는

pavaḍḍhati [pa√vaḍḍh(자라다, 늘다)의 *Pres.3.Sg.*] 자란다

esa = eso [etad(*pron.*)의 *m.Sg.Nom.*] 이것은, 이는

kho [*indecl.*] 실로, 참으로, 확실히

daḷhaṃ [*adv.*] 강하게. daḷha(*adj.* 단호한, 강한)의 *nt.Sg.Acc.*

karoti [√kar(하다, 행하다, 만들다)의 *Pres.3.Sg.*] 만든다

bandhanam = bandhanaṃ [bandhana(*nt.*)의 *Sg.Acc.*] 속박을. bandhana : *fr.* √bandh(묶다, 얽매다)

350 vitakkūpasame ca yo rato
asubhaṃ bhāvayatī sadā sato[38]
esa kho vyantikāhiti[39]
esa-cchecchati Mārabandhanaṃ.[40]

38 제1~2행 : 이 행들은 관계대명사 yo가 이끄는 관계절로서 제3행의 esa를 지시한다.

39 제3행 : 이 행의 술어는 kāhiti(만들 것이다)이고, 주어는 esa(그는), 그리고 목적어는 vyanta(끝을)이다.

40 제4행 : 이 행의 술어는 checchati(끊을 것이다)이고, 주어는 esa(그는), 그리고 목적어는 Mārabadhanaṃ(악마의 속박을)이다.

350 그러나 생각의 고요함을 기뻐하고
추한 것에 대해 수행하며 항상 깨어있는 이,
그는 실로 끝을 만들 것이다.
그는 악마의 속박을 끊을 것이다.

vitakkūpasame [vitakkūpasama(*m.*)의 *Sg.Loc.*] 생각의 고요함. vitakka : *m.* 생각. upasama : *m.* 평온, 고요

ca = tu [*indecl.*] 그러나, 하지만

yo [ya(*pron.*)의 *m.Sg.Nom.*] ~하는 이. 제3행의 esa를 지시함

rato [rata의 *m.Sg.Nom.*] 기뻐하는. rata : √ram(기뻐하다, 즐기다)의 *Pp.*

asubhaṃ [asubha(*nt.*)의 *Sg.Acc.*] 추한 것을. a : *pref.* 아니다, 없다. subha : *nt.* 아름다운 것, 깨끗한 것

bhāvayatī = bhāvayati [√bhū(있다, 이다, 되다)의 *Pres.Caus.3.Sg.*] 수련하다, 수행한다

sadā [*adv.*] 항상, 늘, 언제나

sato [sata의 *m.Sg.Nom.*] 깨어있는. sata : √sar(생각하다, 숙고하다)의 *Pp.*

esa = eso [etad(*pron.*)의 *m.Sg.Nom.*] 이것은, 이는

kho [*indecl.*] 실로, 참으로, 확실히

vyantikāhiti = vyanta-kāhiti : 끝을 만들 것이다. vyanta [*nt.*] 끝. kāhiti [√kar(하다, 만들다)의 *Fut.3.Sg.*] 만들 것이다

esa-cchecchati = esa-checchati. esa = eso [etad(*pron.*)의 *m.Sg.Nom.*] 이것은, 이는. checchati [√chid(베어내다, 제거하다)의 *Fut.3.Sg.*] 끊을 것이다

Mārabandhanaṃ [mārabandhana(*nt.*)의 *Sg.Acc.*] 악마의 속박을. māra : *m.* 악마, 마왕. bandhana : 속박, 구속, *fr.* √bandh(묶다, 얽매다)

351 nitthaṅgato asantāsī vītataṇho anaṅgaṇo
acchidda bhavasallāni antimo'yaṃ samussayo.[41]

41 제1~2행 : "niṭṭhaṅgato asantāsī vītataṇho anaṅgaṇo acchidda bhavasallāni"의 술어는 acchida(꺾었다)이고, 주부는 niṭṭhaṅgato asantāsī vītataṇho anaṅgaṇo(완성에 이르렀고, 두려움이 없으며, 갈애가 없고, 결점이 없는 이는), 그리고 목적어는 bhavasallāni(존재의 화살들을)이다. "antimo'yaṃ samussayo"의 술어는 명사 samussayo(몸)이고, 주어는 ayaṃ(이것이)이다. antimo(마지막)는 samussayo(몸)를 수식하므로 samussayo(남성, 단수, 주격)의 성, 수, 격에 일치한다.

351 완성에 이르렀고 두려움이 없으며 갈애가 없고 결점이 없는 이는
존재의 화살들을 꺾었다. 이것이 마지막 몸이다.

niṭṭhaṅgato = niṭṭhaṃ-gato : 완성에 이른. niṭṭhaṃ [niṭṭhā(*f.*)의 *Sg.Acc.*] 끝에, 완성에. gato [gata의 *m.Sg.Nom.*] 간, 이른, √gam(가다)의 *Pp.*

asantāsī [asantāsin(*adj.*)의 *m.Sg.Nom.*] 두려움이 없는. a : *pref.* 아니다, 없다. santāsin : *adj.* 두려워하는, *fr.* santāsa(*m.* 두려움)

vītataṇho [vītataṇhā(*adj.*)의 *m.Sg.Nom.*] 갈애가 없는. vīta : *adj.* ~이 없는, vi-ita(√i의 *Pp.*). taṇhā : *f.* 갈애

anaṅgaṇo [anaṅgaṇa(*adj.*)의 *m.Sg.Nom.*] 결점이 없는. an : *pref.* 아니다, 없다. aṅgaṇa : *nt.* 얼룩, 결점

acchidda [√chid(베어내다, 제거하다)의 *Aor.3.Sg.*] 꺾었다

bhavasallāni [bhavasalla(*nt.*)의 *Pl.Acc.*] 존재의 화살들을. bhava : *m.* 존재, *fr.* √bhū(이다, 되다, 존재하다). salla : *nt.* 화살

antimo'yaṃ = antimo-ayaṃ. antimo [antima(*adj.*)의 *m.Sg.Nom.*] 마지막의, 최후의. ayaṃ [ima(*pron.*)의 *m.Sg.Nom.*] 이는, 이것은

samussayo [samussaya(*m.*)의 *Sg.Nom.*] 축적(물), 몸

---

352 vītataṇho anādāno niruttipadakovido
akkharānaṃ sannipātaṃ jaññā pubbāparāni ca[42]
sa ve antimasārīro mahāpañño mahāpuriso ti vuccati.[43]

352 갈애가 없고 집착이 없으며 경전의 언어에 숙련되어
문자들의 배열과 어순(語順)을 안다면
그는 참으로 마지막 몸을 가졌고 아주 지혜로워서 대단한 사람이라 불린다.

---

42 제1~2행 : 이 행의 술어는 jaññā(안다면)이고, 이 술어동사를 통해 주어가 3인칭 단수임을 알 수 있다. 목적어는 sannipātaṃ(배열을)과 pubbāparāni(어순을)이다. 제1행의 vītataṇho(갈애가 없는), anādāno(집착이 없는), 그리고 niruttipadakovido(경전의 언어에 숙련된)는 주어를 수식한다.

43 제3행 : 이 시의 술부는 mahāpuriso ti vuccati(대단한 사람이라 불린다)이고, 주어는 sa(그는)이다. iti가 주격 단어 뒤에 올 때 iti와 그 주격 단어를 포함하는 절은 서술적으로 쓰인다.

vītataṇho [vītataṇhā(*adj.*)의 *m.Sg.Nom.*] 갈애가 없는. vīta : *adj.* ~이 없는, vi-ita(√i의 *Pp.*). taṇhā : *f.* 갈애

anādāno [anādāna(*adj.*)의 *m.Sg.Nom.*] 집착 없는. an : *pref.* 아니다, 없다. ādāna : *nt.* 잡음, 집착, *fr.* ā√dā(주다)

niruttipadakovido [niruttipadakovida(*adj.*)의 *m.Sg.Nom.*] 경전의 언어에 숙련된. nirutti : *f.* 단어의 설명, 문법적인 분석. pada : *nt.* 말, 경구. kovida : *adj.* 바른 지혜를 가지고 있는

akkharānaṃ [akkhara(*nt.*)의 *Pl.Gen.*] 문자들의, 단어들의

sannipātaṃ [sannipāta(*m.*)의 *Sg.Acc.*] (문장 속의) 말의 배열을. sannipāta : *fr.* saṃ-ni√pat(떨어지다)

jaññā [√ñā(알다, 깨닫다)의 *Pot.3.Sg.*] 안다면

pubbāparāni [pubbāpara(*adj.*)의 *nt.Pl.Acc.*] 앞에 오는 것과 뒤에 오는 것을, 어순(語順)을. pubba : *adj.* 앞에. apara : *adj.* 뒤의, 다음에

ca [*indecl.*] 그리고, ~와

sa [ta(*3.pron.*)의 *m.Sg.Nom.*] 그는, 그것은

ve [*indecl.*] 참으로, 정말, 바로, 확실히

antimasārīro = antimasarīro [antimasārīra의 *m.Sg.Nom.*] 마지막의 몸. antima : *adj.* 마지막의, 최후의, anta의 최상급. sarīra : *nt.* 몸

mahāpañño [mahāpañña(*adj.*)의 *m.Sg.Nom.*] 아주 지혜로운. mahant : *adj.* 큰, 거대한, 복합어에서 mahā / maha로 쓰임. pañña [*adj.*] 지혜로운

mahāpuriso [mahāpurisa(*m.*)의 *Sg.Nom.*] 대단한 사람. mahant : *adj.* 큰, 거대한, 복합어에서 mahā / maha로 쓰임. purisa : *m.* 사람, 인간

ti / iti [*indecl.*] 직접화법이 끝났음을 나타내거나 바로 언급한 것을 나타냄

vuccati [√vac(말하다)의 *Pres.Pass.3.Sg.*] 불린다

---

353 sabbābhibhū sabbavidū'ham asmi[44]
sabbesu dhammesu anūpalitto
sabbañjaho taṇhakkhaye vimutto
sayaṃ abhiññāya kam uddiseyyaṃ.[45]

---

44 제1행 : 이 행의 술어는 asmi(이다)이고, 주어는 ahaṃ(나는)이다.

45 제4행 : 이 행의 술어는 uddiseyyaṃ(정한다)이고, 주어는 제1행의 ahaṃ(나는), 그리고 목적어는 kaṃ(누

353 나는 모든 것을 이겨냈고 모든 것을 안다.
어떤 것에도 더럽혀지지 않았고
모든 것을 버렸으며 갈애의 소멸로 자유로워졌다.
스스로 완전히 깨달았으니 누구를 [스승으로] 정하겠는가.

sabbābhibhū [sabbābhibhū(*adj.*)의 *m.Sg.Nom.*] 모든 것을 이겨낸. sabba : *adj.* 모든. abhibhū : 이겨낸, 극복한, *fr.* abhi√bhū(있다, 이다, 되다)

sabbavidū'ham = sabbavidū-ahaṃ. sabbavidū [sabbavidū(*adj.*)의 *m.Sg.Nom.*] 모든 것을 아는. sabba : *adj.* 모든. vidū : *adj.* ~을 아는, ~을 잘하는, *fr.* √vid(알다, 찾다). ahaṃ [amha(*1.pron.*)의 *Sg.Nom.*] 나는

asmi [√as(이다, 있다, 존재하다, 되다)의 *Pres.1.Sg.*] 이다, 있다

sabbesu [sabba(*adj.*)의 *m.Pl.Loc.*] 모든

dhammesu [dhamma(*m.*)의 *Pl.Loc.*] 법에, 일에, ~것에

anūpalitto = anupalitto [anūpalitta(*adj.*)의 *m.Sg.Nom.*] 더럽혀지지 않은. an : *pref.* 아니다, 없다. upalitta : 더러워진, upa√lip(더럽히다, 오염시키다)의 *Pp.*

sabbañjaho [sabbañjaha의 *m.Sg.Nom.*] 모든 것을 버리는. sabba : *adj.* 모든. jaha : *adj.* 버리는, *fr.* √hā(버리다)

taṇhakkhaye [taṇhakkhaya(*m.*)의 *Sg.Loc.*] 갈애의 소멸. taṇhā : *f.* 갈애. khaya : *m.* 파괴, 소멸

vimutto [vimutta의 *m.Sg.Nom.*] 자유로워진. vimutta : vi√muc(해방하다, 자유롭게 하다)의 *Pp.*

sayaṃ [*adv.*] 혼자서, 혼자 힘으로, 스스로

abhiññāya [abhi√ñā(알다, 깨닫다)의 *Ger.*] 완전히 깨닫고는

kam = kaṃ [ka(*interr.pron.*)의 *m.Sg.Acc.*] 누구를, 어느 것을

uddiseyyaṃ [ud√dis(보다, 깨닫다)의 *A.Pot.1.Sg.*] 가리켜야 한다, 정해야 한다

354 sabbadānaṃ dhammadānaṃ jināti,[46]
sabbaṃ rasaṃ dhammaraso jināti,[47]

구를)이다.

46 제1행 : 이 행의 술어는 jināti(능가한다)이고, 주어는 dhammadānaṃ(진리의 보시는), 그리고 목적어는 sabbadānaṃ(모든 보시를)이다.

sabbaṃ ratiṃ dhammaratī jināti,[48]
taṇhakkhayo sabbadukkhaṃ jināti.[49]

354 진리의 보시(布施)는 모든 보시를 능가하고
진리의 맛은 모든 맛을 능가하며,
진리의 즐거움은 모든 즐거움을 능가하고
갈애의 소멸은 모든 고통을 능가한다.

sabbadānaṃ [sabbadāna(*nt.*)의 *Sg.Acc.*] 모든 보시(布施)를. sabba : *adj.* 모든. dāna : *nt.* 보시, *fr.* √dā(주다)

dhammadānaṃ [dhammadāna(*nt.*)의 *Sg.Nom.*] 진리의 보시(布施)는. dhamma : *m.* 진리. dāna : *nt.* 보시, 베풂, *fr.* √dā(주다)

jināti [√jī(이기다)의 *Pres.3.Sg.*] 이긴다, ~보다 낫다, ~을 능가한다

sabbaṃ [sabba(*adj.*)의 *nt.Sg.Acc.*] 모든

rasaṃ [rasa(*m.*)의 *Sg.Acc.*] 맛을

dhammaraso [dhammarasa(*m.*)의 *Sg.Nom.*] 진리의 맛은. dhamma : *m.* 진리. rasa : *m.* 맛

jināti [√jī(이기다)의 *Pres.3.Sg.*] 이긴다, ~보다 낫다, ~을 능가한다

sabbaṃ [sabba(*adj.*)의 *nt.Sg.Acc.*] 모든

ratiṃ [rati(*f.*)의 *Sg.Acc.*] 즐거움을. rati : *fr.* √ram(기뻐하다, 즐기다)

dhammaratī = dhammarati [dhammarati(*f.*)의 *Sg.Nom.*] 진리의 즐거움, 법열(法悅). dhamma : *m.* 진리. rati : *f.* 즐거움, *fr.* √ram(기뻐하다, 즐기다)

jināti [√jī(이기다)의 *Pres.3.Sg.*] 이긴다, ~보다 낫다, ~을 능가한다

taṇhakkhayo [taṇhakkhaya(*m.*)의 *Sg.Nom.*] 갈애의 소멸은. taṇhā : *f.* 갈애. khaya : *m.* 파괴, 소멸

sabbadukkhaṃ [sabbadukkha(*nt.*)의 *Sg.Acc.*] 모든 고통을. sabba : *adj.* 모든. dukkha : *nt.* 고통

jināti [√jī(이기다)의 *Pres.3.Sg.*] 이긴다, ~보다 낫다, ~을 능가한다

47 제2행 : 이 행의 술어는 jināti(능가한다)이고, 주어는 dhammaraso(진리의 맛은), 그리고 목적어는 sabbaṃ rasaṃ(모든 맛을)이다.

48 제3행 : 이 행의 술어는 jināti(능가한다)이고, 주어는 dhammaratī(진리의 즐거움은), 그리고 목적어는 sabbaṃ ratiṃ(모든 즐거움을)이다.

49 제4행 : 이 행의 술어는 jināti(능가한다)이고, 주어는 taṇhakkhayo(욕망의 소멸은), 그리고 목적어는 sabbadukkhaṃ(모든 고통을)이다.

355 hananti bhogā dummedhaṃ no ce pāragavesino,[50]
bhogataṇhāya dummedho hanti aññe va attanaṃ.[51]

355 재물은 어리석은 자를 해하지만 실로 피안(彼岸)을 찾는 이들을 해하지 못한다. 재물에 대한 갈애 때문에 어리석은 자는 남들을 해하듯 자신을 해한다.

hananti [√han(죽이다, 해하다)의 *Pres.3.Pl.*] 해한다
bhogā [bhoga(*m.*)의 *Pl.Nom.*] 재물은
dummedhaṃ [dummedha(*adj.*)의 *m.Sg.Acc.*] (*n.*) 지혜가 부족한 자를, 어리석은 자를. du : *pref.* 나쁜, 부족한, 어려운. medhā : *f.* 지혜, 총명함
no [*indecl.*] ~아니다, ~없다
ce = ve [*indecl.*] 참으로, 정말, 바로, 확실히
pāragavesino [pāragavesin(*adj.*)의 *m.Pl.Acc.*] 피안(彼岸)을 찾는. pāra : *nt.* 저 세상, 피안. gavesin : *adj.* 찾는, 구하는, *fr.* √gaves(찾다, 추구하다)
bhogataṇhāya [bhogataṇhā(*f.*)의 *Sg.Ins.*] 재물에 대한 갈애로. bhoga : *m.* 부, 재물. taṇhā : *f.* 갈애
dummedho [dummedha(*adj.*)의 *m.Sg.Nom.*] (*n.*) 지혜가 부족한 자는. du : *pref.* 나쁜, 부족한, 어려운. medhā : *f.* 지혜, 총명함
hanti = hanati [√han(죽이다, 해하다)의 *Pres.3.Sg.*] 해한다
aññe [añña(*m.*)의 *Pl.Acc.*] 남들을
va = iva [*indecl.*] ~와 같이, ~처럼, ~와 마찬가지로
attanaṃ = attānaṃ [attan(*m.*)의 *Sg.Acc.*] 자신을

356 tiṇadosāni khettāni, rāgadosā ayaṃ pajā,[52]

50 제1행 : "hananti bhogā dummedhaṃ"의 술어는 hananti(해한다)이고, 주어는 bhogā(재물은), 그리고 목적어는 dummedhaṃ(어리석은 자를)이다. "no ce pāragavesino"의 술부는 no hanati(해하지 못한다)이고, 주어는 앞 문장의 bhogā(재물은), 그리고 목적어는 pāragavesino(피안을 찾는 이들을)이다.
51 제2행 : 이 행의 술어는 hanti(해한다)이고, 주어는 dummedho(어리석은 자는), 그리고 목적어는 attanaṃ(자신을)이다. "aññe va"는 va(= iva)가 이끄는 부사절이다.
52 제1행 : "tiṇadosāni khettāni"의 술어는 tiṇadosāni(잡초가 해악인)이고, 주어는 khettāni(밭들은)이다. "rāgadosā ayaṃ pajā"의 술어는 rāgadosā(탐욕이 해악인)이고, 주어는 pajā(사람들은)이다. ayaṃ(이)은 pajā(사람들은)를 수식하므로 ayaṃ(여성, 단수, 주격)의 성, 수, 격에 일치한다.

tasmā hi vītarāgesu dinnaṃ hoti mahapphalaṃ.[53]

356 밭들은 잡초가 해악이고, 이 사람들에게는 탐욕이 해악이다.
그러니 실로 탐욕이 없는 이들에게 드리는 보시(布施)에는 큰 결과가 있다.

tiṇadosāni [tiṇadosa의 *nt.Pl.Nom.*] 잡초가 해악인. tiṇa : *nt.* 풀, 잡초. dosa : *m.* 악영향, 해악

khettāni [khetta(*nt.*)의 *Pl.Nom.*] 밭들은

rāgadosā [rāgadosa의 *f.Sg.Nom.*] 탐욕이 해악인. rāga : *m.* 탐욕. dosa : *m.* 악영향, 해악

ayaṃ [ima(*pron.*)의 *f.Sg.Nom.*] 이는, 이것은

pajā [pajā(*f.*)의 *Sg.Nom.*] 인간은, 사람들은

tasmā [ta(*3.pron.*)의 *m.Sg.Abl.*] 그것으로부터, 그런 까닭에, 따라서

hi [*indecl.*] 실로, 참으로, 왜냐하면, ~조차, ~라도

vītarāgesu [vītarāga의 *m.Pl.Loc.*] (*n.*) 탐욕이 없는 이들에게. vīta : *adj.* ~이 없는, vi-ita (√i의 *Pp.*). rāga : *m.* 욕망, 탐욕

dinnaṃ [dinna의 *nt.Sg.Nom.*] (*n.*) 주어진 것은, 보시(布施)는. dinna : √dā(주다)의 *Pp.*

hoti [√bhū(있다, 이다, 되다)의 *Pres.3.Sg.*] 있다, 이다, 된다

mahapphalaṃ [mahapphala의 *nt.Sg.Nom.*] 큰 결과가. mahant : *adj.* 큰, 거대한, 복합어에서 mahā / maha로 쓰임. phala : *nt.* 열매, 결과

357 tiṇadosāni khettāni, dosadosā ayaṃ pajā,[54]
tasmā hi vītadosesu dinnaṃ hoti mahapphalaṃ.[55]

357 밭들은 잡초가 해악이고, 이 사람들에게는 증오가 해악이다.
그러니 실로 증오가 없는 이들에게 드리는 보시(布施)에는 큰 결과가 있다.

tiṇadosāni [tiṇadosa의 *nt.Pl.Nom.*] 잡초가 해악인. tiṇa : *nt.* 풀, 잡초. dosa : *m.* 악영향, 해악

khettāni [khetta(*nt.*)의 *Pl.Nom.*] 밭들은

53 제2행 : 이 행의 술부는 mahapphalaṃ hoti(큰 결과가 있다)이고, 주어는 dinnaṃ(주어진 것은, 보시는)이다.

54 제1행 : "tiṇadosāni khettāni"의 술어는 tiṇadosāni(잡초가 해악인)이고, 주어는 khettāni(밭들은)이다. "dosadosā ayaṃ pajā"의 술어는 dosadosā(증오가 해악인)이고, 주어는 pajā(사람들은)이다. ayaṃ(이)은 pajā(사람들은)를 수식하므로 ayaṃ(여성, 단수, 주격)의 성, 수, 격에 일치한다.

55 제2행 : 이 행의 술부는 mahapphalaṃ hoti(큰 결과가 있다)이고, 주어는 dinnaṃ(주어진 것은, 보시는)이다.

dosadosā [dosadosa의 *f.Sg.Nom.*] 증오가 해악인. dosa : *m.* 증오. dosa : *m.* 악영향, 해악

ayaṃ [ima(*pron.*)의 *f.Sg.Nom.*] 이는, 이것은

pajā [pajā(*f.*)의 *Sg.Nom.*] 인간은, 사람들은

tasmā [ta(*3.pron.*)의 *m.Sg.Abl.*] 그것으로부터, 그런 까닭에, 따라서

hi [*indecl.*] 실로, 참으로, 왜냐하면, ~조차, ~라도

vītadosesu [vītadosa의 *m.Pl.Loc.*] (*n.*) 증오가 없는 이들에게. vīta : *adj.* ~이 없는, vi-ita (√i의 *Pp.*). dosa : *m.* 증오

dinnaṃ [dinna의 *nt.Sg.Nom.*] (*n.*) 주어진 것은. dinna : √dā(주다)의 *Pp.*

hoti [√bhū(있다, 이다, 되다)의 *Pres.3.Sg.*] 있다, 이다, 된다

mahapphalaṃ [mahapphala의 *nt.Sg.Nom.*] 큰 결과가. mahant : *adj.* 큰, 거대한, 복합어에서 mahā / maha로 쓰임. phala : *nt.* 열매, 결과

---

358 tiṇadosāni khettāni, mohadosā ayaṃ pajā,[56]
tasmā hi vītamohesu dinnaṃ hoti mahapphalaṃ.[57]

358 밭들은 잡초가 해악이고, 이 사람들에게는 어리석음이 해악이다.
그러니 실로 어리석음이 없는 이들에게 드리는 보시(布施)에는 큰 결과가 있다.

tiṇadosāni [tiṇadosa의 *nt.Pl.Nom.*] 잡초가 해악인. tiṇa : *nt.* 풀, 잡초. dosa : *m.* 악영향, 해악

khettāni [khetta(*nt.*)의 *Pl.Nom.*] 밭들은

mohadosā [mohadosa의 *f.Sg.Nom.*] 어리석음이 해악인. moha : *m.* 어리석음, 미혹. dosa : *m.* 악영향, 해악

ayaṃ [ima(*pron.*)의 *f.Sg.Nom.*] 이는, 이것은

pajā [pajā(*f.*)의 *Sg.Nom.*] 인간은, 사람들은

tasmā [ta(*3.pron.*)의 *m.Sg.Abl.*] 그것으로부터, 그런 까닭에, 따라서

hi [*indecl.*] 실로, 참으로, 왜냐하면, ~조차, ~라도

vītamohesu [vītamoha의 *m.Pl.Loc.*] (*n.*) 어리석음이 없는 이들에게. vīta : *adj.* ~이 없는, vi-ita(√i의 *Pp.*). moha : *m.* 어리석음, 미혹

56 제1행 : "tiṇadosāni khettāni"의 술어는 tiṇadosāni(잡초가 해악인)이고, 주어는 khettāni(밭들은)이다. "mohadosā ayaṃ pajā"의 술어는 mohadosā(어리석음이 해악인)이고, 주어는 pajā(사람들은)이다. ayaṃ(이)은 pajā(사람들은)를 수식하므로 ayaṃ(여성, 단수, 주격)의 성, 수, 격에 일치한다.

57 제2행 : 이 행의 술부는 mahapphalaṃ hoti(큰 결과가 있다)이고, 주어는 dinnaṃ(주어진 것은, 보시는)이다.

dinnaṃ [dinna의 *nt.Sg.Nom.*] (*n.*) 주어진 것은, 보시(布施)는. dinna : √dā(주다)의 *Pp.*
hoti [√bhū(있다, 이다, 되다)의 *Pres.3.Sg.*] 있다, 이다, 된다
mahapphalaṃ [mahapphala의 *nt.Sg.Nom.*] 큰 결과가. mahant : *adj.* 큰, 거대한, 복합어에서 mahā / maha로 쓰임. phala : *nt.* 열매, 결과

---

359 tiṇadosāni khettāni, icchādosā ayaṃ pajā,[58]
tasmā hi vigaticchesu dinnaṃ hoti mahapphalaṃ.[59]

359 밭들은 잡초가 해악이고, 이 사람들에게는 욕망이 해악이다.
그러니 실로 욕망이 없는 이들에게 드리는 보시(布施)에는 큰 결과가 있다.

tiṇadosāni [tiṇadosa의 *nt.Pl.Nom.*] 잡초가 해악인. tiṇa : *nt.* 풀, 잡초. dosa : *m.* 악영향, 해악
khettāni [khetta(*nt.*)의 *Pl.Nom.*] 밭들은
icchādosā [icchādosa의 *f.Sg.Nom.*] 욕망이 해악인. icchā : *f.* 욕망. dosa : *m.* 악영향, 해악
ayaṃ [ima(*pron.*)의 *f.Sg.Nom.*] 이는, 이것은
pajā [pajā(*f.*)의 *Sg.Nom.*] 인간은, 사람들은
tasmā [ta(*3.pron.*)의 *m.Sg.Abl.*] 그것으로부터, 그런 까닭에, 따라서
hi [*indecl.*] 실로, 참으로, 왜냐하면, ~조차, ~라도
vigaticchesu [vigaticchā의 *m.Pl.Loc.*] (*n.*) 욕망이 없는 이들에게. vigata : 없는, vi√gam(가다)의 *Pp.* icchā : *f.* 욕망
dinnaṃ [dinna의 *nt.Sg.Nom.*] (*n.*) 주어진 것은, 보시(布施)는. dinna : √dā(주다)의 *Pp.*
hoti [√bhū(있다, 이다, 되다)의 *Pres.3.Sg.*] 있다, 이다, 된다
mahapphalaṃ [mahapphala의 *nt.Sg.Nom.*] 큰 결과가. mahant : *adj.* 큰, 거대한, 복합어에서 mahā / maha로 쓰임. phala : *nt.* 열매, 결과

---

58 제1행 : "tiṇadosāni khettāni"의 술어는 tiṇadosāni(잡초가 해악인)이고, 주어는 khettāni(밭들은)이다. "icchādosā ayaṃ pajā"의 술어는 icchādosā(욕망이 해악인)이고, 주어는 pajā(사람들은)이다. ayaṃ(이)은 pajā(사람들은)를 수식하므로 ayaṃ(여성, 단수, 주격)의 성, 수, 격에 일치한다.
59 제2행 : 이 행의 술부는 mahapphalaṃ hoti(큰 결과가 있다)이고, 주어는 dinnaṃ(주어진 것은, 보시는)이다.

제25장

수행승

Bhikkhu

360 cakkhunā saṃvaro sādhu, sādhu sotena saṃvaro,[1]
ghāṇena saṃvaro sādhu, sādhu jivhāya saṃvaro.[2]

360 눈을 삼감은 좋고 귀를 삼감은 좋으며,
코를 삼감은 좋고 혀를 삼감은 좋다.

cakkhunā [cakkhu(*nt.*)의 *Sg.Ins.*] 눈으로
saṃvaro [saṃvara(*m.*)의 *Sg.Nom.*][3] 제어는, 삼감은. saṃvara : *fr.* saṃ√var(막다)
sādhu [sādhu(*adj.*)의 *m.Sg.Nom.*] 좋다, 훌륭하다, 유익하다
sādhu [*adj.*] 좋다, 훌륭하다, 유익하다
sotena [sota(*nt.*)의 *Sg.Ins.*] 귀로
saṃvaro [saṃvara(*m.*)의 *Sg.Nom.*] 제어는, 삼감은. saṃvara : *fr.* saṃ√var(막다)
ghāṇena [ghāṇa(*nt.*)의 *Sg.Ins.*] 코로
saṃvaro [saṃvara(*m.*)의 *Sg.Nom.*] 제어는, 삼감은. saṃvara : *fr.* saṃ√var(막다)
sādhu [*adj.*] 좋다, 훌륭하다, 유익하다
sādhu [*adj.*] 좋다, 훌륭하다, 유익하다
jivhāya [jivhā(*f.*)의 *Sg.Ins.*] 혀로

1 제1행 : "cakkhunā saṃvaro sādhu"의 술어는 형용사 sādhu(좋다)이고, 주어는 saṃvaro(삼감)이다. "sadhū sotena saṃvaro"의 술어는 형용사 sādhu(좋다)이고, 주어는 saṃvaro(삼감)이다.
2 제2행 : "ghāṇena saṃvaro sādhu"의 술어는 형용사 sādhu(좋다)이고, 주어는 saṃvaro(삼감)이다. "sādhu jivhāya saṃvaro"의 술어는 형용사 sādhu(좋다)이고, 주어는 saṃvaro(삼감)이다.
3 saṃvara는 주로 구격과 함께 쓰인다.

saṃvaro [saṃvara(*m.*)의 *Sg.Nom.*] 제어는, 삼감은. saṃvara : *fr.* saṃ√var(막다)

---

361 kāyena saṃvaro sādhu, sādhu vācāya saṃvaro,[4]
manasā saṃvaro sādhu sādhu sabbattha saṃvaro[5]
sabbattha saṃvuto bhikkhu sabbadukkhā pamuccati.[6]

361 몸을 삼감은 좋고 말을 삼감은 좋다.
생각을 삼감은 좋고 모든 것을 삼감은 좋다.
모든 것을 삼가는 수행승은 모든 고통으로부터 자유로워진다.

kāyena [kāya(*m.*)의 *Sg.Ins.*] 몸으로, 몸에 의하여
saṃvaro [saṃvara(*m.*)의 *Sg.Nom.*][7] 제어는, 삼감은. saṃvara : *fr.* saṃ√var(막다)
sādhu [sādhu(*adj.*)의 *m.Sg.Nom.*] 좋다, 훌륭하다, 유익하다
sādhu [*adj.*] 좋다, 훌륭하다, 유익하다
vācāya [vācā(*f.*)의 *Sg.Ins.*] 말로, 말에 의하여
saṃvaro [saṃvara(*m.*)의 *Sg.Nom.*] 제어는, 삼감은. saṃvara : *fr.* saṃ√var(막다)
manasā [mana(*nt.*)의 *Sg.Ins.*] 마음으로, 생각으로
saṃvaro [saṃvara(*m.*)의 *Sg.Nom.*] 제어는, 삼감은. saṃvara : *fr.* saṃ√var(막다)
sādhu [*adj.*] 좋다, 훌륭하다, 유익하다
sādhu [*adj.*] 좋다, 훌륭하다, 유익하다
sabbattha [*adv.*] 어디에나, 모든 곳에, 어떠한 일이 있어도
saṃvaro [saṃvara(*m.*)의 *Sg.Nom.*] 제어는, 삼감은. saṃvara : *fr.* saṃ√var(막다)
sabbattha [*adv.*] 어디에나, 모든 곳에, 어떠한 일이 있어도
saṃvuto [saṃvuta의 *m.Sg.Nom.*] 제어된, 삼간. saṃvuta : saṃ√var(막다)의 *Pp.*
bhikkhu [bhikkhu(*m.*)의 *Sg.Nom.*] 수행승은, 비구는
sabbadukkhā [sabbadukkha(*nt.*)의 *Sg.Abl.*] 모든 고통으로부터. sabba : *adj.* 모든. duk-

---

4 제1행 : "kāyena saṃvaro sādhu"의 술어는 형용사 sādhu(좋다)이고, 주어는 saṃvaro(삼감)이다. "sādhu vācāya saṃvaro"의 술어는 형용사 sādhu(좋다)이고, 주어는 saṃvaro(삼감)이다.

5 제2행 : "manasā saṃvaro sādhu"의 술어는 형용사 sādhu(좋다)이고, 주어는 saṃvaro(삼감)이다. "sādhu sabbattha saṃvaro"의 술어는 형용사 sādhu(좋다)이고, 주어는 saṃvaro(삼감)이다.

6 제3행 : 이 행의 술어는 pamuccati(자유로워진다)이고, 주어는 bhikkhu(수행승은)이다. saṃvuto(자제한, 삼간)는 bhikkhu를 수식하므로 bhikkhu(남성, 단수, 주격)의 성, 수, 격에 일치한다.

7 saṃvara는 주로 구격과 함께 쓰인다.

kha : *nt.* 고통

pamuccati [pa√muc(해방하다, 자유롭게 하다)의 *Pres.Pass.3.Sg.*] 자유로워진다

362 hatthasaññato pādasaññato
vācāya saññato saññatuttamo,
ajjhattarato samāhito
eko santusito tam āhu bhikkhuṃ.[8]

362 손을 삼가고 발을 삼가며
말을 삼가고 아주 잘 삼가며
마음이 즐겁고 가라앉았으며
혼자이고 만족해하는 이, 그를 수행승이라고 한다.

hatthasaññato [hatthasaññata의 *m.Sg.Nom.*] 손을 삼가는. hattha : *m.* 손. saññata : 삼가는, saṃ√yam(제어하다, 참다)의 *Pp.*

pādasaññato [pādasaññata의 *m.Sg.Nom.*] 발을 삼가는. pada : *nt.* 발. saññata : 삼가는, saṃ√yam(제어하다, 참다)의 *Pp.*

vācāya [vācā(*f.*)의 *Sg.Ins.*] 말로

saññato [saññata의 *m.Sg.Nom.*] 삼가는. saññata : saṃ√yam(제어하다, 참다)의 *Pp.*

saññatuttamo [saññatuttama의 *m.Sg.Nom.*] 아주 잘 삼가는. saññata : 삼가는, saṃ√yam(제지하다, 참다)의 *Pp.* uttama : *adj.* 가장 좋은, 최고의

ajjhattarato [ajjhattarata의 *m.Sg.Nom.*] 내적으로 즐거워하는. ajjhatta : *adv.* 내적으로, 마음속에. rata : 즐거워하는, √ram(기뻐하다, 즐기다)의 *Pp.*

samāhito [samāhita의 *m.Sg.Nom.*] 가라앉은, 안정된. samāhita : saṃ-ā√dhā(두다, 놓다)의 *Pp.*

eko [eka(*adj.*)의 *m.Sg.Nom.*] 하나, 홀로, 혼자서

8 제1~4행 : 이 시의 술부는 bhikkhuṃ āhu(수행승이라고 말한다)이고, 이 술어동사 āhu를 통해 주어가 3인칭 복수임을 알 수 있다. 목적어는 taṃ(그를)이다. 여기서 bhikkhuṃ은 동사 āhu와 함께 서술적으로 쓰인 대격 단어이다. taṃ(그)은 hatthasaññato pādasaññato vācāya saññato saññatuttamo ajjhattarato samāhito eko santusito(손을 삼가고 발을 삼가며 말을 삼가고 아주 잘 삼가며 마음이 즐겁고 가라앉았으며 혼자이고 만족해하는 이)이다.

santusito [santusita의 *m.Sg.Nom.*] 만족한. santusita : saṃ√tus(기뻐하다, 만족하다)의 *Pp.*
tam = taṃ [ta(*3.pron.*)의 *m.Sg.Acc.*] 그를, 그것을
āhu [√ah(말하다)의 *Perf.3.Pl.*][9] 말했다, 말한다
bhikkhuṃ [bhikkhu(*m.*)의 *Sg.Acc.*] 수행승이라고, 비구라고

---

363 yo mukhasaññato bhikkhu mantabhāṇī anuddhato attham dhammañ ca dīpeti madhuraṃ tassa bhāsitaṃ.[10]

363 입을 삼가고 현명하게 말하고 우쭐대지 않으며
의미와 진리를 밝히는 수행승, 그의 말은 감미롭다.

yo [ya(*pron.*)의 *m.Sg.Nom.*] ~하는 이. tassa를 지시함
mukhasaññato [mukhasaññata(*adj.*)의 *m.Sg.Nom.*] 입을 삼가는. mukha : *nt.* 입. saññata : 삼가는, saṃ√yam(제어하다, 참다)의 *Pp.*
bhikkhu [bhikkhu(*m.*)의 *Sg.Nom.*] 수행승, 비구
mantabhāṇī [mantabhāṇin(*adj.*)의 *m.Sg.Nom.*] 경전을 암송하는, 현명하게 말하는. manta : *m.* 경전. bhāṇin : *adj.* 말하는, 암송하는, *fr.* √bhaṇ(말하다, 이야기하다)
anuddhato [anuddhata(*adj.*)의 *m.Sg.Nom.*] 우쭐대지 않는. an : *pref.* 아니다, 없다. uddhata : 끌어올려진, 우쭐대는, 잘난 척하는, ud√har : 나르다, 가져오다)의 *Pp.*
atthaṃ [attha(*m.*)의 *Sg.Acc.*] 의미를, 중요성을
dhammañ = dhammaṃ [dhamma(*m.*)의 *Sg.Acc.*] 진리를, 가르침을
ca [*indecl.*] 그리고, ~와
dīpeti [√dip(빛나다)의 *Pres.Caus.3.Sg.*] 빛나게 한다, 밝힌다
madhuraṃ [madhura(*adj.*)의 *nt.Sg.Nom.*] 단, 감미로운, 향기로운
tassa [ta(*3.pron.*)의 *m.Sg.Gen.*] 그의, 그것의
bhāsitaṃ [bhāsita(*nt.*)의 *Sg.Nom.*] 말은, √bhās(말하다)의 *Pp.*

9 āhu는 과거와 현재 의미의 완료형이다.
10 제1~2행 : 이 시의 술어는 형용사 madhuraṃ(감미롭다)이고, 주어는 bhāsitaṃ(말은)이다. "yo mukhasaññto bhikkhu mantabhāṇī anuddhato attahṃ dhammañ ca dīpeti"는 관계대명사 yo가 이끄는 관계절로서 tassa를 지시한다.

364 dhammārāmo dhammarato
dhammaṃ anuvicintayaṃ
dhammaṃ anussaraṃ bhikkhu
saddhammā na parihāyati.[11]

364 진리를 좋아하고 진리를 즐기며
진리를 깊이 생각하고
진리를 기억하는 수행승은
참된 진리에서 벗어나지 않는다.

dhammārāmo [dhammārāma(*adj.*)의 *m.Sg.Nom.*] 진리를 좋아하는. dhamma : *m.* 진리. ārāma : *adj.* ~을 좋아하는, *fr.* ā√ram(기뻐하다, 즐기다, 좋아하다)

dhammarato [dhammarata(*adj.*)의 *m.Sg.Nom.*] 진리를 즐기는. dhamma : *m.* 진리. rata : 즐기는, √ram(기뻐하다, 즐기다, 좋아하다)의 *Pp.*

dhammaṃ [dhamma(*m.*)의 *Sg.Acc.*] 진리를

anuvicintayaṃ [anuvicintayanta의 *m.Sg.Nom.*] ~을 깊이 생각하는. anuvicintayanta : anu-vi√cint(생각하다)의 *Ppr.*

dhammaṃ [dhamma(*m.*)의 *Sg.Acc.*] 진리를

anussaraṃ [anussaranta의 *m.Sg.Nom.*] 기억하는. anussaranta : anu√sar(생각하다, 기억하다)의 *Ppr.*

bhikkhu [bhikkhu(*m.*)의 *Sg.Nom.*] 수행승은, 비구는

saddhammā [saddhamma(*m.*)의 *Sg.Abl.*] 참된 진리에서. sant : 참된, √as(이다, 있다, 존재하다)의 *Ppr.* dhamma : *m.* 진리

na [*indecl.*] ~아니다, ~없다

parihāyati [pari√hā(버리다, 포기하다)의 *Pres.3.Sg.*] ~에서 벗어난다, 떠난다

365 salābhaṃ nātimaññeyya nāññesaṃ pihayaṃ care.[12]

11 제1~4행 : 이 시의 술부는 na parihāyati(벗어나지 않는다)이고, 주어는 bhikkhu(수행승은)이다. dhammārāmo(진리를 좋아하는), dhammarato(진리를 즐기는), dhammaṃ anuvicintayaṃ(진리를 깊이 생각하는), 그리고 dhammaṃ anussaraṃ(진리를 기억하는)은 bhikkhu를 수식한다.

aññesaṃ pihayaṃ bhikkhu samādhiṃ nādhigacchati.[13]

365 자기 자신이 얻은 것을 무시해선 안 된다. 남을 부러워하며 살아서도 안 된다. 남을 부러워하는 수행승은 삼매(=정(定))에 들지 못한다.

salābhaṃ [salābha(*m.*)의 *Sg.Acc.*] 자기 자신이 얻은 것을. sa : *reflex.pron.* 자기 자신의. lābha : *m.* 취득, 소유

nātimaññeyya = na-atimaññeyya : 무시해선 안 된다. na [*indecl.*] ~아니다, ~없다. atimaññeyya [ati√man(생각하다)의 *Pot.3.Sg.*] 얕봐야 한다, 무시해야 한다.

nāññesaṃ = na-aññesaṃ. na [*indecl.*] ~아니다, ~없다.
aññesaṃ [añña(*m.*)의 *Pl.Gen.*] 남

pihayaṃ [pihayanta의 *m.Sg.Nom.*] 부러워하는. pihayanta : √pih(부러워하다, 질투하다)의 *Ppr.*

care [√car(살다, 행하다)의 *Pot.3.Sg.*] 살아야 한다, 행해야 한다

aññesaṃ [añña(*m.*)의 *Pl.Gen.*] 다른 사람들, 남

pihayaṃ [pihayanta의 *m.Sg.Nom.*] 부러워하는. pihayanta : √pih(부러워하다, 질투하다)의 *Ppr.*

bhikkhu [bhikkhu(*m.*)의 *Sg.Nom.*] 수행승은, 비구는

samādhiṃ [samādhi(*m.*)의 *Sg.Acc.*] 삼매에, 정(定)에. samādhi : *fr.* saṃ-ā√dhā(두다, 놓다)

nādhigacchati = na-adhigacchati : 이르지 못한다. na [*indecl.*] ~아니다, ~없다. adhigacchati [adhi√gam(가다)의 *Pres.3.Sg.*] 얻는다, 이른다

366 appalābho pi ce bhikkhu salābhaṃ nātimaññati[14]
taṃ ve devā pasaṃsanti suddhājīviṃ atanditaṃ.[15]

12 제1행 : "salābhaṃ nātimaññeyya"의 술어는 nātimaññeyya(무시해서는 안 된다)이고, 이 술어동사를 통해 주어가 3인칭 단수임을 알 수 있다. 목적어는 salābhaṃ(자기 자신이 얻은 것을)이다. "nāññesaṃ pihayaṃ care"의 술부는 na pihayaṃ care(부러워하며 살아선 안 된다)이고, 술어동사 care를 통해 주어가 3인칭 단수임을 알 수 있다. 목적어는 aññesaṃ(남을)이다.

13 제2행 : 이 행의 술어는 nādhigacchati(이르지 못한다)이고, 주어는 bhikkhu(수행승은), 그리고 목적어는 samādhiṃ(삼매에)이다.

14 제1행 : 이 행은 ce가 이끄는 부사절로서 이 부사절의 술어는 nātimaññati(무시하지 않는다)이고, 주어는 bhikkhu(수행승이), 그리고 목적어는 salābhaṃ(자기 자신이 얻은 것을)이다.

15 제2행 : 이 행의 술어는 pasaṃsanti(칭찬한다)이고, 주어는 devā(신들은), 그리고 목적어는 taṃ(그를), 즉 제1행의 bhikkhu를 말한다. suddhājīviṃ(청정한 생활을 하는)과 atanditaṃ(부지런한)은 taṃ을 수식하

366 적게 얻었더라도 수행승이 자기 자신이 얻은 것을 무시하지 않는다면,
청정하게 살고 부지런한 그를 신들도 칭찬할 것이다.

appalābho [appalābha(*m.*)의 *Sg.Nom.*] 적게 얻은 것. appa : *adj.* 적은, 조금. lābha : *m.* 얻음, 소유

pi / api [*indecl.*] ~도 또한, 비록 그렇다고 하더라도

ce [*indecl.*] 만약 ~이면, 만약 ~하면

bhikkhu [bhikkhu(*m.*)의 *Sg.Nom.*] 수행승이, 비구가

salābhaṃ [salābha(*m.*)의 *Sg.Acc.*] 자기 자신이 얻은 것을. sa : *reflex.pron.* 자기 자신의. lābha : *m.* 취득, 소유

nātimaññati = na-atimaññati : 무시하지 않는다. na [*indecl.*] ~아니다, ~없다. atimaññati [ati√man(생각하다)의 *Pres.3.Sg.*] 무시한다, 얕보다

taṃ [ta(*3.pron.*)의 *m.Sg.Acc.*] 그를, 그것을

ve [*indecl.*] 참으로, 정말, 바로, 확실히

devā [deva(*m.*)의 *Pl.Nom.*] 신들은

pasaṃsanti [pa√saṃs(지적하다, 선언하다)의 *Pres.3.Pl.*] 칭찬한다

suddhājīviṃ [suddhājīvin(*adj.*)의 *m.Sg.Acc.*] 청정한 생활을 하는. suddha : 청정한, √sudh(깨끗해지다)의 *Pp.* ājīvin : *adj.* ~한 생활을 하는, *fr.* ājīva(*m.* 삶의 양식. 생활 양식)

atanditaṃ [atandita(*adj.*)의 *m.Sg.Acc.*] 부지런한. a : *pref.* 아니다, 없다. tandita : *adj.* 게으른

---

367 sabbaso nāmarūpasmiṃ yassa n'atthi mamāyitaṃ
asatā ca na socati sa ve bhikkhū ti vuccati.[16]

367 마음과 몸 무엇에도 내 것이라는 집착이 없고
[내 것이] 없다는 것 때문에 슬퍼하지도 않는 이, 그는 참으로 수행승이라 불린다.

sabbaso [*adv.*] 모든 점에서, 전부, sabba(*adj.*)의 *Abl.*

므로 taṃ(남성, 단수, 대격)의 성, 수, 격에 일치한다.

16 제1~2행 : 이 시의 술어는 bhikkhū ti vuccati(수행승이라고 불린다)이고, 주어는 sa(그는)이다. iti가 주격 단어 뒤에 올 때 iti와 그 주격 단어를 포함하는 절은 서술적으로 쓰인다. "sabbaso nāmarūpasmiṃ yassa n'atthi mamāyitaṃ asatā ca na socati"는 관계대명사 yassa가 이끄는 관계절로서 sa를 지시한다.

nāmarūpasmiṃ [nāmarūpa(*nt.*)의 *Sg.Loc.*] 이름과 형상에, 마음과 몸에. nāma : *nt.* 이름, 마음. rūpa : *nt.* 모양, 형상, 몸

yassa [ya(*pron.*)의 *m.Sg.Gen.*] ~하는. sa를 지시함

n'atthi = na-atthi : 없다. na [*indecl.*] ~아니다, ~없다. atthi [√as(이다, 있다, 존재하다)의 *Pres.3.Sg.*] 있다

mamāyitaṃ [mamāyita의 *nt.Sg.Nom.*] (*n.*) 집착이, 애착이. mamāyita : mama(1인칭 대명사 ahaṃ의 *Gen.*)의 *Denom.Pp.*

asatā [asanta의 *nt.Sg.Ins.*] (*n.*) 존재하지 않는 것 때문에, 참되지 않은 것 때문에. a : *pref.* 아니다, 없다. santa : 있는, 존재하는, 참된, √as의 *Ppr.*

ca [*indecl.*] 그리고, ~와

na [*indecl.*] ~아니다, ~없다

socati [√suc(슬퍼하다, 한탄하다)의 *Pres.3.Sg.*] 슬퍼한다

sa [ta(*3.pron.*)의 *m.Sg.Nom.*] 그는, 그것은

ve [*indecl.*] 참으로, 정말, 바로, 확실히

bhikkhū = bhikkhu [bhikkhu(*m.*)의 *Sg.Nom.*] 수행승이라고, 비구라고

ti / iti [*indecl.*] 직접화법이 끝났음을 나타내거나 바로 언급한 것을 나타냄

vuccati [√vac(말하다)의 *Pres.Pass.3.Sg.*] 불린다

---

368 mettāvihārī yo bhikkhu
pasanno Buddhasāsane
adhigacche padaṃ santaṃ
saṃkhārūpasamaṃ sukhaṃ.[17]

368 자비롭게 살고
붓다의 가르침을 믿는 수행승은
평온한 상태에,
조건 지어진 것이 멸한 행복한 고요함에 이를 것이다.

---

17 제1~4행 : 이 시의 술어는 adhigacche(이를 것이다)이고, 주어는 bhikkhu(수행승은), 그리고 목적어는 santaṃ padaṃ(평온한 상태에)과 saṃkhārūpasamaṃ sukhaṃ(조건 지어진 것이 멸한 행복한 고요함에)이다. "mettāvihārī yo pasanno Buddhasāsane"는 관계대명사 yo가 이끄는 관계절로서 bhikkhu를 지시한다.

mettāvihārī [mettāvihārin의 *m.Sg.Nom.*] 자비롭게 사는. mettā : *f.* 사랑, 자비. vihārin : *adj.* ~하게 사는, *fr.* vi√har(나르다, 가져오다)

yo [ya(*pron.*)의 *m.Sg.Nom.*] ~하는 이. bhikkhu를 지시함

bhikkhu [bhikkhu(*m.*)의 *Sg.Nom.*] 수행승은, 비구는

pasanno [pasanna의 *m.Sg.Nom.*] 깨끗한, 기뻐하는, ~을 믿는. pasanna : pa√sad(가라앉다)의 *Pp.*

Buddhasāsane [buddhasāsana(*nt.*)의 *Sg.Loc.*] 붓다의 가르침에. buddha : *m.* 깨달은 이, 붓다, √budh(알다, 깨닫다)의 *Pp.* sāsana : *nt.* 가르침

adhigacche [adhi√gam(가다)의 *Pot.3.Sg.*] 이를 것이다

padaṃ [pada(*nt.*)의 *Sg.Acc.*] 상태에, 길에

santaṃ [santa의 *nt.Sg.Acc.*] 평온한. santa : √sam(진정되다, 가라앉다)의 *Pp.*

saṃkhārūpasamaṃ [saṃkhārūpasama(*m.*)의 *Sg.Acc.*] 조건 지어진 것이 멸한 고요함에. saṃkhāra : *m.* 조건 지어진 것. upasama : *m.* 평온, 고요

sukhaṃ [sukha(*adj.*)의 *m.Sg.Acc.*] 즐거운, 행복한, 기쁜

---

369 siñca bhikkhu imaṃ nāvaṃ, sittā te lahum essati,[18]
chetvā rāgañ ca dosañ ca tato nibbānam ehisi.[19]

369 수행승이여! 이 배에서 물을 퍼내라, 물을 퍼낸다면 그대를 위해 빨리 갈 것이다.
탐욕과 증오를 끊어버리고 나면 열반에 이를 것이다.

siñca [√sic(뿌리다, 퍼내다)의 *Imper.2.Sg.*] 퍼내라

bhikkhu [bhikkhu(*m.*)의 *Sg.Voc.*] 수행승이여!, 비구여!

imaṃ [ima(*pron.*)의 *f.Sg.Acc.*] 이를, 이것을

nāvaṃ [nāvā(*f.*)의 *Sg.Acc.*] 배에서

---

18 제1행 : "siñca bhikkhu imaṃ nāvaṃ"의 술어는 siñca(퍼내라)이고, 이 술어동사를 통해 주어가 2인칭 단수임을 알 수 있다. 목적어는 nāvaṃ(배에서)이다. "sittā te lahum essati"의 술어는 essati(갈 것이다)이고, 이 술어동사를 통해 주어가 3인칭 단수임을 알 수 있다. 주어는 물을 퍼낸 배이다.

19 제2행 : 이 행의 술어는 ehisi(갈 것이다)이고, 이 술어동사를 통해 주어가 2인칭 단수임을 알 수 있다. 목적어는 nibbānaṃ(열반에)이다. "chetvā rāgañ ca dosañ ca"는 절대분사 chetvā가 이끄는 종속절이다. 절대분사 chetvā는 전체 문장의 술어 ehisi 이전의 행위를 나타낸다.

sittā [sitta의 *Sg.Nom.*] 퍼낸. sitta : √sic(배, 보트 안의 괸 물을 퍼내다)의 *Pp.*
te [tumha(*2.pron.*)의 *Sg.Dat.*] 너를 위해
lahum = lahuṃ [*adv.*] 빠르게, 재빠르게, lahu(*adj.*)의 *nt.Sg.Acc.*
essati [√i(가다)의 *Fut.3.Sg.*] 갈 것이다, 이를 것이다
chetvā [√chid(베어내다, 제거하다)의 *Ger.*] 끊어버리고는
rāgañ = rāgaṃ [rāga(*m.*)의 *Sg.Acc.*] 탐욕을
ca [*indecl.*] 그리고, ~와
dosañ = dosaṃ [dosa(*m.*)의 *Sg.Acc.*] 증오를
ca [*indecl.*] 그리고, ~와
tato [ta(*3.pron.*)의 *Abl.*] 그런 까닭에, 그로 말미암아, 그 결과
nibbānam = nibbānaṃ [nibbāna(*nt.*)의 *Sg.Acc.*] 열반에
ehisi [√i(가다)의 *Fut.2.Sg.*] 갈 것이다, 이를 것이다

---

370 pañca chinde pañca jahe pañca vuttaribhāvaye,[20] pañcasaṅgātigo bhikkhu oghatiṇṇo ti vuccati.[21]

370 다섯 가지를 끊고 다섯 가지를 버리고 다섯 가지를 더욱 수행해야 한다. 다섯 가지의 집착을 넘어선 수행승은 홍수를 넘어선 이라 불린다.

pañca [pañca(*adj.*)의 의 *Pl.Acc.*] 다섯 가지를
chinde [√chid(베어내다, 제거하다)의 *Pot.3.Sg.*] 끊어야 한다
pañca [pañca(*adj.*)의 의 *Pl.Acc.*] 다섯 가지를
jahe [√hā(버리다, 포기하다)의 *Pot.3.Sg.*] 버려야 한다
pañca [pañca(*adj.*)의 의 *Pl.Acc.*] 다섯 가지를
vuttaribhāvaye = uttari-bhāvaye : 더욱 수행해야 한다. uttari [*adv.*] 더욱. bhāvaye [√bhū(있다, 이다, 되다)의 *Pot.Caus.3.Sg.*] 수행해야 한다
pañcasaṅgātigo = pañca-saṅgātigo : 다섯 가지 집착을 넘어선. pañca [pañca(*adj.*)의

---

20 제1행 : "pañca chinde", "pañca jahe", 그리고 "pañca vuttaribhāvaye"의 술어는 각각 chinde(끊어야 한다), jahe(버려야 한다), 그리고 bhāvaye(수행해야 한다)이고, 이 술어동사들을 통해 주어가 3인칭 단수임을 알 수 있다. 목적어는 pañca(다섯 가지를)이다. 이 다섯은 제2행의 pañcasaṅga(다섯 가지 집착)을 말한다.

21 제2행 : 이 행의 술부는 oghatiṇṇo ti vuccati(홍수를 넘어선 이라 불린다)이고, 주어는 bhikkhu(수행승은)이다. iti가 주격 단어 뒤에 올 때 iti와 그 주격 단어를 포함하는 절은 서술적으로 쓰인다. pañcasaṅgātigo(다섯 가지의 집착을 넘어선)는 bhikkhu를 수식하므로 bhikkhu(남성, 단수, 주격)의 성, 수, 격에 일치한다.

Pl.Acc.] 다섯 가지. saṅgātigo [saṅgātiga의 *m.Sg.Nom.*] 집착을 넘어선. saṅga [*m.*] 집착. atiga : *adj.* 넘어선, *fr.* ati√gam(가다)

bhikkhu [bhikkhu(*m.*)의 *Sg.Nom.*] 수행승은, 비구는

oghatiṇṇo [oghatiṇṇa의 *m.Sg.Nom.*] 홍수를 넘어선. ogha : *m.* 홍수. tiṇṇa : 건너간, 넘어선, √tar(건너가다, 지나가다)의 *Pp.*

ti / iti [*indecl.*] 직접화법이 끝났음을 나타내거나 바로 언급한 것을 나타냄

vuccati [√vac(말하다)의 *Pres.Pass.3.Sg.*] 불린다

---

371 jhāya bhikkhu mā ca pāmado[22]
mā te kāmaguṇe bhamassu cittaṃ[23]
mā lohaguḷaṃ gilī pamatto,[24]
mā kandī'dukkham idan'ti ḍayhamāno.[25]

371 수행승이여! 명상하라. 방심하지 말라.
그대의 마음을 감각적 쾌락의 요소에 흔들리게 하지 말라.
방심해서 쇠로 만들어진 공을 삼키지 말라.
타면서 "이것이 괴로움이구나"라며 울부짖지 말라.

jhāya [√jhe(명상하다, 숙고하다)의 *Imper.2.Sg.*] 명상하라

bhikkhu [bhikkhu(*m.*)의 *Sg.Voc.*] 수행승이여!, 비구여!

mā [*indecl.*] ~지 말라, ~면 안 된다

ca [*indecl.*] 그리고, ~와

pāmado [pa√mad(취하다)의 *Aor.2.Sg.*] 방심했다. mā pāmado : 방심하지 말라

mā [*indecl.*] ~지 말라, ~면 안 된다

te [tumha(*2.pron.*)의 *Sg.Gen.*] 너의

---

22 제1행 : 이 행의 술부는 jhāya(명상하라), mā pāmado(방심하지 말라)이고, 술어동사 jhāya와 pāmado를 통해 주어가 2인칭 단수임을 알 수 있다.

23 제2행 : 이 행의 술부는 mā bhamassu(흔들리게 하지 말라)이고, 술어동사 bhamassu를 통해 주어가 2인칭 단수임을 알 수 있다. 목적어는 cittaṃ(마음을)이다.

24 제3행 : 이 행의 술부는 mā gilī(삼키지 말라)이고, 술어동사 gilī를 통해 주어가 2인칭 단수임을 알 수 있다. 목적어는 lohaguḷaṃ(쇠로 만들어진 공을)이다.

25 제4행 : 이 행의 술부는 mā kandī(울지 말라)이고, 술어동사 kandī를 통해 주어가 2인칭 단수임을 알 수 있다.

kāmaguṇe [kāmaguṇa(*m.*)의 *Sg.Loc.*] 감각적 쾌락의 요소에. kāma : *m.* 감각적 쾌락. guṇa : *m.* 요소

bhamassu [√bham(회전하다)의 *A.Imper.2.Sg.*] 돌아라, 흔들리라. mā bhamassu : 흔들리게 하지 말라

cittaṃ [citta(*nt.*)의 *Sg.Acc.*] 마음을

mā [*indecl.*] ~지 말라, ~면 안 된다

lohaguḷaṃ [lohaguḷa(loha-guḷa)의 *m.Sg.Acc.*] 쇠로 만들어진 공을. loha : *nt.* 쇠. guḷa : *nt.* 공

gilī[26] [√gil(삼키다, 먹다)의 *Aor.2.Sg.*] 삼켰다, 먹었다. mā gilī : 삼키지 말라

pamatto [pamatta의 *m.Sg.Nom.*] 방심한. pamatta : pa√mad(취하다)의 *Pp.*

mā [*indecl.*] ~지 말라, ~면 안 된다

kandī'dukkham = kandī-dukkhaṃ. kandī[27] [√kand(울다, 비탄하다)의 *Aor.2.Sg.*] 울었다. mā kandī : 울부짖지 말라. dukkhaṃ [dukkha(*nt.*)의 *Sg.Nom.*] 괴로움이

idan'ti = idaṃ-ti. idaṃ [ima(*pron.*)의 *nt.Sg.Nom.*] 이것은, 이는. ti / iti [*indecl.*] 직접화법이 끝났음을 나타내거나 바로 언급한 것을 나타냄

ḍayhamāno [ḍayhamāna의 *m.Sg.Nom.*] 타는, 괴로운. ḍayhamāna : √dah(태우다, 괴롭히다)의 *Pass.Ppr.*

---

372 n'atthi jhānaṃ apaññassa paññā n'atthi ajhāyato,[28]
yamhi jhānañ ca paññā ca sa ve nibbānasantike.[29]

372 지혜가 없는 자에게 선정은 없고, 선정이 없는 자에게 지혜는 없다.
선정과 지혜가 있는 이야말로 열반에 가까운 것이다.

n'atthi = na-atthi : 없다. na [*indecl.*] ~아니다, ~없다. atthi [√as(이다, 있다, 존재하다)의 *Pres.3.Sg.*] 있다

jhānaṃ [jhāna(*nt.*)의 *Sg.Nom.*] 선정은

apaññassa [apaññā의 *m.Sg.Gen.*] (*n.*) 지혜가 없는 자에게. a : *pref.* 아니다, 없다. paññā

26 2인칭 단수 아오리스트 어미인 o는 ī로 바뀌기도 한다.

27 2인칭 단수 아오리스트 어미인 o는 ī로 바뀌기도 한다.

28 제1행 : "n'atthi jhānaṃ apaññassa"의 술어는 n'atthi(없다)이고, 주어는 jhānaṃ(명상은)이다. "paññā n'atthi ajhāyato"의 술어는 n'atthi(없다)이고, 주어는 paññā(지혜는)이다.

29 제2행 : 이 행의 술어는 nibbānasantike(열반에 가까운 것이다)이고, 주어는 sa(그는)이다. "yamhi jhānañ ca paññā ca"는 관계대명사 yamhi가 이끄는 관계절로 sa를 지시한다.

: *f.* 지혜, 지식, *fr.* pa√ñā(알다)

paññā [paññā(*f.*)의 *Sg.Nom.*] 지혜는, 지식은, *fr.* pa√ñā(알다)

n'atthi = na-atthi : 없다. na [*indecl.*] ~아니다, ~없다. atthi [√as(이다, 있다, 존재하다)의 *Pres.3.Sg.*] 있다

ajhāyato [ajhāyanta의 *m.Sg.Gen.*] (*n.*) 선정이 없는 자에게. a : *pref.* 아니다, 없다. jhāyanta : 선정에 드는, √jhe(명상하다, 숙고하다)의 *Ppr.*

yamhi [ya(*pron.*)의 *Sg.Loc.*]

jhānañ = jhānaṃ [jhāna(*nt.*)의 *Sg.Nom.*] 명상은

ca [*indecl.*] 그리고, ~와

paññā [paññā(*f.*)의 *Sg.Nom.*] 지혜는, 지식은, *fr.* pa√ñā(알다)

ca [*indecl.*] 그리고, ~와

sa [ta(*3.pron.*)의 *m.Sg.Nom.*] 그는, 그것은

ve [*indecl.*] 참으로, 정말, 바로, 확실히

nibbānasantike [nibbāṇasantika(*nt.*)의 *Sg.Loc.*] 열반 가까이에. nibbāna : *nt.* 열반. santika : *nt.* 근처, 부근

---

373 suññāgāraṃ paviṭṭhassa santacittassa bhikkhuno amānusī ratī hoti sammā dhammaṃ vipassato.[30]

373 빈집에 들어가 마음을 고요히 하고
완전한 진리를 명확하게 보는 수행승에게 신성한 즐거움이 있다.

suññāgāraṃ [suññāgāra(*nt.*)의 *Sg.Acc.*] 빈집에. suñña : *adj.* 빈. āgāra : *nt.* 집, 오두막

paviṭṭhassa [paviṭṭha의 *m.Sg.Dat.*] 들어간. paviṭṭha : pa√vis(들어가다)의 *Pp.*

santacittassa [santacitta의 *m.Sg.Dat.*] 마음이 고요한. santa : 가라앉은, 고요한, √sam(진정되다, 가라앉다)의 *Pp.* citta : *nt.* 마음

bhikkhuno [bhikkhu(*m.*)의 *Sg.Dat.*] 수행승에게, 비구에게

amānusī [amānusī(*adj.*)의 *f.Sg.Nom.*] 신성한. a : *pref.* 아니다, 없다. mānusī : *f.* 여성인 사람

ratī = rati [rati(*f.*)의 *Sg.Nom.*] 즐거움이. rati : *fr.* √ram(기뻐하다, 즐기다)

30 제1~2행 : 이 시의 술어는 hoti(있다)이고, 주어는 rati(즐거움이)이다. amānusī는 rati를 수식하므로 rati(여성, 단수, 주격)의 성, 수, 격에 일치한다. paviṭṭhassa(들어간), santacittassa(마음이 고요한), 그리고 vipassato(명확히 보는)는 bhikkhuno(수행승)를 수식하므로 bhikkhu(남성, 단수, 위격)의 성, 수, 격에 일치한다.

hoti [√bhū(있다, 이다, 되다)의 *Pres.3.Sg.*] 있다
sammā [*indecl.*] 완전히, 올바르게, 더할 나위 없이
dhammaṃ [dhamma(*m.*)의 *Sg.Acc.*] 진리를, 붓다의 가르침을
vipassato [vipassanta의 *m.Sg.Dat.*] 명확하게 보는. vipassanta : vi√dis(보다, 깨닫다)의 *Ppr.*

---

374 yato yato sammasati khandhānaṃ udayavyayaṃ
labhatī pītipāmojjaṃ amataṃ taṃ vijānataṃ.[31]

374 존재의 구성요소의 일어남과 사라짐을 완전히 아는 것으로
희열과 기쁨을 얻는다. 그것을 아는 이에게 죽음은 없다.

yato [*adv.*] 어디서, 어찌하여, ya(*pron.*)의 *Abl.*
yato [*adv.*] 어디서, 어찌하여, ya(*pron.*)의 *Abl.*
sammasati [saṃ√mas(~에 닿다, 접촉하다)의 *Pres.3.Sg.*] 납득한다, 완전히 안다
khandhānaṃ [khandha(*m.*)의 *Pl.Gen.*] 존재의 구성요소의
udayavyayaṃ [udayavyaya(*m.*)의 *Sg.Acc.*] 일어남과 사라짐을. udaya : *m.* 오름, 일어남. vyaya = vaya : *m.* 내림, 사라짐
labhatī = labhati [√labh(얻다, 도달하다)의 *Pres.3.Sg.*] 얻는다
pītipāmojjaṃ [pītipāmojja(*nt.*)의 *Sg.Acc.*] 희열과 기쁨을. pīti : *f.* 희열. pāmojja / pāmujja : *nt.* 기쁨, 환희, pa√mud(기뻐하다, 즐기다)의 *Grd.*
amataṃ [amata(*nt.*)의 *Sg.Nom.*] 죽음이 없는. a : *pref.* 아니다, 없다. mata : 죽은, √mar(죽다)의 *Pp.*
taṃ [ta(*3.pron.*)의 *nt.Sg.Acc.*] 그것을
vijānataṃ [vijānanta의 *m.Pl.Dat.*] 아는. vijānanta : vi√ñā(알다, 깨닫다)의 *Ppr.*

---

375 tatrāyam ādi bhavati idha paññassa bhikkhuno :[32]

31 제1~2행 : "yato yato sammasati khandhānaṃ udayavyayaṃ labhatī pītipāmojjaṃ"의 술어는 labhati(얻는다)이고, 이 술어동사를 통해 주어가 3인칭 단수임을 알 수 있다. 목적어는 pītipāmojjaṃ(희열과 기쁨을)이다. 제1행 전체는 관계대명사 yato가 이끄는 관계절이다.
32 제1행 : 이 행의 술부는 ādi bhavati(시작점이다)이고, 주어는 ayaṃ(이것은)이다. bhavati, atthi, vijjati,

indriyaguttī santuṭṭhī pātimokkhe ca saṃvaro,
mitte bhajassu kalyāṇe suddhājīve atandite.

375 여기 이것은 지혜로운 수행승을 위한 시작점이다 :
감관(感官)을 지키고 만족하며 계율에 따라 자제하라.
덕 있고 청정하게 살고 부지런한 친구들을 가까이하라.

tatrāyam = tatra-ayaṃ. tatra [*adv.*] 거기에, 그곳에. ayaṃ [ima(*pron.*)의 *m.Sg.Nom.*] 이는, 이것은

ādi [ādi(*m.*)의 *Sg.Nom.*] 처음은, 시작은

bhavati [√bhū(있다, 이다, 되다)의 *Pres.3.Sg.*] 이다, 된다

idha [*indecl.*] 여기서, 지금, 이때에, 이 세상에서

paññassa [pañña(*adj.*)의 *m.Sg.Dat. / Gen.*] 지혜로운, 현명한

bhikkhuno [bhikkhu(*m.*)의 *Sg.Dat. / Gen.*] 수행승을 위한, 비구을 위한

indriyaguttī [indriyagutti(*f.*)의 *Sg.Nom.*] 감관(感官)을 지킴. indriya : *nt.* 감관. gutti : *f.* 지킴, 조심, *fr.* √gup(지키다, 보호하다)

santuṭṭhī [santuṭṭhi(*f.*)의 *Sg.Nom.*] 만족

pātimokkhe [pātimokkha(*nt.*)의 *Sg.Loc.*] 계율에

ca [*indecl.*] 그리고, ~와

saṃvaro [saṃvara(*m.*)의 *Sg.Nom.*] 제어는, 자제는. saṃvara : *fr.* saṃ√var(막다)

mitte [mitta(*m.*)의 *Pl.Acc.*] 친구들을

bhajassu [√bhaj(가까이하다, 따르다, 사귀다)의 *A.Imper.2.Sg.*] 가까이하라

kalyāṇe [*adj.*] 덕 있는, 고결한

suddhājīve [suddhājīva(*adj.*)의 *m.Pl.Acc.*] 청정한 생활을 하는. suddha : 청정한, √sudh(깨끗해지다)의 *Pp.* ājīva : *m.* 생활, 삶.

atandite [atandita(*adj.*)의 *m.Pl.Acc.*] 부지런한. a : *pref.* 아니다, 없다. tandita : *adj.* 게으른

376 paṭisanthāravutt'assa ācārakusalo siyā,[33]
tato pāmojjabahulo dukkhass'antaṃ karissati.[34]

sampajjati와 같은 '존재'를 나타내는 동사와 함께 쓰이는 주격 명사는 서술적으로 쓰인다.

33 제1행 : 이 행 전체가 술부이고, 술어동사 assa와 siyā를 통해 주어가 3인칭 단수임을 알 수 있다.

376 친절하고, 행위가 방정(方正)해야 한다.
그러면 기쁨으로 충만하여 괴로움의 끝을 만들 것이다.

paṭisanthāravutt'assa = paṭisanthāra-vutti-assa : 친절해야 한다. paṭisanthāra [*m.*] 앞에 펼치는, 친절히 맞이하는, *fr.* paṭi-saṃ√thar(펴다, 펼치다). vutti [*f.*] 행위, 행동. assa [√as(이다, 있다, 존재하다, 되다)의 *Pot.3.Sg.*] 되어야 한다

ācārakusalo [ācārakusala의 *m.Sg.Nom.*] 행위가 방정(方正)한, 행위가 바른. ācāra : *m.* 행위, 행동, 태도, *fr.* ā√car(살다, 행하다). kusala : *adj.* 좋은, 올바른

siyā [√as(이다, 있다, 존재하다, 되다)의 *Pot.3.Sg.*] 되어야 한다

tato [ta(*3.pron.*)의 *Abl.*] 그런 까닭에, 그로 말미암아, 그 결과

pāmojjabahulo [pāmojjabahula의 *m.Sg.Nom.*] 기쁨으로 충만한. pāmojja / pāmujja : 기쁨, 환희, pa√mud(기뻐하다, 즐기다)의 *Grd.* bahula : *adj.* 많은, 충만한

dukkhass'antaṃ = dukkhassa-antaṃ. dukkhassa [dukkha(*nt.*)의 *Sg.Gen.*] 괴로움의. antaṃ [anta(*nt.*)의 *Sg.Acc.*] 끝을

karissati [√kar(하다, 행하다, 만들다)의 *Fut.3.Sg.*] 만들 것이다

377 vassikā viya pupphāni maddavāni pamuñcati[35]
evaṃ rāgañ ca dosañ ca vippamuñcetha bhikkhavo.[36]

377 재스민 식물이 시든 꽃들을 떨어뜨리듯
이렇게 탐욕과 증오를 버리라, 수행승들이여!

vassikā [vassikā(*f.*)의 *Sg.Nom.*] 재스민이

viya = iva [*indecl.*] ~와 같이, ~와 마찬가지로

pupphāni [puppha(*nt.*)의 *Pl.Acc.*] 꽃들을

34 제2행 : 이 행의 술어는 karissati(만들 것이다)이고, 이 술어동사를 통해 주어가 3인칭 단수임을 알 수 있다. 목적어는 dukkhass'antaṃ(괴로움의 끝을)이다.

35 제1행 : 이 행은 viya가 이끄는 부사절로서 이 부사절의 술어는 pamuñcati(해방한다)이고, 주어는 vassikā(재스민 식물이), 그리고 목적어는 pupphāni(꽃들을)이다. maddavāni(시든)은 pupphāni를 수식하므로 pupphāni(중성, 복수, 대격)의 성, 수, 격에 일치한다.

36 제2행 : 이 행의 술어는 vippamuñcetha(버리라)이고, 이 술어동사를 통해 주어가 2인칭 복수임을 알 수 있다. 목적어는 rāgaṃ(탐욕을)과 dosaṃ(증오를)이다.

maddavāni [maddava(*adj.*)의 *nt.Pl.Acc.*] 시든
pamuñcati [pa√muc(해방하다, 자유롭게 하다)의 *Pres.3.Sg.*] 자유롭게 한다, 놓는다
evaṃ [*adv.*] ~와 마찬가지로, 이와 같이, 이렇게
rāgañ = rāgaṃ [rāga(*m.*)의 *Sg.Acc.*] 탐욕을
ca [*indecl.*] 그리고, ~와
dosañ = dosaṃ [dosa(*m.*)의 *Sg.Acc.*] 증오를
ca [*indecl.*] 그리고, ~와
vippamuñcetha [vi-pa√muc(해방하다, 자유롭게 하다)의 *Imper.2.Pl.*] 벗어나라, 버리라
bhikkhavo [bhikkhu(*m.*)의 *Pl.Voc.*] 수행승들이여!, 비구들이여!

---

378 santakāyo santavāco santavā susamāhito
vantalokāmiso bhikkhu upasanto ti vuccati.[37]

378 행동이 고요하고 말이 고요하며 [마음이] 고요하고 아주 침착한,
속세의 즐거움을 버린 수행승은 고요한 이라 불린다.

santakāyo [santakāya의 *m.Sg.Nom.*] 몸 / 행동이 고요한. santa : 고요한, √sam(진정되다, 가라앉다)의 *Pp.* kāya : *m.* 몸

santavāco [santavāca의 *m.Sg.Nom.*] 말이 고요한. santa : 고요한, √sam(진정되다, 가라앉다)의 *Pp.* vācā : *f.* 말

santavā [santavant(*adj.*)의 *m.Sg.Nom.*] 고요한. santavant : √sam(진정되다, 가라앉다)의 *Pp.*

susamāhito [susamāhita의 *m.Sg.Nom.*] 아주 침착한. su : *indecl.* 잘, 철저하게. samāhita : 고정된, 가라앉은, 갖춘, saṃ-ā√dhā(두다, 놓다)의 *Pp.*

vantalokāmiso [vantalokāmisa의 *m.Sg.Nom.*] 속세의 즐거움을 버린. vanta : 버린, √vam(토하다, 내던지다, 단념하다)의 *Pp.* loka : *m.* 세상, 속세. āmisa : *nt.* 세속적인 것, 즐거움, 향락

bhikkhu [bhikkhu(*m.*)의 *Sg.Nom.*] 수행승은, 비구는

upasanto [upasanta의 *m.Sg.Nom.*] (*n.*) 고요한 이라고. upasanta : upa√sam(진정되다,

---

37 제1~2행 : 이 시의 술부는 upasanto ti vuccati(고요한 이라 불린다)이고, 주어는 bhikkhu(수행승은)이다. iti가 주격 단어 뒤에 올 때 iti와 그 주격 단어를 포함하는 절은 서술적으로 쓰인다. santakāyo(몸이 고요한), santavāco(말이 고요한), santavā(고요한), susamāhito(아주 침착한), 그리고 vantalokāmiso(속세의 즐거움을 버린)은 bhikkhu를 수식하므로 bhikkhu(남성, 단수, 주격)의 성, 수, 격에 일치한다.

가라앉다)의 *Pp.*

ti / iti [*indecl.*] 직접화법이 끝났음을 나타내거나 바로 언급한 것을 나타냄

vuccati [√vac(말하다)의 *Pres.Pass.3.Sg.*] 불린다

---

379 attanā coday'attānaṃ paṭimāse attam attanā,[38]
so attagutto satimā sukhaṃ bhikkhu vihāhisi.[39]

379 자신을 스스로 격려해야 한다. 자신을 스스로 제어해야 한다.
자신을 보호하고 깨어있는 그대는 행복하게 살 것이다, 수행승이여!

attanā [attan(*m.*)의 *Sg.Ins.*] 자신에 의해, 스스로

coday'attānaṃ. codaye [√cud(노력하게 하다, 격려하다)의 *Pot.3.Sg.*] 격려해야 한다. attānaṃ [attan(*m.*)의 *Sg.Acc.*] 자신을

paṭimāse [paṭi√mas(~에 닿다, 접촉하다)의 *Pot.Caus.3.Sg.*] 제어해야 한다

attam = attaṃ = attanaṃ [attan(*m.*)의 *Sg.Acc.*] 자신을

attanā [attan(*m.*)의 *Sg.Ins.*] 자신에 의해, 스스로

so [ta(*3.pron.*)의 *m.Sg.Nom.*][40] (여기서는 2인칭 단수로 쓰여) 너는, 그대는

attagutto [attagutta의 *m.Sg.Nom.*] 자신을 보호하는. attan : *m.* 자신, 복합어에서 atta로 쓰임. gutta : 보호하는, √gup(지키다, 보호하다)의 *Pp.*

satimā [satimant(*adj.*)의 *m.Sg.Nom.*] 깨어있는, 알아차리는. satimant : sati(*f.* 알아차림, 깨어있음)

sukhaṃ [*adv.*] 기쁘게, 편안하게, 행복하게, sukha(*adj.*)의 *nt.Sg.Acc.*

bhikkhu [bhikkhu(*m.*)의 *Sg.Voc.*] 수행승이여!, 비구여!

vihāhisi [vi√har(나르다, 가져오다)의 *Fut.2.Sg.*] 살 것이다

---

38 제1행 : "attanā coday'attānaṃ"의 술어는 codaye(격려해야 한다)이고, 이 술어동사를 통해 주어가 3인칭 단수임을 알 수 있다. 목적어는 attānaṃ(자신을)이다. "paṭimāse attam attanā"의 술어는 paṭimāse(제어해야 한다)이고, 이 술어동사를 통해 주어가 3인칭 단수임을 알 수 있다. 목적어는 attam(= attānaṃ, 자신을)이다.

39 제2행 : 이 행의 술어는 vihāhisi(살 것이다)이고, 주어는 so이다. attagutto(자신을 보호하는)와 satimā(깨어있는)는 so를 수식하므로 so(남성, 단수, 주격)의 성, 수, 격에 일치한다.

40 so는 3인칭인데 2인칭 단수 미래형인 vihāhisi와 함께 쓰였다. 주어는 3인칭인데 2인칭 동사와 함께 쓰이는 경우가 시 134, 236, 238에도 나타난다.

380 attā hi attano nātho attā hi attano gati,[41]
tasmā saññamay'attānaṃ assaṃ bhadraṃ va vāṇijo.[42]

380 자신이 실로 자신의 의지처이고 자신이 실로 자신의 갈 길이다.
그러니 자신을 제어하라. 상인이 좋은 말을 제어하듯.

attā [attan(*m.*)의 *Sg.Nom.*] 자신이
hi [*indecl.*] 실로, 참으로, 왜냐하면, ~조차, ~라도
attano [attan(*m.*)의 *Sg.Gen.*] 자신의
nātho [nātha(*m.*)의 *Sg.Nom.*] 보호자, 의지처, 주인
attā [attan(*m.*)의 *Sg.Nom.*] 자신이
hi [*indecl.*] 실로, 참으로, 왜냐하면, ~조차, ~라도
attano [attan(*m.*)의 *Sg.Gen.*] 자신의
gati [gati(*f.*)의 *Sg.Nom.*] 가는 것, 행로, 갈 길, *fr.* √gam(가다)
tasmā [ta(*3.pron.*)의 *m.Sg.Abl.*] 그것으로부터, 그런 까닭에, 따라서
saññamay'attānaṃ[43] = saññamaya-attānaṃ.saññamaya [saṃ√yam(제어하다, 참다)의 *Imper.Caus.2.Sg.*] 제어하라. attānaṃ [attan(*m.*)의 *Sg.Acc.*] 자신을
assaṃ [assa(*m.*)의 *Sg.Acc.*] 말을
bhadraṃ [bhadra(*adj.*)의 *m.Sg.Acc.*] 좋은
va = iva [*indecl.*] ~와 같이, ~처럼, ~와 마찬가지로
vāṇijo [vāṇija(*m.*)의 *Sg.Nom.*] 상인이

381 pāmojjabahulo bhikkhu
pasanno Buddhasāsane
adhigacche padaṃ santaṃ

41 제1행 : "attā hi attano nātho"의 술어는 명사 nātho(의지처)이고, 주어는 attā(자신이)이다. "attā hi attano gati"의 술어는 명사 gati(행로, 내생)이고, 주어는 attā(자신이)이다. 명사적 술어는 주어의 격에 일치한다.
42 제2행 : 이 행의 술어는 saññamaya(제어하라)이고, 이 술어동사를 통해 주어가 2인칭 단수임을 알 수 있다. 목적어는 attānaṃ(자신을)이다. "assaṃ bhadraṃ va vāṇijo"는 va(= iva)가 이끄는 부사절이다.
43 PTS본 : saññāmay'attānaṃ.

saṃkhārūpasamaṃ sukhaṃ.[44]

381 기쁨으로 충만하고
붓다의 가르침을 믿는 수행승은
평온한 상태에,
조건 지어진 것이 멸한 행복한 고요함에 이를 것이다.

pāmojjabahulo [pāmojjabahula의 *m.Sg.Nom.*] 기쁨으로 충만한. pāmojja / pāmujja : 기쁨, 환희, pa√mud(기뻐하다, 즐기다)의 *Grd.* bahula : *adj.* 많은, 충만한

bhikkhu [bhikkhu(*m.*)의 *Sg.Nom.*] 수행승은, 비구는

pasanno [pasanna의 *m.Sg.Nom.*] 깨끗한, 기뻐하는, ~을 믿는. pasanna : pa√sad(가라앉다)의 *Pp.*

Buddhasāsane [buddhasāsana(*nt.*)의 *Sg.Loc.*] 붓다의 가르침에. buddha : *m.* 깨달은 이, 붓다, √budh(알다, 깨닫다)의 *Pp.* sāsana : *nt.* 가르침

adhigacche [adhi√gam(가다)의 *Pot.3.Sg.*] 이를 것이다

padaṃ [pada(*nt.*)의 *Sg.Acc.*] 상태에, 길에

santaṃ [santa의 *nt.Sg.Acc.*] 평온한. santa : √sam(진정되다, 가라앉다)의 *Pp.*

saṃkhārūpasamaṃ [saṃkhārūpasama(*m.*)의 *Sg.Acc.*] 조건 지어진 것이 멸한 고요함에. saṃkhāra : *m.* 조건 지어진 것. upasama : *m.* 평온, 고요

sukhaṃ [sukha(*adj.*)의 *m.Sg.Acc.*] 즐거운, 행복한, 기쁜

---

382 yo have daharo bhikkhu yuñjate Buddhasāsane
so'maṃ lokaṃ pabhāseti abbhā mutto va candimā.[45]

382 실로 어리더라도 붓다의 가르침에 전념하는 수행승,

44 제1~4행 : 이 시의 술어는 adhigacche(이를 것이다)이고, 주어는 bhikkhu(수행승은), 그리고 목적어는 santaṃ padaṃ(평온한 상태에)과 saṃkhārūpasamaṃ sukhaṃ(조건 지어진 것이 멸한 행복한 고요함에)이다. pāmojjabahulo(기쁨으로 충만한)와 pasanno(확신하는)는 bhikkhu(수행승)를 수식하므로 bhikkhu(남성, 단수, 주격)의 성, 수, 격에 일치한다.

45 제1~2행 : 이 시의 술어는 pabhāseti(비춘다)이고, 주어는 so(그는), 즉 bhikkhu(수행승은)이다. 목적어는 lokaṃ(세상을)이다. imaṃ(이)은 lokaṃ(세상을)을 수식하므로 lokaṃ(남성, 단수, 대격)의 성, 수, 격에 일치한다. 제1행은 관계대명사 yo가 이끄는 관계절로 bhikkhu, 즉 2행의 so를 지시한다. “abbhā mutto va candimā”는 va(= iva)가 이끄는 부사절이다.

그는 구름을 벗어난 달처럼 이 세상을 비춘다.

yo [ya(*pron.*)의 *m.Sg.Nom.*] ~하는 이. so를 지시함
have [*indecl.*] 실로, 참으로, 확실히, 정말
daharo [dahara(*adj.*)의 *m.Sg.Nom.*] 작은, 어린
bhikkhu [bhikkhu(*m.*)의 *Sg.Nom.*] 수행승, 비구
yuñjate [√yuj(결합하다, 노력하다)의 *A.Pres.3.Sg.*] 노력한다, 전념한다
Buddhasāsane [buddhasāsana(*nt.*)의 *Sg.Loc.*] 붓다의 가르침에. buddha : *m.* 깨달은 이, 붓다, √budh(알다, 깨닫다)의 *Pp.* sāsana : *nt.* 가르침
so'maṃ = so-imaṃ. so [ta(*3.pron.*)의 *m.Sg.Nom.*] 그는, 그것은. imaṃ [ima(*pron.*)의 *m.Sg.Acc.*] 이것을
lokaṃ [loka(*m.*)의 *Sg.Acc.*] 세계를, 세상을
pabhāseti [pa√bhās(빛나다)의 *Pres.Caus.3.Sg.*] 밝게 한다, 비춘다, 밝힌다
abbhā [abbha(*nt.*)의 *Sg.Abl.*] 구름으로부터
mutto [mutta의 *m.Sg.Nom.*] 자유로워진. mutta : √muc(해방하다, 자유롭게 하다)의 *Pp.*
va = iva [*indecl.*] ~와 같이, ~처럼, ~와 마찬가지로
candimā [candimā(*m.*)의 *Sg.Nom.*] 달

제26장

브라흐만

Brāhmaṇa

383 chinda sotaṃ parakkamma, kāme panuda brāhmaṇa,[1]
saṃkhārānaṃ khayaṃ ñatvā akataññū si brāhmaṇa.[2]

383 힘써서 흐름을 끊어내라. 감각적 욕망을 몰아내라, 브라흐만이여!
조건 지어진 것들의 파괴를 알고 나면 만들어지지 않은 것에 대해 알게 된다, 브라흐만이여!

chinda [√chid(베어내다, 제거하다)의 *Imper.2.Sg.*] 끊어내라
sotaṃ [sota(*m.* / *nt.*)의 *Sg.Acc.*] 흐름을, 조류를, 물결을
parakkamma[3] [parā√kam(가다, 들어가다)의*Ger.*] 노력하고는, 힘쓰고는
kāme [kāma(*m.*)의 *Pl.Acc.*] 감각적 욕망을, 쾌락을
panuda [pa√nud(몰아내다, 쫓아내다)의 *Imper.2.Sg.*] 몰아내라
brāhmaṇa [brāhmaṇa(*m.*)의 *Sg.Voc.*] 브라흐만이여!
saṃkhārānaṃ [saṃkhāra(*m.*)의 *Pl.Gen.*] 조건 지어진 것들의
khayaṃ [khaya(*m.*)의 *Sg.Acc.*] 파멸을, 파괴를

1 제1행 : "chinda sotaṃ parakkamma"의 술어는 chinda(끊어내라)이고, 이 술어동사를 통해 주어가 2인칭 단수임을 알 수 있다. 목적어는 sotaṃ(흐름을)이다. "kāme panuda brāhmaṇa"의 술어는 panuda(몰아내라)이고, 이 술어동사를 통해 주어가 2인칭 단수임을 알 수 있다. 목적어는 kāme(감각적 욕망을)이다.

2 제2행 : 이 행의 술부는 akataññū asi(만들어지지 않은 것에 대해 알게 된다)이고, 술어동사 asi를 통해 주어가 2인칭 단수임을 알 수 있다. "saṃkhārānaṃ khayaṃ ñatvā"는 절대분사 ñatvā가 이끄는 종속절이다. 절대분사 ñatvā는 전체 문장의 주동사 asi 이전의 행위를 나타낸다.

3 parā의 장모음 ā는 중복자음 앞에서 a로 변한다.

ñatvā [√ñā(알다)의 *Ger.*] 알고 나서, 안 후에

akataññū [akataññū(*adj.*)의 *m.Sg.Nom.*] 만들어지지 않은 것에 대해 알고 있는. akata(a-kata) : 만들어지지 않은 것. ññū : *adj.* 아는, 알고 있는, *fr.* √ñā(알다)

si = asi [√as(이다, 있다, 존재하다, 되다)의 *Pres.2.Sg.*] 이다

brāhmaṇa [brāhmaṇa(*m.*)의 *Sg.Voc.*] 브라흐만이여!

---

384 yadā dvayesu dhammesu pāragū hoti brāhmaṇo[4]
ath'assa sabbe saṃyogā atthaṃ gacchanti jānato.[5]

384 브라흐만이 두 가지 법에 있어 완전한 경지에 달하면
[그것을] 알고 있는 그의 모든 속박들은 사라진다.

yadā [*adv.*] ~할 때에, ~하면

dvayesu [dvaya(*adj.*)의 *m.Pl.Loc.*] 두 가지에

dhammesu [dhamma(*m.*)의 *Pl.Loc.*] 법에, 일에, ~것에

pāragū [pāragū(*adj.*)의 *m.Sg.Nom.*] 저편으로 건너간, 완전한 경지에 달한. pāra : *nt.* 건너편, 저 세상. gū : 가는, 간, ~에 완성된, *fr.* √gam(가다)

hoti [√bhū(있다, 이다, 되다)의 *Pres.3.Sg.*] 있다, 이다, 된다

brāhmaṇo [brāhmaṇa(*m.*)의 *Sg.Nom.*] 브라흐만은

ath'assa = atha-assa. atha [*indecl.*] 그리고, 또한, 또는, 그러고 나서. assa [ima(*pron.*)의 *m.Sg.Dat.* / *Gen.*] 그에게, 그의

sabbe [sabba(*adj.*)의 *m.Pl.Nom.*] 모든

saṃyogā [saṃyoga(*m.*)의 *Pl.Nom.*] 속박들은. saṃyoga : *fr.* saṃ√yuj(묶다, 결합하다)

atthaṃ [attha(*nt.*)의 *Sg.Acc.*] 소멸, 사라짐. gacchati와 함께 쓰여 '소멸하다', '사라지다'의 의미를 가짐

gacchanti [√gam(가다, 이동하다)의 *Pres.3.Pl.*] 간다, 이동한다

jānato [jānanta의 *m.Sg.Dat.* / *Gen.*] 아는. jānanta : √ñā(알다, 이해하다)의 *Ppr.*

---

4 제1행 : 이 행은 yadā가 이끄는 부사절로서 이 부사절의 술부는 pāragū hoti(완전한 경지에 달한다)이고, 주어는 brāhmaṇo(브라흐만이)이다.

5 제2행 : 이 행의 술부는 atthaṃ gacchanti(사라진다)이고, 주어는 saṃyogā(속박들은)이다. sabbe(모든)은 saṃyogā를 수식하므로 saṃyogā(남성, 복수, 주격)의 성, 수, 격에 일치한다. jānato(아는)는 assa(그)를 수식하므로 assa(남성, 단수, 위격 / 속격)의 성, 수, 격에 일치한다.

385 yassa pāraṃ apāraṃ vā
pārāpāraṃ na vijjati[6]
vītaddaraṃ visaññuttaṃ
tam ahaṃ brūmi brāhmaṇaṃ.[7]

385 피안(彼岸) 또는 차안(此岸)이 없고
피안과 차안 둘 다 없는 이,
두려움도 없고 속박도 없는
그를 나는 브라흐만이라고 부른다.

yassa [ya(*pron.*)의 *m.Sg.Dat.*] ~하는. taṃ을 지시함

pāraṃ [pāra(*nt.*)의 *Sg.Nom.*] 저 세상은, 피안(彼岸)은

apāraṃ [apāra(*nt.*)의 *Sg.Nom.*] 이 세상은, 차안(此岸)은. a : *pref.* 아니다, 없다. pāra : *nt.* 저 세상, 피안(彼岸)

vā [*indecl.*] 또는

pārāpāraṃ [pārāpāra(*nt.*)의 *Sg.Nom.*] 피안(彼岸)과 차안(此岸) 둘 다. pāra : *nt.* 피안, 저 세상. apāra(a-pāra) : *nt.* 차안, 이 세상

na [*indecl.*] ~아니다, ~없다

vijjati [√vid(찾다, 알다)의 *Pres.Pass.3.Sg.*] 존재한다, 있다

vītaddaraṃ [vītaddara의 *m.Sg.Acc.*] 두려움이 없는. vīta : *adj.* ~이 없는, vi-ita(√i의 *Pp.*). dara : *m.* 두려움

visaññuttaṃ [visaṃyutta의 *m.Sg.Acc.*] 속박이 없는. vi : *pref.* 떨어져서, 멀리, 없이. saṃyutta : 속박된, saṃ√yuj(묶다, 결합하다)의 *Pp.*

tam = taṃ [ta(*3.pron.*)의 *m.Sg.Acc.*] 그를, 그것을

ahaṃ [amha(*1.pron.*)의 *Sg.Nom.*] 나는

brūmi [√brū(말하다, 부르다)의 *Pres.1.Sg.*] 말한다, 부른다

brāhmaṇaṃ [brāhmaṇa(*m.*)의 *Sg.Acc.*] 브라흐만이라고

---

6 제1~2행 : 이 행들은 관계대명사 yassa가 이끄는 관계절로서 이 관계절의 술부는 na vijjati(없다, 존재하지 않는다)이고, 주어는 pāraṃ(피안은), apāraṃ(차안은), 그리고 pārāpāraṃ(피안과 차안 둘 다는)이다.

7 제3~4행 : 이 행들의 술부는 brāhmaṇaṃ brūmi(브라흐만이라고 부른다)이고, 주어는 ahaṃ(나는), 그리고 목적어는 taṃ(그를)이다. 여기서 brāhmaṇaṃ은 동사 brūmi와 함께 서술적으로 쓰인 대격 단어이다. vītaddaraṃ(두려움이 없는)과 visaññuttaṃ(속박이 없는)은 taṃ을 수식하므로 taṃ(남성, 단수, 대격)의 성, 수, 격에 일치한다.

386 jhāyiṃ virajam āsīnaṃ
katakiccaṃ anāsavaṃ
uttamatthaṃ anuppattaṃ
tam ahaṃ brūmi brāhmaṇaṃ.[8]

386 명상하고 더러움이 없고 앉아있으며
해야 할 일을 하고 번뇌가 없는,
최고의 목적을 이룬
그를 나는 브라흐만이라고 부른다.

jhāyiṃ [jhāyin(*adj.*)의 *m.Sg.Acc.*] 명상하는. jhāyin : *fr.* √jhe(명상하다, 숙고하다)

virajam = virajaṃ [viraja(*adj.*)의 *m.Sg.Acc.*] 더러움이 없는. vi : *pref.* 떨어져서, 멀리, 없이. raja : *m.* 더러움

āsīnaṃ [āsīna의 *m.Sg.Acc.*] 앉아있는. āsīna : √ās(앉다, 앉아 있다)의 *Pp.*

katakiccaṃ [katakicca의 *m.Sg.Acc.*] 해야 할 일을 한. kata : ~한, √kar(하다)의 *Pp.* kicca : *nt.* 해야 하는 것, √kar(하다, 행하다)의 *Grd.*

anāsavaṃ [anāsava(*adj.*)의 *m.Sg.Acc.*] 번뇌가 없는. an : *pref.* 아니다, 없다. āsava : *m.* 번뇌

uttamatthaṃ [uttamattha(*m.*)의 *Sg.Acc.*] 최고의 목적을. uttama : *adj.* 최고의. attha : *m.* 이익, 목적, 일

anuppattaṃ [anuppatta의 *m.Sg.Acc.*] 도달한, 성취한. anuppatta : anu-pa√ap(얻다)의 *Pp.*

tam = taṃ [ta(*3.pron.*)의 *m.Sg.Acc.*] 그를, 그것을

ahaṃ [amha(*1.pron.*)의 *Sg.Nom.*] 나는

brūmi [√brū(말하다, 부르다)의 *Pres.1.Sg.*] 말한다, 부른다

brāhmaṇaṃ [brāhmaṇa(*m.*)의 *Sg.Acc.*] 브라흐만이라고

8 제1~4행 : 이 시의 술부는 brāhmaṇaṃ brūmi(브라흐만이라고 부른다)이고, 주어는 ahaṃ(나는), 그리고 목적어는 taṃ(그를)이다. 여기서 brāhmaṇaṃ은 동사 brūmi와 함께 서술적으로 쓰인 대격 단어이다. jhāyiṃ(명상하는), virajaṃ(더러움이 없는), āsīnaṃ(앉아있는), katakiccaṃ(해야 할 일을 한), anāsavaṃ(번뇌가 없는), 그리고 uttamatthaṃ anuppattaṃ(최고의 목적을 이룬)은 taṃ을 수식하므로 taṃ(남성, 단수, 대격)의 성, 수, 격에 일치한다.

387 divā tapati ādicco, rattiṃ ābhāti candimā,[9]
sannaddho khattiyo tapati, jhāyī tapati brāhmaṇo,[10]
atha sabbam ahorattiṃ Buddho tapati tejasā.[11]

387 태양은 낮에 빛나고, 달은 밤에 빛난다.
무사는 무장하여 빛나고, 브라흐만은 명상하여 빛난다.
그러나 붓다는 모든 낮과 밤에 광명으로 빛난다.

divā [*adv.*] 낮에는
tapati [√tap(태우다, 빛나게 하다)의 *Pres.3.Sg.*] 빛난다, 반짝인다
ādicco [ādicca(*m.*)의 *Sg.Nom.*] 태양은
rattiṃ [*adv.*] 밤에, ratti(*f.* 밤)의 *Sg. Acc.*
ābhāti [ā√bhās(빛나다)의 *Pres.3.Sg.*] 빛난다
candimā [candimā(*m.*)의 *Sg.Nom.*] 달은
sannaddho [sannaddha의 *m.Sg.Nom.*] 무장한. sannaddha : saṃ√nah(묶다, 얽매다)의 *Pp.*
khattiyo [khattiya(*m.*)의 *Sg.Nom.*] 무사(武士) 계급의 사람은. khattiya : *fr.* khatta(*nt.* 힘, 통치)
tapati [√tap(태우다, 빛나게 하다)의 *Pres.3.Sg.*] 빛난다, 반짝인다
jhāyī [jhāyin(*adj.*)의 *m.Sg.Nom.*] 명상하는. jhāyin : *fr.* √jhe(명상하다, 숙고하다)
tapati [√tap(태우다, 빛나게 하다)의 *Pres.3.Sg.*] 빛난다, 반짝인다, 비친다
brāhmaṇo [brāhmaṇa(*m.*)의 *Sg.Nom.*] 브라흐만은
atha [*indecl.*] 그리고, 또한, 또는, 그러고 나서, 그러나
sabbam = sabbaṃ [sabba(*adj.*)의 *nt.Sg.Nom.*] 모든
ahorattiṃ [ahoratti(*f.*)의 *Sg.Acc.*] 낮과 밤에. aha : *nt.* 낮, 복합어에서는 aho로 쓰임. ratti : *f.* 밤
Buddho [buddha의 *m.Sg.Nom.*] (*n.*) 깨달은 이는, 붓다는. buddha : √budh(알다, 깨닫다)의 *Pp.*
tapati [√tap(태우다, 빛나게 하다)의 *Pres.3.Sg.*] 빛난다, 반짝인다
tejasā [teja(*nt.*)의 *Sg.Ins.*] 광채로, 광명으로

9 제1행 : "divā tapati ādicco"의 술어는 tapati(빛난다)이고, 주어는 ādicco(태양은)이다. "rattiṃ ābhāti candimā"의 술어는 tapati(빛난다)이고, 주어는 candimā(달은)이다.
10 제2행 : "sannaddho khattiyo tapati"의 술어는 tapati(빛난다)이고, 주어는 khattiyo(무사는)이다. "jhāyī tapati brāhmaṇo"의 술어는 tapati(빛난다)이고, 주어는 brāhmaṇo(브라흐만은)이다.
11 제3행 : 이 행의 술어는 tapati(빛난다)이고, 주어는 Buddho(붓다는)이다.

388 bāhitapāpo ti brāhmaṇo
samacariyā samaṇo ti vuccati.[12]
pabbājayam attano malaṃ
tasmā pabbajito ti vuccati.[13]

388 악을 가까이하지 않기에 브라흐만이요,
평온하게 살기에 수행자라 불린다.
자신의 더러움을 제거하기에
그것으로써 출가자라 불린다.

bāhitapāpo [bāhitapāpa의 *m.Sg.Nom.*] 악을 가까이하지 않는. bāhita : 가까이하지 않는, bāheti(bahi의 *Denom.Caus.*)의 *Pp.* pāpa : *nt.* 악, 악행

ti / iti [*indecl.*] 직접화법이 끝났음을 나타내거나 바로 언급한 것을 나타냄

brāhmaṇo [brāhmaṇa(*m.*)의 *Sg.Nom.*] 브라흐만

samacariyā [samacariyā(*f.*)의 *Sg.Nom.*] 평온하게 사는 것. sama : *m.* 평온, 침착, *fr.* √sam(진정되다, 가라앉다). cariyā : *f.* 행위, 행동, 사는 것

samaṇo [samaṇa(*m.*)의 *Sg.Nom.*] 수행자라고

ti / iti [*indecl.*] 직접화법이 끝났음을 나타내거나 바로 언급한 것을 나타냄

vuccati [√vac(말하다)의 *Pres.Pass.3.Sg.*] 불린다

pabbājayam = pabbājayaṃ [pabbājayanta의 *m.Sg.Nom.*] 내쫓는, 제거하는. pabbājayanta : pa√vaj(가다, 나아가다)의 *Caus.Ppr.*

attano [attan(*m.*)의 *Sg.Gen.*] 자신의

malaṃ [mala(*nt.*)의 *Sg.Acc.*] 더러움을

tasmā [ta(*3.pron.*)의 *m.Sg.Abl.*] 그것으로부터, 그런 까닭에, 따라서

pabbajito [pabbajita(*m.*)의 *Sg.Nom.*] 출가자라고. pabbajita : pa√vaj(가다, 나아가다)의 *Pp.*

ti / iti [*indecl.*] 직접화법이 끝났음을 나타내거나 바로 언급한 것을 나타냄

vuccati [√vac(말하다)의 *Pres.Pass.3.Sg.*] 불린다

12 제2행 : 이 행의 술부는 samaṇo ti vuccati(수행자라 불린다)이고, 술어동사 vuccati를 통해 주어가 3인칭 단수임을 알 수 있다. iti가 주격 단어 뒤에 올 때 iti와 그 주격 단어를 포함하는 절은 서술적으로 쓰인다.

13 제4행 : 이 행의 술부는 pabbajito ti vuccati(출가자라 불린다)이고, 술어동사 vuccati를 통해 주어가 3인칭 단수임을 알 수 있다.

389 na brāhmaṇassa pahareyya[14]
nāssa muñcetha brāhmaṇo,[15]
dhī brāhmaṇassa hantāraṃ,
tato dhī y'assa muñcati.

389 브라흐만을 때려선 안 된다.
브라흐만은 [때린] 그에게 화를 내선 안 된다.
브라흐만을 때리는 사람은 부끄러운 줄 알라.
[때린] 그에게 화를 내는 사람도 부끄러운 줄 알라.

na [*indecl.*] ~아니다, ~없다
brāhmaṇassa [brāhmaṇa(*m.*)의 *Sg.Dat.*] 브라흐만에게
pahareyya [pa√har(집어들다, 가져오다)의 *Pot.3.Sg.*] 때려야 한다
nāssa = na-assa. na [*indecl.*] ~아니다, ~없다. assa [ima(*pron.*)의 *m.Sg.Dat.*] 그에게
muñcetha [√muc(풀다, 자유롭게 하다)의 *A.Pot.3.Sg.*] 풀어야 한다, (문맥상) 화를 내야 한다
brāhmaṇo [brāhmaṇa(*m.*)의 *Sg.Nom.*] 브라흐만은
dhī [*indecl.*] ~에 재앙이 있으라, 무사하지 못할 것이다, 부끄러운 줄 알라
brāhmaṇassa [brāhmaṇa(*m.*)의 *Sg.Dat.*] 브라흐만에게
hantāraṃ [hantar(*m.*)의 *Sg.Acc.*] 때리는 사람을. hantar : *fr.* √han(죽이다, 때리다)
tato [ta(*3.pron.*)의 *Abl.*] 그런 까닭에, 그로 말미암아, 그 결과
dhī [*indecl.*] ~에 재앙이 있으라, 무사하지 못할 것이다, 부끄러운 줄 알라
y'assa = yo-assa. yo [ya(*pron.*)의 *m.Sg.Nom.*] ~하는. assa [ima(*pron.*)의 *m.Sg.Dat.*] 그에게
muñcati [√muc(풀다, 자유롭게 하다)의 *Pres.3.Sg.*] 풀다, (문맥상) 화를 내다

390 na brāhmaṇass'etad akiñci seyyo[16]

14 제1행 : 이 행의 술부는 na pahareyya(때려선 안 된다)이고, 술어동사 pahareyya를 통해 주어가 3인칭 단수임을 알 수 있다.
15 제2행 : 이 행의 술부는 na muñcetha(내어선 안 된다)이고, 주어는 brāhmaṇo(브라흐만은)이다.
16 제1행 : 부정을 나타내는 na와 akiñci의 a가 같이 쓰여 긍정을 나타내고 있다. 문맥상 둘 중에 하나가 빠져

yadā nisedho manaso piyehi,
yato yato hiṃsamano nivattati
tato tato sammati-m-eva dukkhaṃ.[17]

390 쾌락으로부터 마음을 절제할 때,
브라흐만에게 이것보다 나은 것은 없다.
해하고자 하는 마음에서 떠날수록
고통은 가라앉는다.

na [*indecl.*] ~아니다, ~없다

brāhmaṇass'etad = brāhmaṇassa-etad. brāhmaṇassa [brāhmaṇa(*m.*)의 *Sg.Dat.*] 브라흐만에게. etad = etaṃ [etad(*pron.*)의 *nt.Sg.Nom.*] 이것이, 그것이

akiñci = a-kiñci : 아무것도~아님, 어떤 것도~아님. a : *pref.* 아니다, 없다. kiñci = kiṃ-ci : 몇 개의, 약간의

seyyo [seyya(*nt.*)의 *Sg.Nom.*][18] 좋은 일, 이익, 행복

yadā [*adv.*] ~할 때에, ~하면

nisedho [nisedha(*m.*)의 *Sg.Nom.*] 억제, 절제

manaso [mano / mana(*nt.*)의 *Sg.Gen.*] 마음의

piyehi [piya(*nt.*)의 *Pl.Abl.*] 쾌락으로부터, 즐거운 것으로부터

yato [*adv.*] 어디서, 어찌하여, ya(*pron.*)의 *Abl.*

yato [*adv.*] 어디서, 어찌하여, ya(*pron.*)의 *Abl.*

hiṃsamano [hiṃsamano(*nt.*)의 *Sg.Nom.*] 해하고자 하는 마음. hiṃsā : *f.* 해치는 것. mano : *nt.* 마음

nivattati [ni√vat(있다, 존재하다, 움직이다)의 *Pres.3.Sg.*] 떠난다, 피한다

tato [ta(*3.pron.*)의 *Abl.*] 그런 까닭에, 그로 말미암아, 그 결과

tato [ta(*3.pron.*)의 *Abl.*] 그런 까닭에, 그로 말미암아, 그 결과

sammati-m-eva = sammati-eva. sammati [√sam(가라앉다, 진정되다)의 *Pres.3.Sg.*] 가라앉는다. eva [*adv.*] 실로, 단지, 바로

dukkhaṃ [dukkha(*nt.*)의 *Sg.Nom.*] 고통은

야 하므로 그에 맞게 번역하였다.

17 제3~4행 : 제3행은 yato가 이끄는 부사절로서 제4행의 tato를 지시한다. 제4행의 술어는 sammati(가라앉는다)이고, 주어는 dukkhaṃ(고통은)이다.

18 seyyo는 좋은 일, 행복을 의미하는 중성명사로 쓰이기도 한다.

391 yassa kāyena vācāya manasā n'atthi dukkataṃ
saṃvutaṃ tīhi ṭhānehi tam ahaṃ brūmi brāhmaṇaṃ.[19]

391 몸과 말과 마음으로 나쁘게 행한 것이 없는 이,
[이] 세 가지를 제어한 그를 나는 브라흐만이라고 부른다.

yassa [ya(*pron.*)의 *m.Sg.Dat.*] ~하는. taṃ을 지시함
kāyena [kāya(*m.*)의 *Sg.Ins.*] 몸으로
vācāya [vācā(*f.*)의 *Sg.Ins.*] 말로
manasā [mana(*nt.*)의 *Sg.Ins.*] 마음으로
n'atthi = na-atthi : 없다. na [*indecl.*] ~아니다, ~없다. atthi [√as(이다, 있다, 존재하다)의 *Pres.3.Sg.*] 있다
dukkataṃ [dukkata(*nt.*)의 *Sg.Nom.*] 나쁘게 행해진 것, 즉 악행. du : *indecl.* 나쁜, 부족한, 어려운. kata : *nt.* 되어진 것, 행해진 것, 행위, √kar(하다)의 *Pp.*
saṃvutaṃ [saṃvuta의 *m.Sg.Acc.*][20] 제어된. saṃvuta : saṃ√var(막다)의 *Pp.*
tīhi [ti(*adj.*)의 *nt.Pl.Ins.*] 셋으로
ṭhānehi [ṭhāna(*nt.*)의 *Pl.Ins.*] 장소로, 이유로, 근거로, ~점으로
tam = taṃ [ta(*3.pron.*)의 *m.Sg.Acc.*] 그를, 그것을
ahaṃ [amha(*1.pron.*)의 *Sg.Nom.*] 나는
brūmi [√brū(말하다, 부르다)의 *Pres.1.Sg.*] 말한다, 부른다
brāhmaṇaṃ [brāhmaṇa(*m.*)의 *Sg.Acc.*] 브라흐만이라고

392 yamhā dhammaṃ vijāneyya
sammāsambuddhadesitaṃ
sakkaccaṃ taṃ namasseyya

19 제1~2행 : 이 시의 술부는 brāhmaṇaṃ brūmi(브라흐만이라고 부른다)이고, 주어는 ahaṃ(나는), 그리고 목적어는 taṃ(그를)이다. 여기서 brāhmaṇaṃ은 동사 brūmi와 함께 서술적으로 쓰인 대격 단어이다. 제1행 전체는 관계대명사 yassa가 이끄는 관계절이다. saṃvutaṃ(제어된)은 taṃ를 수식하므로 taṃ(남성, 단수, 대격)의 성, 수, 격에 일치한다.
20 saṃvuta는 주로 구격과 함께 쓰인다.

aggihuttaṃ va brāhmaṇo.[21]

392 더할 나위 없이 완전하게 깨달은 이에 의해 가르쳐진 진리를
누구로부터 알게 되었든지
공손히 그를 받들어 모셔야 한다.
브라흐만이 제사를 위한 불을 모시듯.

yamhā [ya(*pron.*)의 *Sg.Abl.*] 누구로부터

dhammaṃ [dhamma(*m.*)의 *Sg.Acc.*] 진리를, 가르침을

vijāneyya [vi√ñā(알다, 깨닫다)의 *Pot.3.Sg.*] 안다

sammāsambuddhadesitaṃ [sammāsambuddhadesita의 *m.Sg.Acc.*] 더할 나위 없이 완전하게 깨달은 이에 의해 가르쳐진. sammā : *indecl.* 완전히, 올바르게, 더할 나위 없이. sambuddha : (*n.*) 완전히 깨달은 이, saṃ√budh(알다, 깨닫다)의 *Pp.* desita : 가르쳐진, √dis(설명하다, 가르치다)의 *Pp.*

sakkaccaṃ / sakkacca [*adv.*] 공손히, 정식으로

taṃ [ta(*3.pron.*)의 *m.Sg.Acc.*] 그를, 그것을

namasseyya [namo / nama(*nt.* 존경, 경의)의 *Denom.Pot.3.Sg.*] 존경해야 한다, 받들어 모셔야 한다

aggihuttaṃ [aggihutta(*nt.*)의 *Sg.Acc.*] 제사를 위한 불을. aggi : *m.* 불. hutta : *nt.* 희생, 제물

va = iva [*indecl.*] ~와 같이, ~처럼, ~와 마찬가지로

brāhmaṇo [brāhmaṇa(*m.*)의 *Sg.Nom.*] 브라흐만이

393 na jaṭāhi na gottena
na jaccā hoti brāhmaṇo,[22]
yamhi saccañ ca dhammo ca
so sucī so ca brāhmaṇo.[23]

21 제1~4행 : 이 시의 술어는 namasseyya(존경해야 한다)이고, 이 술어동사를 통해 주어가 3인칭 단수임을 알 수 있다. 목적어는 taṃ(그를)이다. 제1~2행은 관계대명사 yamhā가 이끄는 관계절이다. 제4행은 va(= iva)가 이끄는 부사절이다.

22 제1~2행 : 이 행들의 술부는 brāhmaṇo na hoti(브라흐만이 되지 않는다)이고, 술어동사 hoti를 통해 주어가 3인칭 단수임을 알 수 있다.

23 제3~4행 : "so sucī"의 술어는 suci(청정하다)이고, 주어는 so(그는)이다. "so ca brāhmaṇo"의 술어는 명

393 헝클어진 머리로도 아니고 혈통으로도 아니며
태생으로도 브라흐만이 되지는 않는다.
진실과 진리가 있는 이,
그는 청정하다. 그리고 그가 브라흐만이다.

na [*indecl.*] ~아니다, ~없다
jaṭāhi [jaṭā(*f.*)의 *Pl.Ins.*] 헝클어진 머리로
na [*indecl.*] ~아니다, ~없다
gottena [gotta(*nt.*)의 *Sg.Ins.*] 혈통으로
na [*indecl.*] ~아니다, ~없다
jaccā [jāti의 *Sg.Ins.*] 태어남으로, 태생으로
hoti [√bhū(있다, 이다, 되다)의 *Pres.3.Sg.*] 된다
brāhmaṇo [brāhmaṇa(*m.*)의 *Sg.Nom.*] 브라흐만이
yamhi [ya(*pron.*)의 *Sg.Loc.*] ~하는
saccañ = saccaṃ [sacca(*nt.*)의 *Sg.Nom.*] 참은, 진실은
ca [*indecl.*] 그리고, ~와
dhammo [dhamma(*m.*)의 *Sg.Nom.*] 진리는
ca [*indecl.*] 그리고, ~와
so [ta(*3.pron.*)의 *m.Sg.Nom.*] 그는, 그것은
sucī = suci[24] [suci(*adj.*)의 *m.Sg.Nom.*] 청정하다
so [ta(*3.pron.*)의 *m.Sg.Nom.*] 그는, 그것은
ca [*indecl.*] 그리고, ~와
brāhmaṇo [brāhmaṇa(*m.*)의 *Sg.Nom.*] 브라흐만

394 kin te jaṭāhi dummedha, kin te ajinasāṭiyā,
abbhantaran te gahanaṃ, bāhiraṃ parimajjasi.[25]

사 brāhmaṇo(브라흐만)이고, 주어는 so(그는)이다. 제3행 전체는 관계대명사 yamhi가 이끄는 관계절로서 so를 지시한다.

24 PTS본 : sukhī.

25 제2행 : "abbhantaran te gahanaṃ"의 술어는 명사 gahaṇaṃ(수풀)이고, 주어는 abbhantaraṃ(내면은)이다. "bāhiraṃ parimajjasi"의 술어는 parimajjasi(다듬는다)이고, 이 술어동사를 통해 주어가 2인칭 단수임을 알 수 있다. 목적어는 bāhiraṃ(외면을)이다.

394 어리석은 자여! 헝클어진 머리가 그대에게 무엇이며 영양(羚羊)의 가죽으로 된 옷이 그대에게 무엇인가.
그대의 내면은 [엉클어진] 수풀인데 외면을 다듬고 있구나.

kin = kiṃ [ka(*interr.pron.*)의 *nt.Sg.Nom.*] 누가, 무엇이
te [tumha(*2.pron.*)의 *Sg.Gen.*] 너의
jaṭāhi [jaṭā(*f.*)의 *Pl.Ins.*] 헝클어진 머리로
dummedha [dummedha(*adj.*)의 *m.Sg.Voc.*] (*n.*) 지혜가 부족한 자여!, 어리석은 자여!. du : *pref.* 나쁜, 부족한, 어려운. medhā : *f.* 지혜, 총명함
kin = kiṃ [ka(*interr.pron.*)의 *nt.Sg.Nom.*] 누가, 무엇이
te [tumha(*2.pron.*)의 *Sg.Gen.*] 너의
ajinasāṭiyā [ajinasāṭī(*f.*)의 *Sg.Ins.*] 영양(羚羊)의 가죽으로 된 옷으로. ajina : *nt.* 영양의 가죽. sāṭī : *f.* 옷
abbhantaran = abbhantaraṃ [abbhantara(*nt.*)의 *Sg.Nom.*] 내면은. abhi : *pref.* 앞으로, ~로 향하여. antara : *adj.* 안쪽의, 내면의
te [tumha(*2.pron.*)의 *Sg.Gen.*] 너의
gahanaṃ [gahaṇa(*nt.*)의 *Sg.Nom.*] (엉클어진) 수풀, 덤불
bāhiraṃ [bāhira(*nt.*)의 *Sg.Acc.*] 외면을, 외부를
parimajjasi [pari√majj(지우다, 닦다)의 *Pres.2.Sg.*] 닦아낸다, 다듬는다

395 paṃsukūladharaṃ jantuṃ
kisaṃ dhamanisanthataṃ
ekaṃ vanasmiṃ jhāyantaṃ
tam ahaṃ brūmi brāhmaṇaṃ.[26]

395 누더기 옷을 걸치고

26 제1~4행 : 이 시의 술부는 brāhmaṇaṃ brūmi(브라흐만이라고 부른다)이고, 주어는 ahaṃ(나는), 그리고 목적어는 taṃ(그를)이다. 여기서 brāhmaṇaṃ은 동사 brūmi와 함께 서술적으로 쓰인 대격 단어이다. 제4행의 taṃ(그를)은 제1행의 jantuṃ(사람을)을 받는다. paṃsukūladharaṃ(누더기 옷을 걸친), kisaṃ(야윈), dhamanisanthataṃ(힘줄이 다 드러난), ekaṃ(홀로), 그리고 jhāyantaṃ(명상하는)은 jantuṃ(사람)을 수식하므로 jantuṃ(남성, 단수, 대격)의 성, 수, 격에 일치한다.

야위어 힘줄이 다 드러나고
홀로 숲에서 명상하는 사람,
그를 나는 브라흐만이라고 부른다.

paṃsukūladharaṃ [paṃsukūladhara(*adj.*)의 *m.Sg.Acc.*] 누더기 옷을 걸친. paṃsu : *m.* 먼지, 더러운 것. kūla : *nt.* 둑, 퇴적. dhara : *adj.* 지닌, 가진

jantuṃ [jantu(*m.*)의 *Sg.Acc.*] 사람을

kisaṃ [kisa(*adj.*)의 *m.Sg.Acc.*] 야윈, 깡마른

dhamanisanthataṃ [dhamanisanthata의 *m.Sg.Acc.*] 힘줄이 다 드러난. dhamani : *f.* 힘줄, 혈관. santhata : 온통 뒤덮은, saṃ√thar(덮다, 씌우다)의 *Pp.*

ekaṃ [eka(*adj.*)의 *m.Sg.Acc.*] 하나의, 홀로, 혼자

vanasmiṃ [vana(*nt.*)의 *Sg.Loc.*] 숲에

jhāyantaṃ [jhāyanta의 *m.Sg.Acc.*] 명상하는. jhāyanta : √jhe(명상하다, 숙고하다)의 *Ppr.*

tam = taṃ [ta(*3.pron.*)의 *m.Sg.Acc.*] 그를, 그것을

ahaṃ [amha(*1.pron.*)의 *Sg.Nom.*] 나는

brūmi [√brū(말하다, 부르다)의 *Pres.1.Sg.*] 말한다, 부른다

brāhmaṇaṃ [brāhmaṇa(*m.*)의 *Sg.Acc.*] 브라흐만이라고

---

396 na cāhaṃ brāhmaṇaṃ brūmi
yonijaṃ mattisambhavaṃ[27]
bhovādi nāma so hoti
sa ve hoti sakiñcano,[28]
akiñcanaṃ anādānaṃ
tam ahaṃ brūmi brāhmaṇaṃ.[29]

27 제1~2행 : 이 행들의 술부는 brāhmaṇaṃ na brūmi(브라흐만이라고 부르지 않는다)이고, 주어는 ahaṃ(나는), 목적어는 yonijaṃ mattisambhavaṃ(브라흐만 어머니의 태내에서 나온 이를)이다. 여기서 brāhmaṇaṃ은 동사 brūmi와 함께 서술적으로 쓰인 대격 단어이다.

28 제3~4행 : 이 행들의 술부는 bhovādi nāma hoti("남을 'bho'라고 부르는 사람"이라 불린다)이고, 주어는 so(그는)이다. 제4행은 ce가 이끄는 부사절이다.

29 제5~6행 : 이 행들의 술부는 brāhmaṇaṃ brūmi(브라흐만이라고 부른다)이고, 주어는 ahaṃ(나는), 그리고 목적어는 taṃ(그를)이다. 여기서 brāhmaṇaṃ은 동사 brūmi와 함께 서술적으로 쓰인 대격 단어이다.

396 그러나 [브라흐만] 어머니의 태내에서 나온 이를
나는 브라흐만이라고 부르지 않는다.
만약 그가 가진 것이 있다면,
그는 "남을 'bho'라고 부르는 사람"이라 불린다.
아무 것도 가지지 않고 집착도 없는
그를 나는 브라흐만이라고 부른다.

---

na [*indecl.*] ~아니다, ~없다

cāhaṃ = ca-ahaṃ. ca [*indecl.*] 그리고, ~와, 그러나. ahaṃ [amha(*1.pron.*)의 *Sg.Nom.*] 나는

brāhmaṇaṃ [brāhmaṇa(*m.*)의 *Sg.Acc.*] 브라흐만이라고

brūmi [√brū(말하다, 부르다)의 *Pres.1.Sg.*] 말한다, 부른다

yonijaṃ [yonija(*adj.*)의 *m.Sg.Acc.*] 태내에서 나온. yoni : *f.* 태내(胎內). ja : *adj.* 태어난, 태생의, *fr.* √jan(태어나다)

mattisambhavaṃ [mattisambhava의 *m.Sg.Acc.*] (어머니로부터) 태어난. matti : *f.* (어머니로부터) 태어난, 태생의. sambhava : *m.* 태생, 혈통, 기원(起源)

bhovādi [bhovādin(*m.*)의 *Sg.Nom.*] 남을 "bho"라고 부르는 사람은 (말하는 이의 우위를 함축하고 있음), 즉 브라흐만은. bho : *indecl.* 친구여, 여보게, 동등하거나 손아랫사람을 부르는 친숙한 표현. vādī : *adj.* 말하는, *fr.* √vad(말하다)

nāma [nāma(*nt.*)의 *Sg.Acc.*] ~라고 하는 이름의

so [ta(*3.pron.*)의 *m.Sg.Nom.*] 그는, 그것은

hoti [√bhū(있다, 이다, 되다)의 *Pres.3.Sg.*] 있다, 이다, 된다. nāma hoti : 불린다

sa [ta(*3.pron.*)의 *m.Sg.Nom.*] 그는, 그것은

ve = ce [*indecl.*] 만약 ~이면, 만약 ~하면

hoti [√bhū(있다, 이다, 되다)의 *Pres.3.Sg.*] 있다, 이다, 된다

sakiñcano [sakiñcana(*adj.*)의 *m.Sg.Nom.*] 어떤 것을 가진. sa = saṃ : *pref.* ~와, ~을 가진. kiñcana : *nt.* 어떤 것

akiñcanaṃ [akiñcana(*adj.*)의 *m.Sg.Acc.*] 아무 것도 가지지 않은. a : *pref.* 아니다, 없다. kiñcana : *nt.* 어떤 것

anādānaṃ [anādāna(*adj.*)의 *m.Sg.Acc.*] 집착 없는. an : *pref.* 아니다, 없다. ādāna : *nt.* 잡음, 집착, *fr.* ā√dā(주다)

tam = taṃ [ta(*3.pron.*)의 *m.Sg.Acc.*] 그를, 그것을

---

akiñcanaṃ(아무 것도 가지지 않은)과 anādānaṃ(집착 없는)은 taṃ을 수식하므로 taṃ(남성, 단수, 대격)의 성, 수, 격에 일치한다.

ahaṃ [amha(*1.pron.*)의 *Sg.Nom.*] 나는
brūmi [√brū(말하다, 부르다)의 *Pres.1.Sg.*] 말한다, 부른다
brāhmaṇaṃ [brāhmaṇa(*m.*)의 *Sg.Acc.*] 브라흐만이라고

---

397 sabbasaṃyojanaṃ chetvā
yo ve na paritassati
saṅgātigaṃ visaṃyuttaṃ
tam ahaṃ brūmi brāhmaṇaṃ.[30]

397 모든 속박을 끊어버려
불안해하지 않는 이,
집착을 넘어서고 속박이 없는
그를 나는 브라흐만이라고 부른다.

sabbasaṃyojanaṃ [sabbasaṃyojana(*nt.*)의 *Sg.Acc.*] 모든 속박을. sabba : *adj.* 모든. saṃyojana : *nt.* 족쇄, 속박
chetvā [√chid(베어내다, 제거하다)의 *Ger.*] 끊어내고는
yo [ya(*pron.*)의 *m.Sg.Nom.*] ~하는 이. taṃ을 지시함
ve [*indecl.*] 참으로, 정말, 바로, 확실히
na [*indecl.*] ~아니다, ~없다
paritassati [pari√tas(떨다, 불안해하다)의 *Pres.3.Sg.*] 불안해한다, 두려워한다
saṅgātigaṃ [saṅgātiga의 *m.Sg.Acc.*] 집착을 넘어선. saṅga : *m.* 집착. atiga : *adj.* 넘는, *fr.* ati√gam(가다)
visaṃyuttaṃ [visaṃyutta의 *m.Sg.Acc.*] 속박이 없는. vi : *pref.* 떨어져서, 멀리, 없이. saṃyutta : 묶인, 속박된, saṃ√yuj(묶다, 결합하다)의 *Pp.*
tam = taṃ [ta(*3.pron.*)의 *m.Sg.Acc.*] 그를, 그것을
ahaṃ [amha(*1.pron.*)의 *Sg.Nom.*] 나는

30 제1~4행 : 이 시의 술부는 brāhmaṇaṃ brūmi(브라흐만이라고 부른다)이고, 주어는 ahaṃ(나는), 그리고 목적어는 taṃ(그를)이다. 여기서 brāhmaṇaṃ은 동사 brūmi와 함께 서술적으로 쓰인 대격 단어이다. 제1~2행은 관계대명사 yo가 이끄는 관계절로서 taṃ을 지시한다. saṅgātigaṃ(집착을 넘어선)과 visaṃyuttaṃ(속박이 없는)은 taṃ을 수식하므로 taṃ(남성, 단수, 대격)의 성, 수, 격에 일치한다.

brūmi [√brū(말하다, 부르다)의 *Pres.1.Sg.*] 말한다, 부른다
brāhmaṇaṃ [brāhmaṇa(*m.*)의 *Sg.Acc.*] 브라흐만이라고

---

398 chetvā nandhiṃ varattañ ca
sandānaṃ sahanukkamaṃ
ukkhittapaḷighaṃ buddhaṃ
tam ahaṃ brūmi brāhmaṇaṃ.[31]

398 묶는 것과 끈과
고삐와 쇠사슬을 끊어버리고
장애물을 제거하여 깨달은
그를 나는 브라흐만이라고 부른다.

chetvā [√chid(베어내다, 제거하다)의 *Ger.*] 끊어내고는
nandhiṃ [nandhi / nandi(*f.*)의 *Sg.Acc.*] 묶는 것을, 끈을. nandhi : *fr.* √nah(묶다)
varattañ = varattaṃ [varatta(*f.*)의 *Sg.Acc.*] 가죽끈을
ca [*indecl.*] 그리고, ~와
sandānaṃ [sandāna(*nt.*)의 *Sg.Acc.*] 쇠사슬을
sahanukkamaṃ [sahanukkama(*m.*)의 *Sg.Acc.*] 고삐와 (함께). saha : *indecl.* ~와 함께, ~와 더불어. anukkama : *m.* 고삐, *fr.* anu√kam(가다)
ukkhittapaḷighaṃ [ukkhittapaḷigha의 *m.Sg.Acc.*] 장애물을 제거한. ukkhitta : 내던진, 제거한, ut√khip(내던지다, 팽개치다)의 *Pp.* paḷigha : *m.* 장애(물)
buddhaṃ [buddha의 *m.Sg.Acc.*] 깨달은. buddha : √budh(알다, 깨닫다)의 *Pp.*
tam = taṃ [ta(*3.pron.*)의 *m.Sg.Acc.*] 그를, 그것을
ahaṃ [amha(*1.pron.*)의 *Sg.Nom.*] 나는
brūmi [√brū(말하다, 부르다)의 *Pres.1.Sg.*] 말한다, 부른다

---

31 제1~4행 : 이 시의 술부는 brāhmaṇaṃ brūmi(브라흐만이라고 부른다)이고, 주어는 ahaṃ(나는), 그리고 목적어는 taṃ(그를)이다. 여기서 brāhmaṇaṃ은 동사 brūmi와 함께 서술적으로 쓰인 대격 단어이다. ukkhittapaḷighaṃ(장애물을 제거한)과 buddhaṃ(깨달은)은 taṃ을 수식하므로 taṃ(남성, 단수, 대격)의 성, 수, 격에 일치한다. nandhiṃ(묶는 것), varattaṃ(끈), sandānaṃ(쇠사슬), 그리고 sahanukkamaṃ(고삐)는 절대분사인 chevtā의 목적어들이다.

brāhmaṇaṃ [brāhmaṇa(*m.*)의 *Sg.Acc.*] 브라흐만이라고

399 akkosaṃ vadhabandhañ ca aduṭṭho yo titikkhati
khantībalaṃ balānīkaṃ tam ahaṃ brūmi brāhmaṇaṃ.[32]

399 결백함에도 모욕과 매질과 속박을 견디어 내는 이,
인내력과 군대의 힘을 가진 그를 나는 브라흐만이라고 부른다.

akkosaṃ [akkosa(*m.*)의 *Sg.Acc.*] 학대를, 모욕을. akkosa : *fr.* ā√kus(학대하다, 욕하다)

vadhabandhañ = vadhabandhaṃ [vadhabandha(*m.*)의 *Sg.Acc.*] 매질과 속박을. vadha : *m.* 매질, *fr.* √vadh(때리다, 괴롭히다). bandha : *m.* 묶음, 속박, *fr.* √bandh(묶다)

ca [*indecl.*] 그리고, ~와

aduṭṭho [aduṭṭha의 *m.Sg.Nom.*] 나쁘지 않은, 결백한. a : *pref.* 아니다, 없다. duṭṭha : 나쁜, 그릇된, √dus(해를 끼치다, 괴롭히다)의 *Pp.*

yo [ya(*pron.*)의 *m.Sg.Nom.*] ~하는 이. taṃ을 지시함

titikkhati [√tij(날카롭게 하다, 갈다, 깎다)의 *Pres.Des.3.Sg.*] 견딘다, ~을 참는다

khantībalaṃ = khantibalaṃ [khantibala(*nt.*)의 *Sg.Acc.*] 인내력을. khanti : *f.* 인내, 참을성. bala : *nt.* 힘

balānīkaṃ [balānīka(*nt.*)의 *Sg.Acc.*] 군대의 힘을. bala : *nt.* 힘, 세기. anīka : *nt.* 군대

tam = taṃ [ta(*3.pron.*)의 *m.Sg.Acc.*] 그를, 그것을

ahaṃ [amha(*1.pron.*)의 *Sg.Nom.*] 나는

brūmi [√brū(말하다, 부르다)의 *Pres.1.Sg.*] 말한다, 부른다

brāhmaṇaṃ [brāhmaṇa(*m.*)의 *Sg.Acc.*] 브라흐만이라고

400 akkodhanaṃ vatavantaṃ sīlavantaṃ anussutaṃ
dantaṃ antimasārīraṃ tam ahaṃ brūmi brāhmaṇaṃ.[33]

---

32 제1~2행 : 이 시의 술부는 brāhmaṇaṃ brūmi(브라흐만이라고 부른다)이고, 주어는 ahaṃ(나는), 그리고 목적어는 taṃ(그를)이다. 여기서 brāhmaṇaṃ은 동사 brūmi와 함께 서술적으로 쓰인 대격 단어이다. 제1행은 관계대명사 yo가 이끄는 관계절로서 taṃ을 지시한다.

33 제1~2행 : 이 시의 술부는 brāhmaṇaṃ brūmi(브라흐만이라고 부른다)이고, 주어는 ahaṃ(나는), 그리고

400 화내지 않고 종교적 의무를 다하고 덕을 갖추고 욕정이 없으며
제어되고 최후의 몸을 가진 그를 나는 브라흐만이라고 부른다.

akkodhanaṃ [akkodhana(*adj.*)의 *m.Sg.Acc.*] 화내지 않는. a : *pref.* 아니다, 없다. kodhana : *adj.* 화난, *fr.* kodha(*m.* 화)

vatavantaṃ [vatavant의 *m.Sg.Acc.*] 종교적 의무를 잘 지키는. vatavant : *fr.* vata(*nt.* 종교적 의무, 의무의 준수, 서원)

sīlavantaṃ [sīlavant(*adj.*)의 *m.Sg.Acc.*] 덕을 갖춘. sīlavant : *fr.* sīla(*nt.* 덕, 덕행)

anussutaṃ [anussuta(*adj.*)의 *m.Sg.Acc.*] 욕정이 없는. an : *pref.* 아니다, 없다. ussuta : *adj.* 욕정에 가득찬

dantaṃ [danta의 *m.Sg.Acc.*] 제어된. danta : √dam(길들이다, 단련시키다)의 *Pp.*

antimasārīraṃ = antimasarīraṃ [antimasārīra(*m.*)의 *Sg.Acc.*] 최후의 몸을. antima : *adj.* 마지막의, 최후의. sarīra : *nt.* 몸

tam = taṃ [ta(*3.pron.*)의 *m.Sg.Acc.*] 그를, 그것을

ahaṃ [amha(*1.pron.*)의 *Sg.Nom.*] 나는

brūmi [√brū(말하다, 부르다)의 *Pres.1.Sg.*] 말한다, 부른다

brāhmaṇaṃ [brāhmaṇa(*m.*)의 *Sg.Acc.*] 브라흐만이라고

401 vāri pokkharapatte va āragge-r-iva sāsapo
yo na lippati kāmesu tam ahaṃ brūmi brāhmaṇaṃ.[34]

401 연잎의 물처럼 송곳 끝의 겨자씨처럼
욕망으로 더럽혀지지 않는 이, 그를 나는 브라흐만이라고 부른다.

vāri [vāri(*nt.*)의 *Sg.Nom.*] 물

목적어는 taṃ(그를)이다. 여기서 brāhmaṇaṃ은 동사 brūmi와 함께 서술적으로 쓰인 대격 단어이다. akkodhanaṃ(화내지 않는), vatavantaṃ(계율을 잘 지키는), sīlavantaṃ(덕을 갖춘), anussutaṃ(욕정이 없는), dantaṃ(제어된), 그리고 antimasārīraṃ(최후의 몸)은 taṃ을 수식하므로 taṃ(남성, 단수, 대격)의 성, 수, 격에 일치한다.

34 제1~2행 : 이 시의 술부는 brāhmaṇaṃ brūmi(브라흐만이라고 부른다)이고, 주어는 ahaṃ(나는), 그리고 목적어는 taṃ(그를)이다. 여기서 brāhmaṇaṃ은 동사 brūmi와 함께 서술적으로 쓰인 대격 단어이다. "yo na lippati kāmesu"는 관계대명사 yo가 이끄는 관계절로서 taṃ을 지시한다.

pokkharapatte [pokkharapatta(*nt.*)의 *Sg.Loc.*] 연잎에. pokkhara : *nt.* 연꽃, 연잎. patta : *nt.* 잎

va = iva [*indecl.*] ~와 같이, ~처럼, ~와 마찬가지로

āragge-r-iva = āragge-iva. āragge [āragga(*nt.*)의 *Sg.Loc.*] 송곳 끝에. ārā : *f.* 송곳. agga : *nt.* 뾰족한 끝. iva [*indecl.*] ~와 같이, ~처럼, ~와 마찬가지로

sāsapo [sāsapa(*m.*)의 *Sg.Nom.*] 겨자의 씨

yo [ya(*pron.*)의 *m.Sg.Nom.*] ~하는 이. taṃ을 지시함

na [*indecl.*] ~아니다, ~없다

lippati [√lip(바르다, 문지르다, 더럽히다)의 *Pres.Pass.3.Sg.*] 더럽혀지다

kāmesu [kāma(*m.*)의 *Pl.Loc.*] 감각적 쾌락들에, 세속적 욕망들에

tam = taṃ [ta(*3.pron.*)의 *m.Sg.Acc.*] 그를, 그것을

ahaṃ [amha(*1.pron.*)의 *Sg.Nom.*] 나는

brūmi [√brū(말하다, 부르다)의 *Pres.1.Sg.*] 말한다, 부른다

brāhmaṇaṃ [brāhmaṇa(*m.*)의 *Sg.Acc.*] 브라흐만이라고

---

402 yo dukkhassa pajānāti
idh'eva khayam attano
pannabhāraṃ visaññuttaṃ
tam ahaṃ brūmi brāhmaṇaṃ.[35]

402 자신의 괴로움의 소멸을
여기서 깨달은 이,
근심을 내려놓고 속박이 없는
그를 나는 브라흐만이라고 부른다.

yo [ya(*pron.*)의 *m.Sg.Nom.*] ~하는 이. taṃ을 지시함

dukkhassa [dukkha(*nt.*)의 *Sg.Gen.*] 괴로움의

35 제1~4행 : 이 시의 술부는 brāhmaṇaṃ brūmi(브라흐만이라고 부른다)이고, 주어는 ahaṃ(나는), 그리고 목적어는 taṃ(그를)이다. 여기서 brāhmaṇaṃ은 동사 brūmi와 함께 서술적으로 쓰인 대격 단어이다. 제1~2행은 관계대명사 yo가 이끄는 관계절로서 taṃ을 지시한다. pannabhāraṃ(근심을 내려놓은)과 visaññuttaṃ(속박이 없는)은 taṃ을 수식하므로 taṃ(남성, 단수, 대격)의 성, 수, 격에 일치한다.

pajānāti [pa√ñā(알다, 깨닫다)의 *Pres.3.Sg.*] 깨닫는다

idh'eva = idha-eva. idha [*indecl.*] 여기에서, 지금, 이 세상에서. eva [*adv.*] 실로, 단지, 바로

khayam = khayaṃ [khaya(*m.*)의 *Sg.Acc.*] 파괴를, 소멸을

attano [attan(*m.*)의 *Sg.Gen.*] 자신의

pannabhāraṃ [pannabhāra의 *m.Sg.Acc.*] 근심을 내려놓은. panna : 간, 떨어진, 내려놓은, √pad(가다)의 *Pp.* bhāra : *nt.* 짐, 근심, 걱정

visaññuttaṃ [visaññutta의 *m.Sg.Acc.*] 속박이 없는. vi : *pref.* 떨어져서, 멀리, 없이. saññutta = saṃyutta : 묶인, 속박된, saṃ√yuj(묶다, 결합하다)의 *Pp.*

tam = taṃ [ta(*3.pron.*)의 *m.Sg.Acc.*] 그를, 그것을

ahaṃ [amha(*1.pron.*)의 *Sg.Nom.*] 나는

brūmi [√brū(말하다, 부르다)의 *Pres.1.Sg.*] 말한다, 부른다

brāhmaṇaṃ [brāhmaṇa(*m.*)의 *Sg.Acc.*] 브라흐만이라고

---

403 gambhīrapaññaṃ medhāviṃ
maggāmaggassa kovidaṃ
uttamatthaṃ anuppattaṃ
tam ahaṃ brūmi brāhmaṇaṃ.[36]

403 지혜가 깊고 현명하며
길과 길 아닌 것을 알고
최고의 목적을 성취한
그를 나는 브라흐만이라고 부른다.

gambhīrapaññaṃ [gambhīrapañña의 *m.Sg.Acc.*] 지혜가 깊은. gambhīra : *adj.* 깊은. paññā : *f.* 지혜, 지식, *fr.* pa√ñā(알다)

medhāviṃ [medhāvin(*adj.*)의 *m.Sg.Acc.*] 현명한. medhāvin : *fr.* medhā(*f.* 지혜, 현명함)

maggāmaggassa [maggāmagga(*m.*)의 *Sg.Gen.*] 길과 길이 아닌 것. magga : *m.* 길. amag-

36 제1~4행 : 이 시의 술부는 brāhmaṇaṃ brūmi(브라흐만이라고 부른다)이고, 주어는 ahaṃ(나는), 그리고 목적어는 taṃ(그를)이다. 여기서 brāhmaṇaṃ은 동사 brūmi와 함께 서술적으로 쓰인 대격 단어이다. gambhīrapaññaṃ(지혜가 깊은), medhāviṃ(현명한), kovidaṃ(아는), 그리고 anuppattaṃ(성취한)은 taṃ을 수식하므로 taṃ(남성, 단수, 대격)의 성, 수, 격에 일치한다.

ga(a-magga) : *m.* 길이 아닌 것

kovidaṃ [kovida(*adj.*)의 *m.Sg.Acc.*] 아는

uttamatthaṃ [uttamattha(*m.*)의 *Sg.Acc.*] 최고의 목적을. uttama : *adj.* 최고의. attha : *m.* 이익, 목적, 일

anuppattaṃ [anuppatta의 *m.Sg.Acc.*] 이른, 성취한. anuppatta : anu-pa√ap(얻다, 이르다)의 *Pp.*

tam = taṃ [ta(*3.pron.*)의 *m.Sg.Acc.*] 그를, 그것을

ahaṃ [amha(*1.pron.*)의 *Sg.Nom.*] 나는

brūmi [√brū(말하다, 부르다)의 *Pres.1.Sg.*] 말한다, 부른다

brāhmaṇaṃ [brāhmaṇa(*m.*)의 *Sg.Acc.*] 브라흐만이라고

---

404 asaṃsaṭṭhaṃ gahaṭṭhehi anāgārehi c'ūbhayaṃ
anokasāriṃ appicchaṃ tam ahaṃ brūmi brāhmaṇaṃ.[37]

404 속인의 삶을 사는 이들이건 집 없이 다니는 수행자들이건 양쪽 다 사귀지 않고 집 없이 돌아다니며 적게 바라는 그를 나는 브라흐만이라고 부른다.

asaṃsaṭṭhaṃ [asaṃsaṭṭha(*adj.*)의 *m.Sg.Acc.*] 사귀지 않는, 어울리지 않는. a : *pref.* 아니다, 없다. saṃsaṭṭha : 연결된, 사귀는, saṃ√saj(붙이다, 매달다)의 *Pp.*

gahaṭṭhehi [gahaṭṭha(*adj.*)의 *m.Pl.Ins.*] (*n.*) 집에 있는 이들, 재가자들. gaha : *nt.* 집. ṭṭha / ṭha : *adj.* 서서, ~에 의거하여, ~에 입각하여, *fr.* √ṭhā(서다)

anāgārehi [anāgāra(*adj.*)의 *m.Pl.Ins.*] (*n.*) 집 없는 이들. an : *pref.* 아니다, 없다. agāra : *nt.* 집

c'ūbhayaṃ = ca-ubhayaṃ. ca [*indecl.*] 그리고, ~와. ubhayaṃ [*adv.*] 둘 다, ubhaya(*adj.*)의 *nt.Sg.Acc.*

anokasāriṃ [anokasārin(*adj.*)의 *m.Sg.Acc.*] 집 없이 돌아다니는. anoka(an-oka) : *adj.* 집이 없는. sārin : *adj.* 흐르는, 방랑하는, *fr.* √sar(움직이다, 가다, 흐르다)

appicchaṃ [appiccha(*adj.*)의 *m.Sg.Acc.*] 적게 바라는. appa : *adj.* 적은, 조금. iccha : 바라는, *fr.* √is(바라다, 원하다)

---

37 제1~2행 : 이 시의 술부는 brāhmaṇaṃ brūmi(브라흐만이라고 부른다)이고, 주어는 ahaṃ(나는), 그리고 목적어는 taṃ(그를)이다. 여기서 brāhmaṇaṃ은 동사 brūmi와 함께 서술적으로 쓰인 대격 단어이다. asaṃsaṭṭhaṃ(사귀지 않는), anokasāriṃ(집 없이 돌아다니는), 그리고 appicchaṃ(적게 바라는)은 taṃ을 수식하므로 taṃ(남성, 단수, 대격)의 성, 수, 격에 일치한다.

tam = taṃ [ta(*3.pron.*)의 *m.Sg.Acc.*] 그를, 그것을
ahaṃ [amha(*1.pron.*)의 *Sg.Nom.*] 나는
brūmi [√brū(말하다, 부르다)의 *Pres.1.Sg.*] 말한다, 부른다
brāhmaṇaṃ [brāhmaṇa(*m.*)의 *Sg.Acc.*] 브라흐만이라고

---

405 nidhāya daṇḍaṃ bhūtesu tasesu thāvaresu ca
yo na hanti na ghāteti tam ahaṃ brūmi brāhmaṇaṃ.[38]

405 움직이거나 움직이지 않는 존재들에게 폭력을 내려놓고
죽이지도 죽게 하지도 않는 이, 그를 나는 브라흐만이라고 부른다.

nidhāya [ni√dhā(두다)의 *Ger.*] 내려놓고 나서
daṇḍaṃ [daṇḍa(*m.*)의 *Sg.Acc.*] 몽둥이를, 폭력을
bhūtesu [bhūta(*nt.*)의 *Pl.Loc.*] (*n.*) 존재들에, 생명들에. bhūta : √bhū(이다, 존재하다)의 *Pp.*
tasesu [tasa(*adj.*)의 *nt.Pl.Loc.*] 떠는, 움직이는. tasa : *fr.* √tas(떨다, 두려워하다)
thāvaresu [thāvara(*adj.*)의 *nt.Pl.Loc.*] 가만히 서있는, 움직이지 않는. thāvara : *fr.* √ṭhā(서다)
ca [*indecl.*] 그리고, ~와
yo [ya(*pron.*)의 *m.Sg.Nom.*] ~하는 이. taṃ을 지시함
na [*indecl.*] ~아니다, ~없다
hanti = hanati [√han(죽이다, 때리다)의 *Pres.3.Sg.*] 죽이다
na [*indecl.*] ~아니다, ~없다
ghāteti [√han(죽이다, 때리다)의 *Pres.Casu.3.Sg.*][39] 죽게 한다
tam = taṃ [ta(*3.pron.*)의 *m.Sg.Acc.*] 그를, 그것을
ahaṃ [amha(*1.pron.*)의 *Sg.Nom.*] 나는
brūmi [√brū(말하다, 부르다)의 *Pres.1.Sg.*] 말한다, 부른다
brāhmaṇaṃ [brāhmaṇa(*m.*)의 *Sg.Acc.*] 브라흐만이라고

---

38 제1~2행 : 이 시의 술부는 brāhmaṇaṃ brūmi(브라흐만이라고 부른다)이고, 주어는 ahaṃ(나는), 그리고 목적어는 taṃ(그를)이다. 여기서 brāhmaṇaṃ은 동사 brūmi와 함께 서술적으로 쓰인 대격 단어이다. "yo na hanti na ghāteti"는 관계대명사 yo가 이끄는 관계절로서 taṃ을 지시한다. 제1행의 daṇḍaṃ(폭력을)은 절대분사인 nidhāya의 목적어이다.

39 어근 han은 ghāt으로 바뀌기도 한다.

406 aviruddhaṃ viruddhesu attadaṇḍesu nibbutaṃ
sādānesu anādānaṃ tam ahaṃ brūmi brāhmaṇaṃ.[40]

406 적의 있는 자들 사이에서 적의가 없고, 몽둥이 든 자들 사이에서 침착하며,
집착 있는 자들 사이에서 집착이 없는 그를 나는 브라흐만이라고 부른다.

aviruddhaṃ [aviruddha(*adj.*)의 *m.Sg.Acc.*] 적의가 없는. a : *pref.* 아니다, 없다. viruddha : 적의 있는, vi√rudh(방해하다, 막다)의 *Pp.*

viruddhesu [viruddha의 *m.Pl.Loc.*] (*n.*) 적의 있는 자들 사이에서. viruddha : vi√rudh (방해하다, 막다)의 *Pp.*

attadaṇḍesu [attadaṇḍa의 *m.Pl.Loc.*] (*n.*) 몽둥이를 든 자들 사이에서. atta : 집어든, 손에 쥔, ā√dā(주다)의 *Pp.* daṇḍa : *m.* 몽둥이, 폭력

nibbutaṃ [nibbuta(*adj.*)의 *m.Sg.Acc.*] (불 등이) 꺼진, 진정된, 침착한. nibbuta : ni√vā (불다)의 *Pp.*

sādānesu [sādāna(*adj.*)의 *m.Pl.Loc.*] (*n.*) 집착을 가진 자들 사이에서. sa = saṃ : *pref.* ~와 함께, ~을 가진. ādāna : *nt.* 잡음, 집착, *fr.* ā√dā(주다)

anādānaṃ [anādāna(*adj.*)의 *m.Sg.Acc.*] 집착이 없는. an : *pref.* 아니다, 없다. ādāna : *nt.* 잡음, 집착, *fr.* ā√dā(주다)

tam = taṃ [ta(*3.pron.*)의 *m.Sg.Acc.*] 그를, 그것을

ahaṃ [amha(*1.pron.*)의 *Sg.Nom.*] 나는

brūmi [√brū(말하다, 부르다)의 *Pres.1.Sg.*] 말한다, 부른다

brāhmaṇaṃ [brāhmaṇa(*m.*)의 *Sg.Acc.*] 브라흐만이라고

407 yassa rāgo ca doso ca māno makkho ca pātito
sāsapo-r-iva āraggā tam ahaṃ brūmi brāhmaṇaṃ.[41]

40 제1~2행 : 이 시의 술부는 brāhmaṇaṃ brūmi(브라흐만이라고 부른다)이고, 주어는 ahaṃ(나는), 그리고 목적어는 taṃ(그를)이다. 여기서 brāhmaṇaṃ은 동사 brūmi와 함께 서술적으로 쓰인 대격 단어이다. aviruddhaṃ(적의 없는), nibbutaṃ(침착한), 그리고 anādānaṃ(집착 없는)은 taṃ을 수식하므로 taṃ(남성, 단수, 대격)의 성, 수, 격에 일치한다.

41 제1~2행 : 이 시의 술부는 brāhmaṇaṃ brūmi(브라흐만이라고 부른다)이고, 주어는 ahaṃ(나는), 그리고 목적어는 taṃ(그를)이다. 여기서 brāhmaṇaṃ은 동사 brūmi와 함께 서술적으로 쓰인 대격 단어이다. 제1행은 관계대명사 yassa가 이끄는 관계절로서 taṃ을 지시한다. 제2행의 "sāsapo-r-iva āraggā"는 iva가 이

407 탐욕과 증오, 그리고 자만과 위선이
송곳 끝의 겨자씨처럼 떨어져나간 이, 그를 나는 브라흐만이라고 부른다.

yassa [ya(*pron.*)의 *m.Sg.Gen.*] ~하는. taṃ을 지시함

rāgo [rāga(*m.*)의 *Sg.Nom.*] 탐욕이

ca [*indecl.*] 그리고, ~와

doso [dosa(*m.*)의 *Sg.Nom.*] 증오가

ca [*indecl.*] 그리고, ~와

māno [māna(*m.*)의 *Sg.Nom.*] 자만은

makkho [makkha(*nt.*)의 *Sg.Nom.*] 위선은

ca [*indecl.*] 그리고, ~와

pātito [pātita의 *m.Sg.Nom.*] 떨어뜨린, 떨쳐버린. pātita : √pat(떨어지다, 내리다)의 *Caus.Pp.*

sāsapo-r-iva = sāsapo-iva. sāsapo [sāsapa(*m.*)의 *Sg.Nom.*] 겨자의 씨. iva [*indecl.*] ~와 같이, ~처럼, ~와 마찬가지로

āraggā [āragga(*nt.*)의 *Sg.Abl.*] 끝에서. ārā : *f.* 송곳. agga : *nt.* 꼭대기, 뾰족한 끝

tam = taṃ [ta(*3.pron.*)의 *m.Sg.Acc.*] 그를, 그것을

ahaṃ [amha(*1.pron.*)의 *Sg.Nom.*] 나는

brūmi [√brū(말하다, 부르다)의 *Pres.1.Sg.*] 말한다, 부른다

brāhmaṇaṃ [brāhmaṇa(*m.*)의 *Sg.Acc.*] 브라흐만이라고

408 akakkasaṃ viññāpaniṃ giraṃ saccaṃ udīraye
yāya nābhisaje kañci tam ahaṃ brūmi brāhmaṇaṃ.[42]

408 부드럽고 교훈적이고 참된 말을 하는 이,
말로써 누구에게도 화내지 않는 이, 그를 나는 브라흐만이라고 부른다.

끄는 부사절이다.

42 제1~2행 : 이 시의 술부는 brāhmaṇaṃ brūmi(브라흐만이라고 부른다)이고, 주어는 ahaṃ(나는), 그리고 목적어는 taṃ(그를)이다. 여기서 brāhmaṇaṃ은 동사 brūmi와 함께 서술적으로 쓰인 대격 단어이다. "yāya nābhisaje kañci"는 관계대명사 yāya가 이끄는 관계절로서 taṃ을 지시한다.

akakkasaṃ [akakkasa(*adj.*)의 *f.Sg.Acc.*] 부드러운. a : *pref.* 아니다, 없다. kakkasa : *adj.* 거친, 사나운

viññāpaniṃ [viññāpanī(*adj.*)의 *f.Sg.Acc.*] 교훈적인, 도움이 되는, 유익한

giraṃ [girā(*f.*)의 *Sg.Acc.*] 발언을, 말을

saccam = saccaṃ [sacca(*adj.*)의 *f.Sg.Acc.*] 참된, 진실된

udīraye [ud√īr(말하다, 발언하다)의 *Pot.3.Sg.*] 말해야 한다

yāya [ya(*pron.*)의 *Sg.Ins.*] ~하는. taṃ을 지시함

nābhisaje = na-abhisaje : 화내지 않는다. na [*indecl.*] ~아니다, ~없다. abhisaje [abhi√saj (매달다)의 *Pot.3.Sg.*] 악담하다, 화내다

kañci = kaṃ-ci : 누구에게도

tam = taṃ [ta(*3.pron.*)의 *m.Sg.Acc.*] 그를, 그것을

ahaṃ [amha(*1.pron.*)의 *Sg.Nom.*] 나는

brūmi [√brū(말하다, 부르다)의 *Pres.1.Sg.*] 말한다, 부른다

brāhmaṇaṃ [brāhmaṇa(*m.*)의 *Sg.Acc.*] 브라흐만이라고

409 yo’dha dīghaṃ va rassaṃ vā
aṇuṃthūlaṃ subhāsubhaṃ
loke adinnaṃ nādiyate
tam ahaṃ brūmi brāhmaṇaṃ.[43]

409 이 세상에서 길건 짧건,
작건 크건, 아름답건 추하건
이 세상에서 주어지지 않은 것을 취하지 않는 이,
그를 나는 브라흐만이라고 부른다.

yo’dha = yo-idha. yo [ya(*pron.*)의 *m.Sg.Nom.*] ~하는 이. taṃ을 지시함. idha [*indecl.*]

43 제1~4행 : 이 시의 술부는 brāhmaṇaṃ brūmi(브라흐만이라고 부른다)이고, 주어는 ahaṃ(나는), 그리고 목적어는 taṃ(그를)이다. 여기서 brāhmaṇaṃ은 동사 brūmi와 함께 서술적으로 쓰인 대격 단어이다. 제 1~3행은 관계대명사 yo가 이끄는 관계절로서 taṃ을 지시한다.

여기서, 지금, 이때에, 이 세상에서

dīghaṃ [dīgha(*adj.*)의 *nt.Sg.Nom.*] 긴

va = vā [*indecl.*] 또는

rassaṃ [rassa(*adj.*)의 *nt.Sg.Acc.*] 짧은

vā [*indecl.*] 또는

aṇuṃthūlaṃ = aṇuṃ-thūlaṃ : 작든 크든. aṇuṃ [aṇu(*adj.*)의 *nt.Sg.Acc.*] 작은. thūlaṃ [thūla(*adj.*)의 *nt.Sg.Acc.*] 큰

subhāsubhaṃ [subhāsubha(*adj.*)의 *nt.Sg.Acc.*] 아름답건 추하건. subha : *adj.* 아름다운. asubha(a-subha) : *adj.* 추한

loke [loka(*m.*)의 *Sg.Loc.*] 세상에서, 세계에서

adinnaṃ [adinna의 *nt.Sg.Acc.*] 주어지지 않은. a : *pref.* 아니다, 없다. dinna : 주어진, √dā(주다)의 *Pp.*

nādiyate = na-ādiyate : 취하지 않는다. na [*indecl.*] ~아니다, ~없다. ādiyate [ā√dā(주다)의 *A.Pres.Pass.3.Sg.*] 취한다, 가진다

tam = taṃ [ta(*3.pron.*)의 *m.Sg.Acc.*] 그를, 그것을

ahaṃ [amha(*1.pron.*)의 *Sg.Nom.*] 나는

brūmi [√brū(말하다, 부르다)의 *Pres.1.Sg.*] 말한다, 부른다

brāhmaṇaṃ [brāhmaṇa(*m.*)의 *Sg.Acc.*] 브라흐만이라고

---

410 āsā yassa na vijjanti
asmiṃ loke paramhi ca
nirāsayaṃ visaṃyuttaṃ
tam ahaṃ brūmi brāhmaṇaṃ.[44]

410 이승과 저승에서
바라는 것들이 없는 이,
집이 없고 속박이 없는
그를 나는 브라흐만이라고 부른다.

44 제1~4행 : 이 시의 술부는 brāhmaṇaṃ brūmi(브라흐만이라고 부른다)이고, 주어는 ahaṃ(나는), 그리고 목적어는 taṃ(그를)이다. 여기서 brāhmaṇaṃ은 동사 brūmi와 함께 서술적으로 쓰인 대격 단어이다. 제1~2행은 관계대명사 yassa가 이끄는 관계절로서 taṃ을 지시한다. nirāsayaṃ(집 없는)과 visaṃyuttaṃ(속박이 없는)은 taṃ을 수식하므로 taṃ(남성, 단수, 대격)의 성, 수, 격에 일치한다.

āsā [āsā(*f.*)의 *Pl.Nom.*] 소원들은, 바람들은
yassa [ya(*pron.*)의 *m.Sg.Gen.*] ~하는. taṃ을 지시함
na [*indecl.*] ~아니다, ~없다
vijjanti [√vid(찾다, 알다)의 *Pres.Pass.3.Pl.*] 존재한다, 있다
asmiṃ [ima(*pron.*)의 *m.Sg.Loc.*] 이것에, 이에
loke [loka(*m.*)의 *Sg.Loc.*] 세상에서, 세계에서
paramhi [para(*adj.*)의 *m.Sg.Loc.*] 다른
ca [*indecl.*] 그리고, ~와
nirāsayaṃ [nirāsaya(*adj.*)의 *m.Sg.Acc.*] 집 없는. ni : *pref.* 아래쪽으로, 떨어져서, 없이. āsaya : *m.* 거처, 집
visaṃyuttaṃ [visaṃyutta의 *m.Sg.Acc.*] 속박이 없는. vi : *pref.* 떨어져서, 멀리, 없이. saṃyutta : 묶인, 속박된, saṃ√yuj(묶다, 결합하다, 노력하다)의 *Pp.*
tam = taṃ [ta(*3.pron.*)의 *m.Sg.Acc.*] 그를, 그것을
ahaṃ [amha(*1.pron.*)의 *Sg.Nom.*] 나는
brūmi [√brū(말하다, 부르다)의 *Pres.1.Sg.*] 말한다, 부른다
brāhmaṇaṃ [brāhmaṇa(*m.*)의 *Sg.Acc.*] 브라흐만이라고

---

411 yassālayā na vijjanti
aññāya akathaṃkathī
amatogadhaṃ anuppattaṃ
tam ahaṃ brūmi brāhmaṇaṃ.[45]

411 집착이 없고
깨달아 의혹의 없는 이,
죽음으로부터 자유로운 곳에 들어가게 된
그를 나는 브라흐만이라고 부른다.

45 제1~4행 : 이 시의 술부는 brāhmaṇaṃ brūmi(브라흐만이라고 부른다)이고, 주어는 ahaṃ(나는), 그리고 목적어는 taṃ(그를)이다. 여기서 brāhmaṇaṃ은 동사 brūmi와 함께 서술적으로 쓰인 대격 단어이다. 제1~2행은 관계대명사 yassa가 이끄는 관계절로서 taṃ을 지시한다.

yassālayā = yassa-ālayā. yassa [ya(*pron.*)의 *m.Sg.Gen.*] ~하는. taṃ을 지시함. ālayā [ālaya(*m.*)의 *Pl.Nom.*] 집착이, 애착이

na [*indecl.*] ~아니다, ~없다

vijjanti [√vid(찾다, 알다)의 *Pres.Pass.3.Pl.*] 존재한다, 있다

aññāya [ā√ñā(알다)의 *Ger.*] 깨닫고 나서

akathaṃkathī [akathaṃkathin(*adj.*)의 *m.Sg.Nom.*] "어떻게?"라고 말하지 않는, 의심이 없는. a : *pref.* 아니다, 없다. kathaṃ : *adv.* 어떻게, 왜, 어째서. kathin : *adj.* 말하는, *fr.* √kath(말하다)

amatogadhaṃ [amatogadha의 *m.Sg.Acc.*] 죽음으로부터 자유로운 곳으로 들어가는. a : *pref.* 아니다, 없다. mata : 죽은, √mar(죽다)의 *Pp.* ogadha : *adj.* 뛰어내리는, 들어가는

anuppattaṃ [anuppatta의 *m.Sg.Acc.*] 이른, 성취한. anuppatta : anu-pa√ap(얻다, 이르다)의 *Pp.*

tam = taṃ [ta(*3.pron.*)의 *m.Sg.Acc.*] 그를, 그것을

ahaṃ [amha(*1.pron.*)의 *Sg.Nom.*] 나는

brūmi [√brū(말하다, 부르다)의 *Pres.1.Sg.*] 말한다, 부른다

brāhmaṇaṃ [brāhmaṇa(*m.*)의 *Sg.Acc.*] 브라흐만이라고

---

412 yo'dha puññañ ca pāpañ ca
ubho saṅgaṃ upaccagā
asokaṃ virajaṃ suddhaṃ
tam ahaṃ brūmi brāhmaṇaṃ.[46]

412 이 세상에서 선과 악
양쪽 다 집착을 버린 이,
슬픔이 없고 더러움이 없어 청정한

---

46 제1~4행 : 이 시의 술부는 brāhmaṇaṃ brūmi(브라흐만이라고 부른다)이고, 주어는 ahaṃ(나는), 그리고 목적어는 taṃ(그를)이다. 여기서 brāhmaṇaṃ은 동사 brūmi와 함께 서술적으로 쓰인 대격 단어이다. 제1~2행은 관계대명사 yo가 이끄는 관계절로서 taṃ을 지시한다. asokaṃ(슬픔이 없는), virajaṃ(더러움이 없는), 그리고 suddhaṃ(청정한)은 taṃ을 수식하므로 taṃ(남성, 단수, 대격)의 성, 수, 격에 일치한다.

그를 나는 브라흐만이라고 부른다.

yo'dha = yo-idha. yo [ya(*pron.*)의 *m.Sg.Nom.*] ~하는 이. taṃ을 지시함. idha [*indecl.*] 여기서, 지금, 이때에, 이 세상에서

puññañ = puññaṃ [puñña(*nt.*)의 *Sg.Acc.*] 선을, 덕을

ca [*indecl.*] 그리고, ~와

pāpañ = pāpaṃ [pāpa(*nt.*)의 *Sg.Acc.*] 악을

ca [*indecl.*] 그리고, ~와

ubho [ubha(*adj.*)의 *Acc.*][47] 양쪽 다, 둘 다

saṅgaṃ [saṅga(*m.*)의 *Sg.Acc.*] 애착을, 집착을

upaccagā [upa-ati√gam(가다)의 *Aor.3.Sg.*] 지나쳤다, 놓쳤다, 극복했다

asokaṃ [asoka(*adj.*)의 *m.Sg.Acc.*] 슬픔이 없는. a : *pref.* 아니다, 없다. soka : *m.* 슬픔

virajaṃ [viraja(*adj.*)의 *m.Sg.Acc.*] 더러움이 없는. vi : *pref.* 떨어져서, 멀리, 없이. raja : *m.* 더러움

suddhaṃ [suddha의 *m.Sg.Acc.*] 청정한. suddha : √sudh(깨끗해지다)의 *Pp.*

tam = taṃ [ta(*3.pron.*)의 *m.Sg.Acc.*] 그를, 그것을

ahaṃ [amha(*1.pron.*)의 *Sg.Nom.*] 나는

brūmi [√brū(말하다, 부르다)의 *Pres.1.Sg.*] 말한다, 부른다

brāhmaṇaṃ [brāhmaṇa(*m.*)의 *Sg.Acc.*] 브라흐만이라고

---

413 candaṃ va vimalaṃ suddhaṃ
vippasannam anāvilaṃ
nandībhavaparikkhīṇaṃ
tam ahaṃ brūmi brāhmaṇaṃ.[48]

413 달처럼 더러움이 없어 청정하고
맑고 깨끗하며

---

47 ubha의 주격과 대격 둘 다 ubho인데 여기서는 문맥상 대격이다.

48 제1~4행 : 이 시의 술부는 brāhmaṇaṃ brūmi(브라흐만이라고 부른다)이고, 주어는 ahaṃ(나는), 그리고 목적어는 taṃ(그를)이다. 여기서 brāhmaṇaṃ은 동사 brūmi와 함께 서술적으로 쓰인 대격 단어이다. vimalaṃ(더러움이 없는), suddhaṃ(청정한), vippasannaṃ(맑은), anāvilaṃ(깨끗한), 그리고 nandībhavaparikkhīṇaṃ(존재에 대한 쾌락이 없는)은 taṃ을 수식하므로 taṃ(남성, 단수, 대격)의 성, 수, 격에 일치한다.

존재에 대한 기쁨이 없는
그를 나는 브라흐만이라고 부른다.

candaṃ [canda(*m.*)의 *Sg.Acc.*] 달

va = iva [*indecl.*] ~와 같이, ~처럼, ~와 마찬가지로

vimalaṃ [vimala(*adj.*)의 *m.Sg.Acc.*] 더러움이 없는. vi : *pref.* 떨어져서, 멀리, 없이. mala : *nt.* 더러움

suddhaṃ [suddha의 *m.Sg.Acc.*] 청정한. suddha : √sudh(깨끗해지다)의 *Pp.*

vippasannam = vippasannaṃ [vippasanna의 *m.Sg.Acc.*] 맑은, (명료하게) 이해된. vippasanna : vi-pa√sad(가라앉다)의 *Pp.*

anāvilaṃ [anāvila(*adj.*)의 *m.Sg.Acc.*] 깨끗한. an : *pref.* 아니다, 없다. āvila : *adj.* 더러운

nandībhavaparikkhīṇaṃ [nandībhavaparikkhīṇa의 *m.Sg.Acc.*] 존재에 대한 기쁨이 없는. nandī : *f.* 기쁨, 즐거움, *fr.* √nand(기뻐하다, 즐거워하다). bhava : *m.* 존재, *fr.* √bhū(있다, 이다, 되다). parikkhīṇa : 완전히 제거된, pari√khī(파괴하다, 없애다)의 *Pp.*

tam = taṃ [ta(*3.pron.*)의 *m.Sg.Acc.*] 그를, 그것을

ahaṃ [amha(*1.pron.*)의 *Sg.Nom.*] 나는

brūmi [√brū(말하다, 부르다)의 *Pres.1.Sg.*] 말한다, 부른다

brāhmaṇaṃ [brāhmaṇa(*m.*)의 *Sg.Acc.*] 브라흐만이라고

414 yo imaṃ palipathaṃ duggaṃ
saṃsāraṃ moham accagā
tiṇṇo pāragato jhāyī
anejo akathaṃkathī
anupādāya nibbuto
tam ahaṃ brūmi brāhmaṇaṃ.[49]

414 이 장애와 어려운 길,

49 제1~6행 : 이 시의 술부는 brāhmaṇaṃ brūmi(브라흐만이라고 부른다)이고, 주어는 ahaṃ(나는), 그리고 목적어는 taṃ(그를)이다. 여기서 brāhmaṇaṃ은 동사 brūmi와 함께 서술적으로 쓰인 대격 단어이다. 제1~5행은 관계대명사 yo가 이끄는 관계절로서 taṃ을 지시한다.

윤회와 미혹을 벗어났고
건너가 피안(彼岸)에 이르렀으며 명상하고
갈망과 의심이 없으며
집착이 없어 해탈한 이,
그를 나는 브라흐만이라고 부른다.

yo [ya(*pron.*)의 *m.Sg.Nom.*] ~하는 이. taṃ을 지시함
imaṃ [ima(*pron.*)의 *m.Sg.Acc.*] 이를, 이것을
palipathaṃ [palipatha(*m.*)의 *Sg.Acc.*] 위험을, 장애를
duggaṃ [dugga(*nt.*)의 *Sg.Acc.*] (*n.*) 어려운 길. du : *indecl.* 나쁜, 부족한, 어려운. ga : *adj.* 가는, *fr.* √gam(가다)
saṃsāraṃ [saṃsāra(*m.*)의 *Sg.Acc.*] 윤회를. saṃsāra : *fr.* saṃ√sar(움직이다. 가다, 흐르다)
moham = mohaṃ [moha(*m.*)의 *Sg.Acc.*] 어리석음을, 미혹을
accagā [ati√gam(가다)의 *Aor.3.Sg.*] 벗어났다, 이겨냈다
tiṇṇo [tiṇṇa의 *m.Sg.Nom.*] 건너간. tiṇṇa : √tar(건너가다, 지나가다)의 *Pp.*
pāragato [pāragata의 *m.Sg.Nom.*] 피안(彼岸)에 이른. pāra : *nt.* 피안. gata : 간, 이른, gam(가다)의 *Pp.*
jhāyī [jhāyin(*adj.*)의 *m.Sg.Nom.*] 명상하는. jhāyin : *fr.* √jhe(명상하다, 숙고하다)
anejo [aneja(*adj.*)의 *m.Sg.Nom.*] 갈망이 없는, 흔들림이 없는. an : *pref.* 아니다, 없다. ejā : *f.* 움직임, 갈망
akathaṃkathī [akathaṃkathin(*adj.*)의 *m.Sg.Nom.*] "어떻게?"라고 말하지 않는, 의심이 없는. a : *pref.* 아니다, 없다. kathaṃ : *adv.* 어떻게, 왜, 어째서. kathin : *adj.* 말하는, *fr.* √kath(말하다)
anupādāya = an-upādāya : 집착하지 않고는. an : *pref.* 아니다, 없다. upādāya : 집착하고는, upa-ā√dā(주다)의 *Ger.*
nibbuto [nibbuta의 *m.Sg.Nom.*] (불 등이) 꺼진, 소멸된, 해탈한. nibbuta : ni√vā(불다)의 *Pp.*
tam = taṃ [ta(*3.pron.*)의 *m.Sg.Acc.*] 그를, 그것을
ahaṃ [amha(*1.pron.*)의 *Sg.Nom.*] 나는
brūmi [√brū(말하다, 부르다)의 *Pres.1.Sg.*] 말한다, 부른다
brāhmaṇaṃ [brāhmaṇa(*m.*)의 *Sg.Acc.*] 브라흐만이라고

415 yo'dha kāme pahatvāna
anāgāro paribbaje
kāmābhavaparikkhīṇaṃ
tam ahaṃ brūmi brāhmaṇaṃ.[50]

415 이 세상에서 감각적 쾌락을 끊고
집 없이 돌아다니는 이,
존재에 대한 감각적 쾌락이 완전히 제거된
그를 나는 브라흐만이라고 부른다.

yo'dha = yo-idha. yo [ya(*pron.*)의 *m.Sg.Nom.*] ~하는 이. taṃ을 지시함. idha [*indecl.*] 여기서, 지금, 이때에, 이 세상에서

kāme [kāma(*m.*)의 *Pl.Acc.*] 감각적 쾌락을, 욕망을

pahatvāna [pa√hā(버리다, 포기하다)의 *Ger.*] 버리고 나서

anāgāro [anāgāra의 *m.Sg.Nom.*] 집이 없는. an : *pref.* 아니다, 없다. agāra : *nt.* 집

paribbaje [pari√vaj(가다, 나아가다)의 *Pot.3.Sg.*] 돌아다니다, (종교적 수행자로서) 방랑하다

kāmābhavaparikkhīṇaṃ = kāmabhavaparikkhīṇaṃ [kāmabhavaparikkhīṇa의 *m.Sg.Acc.*] 존재에 대한 감각적 쾌락이 완전히 제거된. kāma : *m.* 감각적 쾌락. bhava : *m.* 존재, *fr.* √bhū(있다, 이다, 되다). parikkhīṇa : 완전히 제거된, pari√khī(파괴하다, 없애다)의 *Pp.*

tam = taṃ [ta(*3.pron.*)의 *m.Sg.Acc.*] 그를, 그것을

ahaṃ [amha(*1.pron.*)의 *Sg.Nom.*] 나는

brūmi [√brū(말하다, 부르다)의 *Pres.1.Sg.*] 말한다, 부른다

brāhmaṇaṃ [brāhmaṇa(*m.*)의 *Sg.Acc.*] 브라흐만이라고

416 yo'dha taṇhaṃ pahatvāna

50 제1~4행 : 이 시의 술부는 brāhmaṇaṃ brūmi(브라흐만이라고 부른다)이고, 주어는 ahaṃ(나는), 그리고 목적어는 taṃ(그를)이다. 여기서 brāhmaṇaṃ은 동사 brūmi와 함께 서술적으로 쓰인 대격 단어이다. 제1~2행은 관계대명사 yo가 이끄는 관계절로서 taṃ을 지시한다. kāmābhavaparikkhīṇaṃ(존재에 대한 감각적 쾌락이 완전히 제거된)은 taṃ을 수식하므로 taṃ(남성, 단수, 대격)의 성, 수, 격에 일치한다.

anāgāro paribbaje
taṇhābhavaparikkhīṇaṃ
tam ahaṃ brūmi brāhmāṇaṃ.[51]

416 이 세상에서 갈애를 버리고
집 없이 돌아다니는 이,
존재에 대한 갈망이 완전히 제거된
그를 나는 브라흐만이라고 부른다.

yo'dha = yo-idha. yo [ya(*pron.*)의 *m.Sg.Nom.*] ~하는 이. taṃ을 지시함. idha [*indecl.*] 여기서, 지금, 이때에, 이 세상에서

taṇhaṃ [taṇhā(*f.*)의 *Sg.Acc.*] 갈애를

pahatvāna [pa√hā(버리다, 포기하다)의 *Ger.*] 버리고 나서

anāgāro [anāgāra의 *m.Sg.Nom.*] 집이 없는. an : *pref.* 아니다, 없다. agāra : *nt.* 집

paribbaje [pari√vaj(가다, 나아가다)의 *Pot.3.Sg.*] 돌아다니다, (종교적 수행자로서) 방랑하다

taṇhābhavaparikkhīṇaṃ [taṇhābhavaparikkhīṇa의 *m.Sg.Acc.*] 존재에 대한 갈망이 완전히 제거된. taṇhā : *f.* 갈망. bhava : *m.* 존재, *fr.* √bhū(있다, 이다, 되다). parikkhīṇa : 완전히 제거된, pari√khī(파괴하다, 없애다)의 *Pp.*

tam = taṃ [ta(*3.pron.*)의 *m.Sg.Acc.*] 그를, 그것을

ahaṃ [amha(*1.pron.*)의 *Sg.Nom.*] 나는

brūmi [√brū(말하다, 부르다)의 *Pres.1.Sg.*] 말한다, 부른다

brāhmaṇaṃ [brāhmaṇa(*m.*)의 *Sg.Acc.*] 브라흐만이라고

417 hitvā mānusakaṃ yogaṃ
dibbaṃ yogaṃ upaccagā
sabbayogavisaṃyuttaṃ

51 제1~4행 : 이 시의 술부는 brāhmaṇaṃ brūmi(브라흐만이라고 부른다)이고, 주어는 ahaṃ(나는), 그리고 목적어는 taṃ(그를)이다. 여기서 brāhmaṇaṃ은 동사 brūmi와 함께 서술적으로 쓰인 대격 단어이다. 제1~2행은 관계대명사 yo가 이끄는 관계절로서 taṃ을 지시한다. taṇhābhavaparikkhīṇaṃ(존재에 대한 갈망이 완전히 제거된)은 taṃ을 수식하므로 taṃ(남성, 단수, 대격)의 성, 수, 격에 일치한다.

tam ahaṃ brūmi brāhmaṇaṃ.[52]

417 인간의 인연을 끊고 나서
천상의 인연도 벗어난 이,
어떠한 인연에도 묶이지 않은
그를 나는 브라흐만이라고 부른다.

hitvā [√hā(버리다, 포기하다)의 *Ger.*] 버리고 나서, 끊고 나서
mānusakaṃ [mānusaka(*adj.*)의 *m.Sg.Acc.*] 인간의, 사람의
yogaṃ [yoga(*m.*)의 *Sg.Acc.*] 속박을, 인연을. yoga : *fr.* √yuj(묶다, 결합하다)
dibbaṃ [dibba(*adj.*)의 *f.Sg.Acc.*] 천상의
yogaṃ [yoga(*m.*)의 *Sg.Acc.*] 속박을, 인연을. yoga : *fr.* √yuj(묶다, 결합하다)
upaccagā [upa-ati√gam(가다)의 *Aor.3.Sg.*] 지나쳤다, 넘었다, 벗어났다
sabbayogavisaṃyuttaṃ [sabbayogavisaṃyutta의 *m.Sg.Acc.*] 어떤 인연에도 묶이지 않은. sabba : *adj.* 모든. yoga : 속박, 인연, *fr.* √yuj(묶다, 결합하다). visaṃyutta : 묶이지 않은. vi : *pref.* 떨어져서, 멀리, 없이. saṃyutta : 묶인, 속박된, saṃ√yuj(묶다, 결합하다)의 *Pp.*
tam = taṃ [ta(*3.pron.*)의 *m.Sg.Acc.*] 그를, 그것을
ahaṃ [amha(*1.pron.*)의 *Sg.Nom.*] 나는
brūmi [√brū(말하다, 부르다)의 *Pres.1.Sg.*] 말한다, 부른다
brāhmaṇaṃ [brāhmaṇa(*m.*)의 *Sg.Acc.*] 브라흐만이라고

418 hitvā ratiñ ca aratiñ ca
sītibhūtaṃ nirūpadhiṃ
sabbalokābhibhuṃ vīraṃ
tam ahaṃ brūmi brāhmaṇaṃ.[53]

52 제1~4행 : 이 시의 술부는 brāhmaṇaṃ brūmi(브라흐만이라고 부른다)이고, 주어는 ahaṃ(나는), 그리고 목적어는 taṃ(그를)이다. 여기서 brāhmaṇaṃ은 동사 brūmi와 함께 서술적으로 쓰인 대격 단어이다. 제3행의 sabbayogavisaṃyuttaṃ(어떤 인연에도 묶이지 않은)은 taṃ을 수식하므로 taṃ(남성, 단수, 대격)의 성, 수, 격에 일치한다.

53 제1~4행 : 이 시의 술부는 brāhmaṇaṃ brūmi(브라흐만이라고 부른다)이고, 주어는 ahaṃ(나는), 그리고 목적어는 taṃ(그를)이다. 여기서 brāhmaṇaṃ은 동사 brūmi와 함께 서술적으로 쓰인 대격 단어이다. 제

418 사랑도 혐오도 버리고
평온하고 집착도 없으며
전 세계를 정복한 영웅인
그를 나는 브라흐만이라고 부른다.

hitvā [√hā(버리다, 포기하다)의 *Ger.*] 버리고 나서
ratiñ = ratiṃ [rati(*f.*)의 *Sg.Acc.*] 사랑을. rati : *fr.* √ram(기뻐하다, 즐기다)
ca [*indecl.*] 그리고, ~와
aratiñ = aratiṃ [arati(*f.*)의 *Sg.Acc.*] 혐오를. a : *pref.* 아니다, 없다. rati : *f.* 사랑, *fr.* √ram (기뻐하다, 즐기다)
ca [*indecl.*] 그리고, ~와
sītibhūtaṃ [sītibhūta의 *m.Sg.Acc.*] 평온한. sīta : *adj.* 찬, 침착한, √bhū와 함께 쓰이는 복합어에서 sīti로 쓰임. bhūta : ~하게 된, ~와 같은, √bhū(이다, 되다, 존재하다)의 *Pp.*
nirūpadhiṃ = nirupadhiṃ [nirupadhi(*adj.*)의 *m.Sg.Acc.*] 집착이 없는. ni : *pref.* 아래쪽으로, 떨어져서, 없이. upadhi : *m.* 집착, 애착
sabbalokābhibhuṃ [sabbalokābhibhū(*adj.*)의 *m.Sg.Acc.*] 전 세계를 정복한. sabba : *adj.* 모든. loka : *m.* 세상, 세계. abhibhū : *adj.* 정복한, *fr.* abhi√bhū(있다, 이다)
vīraṃ [vīra(*m.*)의 *Sg.Acc.*] 영웅을
tam = taṃ [ta(*3.pron.*)의 *m.Sg.Acc.*] 그를, 그것을
ahaṃ [amha(*1.pron.*)의 *Sg.Nom.*] 나는
brūmi [√brū(말하다, 부르다)의 *Pres.1.Sg.*] 말한다, 부른다
brāhmaṇaṃ [brāhmaṇa(*m.*)의 *Sg.Acc.*] 브라흐만이라고

---

419 cutiṃ yo vedi sattānaṃ
upapattiñ ca sabbaso
asattaṃ sugataṃ buddhaṃ
tam ahaṃ brūmi brāhmaṇaṃ.[54]

2~3행의 sītibhūtaṃ(평온한), nirūpadhiṃ(집착이 없는), 그리고 sabbalokābhibhuṃ vīraṃ(전 세계를 정복한 영웅)은 taṃ을 수식하므로 taṃ(남성, 단수, 대격)의 성, 수, 격에 일치한다.

54 제1~4행 : 이 시의 술부는 brāhmaṇaṃ brūmi(브라흐만이라고 부른다)이고, 주어는 ahaṃ(나는), 그리고 목적어는 taṃ(그를)이다. 여기서 brāhmaṇaṃ은 동사 brūmi와 함께 서술적으로 쓰인 대격 단어이다. 제

419 중생들의 죽음과
태어남을 모든 방식으로 안 이,
집착하지 않고 잘 갔으며 깨달은
그를 나는 브라흐만이라고 부른다.

---

cutiṃ [cuti(*f.*)의 *Sg.Acc.*] 죽음을, 소멸을

yo [ya(*pron.*)의 *m.Sg.Nom.*] ~하는 이. taṃ을 지시함

vedi [√vid(알다, 찾다)의 *Aor.3.Sg.*] 알았다, 찾았다

sattānaṃ [satta(*m.*)의 *Pl.Gen.*] 생물들의, 중생들의

upapattiñ = upapattiṃ [upapatti(*f.*)의 *Sg.Acc.*] 태어남을. upapatti : *fr.* upa√pad(가다)

ca [*indecl.*] 그리고, ~와

sabbaso [*adv.*] 모든 점에서, 모든 방식으로, sabba(*adj.*)의 *Abl.*

asattaṃ [asatta의 *m.Sg.Acc.*] 집착하지 않는. a : *pref.* 아니다, 없다. satta : 집착하는, √saj(매달리다, 집착하다)의 *Pp.*

sugataṃ [sugata의 *m.Sg.Acc.*] 잘 간. su : *indecl.* 잘, 철저하게. gata : 간, √gam(가다)의 *Pp.*

buddhaṃ [buddha의 *m.Sg.Acc.*] 깨달은. buddha : √budh(알다, 깨닫다)의 *Pp.*

tam = taṃ [ta(*3.pron.*)의 *m.Sg.Acc.*] 그를, 그것을

ahaṃ [amha(*1.pron.*)의 *Sg.Nom.*] 나는

brūmi [√brū(말하다, 부르다)의 *Pres.1.Sg.*] 말한다, 부른다

brāhmaṇaṃ [brāhmaṇa(*m.*)의 *Sg.Acc.*] 브라흐만이라고

---

420 yassa gatiṃ na jānanti devā gandhabbamānusā
khīṇāsavaṃ arahantaṃ tam ahaṃ brūmi brāhmaṇaṃ.[55]

420 신들도 건달바도 인간들도 [그의] 행로를 알지 못하는 이,
번뇌가 없고 아라한인 그를 나는 브라흐만이라고 부른다.

---

55 1~2행은 관계대명사 yo가 이끄는 관계절로서 taṃ을 지시한다. 제3행의 asattaṃ(집착하지 않는), sugataṃ(잘 간), 그리고 buddhaṃ(깨달은)은 taṃ을 수식하므로 taṃ(남성, 단수, 대격)의 성, 수, 격에 일치한다. 제1~2행 : 이 시의 술부는 brāhmaṇaṃ brūmi(브라흐만이라고 부른다)이고, 주어는 ahaṃ(나는), 그리고 목적어는 taṃ(그를)이다. 여기서 brāhmaṇaṃ은 동사 brūmi와 함께 서술적으로 쓰인 대격 단어이다. 제1행은 관계대명사 yassa가 이끄는 관계절로서 taṃ을 지시한다. 제2행의 khīṇāsavaṃ(번뇌가 사라진)과 arahantaṃ(아라한)은 taṃ을 수식하므로 taṃ(남성, 단수, 대격)의 성, 수, 격에 일치한다.

yassa [ya(*pron.*)의 *m.Sg.Gen.*] ~하는. taṃ을 지시함
gatiṃ [gati(*f.*)의 *Sg.Acc.*] 내생을, 행로를. gati : *fr.* √gam(가다)
na [*indecl.*] ~아니다, ~없다
jānanti [√ñā(알다, 이해하다)의 *Pres.3.Pl.*] 안다
devā [deva(*m.*)의 *Pl.Nom.*] 신들은
gandhabbamānusā [gandhabbamānusa(*m.*)의 *Pl.Nom.*] 건달바들과 인간들은. gandhabba : *m.* 건달바. mānusa : *m.* 사람, 인간
khīṇāsavaṃ [khīṇāsava의 *m.Sg.Acc.*] 번뇌가 없는. khīṇa : 파괴된, √khī(파괴하다)의 *Pp.* āsava : *m.* 번뇌
arahantaṃ [arahanta의 *m.Sg.Acc.*] (*n.*) 아라한을. arahanta : √arah(~할 가치가 있다, ~의 자격이 있다)의 *Ppr.*
tam = taṃ [ta(*3.pron.*)의 *m.Sg.Acc.*] 그를, 그것을
ahaṃ [amha(*1.pron.*)의 *Sg.Nom.*] 나는
brūmi [√brū(말하다, 부르다)의 *Pres.1.Sg.*] 말한다, 부른다
brāhmaṇaṃ [brāhmaṇa(*m.*)의 *Sg.Acc.*] 브라흐만이라고

421 yassa pure ca pacchā ca majjhe ca n'atthi kiñcanaṃ
akiñcanaṃ anādānaṃ tam ahaṃ brūmi brāhmaṇaṃ.[56]

421 이전에도 이후에도 중간에도 아무 것도 없는 이,
아무 것도 가지지 않고 집착이 없는 그를 나는 브라흐만이라고 부른다.

yassa [ya(*pron.*)의 *m.Sg.Gen.*] ~하는. taṃ을 지시함
pure [*indecl.*] 이전에, 앞에
ca [*indecl.*] 그리고, ~와
pacchā [*adv.*] 이후에, 뒤에
ca [*indecl.*] 그리고, ~와

56 제1~2행 : 이 시의 술부는 brāhmaṇaṃ brūmi(브라흐만이라고 부른다)이고, 주어는 ahaṃ(나는), 그리고 목적어는 taṃ(그를)이다. 여기서 brāhmaṇaṃ은 동사 brūmi와 함께 서술적으로 쓰인 대격 단어이다. 제1행은 관계대명사 yassa가 이끄는 관계절로서 taṃ을 지시한다. akiñcanaṃ(아무 것도 가지지 않은)과 anādānaṃ(집착 없는)은 taṃ을 수식하므로 taṃ(남성, 단수, 대격)의 성, 수, 격에 일치한다.

majjhe [*adv.*] 한가운데에, ~의 사이에, majjha(*adj.*)의 *Loc.*

ca [*indecl.*] 그리고, ~와

n'atthi = na-atthi : 없다. na [*indecl.*] ~아니다, ~없다. atthi [√as(이다, 있다, 존재하다)의 *Pres.3.Sg.*] 있다

kiñcanaṃ [kiñcana(*nt.*)의 *Sg.Nom.*] 아무 것도, 어떤 것도

akiñcanaṃ [akiñcana(*adj.*)의 *m.Sg.Acc.*] 아무 것도 가지지 않은. a : *pref.* 아니다, 없다. kiñcana : *nt.* 어떤 것

anādānaṃ [anādāna(*adj.*)의 *m.Sg.Acc.*] 집착 없는. an : *pref.* 아니다, 없다. ādāna : *nt.* 잡음, 집착, *fr.* ā√dā(주다)

tam = taṃ [ta(*3.pron.*)의 *m.Sg.Acc.*] 그를, 그것을

ahaṃ [amha(*1.pron.*)의 *Sg.Nom.*] 나는

brūmi [√brū(말하다, 부르다)의 *Pres.1.Sg.*] 말한다, 부른다

brāhmaṇaṃ [brāhmaṇa(*m.*)의 *Sg.Acc.*] 브라흐만이라고

---

422 usabhaṃ pavaraṃ vīraṃ
mahesiṃ vijitāvinaṃ
anejaṃ nhātakaṃ buddhaṃ
tam ahaṃ brūmi brāhmaṇaṃ.[57]

422 황소처럼 씩씩하면서 고귀하고 용감하며
대단한 성인(聖人)이면서 승리자이고
갈망이 없고 깨끗하며 깨달은
그를 나는 브라흐만이라고 부른다.

usabhaṃ [usabha(*m.*)의 *Sg.Acc.*] 황소를 (대담함과 씩씩함의 상징으로 쓰이기도 함)

pavaraṃ [pavara(*adj.*)의 *m.Sg.Acc.*] 고귀한, 숭고한

---

57 제1~4행 : 이 시의 술부는 brāhmaṇaṃ brūmi(브라흐만이라고 부른다)이고, 주어는 ahaṃ(나는), 그리고 목적어는 taṃ(그를)이다. 여기서 brāhmaṇaṃ은 동사 brūmi와 함께 서술적으로 쓰인 대격 단어이다. usabhaṃ(황소처럼 씩씩한), pavaraṃ(고귀한), vīraṃ(용감한), mahesiṃ(대단한 성인), vijitāvinaṃ(승리의), anejaṃ(갈망이 없는), nhātakaṃ(씻은), 그리고 buddhaṃ(깨달은)은 taṃ을 수식하므로 taṃ(남성, 단수, 대격)의 성, 수, 격에 일치한다.

vīraṃ [vīra(*adj.*)의 *m.Sg.Acc.*] 영웅적인, 용감한

mahesiṃ [mahesi(*m.*)의 *Sg.Acc.*] 대단한 현인(賢人). mahant : *adj.* 큰, 거대한, 복합어에서 mahā / maha로 쓰임. isi : *m.* 현인, 성인(聖人)

vijitāvinaṃ [vijitāvin(*adj.*)의 *m.Sg.Acc.*] (*n.*) 승리자를. vijitāvin : vi√ji(이기다, 정복하다)의 *Pp.*[58]

anejaṃ [aneja(*adj.*)의 *m.Sg.Acc.*] 갈망이 없는, 흔들림이 없는. an : *pref.* 아니다, 없다. ejā : *f.* 움직임, 갈망

nhātakaṃ = nahātakaṃ [nahātaka(*m.*)의 *Sg.Acc.*] 목욕한 사람을, 번뇌를 다 씻어낸 사람을

buddhaṃ [buddha의 *m.Sg.Acc.*] 깨달은. buddha : √budh(알다, 깨닫다)의 *Pp.*

tam = taṃ [ta(*3.pron.*)의 *m.Sg.Acc.*] 그를, 그것을

ahaṃ [amha(*1.pron.*)의 *Sg.Nom.*] 나는

brūmi [√brū(말하다, 부르다)의 *Pres.1.Sg.*] 말한다, 부른다

brāhmaṇaṃ [brāhmaṇa(*m.*)의 *Sg.Acc.*] 브라흐만이라고

---

423 pubbenivāsaṃ yo vedi saggāpāyañ ca passati
atho jātikkhayaṃ patto abhiññāvosito muni
sabbavositavosānaṃ tam ahaṃ brūmi brāhmaṇaṃ.[59]

423 전생의 삶을 알았고 천상과 지옥을 보는 이,
다시 태어나지 않는 상태에 이르렀고 지혜가 완성된 성자(聖者),
모든 것의 완성에 이른 그를 나는 브라흐만이라고 부른다.

pubbenivāsaṃ [pubbenivāsa(*m.*)의 *Sg.Acc.*] 전생의 삶을. pubbe : 전에, pubba(*adj.*)의 *Sg.Loc.* nivāsa : 거처, 삶, *fr.* ni√vas(살다)

yo [ya(*pron.*)의 *m.Sg.Nom.*] ~하는 이. taṃ을 지시함

vedi [√vid(알다, 찾다) *Aor.3.Sg.*] 알았다, 찾았다

58 tāvin은 과거분사 어미이다.

59 제1~3행 : 이 시의 술부는 brāhmaṇaṃ brūmi(브라흐만이라고 부른다)이고, 주어는 ahaṃ(나는), 그리고 목적어는 taṃ(그를)이다. 여기서 brāhmaṇaṃ은 동사 brūmi와 함께 서술적으로 쓰인 대격 단어이다. 제1~2행은 관계대명사 yo가 이끄는 관계절로서 taṃ을 지시한다. 제3행의 sabbavositavosānaṃ(모든 것의 완성에 이른)은 taṃ을 수식하므로 taṃ(남성, 단수, 대격)의 성, 수, 격에 일치한다.

saggāpāyañ = saggāpāyaṃ [saggāpāya(*m.*)의 *Sg.Acc.*] 천상과 지옥을. sagga : *m.* 천상. apāya : *m.* 지옥, *fr.* apa√i(가다)

ca [*indecl.*] 그리고, ~와

passati [√dis(보다, 깨닫다)의 *Pres.3.Sg.*] 본다, 깨닫는다

atho [*indecl.*] 그리고, 또한, 또는, 그러고 나서

jātikkhayaṃ [jātikkhaya의 *m.Sg.Acc.*] 태어날 기회의 파괴. jāti : *f.* 태어남, 탄생. khaya : *m.* 파괴

patto [patta의 *m.Sg.Nom.*] 얻은, 이른. patta : pa√ap(얻다, 이르다)의 *Pp.*

abhiññāvosito [abhiññāvosita(*adj.*)의 *m.Sg.Nom.*] 지혜가 완성된. abhiññā : 지혜, *fr.* abhi√ñā(알다, 깨닫다). vosita : *adj.* 완성된

muni [muni(*m.*)의 *Sg.Nom.*] 성자(聖者)

sabbavositavosānaṃ [sabbavositavosāna의 *m.Sg.Acc.*] 모든 것의 완성에 이른. sabba : *adj.* 모든. vosita : *adj.* 완성한, 터득한. vosāna : *nt.* 성취, 완성

tam = taṃ [ta(*3.pron.*)의 *m.Sg.Acc.*] 그를, 그것을

ahaṃ [amha(*1.pron.*)의 *Sg.Nom.*] 나는

brūmi [√brū(말하다, 부르다)의 *Pres.1.Sg.*] 말한다, 부른다

brāhmaṇaṃ [brāhmaṇa(*m.*)의 *Sg.Acc.*] 브라흐만이라고

❖ 접두사표

접두사	의미
a	아니다, 없다
ā	까지, 향하여, 거꾸로; 강의어(强意語)
abhi	향하여, 위에, 넘어; 강의어
adhi	향하여, 쪽으로, 위에, 뛰어난; 강의어
anu	뒤에, ~에 따라, 일치하여, ~대로
apa	멀리, 떨어져서, 없이
api / pi	위에, 향하여
ati	까지, 향하여, 넘어, 대단히; 강의어
ava / o	아래로, 떨어져서, 멀리
du(r)	나쁜, 부족한, 어려운
ni	아래쪽으로
ni(r) / nī	멀리, 떨어져서, 없이, 밖으로
pa	앞으로, 밖으로, 이후; 강의어
parā	위에, 넘어, 떨어져서
pari	사방에, 두루, 전부; 강의어
paṭi / pati	향하여, 반대하여, 거슬러
saṃ	함께, 완전히, 아주; 강의어
su	잘, 충분히, 철저하게, 매우, 아주; 강의어
u(d)	위로, 밖으로
upa	가까이, 향하여, 까지
vi	따로따로, 떨어져서, 멀리, 없이; 강의어

* 상기의 접두사표는 접두사의 뜻을 본문에 일일이 제시할 수 없어서 만든 것으로 영어 알파벳순으로 정렬하였다.
* 접두사는 보통 어근 앞에 붙지만, a(n), du(r), su는 어근에 바로 붙지 않고, 분사나 부정사 등에 붙는다.
* 두개 이상의 접두사가 결합하여 어근 앞에 붙기도 한다.

❖ 어근표

1류 어간어미 : a		
어근	의미	3인칭단수현재형
aggh	~할 만하다, ~할 가치가 있다	agghati
arah	~할 만하다, ~할 가치가 있다	arahati
ās	앉다	āsati
as	이다, 있다, 존재하다	atthi
bādh	방해하다, 올가미에 걸다	bādhati
bandh	묶다, 얽매다	bandhati
bhaj	어울리다, 사귀다, 따르다	bhajati
bham	회전하다	bhamati
bhaṇ	말하다, 이야기하다	bhaṇati
bhañj	깨어지다, 부서지다	bhañjati
bhās	말하다, 빛나다	bhāsati
bhī	두려워하다, 무서워하다	bhāyati
bhikkh	청하다, 구걸하다	bhikkhati
bhū	이다, 있다	bhavati
brū	말하다, 부르다	brūti
caj	버리다, 포기하다	cajati
car	살다, 행하다, 걷다	carati
cāy	존경하다, 공경하다	cāyati
dā	주다	dadāti
dah	불태우다	dahati / ḍahati
dhā	두다, 놓다	dahati
dham	불다	dhamati
dhaṃs	멸망하다, 타락하다	dhaṃsati
dhāv	달리다, 뛰다	dhāvati
dis	보다	passati / dakkhati
edh	늘다, 번영하다	edhati
gam	가다	gacchati
garah	비난하다, 나무라다	garahati
gaves	찾다, 추구하다	gavesati

1류 어간어미 : a		
어근	의미	3인칭단수현재형
gup	지키다, 보호하다	gopati
hā	버리다, 포기하다	jahati / jahāti
han	때리다, 고통을 주다	hanati / hanti
har	가지고 가다, 나르다	harati
hiṃs	다치게 하다, 해치다	hiṃsati
hu	바치다, 헌납하다	juhati
i	가다	eti
ikkh	보다	ikkhati
iñj	움직이다, 흔들리다	iñjati
īr	흔들리다	īrati
is	바라다, 원하다	icchati
jāgar	깨어있다	jāgarati
jal	타다, 타오르다	jalati
jhe	명상하다, 숙고하다	jhāyati
ji	이기다, 패배시키다	jayati
jīv	살다, 살아있다	jīvati
kaḍḍh	당기다, 끌다	kaḍḍhati
kam	걷다, 가다	kamati
kand	울다, 소리치다	kandati
khād	씹다, 먹다	khādati
khan / khaṇ	파다, 파내다	khaṇati
khand	뛰어오르다	khandati
khip	던지다	khipati
kir / kīr	흩어버리다, 산재(散在)시키다	kirati
kus	욕하다, 꾸짖다	akkosati
kus	학대하다, 욕하다	kosati
labh	얻다, 도달하다	labhati
lajj	부끄러워하다, 수줍어하다	lajjati
lap	말하다	lapati
majj	지우다, 닦다, 깨끗하게 하다	majjati
mar	죽다	marati
math	뭉개다, 파괴하다	mathati
mucch	굳어지다, 응고되다	mucchati
mud	기뻐하다, 즐기다	modati
mun	알다	munāti

1류 어간어미 : a		
어근	의미	3인칭단수현재형
nam	구부러지다, 휘다	namati
nand	기뻐하다, 즐거워하다	nandati
nī	이끌다	neti / nayati
nind	비난하다	nindati
nud	몰아내다, 물리치다	nudati
pā	마시다	pivati
pac	삶다, 끓이다	pacati
pat	떨어지다, 내리다	patati
phal	열매를 맺다	phalati
phar	널리 퍼지다, 채우다	pharati
phus	~에 닿다, 도달하다	phusati
plu	뜨다, 떠다니다, 흔들리다	palavati / plavati
pūr	가득 차다, 충만해지다	pūrati
raj	물을 들이다	rajati
rakkh	보호하다, 지키다	rakkhati
ram	기뻐하다, 즐기다,	ramati
ruc	빛나다, 반짝이다, 눈에 띄다	rocati
rud	울다	rudati / rodati
ruh	자라다, 오르다	rūhati
sad	가라앉다	sīdati
sah	이기다, 정복하다, 이겨내다	sahati
saṃs	지적하다, 선언하다	saṃsati
sapp	기다, 포복하다	sappoti
sar	생각하다, 기억하다	sarati
sar	움직이다, 가다, 흐르다	sarati
sās	가르치다	sāsati
sev	섬기다	sevati
si	달라붙다, 의지하다	seti / sayati
si / sī	눕다, 앉다	seti / sayati
su	흘러나오다, 새다	savati
suc	슬퍼하다, 한탄하다	socati
sup	자다, 잠자다	supati
tap	태우다, 빛나게 하다, 괴롭히다	tapati
tapp	만족하다, 채우다, 충족하다	tappati
tar	가로지르다, 건너다, 서두르다	tarati

1류 어간어미 : a		
어근	의미	3인칭단수현재형
tas	떨다, 두려워하다	tasati
ṭhā	서다, 서있다	tiṭṭhati
ujjh	내던지다, 버리다	ujjhati
vā	불다	vāti
vad	말하다	vadati
vaḍḍh	성장하다, 자라다	vaḍḍhati
vadh	때리다, 괴롭히다	vadhati
vah	나르다	vahati
vaj	가다, 나아가다	vajati
vam	토하다, 내던지다, 그만두다	vamati
var	막다, 제어하다	varati / vuṇāti
vas	살다	vasati
vat	존재하다, 행동하다	vattati
vis	들어가다	visati
yā	가다, 나아가다	yāti
yāc	청하다, 부탁하다	yācati
yaj	희생하다, 공양하다	yajati
yam	제어하다, 참다	yamati

2류 어간어미 : ṃ-a		
어근	의미	3인칭단수현재형
bhid	깨뜨리다, 부수다	bhindati
bhuj	먹다	bhuñjati
chid	베어내다, 제거하다	chindati
kakh	바라다, 원하다	kaṅkhati
kat	베다, 잘라내다	kantati
lip	더럽히다	limpati
muc	해방하다, 풀다, 자유롭게 하다	muñcati
phad	흔들리다, 떨다	phandati
rudh	방해하다	rundhati
sic	뿌리다, 퍼내다	siñcati
vid	알다, 찾다	vindati
yuj	묶다, 결합하다, 노력하다	yuñjati

3류 어간어미 : ya		
어근	의미	3인칭단수현재형
budh	알다, 이해하다	bujjhati
dip	빛나다	dippati
dus	해를 끼치다, 나쁜 짓을 하다, 괴롭히다	dussati
hā	감소하다, 쇠하다	hāyati
jan / jā	태어나다	jāyati
jhā	불타다	jhāyati
khā	이해하다, 깨닫다	khāyati
kilis	나빠지다, 더러워지다	kilissati
kudh	화내다	kujjhati
mad	취하다	majjati
man	생각하다	maññati
mar	죽다	miyyati / mīyati
muh	당황하다, 혹하다	muyhati
nah	묶다, 매다, 얽매다	nayhati
pad	가다	pajjati
saj	붙이다, 매달다	sajjati
sam	진정되다, 가라앉다	sammati
sam	피로하다, 지치다	sammati
sudh	맑아지다, 깨끗해지다	sujjhati
tus	기뻐하다, 만족하다	tussati
vidh	꿰뚫다, 관통하다	vijjhati
yudh	싸우다, 공격하다	yujjhati

4류 어간어미 : ṇā, uṇā, ṇo		
어근	의미	3인칭단수현재형
ap	얻다, ~에 이르다	pāpuṇāti
su	듣다	suṇāti / suṇoti

5류 어간어미 : nā(nā는 ṇā로 바뀌기도 함)		
어근	의미	3인칭단수현재형
ci	쌓다, 모으다	cināti
gah	가지다, 잡다	gaṇhāti
mi	재다, 조정하다	mināti / miṇāti
mi / mī	다치다, 손상을 입다	mināti

5류 어간어미 : nā(nā는 ṇā로 바뀌기도 함)		
어근	의미	3인칭단수현재형
ñā	알다, 깨닫다	jānāti
pū	깨끗이 하다	punāti
thu	슬퍼하다	thunati

6류 어간어미 : o, yira		
어근	의미	3인칭단수현재형
ap	얻다, ~에 이르다	pappoti
kar	하다, 행하다	karoti
tan	뻗치다, 늘이다	tanoti

7류 어간어미: e, aya		
어근	의미	3인칭단수현재형
chad	덮다, 짚으로 이다	chādeti
cint	생각하다	cinteti
cud	노력하게 하다, 격려하다	codeti
dam	길들이다, 단련시키다	dameti
dhar	참다, 견디다	dhāreti
dis	설명하다, 설하다	deseti
gaṇ	세다, 계산하다	gaṇeti
heṭh	상처내다, 해하다	heṭheti
kath	말하다	katheti
lap	말하다	lapeti
pal	잠깐 들르다, 지나가다, 달아나다	paleti
pih	부러워하다, 바라다	piheti
pūj	존경하다, 예배하다	pūjeti
pus	기르다	poseti
tajj	두려워하게 하다, 협박하다	tajjeti
tij	날카롭게 하다	tejeti
vajj	피하다, 삼가다	vajjeti

* 상기의 어근표는 본문에 나오는 어근을 어근군에 따라 7류로 나눈 것이다. 문법서마다 어근을 분류하는 방법은 7류, 8류, 또는 10류 등 조금씩 상이하다.
* 각 어근군은 영어 알파벳순으로 정렬하였다.
* 사전을 참고하고자 하는 학습자를 위해 3인칭 단수 현재형을 제시하였다.
* 한 개 이상의 어간어미를 가지는 어근도 있다.

❖ 참고문헌

법구경 관련서

전재성 역, 『법구경－담마파다』, 한국빠알리성전협회, 2008.

Hinuber, O. von & Norman, K.R.(Ed.), *Dhammapada*, Oxford : The Pali Text Society, 1995.

Muller, F. Max(Trans.), *The Dhammapada : a collection of verses*, Oxford : The Oxford University Press (Reprinted by Motilal Banarsidass, 1965), 1881.

Narada.(Trans.), *The Dhammapada : Pali text and translation with stories in brief and notes*(4th ed.), Taipei : The Corporate Body of the Buddha Educational Foundation, 1993.

Norman, K.R.(Trans.), *The Word of the Doctrine*, Oxford : The Pali Text Society, 1997.

Radhakrishnan, S.(Trans.), *The Dhammapada with introductory essays, Pali text, English translations and notes*, New Delhi : Oxford University Press, 1950.

Sarada, Weragoda(Trans.), *Treasury of truth*, Taipei : The Corporate Body of the Buddha Educational Foundation, 1993.

Sarao, K.T.S.(Trans.), *The Dhammapada : a translator's guide*, New Delhi : Munshiram Manoharlal, 2009.

문법류

백도수, 『초급 빨리어 경전 강독』, 민속원, 2001.

水野弘元, 김형준 역, 『팔리어 문법』, 연기사, 2001.

Anuruddha, K., *Dictionary of Pali idioms*, Hong Kong : The Chi Lin Nunnery, 2004.

Buddhadatta, A.P., *The new Pali course, part II & III*, Dehiwela : Buddhist Cultural Centre, 1999.

Colliins, Steven, *A Pali grammar for students*, Chiang Mai : Silkworm Books, 2006.

Duroiselle, Charles, *A practical grammar of the Pali language*(3rd ed.), 1997. Retrieved from http://www.buddhanet.net/pdf_file/paligram.pdf

Gair, James W. & Karunatillake, W.S., *A new course in reading Pali*, Delhi : Motilal Banarsidass, 1998.

Geiger, W., *A Pali grammar*, English trans. by B. Ghosh, ed. by K.R. Norman, Oxford : The Pali Text Society, 1994.

Hendriksen, Hans. *Syntax of the infinite verb-forms of Pali*, Copenhagen : Einar Munksgaard, 1944.

Maitreya, B. Ananda, *Pali made easy*(2nd ed.), Dehiwala : Buddhist Cultural Centre, 1992.

Silananda, U., *Pali roots in Saddaniti*, 2001. Retrieved from http://ebookbrowse.com/pali-roots-in-saddaniti-by-venerable-u-silananda1-pdf-d391763489

Warder, A.K., *Introduction to Pali*(2nd ed.), London : The Pali Text Society, 1974.
Whitney, W.D., *The roots, verb-forms and primary derivatives of the Sanskrit language*, Delhi : Motilal Banarsidass, 2006.
Wijesekera, O.H.de A., *Syntax of the cases in the Pali nikayas*, Colombo : The Postgraduate Institute of Pali & Buddhist Studies, University of Kelaniya, 1993.

사전류

Apte, V.S., *The practical Sanskrit-English dictionary*, Delhi : Motilal Banarsidass, 1998.
Buddhadatta, A.P., *English-Pali dictionary*, Delhi : Motilal Banarsidass, 1989.
________________, *Concise Pali-English dictionary*, Delhi : Bharatiya Kala Prakashan, 1999.
Childers, R.C., *A dictionary of the Pali language*, New Delhi : Asian Educational Services, 1993.
Malalasekera, G.P., *Dictionary of Pali proper names*, Delhi : Munshiram Manoharlal, 1998.
Nyanatiloka, *Buddhist dictionary*(4th ed.), Kandy : Buddhist Publication Society, 1988.
Rhys Davids, T.W. & Stede, W., *Pali-English dictionary*, Delhi : Motilal Banarsidass, 1993.